RÉUSSIR L'EXAMEN

prépabac

Tle

W0342923

Mes SPÉCIALITÉS

Physique-chimie

Nathalie Benguigui • Patrice Brossard • Joël Carrasco • Gaëlle Cormerais • Éric Langlois • Jacques Royer

SVT

Sébastien Castillo • Jonathan Faivre • Sabrina Gaillardou • Anne Le Nost • Hervé Mulard • Delphine Roumier • Bruno Vah

Maths complémentaires

Michel Abadie • Jacques Delfaud • Annick Meyer • Jean-Dominique Picchiottino • Sophie Dupuy-Touzet • Martine Salmon

Grand Oral

Jacques Royer • Hervé Mulard
Avec la collaboration de Denise Maréchal

Hatier

Le site de vos révisions

L'achat de ce Prépabac vous permet de bénéficier d'un **ACCÈS GRATUIT*** à toutes les **ressources** d'annabac.com (fiches, quiz, sujets corrigés…) et à ses **parcours de révision** personnalisés.

Pour profiter de cette offre, rendez-vous sur **www.annabac.com** dans la rubrique « Je profite de mon avantage client ».

* Selon les conditions précisées sur le site.

Maquette de principe : Frédéric Jély
Mise en pages : STDI
Schémas : STDI, Corédoc et Nord Compo
Iconographie : Hatier illustration
Édition : Béatrix Lot

ISBN 978-2-401-06454-6

AVANT-PROPOS

VOUS ÊTES EN TERMINALE générale et vous avez choisi les deux spécialités :

Physique-chimie et SVT

Vous savez que la réussite dans ces matières demande un travail régulier tout au long de l'année ?
Alors ce Prépabac est pour vous !

■ **Dans chacune de ces deux disciplines**, l'ouvrage vous permet en effet :
– de mémoriser les connaissances essentielles sur chacun des thèmes du nouveau programme,
– d'acquérir progressivement les compétences clés et de réviser efficacement.

Cet objectif est rendu possible grâce à un **ensemble de ressources très complet :** des fiches de cours et de méthode synthétiques et visuelles, mais aussi un entraînement, incluant des sujets guidés, pour vous préparer à vos deux épreuves écrites de spécialité.

■ Si vous avez choisi l'**option Maths complémentaires**, vous trouverez également dans cet ouvrage des contenus de cours et des exercices sur ce programme spécifique.

■ L'ouvrage comprend enfin une **section consacrée au Grand Oral** pour vous aider à préparer des questions en lien avec vos spécialités et réussir votre exposé, ainsi que l'entretien qui suivra.

Nous vous recommandons d'utiliser l'ouvrage régulièrement, en fonction de vos besoins. Ainsi vous pourrez aborder vos contrôles en toute sérénité et réussir vos différentes épreuves de spécialités.

Bonnes révisions !

Les auteurs

SOMMAIRE GÉNÉRAL

Pour trouver un chapitre précis dans une matière, reportez-vous au sommaire de chaque partie.

PHYSIQUE-CHIMIE

SVT

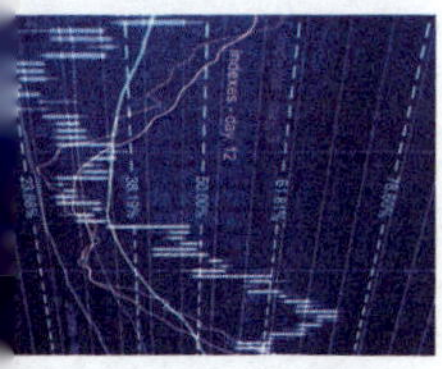

MATHS COMPLÉMENTAIRES

GRAND ORAL

PHYSIQUE-CHIMIE

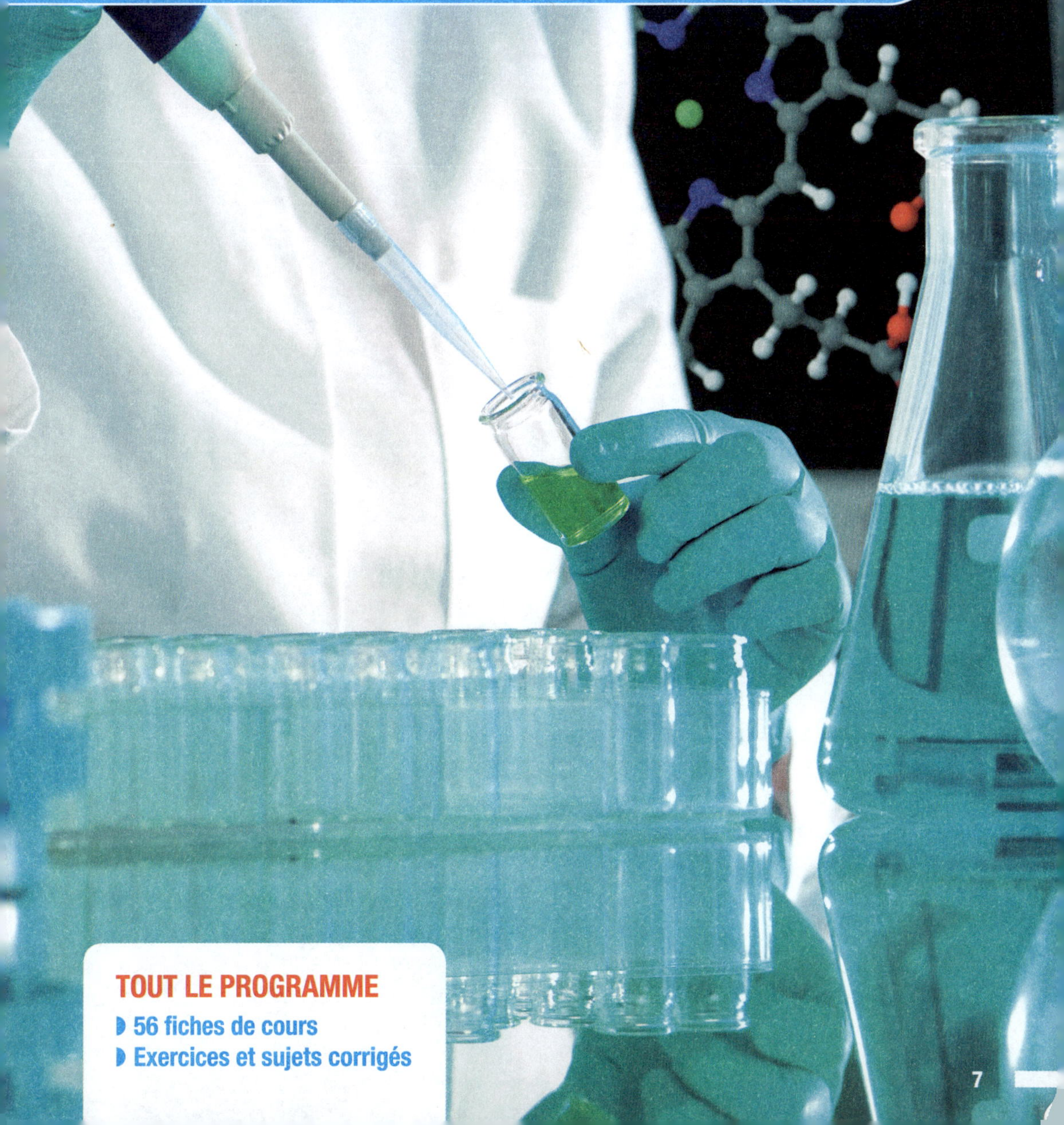

TOUT LE PROGRAMME

- 56 fiches de cours
- Exercices et sujets corrigés

SOMMAIRE

Quand vous en avez fini avec une fiche ou un entraînement, cochez la case ☐ correspondante !

Constitution et transformations de la matière

1. Les transformations acide-base

2. Analyse d'un système chimique par des méthodes physiques et chimiques

3. Évolution d'un système, siège d'une transformation chimique

4. Les transformations nucléaires

5. Sens d'évolution d'un système oxydant-réducteur

SOMMAIRE

10. Écoulement d'un fluide

L'énergie : conversions et transferts

11. L'énergie : conversions et transferts

Ondes et signaux

12. Caractérisation des phénomènes ondulatoires

13. Lunette astronomique – Flux de photons

14. Dynamique d'un système électrique

1 Réaction acide-base

En bref *La définition d'un acide et d'une base permet d'expliquer les réactions acide-base et d'établir leur équation.*

I Acide et base de Brönsted

- Un **acide** est une espèce chimique susceptible de céder un ou plusieurs ions hydrogène H^+ ou protons.

- Une **base** est une espèce chimique susceptible de capter un ou plusieurs ions hydrogène H^+.

> **À NOTER**
> L'ion hydrogène H^+ n'est constitué que d'un seul proton (l'atome H ayant perdu son seul électron). C'est pourquoi il est souvent appelé proton.

- La **base conjuguée** d'un acide de Brönsted est l'entité formée une fois que l'acide a cédé un ion H^+.

- L'**acide conjugué** d'une base de Brönsted est l'entité formée après que la base a accepté un ion H^+.

$$\text{ACIDE} \xrightarrow{-H^+} \text{BASE} \qquad \text{BASE} \xrightarrow{+H^+} \text{ACIDE}$$

- Un **couple acide-base** est constitué d'un acide et d'une base **conjugués**, qui s'obtiennent l'un à partir de l'autre par échange (gain ou perte) d'un ion H^+ selon la demi-équation :

$$\text{Acide} \rightleftarrows \text{Base} + H^+$$

II Établir l'équation de la réaction entre un acide et une base

Une **réaction acide-base** met en jeu deux couples acide-base. L'acide d'un couple échange un ion H^+ avec la base conjuguée d'un autre couple selon les équations suivantes :

Acide 1 / Base 1
Acide 2 / Base 2

(1) L'acide 1 cède un proton H^+ : $\text{Acide 1} \rightleftarrows \text{Base 1} + H^+$

(2) La base 2 capte un proton H^+ : $\text{Base 2} + H^+ \rightleftarrows \text{Acide 2}$

(1) + (2) Bilan : $\text{Acide 1} + \text{Base 2} \rightleftarrows \text{Base 1} + \text{Acide 2}$

Exemple :

Acide 1 — Perte de H^+ — Base 1

$$CH_3\text{-}CO_2H_{(aq)} + H_2O_{(\ell)} \rightleftarrows CH_3\text{-}COO^-_{(aq)} + H_3O^+_{(aq)}$$

Base 2 — Gain de H^+ — Acide 2

Les deux couples mis en jeu sont : $CH_3COOH_{(aq)}/CH_3COO^-_{(aq)}$ et $H_3O^+_{(aq)}/H_2O_{(\ell)}$.

Méthode

Interpréter une réaction acide-base

L'aniline réagit avec l'eau selon la réaction d'équation :

$$C_6H_5NH_{2(aq)} + H_2O_{(\ell)} \rightleftarrows C_6H_5NH_{3(aq)}^+ + HO_{(aq)}^-.$$

a. L'aniline est-elle un acide ou une base ? Quel est le rôle de l'eau ?

b. Montrer que cette réaction s'interprète comme un transfert de proton entre deux espèces.

CONSEILS
À partir de la définition d'un acide et d'une base de Brönsted, identifiez les deux couples acide-base intervenant dans la réaction étudiée.

a. • Rôle de l'aniline : $C_6H_5NH_2 + H_2O \rightleftarrows C_6H_5NH_3^+ + HO^-$

Gain de H^+

$C_6H_5NH_{2(aq)}$ gagne un proton et donne $C_6H_5NH_{3(aq)}^+$.
Une espèce capable de capter un proton est une base de Brönsted. L'aniline est donc une base : $C_6H_5NH_2 + H^+ \rightleftarrows C_6H_5NH_3^+$

• Rôle de l'eau : $C_6H_5NH_2 + H_2O \rightleftarrows C_6H_5NH_3^+ + HO^-$

Perte de H^+

H_2O perd un proton et donne l'ion hydroxyde HO^-. Une espèce capable de céder un proton est un acide. Ici, l'eau a un rôle d'acide : $H_2O \rightleftarrows H^+ + HO^-$.

b. La réaction met en jeu deux couples acide-base dont l'acide d'un couple réagit avec la base du second par transfert de proton.

• Couple $H_2O_{(\ell)}/HO_{(aq)}^-$

H_2O cède un proton : $H_2O \rightleftarrows H^+ + HO^-$

• Couple $C_6H_5NH_{3(aq)}^+/C_6H_5NH_{2(aq)}$

L'alanine capte H^+ : $C_6H_5NH_2 + H^+ \rightleftarrows C_6H_5NH_3^+$

Bilan :

$$C_6H_5NH_2 + H^+ + H_2O \rightleftarrows C_6H_5NH_3^+ + H^+ + HO^-$$
$$C_6H_5NH_{2(aq)} + H_2O_{(\ell)} \rightleftarrows C_6H_5NH_{3(aq)}^+ + HO_{(aq)}^-$$

Au cours de cette réaction, l'eau cède un proton et donne sa base conjuguée l'ion hydroxyde, alors que la base aniline capte ce proton et donne son acide conjugué.

2 Exemples de couples acide-base

En bref *Connaître les couples acide-base de l'eau est important pour étudier les réactions acide-base pouvant avoir lieu en solution aqueuse et faisant intervenir d'autres couples.*

I Les couples de l'eau

- H_3O^+/H_2O : l'ion oxonium H_3O^+ est un acide, il est capable de céder un ion H^+ et de donner sa base conjuguée, l'eau H_2O : $H_3O^+ \rightleftarrows H_2O + H^+$.
- H_2O/HO^- : H_2O est un acide, il est capable de céder un ion H^+ et de donner sa base conjuguée, l'ion hydroxyde HO^- : $H_2O \rightleftarrows HO^- + H^+$.

MOT CLÉ
L'eau H_2O est une espèce **amphotère** car elle peut jouer le rôle d'un acide ou d'une base.

II D'autres couples acide-base

■ Un acide carboxylique RCOOH possède un groupe carboxyle où la liaison OH est polarisée. Cette liaison se rompt : l'oxygène, plus électronégatif, récupère le doublet liant et un proton est cédé. L'anion résultant est appelé ion carboxylate.

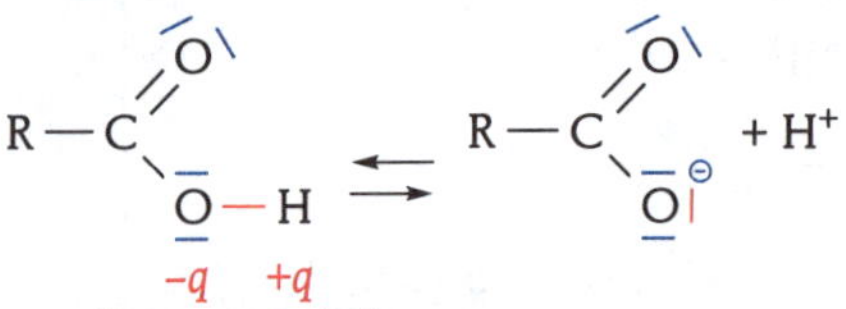

liaison polarisée

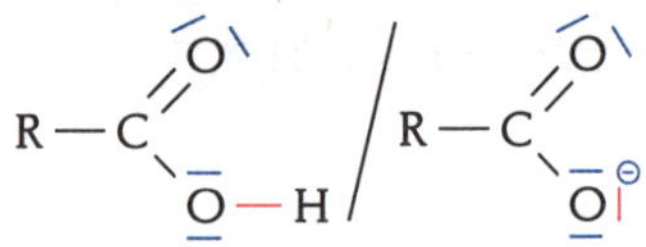

Couple HA/A⁻

Acide carboxylique   Ion carboxylate   Proton

■ La base ammoniac NH_3 est une entité capable d'accepter un proton grâce au doublet non liant de l'atome d'azote. L'azote est de ce fait déficitaire d'un électron d'où sa charge positive.

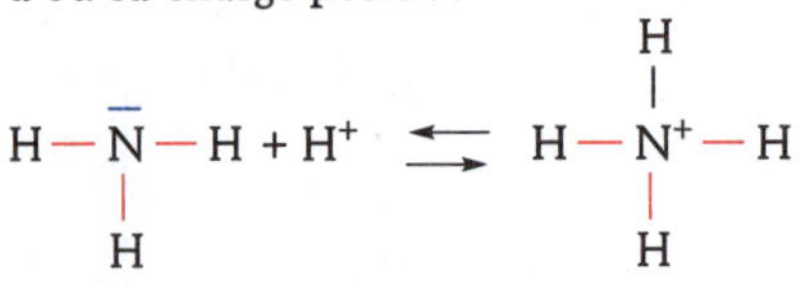

NH_4^+/NH_3

Couple acide-base

Ammoniac   Proton   Ion ammonium

Les amines $R\text{-}NH_2$ → FICHE 27 comme l'ammoniac sont des bases et leurs acides conjugués sont des ions alkylammonium. *Exemple* : $CH_3CH_2NH_3^+/CH_3CH_2NH_2$.

■ L'acide carbonique H_2CO_3 peut céder deux protons, c'est un diacide :
- acide carbonique/ion hydrogénocarbonate : H_2CO_3/HCO_3^- ;
- ion hydrogénocarbonate/ion carbonate : HCO_3^-/CO_3^{2-}.

L'ion HCO_3^- est une espèce amphotère.

Méthode

Identifier des couples acide-base et une espèce amphotère

1. Identifier dans chacune des équations ci-dessous les deux couples acide-base mis en jeu. Préciser quelles sont l'espèce acide et l'espèce basique dans chaque couple.

a. $HCOOH_{(aq)} + H_2O_{(\ell)} \rightleftarrows HCOO^-_{(aq)} + H_3O^+$

b. $H_2SO_{3(aq)} + C_2H_5NH_{2(aq)} \rightleftarrows C_2H_5NH^+_{3(aq)} + HSO^-_{3(aq)}$

c. $HSO^-_{3(aq)} + HO^-_{(aq)} \rightarrow SO^{2-}_{3\ (aq)} + H_2O_{(\ell)}$

2. L'espèce HSO_3^- est-elle une espèce amphotère ? Justifier.

CONSEILS

1. Pour chaque équation, identifiez l'espèce qui capte un proton (base) et celle qui en cède (acide). On écrit le couple acide-base en commençant toujours par l'acide.

SOLUTION

1. a. • HCOOH cède un proton et donne sa base conjuguée $HCOO^-$:

$$HCOOH \rightleftarrows H^+ + HCOO^-$$

Un acide et sa base conjuguée forment un couple acide-base soit ici le couple $HCOOH_{(aq)}/HCOO^-_{(aq)}$.

• Toute réaction acido-basique met en jeu deux couples acide-base : l'acide d'un couple réagit avec la base du second. Donc H_2O est une base qui capte un proton et donne son acide conjugué H_3O^+, donc le second couple est H_3O^+/H_2O.

b. • H_2SO_3 cède un proton (c'est un acide) et donne sa base conjuguée $HSO^-_{3(aq)}$:

$$H_2SO_3 \rightleftarrows H^+ + HSO_3^-$$

• $C_2H_5NH_{2(aq)}$ est une base car elle réagit avec l'acide H_2SO_3 et capte un proton. Son acide conjugué est $C_2H_5NH^+_{3(aq)}$:

$$C_2H_5NH_2 + H^+ \rightleftarrows C_2H_5NH_3^+$$

Les deux couples sont $H_2SO_3/HSO^-_{3(aq)}$ et $C_2H_5NH^+_{3(aq)}/C_2H_5NH_{2(aq)}$.

c. • $HSO^-_{3(aq)}$ est un acide et donne sa base conjuguée $SO^{2-}_{3(aq)}$:

$$HSO_3^- \rightleftarrows H^+ + SO_3^{2-}$$

• H_2O est l'acide conjugué de la base $HO^-_{(aq)}$:

$$HO^- + H^+ \rightleftarrows H_2O$$

Les deux couples sont $HSO^-_{3(aq)}/SO^{2-}_{3(aq)}$ et $H_2O_{(\ell)}/HO^-_{(aq)}$.

2. Dans les équations **b.** et **c.** intervient l'espèce HSO_3^-, mais dans deux couples différents. Dans la réaction **b.**, HSO_3^- est la base du couple $H_2SO_{3(aq)}/HSO^-_{3(aq)}$ tandis que dans la réaction **c.**, HSO_3^- est l'acide du couple $HSO^-_{3(aq)}/SO^{2-}_{3(aq)}$.

Cette espèce appartient à deux couples, donc elle peut avoir soit un rôle d'acide, soit un rôle de base : c'est la définition d'une espèce amphotère.

3 pH d'une solution

En bref *Le pH d'une solution aqueuse est mesuré à l'aide d'un pH-mètre. Connaissant son pH, on peut qualifier une solution d'acide, basique ou neutre.*

I Définition et mesure du pH

Le **pH**, abréviation de « potentiel hydrogène », est un paramètre servant à définir si un milieu est acide ou basique. Il est lié à la concentration en ions oxonium H_3O^+ :

$$\text{pH} = -\log\left(\frac{[H_3O^+]}{c^0}\right)$$

pH sans unité
$[H_3O^+]$ en $\text{mol}\cdot\text{L}^{-1}$
$c^0 = 1\ \text{mol}\cdot\text{L}^{-1}$ (concentration standard)

Cette relation est équivalente à : $\frac{[H_3O^+]}{c^0} = 10^{-\text{pH}}$.

À NOTER
L'échelle de pH est comprise entre 0 et 14 à 25 °C. Le pH est une fonction décroissante de la concentration en H_3O^+.

- Le pH d'une solution aqueuse est mesuré à l'aide d'un **pH-mètre**, préalablement étalonné.
- Au lycée, on mesure un pH, au mieux, à 0,05 unité près. Une telle incertitude sur la mesure de pH correspond à une **incertitude relative élevée** ; en conséquence toute concentration déduite d'une mesure de pH devra être exprimée avec, au maximum, deux chiffres significatifs.

III Solution neutre, acide ou basique

- À 25 °C, le pH de l'eau pure est égal à 7,0 soit : $[H_3O^+] = 1{,}0 \times 10^{-7}\ \text{mol}\cdot\text{L}^{-1}$. La présence d'ions H_3O^+ résulte de l'ionisation de quelques molécules d'eau par transfert d'un proton : c'est l'**autoprotolyse de l'eau** :

$$2\ H_2O \rightleftarrows H_3O^+ + HO^-.$$

- Une solution aqueuse est **neutre** si elle contient autant d'ions H_3O^+ que l'eau pure à 25 °C, **acide** si elle en contient plus ou **basique** si elle en contient moins.

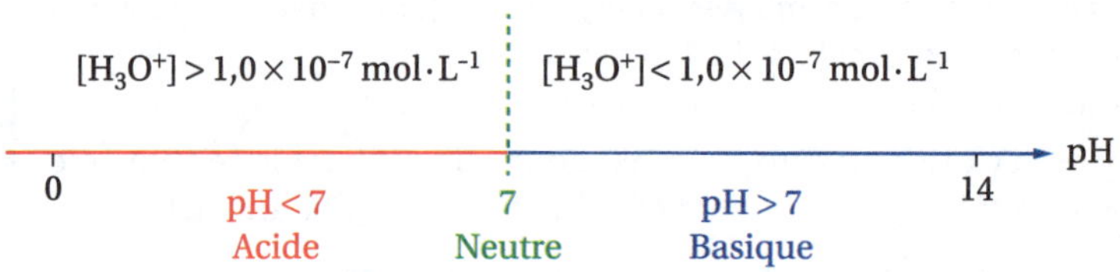

Méthode

1 | Identifier une solution acide, neutre ou basique

On dispose d'une solution diluée de vinaigre blanc de concentration en ions oxonium $[H_3O^+] = 5{,}0 \times 10^{-3}$ mol·L^{-1} et d'une solution d'eau de javel de pH = 10,9 à 25 °C.
Déterminer si chacune des deux solutions est acide, neutre ou basique.

CONSEILS
Calculer le pH de la solution de vinaigre.

SOLUTION

$$\text{pH} = -\frac{\log([H_3O^+])}{c^0} = -\frac{\log(5{,}0 \times 10^{-3})}{1{,}0} = 2{,}3.$$

La solution diluée de vinaigre est acide (pH = 2,3 < 7) tandis que la solution diluée d'eau de javel est basique (pH = 10,9 > 7).

2 | Déterminer l'incertitude sur la concentration en ion H_3O^+

Le pH d'une solution aqueuse S, mesuré avec un pH-mètre, est pH = 8,90 ± 0,05.
a. Déterminer un encadrement de la concentration en ions H_3O^+ avec 3 chiffres significatifs. À partir de cet encadrement, déterminer la valeur de l'incertitude $U([H_3O^+])$.
b. Calculer l'incertitude relative et donner la concentration en ions H_3O^+ sous la forme :

$$[H_3O^+] \pm U([H_3O^+]).$$

CONSEILS
Attention, l'incertitude $U(G)$ ne peut être plus précise que la valeur G déterminée.

SOLUTION

a. $8{,}85 < \text{pH} < 8{,}95$ et $[H_3O^+] = c^0 \times 10^{-\text{pH}}$
d'où $1{,}12 \times 10^{-9} < [H_3O^+] < 1{,}41 \times 10^{-9}$ mol·L^{-1}.

$$U([H_3O^+]) = \frac{1{,}41 \times 10^{-9} - 1{,}12 \times 10^{-9}}{2} = 0{,}15 \times 10^{-9} \text{ mol·L}^{-1}$$

et $[H_3O^+] = 1{,}0 \times 10^{-8{,}90} = 1{,}26 \times 10^{-9}$ mol·L^{-1}.

b. $$\frac{U([H_3O^+])}{[H_3O^+]} = \frac{0{,}15 \times 10^{-9}}{1{,}26 \times 10^{-9}} = 0{,}118 = 12\ \%$$

donc $[H_3O^+] = (1{,}3 \pm 0{,}2) \times 10^{-9}$ mol·L^{-1}.
L'incertitude relative est supérieure à 10 %, donc la concentration $[H_3O^+]$ doit être exprimée avec deux chiffres significatifs. Par conséquent $U([H_3O^+])$ est arrondi à $0{,}2 \times 10^{-9}$ mol·L^{-1}.

4 Concentration d'une solution

En bref *Connaissant la densité et le titre massique d'une solution commerciale acide ou basique, on peut déterminer sa concentration en masse ou en quantité de matière.*

I Grandeurs caractéristiques d'une solution

■ La **masse volumique** ρ d'une solution s'exprime :

$$\rho_{\text{solution}} = \frac{m_{\text{solution}}}{V_{\text{solution}}}$$

m_{solution} en kg ; V_{solution} en m^3 ; ρ en $kg \cdot m^{-3}$.

La masse volumique s'exprime souvent aussi en $g \cdot cm^{-3}$.

À NOTER
Au cours d'un mélange il y a conservation de la masse mais pas des volumes !

■ La **densité d'une solution** d est un nombre sans unité permettant de comparer la masse d'un volume de solution à la masse du même volume d'eau.

$$d_{\text{solution}} = \frac{\rho_{\text{solution}}}{\rho_{\text{eau}}}$$

ρ_{solution} et ρ_{eau} exprimées avec la même unité ; d sans unité.

Il faut connaître : $\rho_{\text{eau}} = 1{,}0 \times 10^3\ kg \cdot m^{-3} = 1{,}0\ kg \cdot L^{-1} = 1{,}0\ g \cdot cm^{-3}$.

■ Le **titre massique d'une solution** t est le rapport de la masse de soluté contenu dans un volume V de solution sur la masse de ce volume V de solution.

$$t = \frac{m_{\text{soluté}}}{m_{\text{solution}}}$$

$m_{\text{soluté}}$ et m_{solution} exprimées avec la même unité ; t sans unité.

Le titre massique s'exprime souvent en pourcentage massique : titre × 100.

II Déterminer la concentration en soluté

À partir d'une solution de titre massique et de densité fournis, on détermine la concentration **en masse** c ou **en quantité de matière** C :

$$c = \frac{m_{\text{soluté}}}{V_{\text{solution}}} \text{ en } g \cdot L^{-1} \text{ ou } C = \frac{n_{\text{soluté}}}{V_{\text{solution}}} \text{ en } mol \cdot L^{-1}.$$

- Le **titre massique** t permet d'exprimer la masse de soluté $m_{\text{soluté}} = t \times m_{\text{solution}}$.
- La **densité** d permet de connaître la masse volumique de la solution ρ_{solution}.
- Connaissant ρ_{solution}, on exprime la concentration **en masse** c en fonction de t et ρ_{solution} : $c = \frac{m_{\text{soluté}}}{V_{\text{solution}}} = \frac{t \times m_{\text{solution}}}{V_{\text{solution}}}$ soit : $c = t \times \rho_{\text{solution}}$.
- En divisant la concentration en masse c par la masse molaire M du soluté, on détermine la concentration **en quantité de matière** car $n_{\text{soluté}} = \frac{m_{\text{soluté}}}{M_{\text{soluté}}}$.

Méthode

Déterminer la concentration en soluté

On dispose d'une solution commerciale d'acide méthanoïque HCOOH dont les caractéristiques sont les suivantes :

- titre massique $t = 0{,}82$ (pourcentage massique = 82 %) ;
- densité $d = 1{,}18$;
- masse molaire $M(\text{HCOOH}) = 46\ \text{g}\cdot\text{mol}^{-1}$.

a. Vérifier que la concentration en quantité de matière de la solution commerciale en acide méthanoïque est $C = 21\ \text{mol}\cdot\text{L}^{-1}$.

b. En déduire la concentration en masse.

CONSEILS

a. Exprimez littéralement les caractéristiques données (*t* et *d*). Exprimez la concentration en quantité de matière en fonction de ces grandeurs connues.

b. Pour passer de la concentration en quantité de matière à la concentration en masse, il suffit de multiplier la concentration en quantité de matière par la masse molaire du soluté.

SOLUTION

a. On cherche $C = \dfrac{n_{\text{acide}}}{V_{\text{solution}}}$ et la quantité de matière est :

$$n_{\text{acide}} = \frac{m_{\text{acide}}}{M_{\text{acide}}} \text{ soit } C = \frac{m_{\text{acide}}}{M_{\text{acide}} \times V_{\text{solution}}}.$$

On peut exprimer m_{acide} à partir du titre massique $t = \dfrac{m_{\text{acide}}}{m_{\text{solution}}}$.

Soit $m_{\text{acide}} = t \times m_{\text{solution}}$ et en reportant dans C : $C = \dfrac{t \times m_{solution}}{M_{acide} \times V_{solution}}$.

Le rapport $m_{\text{solution}}/V_{\text{solution}}$ n'est autre que la masse volumique de la solution. On la connaît grâce à la densité :

$$d = \frac{\rho_{\text{solution}}}{\rho_{\text{eau}}} \text{ d'où } \rho_{\text{solution}} = d \times \rho_{\text{eau}} \text{ avec } \rho_{\text{eau}} = 1{,}0 \times 10^3\ \text{g}\cdot\text{L}^{-1}.$$

Donc $C = \dfrac{t \times d \times \rho_{\text{eau}}}{M_{\text{acide}}}$.

Application numérique : $C = \dfrac{0{,}82 \times 1{,}18 \times 1{,}0 \times 10^3}{46} = 21\ \text{mol}\cdot\text{L}^{-1}$.

b. La concentration en masse est :

$$c = \frac{m_{\text{acide}}}{V_{\text{solution}}} = \frac{n_{\text{acide}} \times M_{\text{acide}}}{V_{\text{solution}}} = C \times M_{\text{acide}}.$$

Application numérique : $c = 21 \times 46 = 9{,}7 \times 10^2\ \text{g}\cdot\text{L}^{-1}$.

Le résultat doit être donné avec deux chiffres significatifs.

OBJECTIF BAC

Pluies acides

40 min

Ce sujet permet d'étudier l'impact de l'activité humaine sur les eaux de pluies, qui génère des problèmes importants au niveau de l'environnement. En étudiant les réactions acido-basiques qui ont lieu, on peut évaluer le pH de l'eau de pluie.

LE SUJET

La principale cause des pluies acides est le rejet dans l'atmosphère de dioxyde d'azote (NO_2) et de dioxyde de soufre (SO_2) par les industries ou les véhicules automobiles. Au contact de l'eau de pluie, le dioxyde de soufre et le dioxyde d'azote de la pollution atmosphérique forment de l'acide sulfurique (H_2SO_4) et de l'acide nitrique (HNO_3). D'autres acides peuvent également intervenir comme l'acide chlorhydrique (HCl). C'est ce qui rend les pluies acides.

Les pluies acides endommagent les écosystèmes, en particulier la flore et les écosystèmes aquatiques, ainsi que les bâtiments (murs et statues calcaires, plomb des vitraux...).

Données :

- schéma de Lewis de l'acide sulfurique :

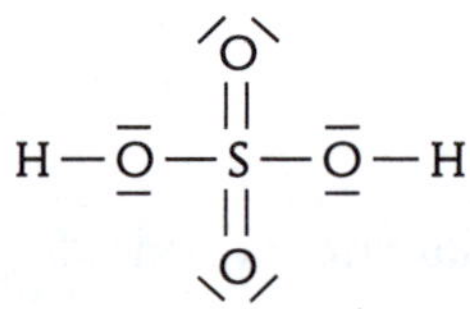

- masses molaires de quelques atomes en $g \cdot mol^{-1}$:

H	C	N	O	S	Cl
1	12	14	16	32	35,5

- électronégativité de quelques atomes :

C	N	O	S	H
2,55	3,04	3,44	2,52	2,2

Partie 1 À propos de l'acide chlorhydrique et de l'acide nitrique

a. Donner les couples acide-base associés à l'acide chlorhydrique et à l'acide nitrique.

b. Une solution d'acide chlorhydrique de concentration $C_1 = 1{,}0 \times 10^{-2}\ mol \cdot L^{-1}$ a un $pH_1 = 2{,}0$. Déterminer la concentration en ions H_3O^+ dans cette solution et la comparer à la concentration en soluté apporté C_1.

c. La réaction entre l'acide chlorhydrique et l'eau est-elle totale ? Écrire cette équation.

d. Une solution d'acide nitrique de concentration $C_2 = C_1$ a un pH égal à 2.

La réaction entre l'acide nitrique et l'eau est-elle totale ? Écrire cette équation.

Partie 2 À propos de l'acide sulfurique

e. À partir du schéma de Lewis de l'acide sulfurique, justifier pourquoi l'acide sulfurique est un diacide.

f. La réaction de l'acide sulfurique dans l'eau est totale et prouve que cet acide est un diacide. Écrire le bilan de cette réaction.

Partie 3 Analyse d'une eau de pluie

g. Des analyses montrent qu'une eau de pluie contient les polluants suivants :

$$NO_3^- : 1{,}24 \text{ mg} \cdot L^{-1} \;;\; SO_4^{2-} : 2{,}88 \text{ mg} \cdot L^{-1} \;;\; Cl^- : 0{,}35 \text{ mg} \cdot L^{-1}.$$

À partir des équations établies précédemment, des résultats des analyses et de vos connaissances, peut-on considérer cette pluie comme néfaste pour l'environnement ?

Pour résoudre ce problème, vous êtes invité(e) à présenter toutes les étapes de la démarche suivie de manière détaillée, même si elle n'a pas abouti.

CORRIGÉS

OBJECTIF BAC

Pluies acides

Partie 1 À propos de l'acide chlorhydrique et de l'acide nitrique

a. $HCl \rightleftarrows Cl^- + H^+$: couple HCl/Cl^-.
$HNO_3 \rightleftarrows NO_3^- + H^+$: couple HNO_3/NO_3^-.

b. $pH_1 = 2{,}0$ or $\frac{[H_3O^+]}{c^0} = 10^{-pH}$

d'où $[H_3O^+] = 10^{-pH} \times c^0$.
$[H_3O^+] = 10^{-2{,}0} \times 1{,}0 = 1{,}0 \times 10^{-2}$ mol·L^{-1}.
On constate que pour un litre de solution, on a dissous $1{,}0 \times 10^{-2}$ mol de HCL et que l'on retrouve $1{,}0 \times 10^{-2}$ mol d'ions H_3O^+ après dissolution.

c. $[H_3O^+] = C_1$. Toutes les molécules de HCl ont réagi avec l'eau et produit la même quantité d'ions H_3O^+. La réaction est donc totale. Le réactif limitant HCl est totalement consommé, l'eau étant le solvant en excès.
Le gaz HCl est un acide donc il va réagir avec l'eau présente en tant que base. HCl va céder un H^+ et l'eau va le capter.

CONSEILS
a. Un acide est une espèce capable de céder un proton. Écrivez la demi-équation traduisant cette définition.

$$HCl \rightleftarrows Cl^- + H^+$$
$$H_2O + H^+ \rightleftarrows H_3O^+$$

$$HCl_{(g)} + H_2O_{(\ell)} \rightarrow Cl^-_{(aq)} + H_3O^+_{(aq)}$$

d. $C_2 = C_1 = [H_3O^+]$. Comme pour l'acide chlorhydrique, on constate que l'acide nitrique réagit totalement avec l'eau puisque la quantité d'ions H_3O^+ formée est égale à la quantité de HNO_3 initialement introduite. La réaction est totale. Tous les HNO_3 réagissent et donnent autant d'ions H_3O^+.

$$HNO_3 \rightleftarrows NO_3^- + H^+$$
$$H_2O + H^+ \rightleftarrows H_3O^+$$

$$HNO_{3(\ell)} + H_2O_{(\ell)} \rightarrow NO^-_{3(aq)} + H_3O^+_{(aq)}$$

Partie 2 À propos de l'acide sulfurique

e. D'après le schéma de Lewis, on voit deux hydrogènes liés chacun à un atome d'oxygène. On constate que l'électronégativité de l'oxygène est bien supérieure à celle de l'atome d'hydrogène. De ce fait, le doublet liant de la liaison est attiré par l'oxygène donc la liaison est polarisée. Les deux liaisons O–H sont fragilisées et cette liaison va se rompre : l'oxygène garde le doublet d'électrons et libère l'ion H^+ :

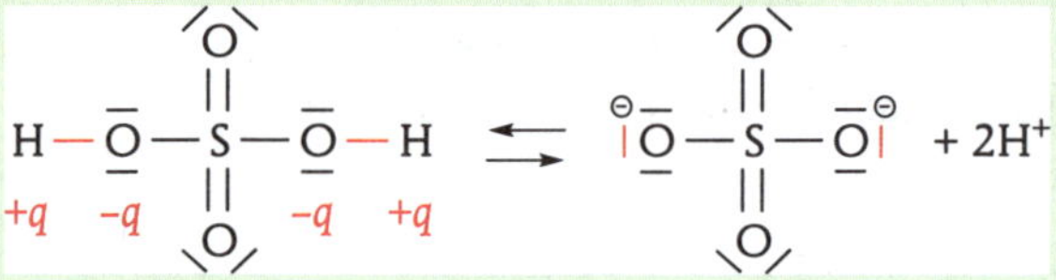

f. L'acide sulfurique réagit avec l'eau et libère un premier ion H^+ :

$$H_2SO_4 + H_2O \rightarrow HSO_4^- + H_3O^+ \text{ (réaction totale)}$$

Sa base conjuguée HSO_4^- peut à son tour réagir avec l'eau pour libérer un second ion H^+ :

$$HSO_4^- + H_2O \rightarrow SO_4^{2-} + H_3O^+.$$

Le bilan donne :

$$H_2SO_4 + 2\ H_2O \rightarrow SO_4^{2-} + 2\ H_3O^+$$

Partie 3 Analyse d'une eau de pluie

g. • Quelle(s) grandeur(s) doit-on rechercher ?

Pour répondre à la question posée (« Peut-on considérer cette pluie comme néfaste pour l'environnement ? »), il faut connaître le pH de cette eau, donc déterminer la concentration en ions H_3O^+.

• Comment expliquer la présence des ions NO_3^-, SO_4^{2-} et Cl^- ?

Les ions NO_3^- proviennent de la réaction de l'acide nitrite avec l'eau.

Les ions sulfate SO_4^{2-} proviennent de la réaction de l'acide sulfurique avec l'eau.

Les ions chlorure Cl^- proviennent de la réaction de l'acide chlorhydrique avec l'eau.

Ces trois réactions sont totales :

① $HNO_3 + H_2O \rightarrow NO_3^- + H_3O^+$

② $H_2SO_4 + 2H_2O \rightarrow SO_4^{2-} + 2H_3O^+$

③ $HCl + H_2O \rightarrow Cl^- + H_3O^+$

• Comment déterminer la concentration en ions H_3O^+ et le pH ?
La quantité d'ions H_3O^+ est donc la somme des H_3O^+ formés lors de ces 3 réactions. Pour un volume V de pluie on a n_1 mol d'ions NO_3^-, une quantité n_2 mol d'ions SO_4^{2-} et une quantité n_3 mol d'ions Cl^-.

Réaction ① :

$$HNO_3 + H_2O \rightarrow NO_3^- + H_3O^+$$

Il se forme autant de mol de NO_3^- que de H_3O^+ : la réaction ① produit la même quantité d'ions NO_3^- et d'ions H_3O^+ soit n_1.

Réaction ② :

$$H_2SO_4 + 2\ H_2O \rightarrow 1\ SO_4^{2-} + 2\ H_3O^+$$

Il se forme deux fois plus de mol de H_3O^+ que de SO_4^{2-} : la réaction ② produit la quantité n_2 d'ions SO_4^{2-} et $2n_2$ d'ions H_3O^+.

Réaction ③ :

$$HCl + H_2O \rightarrow 1\ Cl^- + 1\ H_3O^+$$

Il se forme autant de mol de Cl^- que de H_3O^+ : la réaction ③ produit la même quantité d'ions Cl^- et d'ions H_3O^+ soit n_3.
La quantité totale d'ions H_3O^+ est donc égale à : $n_1 + 2n_2 + n_3$.
Par conséquent, la concentration d'ions H_3O^+ est :

$$[H_3O^+] = \frac{n_1 + 2n_2 + n_3}{V} = \frac{n_1}{V} + \frac{2n_2}{V} + \frac{n_3}{V} = C_1 + 2C_2 + C_3$$

On peut déterminer les concentrations en quantité de matière connaissant les concentrations en masse : $c_1 = \frac{C_1}{M_1}$; $c_2 = \frac{C_2}{M_2}$ et $c_3 = \frac{C_3}{M_3}$ où M_1, M_2 et M_3 sont respectivement les masses molaires des ions nitrate NO_3^-, sulfate SO_4^{2-} et chlorure Cl^-.
$M_1 = M(NO_3^-) = 14 + 3 \times 16 = 62\ g \cdot mol^{-1}$;
$M_2 = M(SO_4^{2-}) = 32 + 4 \times 16 = 96\ g \cdot mol^{-1}$;
$M_3 = M(Cl^-) = 35{,}5\ g \cdot mol^{-1}$.

Finalement : $[H_3O^+] = C_1 + 2C_2 + C_3 = \frac{C_1}{M_1} + \frac{2C_2}{M_2} + \frac{C_3}{M_3}$

$$[H_3O^+] = \frac{1{,}24 \times 10^{-3}}{62} + \frac{2 \times 2{,}88 \times 10^{-3}}{96} + \frac{0{,}35 \times 10^{-3}}{35{,}5} = 9{,}0 \times 10^{-5}\ mol \cdot L^{-1} \text{ donc :}$$

$$pH = -\frac{\log([H_3O^+])}{C^0} = -\frac{\log(9{,}0 \times 10^{-5})}{1{,}0} = 4{,}0.$$

• Comment répondre à la question posée ? (Conclusion)
La présence des polluants nitrate, sulfate et chlorure montre que l'activité humaine a des conséquences puisque cela génère des pluies acides de pH inférieur à 7. Cette acidité va endommager les écosystèmes, ce qui est néfaste pour l'environnement.

5 Mesure d'une grandeur physique

En bref *La mesure d'une grandeur physique (pression, conductivité...) liée à la concentration ou à la quantité de matière d'un réactif ou d'un produit permet d'analyser un système chimique.*

I Mesure de la pression

- Si la transformation chimique fait intervenir un gaz, on mesure la **pression**, proportionnelle au nombre de moles de gaz, à température T et volume V fixés.

- **Loi des gaz parfaits** : $PV = nRT$ ou $n = \frac{V}{RT}P$.

avec P pression du gaz (Pa), V volume occupé par ce gaz (m^3), n quantité de matière du gaz (mol), $R = 8{,}31\ J \cdot K^{-1} \cdot mol^{-1}$ constante des gaz parfaits et T température en kelvins (K) ($T(K) = \theta(°C) + 273{,}15$). → FICHE 11

- Les **gaz réels** se comportent comme des gaz parfaits à faible pression.

À NOTER
Le volume molaire d'un gaz ou loi d'Avogadro Ampère et la loi de Mariotte PV = cste à T et n constants ont été abordés en 1re.

II Conductimétrie

- La **conductimétrie** est l'étude des solutions ioniques conductrices du courant électrique. On mesure la conductance $G = \frac{1}{R} = \frac{I}{U}$ d'une solution contenant des ions entre deux électrodes planes et parallèles. Le conductimètre affiche directement la conductivité σ :

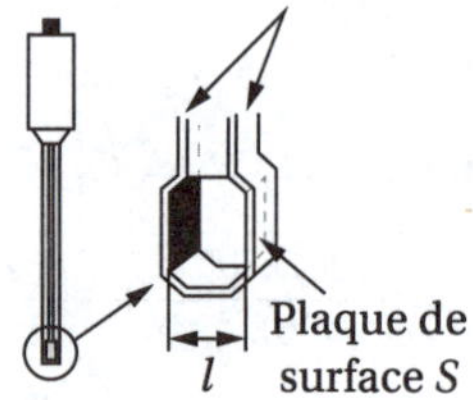

$$\sigma = \frac{l}{S}G$$ σ en $S \cdot m^{-1}$; G en siemens (S) ; l en m ; S en m^2.

- D'après la **loi de Kohlrausch**, la conductivité d'une solution diluée d'une espèce ionique dissoute est proportionnelle à sa concentration :

$$\sigma = k \times C$$ σ en $S \cdot m^{-1}$; C en $mol \cdot L^{-1}$; k en $S \cdot L \cdot m^{-1} \cdot mol^{-1}$.

- Un **dosage par étalonnage** consiste à déterminer la concentration d'une espèce chimique en comparant une grandeur physique, la conductivité σ caractéristique de la solution, à la même grandeur physique mesurée pour des solutions étalons contenant l'espèce à doser.

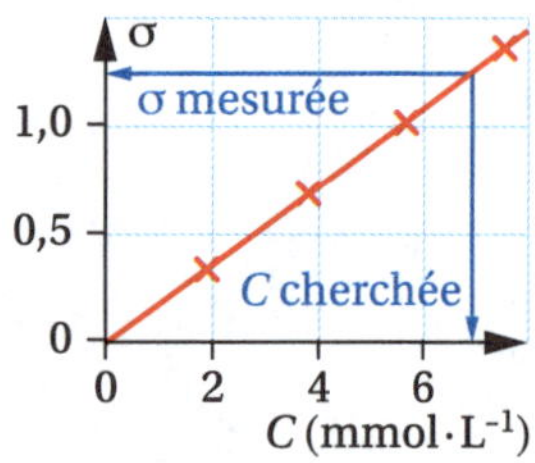

Méthode

Déterminer une quantité de matière à partir d'une mesure de pression

On fait réagir un ruban de magnésium avec une solution d'acide chlorhydrique dans un flacon de 130 mL hermétiquement fermé, suivant la réaction :

$$Mg_{(s)} + 2H_3O^+_{(aq)} \rightarrow Mg^{2+}_{(aq)} + H_{2(g)} + 2H_2O_{(\ell)}.$$

Un manomètre permet de mesurer la pression P dans le flacon au-dessus de la solution.

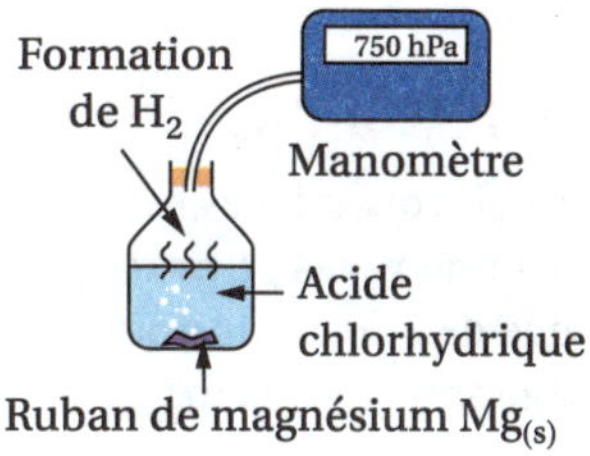

État initial	$P_0 = 1\,021$ hPa ; $\theta = 20{,}5$ °C. Volume de solution d'acide chlorhydrique : $V_1 = 40{,}0$ mL.
État final	$P_f = 1\,780$ hPa ; $\theta = 20{,}5$ °C.

Données : volume du flacon : 130 mL ; R = 8,31 $J \cdot K^{-1} \cdot mol^{-1}$; $T(K) = \theta(°C) + 273{,}15$.

a. À quoi correspond la pression initiale dans le flacon ?

b. En utilisant l'équation des gaz parfaits, démontrer que $P_f = P_0 + P_{H_2}$.

c. Déterminer la quantité de matière de dihydrogène formée.

CONSEILS

b. Veillez aux unités lors de l'application numérique de l'équation des gaz parfaits. Pour le volume, on a : 1 mL = 10^{-3} L ; 1 L = 1 dm^3 = 10^{-3} m^3 ; pour la pression : 1 hPa = 10^2 Pa.

SOLUTION

a. P_0 est la pression de l'air dans le flacon au-dessus de la solution.

b. D'après la loi des gaz parfaits $P = n\dfrac{RT}{V}$.

Dans l'état initial : $P_0 = n_0\dfrac{RT}{V}$ avec n_0 le nombre de moles d'air.

Dans l'état final, le nombre de moles de gaz est $n_f = n_0 + n_{H_2}$.

$$P_f = n_f\frac{RT}{V} = \left(n_0 + n_{H_2}\right)\frac{RT}{V} = n_0\frac{RT}{V} + n_{H_2}\frac{RT}{V} = P_0 + P_{H_2}.$$

c. On exprime le nombre de moles de dihydrogène. La pression doit être en pascals, la température en kelvins, le volume en m^3. Le volume occupé par le gaz est $V = V_{flacon} - V_{solution} = 130 - 40 = 90 \text{ mL} = 90 \times 10^{-6}\ m^3$.

$P_f = P_0 + P_{H_2}$ d'où $P_f - P_0 = P_{H_2} = n_{H_2}\dfrac{RT}{V}$ soit $n_{H_2} = \dfrac{V}{RT}\left(P_f - P_0\right)$.

$$n_{H_2} = \frac{90 \times 10^{-6}}{8{,}31 \times (20{,}5 + 273{,}15)} \times (1\,780 - 1\,021) \times 10^2 = 2{,}8 \times 10^{-3} \text{ mol}.$$

La quantité de dihydrogène formée est $2{,}8 \times 10^{-3}$ mol soit 2,8 mmol.

6 Spectroscopies infrarouge et UV-visible

En bref *Le principe de ces techniques repose sur l'analyse des rayonnements absorbés dans deux domaines différents de longueurs d'onde.*

I La spectroscopie infrarouge

- Les molécules organiques peuvent absorber des rayonnements infrarouges (longueur d'onde de 2 à 20 μm) qui modifient l'état de vibration de leurs liaisons.

- Un spectre IR représente la **transmittance** T d'un échantillon en fonction du nombre d'onde du rayonnement $\sigma = \frac{1}{\lambda}$. La valeur du nombre d'ondes σ de chaque bande d'absorption permet de reconnaître des liaisons dans la molécule et donc d'identifier des groupes caractéristiques.

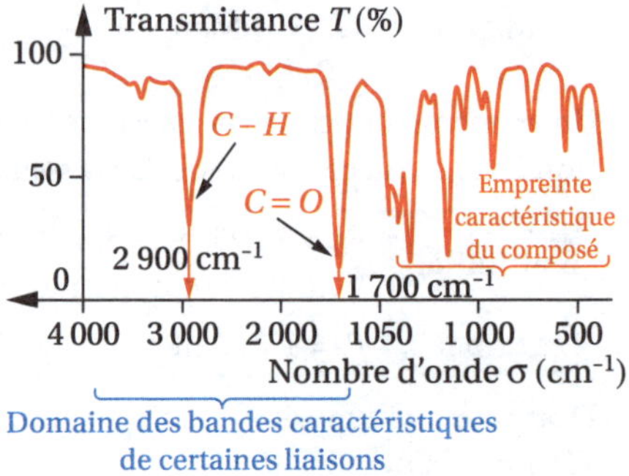

- Les bandes sont analysées selon trois critères : position (cm^{-1}), intensité (faible, moyenne, forte) et forme (large ou fine). Pour les tables IR voir → RABATS II et III.

> **MOT CLÉ**
> La **transmittance** est le rapport de l'intensité I du rayonnement transmis sur l'intensité I_0 incidente.

- Un spectre permet d'identifier les groupes caractéristiques d'un composé inconnu et de suivre un processus réactionnel.

II La spectroscopie UV-visible

- Un spectre UV-visible représente l'absorbance $A = \log\left(\frac{1}{T}\right)$ d'un échantillon en fonction de la longueur d'onde λ, dans le domaine 200-400 nm pour l'UV et 400-800 nm pour le visible.

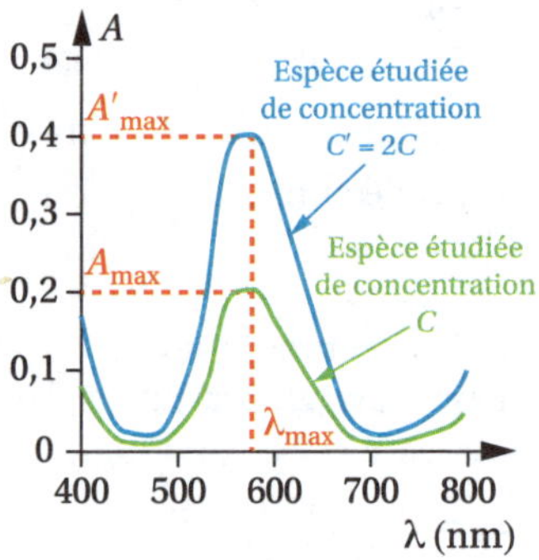

- Le spectre d'absorption d'une espèce est caractérisé par les coordonnées des maxima d'absorption λ_{max} et $A(\lambda_{max})$. On peut alors identifier une espèce avec un spectre de référence.

- D'après la loi de Beer Lambert, pour de faibles concentrations, l'absorbance d'une espèce chimique est proportionnelle à sa concentration :

$A = k \times C$ A sans unité ; C en $mol \cdot L^{-1}$; k en $L \cdot mol^{-1}$.

Méthode

Identifier un groupe caractéristique à partir du spectre IR

On donne la formule topologique de 3 amides de formule brute : C_3H_7ON.

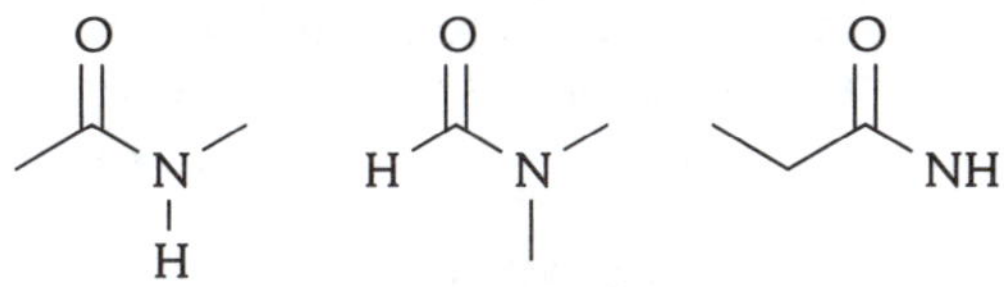

a. Pourquoi le spectre IR ci-dessous ne peut-il pas correspondre à une amine ?

b. Associer ce spectre à l'une des trois molécules proposées.

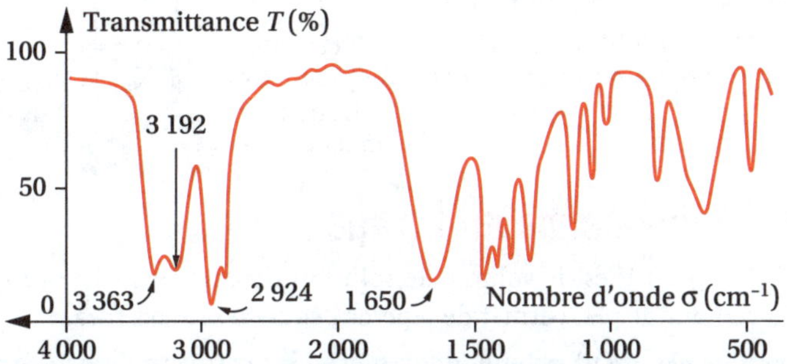

Groupement	Liaison	Nombre d'onde σ (cm^{-1})	Bandes	Intensité
amine primaire	-N–H	3 500 cm^{-1} et 3 410 cm^{-1}	2 bandes	moyenne
amine secondaire	-N–H	entre 3 500-3 300 cm^{-1}	1 bande	moyenne
amide	C=O	entre 1 650-1 700 cm^{-1}	1 bande	intense
amide non substitué	N–H	3 050 cm^{-1} et 3 500 cm^{-1}	2 bandes larges	moyenne
amide substitué	N–H	entre 3 050-3 400 cm^{-1}	1 bande large	moyenne

SOLUTION

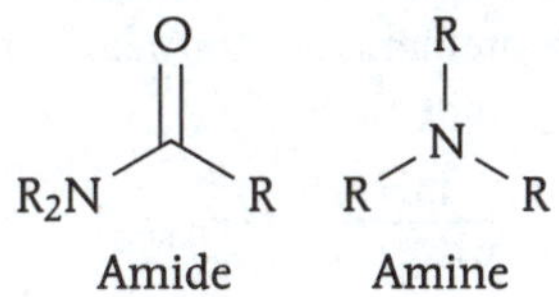

a. La bande caractéristique de nombre d'onde σ = 1 650 cm^{-1} est présente sur le spectre étudié. Elle est caractéristique du groupe carbonyle présent seulement dans un amide et conforme à ce qu'indiquent les tables. Le spectre IR ne peut donc pas correspondre à une amine.

b. On note la présence de deux bandes (3 363 et 3 192 cm^{-1}) caractéristiques des liaisons N–H d'un amide non substitué $-CO-NH_2$. On retrouve ainsi la double bande des liaisons N–H et la bande du groupe carbonyle comme l'amide numéro 3 : il s'agit de la propanamide.

7 Titrage pH-métrique

En bref *Lorsque la réaction support du titrage est une réaction acide-base quantitative (rapide, totale et unique), on suit l'évolution du pH du milieu réactionnel dans le but de repérer l'équivalence.*

I Dispositif expérimental

La solution titrante de la burette est versée progressivement dans un volume prélevé précisément, de solution à titrer. À chaque ajout de solution titrante, **on mesure le pH** de la solution.

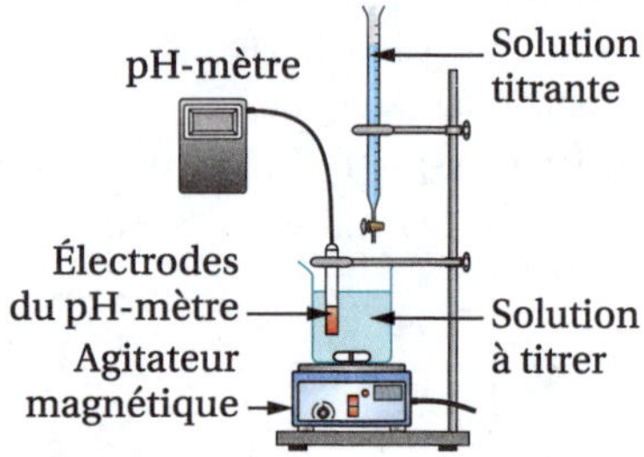

II Repérer l'équivalence du titrage

- On trace pH = $f(V)$ où V est le volume de solution titrante versé. La brusque variation de pH, ou saut de pH, permet de repérer l'**équivalence** du titrage.
- À partir du graphe pH = $f(V)$ obtenu, **deux méthodes** permettent de déterminer les coordonnées du point équivalent E avec une bonne précision.

• **Méthode des tangentes**

On trace une tangente T_1 à la courbe avant le saut de pH, puis on trace T_2, parallèle à T_1 et tangente à la courbe après le saut de pH. On construit le segment perpendiculaire à T_1 et à T_2, puis la médiatrice D de ce segment. Cette médiatrice D coupe la courbe pH = $f(V_{\text{titrant}})$ au point E d'abscisse V_E.

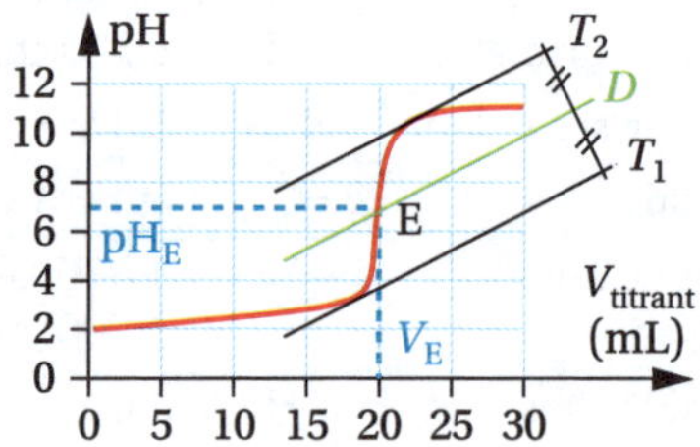

• **Méthode de la courbe dérivée**

À partir des points expérimentaux, un logiciel de traitement de données permet de tracer le graphe :

$$\frac{\mathrm{dpH}}{\mathrm{d}V_{\text{titrant}}} = f(V_{\text{titrant}}).$$

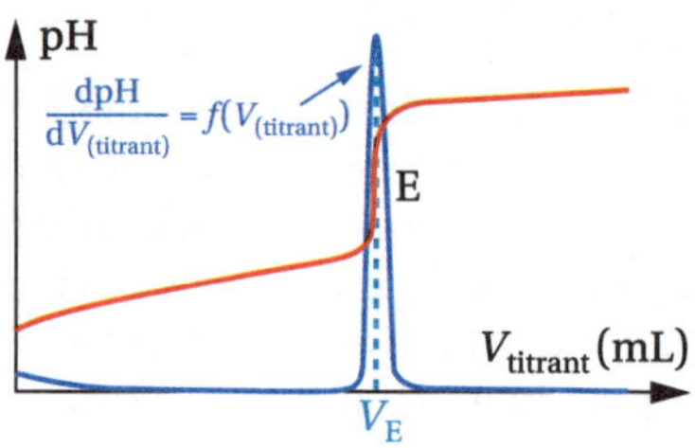

L'équivalence du titrage correspond à l'extremum de la courbe dérivée. Cet extremum repère le point d'abscisse V_E.

- À partir de la détermination de V_E, on déduit la concentration ou la quantité de matière d'espèce à titrer, sachant qu'à l'équivalence on a réalisé un **mélange stœchiométrique** du réactif titrant et du réactif titré.

Méthode

Exploiter une courbe de titrage pH-métrique

On dose un volume $V_1 = 20{,}0$ mL d'une solution d'acide éthanoïque.

On réalise un suivi pH-métrique de la solution d'acide éthanoïque par une solution d'hydroxyde de sodium de concentration $C_2 = 4{,}0 \times 10^{-2}$ mol·L^{-1}.

On obtient les courbes ci-contre.

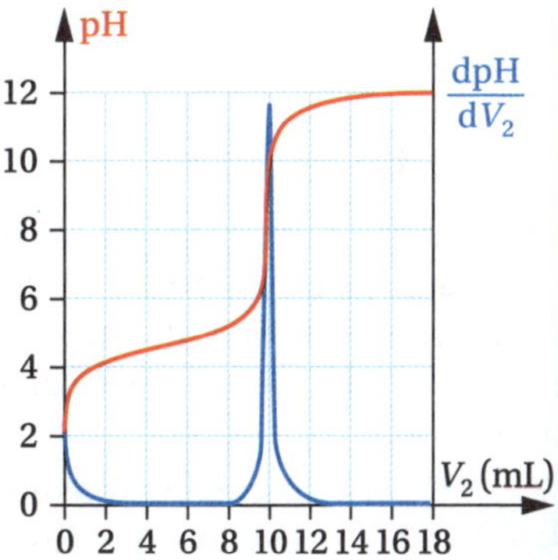

La réaction support du titrage est :

$$CH_3COOH_{(aq)} + HO^-_{(aq)} \rightarrow CH_3COO^-_{(aq)} + H_2O_{(\ell)}$$

a. Déterminer le volume équivalent par deux méthodes différentes.

b. En expliquant votre démarche, déterminer la concentration de la solution d'acide éthanoïque.

CONSEILS

a. Appliquez les méthodes des tangentes et de la courbe dérivée.

b. Définissez l'équivalence du titrage et déduisez-en, à partir de l'équation de la réaction, la relation entre les quantités de réactifs qui ont réagi à l'équivalence.

SOLUTION

a. L'équivalence se situe dans le saut de pH. On applique la méthode des tangentes et on détermine $V_E = 10$ mL.

Par lecture de l'abscisse du maximum de la courbe dérivée $\frac{\mathrm{dpH}}{\mathrm{d}V_2} = f(V_2)$, on détermine la même valeur de V_E soit $V_E = 10$ mL.

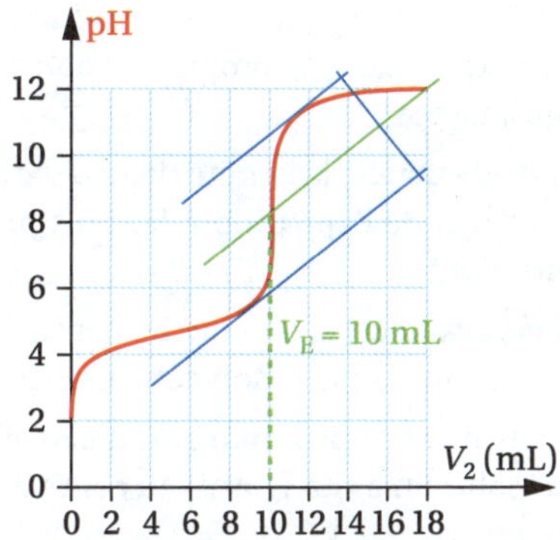

b. À l'équivalence, les deux réactifs sont totalement consommés : on a réalisé un mélange stœchiométrique du réactif titrant et du réactif titré.

D'après l'équation de la réaction, les deux réactifs réagissent mol à mol :

$n(CH_3COOH)_i = n(HO^-)_E$

soit $C_1 \times V_1 = C_2 \times V_E$ d'où $C_1 = \frac{C_2 \times V_E}{V_1} = \frac{4{,}0 \times 10^{-2} \times 10}{20} = 2{,}0 \times 10^{-2}$ mol·L^{-1}.

PHYSIQUE-CHIMIE SVT MATHS COMPLÉMENTAIRES GRAND ORAL

8 Titrage conductimétrique

En bref *Un titrage conductimétrique peut être envisagé lorsque la réaction support du titrage fait intervenir des ions.*

I Conductivité d'une solution

- La conductivité d'une solution est fonction des concentrations des espèces chargées la constituant. D'après la loi de Kohlrausch (forme générale), dans une solution diluée, chaque ion se comporte comme s'il était seul. La conductivité d'un électrolyte est la somme des conductivités propres σ_i, indépendantes, de chacun de ses ions :

$$\sigma = \sum_i \sigma_i = \sum_i \lambda_i^0 [x_i]$$

σ conductivité de la solution ($S \cdot m^{-1}$) ; $[x_i]$ concentration des ions présents dans la solution ($mol \cdot m^{-3}$) ; λ_i^0 conductivité molaire des ions présents ($S \cdot m^2 \cdot mol^{-1}$).

- Conductivité molaire ionique de quelques ions :

Ion	H_3O^+	HO^-	Na^+	Cl^-
λ ($S \cdot m^2 \cdot mol^{-1}$)	34,98	19,92	5,01	7,63

Exemple : pour une solution de chlorure de sodium :
$\sigma = \lambda_{Na^+} \times [Na^+] + \lambda_{Cl^-} \times [Cl^-] = (\lambda_{Na^+} + \lambda_{Cl^-}) \times C$ avec C concentration apportée en chlorure de sodium.

II Repérer l'équivalence du titrage

- On explique l'évolution de la conductivité σ d'une solution en comparant la conductivité molaire λ_i^0 propre à chaque ion présent dans la solution avant et après l'équivalence.

• Avant l'équivalence, la conductivité σ varie au fur et à mesure de la disparition des ions titrés et de l'apparition des ions produits par la réaction et/ou des ions spectateurs ajoutés.

• Après l'équivalence, la conductivité σ varie encore, mais uniquement en raison de l'ajout des ions titrants non consommés et/ou des ions spectateurs.

- On ajoute un volume important d'eau au volume de solution à titrer, ainsi au cours du titrage $V_{titrant\text{-}ajouté} << V_{solution} = V_{titré} + V_{eau}$, la dilution due à l'ajout du titrant est alors négligeable. Ainsi, la courbe $\sigma = f(V_{titrant})$ est constituée de segments de droites dont l'intersection permet de repérer l'équivalence.

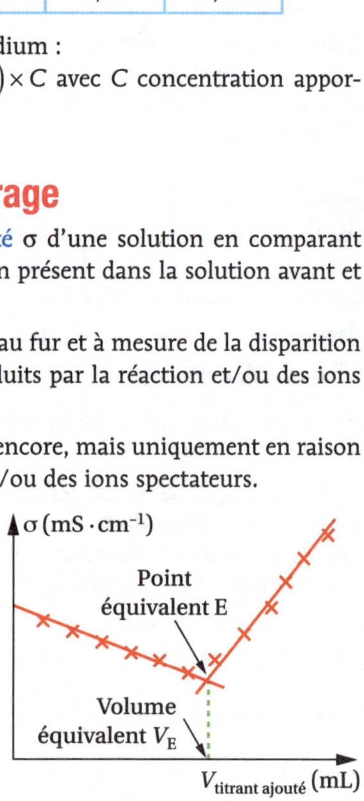

Méthode

Interpréter une courbe de titrage conductimétrique

On titre une solution d'acide chlorhydrique ($H_3O^+ + Cl^-$) par une solution d'hydroxyde de sodium ($Na^+ + HO^-$). On suit la conductivité de la solution titrée en fonction du volume V_b de solution titrante versé. La réaction support du titrage est : $H_3O^+_{(aq)} + HO^-_{(aq)} \rightarrow 2\ H_2O_{(\ell)}$.

Doc 1 Montage

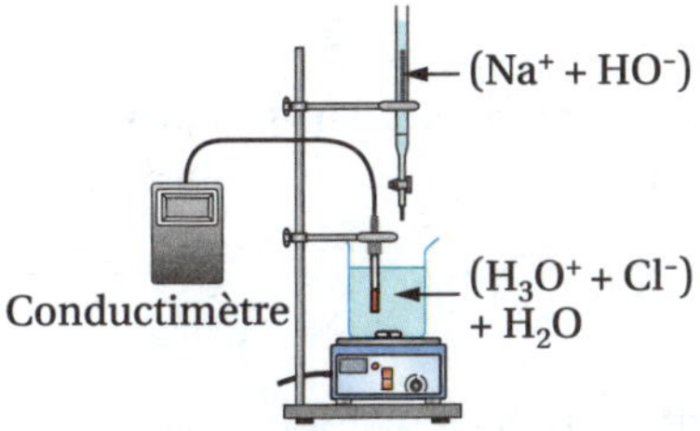

Doc 2 Courbe obtenue

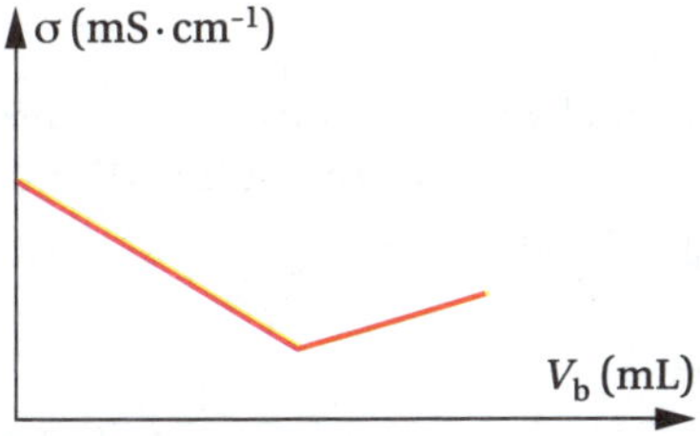

a. Justifier l'allure de la courbe obtenue (document 2).

b. Comment déterminer le volume équivalent V_E ?

Données : conductivités molaires ioniques (en $mS \cdot m^2 \cdot mol^{-1}$ à 25 °C) :

Ion	H_3O^+	Na^+	HO^-	Cl^-
λ	34,98	5,01	19,92	7,63

CONSEILS

a. Faites l'inventaire de toutes les espèces ioniques et regardez comment leurs concentrations évoluent au cours du titrage (avant et après l'équivalence). Comparez la conductivité molaire ionique des ions qui apparaissent ou disparaissent pour justifier l'évolution globale de la conductivité de la solution.

SOLUTION

a. $Na^+_{(aq)}$ et $Cl^-_{(aq)}$ sont des ions spectateurs. Au début du titrage, sont présents dans la solution les ions $H_3O^+_{(aq)}$ et $Cl^-_{(aq)}$. Avant l'équivalence, le réactif titrant versé est limitant : les ions HO^- réagissent complètement avec les ions H_3O^+ alors $[H_3O^+]$ diminue et $[Na^+]$ croît. Mais comme la conductivité molaire ionique de H_3O^+ est très grande devant celle de Na^+, la conductivité du mélange décroît.

Après l'équivalence, le réactif titré est limitant, les ions HO^- sont en excès, donc $[HO^-]$ et $[Na^+]$ augmentent et la conductivité croît.

Ainsi à l'équivalence, la conductivité est minimale.

b. À l'intersection des deux droites, la conductivité est minimale et correspond à l'équivalence du titrage. On peut alors lire le volume équivalent V_E.

OBJECTIF BAC

Contrôle de qualité de médicaments

60 min

Ce problème montre l'intérêt de la spectroscopie infrarouge dans la synthèse d'un médicament et des différentes techniques de dosage pour réaliser des contrôles de qualité de médicaments.

LE SUJET

Le paracétamol est un médicament utilisé pour ses propriétés analgésiques et antipyrétiques. On le synthétise à partir du para-aminophénol et de l'anhydride éthanoïque suivant la réaction :

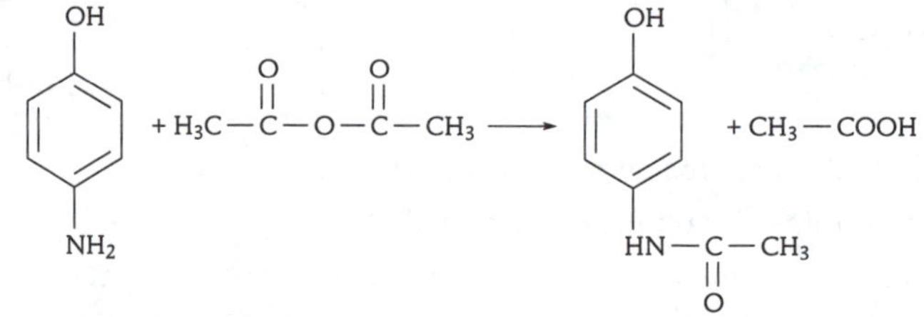

para-aminophénol + anhydride éthanoïque → paracétamol + acide éthanoïque

a. Entourer et nommer les groupes caractéristiques présents sur le para-amiphénol et sur le paracétamol.

b. On donne ci-dessous le spectre infrarouge du para-aminophénol et celui du produit synthétisé.

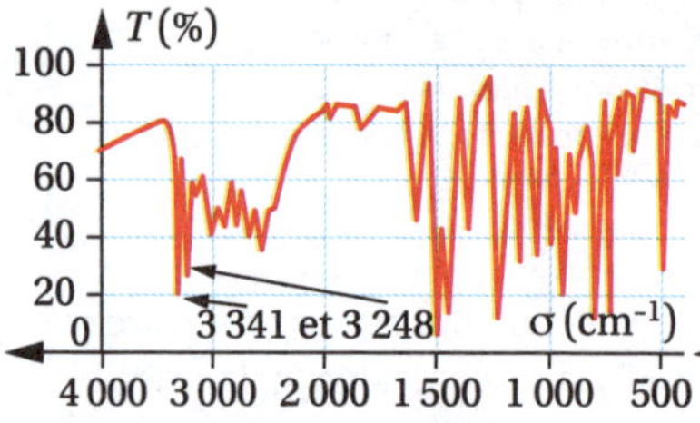

Para-aminophénol

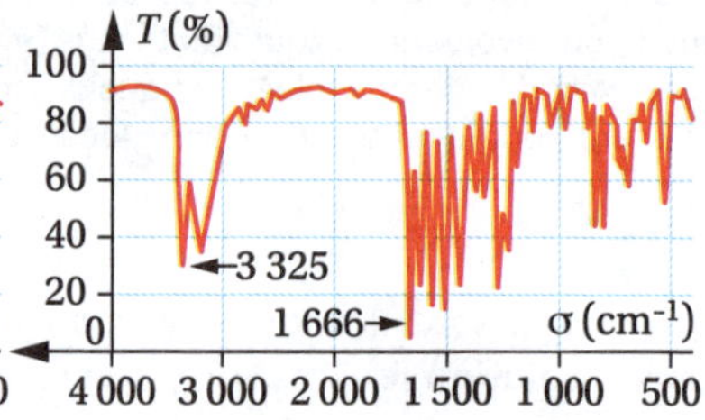

Produit synthétisé

Expliquer à quoi sont dues les bandes d'absorption à 3 341 et 3 248 cm^{-1} sur le spectre du para-aminophénol.

c. L'analyse du spectre du produit synthétisé permet-elle de valider la formation du paracétamol ?

Dans le cadre du contrôle qualité d'un médicament, on veut vérifier la teneur en paracétamol contenue dans un comprimé « paracétamol 500 mg ».

On souhaite réaliser un dosage par étalonnage. Pour cela, on prépare une solution par dissolution d'un comprimé dans une fiole jaugée de 1 litre.

On réalise le spectre UV-visible d'une solution de paracétamol de concentration $2,0 \times 10^{-3}$ mol·L^{-1}, donné ci-dessous.

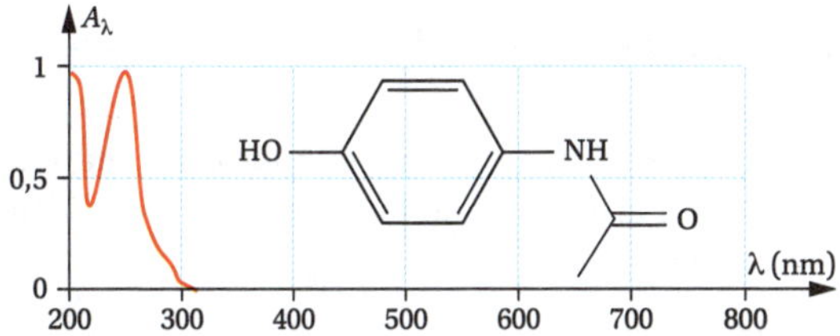

d. À quelle longueur d'onde doit-on travailler ?

e. Expliquer le principe d'un dosage par étalonnage et préciser le domaine de concentration des solutions étalons.

L'ibuprofène est un médicament utilisé pour ses propriétés analgésiques et antipyrétiques.

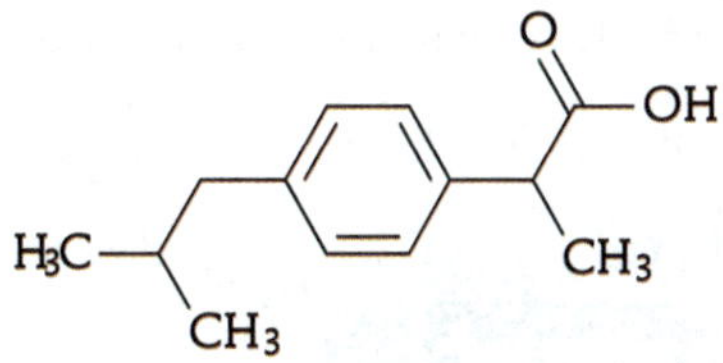

Ibuprofène

Afin de réaliser le titrage de l'ibuprofène contenu dans un comprimé d'« ibuprofène 400 mg », on broie le comprimé contenant l'ibuprofène dans 20 mL d'éthanol.

On filtre le mélange obtenu.

Le filtrat contenant l'ibuprofène est placé dans un bécher auquel on ajoute environ 40 mL d'eau distillée.

On titre le contenu du bécher à l'aide d'une burette graduée contenant une solution aqueuse d'hydroxyde de sodium ($Na^+_{(aq)} + HO^-_{(aq)}$) de concentration en quantité de matière apportée $c_b = (2,0 \pm 0,1) \times 10^{-1}$ mol·L^{-1}.

Le titrage est suivi par pH-métrie. Un logiciel permet d'obtenir la courbe dérivée.

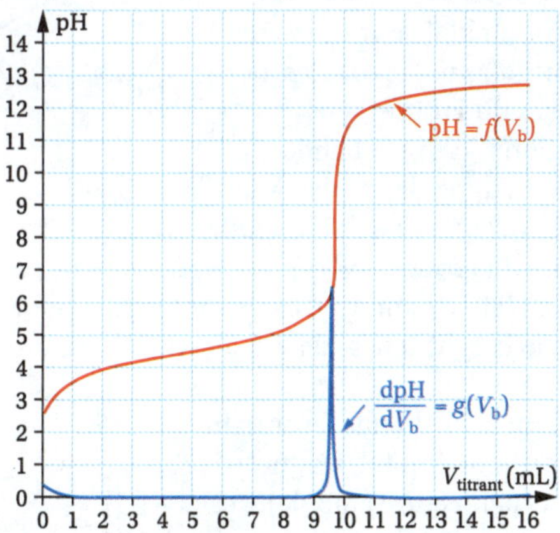

f. Définir l'équivalence d'un titrage.

g. Déterminer la valeur du volume équivalent V_E par une méthode de votre choix.

On note, l'ibuprofène R-COOH.

PHYSIQUE-CHIMIE SVT MATHS COMPLÉMENTAIRES GRAND ORAL

h. À quel couple acide-base appartient l'ion hydroxyde HO^- ?

i. Écrire l'équation de la réaction support de titrage.

j. Quelles caractéristiques doit posséder une réaction chimique pour être utilisée lors d'un titrage ?

k. Exploiter le titrage afin de déterminer la masse d'ibuprofène contenu dans un cachet. Votre résultat devra être associé à une incertitude. Ce médicament est-il conforme à l'indication fournie ?

Données :
- masse molaire de l'ibuprofène : $M(C_{13}H_{18}O_2) = 206\ g \cdot mol^{-1}$;
- masse molaire du paracétamol : $M(\text{paracétamol}) = 151\ g \cdot mol^{-1}$;
- incertitude $U(m)$ sur la masse m liée aux différentes sources d'erreurs avec un niveau de confiance de 95 % telle que : $\frac{U(m)}{m} = \sqrt{\left(\frac{U_{burette}}{V_E}\right)^2 + \left(\frac{U_{c_b}}{c_b}\right)^2}$;
- incertitude sur la mesure du volume versé par la burette : $U_{burette} = 0{,}2$ mL.

CORRIGÉS

OBJECTIF BAC

Contrôle de qualité de médicaments

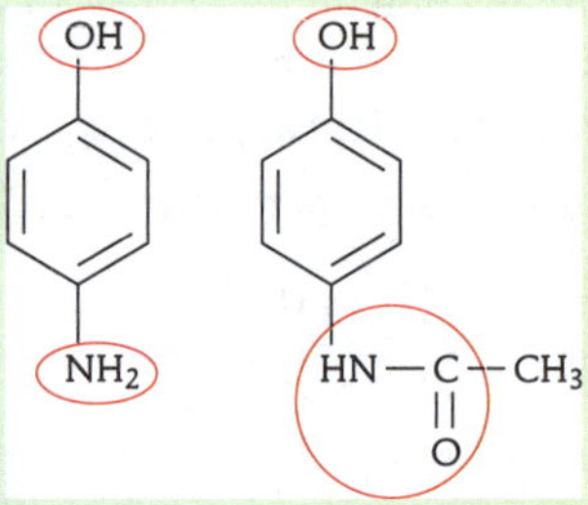

a. -OH groupe hydroxyle et $-NH_2$ groupe amino pour le para-aminophénol ; -OH groupe hydroxyle et amide -NH-C=O pour le paracétamol.

b. Les bandes d'absorption à 3 341 et 3 248 cm^{-1} sur le spectre du para-aminophénol sont dues aux 2 liaisons -NH de l'amine d'après les tables IR. Deux bandes caractéristiques du groupe $-NH_2$.

c. On observe l'apparition d'une bande à 1 666 cm^{-1} qui correspond d'après les tables à la présence d'un groupe carbonyle C=O dans le groupe amide. Alors que l'on avait deux bandes caractéristiques du groupe $-NH_2$ pour le réactif, il ne reste plus qu'une bande à 3 325 cm^{-1} pour le NH de l'amide. Ce qui confirme la présence du groupe amide et on peut penser que la synthèse a permis de synthétiser un amide donc le paracétamol.

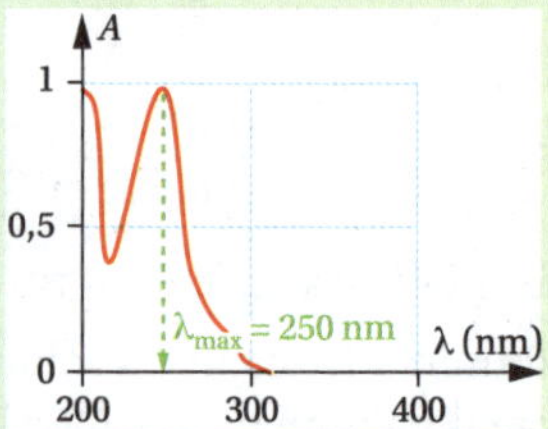

d. On doit se placer à la longueur d'onde se situant au maximum d'absorbance pour limiter les incertitudes, soit environ 250 nm (par lecture graphique ci-contre) c'est-à-dire dans le domaine des UV.

e. Pour réaliser un dosage par étalonnage, on doit préparer des solutions étalons de l'espèce à doser de concentrations connues. La gamme étalon utilisée

doit encadrer la concentration de la solution à doser. La solution à doser contient 500 $mg \cdot L^{-1}$ de paracétamol (un comprimé contenant 500 mg dans 1 L) soit :
$n = \frac{m}{M} = \frac{0,5}{151} = 3,3 \times 10^{-3}$ mol.

Il faut donc préparer des solutions comprises entre 0 et 5×10^{-3} $mol \cdot L^{-1}$ de paracétamol par exemple.

Pour chaque solution étalon, on mesure l'absorbance à 250 nm puis on trace la courbe d'étalonnage $A = f(C)$ qui doit donner une droite passant par l'origine d'après la loi de Beer-Lambert $A = k \times C$, A est proportionnelle à C. On mesure ensuite l'absorbance de la solution à doser et graphiquement on détermine alors la concentration.

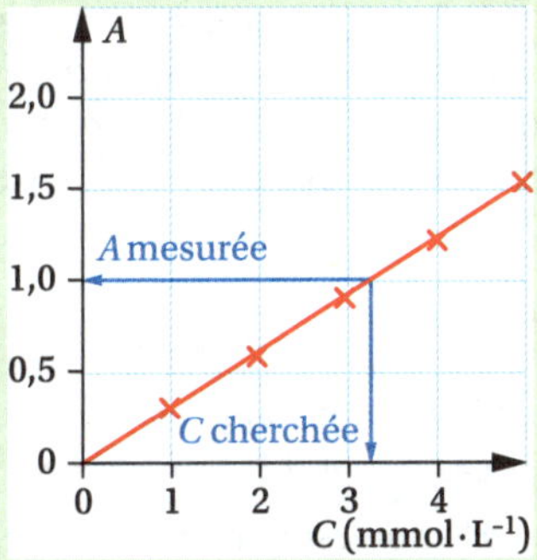

f. L'équivalence du titrage est atteinte lorsqu'on a réalisé un mélange stœchiométrique des réactifs, c'est-à-dire lorsque les deux réactifs titrant et titré sont limitants.

g. La courbe dérivée permet de déterminer V_E, puisque son extremum correspond à l'abscisse V_E soit $V_E = 9,6$ mL.

h. L'ion hydroxyde HO^- réagit avec l'ibuprofène R-COOH, un acide. HO^- est une base qui est capable de capter un proton H^+ et donner son acide conjugué H_2O, soit le couple : H_2O/HO^-.

i. L'acide R-COOH cède un H^+ :

$$\text{R-COOH} \rightarrow \text{R-COO}^- + H^+$$

L'ion hydroxyde HO^-, espèce basique, capte un proton H^+ :

$$HO^- + H^+ \rightarrow H_2O$$

D'où l'équation de la réaction :

$$\text{R-COOH}_{(aq)} + HO^-_{(aq)} \rightarrow \text{R-COO}^-_{(aq)} + H_2O_{(l)}$$

j. La réaction support du titrage doit être totale, rapide et spécifique.

k. D'après l'équation de la réaction, à l'équivalence : $n(\text{RCOOH})_i = n(HO^-)_E$ car les réactifs réagissent mole à mole.

Donc $n(\text{RCOOH})_i = C_b \times V_E = 2,0 \times 10^{-1} \times 9,6 \times 10^{-3}$ mol.

Soit la masse : $m = n(\text{RCOOH})_i \times M(\text{RCOOH})$

$m = 2,0 \times 10^{-1} \times 9,6 \times 10^{-3} \times 206 = 3,95 \times 10^{-1}$ g $= 395$ mg.

Il faut déterminer l'incertitude sur la masse :

$c_b = (2,0 \pm 0,1) \times 10^{-1}$ $mol \cdot L^{-1}$ soit $U(c_b) = 0,1 \times 10^{-1}$ $mol \cdot L^{-1}$ et $U_{burette} = 0,2$ mL.

$$\frac{U(m)}{m} = \sqrt{\left(\frac{U_{burette}}{V_E}\right)^2 + \left(\frac{U_{c_b}}{c_b}\right)^2} = \sqrt{\left(\frac{0,2}{9,6}\right)^2 + \left(\frac{0,1 \times 10^{-1}}{2,0 \times 10^{-1}}\right)^2} = 0,050.$$

Soit $U(m) = 0,050 \times 395 = 21,4 = 22$ mg

d'où $m = 395 \pm 22$ mg soit $395 - 22 < m < 395 + 22$ ou $373 < m < 417$ mg.

400 mg est contenu dans l'encadrement donc le médicament est conforme.

9 Suivi de l'évolution d'une réaction chimique

En bref *Selon la durée qui sépare l'instant de la mise en présence des réactifs de celui qui correspond à l'achèvement de la réaction (formation des produits et disparition des réactifs), on peut qualifier une réaction de lente ou de rapide. L'évolution d'une réaction lente peut être suivie par un capteur.*

I Réactions lentes ou rapides

■ Une réaction est rapide si elle s'achève dès la mise en présence des réactifs. On ne peut pas mesurer la durée qui sépare le début de la fin de la réaction.

■ Une réaction est lente si sa durée est comprise entre quelques secondes et plusieurs heures.

II Suivi d'une transformation lente

■ Suivre l'évolution d'une réaction lente consiste à obtenir la courbe d'évolution au cours du temps de la quantité de matière d'un réactif ou d'un produit.

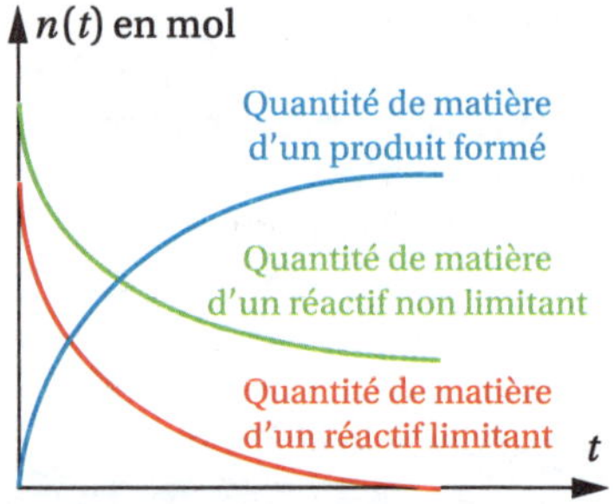

MOT CLÉ
Un réactif est **limitant** si sa quantité de matière dans l'état final est nulle.
Dans le cas contraire, il est dit **non limitant** ou **en excès**.

■ Un capteur adapté permet de réaliser le suivi de la transformation.

Capteur	Grandeur mesurée	Calcul de la quantité de matière associée
Pressiomètre	Pression $P(t)$	Loi des gaz parfaits : $n(t) = \frac{P(t) \times V}{RT}$ n en mol ; P en Pa ; V en m^3 ; R en $J \cdot K^{-1}$; T en K
Spectrophotomètre	Absorbance $A(t)$	Loi de Beer Lambert : $n(t) = \frac{A(t) \times V}{k}$ n en mol ; A sans unité ; k en $L \cdot mol^{-1}$; V en L

■ On peut aussi réaliser ce suivi en effectuant, à des intervalles réguliers de temps, des dosages d'un des réactifs ou d'un des produits de la réaction chimique.

■ Le temps de demi-réaction $t_{1/2}$ est la durée au bout de laquelle la moitié du réactif limitant a disparu : sa quantité de matière a été divisée par 2.

Méthode

Choisir un capteur adapté et déterminer le temps de demi-réaction

On réalise la réaction entre une solution d'acide chlorhydrique ($H^+_{(aq)} + Cl^-_{(aq)}$) et le fer $Fe_{(s)}$. L'équation de la réaction est la suivante :

$$2\,H^+_{(aq)} + Fe_{(s)} \rightarrow H_{2(g)} + Fe^{2+}_{(aq)}.$$

Toutes les espèces chimiques sont incolores en solution aqueuse.

a. Justifier que le choix le plus approprié pour suivre la réaction est un pressiomètre.

b. Déterminer la relation entre la pression de dihydrogène H_2 formé $P_{H_2}(t)$ et la quantité de matière d'ions hydrogène H^+ consommée $n_{H^+}(t)$.

c. L'évolution de la quantité d'ions hydrogène consommée au cours du temps est donnée ci-contre. Déterminer le temps de demi-réaction.

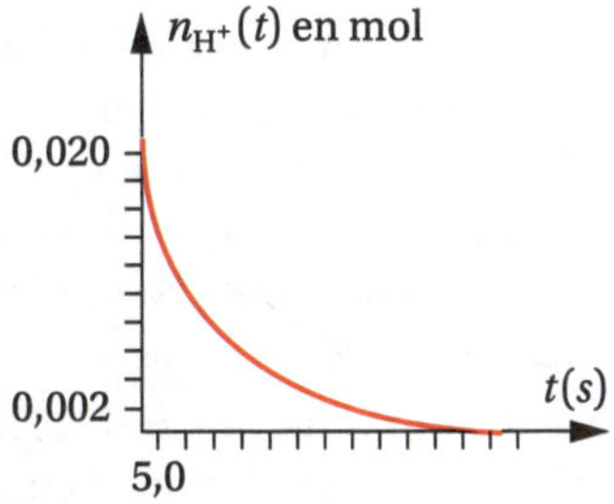

CONSEILS

a. Remarquez qu'il y a une espèce chimique formée qui est gazeuse.

b. Utilisez les relations de proportionnalité entre les quantités de matière des réactifs consommées et celles des produits formées, puis utilisez la loi des gaz parfaits.

c. Le temps de demi-réaction se calcule à partir de l'évolution de la quantité de matière du réactif limitant.

SOLUTION

a. Le dihydrogène étant le seul gaz formé, on peut utiliser un pressiomètre pour mesurer l'augmentation de pression due à sa formation.

b. On applique la relation de stœchiométrie : $\frac{n_{H^+}(t)}{2} = \frac{n_{H_2}(t)}{1}$

Puis on applique la loi des gaz parfaits : $n_{H_2}(t) = \frac{P_{H_2}(t)V}{RT}$

donc $n_{H^+}(t) = 2\frac{P_{H_2}(t)V}{RT}$.

c. L'ion hydrogène est le réactif limitant car sa quantité de matière s'annule. Le temps de demi-réaction est tel que : $n(t_{1/2}) = 0{,}010$ mol.
On trouve graphiquement : $t_{1/2} = 10{,}0$ s.

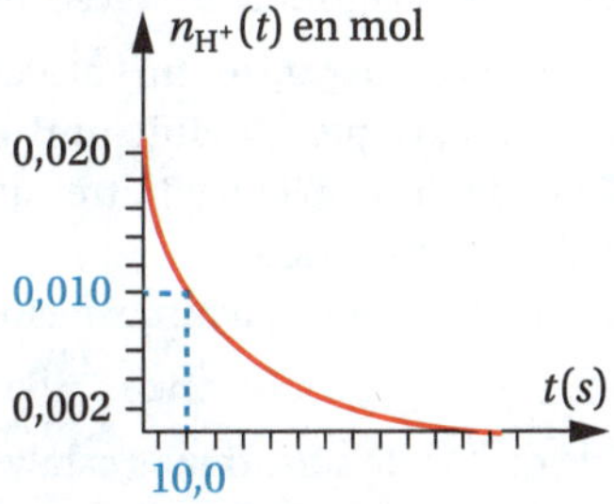

10 Facteurs cinétiques

En bref *Une réaction chimique lente peut voir sa vitesse augmentée en faisant varier un certain nombre de paramètres physique tels que la température du milieu réactionnel ou la concentration initiale des réactifs. Un catalyseur permet également d'accélérer une réaction.*

I Effet de la température et de la concentration initiale des réactifs

■ La température est un facteur cinétique : lorsque l'on augmente celle-ci, on observe généralement une augmentation de la vitesse de la réaction chimique. Le système atteint plus vite son état final et le temps de demi-réaction diminue.

■ La concentration initiale des réactifs est un facteur cinétique : lorsque l'on augmente celle-ci, on observe une augmentation de la vitesse de la réaction chimique. Le système atteint plus vite son état final et le temps de demi-réaction diminue.

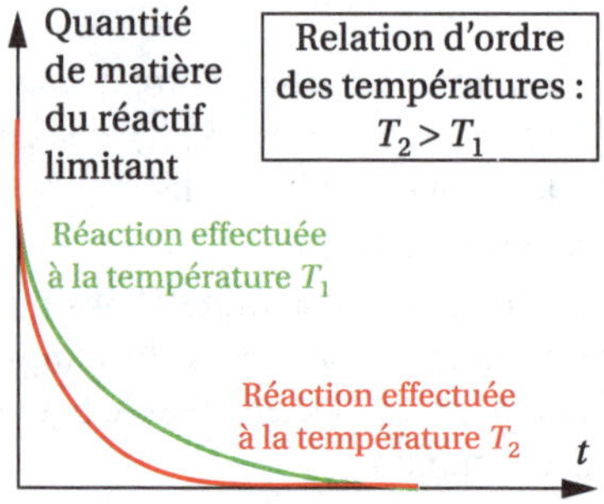

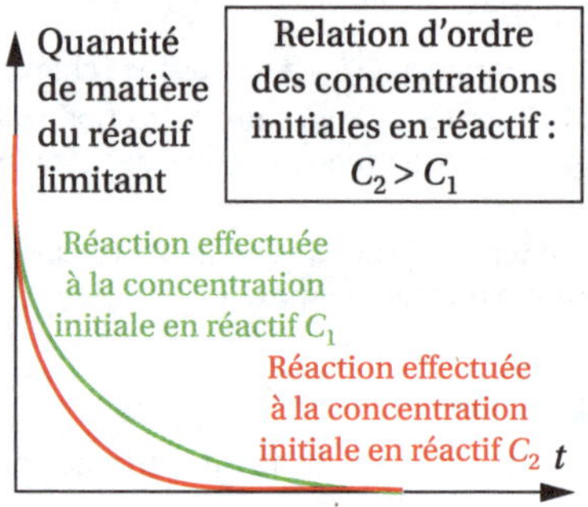

À NOTER
Pour certaines réactions chimiques d'autres facteurs cinétiques peuvent intervenir tels que la lumière.

II Rôle d'un catalyseur

Un catalyseur est une espèce chimique qui accélère une réaction chimique. Il n'est pas consommé au cours de la réaction. Il n'apparaît donc pas dans l'équation de la réaction.

Exemple : la réaction entre un alcool et un acide carboxylique produit un ester → FICHE 27 et de l'eau. Elle peut être catalysée par de l'acide sulfurique.
L'équation de la réaction a pour expression :

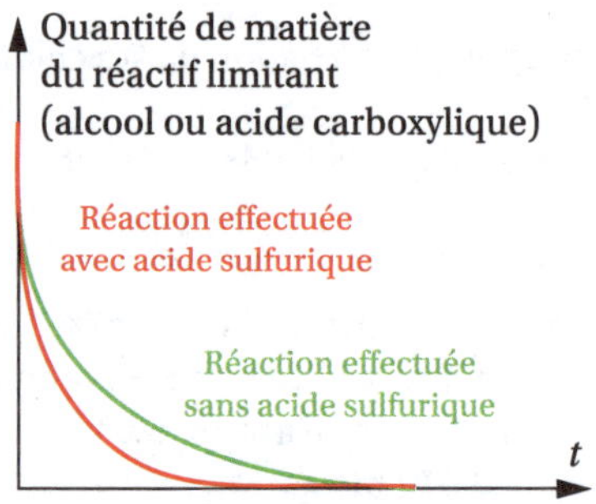

alcool + acide carboxylique → ester + eau

La formule de l'acide sulfurique (catalyseur) n'apparaît pas dans cette équation.

Méthode

Identifier les conditions expérimentales d'une réaction à sa rapidité

On réalise la réaction entre une solution d'acide chlorhydrique ($H^+_{(aq)} + Cl^-_{(aq)}$) et le zinc $Zn_{(s)}$. L'équation de la réaction est la suivante :

$$2\,H^+_{(aq)} + Zn_{(s)} \rightarrow H_{2(g)} + Zn^{2+}_{(aq)}.$$

Les conditions expérimentales de trois réactions sont données ci-dessous.

Réaction 1	$T_1 = 20$ °C	$[H^+]_0 = 0{,}20\ mol \cdot L^{-1}$
Réaction 2	$T_2 = 40$ °C	$[H^+]_0 = 0{,}20\ mol \cdot L^{-1}$
Réaction 3	$T_3 = 20$ °C	$[H^+]_0 = 0{,}40\ mol \cdot L^{-1}$

$[H^+]_0$ correspond à la concentration initiale en ion hydrogène H^+.

a. Déterminer quelle est la réaction la plus rapide entre la réaction 1 et la réaction 2 puis entre la réaction 1 et la réaction 3. Justifier.

b. Peut-on déterminer quelle est la réaction la plus rapide entre la réaction 2 et la réaction 3 ? Justifier.

c. Le temps de demi-réaction de la réaction 2 est égal à 15,2 s et celui de la réaction 3 est égal à 20,4 s. Conclure.

CONSEILS

a. Identifiez le facteur cinétique qui a une valeur différente entre chaque réaction, l'autre étant le même.

b. Rappelez-vous l'effet de chacun des facteurs cinétiques avant de conclure.

c. Le temps de demi-réaction varie en fonction de la rapidité de la réaction.

SOLUTION

a. Les réactions 1 et 2 sont réalisées avec des concentrations initiales en ion hydrogène égales. La température où s'effectue la réaction 2 est supérieure à celle de la réaction 1, donc la réaction 2 est plus rapide que la réaction 1.
Les réactions 1 et 3 sont réalisées à des températures égales. La concentration initiale en ion hydrogène de la réaction 1 est inférieure à celle de la réaction 3, donc la réaction 3 est plus rapide que la réaction 1.

b. On ne peut pas savoir laquelle des deux réactions est la plus rapide car la température de la réaction 2 est supérieure à celle de la réaction 3 tandis que la concentration en ion hydrogène de la réaction 3 est supérieure à celle de la réaction 2.

c. Le temps de demi-réaction de la réaction 2 est inférieur à et celui de la réaction 3. On en conclut que la réaction 2 est plus rapide que la réaction 3.

11 Vitesse volumique d'une espèce chimique

En bref *Au cours d'une réaction chimique, les réactifs disparaissent et les produits sont formés. À partir des courbes d'évolution des quantités de matière des réactifs ou des produits, on peut déterminer leur vitesse volumique.*

I Vitesse volumique de disparition ou d'apparition

- La **vitesse volumique de disparition d'un réactif** $v_{réactif}$ se détermine à partir de la dérivée temporelle de la concentration molaire du réactif, notée [R] :

$$v_{réactif} = -\frac{d[R]}{dt}$$

$v_{réactif}$ en $mol \cdot L^{-1} \cdot s^{-1}$; [R] en $mol \cdot L^{-1}$.

À NOTER
On met un signe moins car la vitesse de disparition doit être positive.

- La **vitesse volumique d'apparition d'un produit** $v_{produit}$ se détermine à partir de la dérivée temporelle de la concentration molaire du produit, notée [P] :

$$v_{produit} = \frac{d[P]}{dt}$$

$v_{produit}$ en $mol \cdot L^{-1} \cdot s^{-1}$; [P] en $mol \cdot L^{-1}$

- La détermination de ces vitesses peut se faire graphiquement :

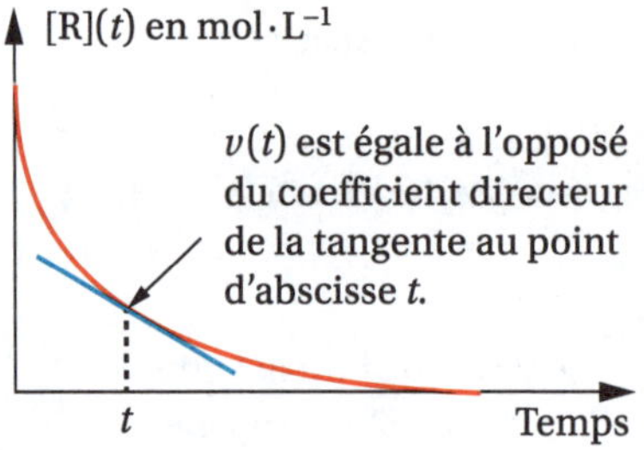

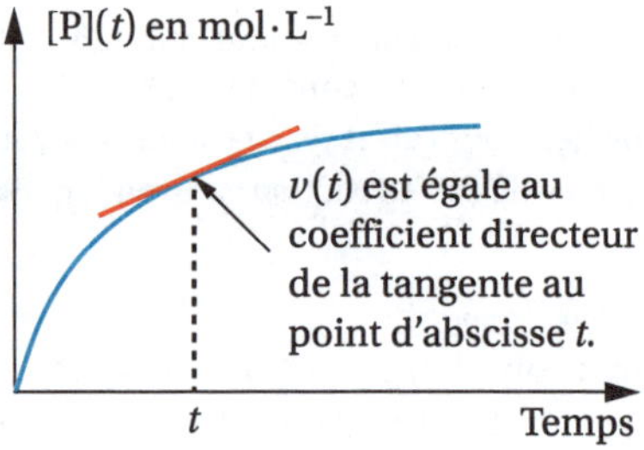

II Loi de vitesse d'ordre 1

- Une réaction suit une **loi de vitesse d'ordre 1** par rapport à un réactif ou à un produit si :

$$v_{réactif} = k_r \times [R]$$
$$v_{produit} = k_p \times [P]$$

$v_{réactif}$ et $v_{produit}$ en $mol \cdot L^{-1} \cdot s^{-1}$; k_r et k_p en s^{-1} ; [R] et [P] en $mol \cdot L^{-1}$.

- Les concentrations obéissent alors à une **loi exponentielle** :

$$[R](t) = [R]_0 \times \exp(-k_r \times t) \text{ et } [P](t) = [P]_0 \times \left(1 - \exp(-k_p \times t)\right)$$

Méthode

Décrire l'évolution temporelle d'une vitesse volumique de réaction

On mesure lors d'une réaction chimique l'évolution au cours du temps de la concentration d'une espèce notée E.
La courbe est donnée ci-dessous.

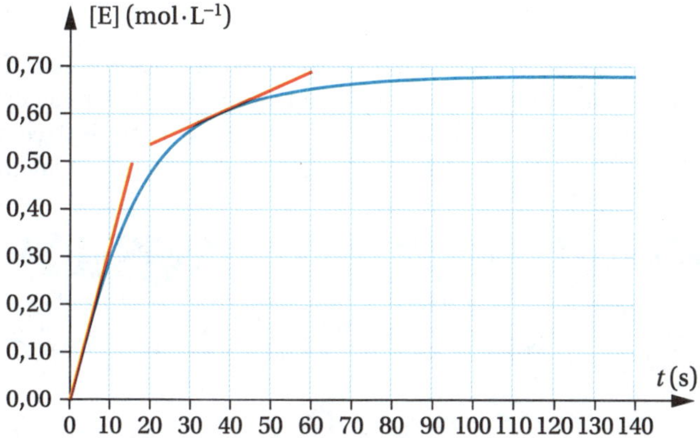

a. L'espèce chimique E est-elle un réactif ou un produit ? Justifier.

b. Calculer la vitesse volumique aux instants $t = 0$ s et $t = 40$ s.

c. Comment évolue la vitesse volumique de l'espèce E au cours du temps ?

CONSEILS

a. Rappelez-vous qu'un réactif est consommé tandis qu'un produit est formé.

b. Déterminez le coefficient directeur de la tangente à la courbe d'évolution.

c. Observez l'évolution du coefficient directeur de la tangente le long de la courbe.

SOLUTION

a. L'espèce chimique E est un produit car sa concentration molaire (et donc sa quantité de matière) augmente au cours du temps.

b. On calcule la vitesse volumique d'apparition de E à l'instant $t = 0$ s :

$$v(t = 0\ \text{s}) = \frac{0{,}50 - 0}{15 - 0} = 3{,}3 \times 10^{-2}\ \text{mol}\cdot\text{L}^{-1}\cdot\text{s}^{-1}.$$

On calcule la vitesse volumique d'apparition de E à l'instant $t = 40$ s :

$$v(t = 40\ \text{s}) = \frac{0{,}68 - 0{,}54}{60 - 20} = 3{,}5 \times 10^{-3}\ \text{mol}\cdot\text{L}^{-1}\cdot\text{s}^{-1}.$$

c. On observe que le coefficient directeur de la tangente à la courbe diminue le long de la courbe : la vitesse volumique d'apparition de l'espèce chimique diminue au cours du temps.

12 Modélisation microscopique d'une réaction

En bref *L'équation d'une réaction ne représente qu'un bilan quantitatif. Pour rendre compte de la réalité de la transformation chimique, il faut s'intéresser à son mécanisme réactionnel qui fait intervenir des actes élémentaires.*

I Mécanisme réactionnel

■ Un **acte élémentaire** est une réaction qui s'effectue en **une seule étape**. Cette réaction fait intervenir une ou deux molécules au maximum. On modélise le transfert des électrons par une flèche courbe : elle correspond au déplacement d'un doublet d'électrons. La flèche a comme origine là où se trouve initialement le doublet et pointe là où il va aller se placer.

Formation d'une liaison	Formation d'un doublet libre
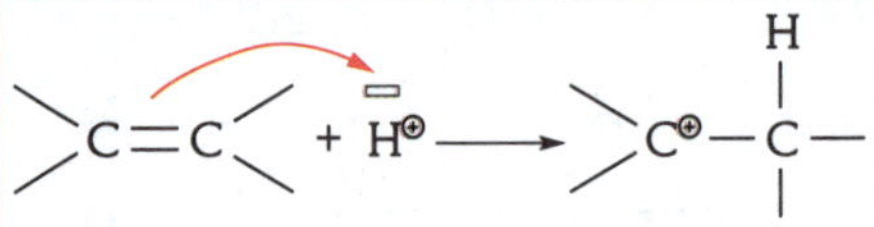	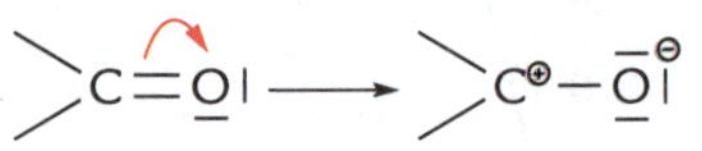

■ Le **mécanisme réactionnel** associé à une réaction chimique correspond à la succession des actes élémentaires conduisant des réactifs aux produits.

■ Un **intermédiaire réactionnel** est une entité chimique très instable qui apparaît dans le mécanisme réactionnel. Il est produit par un acte élémentaire puis consommé dans un autre acte élémentaire : il n'apparaît pas dans l'équation de la réaction. Ces intermédiaires sont souvent des **carbocations** : ils possèdent un atome de carbone portant une charge positive.

■ Un **catalyseur** modifie le mécanisme réactionnel associé à une réaction chimique. Le catalyseur est consommé lors d'un acte élémentaire, puis reformé lors d'un acte élémentaire suivant. Il n'apparaît pas dans l'équation de la réaction.

II Interprétation microscopique de l'influence des facteurs cinétiques

■ Un **choc efficace** est la rencontre entre deux molécules de réactifs qui donne lieu à un acte élémentaire. La vitesse de réaction est d'autant plus élevée que le nombre de chocs efficaces par unité de temps est grand.

■ La **température** augmente la vitesse des entités chimiques. Le nombre de chocs efficaces par unité de temps augmente avec la température.

■ Le nombre de chocs efficaces par unité de temps augmente avec la **concentration initiale des réactifs** car il y a plus de réactifs par unité de volume : les molécules de réactifs ont plus de chance de se rencontrer.

Méthode

Écrire une équation de réaction à partir d'un mécanisme réactionnel

On considère une réaction dont le mécanisme réactionnel est le suivant :

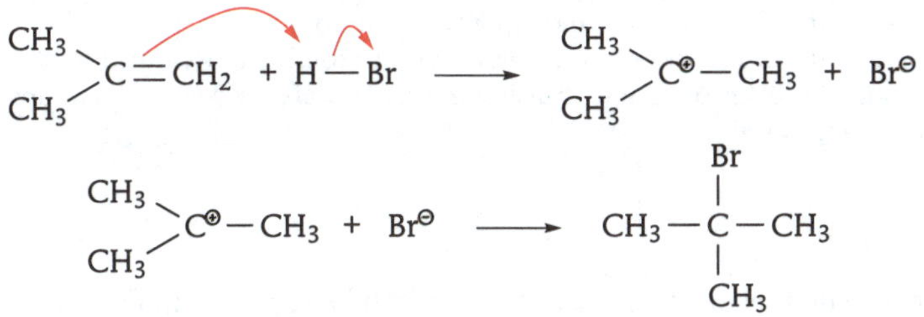

a. Identifier un intermédiaire réactionnel.

b. Ajouter dans l'étape 2 la flèche associée au transfert d'un doublet d'électrons.

c. Écrire l'équation de cette réaction chimique.

CONSEILS

a. Rappelez-vous qu'un intermédiaire réactionnel est une entité instable qui est souvent un carbocation.

b. Dessinez la flèche avec sa base là où se trouve le doublet électronique au départ et sa pointe là où le doublet est transféré.

c. Écrivez l'équation en enlevant toutes les entités qui apparaissent puis disparaissent au cours des actes élémentaires.

SOLUTION

a. L'intermédiaire réactionnel identifié est le carbocation :

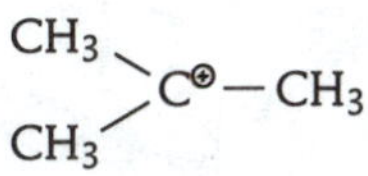

b. L'étape 2 s'écrit :

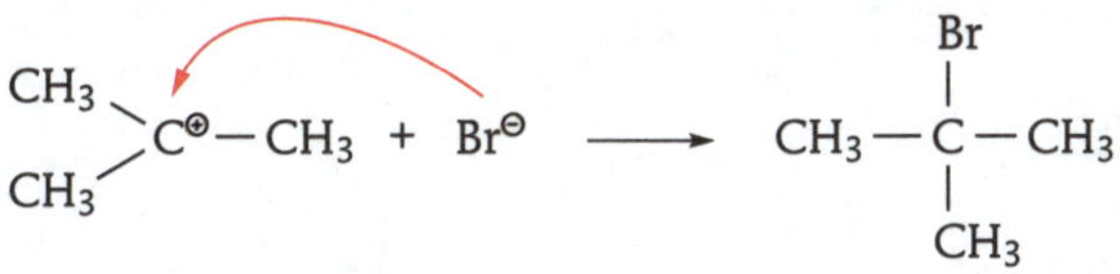

c. L'équation de la réaction s'écrit :

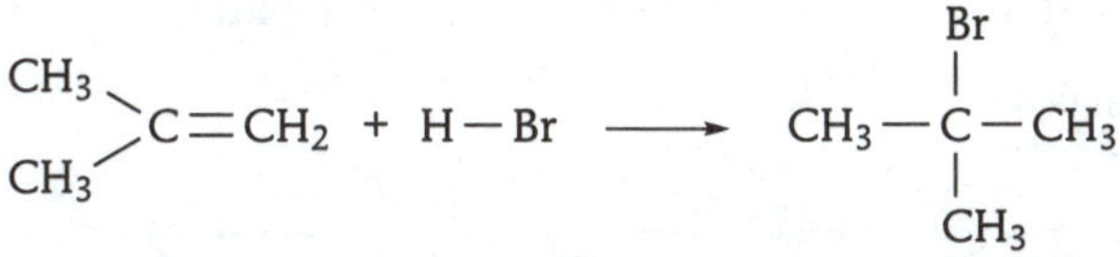

OBJECTIF BAC

Réaction entre les ions thiosulfate et les ions oxonium

60 min

Ce problème traite dans une première partie des facteurs cinétiques influant sur la rapidité d'une réaction chimique, dans une deuxième partie de la méthode de suivi de la réaction par dosage avec l'exploitation cinétique que l'on peut en faire et enfin dans une troisième, des transferts d'électrons dans le mécanisme réactionnel.

LE SUJET

Lors d'une séance de travaux pratiques, les élèves étudient la réaction ayant lieu entre l'ion thiosulfate $S_2O_3^{2-}$ et l'ion oxonium H_3O^+. L'équation de la réaction est la suivante :

$$S_2O^{2-}_{3(aq)} + 2\,H_3O^+_{(aq)} \rightarrow S_{(s)} + SO_{2(aq)} + 3\,H_2O_{(\ell)}.$$

Il a été demandé aux élèves de préparer trois mélanges réactionnels dont les concentrations initiales en réactifs sont les suivantes :

Mélange 1	Mélange 2	Mélange 3
$[S_2O_3^{2-}] = 10\ \text{mmol}\cdot\text{L}^{-1}$ $[H_3O^+] = 100\ \text{mmol}\cdot\text{L}^{-1}$	$[S_2O_3^{2-}] = 20\ \text{mmol}\cdot\text{L}^{-1}$ $[H_3O^+] = 100\ \text{mmol}\cdot\text{L}^{-1}$	$[S_2O_3^{2-}] = 30\ \text{mmol}\cdot\text{L}^{-1}$ $[H_3O^+] = 100\ \text{mmol}\cdot\text{L}^{-1}$

Ils réalisent ensuite des schémas du mélange introduit dans un bécher au fond duquel une croix noire a été tracée, à des intervalles de temps égaux. Le soufre solide formé, en suspension dans le liquide, rend la solution de plus en plus opaque.

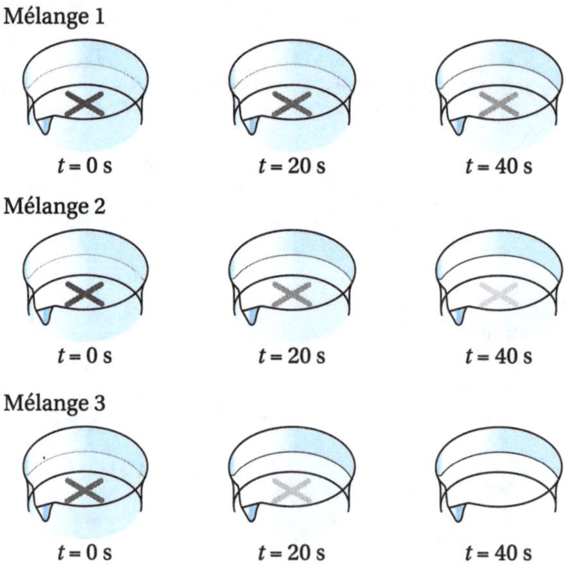

Partie 1 Étude des facteurs cinétiques

1. Quel mélange correspond à la réaction la plus rapide ?

2. Quel facteur cinétique est mis en jeu ? Expliquer la cohérence des observations avec celui-ci.

3. Sur quel autre facteur cinétique aurait-on pu jouer ? Qu'aurait-on alors observé ?

4. On donne dans le tableau suivant, pour différentes expériences, la température du milieu réactionnel et la concentration initiale en ion thiosulfate, la concentration initiale en ion oxonium étant la même.

Expérience 1	Expérience 2	Expérience 3
$[S_2O_3^{2-}] = 10\ mmol \cdot L^{-1}$ $T = 20\ °C$	$[S_2O_3^{2-}] = 30\ mmol \cdot L^{-1}$ $T = 20\ °C$	$[S_2O_3^{2-}] = 30\ mmol \cdot L^{-1}$ $T = 40\ °C$

Associer, en justifiant, à chacune de ces expériences, le temps de demi-réaction dont les valeurs sont les suivantes : $t_{1/2} = 33$ s ; $t_{1/2} = 58$ s ; $t_{1/2} = 45$ s.

CONSEILS

4. Pour comparer l'influence d'un facteur cinétique, il faut que seul celui-ci varie. Les autres paramètres doivent garder la même valeur.

Partie 2 Suivi de la réaction par dosage chimique

Afin de suivre la réaction, on dose à intervalles de temps régulier l'ion thiosulfate encore présent dans le milieu réactionnel. Pour cela, on prélève un volume du milieu réactionnel à un instant *t*, on le plonge dans un bain (eau + glace), afin de stopper la réaction entre cet ion et l'ion oxonium et on dose l'ion thiosulfate avec du diiode.

5. Expliquer pourquoi le bain (eau + glace) permet de stopper la réaction.

6. On obtient la courbe d'évolution de la concentration en ion thiosulfate au cours du temps.

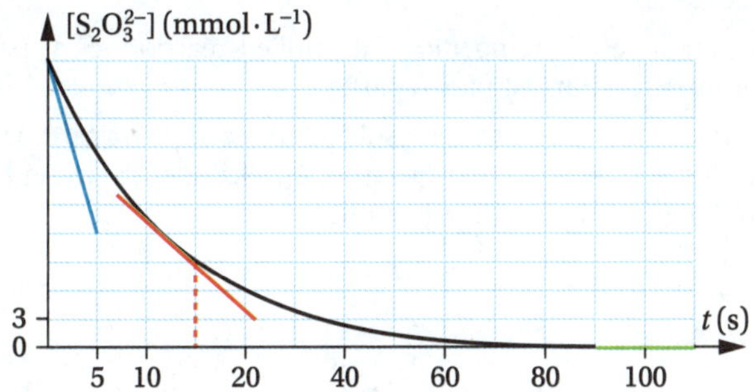

a. Déterminer le temps de demi-réaction.

b. Déterminer la durée au bout de laquelle la réaction semble terminée.

c. Comparer cette durée au temps de demi-réaction.

d. Comment varie la vitesse volumique de disparition de l'ion thiosulfate au cours du temps ? Justifier.
e. Calculer la vitesse volumique de disparition de l'ion thiosulfate aux instants $t = 0$ s ; $t = 15$ s et $t = 80$ s.

Partie 3 Étude du mécanisme réactionnel

7. Qu'est-ce qu'un acte élémentaire ? un mécanisme réactionnel ?

8. Une étape du mécanisme réactionnel est la suivante :

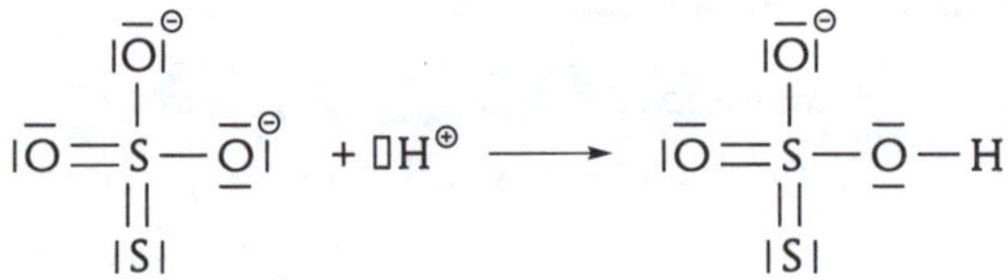

Ajouter la flèche associée au transfert d'un doublet d'électrons.

CORRIGÉS

OBJECTIF BAC

Réaction entre les ions thiosulfate et les ions oxonium

Partie 1 Étude des facteurs cinétiques

1. Le mélange correspondant à la réaction la plus rapide est celui pour lequel la croix tracée est masquée par le soufre en suspension formé au bout de la durée la plus petite : il s'agit du mélange 3.
2. Le facteur cinétique mis en jeu est la concentration initiale en ion thiosulfate. On constate que plus la concentration en ion thiosulfate est grande, plus la rapidité de la réaction est grande.

3. L'autre facteur cinétique est la température du milieu réactionnel. Lorsque la température augmente, la réaction est plus rapide.

4. Plus la réaction est rapide et plus son temps de demi-réaction est petit. La rapidité étant d'autant plus grande que la température est élevée et la concentration initiale en ion thiosulfate est grande. On en déduit :
• Expérience 1 : $t_{1/2} = 58$ s ;
• Expérience 2 : $t_{1/2} = 45$ s ;
• Expérience 3 : $t_{1/2} = 33$ s.

Partie 2 Suivi de la réaction par dosage chimique

5. Le bain (eau + glace) permet de stopper la réaction car il agit en même temps sur les deux facteurs cinétiques qui sont abaissés brusquement :
• la température du mélange à 0 °C permet de baisser la température ;
• la concentration des réactifs est diminuée par dilution.

6. a. On détermine le temps de demi-réaction. Il correspond à la durée au bout de laquelle la quantité initiale (ou la concentration initiale) du réactif limitant est divisée par deux. Graphiquement, on lit : $t_{1/2} = 8$ min.

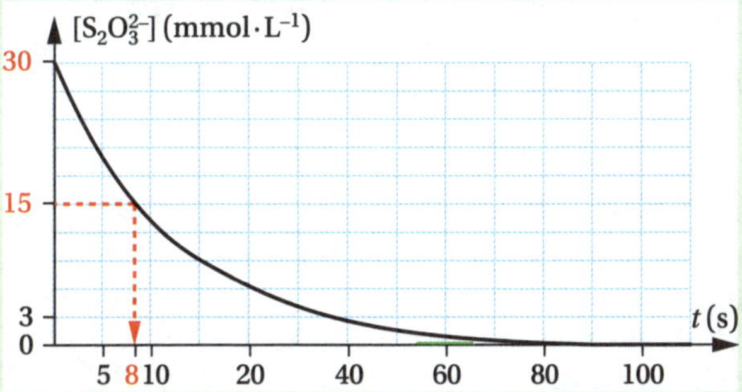

b. La durée au bout de laquelle la réaction semble terminée correspond à celle où la concentration en ion thiosulfate devient nulle. On trouve : $t_{\text{réaction}} = 80$ s.

c. On compare la durée de la réaction au temps de demi-réaction :
$\frac{t_{\text{réaction}}}{t_{1/2}} = \frac{80}{8{,}0} = 10$. La réaction dure 10 fois le temps de demi-réaction.

d. On sait que : $v_{S_2O_3^{2-}} = -\frac{d[S_2O_3^{2-}]}{dt}$. La vitesse volumique de disparition de l'ion thiosulfate est donc égale à l'opposé du coefficient directeur de la tangente à la courbe de la concentration en ion thiosulfate en fonction du temps. D'après la courbe, ce coefficient directeur diminue et tend vers zéro. La vitesse volumique de disparition de l'ion thiosulfate diminue donc au cours du temps et tend vers zéro.

e. On calcule la vitesse volumique de disparition de l'ion thiosulfate :

- à l'instant $t = 0$ s : $v(t = 0 \text{ s}) = -\frac{12-30}{5-0} = 3{,}6 \text{ mmol}\cdot\text{L}^{-1}\cdot\text{s}^{-1}$;
- à l'instant $t = 15$ s : $v(t = 15 \text{ s}) = -\frac{3{,}0-15{,}0}{22-7} = 8{,}0\times10^{-1} \text{ mmol}\cdot\text{L}^{-1}\cdot\text{s}^{-1}$;
- à l'instant $t = 60$ s : $v(t = 80 \text{ s}) = -\frac{0-0}{85-75} = 0 \text{ mmol}\cdot\text{L}^{-1}\cdot\text{s}^{-1}$.

Partie 3 Étude du mécanisme réactionnel

7. Un acte élémentaire est une réaction qui s'effectue en une seule étape. Un mécanisme réactionnel associé à une réaction chimique correspond à la succession des actes élémentaires conduisant des réactifs aux produits de la réaction.

8. Le transfert du doublet d'électrons est modélisé par :

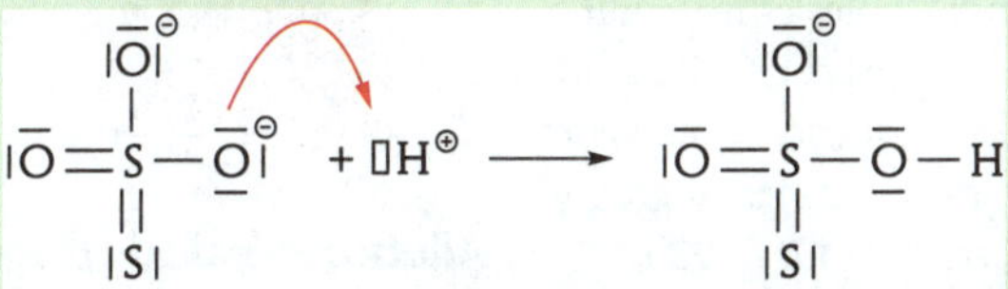

13 Noyaux stables et instables

En bref *Tous les noyaux atomiques sont repérés dans un diagramme (N, Z) dans lequel sont clairement distingués les noyaux stables des noyaux instables (radioactifs).*

I Noyaux atomiques et isotopes

MOTS CLÉS
A est appelé **nombre de masse** ; *Z* est nommé numéro atomique ou **nombre de charges**.

- Le noyau atomique, situé au cœur de l'atome et entouré de *Z* électrons, est un assemblage de *A* nucléons (*N* neutrons et *Z* protons) : $A = Z + N$. Il est symbolisé par ${}^{A}_{Z}\mathrm{X}$ où X est le symbole de l'élément chimique de numéro atomique Z.
- Le proton (positif) et l'électron (négatif) portent en valeur absolue la même charge électrique appelée charge élémentaire : $e = 1{,}602 \times 10^{-19}$ C (coulomb).

Exemple : le noyau de sodium ${}^{23}_{11}\mathrm{Na}$ est formé de 11 protons et 12 neutrons.

- Des isotopes sont des atomes d'un même élément chimique (même nombre *Z* de protons) qui diffèrent par leur nombre de neutrons (donc par leur masse).

Exemple : le zinc existe à l'état naturel sous forme de cinq isotopes stables. Le plus léger est le zinc 64 de symbole ${}^{64}_{30}\mathrm{Zn}$ et le plus lourd le zinc 70 de symbole ${}^{70}_{30}\mathrm{Zn}$.

II Diagramme (*N*, *Z*)

- La centaine d'éléments chimiques connus existent sous la forme de plus de 3 000 isotopes naturels ou artificiels. Moins de 10 % de ces isotopes ont un noyau stable, tous les autres sont radioactifs → FICHE 14 c'est-à-dire instables. On parle de radio-isotopes.
- Lorsqu'on repère chaque noyau ${}^{A}_{Z}\mathrm{X}$ dans un diagramme (*N*, *Z*), l'ensemble des isotopes stables constituent la vallée (ou domaine) de stabilité.
- Pour $Z < 20$, les noyaux stables sont proches de la bissectrice ($Z = N$).

Pour $Z > 20$, les noyaux stables contiennent plus de neutrons que de protons ; ils sont situés au-dessous de la bissectrice. Il n'existe pas de noyaux stables pour les « gros » noyaux au-delà de l'uranium ($Z \geqslant 93$).

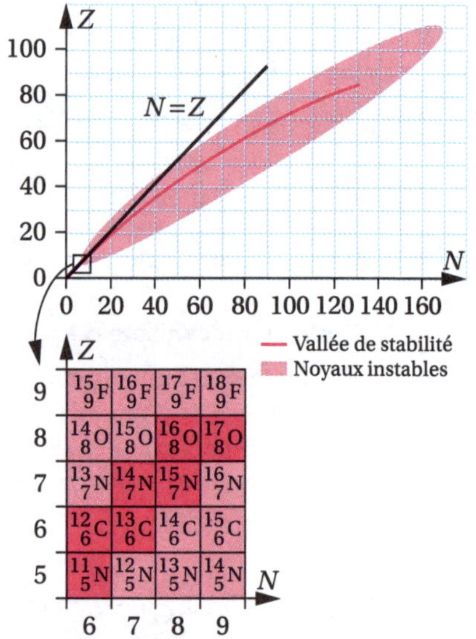

Allure générale du diagramme (*N*, *Z*)

- Un même élément peut avoir plusieurs isotopes stables (exemple : l'hydrogène).

Méthode

Utiliser le diagramme (*N*, *Z*)

On donne le diagramme (*N*, *Z*) pour les 10 premiers éléments chimiques.

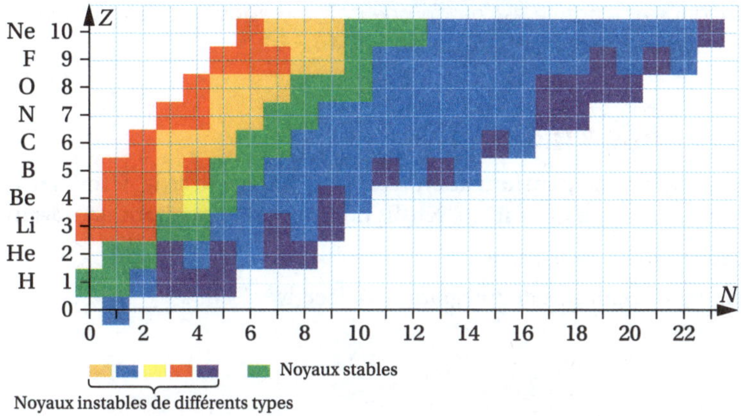

a. Dénombrer les isotopes du lithium. Identifier et symboliser ceux qui sont stables.

b. Identifier et symboliser tous les noyaux contenant deux neutrons.

c. Identifier tous les noyaux constitués de huit nucléons. Combien sont stables ?

> **CONSEILS**
> Chaque noyau est représenté dans le diagramme par une case d'abscisse *N* et d'ordonnée *Z*. Pour obtenir son symbole $^{A}_{Z}X$, utilisez la relation $A = Z + N$.

SOLUTION

a. Dans le diagramme, les isotopes du lithium Li sont représentés sur la ligne horizontale d'ordonnée $Z = 3$; on en compte dix. Deux seulement sont stables (cases vertes). Ils contiennent respectivement $N = 3$ et $N = 4$ neutrons.

En utilisant la relation $A = Z + N$, on en déduit que les deux isotopes stables sont le lithium 6 ($^{6}_{3}Li$) et le lithium 7 ($^{7}_{3}Li$).

b. On trouve les noyaux à deux neutrons sur la verticale d'abscisse $N = 2$.

Le premier est tel que $Z = 1$ donc $A = 3$, il s'agit de l'hydrogène trois ($^{3}_{1}H$).

Les suivants sont l'hélium 4 ($^{4}_{2}He$), le lithium 5 ($^{5}_{3}Li$), le béryllium 6 ($^{6}_{4}Be$), le bore 7 ($^{7}_{5}B$) et le carbone 8 ($^{8}_{6}C$).

> **À NOTER**
> L'hydrogène 3 est aussi appelé tritium.

c. On identifie les noyaux à huit nucléons ($A = Z + N = 8$) en recherchant les cases telles que la somme de l'abscisse et de l'ordonnée soit égale à 8.

Il s'agit de : $^{8}_{2}He$, $^{8}_{3}Li$, $^{8}_{4}Be$, $^{8}_{5}B$ et $^{8}_{6}C$. Aucun de ces noyaux n'est stable.

14 Radioactivité

En bref *La radioactivité, découverte en 1896 par Henri Becquerel, est de type alpha (α), bêta moins (β^-), bêta plus (β^+) ou gamma (γ). Une désintégration radioactive est modélisée par une équation de réaction nucléaire respectant deux lois de conservation.*

I Désintégration radioactive

- La radioactivité est une transformation nucléaire qui résulte de la **désintégration spontanée d'un noyau instable** ${}^{A_1}_{Z_1}X$ (dit noyau père) engendrant un noyau fils ${}^{A_2}_{Z_2}Y$ et l'émission d'une particule ${}^{A_3}_{Z_3}Q$.
- L'**équation** modélisant une désintégration radioactive s'écrit :

$$ {}^{A_1}_{Z_1}X \rightarrow {}^{A_2}_{Z_2}Y + {}^{A_3}_{Z_3}Q $$

- La loi de conservation du **nombre de nucléons** et la loi de conservation du **nombre de charges** s'écrivent respectivement :

$$ A_1 = A_2 + A_3 \text{ et } Z_1 = Z_2 + Z_3 $$

II Les différents types de radioactivité

Radioactivité	Particule émise	Équation de désintégration	
		Exprcssion générale	Exemple
α	noyau d'hélium ${}^4_2He$	${}^A_ZX \rightarrow {}^{A-4}_{Z-2}Y + {}^4_2He$	${}^{238}_{92}U \rightarrow {}^{234}_{90}Th + {}^4_2He$
β^-	électron ${}^{0}_{-1}e$	${}^A_ZX \rightarrow {}_{Z+1}^{A}Y + {}^{0}_{-1}e$	${}^{60}_{27}Co \rightarrow {}^{60}_{28}Ni + {}^{0}_{-1}e$
β^+	positon ${}^0_1e$	${}^A_ZX \rightarrow {}_{Z-1}^{A}Y + {}^0_1e$	${}^{80}_{35}Br \rightarrow {}^{80}_{34}Se + {}^0_1e$
γ	photon gamma ${}^0_0\gamma$	${}^A_ZY^* \rightarrow {}^A_ZY + {}^0_0\gamma$	${}^{80}_{34}Se^* \rightarrow {}^{80}_{34}Se + {}^0_0\gamma$

À NOTER
L'électron est symbolisé par ${}^{0}_{-1}e$ car ce n'est pas un nucléon ($A = 0$) ; il porte une charge élémentaire négative –e. Le positon (ou anti-électron) est symbolisé par ${}^0_1e$; il porte une charge élémentaire positive +e.

La **radioactivité γ** accompagne généralement les radioactivités α, β^-ou β^+. Si le noyau fils résultant d'une désintégration radioactive est dans un état énergétique excité noté ${}^A_ZY^*$, il revient à son état normal et libère de l'énergie sous forme d'un photon γ, rayonnement électromagnétique de très haute fréquence.

Méthode

Écrire et utiliser une équation de désintégration radioactive

a. Le phosphore 30 est radioactif β^+. Identifier le noyau fils résultant de cette désintégration.

b. Le noyau fils résultant de la désintégration radioactive du polonium 214 est le plomb 210. Ce noyau fils est lui-même instable et il se désintègre en bismuth 210. Identifier le type de chaque radioactivité mise en jeu.

Données :

Élément	silicium	phosphore	soufre	plomb	bismuth	polonium
Symbole	Si	P	S	Pb	Bi	Po
Z	14	15	16	82	83	84

CONSEILS

Écrivez les équations de désintégration et appliquez les lois de conservation pour identifier soit le noyau fils, soit la particule émise.

SOLUTION

a. Le noyau de phosphore 30 ($Z = 15$ et $A = 30$) a pour symbole ${}^{30}_{15}\text{P}$. C'est un radio-isotope β^+, donc sa désintégration s'accompagne de l'émission d'un positon ${}^{0}_{1}\text{e}$. En notant ${}^{A}_{Z}\text{Y}$ le noyau fils, l'équation de désintégration s'écrit :

$${}^{30}_{15}\text{P} \rightarrow {}^{A}_{Z}\text{Y} + {}^{0}_{1}\text{e}$$

Les lois de conservation du nombre de nucléons et du nombre de charges donnent :

$30 = A + 0$ et $15 = Z + 1$, soit $A = 30$ et $Z = 14$.

En utilisant les données, on note que l'élément de numéro atomique $Z = 14$ est le silicium. Le noyau fils est donc du silicium 30 : ${}^{30}_{14}\text{Si}$.

b. • Le polonium 214 (${}^{214}_{84}\text{Po}$) se désintègre en plomb 210 (${}^{210}_{82}\text{Pb}$) en émettant une particule ${}^{A}_{Z}\text{Q}$: ${}^{214}_{84}\text{Po} \rightarrow {}^{210}_{82}\text{Pb} + {}^{A}_{Z}\text{Q}$

D'après les lois de conservation :

$214 = 210 + A$ et $84 = 82 + Z$, soit $A = 4$ et $Z = 2$. La particule émise est donc un noyau d'hélium 4 : ${}^{4}_{2}\text{He}$.

Le polonium 214 est donc un radio-isotope α.

• Le plomb 210 (${}^{210}_{82}\text{Pb}$) se désintègre en bismuth 210 (${}^{210}_{83}\text{Bi}$) en émettant une particule ${}^{A'}_{Z'}\text{Q}'$: ${}^{210}_{82}\text{Pb} \rightarrow {}^{210}_{83}\text{Bi} + {}^{A'}_{Z'}\text{Q}'$

Les lois de conservation donnent $A' = 0$ et $Z' = -1$. La particule émise est donc un électron : ${}^{0}_{-1}\text{e}$.

Le plomb 210 est donc un radio-isotope β^-.

15 Décroissance radioactive

En bref *Une population de noyaux radioactifs évolue au cours du temps en suivant une loi de décroissance exponentielle, dont un paramètre important est la demi-vie radioactive.*

I Loi de décroissance radioactive

- La désintégration d'un noyau radioactif est aléatoire et il n'est donc pas possible de prévoir le moment où elle aura lieu. Cependant, cet événement a une certaine probabilité de se produire pendant un intervalle de temps infinitésimal d*t*. Cette probabilité est constante au cours du temps et indépendante des autres noyaux (de la même façon que la probabilité de « sortir un 1 » avec un dé est toujours 1/6 quels que soient les autres dés et les lancers précédents).
- Un échantillon contient N noyaux radioactifs identiques à la date t. La variation dN du nombre de noyaux entre les dates t et $t + dt$ est négative car des noyaux se sont désintégrés spontanément pendant la durée dt. La désintégration radioactive étant un processus aléatoire, le nombre de désintégrations par unité de temps $\frac{-dN}{dt}$ est proportionnel au nombre N de noyaux radioactifs : $\frac{-dN}{dt} = \lambda \times N$ avec λ la constante radioactive, ou constante de désintégration, exprimée en s^{-1}.
- La constante de désintégration λ est caractéristique de l'isotope radioactif. *Exemple* : $\lambda = 3{,}9 \times 10^{-12}\ s^{-1}$ pour le carbone 14.
- L'équation différentielle du premier ordre : $\frac{dN}{dt} = -\lambda N$ ou $\frac{dN}{dt} + \lambda N = 0$ admet pour solution une exponentielle décroissante :

$$N(t) = N_0 e^{-\lambda t}$$

N_0 : nombre de noyaux radioactifs à la date $t = 0$.

Cette relation est la loi de décroissance radioactive.

II Temps caractéristiques de la décroissance radioactive

- La constante de temps $\tau = \frac{1}{\lambda}$ est le temps nécessaire pour que 63 % des noyaux radioactifs contenus dans un échantillon se désintègrent.
- La demi-vie radioactive $t_{1/2}$ est la durée nécessaire pour que la moitié, soit 50 %, des noyaux radioactifs contenus dans un échantillon se désintègrent.

$$t_{1/2} = \frac{\ln 2}{\lambda} \text{ ou } t_{1/2} = \ln 2 \times \tau = 0{,}69\tau$$

λ en s^{-1} ; $t_{1/2}$ et τ en s.

Les demi-vies ont des valeurs très variées.
Exemple : la demi-vie de l'iode 131 est 8,1 jours, celle du carbone 14 est 5 570 ans.

Méthode

Exploiter la loi de décroissance radioactive

On considère un échantillon de N_0 noyaux radioactifs de constante radioactive λ.

a. Montrer que 63 % des noyaux radioactifs se sont désintégrés à la date $\tau = \frac{1}{\lambda}$ (appelée constante de temps).

b. Établir la relation entre la demi-vie $t_{1/2}$ et λ. Exprimer τ en fonction de $t_{1/2}$.

c. Déterminer le nombre N de noyaux aux dates $t_{1/2}$, $2t_{1/2}$ et $nt_{1/2}$ et en déduire l'allure de la représentation graphique de $N(t)$.

CONSEILS

a. Utilisez la loi de décroissance radioactive.
b. Définissez la demi-vie radioactive et utilisez la loi de décroissance.
c. Utilisez *n* fois la définition de la demi-vie.

SOLUTION

a. La loi de décroissance $N(t) = N_0 e^{-\lambda t}$ conduit à :

$\frac{N(\tau)}{N_0} = e^{-\lambda\tau} = e^{-\frac{\lambda}{\lambda}} = e^{-1} \approx 0{,}37$. Cela signifie qu'au bout d'une durée τ, il ne reste que 37 % des noyaux radioactifs, c'est-à-dire que 63 % des noyaux se sont désintégrés.

b. Par définition, la demi-vie $t_{1/2}$ est telle que $N(t_{1/2}) = \frac{N_0}{2}$. La loi de décroissance permet d'écrire $N(t_{1/2}) = N_0 e^{-\lambda t_{1/2}} = \frac{N_0}{2}$ donc $e^{-\lambda t_{1/2}} = \frac{1}{2}$ ou $e^{+\lambda t_{1/2}} = 2$ et par conséquent : $\lambda t_{1/2} = \ln 2$ donc $t_{1/2} = \frac{\ln 2}{\lambda}$ et $\tau = \frac{t_{1/2}}{\ln 2} = 1{,}44 t_{1/2}$.

c. À chaque demi-vie, le nombre N de noyaux est divisé par 2.

t	0	$t_{1/2}$	$2t_{1/2}$	$nt_{1/2}$
N	N_0	$\frac{N_0}{2}$	$\frac{N_0}{4}$	$\frac{N_0}{2^n}$

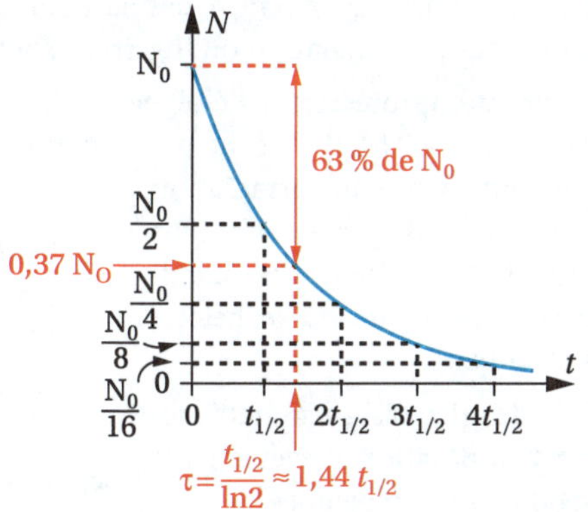

À NOTER

On vérifie sur le graphique la définition de la constante de temps τ établie à la question **a.**

16 Applications de la radioactivité et radioprotection

En bref *Plus l'activité d'un échantillon radioactif est élevée, plus le rayonnement émis présente des dangers dont il faut se protéger. Ce rayonnement radioactif est aussi à l'origine d'applications médicales, archéologiques, géologiques et industrielles.*

I Activité radioactive

- L'activité $A(t)$ est le nombre de désintégrations par unité de temps : $A(t) = \frac{-\mathrm{d}N}{\mathrm{d}t}$.

Elle s'exprime en becquerels (Bq) : 1 Bq est une désintégration par seconde. Elle se mesure à l'aide d'un compteur Geiger.

- L'activité est proportionnelle au nombre de noyaux radioactifs N : $A(t) = \lambda N(t)$ avec $N(t) = N_0 e^{-\lambda t}$ donc : $A(t) = A_0 e^{-\lambda t}$ avec $A_0 = \lambda N_0$ l'activité à la date $t = 0$.

- La demi-vie → FICHE 15 se définit aussi comme la durée nécessaire pour que l'activité d'un échantillon radioactif soit divisée par 2.

À NOTER

La courbe de la méthode « Exploiter la loi de décroissance radioactive » → FICHE 15 est utilisable en remplaçant le nombre $N(t)$ de noyaux radioactifs par l'activité $A(t)$ et le nombre initial N_0 de noyaux par l'activité initiale A_0.

II Dangers et applications de la radioactivité

- Les particules α, β^-, β^+ et γ sont capables d'ioniser les atomes lors de leur passage dans la matière : on parle de rayonnements ionisants.

- Les effets d'une irradiation sont nocifs pour des cellules saines ou bénéfiques quand l'irradiation touche des cellules cancéreuses : c'est le principe de la radiothérapie. Les effets sur la santé augmentent avec la dose reçue et peuvent s'avérer mortels. Ils dépendent de la nature des particules et de l'organe exposé. Les irradiations internes par inhalation ou ingestion sont redoutables.

- Règles de radioprotection : s'éloigner de la source, réduire le temps d'exposition. Les rayons α, β^- et β^+ sont peu pénétrants, il est aisé de s'en protéger : il faut surtout éviter une irradiation interne. Les rayons γ sont les plus pénétrants et nécessitent des matériaux denses (le plomb ou le béton) pour les absorber.

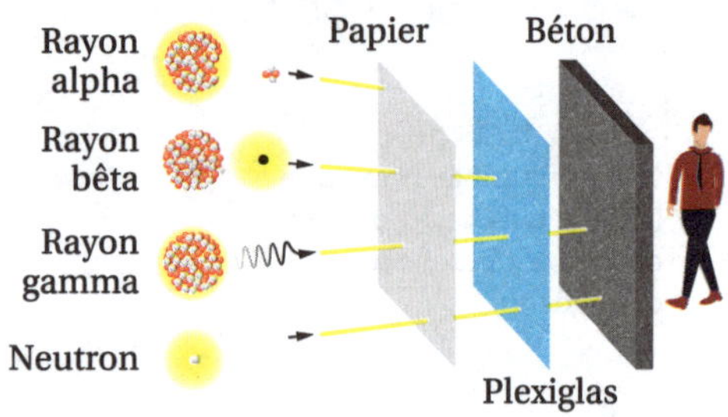

- La loi de décroissance radioactive permet la datation d'événements archéologiques ou géologiques.

Exemple : datation au carbone 14.

Méthode

Dater un événement en utilisant la radioactivité

L'iode 131 est un isotope radioactif β^- utilisé pour effectuer des diagnostics médicaux par scintigraphie. Sa demi-vie vaut 194 h.

On prépare une solution d'iode 131 dont l'activité est 40,0 MBq.

a. Déterminer au bout de combien de temps l'activité n'est plus que de 5,00 MBq.

b. Le 30 août vers midi, l'activité de cette même solution n'est plus que 4,00 MBq. Déterminer la date de fabrication de la solution.

CONSEILS

Calculez le rapport $\frac{A_0}{A(t)}$. Deux cas sont alors à distinguer :

- si le rapport vaut 2^n avec n entier, alors la durée recherchée est $t = nt_{1/2}$ car à chaque demi-vie qui s'écoule l'activité est divisée par 2 ;
- si le rapport ne vaut pas 2^n avec n entier, alors il faut utiliser la loi de décroissance radioactive $A(t) = A_0 e^{-\lambda t}$.

SOLUTION

a. Initialement, l'activité de la solution est $A_0 = 40{,}0$ MBq.

À la date t, elle vaut : $A(t) = 5{,}00$ MBq, c'est-à-dire que l'activité a été divisée par $8 = 2^3$ pendant le temps t. Sachant qu'à chaque demi-vie qui s'écoule l'activité est divisée par 2, la durée recherchée est alors :

$t = 3t_{1/2} = 3 \times 194$ h $= 582$ h $= 24$ jours et 6 h.

b. Cette fois $A(t) = 4{,}0$ MBq, c'est-à-dire que l'activité a été divisée par 10 pendant la durée t. Ce rapport de 10 n'est pas de la forme 2^n avec n entier, il n'est donc pas possible de procéder comme à la question précédente et il faut alors utiliser la loi de décroissance radioactive : $A(t) = A_0 e^{-\lambda t}$.

On peut extraire la durée t : $e^{-\lambda t} = \frac{A(t)}{A_0}$ donc $e^{\lambda t} = \frac{A_0}{A(t)}$ puis $\ln(e^{\lambda t}) = \ln\frac{A_0}{A(t)}$

soit $\lambda t = \ln\frac{A_0}{A(t)}$ et finalement : $t = \frac{1}{\lambda}\ln\frac{A_0}{A(t)}$.

La constante radioactive vaut : $\lambda = \frac{\ln 2}{t_{1/2}} = \frac{0{,}693}{194} = 3{,}57 \times 10^{-3}\,\text{h}^{-1}$.

On obtient alors : $t = \frac{1}{3{,}57 \times 10^{-3}}\ln\frac{40{,}0}{4{,}00} = 645$ h soit environ 27 jours.

La solution a été fabriquée le 3 août de la même année.

À NOTER

La méthode développée ici est générale et aurait aussi pu être utilisée pour la réponse à la question **a** mais il est inutile de faire des calculs compliqués lorsqu'on peut s'en passer.

SE TESTER QUIZ

Vérifiez que vous avez bien compris les points clés des **fiches 13 à 16**.

1 Noyaux atomiques et isotopes

→ FICHE 13

Parmi les affirmations suivantes, lesquelles sont vraies ?

☐ **a.** Un élément chimique est caractérisé par son numéro atomique A.

☐ **b.** Pour décrire la composition d'un noyau, il suffit de connaître deux des trois nombres A, Z et N.

☐ **c.** Les noyaux $^{64}_{28}\text{Ni}$, $^{65}_{29}\text{Cu}$ et $^{66}_{30}\text{Zn}$ ont tous les trois le même nombre de neutrons.

☐ **d.** Les noyaux $^{64}_{28}\text{Ni}$; $^{65}_{29}\text{Cu}$; $^{66}_{30}\text{Zn}$ sont isotopes.

☐ **e.** Un radio-isotope possède un noyau instable.

2 Radioactivité

→ FICHE 14

Parmi les affirmations suivantes, lesquelles sont vraies ?

☐ **a.** La particule β^+ est un positon.

☐ **b.** La particule α est un atome d'hélium 4.

☐ **c.** L'équation $^{40}_{19}\text{K} \rightarrow {}^{40}_{20}\text{Ca} + {}^{0}_{-1}\text{e}$ symbolise la désintégration β^- du calcium 40.

☐ **d.** Au cours d'une désintégration radioactive, il y a toujours conservation du nombre de protons.

☐ **e.** Au cours d'une désintégration radioactive, il y a toujours conservation du nombre de nucléons.

3 Décroissance radioactive

→ FICHE 15

1. Une population de noyaux radioactifs décroît au cours du temps selon une loi :

☐ **a.** linéaire ☐ **b.** affine ☐ **c.** logarithmique ☐ **d.** exponentielle

2. La constante radioactive λ s'exprime en :

☐ **a.** s ☐ **b.** s^{-1} ☐ **c.** m ☐ **d.** m^{-1}

3. La demi-vie radioactive $t_{1/2}$ vaut :

☐ **a.** $\frac{\lambda}{2}$ ☐ **b.** $\frac{\ln\lambda}{2}$ ☐ **c.** $\frac{\ln 2}{\lambda}$ ☐ **d.** $\frac{\lambda}{\ln 2}$

4 Activité radioactive

→ FICHE 16

1. L'activité d'un échantillon radioactif s'exprime en :

☐ **a.** watts ☐ **b.** becquerels ☐ **c.** volts ☐ **d.** joules

2. L'activité A d'un échantillon contenant N noyaux radioactifs de constante radioactive λ vaut :

☐ **a.** λN ☐ **b.** $\frac{\lambda}{N}$ ☐ **c.** $\frac{N}{\lambda}$ ☐ **d.** Ne^{λ}

OBJECTIF BAC

5 Tomographie par émission de positons

60 min

Ce sujet s'intéresse aux critères de choix du fluor 18 pour une tomographie par émissions de positons. C'est notamment l'occasion d'utiliser les notions de demi-vie et d'activité, ainsi que la loi de décroissance radioactive.

LE SUJET

La tomographie par émission de positons (TEP) est l'une des techniques d'imagerie médicale les plus performantes disponibles actuellement.

Un produit radiopharmaceutique, contenant des molécules marquées par un atome émetteur β^+, est injecté au patient. Le positon émis par ce radio-isotope s'annihile avec un électron des tissus du patient en produisant deux photons gamma émis dans des directions opposées.

Des capteurs situés tout autour du patient permettent alors d'obtenir une image médicale en trois dimensions fournissant des informations supplémentaires par rapport à d'autres imageries (échographie, scanner ou IRM).

Le fluor 18 ($^{18}_{9}F$) est l'un des isotopes radioactifs β^+ utilisés pour le diagnostic par TEP. Sa demi-vie vaut 109,8 min.

Document Déroulé d'un examen d'imagerie TEP

Suivons l'itinéraire d'un patient qui a rendez-vous à 9 h dans un service de médecine nucléaire pour un examen d'imagerie TEP.

8 h 45 – Il arrive à jeun dans le service.

9 h – Le manipulateur pose une perfusion de 250 mL de sérum physiologique dans une veine du bras et injecte, *via* la perfusion, 1,0 mL d'une solution du produit radiopharmaceutique : le fluorodésoxyglucose (^{18}F), plus commodément appelé ^{18}FDG. L'activité, par unité de masse corporelle, à injecter au patient est de 7,0 $MBq \cdot kg^{-1}$. La solution de ^{18}FDG a donc été préparée en conséquence.

Le patient reste en position couchée pendant environ une heure pour que le produit se répartisse dans tout l'organisme.

10 h 15 – La perfusion est retirée. Le patient va uriner afin d'éviter toute erreur d'interprétation au niveau du bassin car la vessie, comme le cœur, les muscles et le cerveau fixent naturellement le glucose (donc le ^{18}FDG).

10 h 30 – Le patient s'allonge sur la table de la caméra TEP. La durée d'acquisition des images est d'environ 45 min.

11 h 15 – L'examen est terminé. Les images sont transmises au médecin. Le patient doit ensuite boire abondamment pour accélérer l'élimination du produit radiopharmaceutique. Il peut reprendre ses activités normalement. Cependant jusqu'au soir, il évitera le contact avec les enfants en bas âge.

a. Écrire l'équation de désintégration radioactive du fluor 18.
Identifier le noyau fils.

b. Les radio-isotopes d'intérêt médical sont toujours choisis parmi ceux qui ont une demi-vie courte. Pourtant, le fluor 18 est plus approprié que le soufre 30 (radio-isotope β^+ de demi-vie 3 min). Proposer une explication argumentée.

c. Le noyau fils identifié à la question a est un isotope stable. Expliquer pourquoi c'est un critère de choix déterminant du fluor 18 pour l'imagerie TEP.

d. Déterminer la quantité de matière de ^{18}FDG à injecter à un patient de 70 kg.

e. La préparation de la solution de ^{18}FDG est effectuée environ deux heures avant l'injection au patient. En déduire une valeur approchée de la concentration en quantité de matière de la solution de ^{18}FDG au moment de sa préparation.

f. On considère que l'activité du produit radiopharmaceutique devient négligeable lorsqu'elle est inférieure au centième de l'activité au moment de l'injection.
Déterminer la durée à laquelle cela correspond dans le cas d'un produit marqué au fluor 18.

g. Indiquer, en argumentant, si l'irradiation du patient est constante pendant la durée calculée précédemment.

h. Expliquer pourquoi le patient doit éviter jusqu'au soir le contact avec les enfants en bas âge.

CORRIGÉS

SE TESTER QUIZ

1 Noyaux atomiques et isotopes

Réponses b, c et e.

2 Radioactivité

Réponses a et e.

3 Décroissance radioactive

1. Réponse d. 2. Réponse b.
3. Réponse c.

4 Activité radioactive

1. Réponse b. 2. Réponse a.

OBJECTIF BAC

5 Tomographie par émission de positons

a. Le fluor 18 se désintègre en émettant un positon : ${}^{18}_{9}\text{F} \rightarrow {}^{18}_{8}\text{O} + {}^{0}_{1}\text{e}$. Le noyau fils est l'oxygène 18.
b. Un radio-isotope utilisé à des fins médicales est administré dans l'organisme du patient. Il est donc impératif, pour des raisons évidentes de santé, que sa demi-vie soit suffisamment courte pour que le patient ne soit pas exposé aux radiations pendant une trop longue période. Cependant, comme l'explique le document, plusieurs

heures sont nécessaires à la mise en œuvre de la tomographie, sans compter le temps de préparation préalable du produit. Avec sa demi-vie d'environ 2 heures, le fluor est donc parfaitement adapté à ces impératifs horaires ; ce ne serait pas le cas avec le soufre 30 dont la demi-vie n'est que de 3 min.

c. Si le noyau fils (oxygène 18) était lui-même radioactif, il constituerait une deuxième source d'irradiation dans le corps du patient et cela aurait pour conséquence d'accroître la dose reçue et donc les risques pour la santé. Par ailleurs, l'interprétation de l'image obtenue par cette technique serait impactée.

d. L'activité, par unité de masse corporelle, à injecter au patient est de 7,0 $MBq \cdot kg^{-1}$ (mégabecquerels par kilogramme). Pour un patient de 70 kg, l'activité à injecter est donc $A = 70 \times 7{,}0 = 490$ MBq $= 4{,}9 \times 10^8$ Bq.

L'activité A et le nombre N de molécules de ^{18}FDG injectées sont liées par la relation de proportionnalité : $A = \lambda N$.

La demi-vie du fluor 18 vaut $t_{1/2} = 109{,}8$ min $= 6\,588$ s donc la constante de désintégration est : $\lambda = \dfrac{\ln 2}{t_{1/2}} = \dfrac{0{,}6931}{6\,588} = 1{,}052 \times 10^{-4}\,s^{-1}$. Le nombre N de molécules de ^{18}FDG injectées est alors : $N(t) = \dfrac{A(t)}{\lambda} = \dfrac{4{,}9 \times 10^8}{1{,}0521 \times 10^{-4}} = 4{,}7 \times 10^{12}$.

La quantité de matière correspondante est : $n = \dfrac{N}{N_A} = \dfrac{4{,}7 \times 10^{12}}{6{,}02 \times 10^{23}} = 7{,}8 \times 10^{-12}$ mol.

e. La solution a été préparée environ deux heures avant l'injection. Or la demi-vie du fluor 18 est d'environ 2 h (109,8 min = 1,83 h) donc la quantité de matière initiale de ^{18}FDG au moment de sa préparation était à peu près le double de celle injectée au patient, soit environ $n_0 = 2 \times 7{,}8 \times 10^{-12}$ mol $= 15{,}6 \times 10^{-12}$ mol. Le volume de solution injectée étant de 1,0 mL $= 1{,}0 \times 10^{-3}$ L, la concentration initiale en ^{18}FDG était donc environ $C_0 = \dfrac{n_0}{V} = \dfrac{15{,}6 \times 10^{-12}}{1{,}0 \times 10^{-3}} = 1{,}6 \times 10^{-8}\ mol \cdot L^{-1}$.

f. On recherche la durée t telle que $\dfrac{A_0}{A(t)} = 100$. La loi de décroissance radioactive conduit à $t = \dfrac{1}{\lambda} \ln \dfrac{A_0}{A(t)}$ avec : $\lambda = \dfrac{\ln 2}{t_{1/2}} = \dfrac{\ln 2}{109{,}8} = 6{,}313 \times 10^{-3}\ min^{-1}$.

On obtient : $t = \dfrac{1}{6{,}313 \times 10^{-3}} \ln 100 = 729{,}5$ min soit environ 12 heures.

CONSEILS

f. Reportez-vous à la méthode de la → FICHE 16.

g. Selon la loi de décroissance radioactive, l'activité du produit radiopharmaceutique diminue puisque le fluor 18 se désintègre. L'irradiation du patient est donc maximale juste après l'injection puis elle décroît jusqu'à devenir négligeable au bout de 12 heures.

h. Pendant une douzaine d'heures, le patient reste radioactif et émet donc des photons gamma (qui ne sont pas arrêtés par le corps). Ces photons gamma pourraient induire des effets néfastes pour la santé chez les enfants en bas âge s'ils y étaient exposés. Les jeunes enfants sont en effet plus sensibles aux rayonnements ionisants que les adultes. C'est donc une mesure de précaution pour que le patient que se tienne éloigné des enfants jusqu'au soir.

17 Quotient de réaction et critère d'évolution spontanée

En bref *Les transformations chimiques ne sont pas toujours totales et peuvent donc se faire dans les deux sens. L'évolution d'un système est liée à la notion d'équilibre.*

I Équilibre dynamique et quotient de réaction

■ Le taux d'avancement final τ d'une transformation est défini par : $\tau = \frac{x_f}{x_m}$

avec τ sans unité et souvent exprimé en % ; x_f l'avancement final et x_m l'avancement maximal.

- si $\tau = 1$: transformation totale ;
- si $\tau < 1$: transformation non totale (limitée).

■ Une transformation n'est pas totale si elle peut se faire dans les deux sens : direct (lecture de gauche à droite dans l'équation de réaction) et indirect (de droite à gauche). L'état final est atteint lorsque la formation des produits se fait à la même vitesse que leur consommation. On parle d'équilibre dynamique et cela se traduit par la double flèche de réaction : $\rightleftarrows$.

■ Soit un système chimique subissant une transformation modélisée par :

$$a\,A_{(aq)} + b\,B_{(aq)} \rightleftarrows c\,C_{(aq)} + d\,D_{(aq)}.$$

Le quotient de réaction est défini par : $Q_r = \frac{[C]^c \times [D]^d}{[A]^a \times [B]^b}$

avec Q_r nombre sans unité ; [X] concentration en quantité de matière de l'espèce X (nombre sans unité, égal à la concentration de X en $mol \cdot L^{-1}$). Si X est un solide ou le solvant H_2O, il n'apparaît pas dans le calcul du quotient de réaction Q_r.

II Constante d'équilibre et critère d'évolution spontanée d'un système

■ Soit une transformation chimique et son équation de réaction à laquelle on associe une constante d'équilibre, grandeur sans unité, notée K.

À NOTER
Pour l'équation considérée, la constante d'équilibre K ne dépend que de la température.

■ Quand un système est à l'équilibre (les quantités de matière des espèces n'évoluent plus), le quotient de réaction est égal à la constante d'équilibre :

- à l'équilibre : $Q_r = K$;
- en dehors de l'équilibre : $Q_r \neq K$.

■ Si un système chimique est hors d'équilibre dans le cas d'une transformation non totale avec tous les réactifs et tous les produits présents à l'état initial, le critère d'évolution spontanée permet de prévoir, selon la valeur du quotient de réaction initial, dans quel sens se fera effectivement la transformation :

- si $Q_{ri} < K$: évolution en sens direct ;
- si $Q_{ri} > K$: évolution en sens indirect.

Méthode

1 Déterminer si une transformation est totale ou non

Soit une transformation dont on connaît l'avancement final $x_f = 2,0 \times 10^{-2}$ mol et l'avancement maximal $x_m = 3,00 \times 10^{-2}$ mol. Le réactif limitant sera-t-il totalement consommé à l'état final ?

CONSEILS
Calculez le taux d'avancement final.

SOLUTION

On a : $\tau = \dfrac{x_f}{x_m} = \dfrac{2,0 \times 10^{-2}}{3,00 \times 10^{-2}} = 0,67 = 67\ \% < 100\ \%$.

La transformation n'est pas totale : le réactif limitant sera présent à l'état final.

2 Prévoir le sens d'évolution d'un système chimique

Soit l'équilibre : $Ag^+_{(aq)} + 2\ NH_{3(aq)} \rightleftarrows Ag(NH_3)^+_{2\,(aq)}$ avec $K = 8,13 \times 10^3$.

On considère le système chimique constitué à l'état initial des espèces ci-dessous, en solution aqueuse de volume $V = 250$ mL.

Espèces	$Ag^+_{(aq)}$	$NH_{3\,(aq)}$	$Ag(NH_3)^+_{2\,(aq)}$
Quantité de matière	$5,00 \times 10^{-3}$ mol	$2,00 \times 10^{-3}$ mol	$4,00 \times 10^{-2}$ mol

Prédire le sens dans lequel évoluera spontanément ce système.

CONSEILS
Calculez les concentrations des différentes espèces, puis déterminez le quotient de réaction initial et enfin appliquez le critère d'évolution spontanée.

SOLUTION

• La concentration en quantité de matière est $C = \dfrac{n}{V}$.

Pour l'ion argent : $[Ag^+]_i = \dfrac{5,00 \times 10^{-3}}{250 \times 10^{-3}} = 2,00 \times 10^{-2}\ mol \cdot L^{-1}$.

$[NH_3]_i = 8,00 \times 10^{-3} mol \cdot L^{-1}$ et $\left[Ag(NH_3)_2^+\right]_i = 1,60 \times 10^{-1}\ mol \cdot L^{-1}$.

Le quotient de réaction initial s'écrit : $Q_{ri} = \dfrac{\left[Ag(NH_3)_2^+\right]_i}{[Ag^+]_i \times [NH_3]_i^2}$.

Numériquement, on a : $Q_{ri} = \dfrac{1,60 \times 10^{-1}}{2,00 \times 10^{-2} \times (8,00 \times 10^{-3})^2} = 1,25 \times 10^5$.

• Les réactifs et le produit étant tous initialement présents, on peut envisager une évolution dans les deux sens pour cette transformation non totale. La comparaison de K et de Q_{ri} permet de prédire le sens effectif.

$Q_{ri} = 1,25 \times 10^5 > K = 8,13 \times 10^3$. L'évolution spontanée a donc lieu dans le sens indirect.

18 Transformation spontanée modélisée par une oxydo-réduction

En bref *Lors d'une oxydo-réduction, le réducteur d'un couple échange des électrons avec l'oxydant d'un autre couple. Il y a formation des espèces conjuguées. Cette transformation spontanée peut se faire de deux façons.*

I Oxydo-réduction : transfert d'électrons par contact

1 Réaction entre les ions cuivre et les atomes de zinc

- Lorsque l'on met en contact des ions cuivre $Cu^{2+}_{(aq)}$ et des atomes de zinc $Zn_{(s)}$, on observe une progressive décoloration de la solution ainsi qu'un dépôt rougeâtre sur la plaque de zinc.

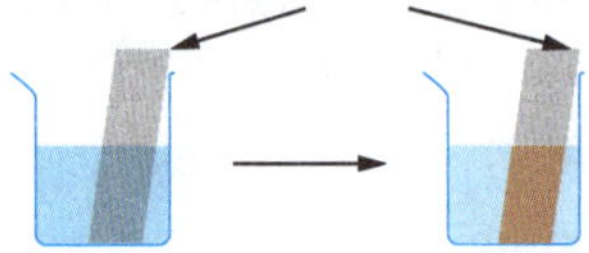

- Les ions cuivre donnent une coloration bleue à la solution. Une solution d'ions zinc est incolore. Donc les ions cuivre sont consommés. Le dépôt sur la plaque de zinc correspond à la couleur des atomes de cuivre.
- Enfin, il est possible de prouver que des ions zinc sont maintenant présents dans la solution : ils ont été formés par oxydation des atomes de zinc. D'où les équations :

$$Zn \rightleftarrows Zn^{2+} + 2\,e^-$$
$$Cu^{2+} + 2\,e^- \rightleftarrows Cu$$
$$Zn_{(s)} + Cu^{2+}_{(aq)} \rightarrow Zn^{2+}_{(aq)} + Cu_{(s)}$$

Cette transformation totale est spontanée.

2 Réaction entre les ions zinc et les atomes de cuivre

La double flèche des demi-équations ci-dessus laisse présager que la transformation peut se faire dans les deux sens. Dans ce cas, il n'en est rien puisque la transformation est totale ! Si on met en contact des ions zinc $Zn^{2+}_{(aq)}$ et des atomes de cuivre $Cu_{(s)}$, aucune évolution ne sera observée : cette transformation n'est pas spontanée.

À NOTER
Cela ne veut pas dire qu'elle ne pourra jamais avoir lieu… → FICHE 21

II Oxydo-réduction : transfert indirect d'électrons

- Dans une solution aqueuse, les porteurs de charge sont les ions. Dans un métal, les porteurs de charge sont les électrons.
- Il est donc possible qu'un réducteur et un oxydant échangent des électrons sans être directement en contact. Il suffit en effet de les relier par un conducteur métallique (câble, électrode…). Ce transfert indirect d'électrons donne naissance à un courant électrique dans le conducteur métallique. → FICHE 19

Méthode

Prévoir le sens d'évolution spontanée d'un système électrochimique

Le système électrochimique considéré est une solution aqueuse contenant :
- des ions fer III ($[Fe^{3+}]_i = 4,0 \times 10^{-2}$ mol·L^{-1}) ;
- des ions fer II ($[Fe^{2+}]_i = 2,0 \times 10^{-3}$ mol·L^{-1}) ;
- des ions cuivre ($[Cu^{2+}]_i = 5,0 \times 10^{-2}$ mol·L^{-1}) ;
- du cuivre solide ($m(Cu)_i = 2,5$ g).

Les couples oxydant/réducteur sont : Fe^{3+}/Fe^{2+} et Cu^{2+}/Cu.

a. Donner l'équation de réaction en supposant que l'atome de cuivre est un réactif.

b. Déterminer alors la valeur du quotient de réaction initial du système.

c. La constante d'équilibre de cette réaction est, à 25 °C, $K = 2,1 \times 10^{14}$. Dans quel sens le système va-t-il évoluer ?

CONSEILS

a. Écrivez puis combinez les deux demi-équations en faisant l'hypothèse que le réducteur Cu est un réactif.

b. Attention à l'état physique des différentes espèces.

c. Appliquez le critère d'évolution spontanée.

SOLUTION

a. Cu est un réducteur donc il réagit avec l'oxydant de l'autre couple : Fe^{3+}.

$$Cu \rightleftarrows Cu^{2+} + 2\,e^-$$

$$Fe^{3+} + e^- \rightleftarrows Fe^{2+} \qquad (\times 2)$$

$$Cu_{(s)} + 2\,Fe^{3+}_{(aq)} \rightleftarrows Cu^{2+}_{(aq)} + 2\,Fe^{2+}_{(aq)}$$

b. Le solide Cu n'apparaît pas dans le quotient de réaction. → FICHE 17

On a : $$Q_{ri} = \frac{[Cu^{2+}]_i \times [Fe^{2+}]_i^2}{[Fe^{3+}]_i^2} = \frac{5,0 \times 10^{-2} \times (2,0 \times 10^{-3})^2}{(4,0 \times 10^{-2})^2} = 1,3 \times 10^{-4}.$$

c. On a : $Q_{ri} = 1,3 \times 10^{-4} < K = 2,1 \times 10^{14}$.
L'évolution a donc lieu dans le sens direct : l'équation de réaction a donc été écrite dans le « bon » sens.

À NOTER

c. Si à la question **a** on écrit l'équation de réaction dans l'autre sens, on trouvera des valeurs inverses pour K et pour Q_{ri}. On obtiendra alors une évolution en sens indirect, ce qui revient au même dans la réponse donnée ici !

19 Fonctionnement d'une pile

En bref *Une pile est le siège d'un transfert indirect d'électrons entre le réducteur d'un couple et l'oxydant d'un autre couple. Cela permet une conversion d'énergie chimique en énergie électrique : nous en faisons chaque jour l'usage !*

I Principe de fonctionnement

- Une pile est constituée de deux demi-piles, chacune contenant une électrode (fil ou plaque métallique) qui plonge dans un électrolyte (solution contenant des ions métalliques). Une demi-pile est le siège d'une réaction d'oxydation ou de réduction. Les deux demi-piles sont reliées par un **pont salin** ou une **membrane** qui ferme le circuit, assurant ainsi le passage du courant électrique et maintient l'électroneutralité des solutions.
- L'électrode qui est le siège d'une **oxydation** est l'**anode**.
L'électrode qui est le siège d'une **réduction** est la **cathode**.
- Lorsqu'une pile fonctionne, les électrons sont produits à l'anode et consommés à la cathode. Ainsi, l'anode constitue le pôle (–) et la cathode le pôle (+) d'une pile. Dans le circuit électrique extérieur à la pile, les électrons vont de l'anode vers la cathode. Le courant électrique circule en sens inverse des électrons, c'est-à-dire du pôle (+) (cathode) vers le pôle (–) (anode).
- L'**écriture symbolique** d'une pile est : (–) $Réd_1/Ox_1//Ox_2/Réd_2$ (+).

II Schéma d'une pile en fonctionnement

Exemple : pile Daniell : (–) $Zn_{(s)}/Zn^{2+}_{(aq)}//Cu^{2+}_{(aq)}/Cu_{(s)}$ (+).

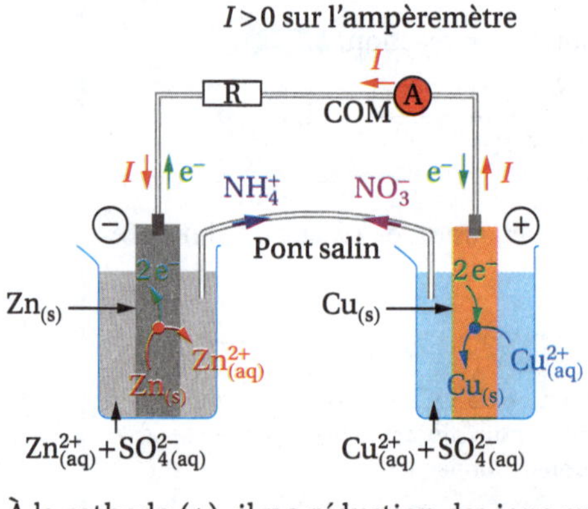

À NOTER
On utilise un pont salin car mélanger les deux demi-piles dans un bécher provoquerait un transfert direct d'électrons du réducteur à l'oxydant. Le pont salin impose un circuit extérieur aux électrons générant un courant électrique utilisable.

À la cathode (+), il y a réduction des ions cuivre : $Cu^{2+} + 2\,e^- \rightleftarrows Cu$.
À l'anode (–), il y a oxydation des atomes de zinc : $Zn \rightleftarrows Zn^{2+} + 2\,e^-$.
Finalement, on a donc la réaction : $Zn_{(s)} + Cu^{2+}_{(aq)} \rightarrow Zn^{2+}_{(aq)} + Cu_{(s)}$.

Méthode

Déterminer l'équation de réaction d'une pile en fonctionnement

Établir l'équation de la réaction se produisant lorsque la pile plomb-cuivre ci-dessous fonctionne.

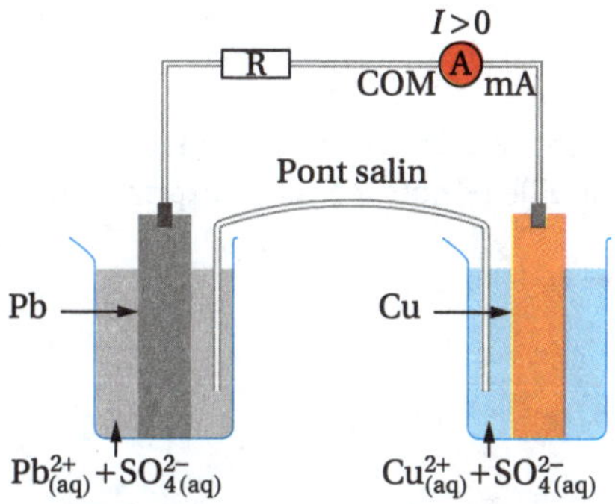

CONSEILS

Identifiez le sens du courant électrique et donc le sens de circulation des électrons. Ainsi, vous connaîtrez la polarité de la pile et donc le lieu où sont libérés les électrons et celui où ils sont captés. C'est ce qui permettra d'identifier les réactifs et les produits.

SOLUTION

D'après le schéma, $I > 0$: le courant électrique rentre donc par la borne mA de l'ampèremètre et sort par la borne COM. Ainsi, le courant électrique circule de l'électrode de cuivre à l'électrode de plomb dans le circuit extérieur.

L'électrode de cuivre est la cathode alors que celle de plomb est l'anode.

Les électrons circulant dans le sens contraire de celui du courant électrique, ils vont donc de l'électrode de plomb à celle de cuivre.

Les électrons quittent l'électrode de plomb, donc il y a oxydation d'un réducteur (perte d'électrons) à cette demi-pile selon la demi-équation :

$$Pb \rightleftarrows Pb^{2+} + 2\,e^-.$$

Les atomes de plomb sont donc consommés : ils sont des réactifs.

Les électrons arrivent à l'électrode de cuivre, donc il y a réduction d'un oxydant (gain d'électrons) à cette demi-pile selon la demi-équation :

$$Cu^{2+} + 2\,e^- \rightleftarrows Cu.$$

Les ions cuivre sont donc consommés : ils sont des réactifs.

L'équation de la réaction d'oxydoréduction associée à la pile en fonctionnement est ainsi :

$$\begin{array}{c} Pb \rightleftarrows Pb^{2+} + 2\,e^- \\ Cu^{2+} + 2\,e^- \rightleftarrows Cu \\ \hline Pb_{(s)} + Cu^{2+}_{(aq)} \rightarrow Pb^{2+}_{(aq)} + Cu_{(s)} \end{array}$$

20 Usure et capacité d'une pile

En bref *Une pile n'est malheureusement pas éternelle… Elle s'use et on peut prévoir, quantitativement, sa capacité à débiter du courant.*

I Force électromotrice et usure d'une pile

■ La **force électromotrice** d'une pile (« fem ») est la tension mesurée à ses bornes lorsque la pile ne débite pas de courant. Elle se note « E » et s'exprime en volts (V).

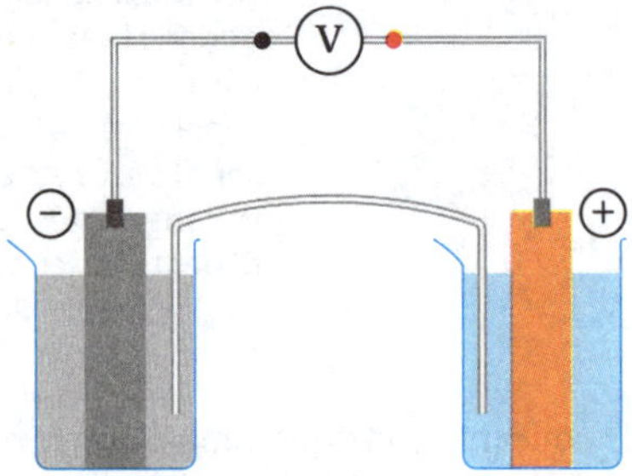

■ Lorsque la pile débite du courant, il y a consommation des réactifs, ce qui provoque la **diminution** de la force électromotrice.

■ Une pile est dite « **usée** » lorsque sa force électromotrice devient nulle, c'est-à-dire que la tension à ses bornes est égale à zéro.

À NOTER
Au quotidien, une pile n'est déjà plus utilisée alors que sa fem n'est pas encore nulle. Au sens chimique, elle n'est pourtant pas encore « usée »…

II Capacité électrique d'une pile

■ De symbole Q, la **capacité électrique** d'une pile est la quantité maximale d'électricité (charge) qu'une pile est capable de délivrer. Elle se calcule par la valeur absolue de la charge totale des électrons échangés :

$$Q = n(e^-) \times N_A \times |-e| = n(e^-) \times F$$

avec Q en coulombs (C) ; $n(e^-)$ quantité de matière en électrons échangée (mol) ; N_A nombre d'Avogadro : Na = $6{,}02 \times 10^{23}$ mol^{-1} ; $-e = -1{,}602 \times 10^{-19}$ C, charge d'un électron ; F le Faraday, charge d'une mole de charges élémentaires : $F = 96\,500\ C \cdot mol^{-1}$.

■ On détermine également la capacité électrique d'une pile par le produit de l'intensité débitée I (supposée constante) et de la durée totale de fonctionnement Δt.

$$Q = I \times \Delta t$$ Q en C ; I en A ; Δt en s.

Méthode

Déterminer la durée de fonctionnement d'une pile

On considère une pile diiode-zinc d'équation de fonctionnement :

$$I_{2\,(aq)} + Zn_{(s)} \rightarrow 2\,I^-_{(aq)} + Zn^{2+}_{(aq)}.$$

Supposons que cette pile débite un courant constant d'intensité $I = 50$ mA.

La première demi-pile contient une grosse lame de zinc.

Outre une électrode inerte, la seconde demi-pile contient 100 mL d'une solution aqueuse de diiode à $1{,}0 \times 10^{-1}$ mol·L^{-1}.

Pendant combien de temps cette pile peut-elle débiter jusqu'à l'usure ?

On fera l'hypothèse que cette transformation est totale.

CONSEILS

Identifiez le réactif limitant et calculez l'avancement maximal x_m.
Ensuite, utilisez les deux expressions de la capacité électrique de la pile pour calculer sa durée d'utilisation.

SOLUTION

La lame de zinc étant grosse, l'atome de zinc est un réactif en très large excès.

Le réactif limitant est donc le diiode. Sa quantité de matière initiale est :

$n(I_2)_i = C \times V = 1{,}0 \times 10^{-1} \times 100 \times 10^{-3} = 1{,}0 \times 10^{-2}$ mol.

À l'état final de cette transformation totale, le réactif limitant est totalement consommé donc :

$n(I_2)_f = n(I_2)_i - x_m = 0$ soit $x_m = 1{,}0 \times 10^{-2}$ mol.

Cette oxydo-réduction a lieu avec deux électrons échangés à chaque fois entre le réducteur et l'oxydant car les demi-équations sont :

$$Zn \rightleftarrows Zn^{2+} + 2\,e^-$$
$$I_2 + 2\,e^- \rightleftarrows 2\,I^-$$
$$\overline{I_{2\,(aq)} + Zn_{(s)} \rightarrow 2\,I^-_{(aq)} + Zn^{2+}_{(aq)}}$$

Donc la quantité de matière en électrons échangés est le double de l'avancement maximal :

$n(e^-) = 2\,x_m = 2{,}0 \times 10^{-2}$ mol.

On a : $Q = n(e^-) \times F = I \times \Delta t$

d'où $\Delta t = \dfrac{n(e^-) \times F}{I} = \dfrac{2{,}0 \times 10^{-2} \times 96\,500}{50 \times 10^{-3}} = 3{,}9 \times 10^4$ s $= 11$ h.

À NOTER

Dans ce type d'exercice, attention aux confusions possibles entre les notations de la force électromotrice E, de la charge élémentaire e et de l'électron e$^-$…

21 Une évolution forcée : l'électrolyse

En bref *Si on met en contact les quatre espèces de deux couples oxydant/réducteur, le critère d'évolution spontanée prévoit le sens de la transformation. Mais est-il possible d'assister à l'autre évolution, contraire au sens spontané ?*

I Principe de l'électrolyse

- Une **électrolyse** est une transformation d'oxydo-réduction **forcée** par un générateur au cours de laquelle le système évolue dans le sens inverse de celui qui serait spontanément observé. Au cours d'une évolution forcée, le quotient de réaction Q_r évolue en s'éloignant de la valeur de la constante d'équilibre K.
- L'électrode où a lieu la réduction est la **cathode**, reliée au pôle (–) du générateur.
L'électrode où a lieu l'oxydation est l'**anode**, reliée au pôle (+) du générateur.

> **À NOTER**
> Si les définitions restent les mêmes que pour une pile (anode : oxydation et cathode : réduction), les polarités (+/-) ne sont plus les mêmes !

- La quantité d'électricité Q lors d'une électrolyse est, comme pour la pile :
$Q = n(e^-) \times F = I \times \Delta t$ Q en C ; $n(e^-)$ en mol ; F en $C \cdot mol^{-1}$; I en A et Δt en s.
- Si la tension aux bornes du générateur est suffisante, il va imposer un sens du courant et donc un sens de parcours aux électrons. Si cela s'oppose aux sens prévus par le critère d'évolution spontanée du système électrochimique, on obtient une transformation forcée.

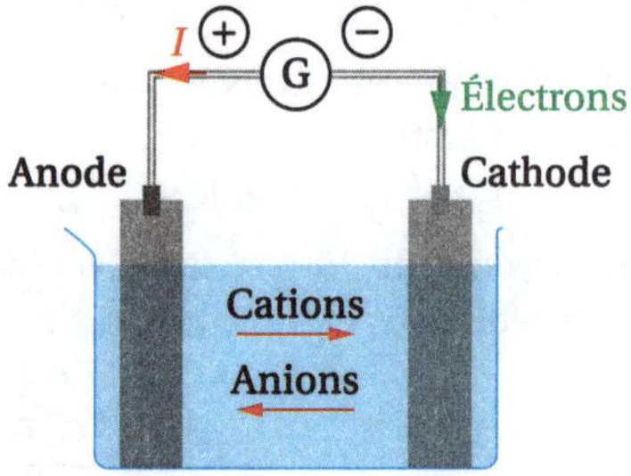

II Pile et électrolyse : deux comportements pour un système

Pile : transformation spontanée d'un système électrochimique	Électrolyse : transformation forcée d'un système électrochimique
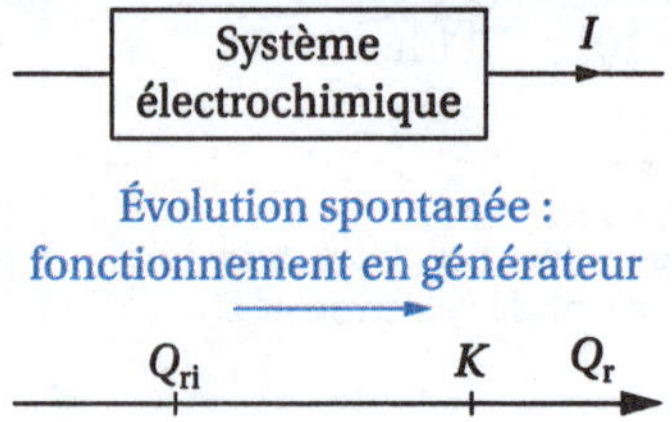	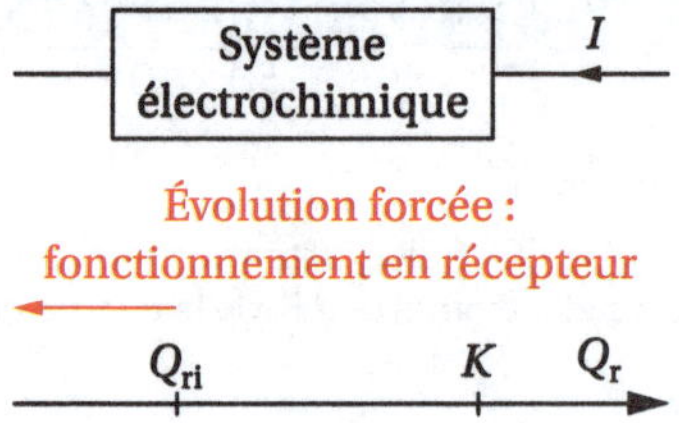

Méthode

Déterminer une quantité de matière formée lors d'une électrolyse

Grâce à un générateur qui impose un courant d'intensité constante $I = 12$ mA, on réalise pendant 15 minutes l'électrolyse d'une solution aqueuse de bromure de cuivre ($Cu^{2+}_{(aq)} + 2\ Br^{-}_{(aq)}$), de volume $V = 500$ mL et de concentration en quantité de matière $C = 0{,}25\ mol \cdot L^{-1}$.

Données : couples d'oxydo-réduction : Br_2/Br^- et Cu^{2+}/Cu ;
$M(Br) = 79{,}9\ g \cdot mol^{-1}$.

a. Écrire l'équation de réaction pour cette électrolyse.

b. Quelle quantité d'électricité traverse le circuit au cours de cette électrolyse ?

c. Quelle est la masse de dibrome formée lors de cette électrolyse ?

CONSEILS

a. Utilisez les couples proposés et tenez compte des espèces initialement présentes.

b. Appliquez la définition de Q mais attention aux unités…

c. Utilisez les demi-équations d'oxydo-réduction pour lier le nombre d'électrons échangés au nombre de molécules de dibrome formées. Cela mène à la quantité de matière formée en dibrome. Passez enfin à la masse.

SOLUTION

a. Les réactifs initialement présents sont les ions bromure Br^- et cuivre Cu^{2+}. On écrit les demi-équations associées :

$$2\ Br^- \rightleftarrows Br_2 + 2\ e^-$$
$$Cu^{2+} + 2\ e^- \rightleftarrows Cu$$
$$2\ Br^-_{(aq)} + Cu^{2+}_{(aq)} \rightleftarrows Br_{2\,(aq)} + Cu_{(s)}$$

b. $Q = I \times \Delta t = 12 \times 10^{-3} \times 15 \times 60 = 11$ C

c. D'après la demi-équation liée au dibrome, on a : $2\ Br^- \rightleftarrows Br_2 + 2\ e^-$.
Cela signifie que la formation d'une molécule de dibrome correspond à la libération de deux électrons. La quantité d'électrons libérée est donc le double de la quantité de matière en dibrome formée : $n(e^-) = 2\ n(Br_2)_{formée}$

$$Q = n(e^-) \times F = 2\ n(Br_2)_{formée} \times F$$

$$n(Br_2)_{formée} = \frac{Q}{2\ F} = \frac{11}{2 \times 96\,500} = 5{,}6 \times 10^{-5}\ mol$$

$$m(Br_2)_{formée} = n(Br_2)_{formée} \times M(Br_2) = n(Br_2)_{formée} \times 2 \times M(Br)$$
$$= 5{,}6 \times 10^{-5} \times 2 \times 79{,}9 = 8{,}9\ mg.$$

À NOTER

Le volume donné pour la solution n'a ici aucune utilité.

PHYSIQUE-CHIMIE SVT MATHS COMPLÉMENTAIRES GRAND ORAL

SE TESTER QUIZ

Vérifiez que vous avez bien compris les points clés des **fiches 17 à 21**.

1 Quotient de réaction pour un système électrochimique

→ FICHES **17** et **18**

$Al_{(s)} + 3\,Fe^{3+}_{(aq)} \rightarrow Al^{3+}_{(aq)} + 3\,Fe^{2+}_{(aq)}$. Le quotient de cette réaction s'écrit :

☐ **a.** $Q_r = \dfrac{[Al^{3+}]+[Fe^{2+}]^3}{[Fe^{3+}]^3}$

☐ **b.** $Q_r = \dfrac{[Al^{3+}]\times[Fe^{2+}]^3}{[Al]\times[Fe^{3+}]^3}$

☐ **c.** $Q_r = \dfrac{[Al^{3+}]\times[Fe^{2+}]^3}{[Fe^{3+}]^3}$

☐ **d.** $Q_r = \dfrac{[Fe^{3+}]^3}{[Al^{3+}]\times[Fe^{2+}]^3}$

2 Usure et capacité d'une pile

→ FICHE **20**

Une pile débite un courant de 25 mA. $5{,}0 \times 10^{-3}$ mol d'atomes d'aluminium sont consommées selon l'équation : $Al_{(s)} + 3\,Fe^{3+}_{(aq)} \rightarrow Al^{3+}_{(aq)} + 3\,Fe^{2+}_{(aq)}$.
Quelle sera la durée de fonctionnement de cette pile ?

☐ **a.** $\Delta t = 1{,}9 \times 10^4$ s

☐ **b.** $\Delta t = 5{,}8 \times 10^4$ s

☐ **c.** $\Delta t = 16$ h

☐ **d.** $\Delta t = 57\,900$ s

3 Une évolution forcée : l'électrolyse

→ FICHE **21**

Grâce à un générateur, on réalise l'électrolyse d'une solution aqueuse de bromure de cuivre, transformation chimique modélisée par l'équation de réaction :

$$2\,Br^-_{(aq)} + Cu^{2+}_{(aq)} \rightarrow Br_{2(aq)} + Cu_{(s)}.$$

Sur quelle électrode observera-t-on la formation d'atomes de cuivre ?

☐ **a.** celle reliée au pôle (+)

☐ **b.** celle reliée au pôle (–) du générateur

OBJECTIF BAC

4 Des transformations autour du zinc

60 min

Ce sujet à caractère expérimental nécessite de bien maîtriser l'ensemble du chapitre. Il s'agit d'étudier l'évolution spontanée d'un système électrochimique puis de réaliser une électrolyse dite « à anode soluble ».

LE SUJET

Certaines transformations chimiques peuvent mettre en jeu la réaction modélisée par l'équation : $Fe^{2+}_{(aq)} + Zn_{(s)} \rightleftarrows Zn^{2+}_{(aq)} + Fe_{(s)}$ équation (1)
dont la constante d'équilibre associée est : $K = 1{,}40 \times 10^{11}$.

Pour étudier expérimentalement des transformations mettant en jeu les espèces chimiques $Fe^{2+}_{(aq)}$, $Zn_{(s)}$, $Zn^{2+}_{(aq)}$, $Fe_{(s)}$ on dispose :
- d'une solution aqueuse de sulfate de fer S_1 contenant des ions $Fe^{2+}_{(aq)}$ de concentration en quantité de matière $C_1 = 1{,}00 \times 10^{-1}$ mol·L^{-1} ;
- d'une solution aqueuse de sulfate de zinc S_2 contenant des ions $Zn^{2+}_{(aq)}$ de concentration en quantité de matière $C_2 = 1{,}00 \times 10^{-1}$ mol·L^{-1}.

Les couples à considérer sont : $Fe^{2+}_{(aq)}/Fe_{(s)}$; $Zn^{2+}_{(aq)}/Zn_{(s)}$; $H^{+}_{(aq)}/H_{2\,(g)}$.

Partie 1 Transformation spontanée

À l'instant $t = 0$, on mélange dans un grand bécher 100 mL de la solution S_1, 200 mL de la solution S_2, 5,58 g de fer et 6,54 g de zinc, puis on agite.

La transformation chimique de ce système peut être modélisée par l'équation (1).

a. Écrire les demi-équations électroniques qui conduisent à cette équation.

b. Déterminer les quantités de matière d'ions fer II et d'ions zinc II introduites initialement.

c. Le système chimique ainsi créé évolue de façon spontanée. Une analyse permet d'obtenir des histogrammes donnant les quantités de matière en ions fer II et en ions zinc II pour différents états du système. Les trois histogrammes représentés sur les figures 1 à 3 correspondent chacun à un état du système lors de son évolution.

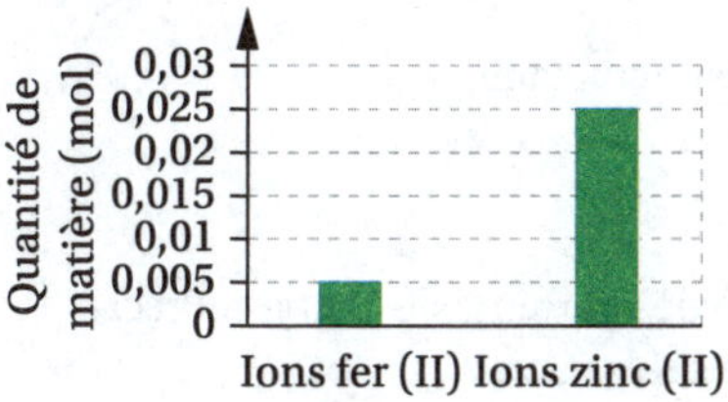

Figure 1 : état E1

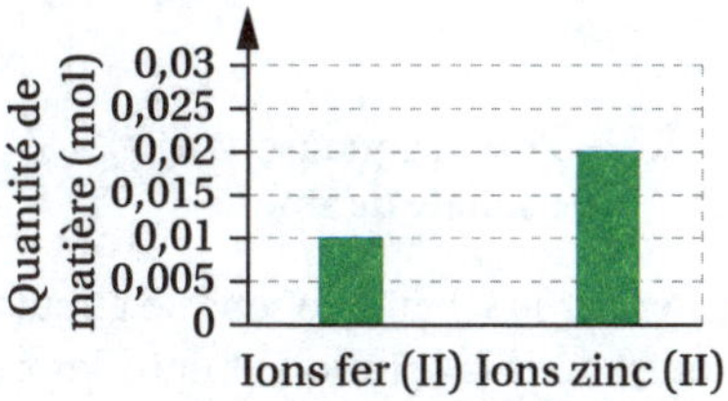

Figure 2 : état E2

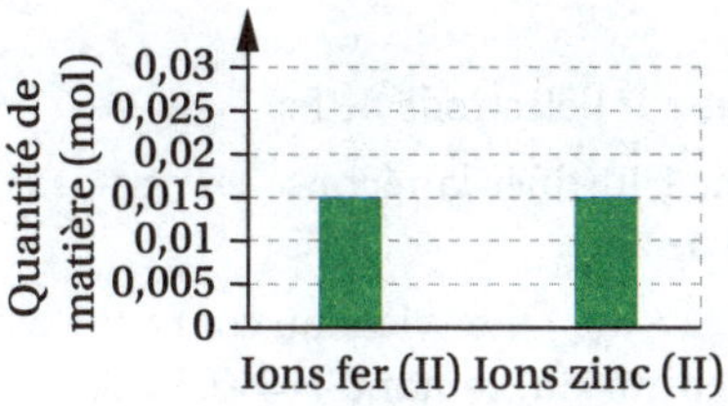

Figure 3 : état E3

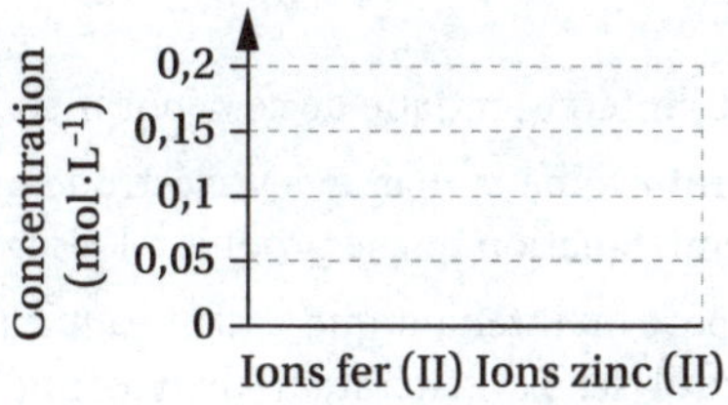

Figure 4 : état d'équilibre (à compléter)

Calculer le quotient de réaction associé à l'équation (1) à l'état initial. Quel histogramme correspond à cet état ? Justifier.

d. Énoncer le critère d'évolution spontanée d'un système chimique et prévoir dans quel sens évolue spontanément le système.

e. Calculer la valeur des quotients de réaction Q_{r1} et Q_{r3} correspondant aux états E_1 et E_3 (figures 1 et 3).

f. Les deux états E_1 et E_3 peuvent-ils correspondre à des états intermédiaires du système entre l'état initial et l'état final ? Justifier.

g. L'avancement de la transformation à l'état final est : $x_f = 1{,}00 \times 10^{-2}$ mol.

Déterminer les quantités de matière à l'état final en ions fer II et en ions zinc II et compléter l'histogramme donnant leurs concentrations à l'état final (figure 4).

Partie 2 Électrolyse

On réalise le montage représenté ci-dessous. Le générateur de tension continue permet de faire circuler un courant électrique d'intensité *I*.

L'interrupteur étant fermé, on observe sur l'électrode de fer la formation d'un dépôt métallique et un dégagement de dihydrogène.

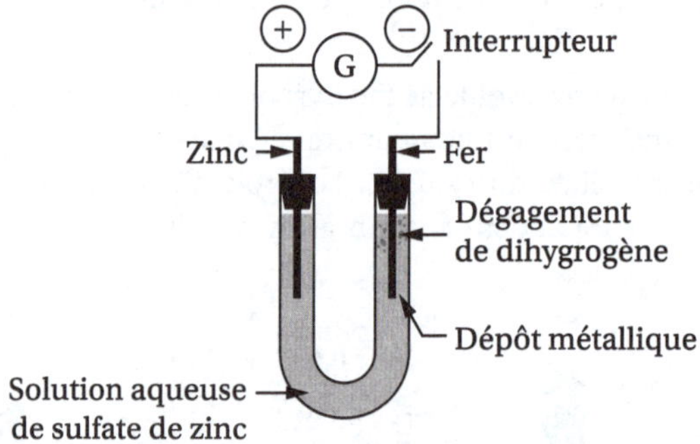

h. Représenter sur le schéma le sens de circulation des porteurs de charges. Préciser leurs noms, dans la solution et dans les fils de connexion.

i. Grâce aux couples donnés et aux observations, écrire les demi-équations se produisant à l'électrode de fer. Cette électrode est-elle l'anode ou la cathode ? Justifier.

j. Quel est l'intérêt pratique de ce dépôt métallique sur l'électrode de fer ?

k. Comment évolue la masse de l'électrode de zinc ? Justifier la réponse en écrivant la demi-équation qui se produit à l'électrode de zinc.

l. On suppose maintenant que seul le couple ($Zn^{2+}_{(aq)}/Zn_{(s)}$) intervient au cours de cette électrolyse. Le générateur délivre une intensité du courant $I = 0{,}50$ A pendant $\Delta t = 10$ min.

Montrer que l'équation correspondant au bilan de l'électrolyse peut s'écrire :

$$Zn_{anode\ (s)} + Zn^{2+}_{(aq)} \rightleftarrows Zn^{2+}_{(aq)} + Zn_{cathode\ (s)}.$$

À NOTER
Cette électrolyse est dite « à anode soluble ».

m. Calculer la quantité d'électricité Q échangée pendant 10 min.

n. En déduire la variation de masse de l'électrode de zinc au cours de l'électrolyse.

CORRIGÉS

SE TESTER QUIZ

1 Quotient de réaction pour un système électrochimique

Réponse c.

2 Usure et capacité d'une pile

Réponses b et c.

3 Une évolution forcée : l'électrolyse

Réponse b.

OBJECTIF BAC

4 Des transformations autour du zinc

Partie 1 Transformation spontanée

a. Il y a réduction des ions fer II :

$$Fe^{2+} + 2\,e^- \rightleftarrows Fe$$

ainsi qu'oxydation du zinc :

$$Zn \rightleftarrows Zn^{2+} + 2\,e^-.$$

b. $n(Fe^{2+})_i = C_1V_1 = 1{,}00 \times 10^{-1} \times 100 \times 10^{-3} = 1{,}00 \times 10^{-2}$ mol.
$n(Zn^{2+})_i = C_2V_2 = 1{,}00 \times 10^{-1} \times 200 \times 10^{-3} = 2{,}00 \times 10^{-2}$ mol.

c. $Q_{ri} = \dfrac{[Zn^{2+}]_i}{[Fe^{2+}]_i} = \dfrac{\dfrac{n(Zn^{2+})_i}{V_{tot}}}{\dfrac{n(Fe^{2+})_i}{V_{tot}}} = \dfrac{n(Zn^{2+})_i}{n(Fe^{2+})_i} = \dfrac{2{,}00 \times 10^{-2}}{1{,}00 \times 10^{-2}} = 2{,}00.$

À NOTER
c. On a : $V_{tot} = V_1 + V_2$.

L'histogramme correspondant à l'état initial est celui de la figure 2 (état E2). On retrouve les quantités de matière calculées au b.

d. Si $Q_r < K$, alors le système chimique évolue spontanément dans le sens direct de l'équation.
Si $Q_r = K$, le système est dans l'état d'équilibre, pas d'évolution de sa composition.
Si $Q_r > K$, le système évolue spontanément dans le sens indirect de l'équation.
Ici $Q_{ri} = 2{,}00 < K = 1{,}40 \times 10^{11}$. L'évolution se fait donc en sens direct, celle de la formation de Zn^{2+} et de Fe.

e. D'après la réponse à la question c., on a : $Q_r = \dfrac{[Zn^{2+}]}{[Fe^{2+}]} = \dfrac{n(Zn^{2+})}{n(Fe^{2+})}$.

Dans le cas 1, on a : $Q_{r1} = \dfrac{0{,}025}{0{,}005} = 5$. Dans le cas 2, on a : $Q_{r2} = \dfrac{0{,}015}{0{,}015} = 1{,}0$.

f. Selon le critère d'évolution spontanée, le quotient de réaction évolue au cours de la transformation de façon à tendre vers K. Ici, Q_r va augmenter (évolution en sens direct), partant de $Q_{ri} = 2{,}00$ pour aller vers $K = 1{,}40 \times 10^{11}$. Seul Q_{r1} est compatible avec ces données. L'état E1 est donc le seul état qui constitue un état intermédiaire entre l'état initial et l'état final.

g. On détermine les quantités de matière à l'état initial pour les deux solides.

$$n(\mathrm{Zn})_i = \frac{n(\mathrm{Zn})_i}{M(\mathrm{Zn})} = \frac{6{,}54}{65{,}4} = 1{,}0 \times 10^{-1} \text{ mol ;}$$

$$n(\mathrm{Fe})_i = \frac{n(\mathrm{Fe})_i}{M(\mathrm{Fe})} = \frac{5{,}58}{55{,}8} = 1{,}0 \times 10^{-1} \text{ mol.}$$

Cela permet de dresser un tableau d'avancement :

État	Avancement	$Fe^{2+}_{(aq)}$ +	$Zn_{(s)}$ ⇄	$Zn^{2+}_{(aq)}$ +	$Fe_{(s)}$
Initial	$x = 0$	$n(Fe^{2+})_i$	$n(Zn)_i$	$n(Zn^{2+})_i$	$n(Fe)_i$
Final	$x = x_f$	$n(Fe^{2+})_i - x_f$	$n(Zn)_i - x_f$	$n(Zn^{2+})_i + x_f$	$n(Fe)_i + x_f$

Sachant que $x_f = 1{,}00 \times 10^{-1}$ mol, on peut compléter numériquement la ligne correspondant à l'état final :

$n(Fe^{2+})_f = n(Fe^{2+})_i - x_f = 1{,}00 \times 10^{-2} - 1{,}00 \times 10^{-2} = 0$ mol

$n(Zn)_f = n(Zn)_i - x_f = 1{,}0 \times 10^{-1} - 1{,}00 \times 10^{-2} = 9 \times 10^{-2}$ mol

$n(Zn^{2+})_f = n(Zn^{2+})_i + x_f = 2{,}00 \times 10^{-2} + 1{,}00 \times 10^{-2} = 3{,}00 \times 10^{-2}$ mol

$n(Fe)_f = n(Fe)_i + x_f = 1{,}0 \times 10^{-1} + 1{,}00 \times 10^{-2} = 1{,}1 \times 10^{-1}$ mol.

Pour obtenir la concentration en quantité de matière des deux ions à l'état final, il faut diviser la quantité de matière par le volume de la solution.

$$[Fe^{2+}]_f = \frac{n(Fe^{2+})_f}{V_{tot}} = \frac{0}{100 \times 10^{-3} + 200 \times 10^{-3}} = 0 \text{ mol} \cdot \text{L}^{-1}$$

$$[Zn^{2+}]_f = \frac{n(Zn^{2+})_f}{V_{tot}} = \frac{3{,}00 \times 10^{-2}}{100 \times 10^{-3} + 200 \times 10^{-3}} = 1{,}00 \times 10^{-1} \text{ mol} \cdot \text{L}^{-1}.$$

On peut ainsi compléter l'histogramme de la figure 4 :

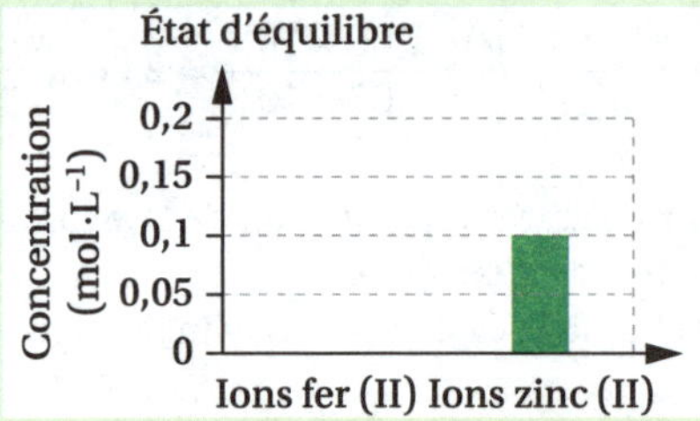

À NOTER

g. Dans cette question, l'ordonnée de l'histogramme est une concentration. Ce n'était pas le cas dans la question b. Attention aux confusions possibles !

Partie 2 Électrolyse

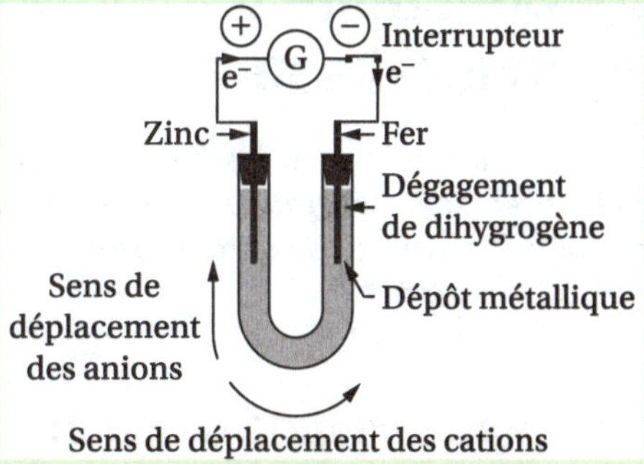

h. Dans les fils de connexion, les porteurs de charges sont les électrons. Ils sont libérés par la borne – du générateur et sont captés par la borne + du générateur.
En solution aqueuse, les porteurs de charges sont les ions. Les cations sont attirés par la borne – du générateur et les anions sont attirés par la borne +.

i. Le dégagement de dihydrogène est lié à la réduction des ions H^+ : $2\ H^+ + 2\ e^- \rightleftarrows H_2$.
La formation du dépôt métallique est liée à la réduction des ions Zn^{2+} :
$$Zn^{2+} + 2\ e^- \rightleftarrows Zn.$$
Cette électrode étant le siège de réactions de réduction, il s'agit donc de la cathode.

j. Le dépôt de zinc sur le fer de l'électrode protège le fer de la corrosion. Au contact de l'air, le zinc se recouvrira d'une couche d'oxyde de zinc protectrice. Ce procédé est appelé « électrozingage ».

k. La masse de l'électrode de zinc diminue. En effet, il y a consommation du métal zinc en raison d'une réaction d'oxydation anodique, le zinc étant le seul réducteur présent au niveau de l'anode : $Zn \rightleftarrows Zn^{2+} + 2\ e^-$.

l. On a donc une oxydation à l'anode : $Zn_{anode\ (s)} \rightleftarrows Zn^{2+}_{(aq)} + 2\ e^-$
et une réduction à la cathode : $Zn^{2+}_{(aq)} + 2\ e^- \rightleftarrows Zn_{cathode\ (s)}$

$$Zn_{anode\ (s)} + Zn^{2+}_{(aq)} \rightleftarrows Zn^{2+}_{(aq)} + Zn_{cathode\ (s)}$$

Cette électrolyse est dite « à anode soluble » car cela revient à faire « disparaître » le zinc de l'anode, tout en le reformant sur la cathode.

À NOTER

l. Sans les indices « anode » et « cathode », cette équation de réaction devient inexploitable. Il faut ici éviter toute confusion.

m. On calcule la quantité d'électricité qui circule au cours de cette électrolyse :
$Q = I \times \Delta t = 500 \times 10^{-3} \times 10 \times 60 = 3{,}0 \times 10^2$ C.

n. De la quantité d'électricité, on déduit la quantité de matière en électrons échangés : $Q = n(e^-) \times F$ donc $n(e^-) = \dfrac{Q}{F} = \dfrac{3{,}0 \times 10^2}{96\,500} = 3{,}1 \times 10^{-3}$ mol.
La demi-équation d'oxydation à l'anode nous permet de dire que lorsque deux électrons sont libérés, un atome de zinc est consommé et il y a la formation d'un ion zinc. Donc : $n(Zn)_{consommé} = \dfrac{n(e^-)}{2} = 1{,}6 \times 10^{-3}$ mol.
Il faut maintenant passer de la quantité de matière à la masse de zinc consommée :
$m(Zn)_{consommée} = n \times M = 1{,}6 \times 10^{-3} \times 65{,}4 = 0{,}10$ g.
En conclusion, on peut donc dire qu'au cours de cette électrolyse, la masse de l'électrode de zinc diminue de 0,10 g, ce qui provoque la formation de 0,10 g d'un dépôt de zinc sur la cathode en fer.

22 Constante d'acidité d'un couple acide-base

En bref *Tous les acides ou les bases ne conduisent pas au même état d'équilibre en solution aqueuse. Il est donc nécessaire de définir une grandeur qui permette de caractériser chaque couple acide/base : c'est la constante d'acidité.*

I Constante d'acidité d'un couple acide/base

■ La constante d'acidité K_A d'un couple acide/base est la constante d'équilibre → FICHE 17 associée à la réaction de dissociation de l'acide de ce couple dans l'eau :

$$\text{acide}_{(aq)} + H_2O_{(\ell)} \rightleftarrows \text{base}_{(aq)} + H_3O^+_{(aq)}$$

soit :

$$K_A = \frac{[\text{base}]_{éq} \times [H_3O^+]_{éq}}{[\text{acide}]_{éq}}$$

■ Pour un couple acide/base donné, K_A dépend uniquement de la température.

■ On définit également $pK_A = -\log K_A$ ce qui équivaut à $K_A = 10^{-pK_A}$.

Exemple : pour le couple acide méthanoïque/ion méthanoate HCO_2H/HCO_2^- :

$$K_A = \frac{[HCO_2^-]_{éq} \times [H_3O^+]_{éq}}{[HCO_2H]_{éq}} = 1{,}8 \times 10^{-4}$$

et $pK_A = 3{,}75$ à 25 °C.

À NOTER
Dans l'état d'équilibre $Q_{rf} = K$. La constante d'équilibre est définie au chapitre 5.

II Produit ionique de l'eau

■ La réaction d'autoprotolyse de l'eau met en jeu les deux couples acide/base de l'eau H_3O^+/H_2O et H_2O/HO^- :

$$H_2O_{(\ell)} + H_2O_{(\ell)} \rightleftarrows H_3O^+_{(aq)} + HO^-_{(aq)}.$$

■ La constante d'équilibre associée à la réaction d'autoprotolyse de l'eau est appelée produit ionique de l'eau et notée K_e :

$K_e = [H_3O^+] \times [HO^-] = 1{,}0 \times 10^{-14}$ à 25 °C. K_e est sans dimension.

On utilise souvent $pK_e = -\log(K_e)$; à 25 °C $pK_e = 14$.

■ Dans toute solution aqueuse, le produit ionique de l'eau K_e est toujours égal à une constante, à une température donnée. Il est indépendant des substances dissoutes. À 25 °C dans une solution :

- neutre : $[H_3O^+] = [HO^-] = 10^{-7}$ mol·L^{-1} et $K_e = 10^{-14}$ d'où $pH = \frac{1}{2} pK_e = 7$;
- acide : $[H_3O^+] > 10^{-7}$ mol·L^{-1} et $[HO^-] < 10^{-7}$ mol·L^{-1} et pH < 7 ;
- basique : $[H_3O^+] < 10^{-7}$ mol·L^{-1} et $[HO^-] > 10^{-7}$ mol·L^{-1} et pH > 7.

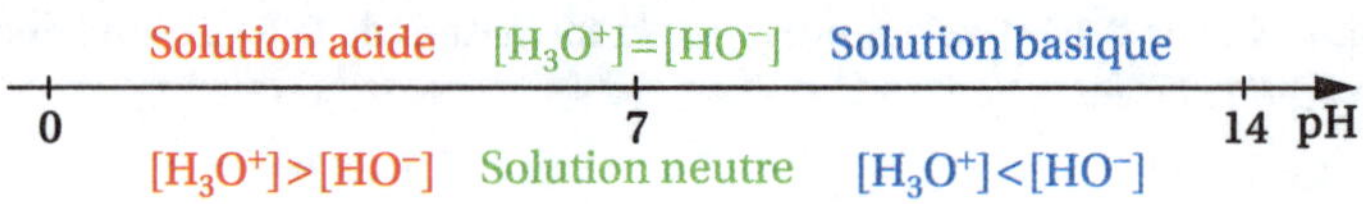

Méthode

Calculer la constante d'acidité K_A d'un couple acide-base

On dispose de 100 mL d'une solution aqueuse d'acide éthanoïque CH_3CO_2H de concentration $C = 5,0 \times 10^{-2}$ mol·L^{-1}. On mesure le pH et on obtient pH = 3,0.

a. Donner l'expression de la constante d'acidité K_A du couple acide éthanoïque/ion éthanoate.

b. Déterminer la valeur de la constante d'acidité du couple acide éthanoïque/ion éthanoate et en déduire la valeur de son pK_A.

CONSEILS

a. Écrivez l'équation de dissociation de l'acide éthanoïque dans l'eau et exprimez sa constante d'équilibre $Q_{rf} = K_A$.

b. Aidez-vous d'un tableau d'avancement et utilisez la valeur du pH pour déterminer l'avancement final ; déduisez-en la concentration de chaque espèce dans l'état d'équilibre.

SOLUTION

a. CH_3CO_2H est un acide donc il va réagir avec l'eau H_2O en tant que base, soit les couples : $CH_3CO_2H/CH_3CO_2^-$ et H_3O^+/H_2O.

$$CH_3CO_2H_{(aq)} + H_2O_{(\ell)} \rightleftarrows CH_3CO^-_{2(aq)} + H_3O^+_{(aq)}$$

b. $K_A = \dfrac{[CH_3CO_2^-]_{éq} \times [H_3O^+]_{éq}}{[CH_3CO_{2H}]_{éq}}$

	$CH_3CO_2H_{(aq)}$	+ $H_2O_{(\ell)}$	$\rightleftarrows$ $CH_3CO^-_{2(aq)}$	+ $H_3O^+_{(aq)}$
État initial	n_o	excès	0	0
État final	$n_0 - x_f$	excès	x_f	x_f

- Quantité initiale d'acide dans 100 mL :
$n_0 = C \times V = 5,0 \times 10^{-2} \times 0,100 = 5,0 \times 10^{-3}$ mol.
- Dans l'état final pH = 3,0 d'où $[H_3O^+] = 1,0 \times 10^{-3}$ mol·L^{-1}
soit $n(H_3O^+) = [H_3O^+] \times V = 1,0 \times 10^{-3} \times 0,100 = 1,0 \times 10^{-4}$ mol.
- D'après le tableau d'avancement dans l'état final :
$n(H_3O^+) = n(CH_3CO_2^-) = x_f = 1,0 \times 10^{-4}$ mol soit :
$[H_3O^+] = [CH_3CO_2^-] = 1,0 \times 10^{-3}$ mol·L^{-1}.
$n(CH_3CO_2H) = n_0 - x_f = 5,0 \times 10^{-3} - 1,0 \times 10^{-4}$ mol $= 4,9 \times 10^{-3}$ mol soit la concentration : $[CH_3CO_2H] = \dfrac{n_{CH_3CO_2H}}{V} = \dfrac{4,9 \times 10^{-3}}{0,1} = 4,9 \times 10^{-2}$ mol·L^{-1}.

On peut alors déterminer la valeur de K_A :

$$K_A = \frac{1,0 \times 10^{-3} \times 1,0 \times 10^{-3}}{4,9 \times 10^{-2}} = 2,0 \times 10^{-5} \text{ soit } pK_A = -\log(2,0 \times 10^{-5}) = 4,7.$$

23 Force d'un acide ou d'une base dans l'eau

En bref *La comparaison de la constante d'acidité des couples acide-base permet un classement des acides et des bases des plus forts aux plus faibles.*

I Les acides et bases forts et faibles

■ Un acide HA ou une base A^- qui réagit avec l'eau par une **réaction totale** est qualifié d'**acide fort** ou de **base forte**.

$HA_{(aq)} + H_2O_{(\ell)} \rightarrow H_3O^+_{(aq)} + A^-_{(aq)}$ $\quad A^-_{(aq)} + H_2O_{(\ell)} \rightarrow HA_{(aq)} + HO^-_{(aq)}$.

Exemples : • Acides forts : gaz chlorure d'hydrogène HCl ; acide nitrique HNO_3.
• Bases fortes : hydroxyde de sodium NaOH ; ion éthanolate $C_2H_5O^-$.

■ Un acide HA ou une base A^- est **faible** si sa réaction avec l'eau conduit à un **état d'équilibre** avec $\tau < 1$.

$HA_{(aq)} + H_2O_{(\ell)} \rightleftarrows H_3O^+_{(aq)} + A^-_{(aq)}$ $\quad A^-_{(aq)} + H_2O_{(\ell)} \rightleftarrows HA_{(aq)} + HO^-_{(aq)}$.

Exemples : • Les acides carboxyliques RCO_2H sont des acides faibles dans l'eau.
• Les ions carboxylate RCO_2^- et les amines RNH_2 sont des bases faibles dans l'eau.

II Classement des acides et des bases

■ Un **acide** HA est d'autant plus fort que le taux d'avancement final τ de sa réaction avec l'eau est élevé ou que la constante d'acidité K_A de son couple est **grande** (ou que le pK_A est faible).

■ Une **base** A^- est d'autant plus forte que le taux d'avancement final τ de sa réaction avec l'eau est élevé ou que la constante d'acidité K_a de son couple est **faible** (ou que le pK_A est grand).

> **À NOTER**
> Plus un acide HA d'un couple est fort plus sa base conjuguée A^- est faible.

■ Les couples de l'eau : H_3O^+/H_2O et H_2O/HO^-

$H_3O^+ + H_2O \rightleftarrows H_2O + H_3O^+$ $K_A = \dfrac{[H_3O^+]_{éq}}{[H_3O^+]_{éq}} = 1$ et $pK_A = 0$;

$H_2O + H_2O \rightleftarrows HO^- + H_3O^+$ $K_A = K_e = [H_3O^+] \times [HO^-] = 10^{-14}$ et $pK_e = 14$.

H_3O^+ est l'acide le plus fort en solution aqueuse et HO^- est la base la plus forte en solution aqueuse.

■ Pour tout couple acide faible/base faible :
$1 < K_A < 10^{-14}$ ou $0 < pK_A < 14$.

■ À concentration identique : la solution de **l'acide** le plus fort possède le **pH le plus faible** et la solution de **base** la plus forte possède le **pH le plus élevé**.

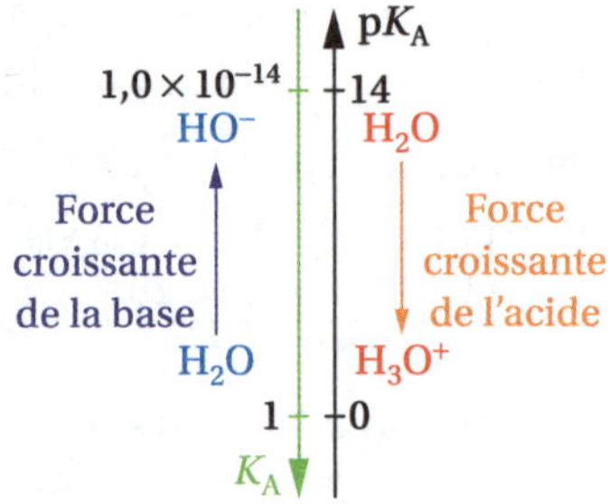

Méthode

Comparer la force de trois acides

On considère trois solutions aqueuses des acides HA_1, HA_2 et HA_3, toutes trois à la concentration de $1{,}0 \times 10^{-3}$ $mol \cdot L^{-1}$. La mesure, dans un ordre quelconque, du pH de chaque solution donne les valeurs : 3,0 ; 3,6 et 6,1.

a. HA_2 est un acide fort. Attribuer un pH à la solution de HA_2. Argumenter.

b. Classer ces acides par force croissante et associer un pH à chaque solution.

Données à 25 °C : $K_{A_1}(HA_1/A_1^-) = 6{,}3 \times 10^{-5}$, $pK_{A_3}(HA_3/A_3^-) = 9{,}2$.

CONSEILS

a. Définissez un acide fort. Déterminez le pH d'une solution de concentration C.

b. Comparez les constantes d'acidité ou les pK_A. Plus un acide est fort, à même concentration, plus son pH sera petit.

SOLUTION

a. Un acide est fort si sa réaction avec l'eau est totale. Si on dissout n mol d'acide fort dans un volume V, on retrouve n mol d'ions oxonium en solution.

	$HA_{(aq)}$ +	$H_2O_{(\ell)}$ →	$H_3O^+_{(aq)}$ +	$A^-_{(aq)}$
État initial	n	excès	0	0
État final	0	excès	n	n

$C_{(\text{apportée})} = \dfrac{n}{V}$ et $[H_3O^+] = \dfrac{n}{V} = C$; $pH = \dfrac{-\log[H_3O^+]}{c^0} = \dfrac{-\log C}{c^0}$

$pH = \dfrac{-\log(1{,}0 \times 10^{-3})}{1{,}0} = 3{,}0$. HA_2 est un acide fort, libérant des H_3O^+ dans l'eau par une réaction totale. Cette solution a un pH de 3,0.

b. Les deux autres acides ayant un pH > 3 sont des acides faibles. Pour comparer la force de deux acides, on compare les K_A ou pK_A : $K_{A_1} = 6{,}3 \times 10^{-5}$ soit $pK_{A_1} = -\log(6{,}3 \times 10^{-5}) = 4{,}2$ et $pK_{A_3} = 9{,}2$ soit $K_{A_3} = 10^{-9{,}2} = 6{,}3 \times 10^{-10}$. On constate que $K_{A_1} > K_{A_3}$ ou $pK_{A_1} < pK_{A_3}$ donc l'acide HA_1 est un acide plus fort que l'acide HA_3.

$HA_{(aq)} + H_2O_{(\ell)} \rightleftarrows H_3O^+_{(aq)} + A^-_{(aq)}$ Plus K_A est grand, plus la réaction est déplacée dans le sens direct donc dans le sens de la formation des ions H_3O^+.

$HA_{(aq)} + H_2O_{(\ell)} \underset{\text{sens direct}}{\rightleftarrows} H_3O^+_{(aq)} + A^-_{(aq)}$ $K_A = \dfrac{[A^-]_{éq} \times [H_3O^+]_{éq}}{[HA]_{éq}}$ et $K_{A1} > K_{A3}$.

La réaction de HA_1 avec l'eau sera donc plus déplacée dans le sens direct ce qui produira plus d'ions H_3O^+ et donnera un pH plus petit.

D'où $pH_1 = 3{,}6$ et $pH_3 = 6{,}1$. L'acide fort HA_2 aura le pH le plus petit soit la concentration $[H_3O^+]$ la plus grande.

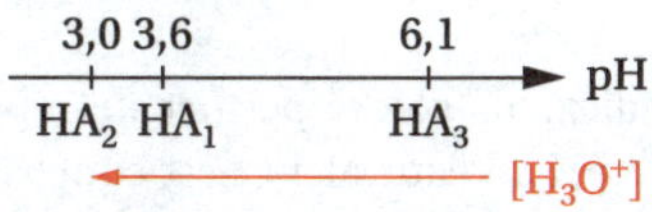

24 Diagrammes de prédominance et de distribution

En bref *Dans une solution aqueuse les proportions d'un acide et de sa base conjuguée varient en fonction du pH. On peut prévoir quelle espèce prédomine en connaissant la valeur de la constante d'acidité du couple.*

I Diagrammes de prédominance et de distribution

■ **Diagramme de prédominance :** pour le couple HA/A^-, on a

$$K_A = \frac{[A^-]_{eq} \times [H_3O^+]_{eq}}{[HA]_{eq}} \text{ ou } pH = pK_A + \log\frac{[A^-]_{eq}}{[HA]_{eq}}.$$

• L'espèce A^- prédomine si :

$[A^-] > [HA]$ donc si $\frac{[A^-]}{[HA]} > 1$ soit

$pH > pK_A$ car $\log\left(\frac{[A^-]}{[HA]}\right) > 0$.

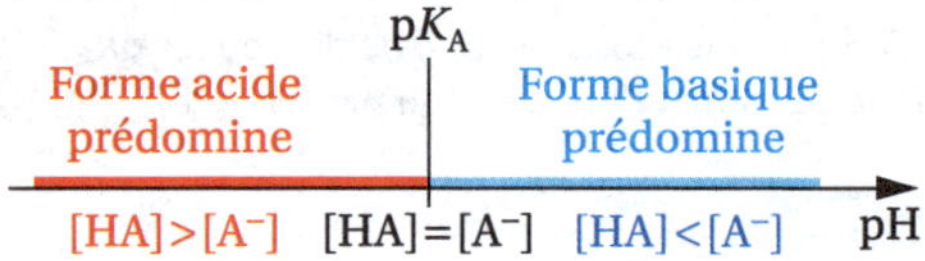

• L'espèce HA prédomine si :

$[HA] > [A^-]$ donc si $\frac{[A^-]}{[HA]} < 1$ soit $pH < pK_A$ car $\log\left(\frac{[A^-]}{[HA]}\right) < 0$.

• Si $[HA] = [A^-]$ alors $pH = pK_A$ car $\log\left(\frac{[A^-]}{[HA]}\right) = 0$.

■ **Diagramme de distribution :** le pourcentage d'acide HA en solution est $\frac{[HA]}{[HA]+[A^-]}$ et celui de la base A^- est $\frac{[A^-]}{[HA]+[A^-]}$. Ils sont représentés en fonction du pH. Pour 50 % d'acide et de base conjuguée, on peut lire la valeur du pK_A du couple.

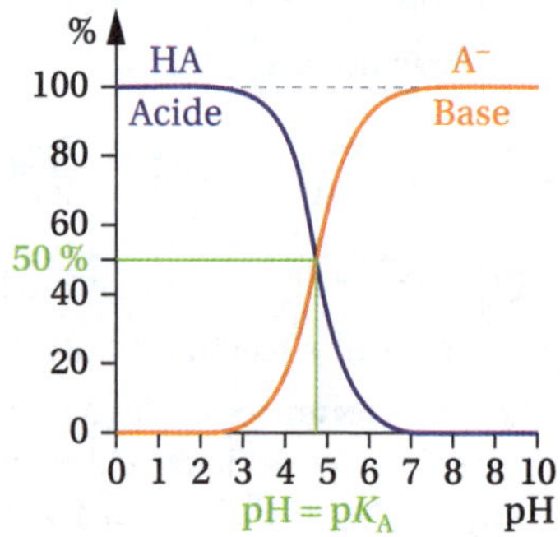

II Zone de virage d'un indicateur coloré

■ Un **indicateur coloré** est un couple $HInd/Ind^-$ dont la forme acide HInd et la forme basique Ind^- ont des couleurs différentes.

■ On appelle **zone de virage** l'intervalle de pH pour lequel la couleur de l'indicateur coloré est la superposition des deux teintes.

Exemple : bleu de bromothymol ($pK_A = 7{,}1$) :

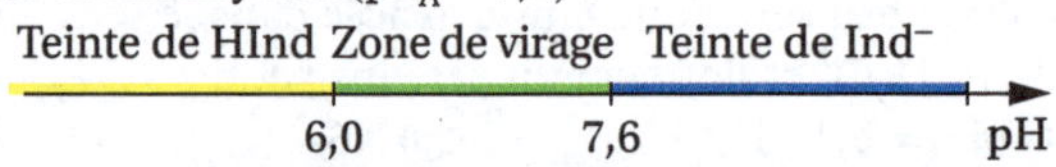

■ Un indicateur coloré permet de repérer l'équivalence d'un titrage acido-basique si le pH à l'équivalence est contenu dans la zone de virage.

Méthode

1 | Établir et exploiter un diagramme de prédominance

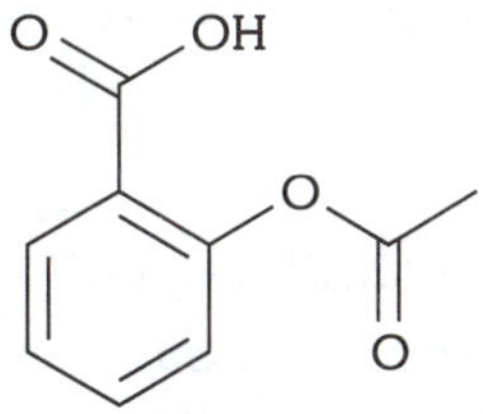

Le couple de l'aspirine (acide acétylsalicylique/ion acétylsalicylate) a un $pK_A = 3{,}5$. On note plus simplement le couple HA/A^-.

a. Tracer le diagramme de prédominance du couple de l'aspirine.

b. Sachant que le pH de l'estomac est voisin de 1, sous quelle forme y trouve-t-on l'aspirine ?

SOLUTION

a. D'après la relation $pH = pK_A + \log\dfrac{[A^-]_{éq}}{[HA]_{éq}}$, si $[HA] = [A^-]$ alors $pH = pK_A$.

En revanche, si $[HA] > [A^-]$ alors $pH < pK_A$ et HA prédomine. Inversement si $[HA] < [A^-]$ alors $pH > pK_A$ et c'est la base conjuguée qui prédomine.

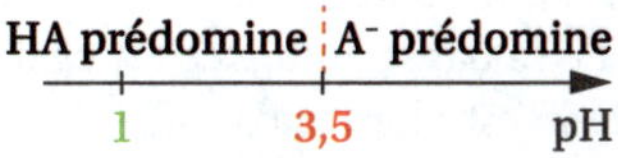

b. À pH = 1, on est dans le domaine de prédominance de la forme acide HA. Dans l'estomac on trouve donc l'aspirine sous sa forme acide HA.

2 | Déterminer la zone de virage d'un indicateur coloré

Le vert de bromocrésol est un indicateur coloré acido-basique. C'est un couple acide-base dont la forme acide est jaune tandis que la forme basique est bleue. On considère que le vert de bromocrésol prend sa teinte acide lorsque $[HInd]/[Ind^-] > 10$ et qu'il prend sa teinte basique lorsque $[Ind^-]/[HInd] > 10$.

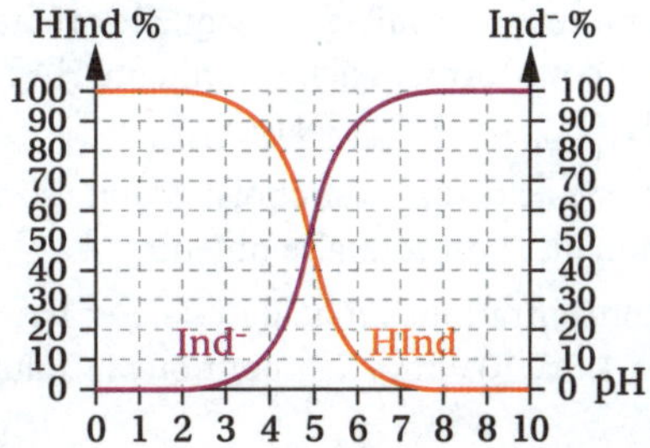

Déterminer la zone de virage du vert de bromocrésol.

CONSEILS

Déterminez le pK_A et les valeurs de pH quand $\dfrac{[Ind^-]_{éq}}{[HInd]_{éq}} > 10$ et quand $\dfrac{[Ind^-]_{éq}}{[HInd]_{éq}} < 10$.

SOLUTION

Pour 50 % d'acide et de base on lit $pH = pK_A = 4{,}8$.

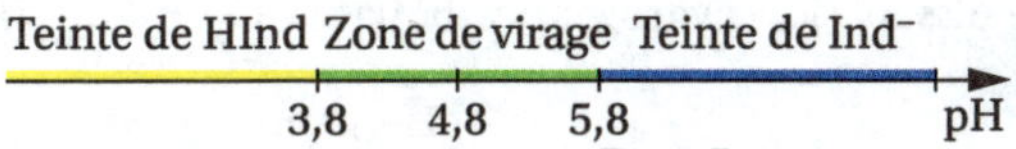

Si $\dfrac{[Ind^-]_{éq}}{[HInd]_{éq}} = 10$ alors $pH = pK_A + \log 10 = pK_A + 1$ et si $\dfrac{[Ind^-]_{éq}}{[HInd]_{éq}} = \dfrac{1}{10}$ alors $pH = pK_A - 1$. La zone de virage est donc comprise entre 3,8 et 5,8.

25 Solution tampon

En bref *Les solutions tampons ont la propriété de fixer le pH du milieu où elles se trouvent à une valeur déterminée et de s'opposer à ses variations.*

I Définition et préparation d'une solution tampon

- Une **solution tampon** est une solution dont le pH varie peu lorsqu'on y ajoute une petite quantité d'acide fort, de base forte ou lorsqu'on la dilue de façon modérée.
- Une solution tampon contient un acide faible HA et sa base conjuguée A^- en concentrations voisines : son pH est donc voisin du pK_A de ce couple.
- Le pH d'une solution tampon contenant un mélange **équimolaire** d'un acide faible et de sa base conjuguée est égal au pK_A du couple correspondant. Son pouvoir tampon est alors maximal.
- Il existe trois méthodes de préparation :
  - en réalisant un mélange équimolaire d'un acide faible et de sa base conjuguée ;
  - à partir d'un acide faible sur lequel on fait réagir une base forte pour former la base conjuguée A^- :
$HA_{(aq)} + HO^-_{(aq)} \rightarrow A^-_{(aq)} + H_2O_{(\ell)}$;
  - à partir d'une base faible sur laquelle on fait réagir un acide fort pour former l'acide conjugué HA :
$A^-_{(aq)} + H_3O^+_{(aq)} \rightarrow HA_{(aq)} + H_2O_{(\ell)}$.

> **À NOTER**
> La réaction entre un acide faible et une base forte ou une base faible et un acide fort est une réaction totale.

- Le couple acide-base est choisi de telle sorte que son pK_A soit proche du pH de la solution que l'on souhaite obtenir.
- Les concentrations en acide faible et base faible doivent être au moins supérieures à $1{,}0 \times 10^{-3}$ mol·L^{-1} pour que la solution tampon soit efficace.

II Exemples

- Les **solutions étalons** utilisées pour étalonner les pH-mètres sont des solutions tampons.
- Dans le corps humain, le pH du sang est maintenu dans une plage très étroite autour de 7,4. Le **tampon sanguin** le plus important est le couple : dioxyde de carbone dissout/ion hydrogénocarbonate $CO_2,H_2O_{(aq)}/HCO^-_{3(aq)}$ de $pK_A = 6{,}3$ à 37 °C.

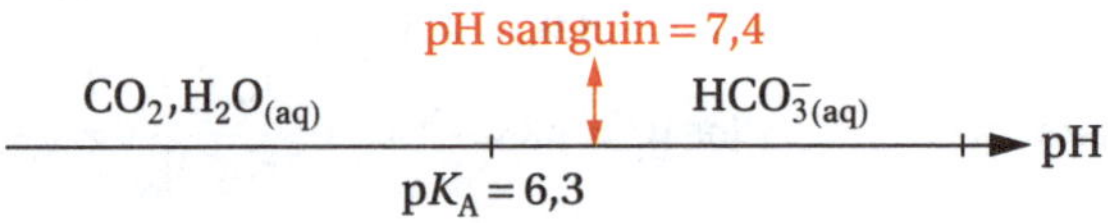

Méthode

Préparation d'une solution tampon

On prépare une solution tampon en mettant dans un bécher 50,0 mL d'une solution d'ammoniaque NH_3 à 1,0 mol · L^{-1} et 50,0 mL d'une solution de chlorure d'ammonium ($NH^+_{4(aq)} + Cl^-_{(aq)}$) à 1,0 mol · L^{-1} (p$K_A$ (NH_4^+/NH_3) = 9,26).

a. Calculer le pH de cette solution.

b. On ajoute au 100 mL de la solution tampon précédente, 100 mL de solution d'hydroxyde de sodium ($Na^+_{(aq)} + HO^-_{(aq)}$) à $1{,}0 \times 10^{-1}$ mol · L^{-1} et on mesure un pH = 9,43. Expliquer pourquoi le pH augmente. Que montre cette expérience ?

c. On prépare cette même solution tampon en additionnant un volume V' d'une solution d'acide chlorhydrique à 1,0 mol · L^{-1} dans 50,0 mL d'une solution d'ammoniaque NH_3 à 1,0 mol · L^{-1}. Quel volume doit-on ajouter ? Justifier.

CONSEILS

a. Utilisez la relation $\text{pH} = \text{p}K_A + \log\dfrac{[A^-]_{éq}}{[HA]_{éq}}$.

b. La réaction entre un acide faible et une base forte est une réaction totale.

c. La réaction entre une base faible et un acide fort est une réaction totale.

SOLUTION

a. $\text{pH} = \text{p}K_A + \log\dfrac{[NH_3]_{éq}}{[NH_4^+]_{éq}}$; on mélange les mêmes volumes de même concentration donc $[NH_3] = [NH_4^+] = \dfrac{C \times V}{2V} = \dfrac{C}{2}$. On a réalisé un mélange équimolaire en acide et base conjuguée donc pH = pK_A = 9,26.

b. L'ion hydroxyde $HO^-_{(aq)}$ est une base forte donc elle réagit avec l'acide NH_4^+ par une réaction totale : $NH^+_{4(aq)} + HO^-_{(aq)} \rightarrow NH_{3(aq)} + H_2O_{(\ell)}$.
La concentration en ion ammonium NH_4^+ diminue et celle de NH_3 augmente et, de ce fait, le rapport $\dfrac{[NH_3]_{éq}}{[NH_4^+]_{éq}}$ augmente ainsi que le pH. On constate que la variation de pH est faible (de 9,26 à 9,43) ce qui confirme qu'une solution tampon a son pH qui varie peu avec un ajout de base forte.

c. La réaction étant totale, pour préparer un mélange équimolaire en NH_3 et NH_4^+ il faut faire réagir la moitié de la quantité initiale de NH_3.

$n(H_3O^+)_i = \dfrac{n(NH_3)_i}{2} = \dfrac{C \times V}{2} = C \times V'$.

Donc $V' = \dfrac{V}{2} = 25$ mL.

Pour 50 mL de solution d'ammoniaque il faut ajouter 25 mL d'acide chlorhydrique de même concentration.

NH_3 +	H_3O^+ →	NH_4^+ +	H_2O
n	$\frac{n}{2}$	0	excès
$\frac{n}{2}$	0	$\frac{n}{2}$	excès

PHYSIQUE-CHIMIE SVT MATHS COMPLÉMENTAIRES GRAND ORAL

OBJECTIF BAC

L'acide citrique

60 min

Ce problème permet d'étudier les propriétés acido-basiques de l'acide citrique, de trouver la forme présente dans un détartrant et de déterminer la pureté d'un produit commercial.

LE SUJET

L'acide citrique est un triacide présent en abondance dans le citron. Il est utilisé dans les boissons, les cosmétiques, en pharmacie, etc. Dans le commerce, on peut le trouver sous forme de poudre blanche anhydre ou monohydratée.

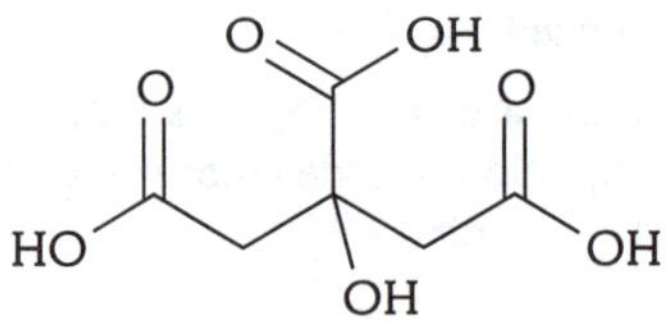

Document 1 Diagramme de distribution

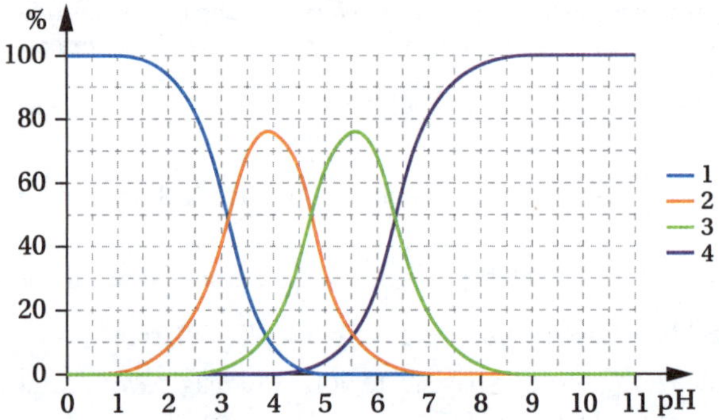

Document 2 Représentations des différentes espèces acido-basiques des couples de l'acide citrique

a

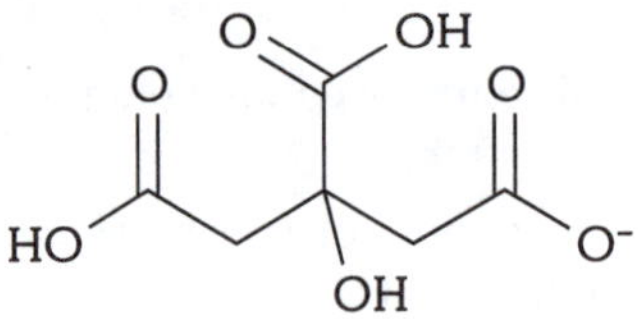

b

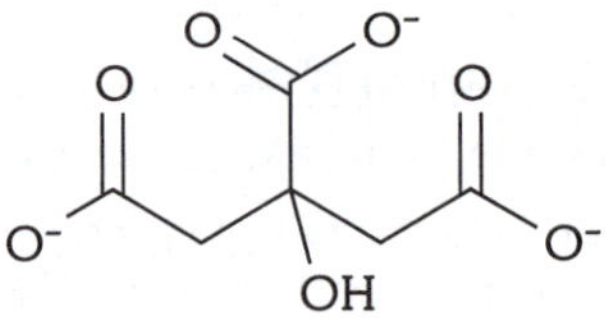

c

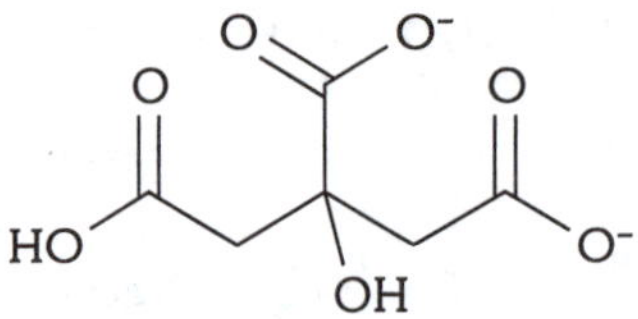

d

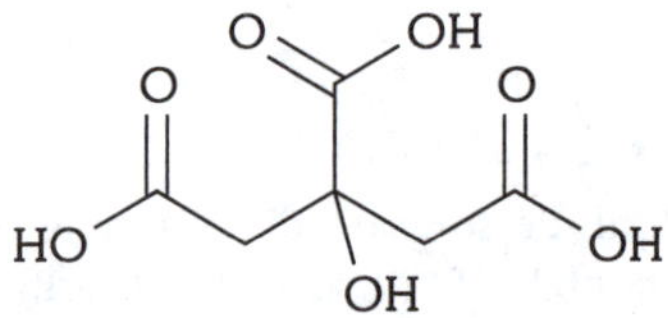

Partie 1 Étude des propriétés acido-basiques de l'acide citrique

a. Rappeler ce qu'est un acide selon Brönsted, puis expliquer pourquoi l'acide citrique est qualifié de « triacide ».

b. Parmi les quatre espèces acido-basiques (a, b, c, d), indiquer celle qui prédomine en milieu très acide et celle qui prédomine en milieu très basique. Justifier.

c. Associer chaque espèce acido-basique a, b, c et d à une courbe 1, 2, 3 ou 4 du diagramme de distribution.

d. Le pH d'une solution aqueuse d'acide citrique de concentration 15 $mmol \cdot L^{-1}$ est d'environ 2,5. Quelle(s) est (sont) la (les) forme(s) (a, b, c et d) présente(s) de l'acide citrique dans cette solution ? Estimer leurs proportions relatives.

e. Indiquer à quelle grandeur acido-basique particulière correspond la valeur de pH égale à 3,2. Justifier.

f. Tracer le diagramme de prédominance de l'acide citrique.

Partie 2 Analyse d'un détartrant à l'acide citrique

Un laboratoire d'analyse met en place un protocole afin de déterminer :
- la forme, anhydre ou monohydratée, de l'acide citrique présente dans un détartrant commercial en poudre ;
- la pureté de l'acide citrique dans le détartrant commercial en poudre.

Document 3 Protocole réalisé au laboratoire

On pèse précisément $5{,}3 \times 10^{-2}$ g de détartrant que l'on place dans un bécher. On ajoute un peu d'eau distillée puis on agite pour dissoudre complètement le détartrant. On réalise un titrage pH-métrique du contenu du bécher par une solution aqueuse d'hydroxyde de sodium de concentration $C = 5{,}0 \times 10^{-2}\ mol \cdot L^{-1}$. L'équation de la réaction support de titrage est : $C_6H_8O_{7(aq)} + 3\ HO^-_{(aq)} \rightarrow C_6H_5O^{3-}_{7(aq)} + 3\ H_2O_{(\ell)}$.

Voici la courbe obtenue à l'issue du titrage pH-métrique :

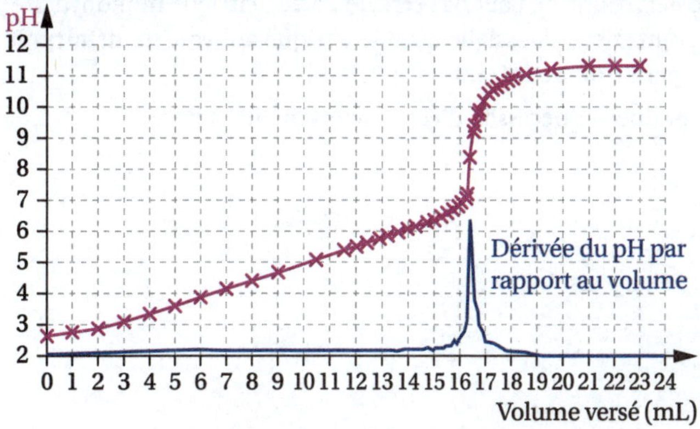

Données :

Indicateur	Couleur		Domaine de virage
	Forme acide	Forme basique	
Thymolphtaléine	Incolore	Bleue	9,3 à 10,5
Rouge de crésol	Jaune	Rouge	7,2 à 8,8
Bleu de bromothymol	Jaune	Bleue	6,0 à 7,6
Vert de bromocrésol	Jaune	Bleue	3,8 à 5,4

	Formule brute	Masse molaire	Pictogramme
Acide citrique anhydre	$C_6H_8O_7$	192 $g \cdot mol^{-1}$	
Acide citrique monohydraté	$C_6H_8O_7$, H_2O	210 $g \cdot mol^{-1}$	

g. En expliquant la démarche, déterminer la valeur V_E du volume de solution d'hydroxyde de sodium versée à l'équivalence.

h. On propose comme indicateur coloré le rouge de méthyle HIn (rouge)/In- (jaune) de pK_A = 5. On considère, en première approximation, que l'on a superposition des teintes quand aucune des deux formes n'est prépondérante devant l'autre : c'est-à-dire si aucune n'a sa concentration supérieure à dix fois celle de l'autre. Déterminer la zone de virage du rouge de méthyle.

i. Qu'attend-on de l'indicateur pour qu'il visualise l'équivalence ?
Donner deux arguments qui justifient que le rouge de méthyle ne peut pas convenir pour réaliser ce titrage.

j. Quel indicateur coloré parmi ceux proposés pourrait-on alors utiliser ? Préciser comment serait repéré le volume de solution d'hydroxyde de sodium versé à l'équivalence. Argumenter la réponse.

k. En exploitant les résultats expérimentaux de l'analyse :
- montrer que le détartrant ne peut pas être de l'acide citrique monohydraté ;
- déterminer le pourcentage massique d'acide citrique anhydre du détartrant ;
- conclure sur la pureté du détartrant.

La démarche est évaluée et nécessite d'être correctement présentée.

CORRIGÉS

OBJECTIF BAC

L'acide citrique

Partie 1 Étude des propriétés acido-basiques de l'acide citrique

a. Selon Brönsted, un acide est une espèce chimique capable de céder un ou plusieurs ions H^+. L'acide citrique possède 3 groupes carboxyle $-CO_2H$, il peut céder 3 ions H^+, c'est pourquoi on peut le qualifier de « triacide ».

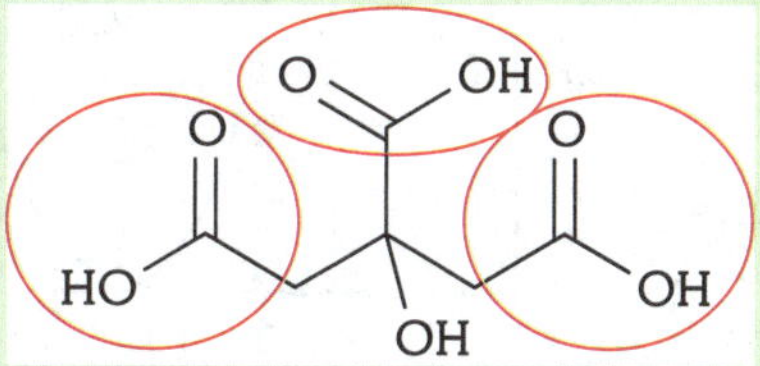

b. L'acide citrique est un triacide, que l'on note ici H_3A
H_3A possède 3 groupes $-CO_2H$, il peut donc céder 3 ions H^+.
H_3A peut céder un premier ion H^+ et donner H_2A^- : $H_3A \rightarrow H_2A^- + H^+$;
De même, H_2A^- peut céder un ion H^+ et donner HA^{2-} (couple H_2A^-/HA^{2-}) ; qui a son tour cède un ion H^+ et se transforme en A^{3-} (couple HA^{2-}/A^{3-}).
En milieu très acide, c'est la forme la plus acide, celle qui n'a cédé aucun ion H^+ des groupes carboxyle qui prédomine : H_3A (représentation d).
En milieu très basique, c'est la forme dont tous les groupes carboxyle ont cédé leur ion H^+ qui prédomine, la base : A^{3-} (représentation b).

c. En suivant le raisonnement de la question précédente, la courbe (1) correspond à H_3A (forme d) qui donne sa base conjuguée H_2A^- quand le pH augmente donc la courbe (2) correspond à H_2A^- (forme a). Or H_2A^- est une espèce amphotère, si le pH augmente encore l'acide H_2A^- donne sa base conjuguée HA^{2-} donc la courbe (3) correspond à HA^{2-} (forme c). Enfin, en milieu très basique, c'est A^{3-} qui prédomine donc la courbe (4) correspond à A^{3-} (forme b).

d. Par lecture graphique sur le diagramme de distribution, pour un pH de 2,5, les espèces présentes sont H_3A (forme d – courbe 1) à 80 % et H_2A^- (forme a – courbe 2) à 20 %.

e. Pour un pH = 3,2, les courbes (1) et (2) se croisent : H_3A et H_2A^- sont présentes à 50 % donc leurs concentrations sont identiques.

D'après la relation $\text{pH} = \text{p}K_A + \log\left(\frac{[H_2A^-]_{éq}}{[H_3A]_{éq}}\right)$, et avec $\left(\frac{[H_2A^-]_{éq}}{[H_3A]_{éq}}\right) = 1$ alors

$\text{pH} = \text{p}K_A + \log(1) = \text{p}K_A$: on peut en déduire $\text{p}K_A = 3{,}2$ pour le couple H_3A/H_2A^-.

f. Il faut déterminer les pK_A des couples H_2A^-/HA^{2-} et HA^{2-}/A^{3-}.
Pour 50 % de l'acide et de sa base conjuguée par lecture graphique on obtient :
$pK_A(H_2A^-/HA^{2-}) = 4,7$ et $pK_A(HA^{2-}/A^{3-}) = 6,5$.

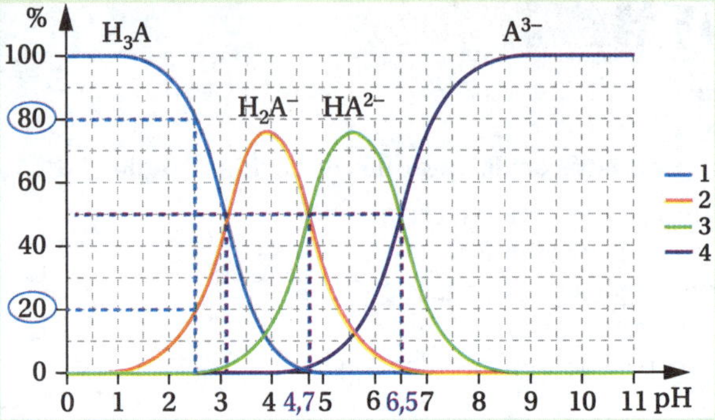

g. Soit le diagramme de prédominance :

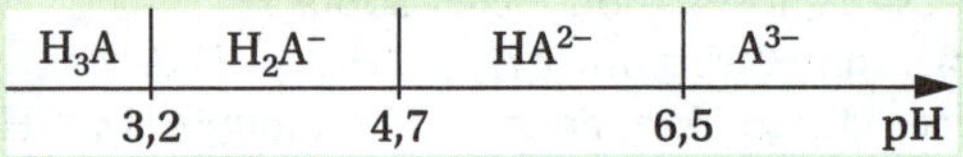

Partie 2 Analyse d'un détartrant à l'acide citrique

g. À partir de la courbe pH = $f(V_{versé})$ du titrage pH-métrique, on peut déterminer le volume versé à l'équivalence par la méthode de la dérivée ou la méthode des tangentes. Ici il est plus rapide d'utiliser la courbe dérivée. À l'équivalence, il se produit un saut de pH et V_E correspond à l'extremum de la courbe de la dérivée. Ici le maximum a pour abscisse $V = V_E = 16,4$ mL.

À NOTER
La méthode des tangentes est décrite dans la → FICHE 7.

h. La zone de virage est définie par « aucune des deux formes HIn et In⁻ n'est prépondérante devant l'autre » c'est-à-dire « si aucune n'a sa concentration supérieure à dix fois celle de l'autre ».

Si $\frac{[\text{Ind}^-]_{éq}}{[\text{HInd}]_{éq}} = 10$ alors $\text{pH} = pK_A + \log\frac{[\text{Ind}^-]_{éq}}{[\text{HInd}]_{éq}} = pK_A + \log 10 = pK_A + 1$ et si

$\frac{[\text{Ind}^-]_{éq}}{[\text{HInd}]_{éq}} = \frac{1}{10}$ alors $\text{pH} = pK_A + \log\frac{[\text{Ind}^-]_{éq}}{[\text{HInd}]_{éq}} = pK_A + \log\frac{1}{10} = pK_A - 1$.

$pK_A = 5$, la zone de virage est donc comprise entre 4 et 6.

À NOTER
La zone de virage est comprise autour de $pK_A \pm 1$ en bonne approximation.

i. Le virage de l'indicateur doit se situer à l'équivalence c'est-à-dire lors du saut de pH. La variation de pH étant importante le virage va se faire à la goutte près.
Ici le virage du rouge de méthyle à lieu avant l'équivalence (sur la courbe de pH on lit $pH_E = 8,3$).

De plus le virage du rouge au jaune de l'indicateur (pour un pH de 4,2 à 6,2) s'étale de 6,5 mL à 14 mL. Le virage n'a pas lieu à la goutte près et ne peut être précis.

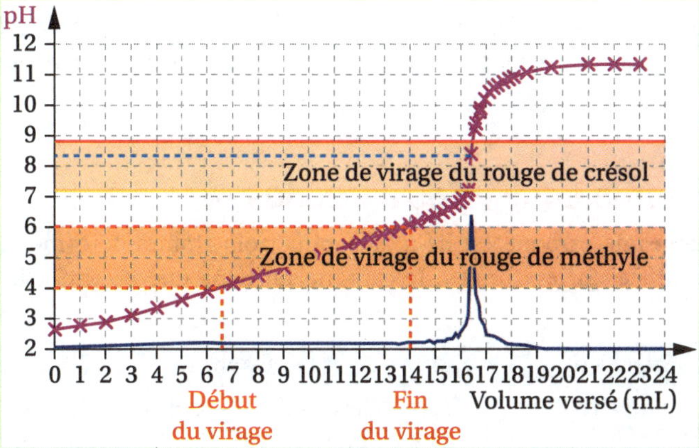

j. La valeur du pH à l'équivalence, $pH_E \approx 8{,}3$, est incluse dans la zone de virage du rouge de crésol (7,2 – 8,8). Le rouge de crésol convient, on observera un passage rapide de la teinte acide (jaune) à la teinte basique (rouge) lors de l'équivalence. Le virage se fera à la goutte près.

k. Il faut montrer que le détartrant est constitué d'acide citrique anhydre et non monohydratée.

Déterminons la masse d'acide titré, d'après l'équation de la réaction de titrage.

À l'équivalence, $n_{\text{ac citrique}} = \dfrac{n_{HO^-}}{3}$ soit $\dfrac{m}{M} = \dfrac{C \times V_E}{3}$ d'où $m = \dfrac{C \times V_E \times M}{3}$

S'il s'agit de l'acide monohydraté,

$m = \dfrac{5{,}0 \times 10^{-2} \times 16{,}4 \times 10^{-3} \times 210}{3} = 5{,}8 \times 10^{-2}$ g (avec 2 chiffres significatifs).

S'il s'agit de l'acide anhydre :

$m = \dfrac{5{,}0 \times 10^{-2} \times 16{,}4 \times 10^{-3} \times 192}{3} = 5{,}3 \times 10^{-2}$ g (avec 2 chiffres significatifs).

La masse pesée est $m = 5{,}3 \times 10^{-2}$ g donc l'hypothèse de l'acide monohydraté est fausse car elle conduit à une masse supérieure à celle pesée.

Le pourcentage massique d'acide citrique anhydre est : $\dfrac{5{,}3 \times 10^{-2}}{5{,}3 \times 10^{-2}} \times 100 = 100$ %.

Avec deux chiffres significatifs, on trouve 100 %. Le détartrant ne contient que de l'acide citrique.

26 Distinguer les molécules organiques

En bref *On peut distinguer les molécules organiques par leur composition mais aussi par les liaisons qu'elles contiennent et l'agencement de leurs atomes.*

I Les différents squelettes carbonés

■ Si un des atomes de carbone est lié à au moins trois atomes de carbone, la molécule est **ramifiée**. Si les atomes de carbone forment une boucle, elle est **cyclique**.

Famille	Structure	Exemple
alcane	linéaire	$CH_3-CH_2-CH_2-CH_2-CH_2-CH_3$
	ramifiée	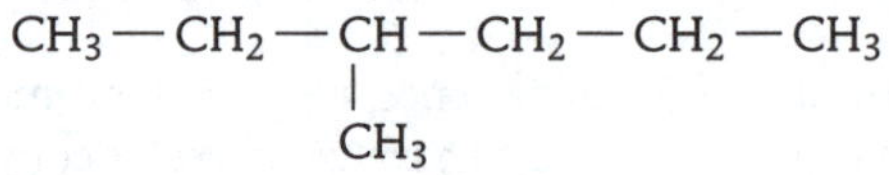
cyclane	cyclique	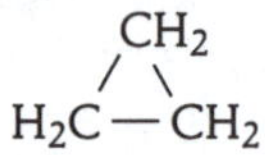

■ Un squelette carboné est **saturé** si tous ses atomes de carbone sont reliés par des liaisons simples (alcane). Il est **insaturé** s'il contient au moins une liaison multiple.

Famille	Structure	Exemple
alcène	insaturée avec double(s) liaison(s)	$CH_3-CH=CH-CH_2-CH_2-CH_3$
alcyne	insaturée avec triple(s) liaison(s)	$CH_3-CH_2-C\equiv C-CH_2-CH_3$

II Structure spatiale des molécules

Des molécules organiques qui possèdent la même formule brute mais qui ont des formules semi-développées différentes, sont des **isomères de constitution**.

Isomérie	Caractéristiques
de chaîne	Les squelettes carbonés sont différents.
de position	Les groupes fonctionnels, les liaisons multiples ou les ramifications sont placés à des endroits différents du squelette carboné.
de fonction	Les groupes fonctionnels sont différents.

Méthode

Représenter des formules topologiques d'isomères de constitution

La formule brute du pentan-1-ol et le 3-méthylbutan-1-ol est $C_5H_{12}O$.

a. Donner les formules semi-développées du pentan-1-ol et du 3-méthylbutan-1-ol.

b. Donner la formule topologique du pentan-1-ol et du 3-méthylbutan-1-ol.

c. Indiquer de quel type d'isomères il s'agit.

CONSEILS

Dans une formule topologique, la chaîne carbonée est représentée par une ligne brisée où chaque segment représente une liaison. Les doubles liaisons sont représentées par un double segment et les triples liaisons par un triple segment. Les liaisons avec l'hydrogène ne sont pas représentées. Sauf indication contraire, un atome de carbone se trouve à chaque sommet de la ligne brisée. Tous les éléments chimiques sont représentés sauf les atomes de carbone ainsi que les atomes d'hydrogène liés à du carbone.

SOLUTION

a. Le pentan-1-ol a un squelette carboné saturé de 5 atomes de carbone (préfixe pentan) et un groupe –OH sur le 1er atome de la chaîne carbonée (suffixe -ol et nombre 1). Sa formule semi-développée est :

$$^{5}CH_3 - {}^{4}CH_2 - {}^{3}CH_2 - {}^{2}CH_2 - {}^{1}CH_2 - OH.$$

Le 3-méthylbutan-1-ol a un squelette carboné saturé de 4 atomes de carbone (préfixe butan), un groupe –OH sur le 1er atome de la chaîne carbonée (suffixe -ol et nombre 1) et un groupe méthyl sur le 3e atome de la chaîne carbonée (préfixe méthyl et position 3). Sa formule semi-développée est :

$$HO - {}^{1}CH_2 - {}^{2}CH_2 - {}^{3}\underset{\displaystyle \overset{|}{CH_3}}{CH} - {}^{4}CH_3$$

b. Le pentan-1-ol contient 4 liaisons C–C et en bout de chaîne une liaison C–OH. Sa formule topologique est donnée ci-contre.

La chaîne principale du 3-méthylbutan-1-ol contient 3 liaisons C–C et une liaison C–OH. Sur le 3e atome de carbone, il y a le groupe méthyl. Sa formule topologique est donnée ci-contre.

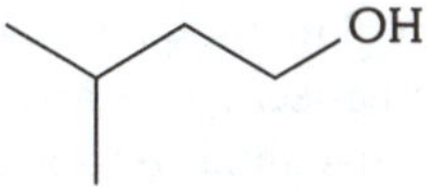

c. Les deux molécules ont les mêmes groupes fonctionnels (–OH) reliés aux atomes de carbone de même position, mais des squelettes carbonés différents (4 atomes pour l'une et 5 pour l'autre) : il s'agit d'isomères de chaîne.

27 Familles fonctionnelles de molécules organiques

En bref *Une molécule organique est une chaîne carbonée sur laquelle peuvent se greffer un ou plusieurs groupes caractéristiques contenant de l'oxygène, de l'azote ou encore des halogènes.*

I Molécules organiques oxygénées

■ Les esters contiennent un groupe carbonyle (C=O). Le carbone fonctionnel est lié à un groupe alkyle R et à un atome d'oxygène O lui-même lié par une liaison simple à un groupe alkyle R′.

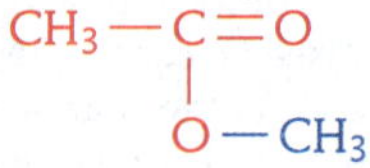

Éthanoate de méthyle

■ Le nom de l'ester dérive de ceux des alcanes de même chaîne carbonée que les groupes R-CO_2- et –R′. On remplace le « e » final par « oate » pour le premier alcane et le « ane » final « yle » pour le second.

II Molécules organiques azotées ou halogénées

■ Plusieurs familles contiennent des atomes d'azote ou des halogènes.

Amine	Amide	Halogénoalcane
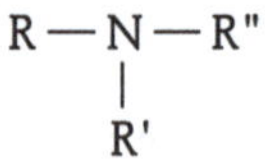	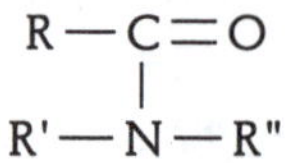	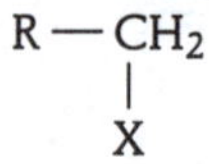 X : halogène

À NOTER
On distingue trois types d'amines et d'amides, en fonction de la composition de leurs groupes R, R′ et R″ : primaires (2 H), secondaires (1 H) et tertiaires (aucun H).

■ Le nom d'une amine primaire dérive de celui de l'alcane de même chaîne carbonée que la chaîne carbonée principale de l'amine. La numérotation de la chaîne se fait de telle sorte que l'indice de position du groupe soit égal à un. On remplace le « e » final du nom de l'alcane par la terminaison « amine ».

■ Le nom d'un amide primaire dérive de celui de l'acide carboxylique de même chaîne carbonée. On remplace la terminaison finale « oïque » de l'acide par la terminaison « amide » et on supprime le mot « acide ».

■ Le nom d'un halogénoalcane est : soit constitué d'un préfixe issu du nom de l'halogène de la molécule (fluoro, chloro, bromo ou iodo) avant le nom de l'alcane constituant le squelette carboné ; soit un terme de la forme « halogénure de » (fluorure de, chlorure de, bromure de ou iodure de) suivi du nom de l'alcane constituant le squelette carboné ; soit un nom d'usage.

Méthode

Nommer des esters ou des amides

Donner le nom des molécules aux formules semi-développées suivantes.

a. 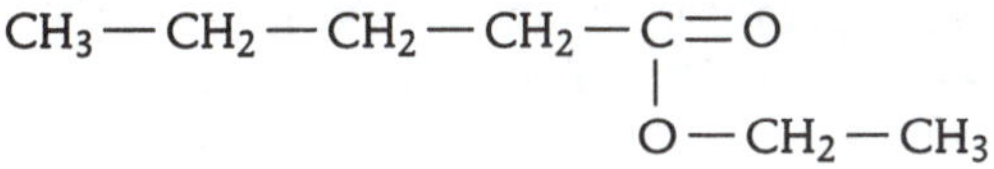

b. 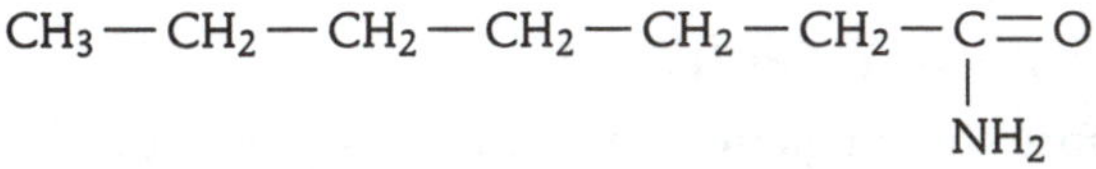

CONSEILS

Commencez par identifier la famille à laquelle la molécule appartient.

a. Pour nommer un ester :

- repérez les deux parties de la molécule : la partie reliée à l'atome de carbone portant le groupe carbonyle et la partie reliée à l'atome d'oxygène ;
- déterminez le nom de l'alcane que formerait chaque partie si elle était indépendante ;
- composez le nom de l'ester en cumulant les noms des deux alcanes indépendants tout en remplaçant le « e » final du nom de l'alcane de la première partie par le suffixe « oate » et la terminaison « ane » du nom de l'alcane de la seconde partie par le suffixe « yle ».

b. Pour nommer un amide :

- déterminez le nom de l'acide carboxylique que l'on aurait en remplaçant $-NH_2$ par $-OH$;
- supprimez le mot « acide » et remplacez la terminaison « oïque » par « amide ».

SOLUTION

a. On remarque une fonction carbonyle portée par un atome de carbone également lié à un atome d'oxygène : il s'agit d'un ester.

La première partie de la molécule formerait un alcane avec un squelette de 5 atomes : du pentane. La seconde partie de la molécule formerait un alcane avec un squelette de 2 atomes : de l'éthane.

Le nom de cette molécule est donc pentanoate d'éthyle.

b. On remarque une fonction carbonyle portée par un atome de carbone également lié à un atome d'azote : il s'agit d'un amide.

L'acide carboxylique que nous aurions si on remplaçait $-NH_2$ par $-OH$ contiendrait un squelette carboné de 7 atomes, il s'agirait de l'acide heptanoïque.

Le nom de cette molécule est donc heptanamide.

28 La structure électronique des molécules

En bref *Les réactions en chimie organique se font par rupture puis formation de liaisons chimiques. Celles-ci étant constituées de paires d'électrons, pour comprendre les mécanismes réactionnels il faut s'intéresser au comportement des électrons à l'intérieur de ces liaisons.*

I L'électronégativité des atomes

- Les atomes ont une tendance plus ou moins grande à attirer vers eux les électrons d'une liaison covalente. Cette propriété est liée à l'électronégativité des atomes mis en jeu dans la liaison (voir programme de Première).

À NOTER

Deux atomes d'une molécule sont reliés entre eux par des électrons mis en commun par chaque atome. Les deux électrons ainsi partagés constituent un doublet électronique liant, appelé liaison covalente.

- Dans une liaison, l'atome le plus électronégatif porte un excès de charge négative noté $-q$ tandis que l'autre atome porte un défaut de charge négative noté $+q$.

Exemples :

Éthylamine

$$CH_3-\overset{+q}{C}H_2-\overset{-q}{N}H_2$$

Acide éthanoïque

$$CH_3-\overset{+q}{\underset{\underset{O}{||}}{C}}-\overset{-q}{O}H$$

- Dans une molécule, un site pauvre en électrons est susceptible d'accepter des électrons tandis qu'un site riche en électrons est susceptible d'en donner.

II Les différents types de réactifs

Il existe plusieurs sortes de réactifs. En terminale, on se limitera aux réactifs nucléophiles et électrophiles.

- Les réactifs nucléophiles (notés $Nu^{\ominus}$) sont des molécules ou des ions négatifs possédant, au moins, un doublet libre. Ce doublet libre permettra d'établir une liaison avec un réactif pauvre en électrons. La partie de la molécule ou de l'ion riche en électrons est un centre nucléophile (donneur d'électrons).

Exemple : ion hydroxyde $H\overline{\underline{O}}|^{\ominus}$; molécule d'eau $H_2\overline{\underline{O}}$.

- Les réactifs électrophiles (notés $E^{\oplus}$) sont des molécules ou des ions positifs susceptibles de réagir en établissant une liaison avec un réactif amenant un doublet libre. La partie pauvre de la molécule ou de l'ion en électrons est un centre électrophile (accepteur d'électrons).

Exemple : ion hydrogène $H^{\oplus}$; chlorure d'aluminium $AlCl_3$.

Méthode

Reconnaître des centres électrophiles et nucléophiles d'une molécule

On dispose des formules semi-développées de deux molécules :

éthanol : CH_3-CH_2-O-H et méthanoate de methyl :

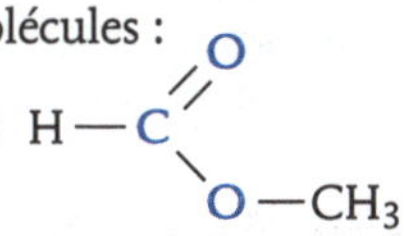

Données : électronégativité de quelques atomes :

Atome	H	C	O
Électronégativité	2,2	2,5	3,5

1. a. Indiquer sur la formule de l'éthanol les excès ou défauts de charge négative portés par les atomes d'oxygène et d'hydrogène en bleu sur la formule semi-développée.

b. Indiquer sur la formule du méthanoate de méthyl les excès ou défauts de charge négative portés par les atomes carbone et d'oxygène en bleu sur la formule semi-développée.

2. L'atome d'oxygène en bleu de la molécule d'éthanol est-il un site nucléophile ou un site électrophile ? Même question pour l'atome de carbone en bleu de la molécule de méthanoate de méthyl.

CONSEILS

1. a. et **b.** Comparez les valeurs de l'électronégativité des atomes impliqués dans la liaison considérée. L'atome le plus électronégatif portera un excès de charge négative noté $-q$ tandis que l'autre atome portera un défaut de charge négative noté $+q$.

2. a. et **b.** Un site électrophile est un atome pauvre en électrons. Un site nucléophile est un atome riche en électrons.

SOLUTION

1. a. D'après les données, l'électronégativité de l'oxygène est supérieure à celle de l'hydrogène : il s'agit du plus électronégatif des deux.

$$CH_3 - CH_3 - \overset{-q}{O} - \overset{+q}{H}$$

b. D'après les données, l'électronégativité de l'oxygène est supérieure à celle du carbone : il s'agit du plus électronégatif des deux.

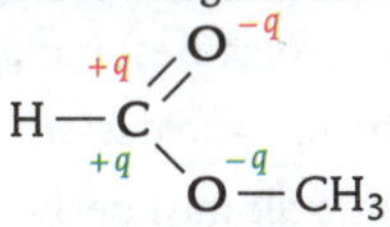

2. L'atome d'oxygène de la molécule d'éthanol porte un excès de charge négative : c'est un site nucléophile. L'atome de carbone de la molécule de méthanoate de méthyl porte un défaut de charge négative : c'est un site électrophile.

PHYSIQUE-CHIMIE
SVT
MATHS COMPLÉMENTAIRES
GRAND ORAL

29 Modification des molécules organiques

En bref *Certaines réactions modifient le squelette carboné d'une molécule (allongé, raccourci ou ramifié) ou le groupe caractéristique de la molécule mise en jeu.*

I Modifier les liaisons d'une molécule

■ **Réactions de substitution**

Substitution nucléophile S_N	Substitution électrophile S_E
$Nu^{\ominus} + \overset{+q}{S}-\overset{-q}{R} \longrightarrow S-Nu + R^{\ominus}$ Réactif Substrat Groupe partant	$E^{\oplus} + \overset{-q}{S}-\overset{+q}{R} \longrightarrow S-E + R^{\oplus}$

■ **Réactions d'addition**

Addition nucléophile A_N	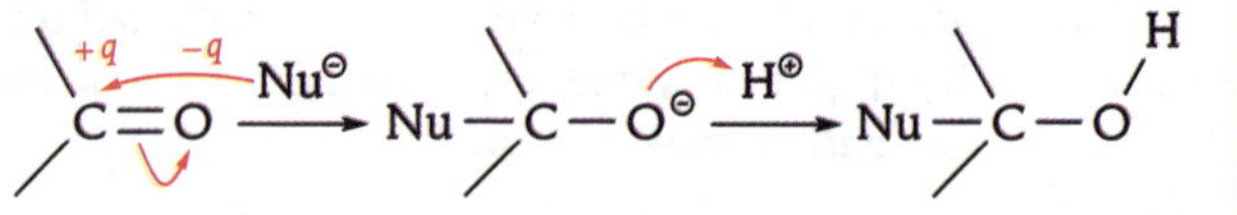
Addition électrophile A_E	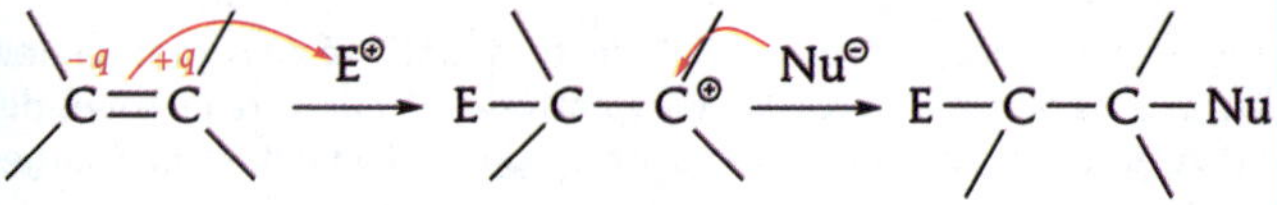

■ **Réactions d'élimination**

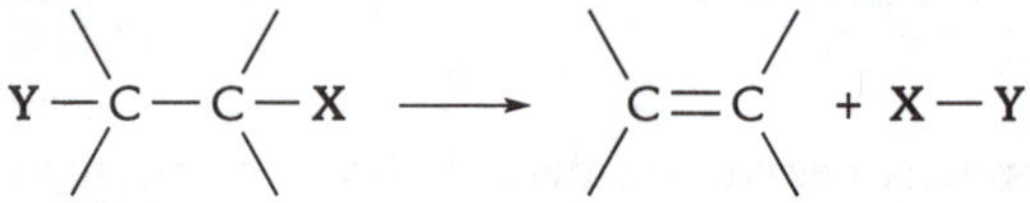

II Modifier la longueur d'une molécule

■ Le **craquage thermique** permet de casser les molécules à longues chaînes.

■ Lors d'une **alkylation**, un atome d'hydrogène est remplacé par un groupe alkyle.

■ Lors d'une **ramification**, une chaîne linéaire devient ramifiée.

■ La **cyclisation** consiste à transformer un alcane linéaire en alcane à chaîne fermée.

■ La **polymérisation** ou **réaction de polyaddition** est une addition de molécules toutes identiques (les monomères) comportant une double liaison C=C, qui vont se lier. Elle conduit à une macromolécule appelée polymère :

$$\underset{\text{monomère}}{nCHR{=}CHR'} \longrightarrow \underset{\text{polymère}}{-\!\!\left(CHR-CHR'\right)\!\!-_n}$$

Méthode

Identifier le mécanisme d'une réaction

On souhaite comprendre le mécanisme mis en jeu lors de la synthèse d'un amide à partir d'un chlorure d'acide. On dispose des formules semi-développées des réactifs et des produits.

- Réactifs :

chlorure d'éthanoyle : $CH_3-\overset{+q}{C}(-Cl^{-q})=O$

propanamine : $CH_3-CH_2-\overset{+q}{CH_2}-\overset{-q}{NH_2}$

- Produits :

éthanamide : $CH_3-C(-NH_2)=O$

chloropropane : $CH_3-CH_2-CH_2-Cl$

a. À l'aide des formules semi-développées faisant apparaître les excès et les défauts de charge négative des réactifs, indiquer les déplacements des électrons au cours de la réaction.

b. Quel est le type de la réaction étudiée ?

CONSEILS

a. Les flèches courbes indiquent le déplacement des électrons du site donneur vers le site accepteur → FICHE 12. Ces flèches doivent être en accord avec les formules des produits obtenus.

b. La formule du produit, ici l'éthanamide, permet de trouver le type de réaction ayant eu lieu.

SOLUTION

a. Les déplacements d'électrons sont les suivants :

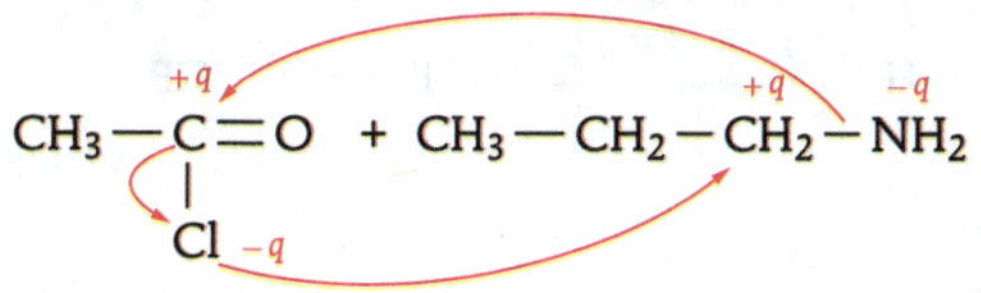

b. On constate que pour obtenir l'éthanamide, l'atome de chlore Cl a été remplacé par le groupe amine $-NH_2$ dans le chlorure d'éthanoyle : il s'agit donc d'une réaction de substitution nucléophile (le groupe amine porte un excès de charge négative, il est donc nucléophile).

30 Optimisation d'une étape de synthèse

En bref *La synthèse est la préparation d'une espèce chimique à partir d'autres espèces chimiques. Ces réactions sont lentes et limitées. Les chimistes cherchent à les accélérer ou à améliorer leur rendement.*

I Diminuer la durée de la transformation

■ **Augmenter la température.** La température est un facteur cinétique. La vitesse de la réaction est une fonction croissante de la température. La durée sera d'autant plus petite que la température sera grande.

■ **Utiliser un catalyseur.** Il s'agit d'une espèce chimique qui augmente la vitesse de la réaction sans intervenir dans son bilan → FICHE 10.

II Augmenter le rendement de la transformation

■ Mettre un des réactifs (le moins cher) en **grand excès** devant l'autre.

■ **Éliminer un des produits** au cours de la transformation.

■ **Protéger/déprotéger.** Dans une synthèse organique, les réactifs peuvent contenir plusieurs groupes caractéristiques tous susceptibles de réagir. Pour que seule la fonction voulue réagisse, avant de démarrer la synthèse on modifie (protège) les autres fonctions de la molécule. Une fois la synthèse terminée, il faut effectuer une déprotection pour retrouver les fonctions initiales protégées.

Exemple :

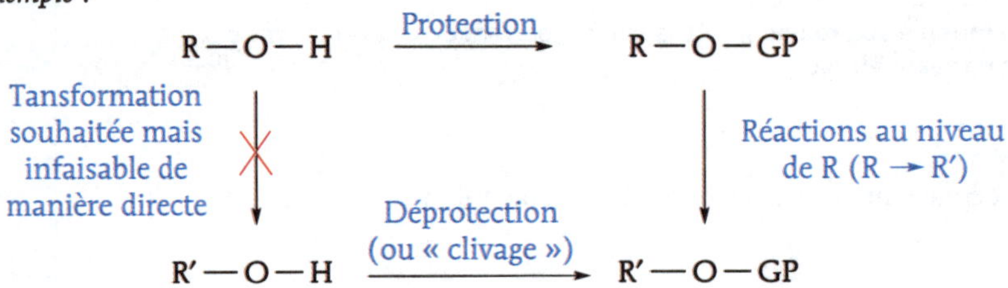

GP = groupe protecteur

À NOTER

• Le groupe protecteur doit : réagir spécifiquement avec la fonction à protéger ; être stable lors des réactions suivantes ; pouvoir être enlevé facilement et de manière sélective, une fois la réaction effectuée.

• Le chimiste doit veiller à choisir une stratégie de protection-déprotection écologique et économique, par exemple en déprotégeant plusieurs groupes en une seule étape.

Méthode

Identifier les étapes de protection et déprotection d'une fonction

On considère les étapes de la synthèse du 1-(3-aminophényl)éthanone :

Étape 1 :

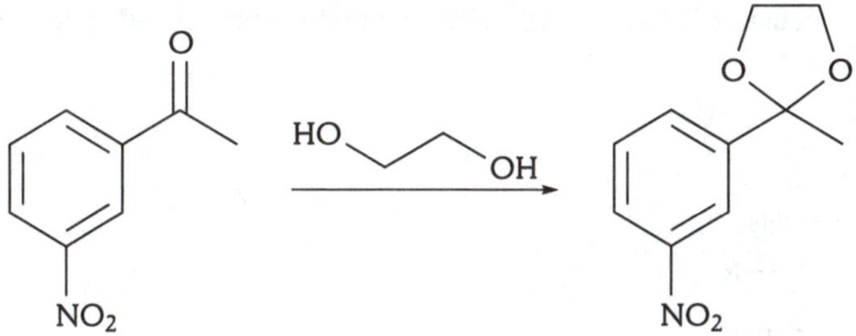

Étape 2 :

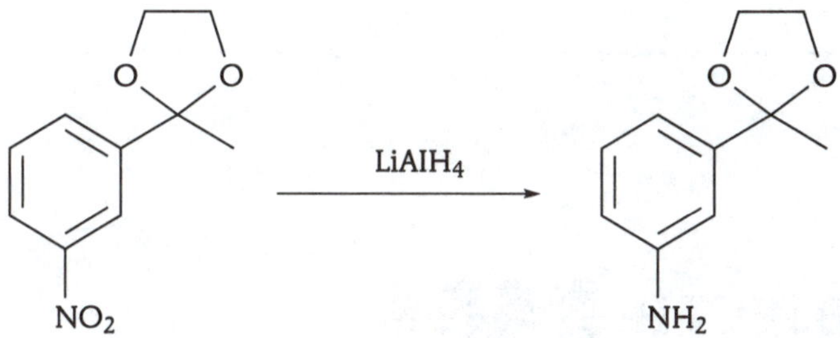

Étape 3 :

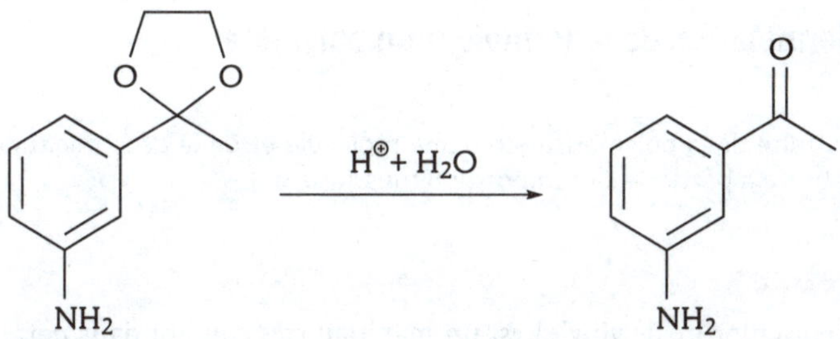

a. Quelle fonction est protégée ?

b. Quelle étape correspond à la protection d'une fonction ? Quelle étape correspond à la déprotection de la fonction initialement protégée ?

SOLUTION

a. On remarque que la fonction carbonyle est présente à la première étape et à la dernière : c'est donc la fonction qui a été protégée.

b. La première étape modifie la fonction carbonyle : c'est l'étape de protection. La dernière étape fait réapparaître la fonction carbonyle : c'est l'étape de déprotection.

SE TESTER QUIZ

Vérifiez que vous avez bien compris les points clés des **fiches 26 à 30**.

1 Familles fonctionnelles de molécules organiques

Une molécule de la famille des amides a une formule semi-développée de la forme :

☐ **a.** R — C — NH_2
          ||
          O

☐ **b.** R — NH_2

☐ **c.** R — N — R'
          |
          OH

OBJECTIF BAC

2 Détermination de la formule d'un polymère

20 min

Ce sujet traite de la polymérisation d'une molécule et de la détermination de sa formule brute à partir de sa composition massique.

LE SUJET

Le PVC (polychlorure de vinyle) est un matériau très courant dans notre habitation (revêtements de sol, menuiseries ou encore canalisations). C'est un polymère contenant 73,2 % en masse de chlore, 24,8 % en masse de carbone et 2 % en masse d'hydrogène. Les macromolécules de ce polymère ont une masse molaire moyenne de 121 000 $g \cdot mol^{-1}$ pour un degré de polymérisation $n = 1\,250$.

a. Déterminer la masse molaire puis la formule brute du monomère de ce plastique.

b. En déduire la formule semi-développée de ce monomère.

c. Déterminer le nom de ce monomère.

d. Écrire l'équation-bilan de la réaction de polyaddition.

Données : masses molaires atomiques :
$M(C) = 12{,}0\ g \cdot mol^{-1}$; $M(H) = 1{,}0\ g \cdot mol^{-1}$; $M(Cl) = 35{,}4\ g \cdot mol^{-1}$

CORRIGÉS

SE TESTER QUIZ

1 Familles fonctionnelles de molécules organiques

Réponse a. Une molécule de la famille des amides a une formule semi-développée de la forme :

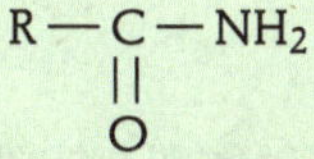

OBJECTIF BAC

2 Détermination de la formule d'un polymère

a. L'équation de polymérisation nous permet d'écrire :

$$M(\text{polymère}) = n \times M(\text{monomère})$$

avec n le degré de polymérisation.

On en déduit :

$$M(\text{monomère}) = \frac{M(\text{polymère})}{1\,250} = \frac{121\,000}{1\,250} = 97 \text{ g}\cdot\text{mol}^{-1}.$$

Grâce à l'énoncé, on peut déterminer le nombre d'atomes de carbone (A), d'hydrogène (B) et de chlore (C) présents dans le monomère de formule $C_AH_BCl_C$:

$24{,}8\ \% \times M(\text{monomère}) = A \times M(\text{C})$

$2\ \% \times M(\text{monomère}) = B \times M(\text{H})$

$73{,}2\ \% \times \text{M}(\text{monomère}) = C \times M(\text{H})$

On en déduit :

$$A = \frac{24{,}8\ \% \times M(\text{monomère})}{M(\text{C})} = \frac{24{,}8\ \% \times 97}{12{,}0} = 2$$

$$B = \frac{2\ \% \times M(\text{monomère})}{M(\text{H})} = \frac{2\ \% \times 97}{1{,}0} = 2$$

$$C = \frac{73{,}2\ \% \times M(\text{monomère})}{M(\text{Cl})} = \frac{73{,}2\ \% \times 97}{35{,}4} = 2$$

On en déduit que la formule du polymère est de la forme $C_2H_2Cl_2$.

b. Le monomère doit comporter une double liaison, sa formule semi-développée est donc :

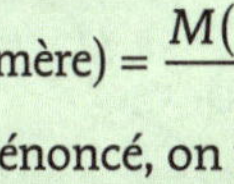

c. Le squelette carboné contient 2 atomes et une double liaison il s'agit d'un alcène (éthène). Chacun des atomes de carbone est relié à un atome de chlore, le nom de la molécule est donc 1,2-dichloroéthène.

d. L'équation de polyaddition est :

31 Les vecteurs position et vitesse

En bref *Les vecteurs position et vitesse sont caractéristiques du mouvement. La vitesse est la variation de la position : c'est sa dérivée par rapport au temps.*

I Le vecteur position

■ Le mouvement d'un point est étudié par rapport à un corps de référence appelé **référentiel** associé à un repère d'espace et un repère de temps (défini par une origine des dates t_0) et une unité de temps (la seconde dans le Système International).

Exemples : référentiel terrestre lié à la surface de la Terre, référentiel géocentrique lié au centre de la Terre, référentiel héliocentrique lié au Soleil.

■ Un point mobile M est repéré dans un repère d'espace noté $(O ; \vec{i}, \vec{j}, \vec{k})$, constitué d'un point origine O fixe dans le référentiel et d'un système d'axes orthonormés. Sa position est définie par son **vecteur position** dont les coordonnées $(x ; y ; z)$ sont des fonctions de la date t :

$$\overrightarrow{OM} = x(t)\vec{i} + y(t)\vec{j} + z(t)\vec{k}$$

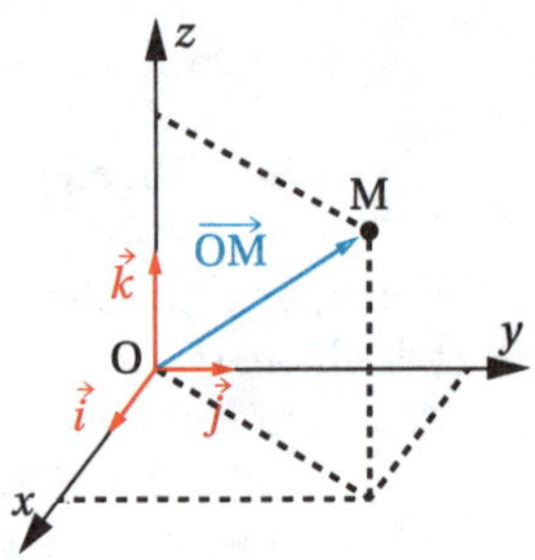

■ Les fonctions du temps $x(t)$, $y(t)$ et $z(t)$ sont les **équations horaires** du mouvement.

II Le vecteur vitesse

■ Le vecteur vitesse d'un point mobile M est la **dérivée du vecteur position** par rapport au temps : $\overrightarrow{v_M} = \dfrac{d\overrightarrow{OM}}{dt}$.

■ Les **coordonnées** $(v_x ; v_y ; v_z)$ du vecteur vitesse sont les dérivées par rapport au temps des coordonnées $(x ; y ; z)$ de M :

$$\overrightarrow{v_M} = v_x\vec{i} + v_y\vec{j} + v_z\vec{k} = \frac{dx}{dt}\vec{i} + \frac{dy}{dt}\vec{j} + \frac{dz}{dt}\vec{k}$$

■ Le vecteur vitesse $\overrightarrow{v_M}$ a pour :
- **origine** : le point M ;
- **direction** : la tangente au mouvement ;
- **sens** : celui du mouvement ;
- **valeur** : $v = \sqrt{v_x^2 + v_y^2 + v_z^2}$.

La valeur de la vitesse s'exprime en $m \cdot s^{-1}$.

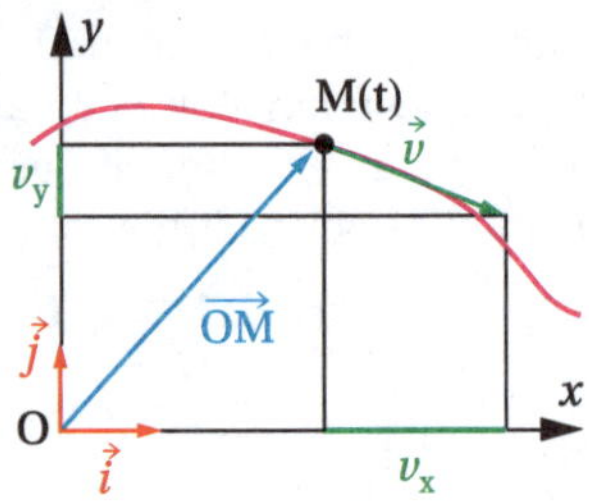

Méthode

Établir les coordonnées du vecteur vitesse à partir du vecteur position

La figure ci-contre montre les positions successives, toutes les 0,5 s, d'un point mobile M en mouvement dans le plan (O, x, y).

Les coordonnées du vecteur position $\overrightarrow{OM}$ varient en fonction du temps suivant les équations horaires :

- $x(t) = t^2 - 3 \times t + 2$
- $y(t) = 2 \times t + 1$

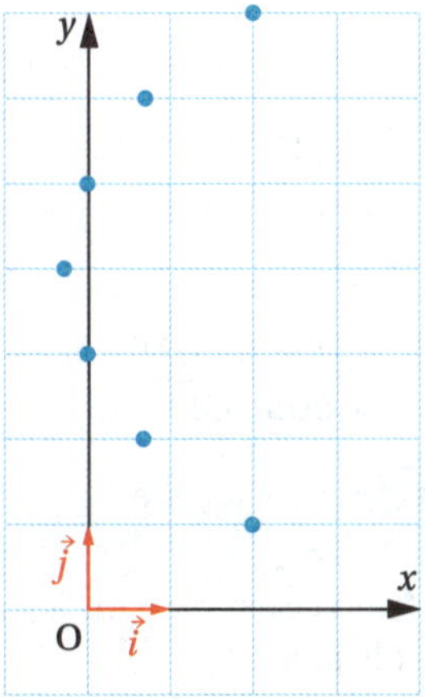

a. Indiquer la position M_0 de M à l'origine des dates $t = 0$ s.

b. Tracer le vecteur position $\overrightarrow{OM_0}$.

c. Déterminer les coordonnées du vecteur vitesse $\overrightarrow{v_M}$ à la date t.

d. Tracer $\overrightarrow{v_M}$ aux dates $t = 0$ s, $t = 1$ s et $t = 2$ s.

e. Quelles propriétés du vecteur vitesse retrouve-t-on sur ce tracé ?

CONSEILS

a. Pour déterminer une position à une date t, remplacez t par sa valeur dans les équations horaires.
b. Le vecteur position est tracé à partir de l'origine O.
c. Décrivez les équations horaires $x(t)$ et $y(t)$ du vecteur position.
d. Le vecteur vitesse est tracé à partir du point considéré à la date choisie.

SOLUTION

a. À $t = 0$ s, $x(0) = 2$ et $y(0) = 1$.

b. $\overrightarrow{OM_0}$ est tracé sur la figure ci-contre.

c. $v_x = \dfrac{dx}{dt} = 2 \times t - 3$ et $v_y = \dfrac{dy}{dt} = 2$.

Donc : $\overrightarrow{v_M} = (2t - 3)\vec{i} + 2\vec{j}$.

d. Coordonnées du vecteur vitesse :

- à $t = 0$ s, $v_x = -3$ et $v_y = 2$;
- à $t = 1$ s, $v_x = -1$ et $v_y = 2$;
- à $t = 2$ s, $v_x = 1$ et $v_y = 2$.

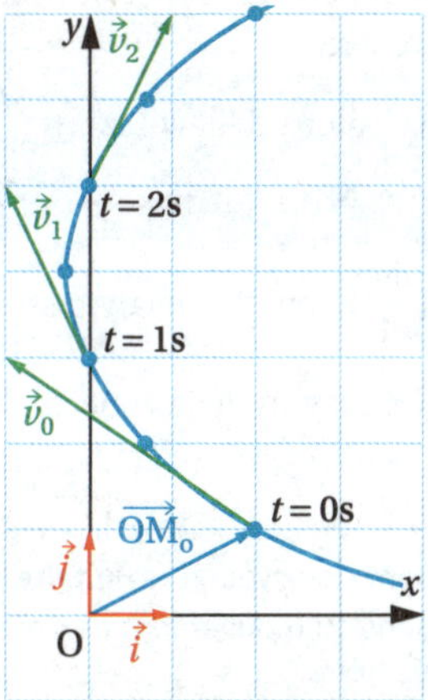

e. Le vecteur vitesse est bien tangent à la trajectoire et dans le sens du mouvement.

32 Le vecteur accélération

En bref *Pour rendre compte des modifications de vitesse, on définit le vecteur accélération à partir du vecteur vitesse dont il exprime les variations à chaque seconde.*

I Dans un repère cartésien

- Le vecteur accélération est la **dérivée du vecteur vitesse** par rapport au temps (dérivée seconde du vecteur position) : $\overrightarrow{a_M} = \dfrac{d\overrightarrow{v_M}}{dt} = \dfrac{d^2\overrightarrow{OM}}{dt^2}$.
- Les **coordonnées** $(a_x ; a_y ; a_z)$ de $\overrightarrow{a_M}$ sont les dérivées par rapport au temps t des coordonnées $(v_x ; v_y ; v_z)$ de $\overrightarrow{v_M}$ ou les dérivées secondes des coordonnées $(x ; y ; z)$ du vecteur position $\overrightarrow{OM}$:

$$\overrightarrow{a_M} = a_x\vec{i} + a_y\vec{j} + a_z\vec{k} = \frac{dv_x}{dt}\vec{i} + \frac{dv_y}{dt}\vec{j} + \frac{dv_z}{dt}\vec{k} = \frac{d^2x}{dt^2}\vec{i} + \frac{d^2y}{dt^2}\vec{j} + \frac{d^2z}{dt^2}\vec{k}$$

- Le vecteur accélération $\overrightarrow{a_M}$ a pour :
  - **origine** : le point M ;
  - **direction et sens** : celui du vecteur $\Delta\vec{v}$;
  - **valeur** : $a = \sqrt{a_x^2 + a_y^2 + a_z^2}$ (en $m \cdot s^{-2}$).

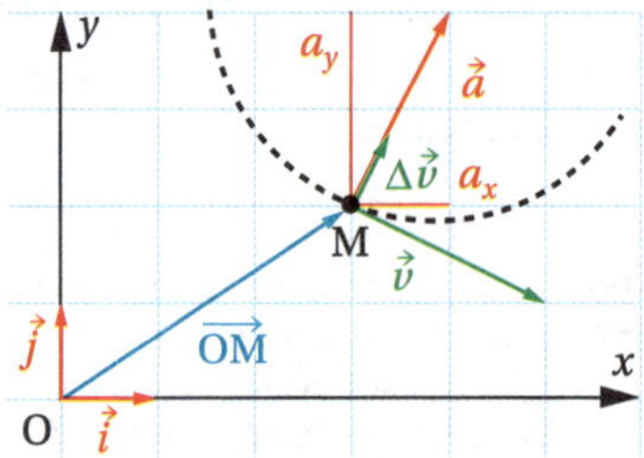

II Dans le repère de Frenet

Les **mouvements circulaires** sont souvent étudiés dans un repère lié au point mobile M, appelé repère de Frenet et noté $(M, \vec{t}, \vec{n})$. Dans ce repère :

$$\vec{v} = v\vec{t} \quad (v \text{ valeur de la vitesse})$$

$$\vec{a} = \overrightarrow{a_t} + \overrightarrow{a_n} = a_t\vec{t} + a_n\vec{n} = \frac{dv}{dt}\vec{t} + \frac{v^2}{R}\vec{n}$$

$a_t = \dfrac{dv}{dt}$ ($\dfrac{dv}{dt}$: dérivée de la vitesse par rapport à t) ;

$a_n = \dfrac{v^2}{R}$ (R : rayon de la trajectoire).

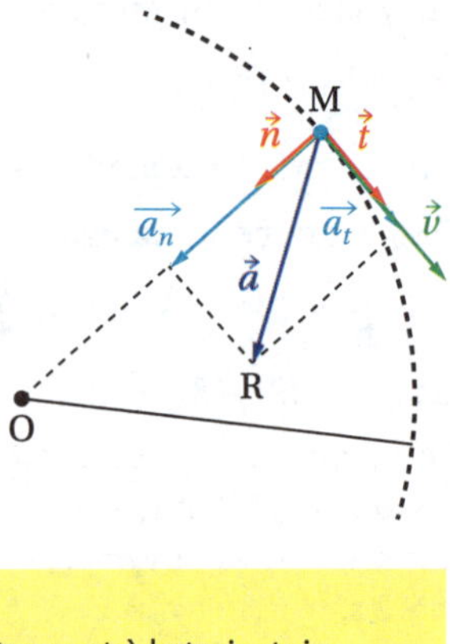

À NOTER

- $\vec{t}$ et $\vec{n}$ sont deux vecteurs unitaires liés au point M. $\vec{t}$ est tangent à la trajectoire, dans le sens du mouvement et $\vec{n}$ est perpendiculaire à $\vec{t}$ et orienté vers l'intérieur de la trajectoire.
- $\dfrac{v^2}{R} > 0$, donc $\vec{a}$ et $\vec{n}$ sont de même sens : l'accélération est toujours dirigée vers l'intérieur de la trajectoire.

Méthode

Déterminer le vecteur accélération à partir du vecteur vitesse

M est un point mobile dans le plan (O, x, y).

Son vecteur vitesse à une date t est :

$$\overrightarrow{v_M} = (2t - 3)\vec{i} + 2\vec{j}.$$

a. Déterminer les coordonnées de son vecteur accélération $\overrightarrow{a_M}$.

b. Tracer le vecteur accélération à $t = 1$ s.

c. À la date $t = 1$ s, tracer le vecteur variation de vitesse : $\Delta\vec{v} = \vec{v}_2 - \vec{v}_0$.

d. En déduire le tracé du vecteur $\vec{a}$ à $t = 1$ s.

e. Comparer les résultats obtenus en **b.** et en **d.**

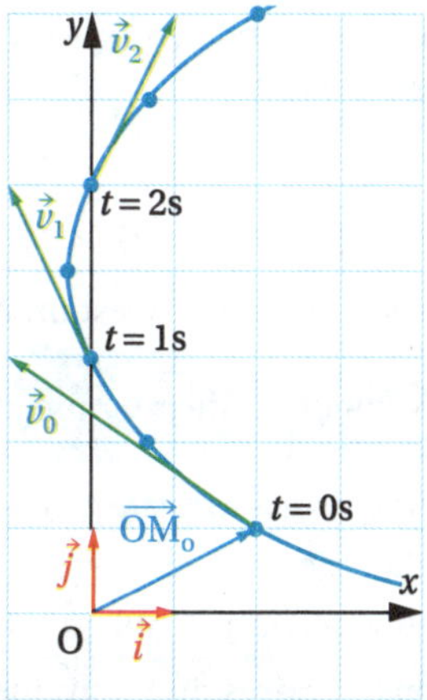

CONSEILS

a. Dérivez les coordonnées $v_x(t)$ et $v_y(t)$ du vecteur vitesse.

b. Le vecteur accélération est tracé à partir de M_1.

c. Pour tracer $\Delta\vec{v}$, il faut mettre bout à bout $\vec{v}_2$ et $-\vec{v}_0$ à partir de M_1.

d. Le vecteur accélération est tracé à partir du vecteur $\Delta\vec{v}$. Entre deux dates proches, t_0 et t_2, on peut écrire : $\overrightarrow{a_M} = \dfrac{d\overrightarrow{v_M}}{dt} \approx \left(\dfrac{\Delta\vec{v}}{\Delta t}\right)_{\text{entre } t_0 \text{ et } t_2}$.

SOLUTION

a. $v_x = 2 \times t - 3$ et $v_y = 2$.

Donc : $a_x = \dfrac{dv_x}{dt} = 2$ et $a_y = \dfrac{dv_y}{dt} = 0$.

Soit : $\overrightarrow{a_M} = 2\vec{i} + 0\vec{j} = 2\vec{i}$.

b. Le vecteur $\overrightarrow{a_1}$ est tracé en M_1 : voir figure.

c. Le vecteur variation de vitesse $\Delta\vec{v}$ est tracé à partir de M_1, on obtient $\Delta\vec{v} = 4\vec{i}$.

d. La variation se produit entre $t = 0$ s et $t = 2$ s pendant 2 s, on a donc :

$$\vec{a}_1 = \frac{(\Delta\vec{v})_{\text{entre } t_0 \text{ et } t_2}}{2} = \frac{4\vec{i}}{2} = 2\vec{i}.$$

e. Les deux résultats sont proches, mais la méthode graphique oblige à réaliser un tracé précis.w

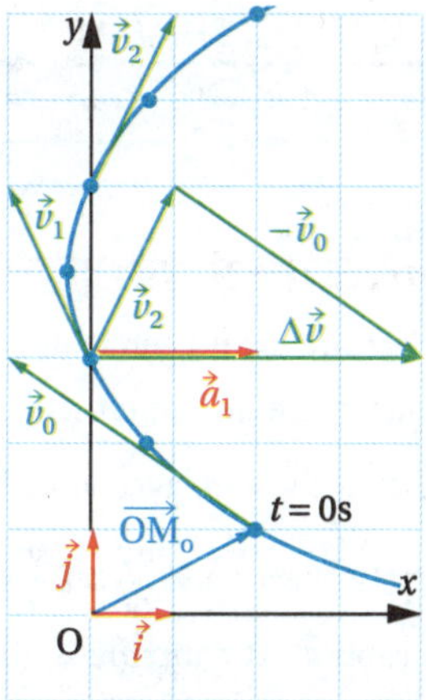

33 Quelques mouvements particuliers

En bref *Les mouvements rectilignes ou circulaires sont les plus faciles à décrire : les premiers dans un repère d'espace $(O\,;\vec{i}\,)$ et les seconds dans le repère de Frenet.*

I Mouvements rectilignes

Un mouvement rectiligne est un mouvement dont la trajectoire est une droite.

Mouvement rectiligne uniforme	Mouvement rectiligne uniformément varié
• Vecteur vitesse $\vec{v}$ **constant** et dirigé suivant la trajectoire : $\vec{v} = v_x\vec{i}$. • Vecteur accélération nul : $\vec{a} = \vec{0}$.	Vecteur accélération $\vec{a}$ **constant** et dirigé suivant la trajectoire : $\vec{a} = a_x\vec{i}$.
Équations horaires du mouvement : $v_x = C^{te}$ $x = v_xt + x_0$ (x_0 : abscisse à $t = 0$ s)	**Équations horaires** du mouvement : $a_x = C^{te}$ $v_x = a_xt + v_0$ (v_0 : vitesse à $t = 0$ s) $x = \frac{1}{2}a_xt^2 + v_0t + x_0$ (x_0 : à $t = 0$ s)
• Si M se déplace vers x croissant, $v_x > 0$: $\vec{v}$ dans le sens de $\vec{i}$. 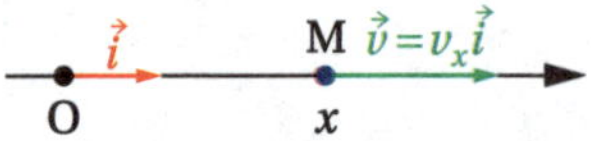 • Si M se déplace vers x décroissant, $v_x < 0$: $\vec{v}$ dans le sens contraire de $\vec{i}$. 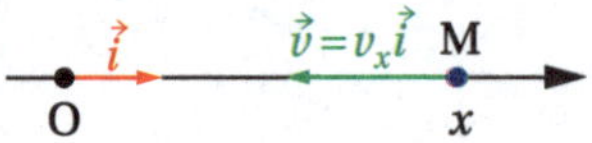	• Si $\vec{a}$ et $\vec{v}$ dans le même sens, mouvement **accéléré**. 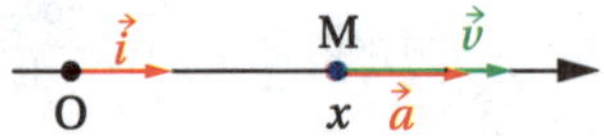 • Si $\vec{a}$ et $\vec{v}$ de sens opposés, mouvement **ralenti**. 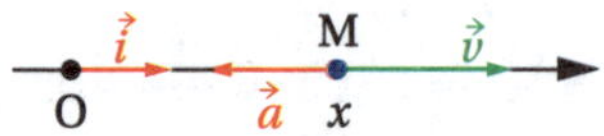

II Mouvement circulaire uniforme

- La trajectoire est un cercle de rayon R avec une **valeur de la vitesse constante**.
- Dans le **repère de Frenet** :

• la vitesse est : $\vec{v} = v\vec{t}$ avec $v = C^{te}$ donc $\frac{dv}{dt} = 0$;

• l'accélération est : $\vec{a} = \frac{dv}{dt}\vec{t} + \frac{v^2}{R}\vec{n} = \frac{v^2}{R}\vec{n}$.

L'accélération $\vec{a}$ est **centripète**, dirigée vers le centre de la trajectoire, O, et de valeur a constante : $a = \frac{v^2}{R}$.

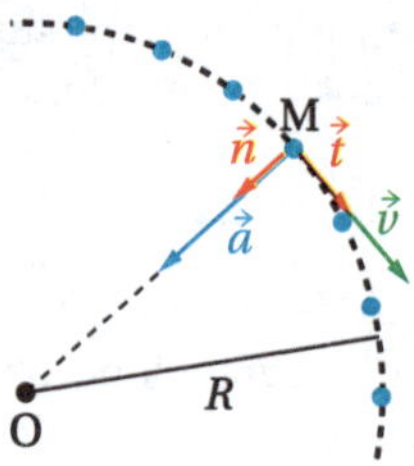

Méthode

Caractériser le vecteur accélération de quelques mouvements simples

Le schéma suivant montre les mouvements de trois points mobile A, B et C. Les positions ont été enregistrées à intervalles de temps égaux et quelques vecteurs vitesse sont tracés (avec la même échelle).

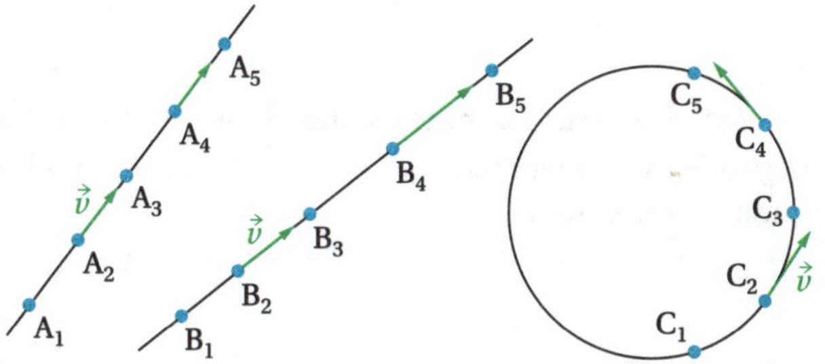

a. Caractériser chaque mouvement (trajectoire et variation de vitesse).

b. En déduire la représentation du vecteur accélération aux points n° 3 : direction et sens (sans souci d'échelle).

CONSEILS

a. Observez les variations du vecteur vitesse : valeur (longueur) et direction.

b. Le vecteur accélération est dirigé comme les variations du vecteur vitesse.

SOLUTION

a. Les mouvements de A et B sont rectilignes et celui de C est circulaire. Les valeurs des vitesses de A et C sont constantes et celle de B augmente.

b. • Le mouvement du point A est rectiligne et uniforme : son vecteur vitesse est constant, il ne varie pas, son vecteur accélération est donc nul.

• B a un mouvement rectiligne et accéléré : son vecteur vitesse augmente dans le sens du mouvement, son vecteur accélération est dirigé dans le sens du mouvement.

• C a un mouvement circulaire et uniforme : son vecteur vitesse varie en direction seulement, vers l'intérieur de la trajectoire, son vecteur accélération est centripète.

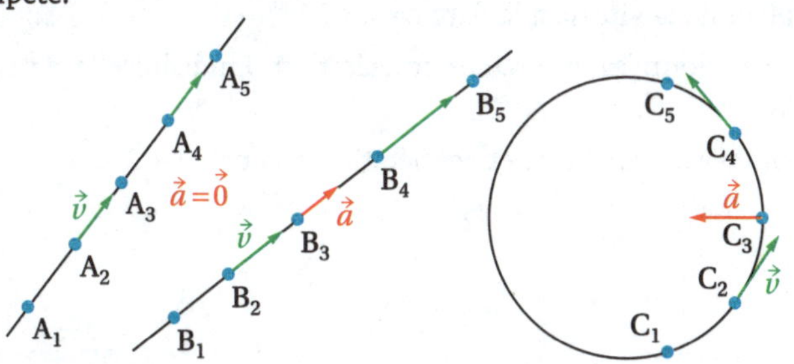

OBJECTIF BAC

Descente à ski

20 min

Dans ce sujet, on étudie un mouvement rectiligne. Les vecteurs vitesse et accélération sont déterminés à partir des équations horaires du mouvement.

LE SUJET

Un skieur descend en ligne droite sur une piste inclinée. La position de son centre de gravité G est enregistrée dans le repère d'espace $(O ; \vec{i}, \vec{j})$ par ses coordonnées x et y dont les équations horaires sont :

$x(t) = 2 \times t^2 + 3 \times t + 1$

$y(t) = 1$

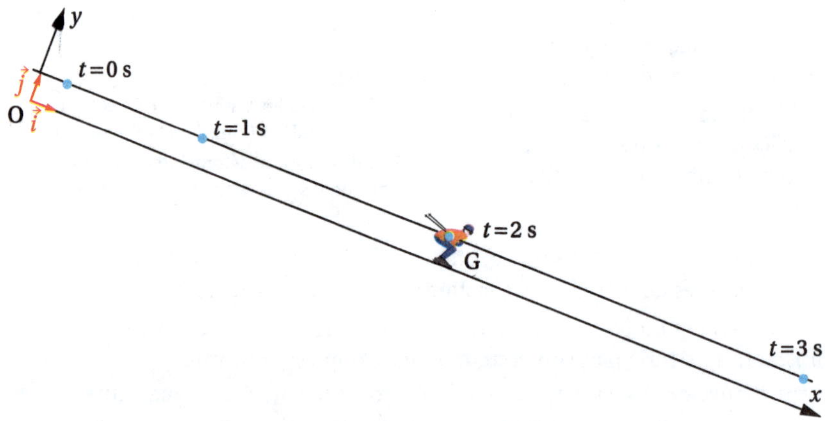

a. Donner l'expression du vecteur position à la date $t = 2$ s.

b. Quelle est la distance parcourue entre les dates $t = 0$ s et $t = 3$ s ?

c. Déterminer les coordonnées du vecteur vitesse à une date t quelconque.

d. Quelle est la valeur de la vitesse à la date $t = 2$ s ?

e. Déterminer les coordonnées du vecteur accélération. En déduire la nature du mouvement du skieur.

f. Tracer les vecteurs position, vitesse et accélération à la date $t = 2$ s.

CORRIGÉS

OBJECTIF BAC

Descente à ski

a. Le vecteur position s'écrit :
$\overrightarrow{OG} = x(t)\vec{i} + y(t)\vec{j} = (2t^2 + 3t + 1)\vec{i} + (1)\vec{j}$.

b. Le skieur se déplace suivant l'axe Ox.
À la date $t = 0$ s, $x(0) = 2 \times 0^2 + 3 \times 0 + 1 = 1$ m
et à la date $t = 3$ s, $x(3) = 2 \times 3^2 + 3 \times 3 + 1 = 28$ m.
Il s'est donc déplacé de 28 – 1 = 27 m.

c. Le vecteur vitesse $\overrightarrow{v_G}$ est la dérivée du vecteur position. Ses coordonnées s'obtiennent en dérivant les coordonnées de $\overrightarrow{OG}$.

$\overrightarrow{v_G} = v_x\vec{i} + v_y\vec{j} = \frac{dx}{dt}\vec{i} + \frac{dy}{dt}\vec{j}$.

Or $\frac{dx}{dt} = \frac{d(2t^2 + 3t + 1)}{dt} = 4t + 3$ et $\frac{dy}{dt} = 0$ car $y = 1 = C^{te}$.

Donc : $\overrightarrow{v_G} = (4t + 3)\vec{i} + 0\vec{j} = (4t + 3)\vec{i}$.

d. La valeur de la vitesse à la date $t = 2$ s est $v_G = (4 \times 2 + 3) = 11\ m \cdot s^{-1}$.

e. Le vecteur accélération $\overrightarrow{a_G}$ est la dérivée du vecteur vitesse. Ses coordonnées s'obtiennent en dérivant celles de $\overrightarrow{v_G}$.

$\overrightarrow{a_G} = \frac{dv_x}{dt}\vec{i} + \frac{dv_y}{dt}\vec{j} = \frac{d(4t+3)}{dt}\vec{i} + \frac{d(0)}{dt}\vec{j} = 4\vec{i} + 0\vec{j} = 4\vec{i}$.

Le vecteur accélération est constant, donc le mouvement est rectiligne et uniformément accéléré.

f. Représentation des vecteurs à $t = 2$ s :

$\overrightarrow{OG} = (2 \times 2^2 + 3 \times 2 + 1) \times \vec{i} + (1) \times \vec{j} = 15\,\vec{i} + \vec{j}$

$\overrightarrow{v_G} = (4t + 3)\vec{i} = 11\,\vec{i}$

$\overrightarrow{a_G} = 4\vec{i}$

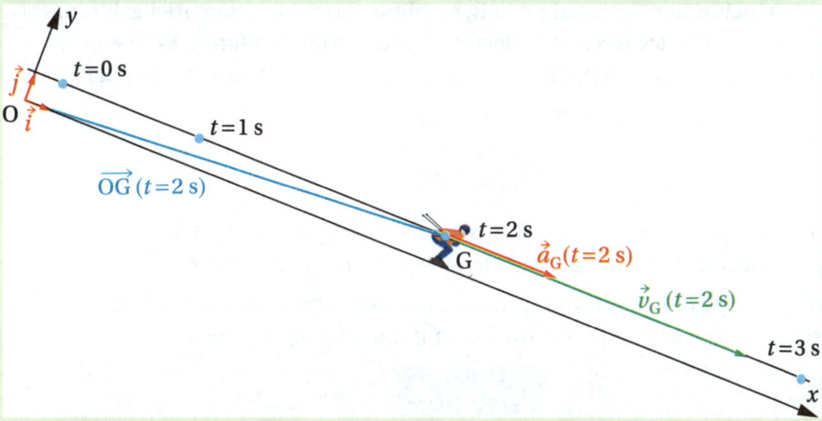

34 Les lois de Newton

En bref *Ces lois énoncées par Newton en 1687 forment les bases de la mécanique en reliant les forces au mouvement qu'elles induisent.*

I Le centre de masse d'un système

- L'étude du mouvement d'un objet est souvent ramenée à celle de son **centre de masse** noté G, appelé aussi centre d'inertie. Ce point est celui par rapport auquel la masse est uniformément répartie. Il est souvent situé au milieu du système.
- L'étude du mouvement de G est **plus simple** que celui des autres points.

II Les lois de Newton

- **1re loi : principe d'inertie.** Dans un référentiel galiléen, si le centre de masse G d'un système mécanique est immobile $\left(\overrightarrow{v_G} = \vec{0}\right)$ ou animé d'un mouvement rectiligne uniforme $\left(\overrightarrow{v_G} = \overrightarrow{C^{te}}\right)$, alors la somme vectorielle des forces extérieures qui lui sont appliquées est nulle et réciproquement :

$$\overrightarrow{v_G} = \overrightarrow{C^{te}} \Leftrightarrow \sum \overrightarrow{F_{ext}} = \vec{0}$$

Autre formulation : dans un **référentiel galiléen**, tout corps persévère dans son état de repos ou de mouvement rectiligne et uniforme s'il n'est soumis à aucune force ou si les forces qui s'appliquent sur lui se compensent.

MOT CLÉ

Un **référentiel galiléen** est un référentiel dans lequel le principe d'inertie est vérifié. Les référentiels terrestre, géocentrique et héliocentrique peuvent être considérés comme galiléens.

- **2e loi : principe fondamental de la dynamique.** Dans un référentiel galiléen, la somme vectorielle des forces extérieures (ou résultante des forces extérieures) appliquées à un système mécanique est égale au produit de sa masse m par le vecteur accélération de son centre de masse $\overrightarrow{a_G}$:

$$\sum \overrightarrow{F_{ext}} = m\overrightarrow{a_G}$$

Conséquence : $\sum \overrightarrow{F_{ext}}$ est colinéaire et de même sens que le vecteur accélération $\overrightarrow{a_G}$ (colinéaire de même sens que le vecteur variation de vitesse $\overrightarrow{\Delta v}$).

- **3e loi : principe des actions réciproques.** Lorsque deux systèmes A et B sont en interaction, ils exercent toujours l'un sur l'autre des forces opposées :

$$\overrightarrow{F_{B/A}} = -\overrightarrow{F_{A/B}}$$

Méthode

Déduire de la 2e loi de Newton le vecteur accélération

Une voiture jouet de masse 5,0 kg se déplace sur un sol horizontal. Elle est soumise à plusieurs forces qui peuvent être modélisées par les vecteurs représentés sur la figure ci-contre à partir de son centre de masse G. Leurs intensités sont égales à 20 N, 34 N et 50 N.

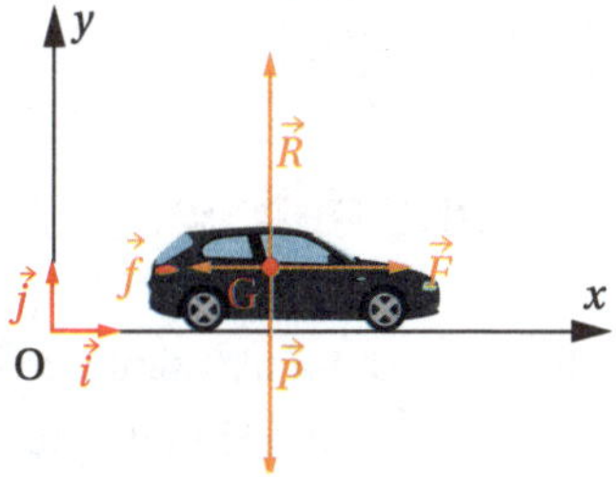

a. Nommer le référentiel choisi pour étudier son mouvement.

b. Identifier les forces représentées et donner leurs intensités respectives.

c. Exprimer les vecteurs forces en fonction des vecteurs unitaires du repère.

d. Déterminer le vecteur accélération de la voiture et le représenter sur la figure.

CONSEILS

b. Comparez les longueurs des vecteurs forces représentés sur le schéma.

c. Comparez la direction et le sens des forces avec les vecteurs $\vec{i}$ et $\vec{j}$.

d. Utilisez la 2e loi de Newton en explicitant la somme vectorielle des forces.

SOLUTION

a. Le repère $(O\,;\vec{i},\vec{j})$ étant lié au sol, le référentiel est le référentiel terrestre.

b. Les forces qui s'exercent sur la voiture sont les suivantes.

- $\vec{P}$ est le poids de la voiture, exercé par la Terre, $P = 50$ N ;
- $\vec{R}$ est la réaction du sol qui supporte la voiture, $R = 50$ N ;
- $\vec{F}$ est la force motrice exercée par le sol, $F = 34$ N ;
- $\vec{f}$ est la force de frottement, $f = 20$ N.

c. En comparant les sens des vecteurs force avec ceux des vecteurs unitaires :

$$\vec{P} = -P\vec{j},\ \vec{R} = R\vec{j},\ \vec{F} = F\vec{i} \text{ et } \vec{f} = -f\vec{i}.$$

d. En appliquant la 2e loi de Newton, on peut écrire :

$$\sum \overrightarrow{F_{ext}} = m\overrightarrow{a_G} = \vec{P} + \vec{R} + \vec{F} + \vec{f} = (-P + R)\vec{j} + (F - f)\vec{i}$$

$\vec{P}$ et $\vec{R}$ se compensent et s'annulent, il reste :

$$m\overrightarrow{a_G} = (F - f)\vec{i}.$$

Donc : $\overrightarrow{a_G} = \dfrac{(F - f)}{m}\vec{i} = \dfrac{14}{5{,}0}\vec{i} = 2{,}8\vec{i}$.

35 Mouvement dans un champ de pesanteur uniforme

En bref *Dans un champ de pesanteur, le centre de masse d'un projectile en chute libre a un mouvement déterminé par ses conditions initiales.*

I Conditions initiales

Un projectile de masse m est lancé à partir d'un point O à la date $t_0 = 0$ avec une vitesse initiale $\overrightarrow{v_0}$. Le mouvement de son centre de masse G est étudié dans le repère $(O ; \vec{i}, \vec{j}, \vec{k})$ lié au référentiel terrestre.

L'axe $(O ; \overrightarrow{v_0})$ est dans le plan vertical $(O ; \vec{i}, \vec{j})$ et l'angle de tir est noté α.

Les coordonnées de $\overrightarrow{v_0}$ sont : $\begin{pmatrix} v_{0x} = v_0 \cos\alpha \\ v_{0y} = v_0 \sin\alpha \\ v_{0z} = 0 \end{pmatrix}$

Le champ de pesanteur est uniforme : $\vec{g} = -g\vec{j}$.

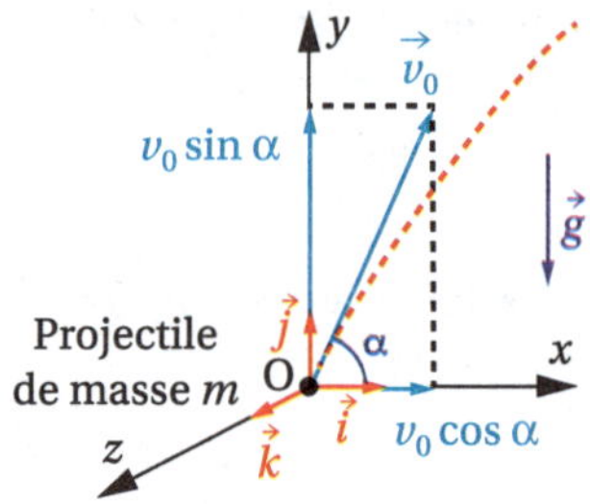

II Mouvement d'un projectile en chute libre

- Si les frottements de l'air et la poussée d'Archimède sont négligeables, le projectile n'est soumis qu'à son poids : on dit qu'il est en chute libre. La 2e loi de Newton s'exprime alors : $\sum \overrightarrow{F_{ext}} = m\overrightarrow{a_G} = \vec{P} = m\vec{g}$ donc : $\overrightarrow{a_G} = \vec{g}$.

- Les coordonnées de $\overrightarrow{v_G}$ sont les primitives des coordonnées de $\overrightarrow{a_G}$ telles qu'à $t = 0$ leurs valeurs soient les coordonnées de $\overrightarrow{v_0}$.

$$\overrightarrow{a_G} = \frac{d\overrightarrow{v_G}}{dt} \text{ donc } \overrightarrow{a_G} \begin{pmatrix} a_x = 0 \\ a_y = -g \\ a_z = 0 \end{pmatrix} \Rightarrow \overrightarrow{v_G} \begin{pmatrix} v_x = v_{0x} = v_0 \cos\alpha \\ v_y = -gt + v_{0y} = -gt + v_0 \sin\alpha \\ v_z = v_{0z} = 0 \end{pmatrix}$$

- Les coordonnées de $\overrightarrow{OG}$ sont les primitives des coordonnées de $\overrightarrow{v_G}$ telles qu'à $t = 0$ leurs valeurs soient nulles car $\overrightarrow{OG_0} = \vec{0}$.

$$\overrightarrow{v_G} = \frac{d\overrightarrow{OG}}{dt} \text{ donc } \overrightarrow{v_G} \begin{pmatrix} v_x = v_0 \cos\alpha \\ v_y = -gt + v_0 \sin\alpha \\ v_z = 0 \end{pmatrix} \Rightarrow \overrightarrow{OG} \begin{pmatrix} x = (v_0 \cos\alpha)\, t \\ y = -\,0{,}5gt^2 + (v_0 \sin\alpha)\, t \\ z = 0 \end{pmatrix}$$

À NOTER

- Dans le cas d'une chute libre, le vecteur accélération de G est confondu avec le vecteur champ de pesanteur. Il est constant et indépendant de la masse du projectile.
- v_z est constamment nulle donc le mouvement du projectile s'effectue dans le plan vertical contenant $\overrightarrow{v_0}$: le mouvement est plan. La vitesse horizontale $v_x = v_{0x} = v_0 \cos\alpha$ est constante : le mouvement suivant l'horizontale est uniforme.
- Si l'angle de tir vaut 90°, $\cos\alpha = 0$ et $\sin\alpha = 1$, $x = 0$: le mouvement est vertical suivant l'axe Ox.

Méthode

Exploiter les équations horaires et établir l'équation de la trajectoire

Un projectile est lancé à partir d'un point A avec une vitesse initiale de 7,3 $\text{m} \cdot \text{s}^{-1}$ et un angle de 52° par rapport à l'horizontale dans le champ de pesanteur terrestre uniforme et de valeur est $g = 9{,}8\ \text{N} \cdot \text{kg}^{-1}$.

Le mouvement de son centre de masse G est étudié dans le repère $(O\ ;\ \vec{i}, \vec{j})$.
Les coordonnées des vecteurs du mouvement sont :

$$\overrightarrow{a_G}\begin{pmatrix} a_x = 0 \\ a_y = -g \end{pmatrix} \Rightarrow \overrightarrow{v_G}\begin{pmatrix} v_x = v_0 \cos\alpha \\ v_y = -gt + v_0 \sin\alpha \end{pmatrix} \Rightarrow \overrightarrow{OG}\begin{pmatrix} x = (v_0 \cos\alpha)\, t + 0 \\ y = -\dfrac{gt^2}{2} + (v_0 \sin\alpha)\, t + 2 \end{pmatrix}$$

a. Déterminer les coordonnées du point A (position initiale de G).

b. Calculer les coordonnées du vecteur vitesse initiale au moment du lancement.

c. Établir l'équation de la trajectoire et en déduire sa nature.

> **CONSEILS**
> **a.** et **b.** Utilisez les équations des coordonnées des vecteurs position et vitesse.
> **c.** Établissez une relation entre les coordonnées x et y du vecteur position.

SOLUTION

a. Pour déterminer les coordonnées du point A, il suffit de choisir $t = 0$ dans les coordonnées du vecteur position : $\overrightarrow{OA} = \overrightarrow{OG}\,(t = 0) \begin{pmatrix} x = 0 \\ y = 2 \end{pmatrix}$.

b. Les coordonnées du vecteur vitesse initiale $\overrightarrow{v_0}$ sont déterminées de la même manière :

$$\overrightarrow{v_0} = \overrightarrow{v_G}\,(t = 0) \begin{pmatrix} v_x = 7{,}3 \times \cos 52 \\ v_y = 7{,}3 \times \sin 52 \end{pmatrix} \ \overrightarrow{v_0} \begin{pmatrix} v_x = 4{,}5 \\ v_y = 5{,}8 \end{pmatrix}$$

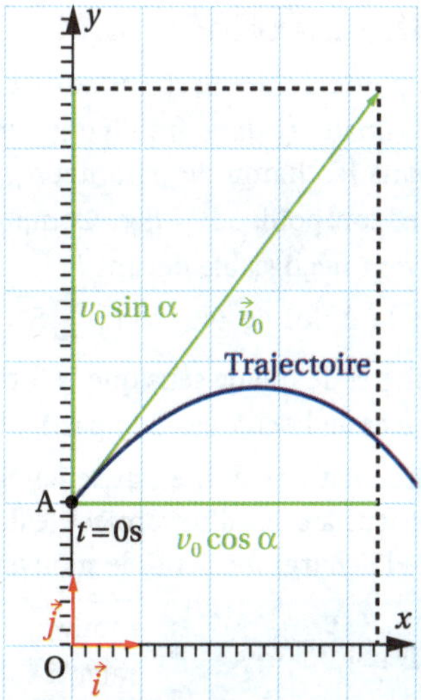

c. L'équation de la trajectoire est la relation qui lie les coordonnées x et y.

L'équation $x = (v_0 \cos\alpha)t$

donne : $t = \dfrac{x}{v_0 \cos\alpha}$.

En reportant dans l'équation y(t) :

$y = -\dfrac{gt^2}{2} + (v_0 \sin\alpha)t + 2$,

on obtient : $y = -\dfrac{g}{2v_0^2 \cos^2\alpha}x^2 + (\tan\alpha)x + 2$

Numériquement : $y = -0{,}24\ x^2 + 1{,}3\ x + 2$

C'est l'équation d'une trajectoire parabolique.

36 Mouvement dans un champ électrique uniforme

En bref *Placée dans un champ électrique, une particule chargée subit une force électrique qui dépend de sa charge. Elle est accélérée ou déviée suivant sa vitesse initiale.*

I Champ électrique uniforme créé par un condensateur plan

- Un champ électrique uniforme $\vec{E}$ a même direction, même sens et même valeur en tout point de l'espace. Il s'obtient entre deux armatures métalliques planes P et N séparées par un isolant sur une distance d entre lesquelles on applique une tension U_{PN} : ce dispositif est appelé **condensateur plan**.

- Le **champ électrique** est orthogonal aux armatures et orienté de la plaque chargée positivement vers la plaque chargée négativement (sens des potentiels décroissants).

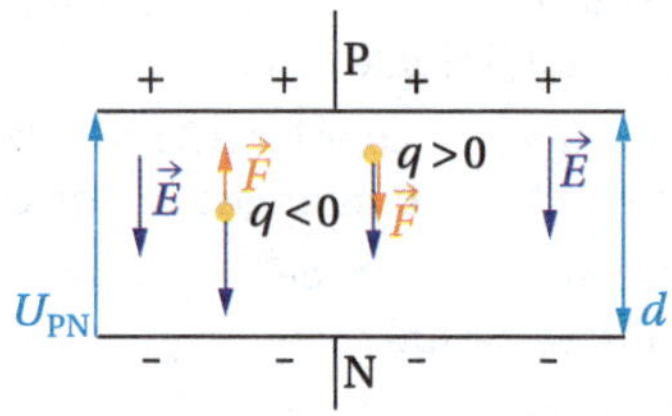

La valeur du champ est :

$$E = \frac{U_{PN}}{d}$$ E en $V \cdot m^{-1}$; d en m ; U_{PN} en V.

II Accélération d'une particule chargée dans un champ électrique

- Une particule de masse m et de charge q est lancée à la date $t_0 = 0$ avec une vitesse initiale $\vec{v_0}$ dans un champ électrique $\vec{E}$ uniforme. Comme elle se trouve aussi dans le champ de pesanteur $\vec{g}$, elle subit deux forces : la force électrique $\vec{F} = q\vec{E}$ et son poids : $\vec{P} = m\vec{g}$. Compte tenu des valeurs de masse et de charge, $\vec{P}$ est souvent négligeable devant $\vec{F}$.

D'après la 2e loi de Newton : $\sum \overrightarrow{F_{ext}} = m\vec{a} = \vec{F} = q\vec{E}$ donc : $\vec{a} = \frac{q}{m}\vec{E}$. Donc $\vec{a}$ est colinéaire et de même sens que la force électrique $\vec{F}$; constant mais dépendant de la masse et de la charge de la particule (si $q > 0$, $\vec{a}$ et $\vec{E}$ de même sens).

- Le **mouvement** d'une particule chargée dans un champ électrique uniforme est analogue à celui d'un projectile dans le champ de pesanteur uniforme mais le signe de la charge q oriente le mouvement.

$\overrightarrow{v_0}$ et $\vec{E}$ colinéaires	mouvement rectiligne uniformément accéléré ou ralenti suivant le sens de $\vec{E}$ et le signe de la charge q
$\overrightarrow{v_0}$ et $\vec{E}$ non colinéaires	mouvement parabolique (particule déviée par la force)

Méthode

Établir les équations du mouvement et de la trajectoire

Une particule, de masse m et de charge $q > 0$, est lancée à la date $t_0 = 0$ avec une vitesse initiale $\overrightarrow{v_0}$ dans un champ électrique uniforme : $\vec{E} = -E\vec{j}$.

Le mouvement est étudié dans le repère $(O ; \vec{i}, \vec{j}, \vec{k})$ dans le référentiel terrestre (galiléen). O coïncide avec sa position initiale, à $t_0 = 0$.

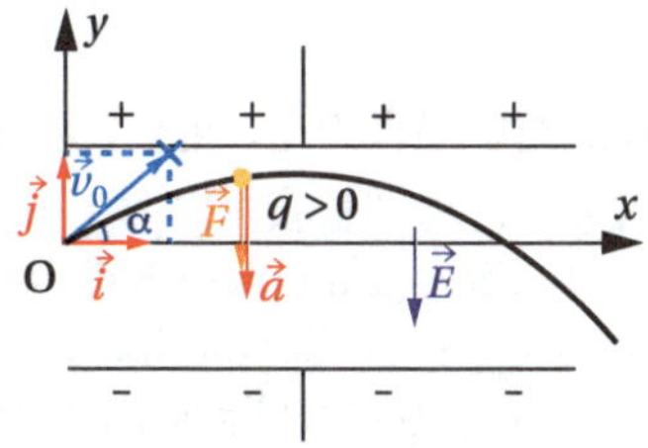

$\overrightarrow{v_0}$ est dans le plan vertical $(O ; \vec{i}, \vec{j})$ et incliné d'un l'angle α par rapport à l'horizontale.

Ses coordonnées sont : $\begin{pmatrix} v_{0x} = v_0 \cos\alpha \\ v_{0y} = v_0 \sin\alpha \\ v_{0z} = 0 \end{pmatrix}$

D'après la 2e loi de Newton, l'accélération de la particule est : $\vec{a} = \dfrac{q}{m}\vec{E}$.

a. Déterminer les équations horaires du mouvement de la particule.

b. En déduire que son mouvement est plan.

c. Établir l'équation de sa trajectoire et sa nature.

CONSEILS

a. Exprimez les coordonnées de $\vec{a}$ dans $(O ; \vec{i}, \vec{j}, \vec{k})$ et déterminez leurs primitives.

b. Que peut-on dire de la coordonnée du vecteur position suivant z ?

c. La trajectoire est une relation entre x et y, obtenue en éliminant le temps.

SOLUTION

a. L'accélération est $\vec{a} = \dfrac{q}{m}\vec{E} = -\dfrac{q}{m}E\vec{j}$. Les coordonnées de $\vec{v}$ sont les primitives des coordonnées de $\vec{a}$ et les coordonnées de $\overrightarrow{OG}$ sont les primitives des coordonnées de $\overrightarrow{v_G}$ (en respectant les conditions initiales) :

$$\vec{a}\begin{pmatrix} a_x = 0 \\ a_y = -\dfrac{qE}{m} \\ a_z = 0 \end{pmatrix} \Rightarrow \vec{v}\begin{pmatrix} v_x = v_0\cos\alpha \\ v_y = -\dfrac{qE}{m}t + v_0\sin\alpha \\ v_z = 0 \end{pmatrix} \Rightarrow \overrightarrow{OG}\begin{pmatrix} x = (v_0\cos\alpha)\,t \\ y = -\dfrac{qE}{2m}t^2 + (v_0\sin\alpha)\,t \\ z = 0 \end{pmatrix}$$

b. $z = 0$, donc le mouvement est dans le plan vertical $(O ; \vec{i}, \vec{j})$ contenant $\overrightarrow{v_0}$.

c. L'équation $x = (v_0\cos\alpha)t$ donne : $t = \dfrac{x}{v_0\cos\alpha}$. En reportant dans l'équation $y(t)$: $y = -\dfrac{qE}{2m}t^2 + (v_0\sin\alpha)t = -\dfrac{qE}{2mv_0^2\cos^2\alpha}x^2 + (\tan\alpha)x$.

La trajectoire est donc parabolique.

37 Aspects énergétiques du mouvement dans un champ uniforme

En bref *Le poids et la force électrique qui interviennent dans les champs de pesanteur et électrique ont des actions similaires et les bilans énergétiques pour le système en mouvement se ressemblent.*

I Poids et force électrique : des forces conservatives

■ **Travail du poids** (rappel de 1re). Lorsqu'un système de masse m passe d'un point A d'altitude z_A à un point B d'altitude z_B, le travail du poids est :
$W_{AB}(\vec{P}) = mg\,(z_A - z_B)$. Ce travail ne dépend pas du chemin suivi. Il correspond à l'opposé de la variation de l'énergie potentielle de pesanteur :

$W_{AB}(\vec{P}) = -\Delta E_{PP}$. Le poids est une force conservative.

■ **Travail de la force électrique**. Lorsqu'une particule de charge q passe d'un point A à un point B entre lesquels il existe une tension U_{AB}, le travail de la force électrique est : $W_{AB}(\vec{F}) = q\,U_{AB} = q\,(V_A - V_B)$.
V_A et V_B sont les potentiels des points A et B. Ce travail ne dépend pas du chemin suivi. Il correspond à l'opposé de la variation de l'énergie potentielle électrique de la particule :

$W_{AB}(\vec{F}) = -\Delta E_{PE}$. La force électrique est une force conservative.

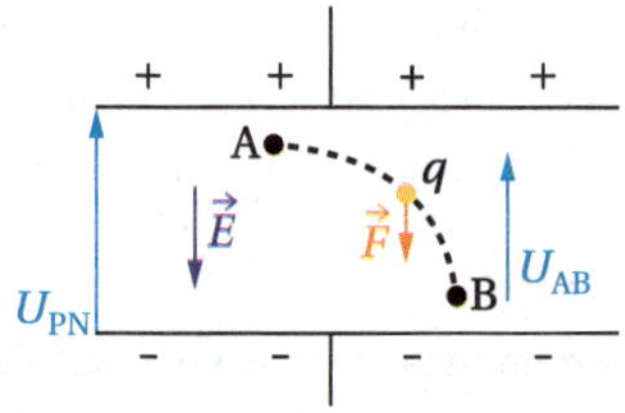

II Conséquence : conservation de l'énergie mécanique

■ **Mouvement dans un champ de pesanteur uniforme** (rappel de 1re). Dans le cas d'une chute libre dans le champ de pesanteur entre deux points A et B, le poids $\vec{P}$ est la seule force qui s'exerce sur le système. D'après le théorème de l'énergie cinétique : $\Delta E_C = W_{AB}(P) = -\Delta E_{PP}$.
Donc la variation de l'énergie mécanique vaut :

$\Delta E_M = \Delta E_C + \Delta E_{PP} = 0$ (énergie mécanique conservée)

■ **Mouvement dans un champ électrique uniforme**. Dans le cas d'un mouvement dans le champ électrique entre deux points A et B, si la force électrique $\vec{F}$ est la seule force qui s'exerce sur la particule, alors :
$\Delta E_C = W_{AB}(F) = -\Delta E_{PE}$. Donc la variation de l'énergie mécanique vaut :

$\Delta E_M = \Delta E_C + \Delta E_{PE} = 0$ (énergie mécanique conservée).

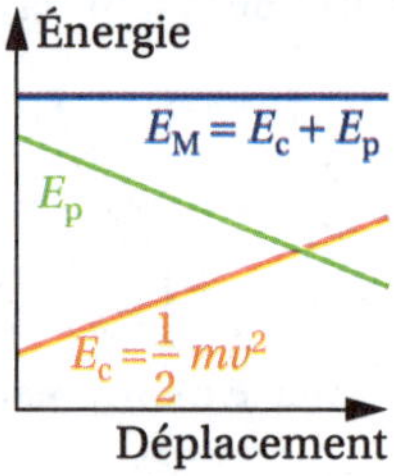

Cas d'un système dont l'énergie potentielle diminue au profit de l'énergie cinétique : sa vitesse augmente.

Méthode

Exploiter la conservation de l'énergie mécanique

Dans un canon à électrons, un électron pénètre au point A dans un champ électrique uniforme d'un condensateur plan soumis à une tension électrique U_{PN}.
On considère que l'électron n'est soumis qu'à la force électrique qui l'accélère entre A et B.
Sa vitesse en A est négligeable devant celle en B.

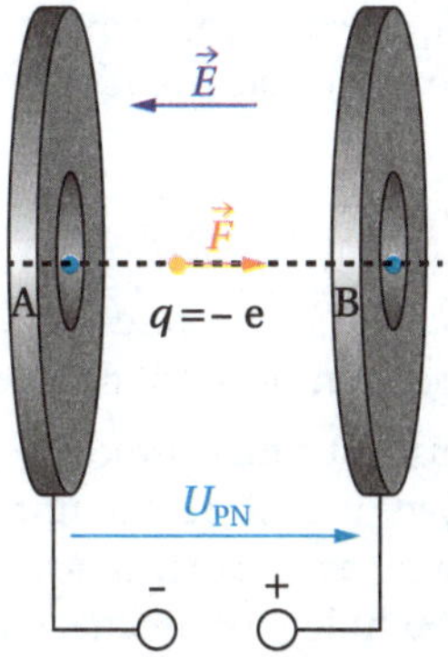

Données :
- masse de l'électron : $m = 9{,}11 \times 10^{-31}$ kg ;
- charge de l'électron : $q = -e = -1{,}60 \times 10^{-19}$ C ;
- tension : $U_{PN} = 7{,}50 \times 10^{2}$ V.

a. Écrire le théorème de l'énergie cinétique pour le déplacement de l'électron entre A et B.

b. Comment évolue l'énergie mécanique de l'électron pendant son déplacement ?

c. En déduire la valeur de la vitesse de l'électron au point B.

CONSEILS

a. Vous devez connaître l'expression du travail de la force électrique.
b. La force électrique est-elle conservative ?
c. Utilisez la conservation de l'énergie mécanique et développer l'expression de l'énergie cinétique pour faire apparaître la vitesse.

SOLUTION

a. En considérant que seule la force électrique agit sur l'électron, la variation d'énergie cinétique de l'électron est égale au travail de cette force entre A et B :
$\Delta E_C = W_{AB}(F) = qU_{AB} = -eU_{AB}$ (U_{AB} est la tension électrique entre A et B).

b. L'électron n'est soumis qu'à la force électrique dont le travail ne dépend pas du chemin suivi mais seulement de la position de A et B : c'est donc une force conservative. Donc son énergie mécanique se conserve : elle reste constante.

c. La conservation de l'énergie mécanique s'écrit : $E_M(A) = E_M(B)$.
Soit : $\Delta E_M = E_M(B) - E_M(A) = 0$.
Or, $E_M = E_C + E_{PE}$ donc : $\Delta E_M = \Delta E_C + \Delta E_{PE} = \left(\frac{1}{2}mv_B^2 - \frac{1}{2}mv_A^2\right) + \Delta E_{PE}$

avec $v_A = 0$ et $\Delta E_{PE} = -W_{AB}(F) = +eU_{AB} = -eU_{PN}$

$\Delta E_M = \frac{1}{2}mv_B^2 - eU_{PN} = 0$, on en déduit que $v^2 = \frac{2eU_{PN}}{m}$, soit $v = \sqrt{\frac{2eU_{PN}}{m}}$.

Application numérique : $v = \sqrt{\frac{2 \times 1{,}60 \times 10^{-19} \times 7{,}50 \times 10^{2}}{9{,}11 \times 10^{-31}}} = 1{,}62 \times 10^{7}\ \text{m}\cdot\text{s}^{-1}$.

38 Mouvement dans un champ de gravitation

En bref *Les lois énoncées par Kepler au XVIIe siècle décrivent les caractéristiques du mouvement des planètes autour du Soleil : trajectoire, vitesse et période de révolution.*

I Lois de Kepler

■ **1re loi : loi des orbites.** Les planètes décrivent des ellipses dont le Soleil occupe un des foyers.

Une ellipse est une courbe fermée caractérisée par deux foyers F et F′ et par une distance a appelée demi-grand axe. La distance Soleil-planète varie entre le point le plus proche P appelé périhélie et le point le plus éloigné A appelé aphélie : le grand axe est le segment reliant le périhélie et l'aphélie.

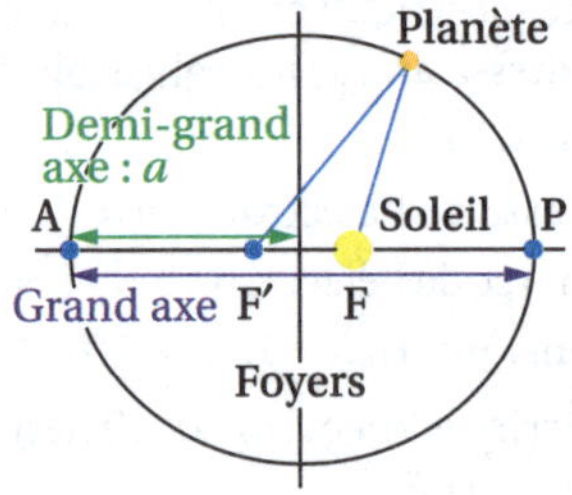

■ **2e loi : loi des aires.** Le rayon Soleil-planète balaie des aires égales pendant des intervalles de temps égaux. Les aires balayées pendant une même durée sont égales : $A_1 = A_2 = A_3$.

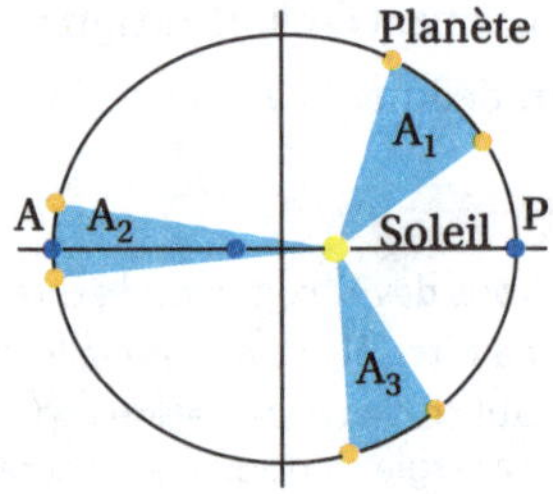

À NOTER
Plus la planète est proche du Soleil, plus sa vitesse est élevée : maximale en P et minimale en A.

■ **3e loi : loi des périodes.** Le carré de la période de révolution (T^2) est proportionnel au cube du demi-grand axe (a^3).

Le quotient $\frac{T^2}{a^3}$ est le même pour toutes les planètes qui tournent autour du Soleil.

II Accélération dans un champ de gravitation

Un satellite S placé dans le champ de gravitation d'un astre attracteur A est soumis à une force d'attraction gravitationnelle :

$\vec{F}_{A/S} = -G\frac{M_A m_s}{r^2}\vec{u}$ avec $\vec{u}$ le vecteur unitaire dirigé de l'astre attracteur vers le satellite.

D'après la 2e loi de Newton, si la force gravitationnelle est la seule force, alors l'accélération du satellite est : $\vec{a} = \frac{\vec{F}_{A/S}}{m_S} = -G\frac{M_A}{r^2}\vec{u}$.

Son accélération est donc toujours dirigée vers le centre de l'astre attracteur.

Méthode

Déterminer les caractéristiques d'un mouvement circulaire dans un champ de gravitation

Un satellite de masse m tourne autour d'un astre de masse M sur une orbite circulaire de rayon r.

a. Déterminer l'expression vectorielle de son accélération.

b. Montrer que le mouvement est uniforme et donner l'expression de la valeur de la vitesse du satellite.

c. En déduire l'expression de sa période de révolution, puis vérifier l'accord avec la 3ᵉ loi de Kepler.

CONSEILS

a. Utilisez la loi de gravitation et la 2ᵉ loi de Newton.
b. Comparez l'expression obtenue avec celle de l'accélération dans le repère de Frenet → FICHE 32.
c. Écrivez la relation entre la période de révolution et la vitesse du satellite.

SOLUTION

a. D'après la loi de gravitation universelle et la 2ᵉ loi de Newton, le satellite est soumis à une force d'attraction : $\vec{F}_{A/S} = -G\dfrac{Mm}{r^2}\vec{u} = m_S\vec{a}$.

Donc : $\vec{a} = -G\dfrac{M}{r^2}\vec{u}$, l'accélération est centripète.

b. L'accélération du satellite s'exprime dans le repère de Frenet : $\vec{a} = \dfrac{dv}{dt}\vec{t} + \dfrac{v^2}{r}\vec{n}$.

Puisque la trajectoire est circulaire, $\vec{u}$ et $\vec{n}$ sont opposés. On peut donc écrire :

$$\vec{a} = -G\frac{M}{r^2}\vec{u} = G\frac{M}{r^2}\vec{n} = \frac{dv}{dt}\vec{t} + \frac{v^2}{r}\vec{n}.$$

Selon $\vec{t}$: $\dfrac{dv}{dt} = 0$, donc la valeur de la vitesse du satellite est constante, le mouvement est uniforme.

Selon $\vec{n}$: $G\dfrac{M}{r^2}\vec{n} = \dfrac{v^2}{r}\vec{n}$. Soit : $\dfrac{v^2}{r} = G\dfrac{M}{r^2}$.

La valeur de la vitesse est donc : $v = \sqrt{\dfrac{GM}{r}}$.

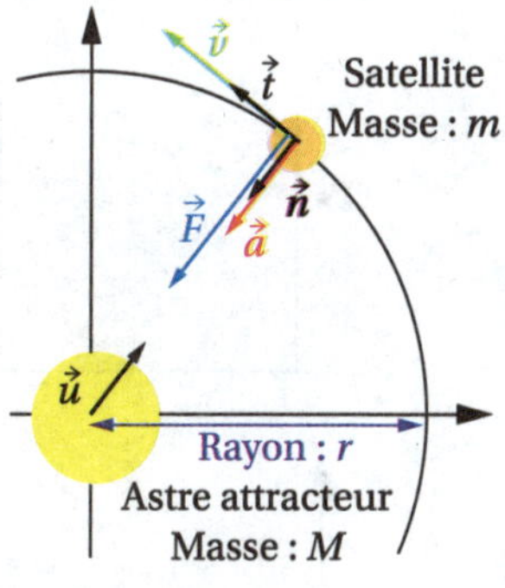

c. Le périmètre du cercle trajectoire ($2\pi r$) est parcouru pendant une période T à la vitesse : $v = \sqrt{\dfrac{GM}{r}} = \dfrac{2\pi r}{T}$. Sa période de révolution est donc : $T = \dfrac{2\pi r}{v} = 2\pi\sqrt{\dfrac{r^3}{GM}}$.

Cette expression est en accord avec la 3ᵉ loi de Kepler : $\dfrac{T^2}{a^3} = \dfrac{T^2}{r^3} = \dfrac{4\pi^2}{GM} = C^{te}$.

OBJECTIF BAC

Service gagnant

50 min

Ce problème permet d'étudier le mouvement d'une balle dans le champ de pesanteur. Sa trajectoire est établie à partir des équations horaires déduites de la 2e loi de Newton. L'aspect énergétique permet de déterminer sa vitesse.

LE SUJET

Un terrain de tennis est un rectangle de longueur 23,8 m et de largeur 8,23 m. Il est séparé en deux dans le sens de la largeur par un filet dont la hauteur est 92,0 cm.
Lorsqu'un joueur effectue un service, il doit envoyer la balle dans une zone comprise entre le filet et une ligne située à 6,40 m du filet.
On étudie un service du joueur placé au point O.
Ce joueur souhaite que la balle frappe le sol en B tel que OB = L = 18,7 m.
Pour cela, il lance la balle verticalement et la frappe avec sa raquette en un point D situé sur la verticale de O à la hauteur H = 2,20 m.
La balle part alors de D avec une vitesse de valeur v_0 = 126 km·h^{-1}, horizontale comme le montre le schéma ci-dessous.

La balle de masse m = 58,0 g est considérée comme ponctuelle et on néglige l'action de l'air. L'étude du mouvement est faite dans le référentiel terrestre, galiléen, dans lequel on choisit un repère O*xyz* comme l'indique le schéma ci-dessous.

Donnée : g = 9,81 m·s^{-2}.

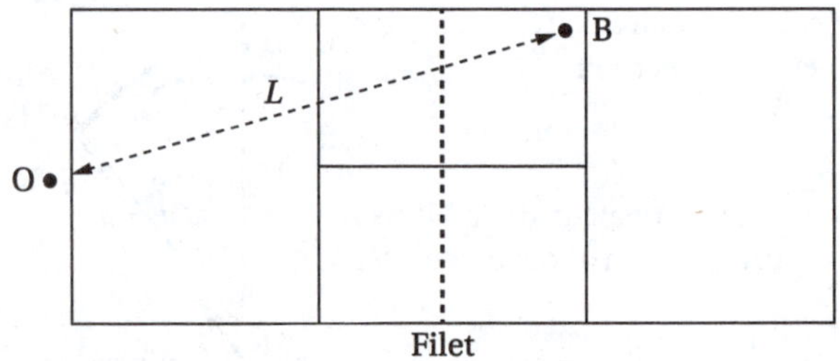

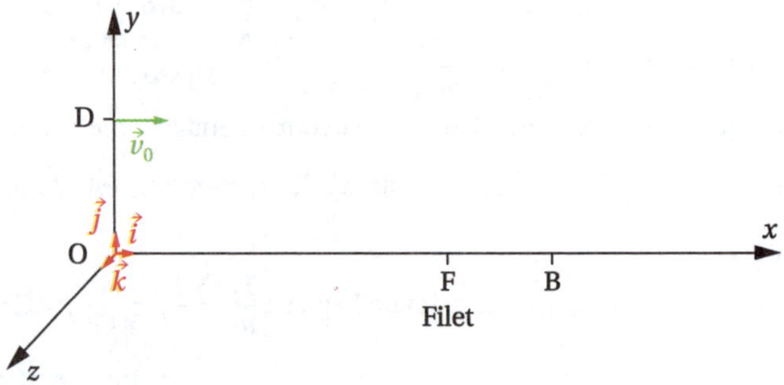

Partie 1 Trajectoire de la balle

a. Faire le bilan des forces appliquées à la balle en mouvement entre D et B et indiquer leurs caractéristiques.

b. Établir l'expression du vecteur accélération de la balle en mouvement.

c. En déduire les équations horaires paramétriques du mouvement de la balle.

d. Montrer que le mouvement de la balle est plan et déterminer l'équation littérale de sa trajectoire.

Partie 2 Qualité du service

e. Sachant que la distance OF = 12,2 m, la balle, supposée ponctuelle, passe-t-elle au-dessus du filet ?

f. Déterminer la position du point B′ de chute sur le sol, puis conclure sur la qualité du service.

Partie 3 Énergie de la balle

g. Donner les expressions littérales de l'énergie cinétique et de l'énergie potentielle de la balle lorsqu'elle se trouve à une hauteur y avec une vitesse v.

h. En négligeant l'action de l'air, que peut-on dire de l'énergie mécanique de la balle pendant son déplacement ?

i. Dans ces conditions, exprimer sa vitesse lorsqu'elle frappe le sol et calculer la valeur de sa vitesse.

CORRIGÉS

OBJECTIF BAC

Service gagnant

Partie 1 Trajectoire de la balle

a. La balle, dans le référentiel terrestre galiléen, est soumise uniquement à son poids $\vec{P}$. En effet, d'après l'énoncé « l'action de l'air est négligeable » : on ne tient pas compte de la poussée d'Archimède et de la force de frottement de l'air sur la balle.

Les caractéristiques du poids $\vec{P} = m\vec{g}$ sont :
- direction : verticale ;
- sens : vers le bas ;
- valeur : $P = mg = 58{,}0 \times 10^{-3} \times 9{,}81 = 0{,}569$ N.

b. Soumise exclusivement à son poids, la balle est en chute libre. La 2e loi de Newton donne : $\vec{P} = m\vec{a}$ soit $m\vec{g} = m\vec{a}$ d'où : $\vec{a} = \vec{g}$.

Le vecteur accélération est confondu avec le vecteur champ de pesanteur.

Les coordonnées du vecteur accélération dans le repère Oxyz sont : $\vec{a}\begin{cases} a_x = 0 \\ a_y = -g \\ a_z = 0 \end{cases}$

c. $\vec{a} = \dfrac{\mathrm{d}\vec{v}}{\mathrm{d}t} = \vec{g}$ donc $\vec{a}\begin{cases} a_x = \dfrac{\mathrm{d}v_x}{\mathrm{d}t} = 0 \\ a_y = \dfrac{\mathrm{d}v_y}{\mathrm{d}t} = -g \\ a_z = \dfrac{\mathrm{d}v_z}{\mathrm{d}t} = 0 \end{cases}$ ainsi $\vec{v}(t)\begin{cases} v_x = C_1 \\ v_y = -gt + C_2 \\ v_z = C_3 \end{cases}$

C_1, C_2, C_3 sont des constantes définies par les conditions initiales.

Initialement $\vec{v}(0) = \vec{v}_0$ avec $\vec{v}_0\begin{cases} v_{0x} = v_0 \\ v_{0y} = 0 \\ v_{0z} = 0 \end{cases}$ donc $\vec{v}(0)\begin{cases} v_x = C_1 = v_0 \\ v_y = -0 + C_2 = 0 \\ v_z = C_3 = 0 \end{cases}$

d'où $\vec{v}(t)\begin{cases} v_x = v_0 \\ v_y = -gt \\ v_z = 0 \end{cases}$

Et $\vec{v} = \dfrac{\mathrm{d}\overrightarrow{OM}}{\mathrm{d}t}$ donc $\vec{v}(t)\begin{cases} v_x = \dfrac{\mathrm{d}x}{\mathrm{d}t} = v_0 \\ v_y = \dfrac{\mathrm{d}y}{\mathrm{d}t} = -gt \\ v_z = \dfrac{\mathrm{d}z}{\mathrm{d}t} = 0 \end{cases}$ ainsi $\overrightarrow{OM}(t)\begin{cases} x = v_0 t + C'_1 \\ y = -\dfrac{gt^2}{2} + C'_2 \\ v_z = C'_3 \end{cases}$

C'_1, C'_2, C'_3 sont des constantes définies par les conditions initiales.

Initialement $\overrightarrow{OM}(0) = \overrightarrow{OD} = H\vec{j}$ donc $\overrightarrow{OM}(0)\begin{cases} x = 0 + C'_1 = 0 \\ y = -0 + C'_2 = H \\ z = C'_3 = 0 \end{cases}$

d'où $\overrightarrow{OM}(t)\begin{cases} x = v_0 \cdot t \\ y = \dfrac{-gt^2}{2} + H \\ z = 0 \end{cases}$

Les équations horaires du mouvement de la balle sont :

$x(t) = v_0 t$ (1) $y(t) = \frac{-gt^2}{2} + H$ (2) $z(t) = 0$

d. Quelle que soit la date t, $z(t) = C^{te} = 0$ donc le mouvement de la balle a lieu dans le plan (Oxy).

En exprimant le temps t à partir de (1) que l'on reporte dans (2) :

(1) $t = \frac{x}{v_0}$ donc dans (2) : $y(x) = \frac{-g}{2}\left(\frac{x}{v_0}\right)^2 + H$ donc : $y(x) = \frac{-g}{2v_0^2}x^2 + H$.

C'est l'équation d'une parabole tournée vers le bas.

Partie 2 Qualité du service

e. La balle passe au-dessus du filet si pour $x = \text{OF} = 12{,}2$ m : $y(x) > 92{,}0$ cm $= 0{,}920$ m.

$$y(x = 12{,}2) = \frac{-9{,}81}{2 \times \left(\frac{126}{3{,}6}\right)^2} \times (12{,}2)^2 + 2{,}20 = 1{,}60 \text{ m} > 0{,}920 \text{ m}.$$

Donc la balle passe au-dessus du filet.

f. La balle frappe le sol en un point $B'(x_{B'} ; y_{B'} = 0 ; z_{B'} = 0)$.

$y(x_{B'}) = 0$ soit $\frac{-g}{2}\left(\frac{x_{B'}}{v_0}\right)^2 + H = 0$ donc $x_{B'}^2 = \frac{2v_0^2 H}{g}$ donc $x_{B'} = \sqrt{\frac{2v_0^2 H}{g}}$ (en ne gardant que la solution positive).

$$x_{B'} = \sqrt{\frac{2 \times \left(\frac{126}{3{,}6}\right)^2 \times 2{,}20}{9{,}81}} = 23{,}4 \text{ m}.$$ Le service est mauvais car $x_{B'} > \text{OB} = L = 18{,}7$ m.

Partie 3 Énergie de la balle

g. L'énergie cinétique de la balle lorsqu'elle a une vitesse v est : $Ec = \frac{1}{2}mv^2$ (m en kg, v en $\text{m}\cdot\text{s}^{-1}$ et E_C en J).

Avec l'axe Oy orienté vers le haut et en choisissant l'origine de l'énergie potentielle pour $y = 0$, l'expression de l'énergie potentielle de pesanteur s'écrit : $E_p = mgy$ (m en kg, g en $\text{m}\cdot\text{s}^{-2}$, y en m et E_p en J).

h. En négligeant l'action de l'air (force de frottement et poussée d'Archimède) la balle n'est soumise qu'à son poids qui est une force conservative. Donc l'énergie mécanique de la balle est conservée.

i. Dans ces conditions, l'énergie mécanique de la balle reste constante pendant son déplacement.

- Au point D : $E_{mD} = E_{cD} + E_{pD} = \frac{1}{2}mv_D^2 + mgH$.
- Au point B' : $E_{mB'} = E_{cB'} + E_{pB'} = \frac{1}{2}mv_{B'}^2 + 0$ car $y_{B'} = 0$.

Or $E_{mD} = E_{mB'}$.

Donc $\frac{1}{2}mv_D^2 + mgH = \frac{1}{2}mv_{B'}^2$ d'où $\frac{1}{2}v_D^2 + gH = \frac{1}{2}v_{B'}^2$ d'où $v_D^2 + 2gH = v_{B'}^2$.

Soit : $v_{B'} = \sqrt{v_D^2 + 2gH}$ (en ne gardant que la solution positive).

$$v_{B'} = \sqrt{\left(\frac{126}{3{,}6}\right)^2 + 2 \times 9{,}81 \times 2{,}20} = 35{,}6 \text{ m}\cdot\text{s}^{-1} = 128 \text{ km}\cdot\text{h}^{-1}.$$

39 La poussée d'Archimède

En bref *La sensation de légèreté que l'on ressent quand on est dans l'eau est due à la poussée d'Archimède. Cette force est verticale, vers le haut et proportionnelle au volume immergé du corps et à la masse volumique du fluide.*

I Description de la situation

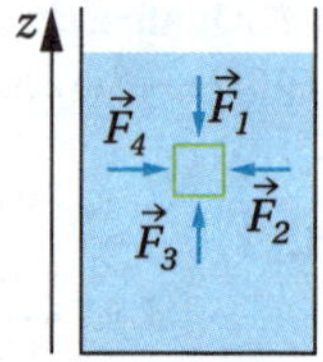

- On considère un récipient rempli d'un fluide **immobile** et **incompressible** (sa masse volumique est constante au cours du temps). Un solide cubique d'arête d est placé dans le fluide. Le cube est soumis à la pression du fluide sur tous ses côtés. On modélise les forces pressantes par des vecteurs orientés du fluide vers le cube.
- Les **parois latérales** du cube étant situées à la même profondeur, elles subissent des forces pressantes de mêmes normes qui se compensent : $\vec{F_2} = -\vec{F_4}$.
- On sait que l'intensité d'une **force pressante** est égale au produit de la pression par la surface, on en déduit : $F_1 = P_1 \times d^2$ et $F_3 = P_3 \times d^2$.

La face inférieure du cube étant plus profonde que sa face supérieure, on a $P_3 > P_1$ donc $F_3 > F_1$. Donc le cube subit de la part du fluide une force totale dirigée vers le haut :

$$F_{\text{totale}} = F_3 - F_1 = P_3 \times d^2 - P_1 \times d^2 = d^2 \times (P_3 - P_1).$$

D'après le principe fondamental de la statique des fluides (étudié en 1re), on a :

$$P_3 - P_1 = \rho_{\text{fluide}} \times g \times (h_1 - h_3).$$

D'où : $F_{\text{totale}} = d^2 \times (\rho_{\text{fluide}} \times g \times (h_1 - h_3)) = d^2 \times (\rho_{\text{fluide}} \times g \times ((h_3 + d) - h_3))$
$= d^2 \times (\rho_{\text{fluide}} \times g \times d) = \rho_{\text{fluide}} \times g \times d^3.$

Finalement : $F_{\text{totale}} = \rho_{\text{fluide}} \times g \times V_{\text{cube}}$.

II Énoncé du principe

- Tout corps plongé dans un fluide subit une force verticale vers le haut, la **poussée d'Archimède**, dont l'intensité est égale au poids du volume de fluide déplacé (ce volume est donc égal au volume immergé du corps).

$P_A = \rho_{\text{fluide}} \times g \times V_{\text{solide}}$	P_A intensité de la poussée d'Archimède en N ; ρ masse volumique du fluide en $kg \cdot m^{-3}$; g intensité de pesanteur en $N \cdot kg^{-1}$; V volume du solide immergé en m^3.

- Le **poids apparent** d'un solide plongé dans un fluide est la résultante des forces exercée par le fluide sur le solide et du poids du solide : $\overrightarrow{P_{\text{apparent}}} = \overrightarrow{P_A} + \overrightarrow{P_{\text{solide}}}$.

Méthode

Déterminer la valeur de la poussée d'Archimède d'un solide

Une boule de pétanque est tombée au fond d'un bassin d'eau douce.

Données :
- volume de la boule de pétanque : $V = 2,0 \times 10^{-4}\ m^3$;
- masse volumique de la boule de pétanque : $\rho = 3,3 \times 10^3\ kg \cdot m^{-3}$;
- masse volumique de l'eau douce : $\rho_{eau\ douce} = 1,0 \times 10^3\ kg \cdot m^{-3}$;
- intensité de la pesanteur : $g = 9,81\ N \cdot kg^{-1}$.

a. Calculer la valeur du poids de la boule de pétanque.

b. Calculer la valeur de la poussée d'Archimède subie par la boule de pétanque.

c. Sur un schéma, représenter les forces subies par la boule de pétanque (1 cm ↔ 2 N).

d. Expliquer pourquoi la boule de pétanque ne flotte pas.

CONSEILS

a. La relation entre masse, volume et masse volumique est $m = \rho \times V$.
b. Pour calculer la valeur de la poussée d'Archimède, utilisez la masse volumique du fluide et non celle du corps dont on étudie le mouvement.
c. Le poids est une force orientée vers le bas, tandis que la poussée d'Archimède est orientée vers le haut.
d. Le poids apparent est la résultante des forces subie par un corps immobile dans un fluide au repos. Sa valeur et son sens permettent de déterminer si le corps flotte ou coule.

SOLUTION

a. On calcule le poids de la boule de pétanque :
$P = m \times g = \rho \times V \times g = 3,3 \times 10^3 \times 2,0 \times 10^{-4} \times 9,81 = 6,5$ N.

b. On calcule la poussée d'Archimède subie par la boule de pétanque :
$P_A = \rho_{eau\ douce} \times g \times V_{boule\ de\ pétanque} = 1,0 \times 10^3 \times 9,81 \times 2,0 \times 10^{-4} = 2,0$ N.

c. Voir le schéma ci-contre. Le vecteur $\vec{P}$ doit avoir une longueur de 3,25 cm, le vecteur $\overrightarrow{P_A}$ doit avoir une longueur de 1,0 cm.

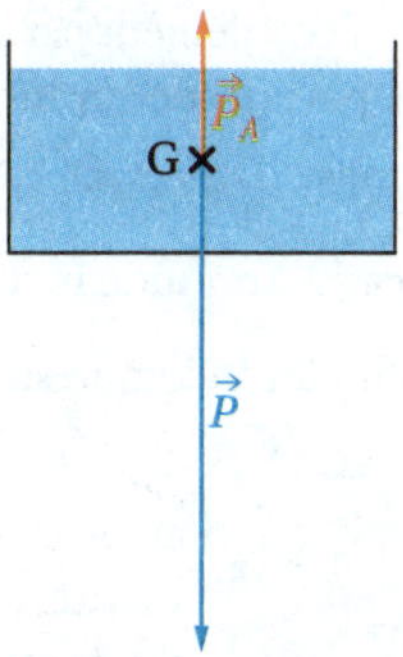

d. On remarque que le poids est supérieur à la poussée d'Archimède ($P > P_A$). Le poids apparent de la boule de pétanque est donc orienté vers le bas.

Comme la boule n'est soumise à aucune autre force, d'après la 2e loi de Newton, elle est soumise à une accélération orientée vers le bas : on en déduit qu'elle coule.

40 Écoulement d'un fluide en régime permanent

En bref *Le débit d'un fluide dans un tuyau peut être calculé par rapport à la quantité de matière ou par rapport au volume de fluide en déplacement.*

I Débit volumique et débit massique

MOT CLÉ
On appelle **section** d'un tuyau la surface en coupe transversale de l'intérieur du tuyau qui est traversée par un fluide en mouvement.

- Le débit massique d'un fluide D_m est la masse m de fluide qui passe par la **section** S d'un tuyau par unité de temps :

$$D_m = \frac{m}{t}$$

D_m débit massique en $kg \cdot s^{-1}$;
m masse de fluide écoulé en kg ;
t durée de l'écoulement en s.

- Le débit volumique d'un fluide D_V est le volume V de fluide qui traverse la section S d'un tuyau par unité de temps :

$$D_V = \frac{V}{t}$$

D_V débit volumique en $m^3 \cdot s^{-1}$; V volume de fluide écoulé en m^3 ;
t durée de l'écoulement en s.

- Le débit massique et le débit volumique sont reliés par : $D_m = \rho \times D_V$.

II Vitesse d'écoulement et principe de continuité

- L'écoulement d'un fluide est permanent si les paramètres qui le caractérisent (pression, température, vitesse) en un point restent constants au cours du temps.
Lors d'un écoulement permanent, le débit volumique D_V est relié à la section S et à la vitesse d'écoulement v par :

$$D_V = S \times v$$

D_V débit volumique en $m^3 \cdot s^{-1}$;
S surface de la section du tuyau en m^2 ;
v vitesse d'écoulement du fluide en $m \cdot s^{-1}$.

- Lors de l'écoulement permanent d'un fluide, la quantité de fluide qui entre en A dans une portion de tuyau doit être la même que celle qui en sort en B dans le même temps : $D_{m,A} = D_{m,B}$.

Dans le cas d'un fluide incompressible, on en déduit : $D_{V,A} = D_{V,B}$.

Pour les fluides incompressibles en régime permanent, on a alors :

$$S_A \times v_A = S_B \times v_B$$

S_A et S_B surface des sections en A et en B en m^2 ; v_A et v_B vitesses d'écoulement du fluide en A et en B en $m \cdot s^{-1}$.

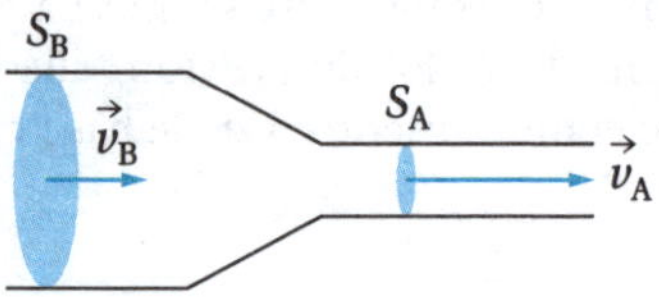

Méthode

Déterminer les caractéristiques d'un écoulement

Le canal de Craponne est un canal qui relie la Durance au Rhône. Ce canal passe au milieu du village de Pelissanne. Sur une partie du village, le canal est droit et sa section diminue progressivement. Au point le plus large (A) la largeur du canal est de $L_1 = 1{,}40$ m, au plus étroit (B) elle est de $L_2 = 90$ cm. La coupe transversale montre que le canal est parallélépipédique et que le niveau d'eau est de $h = 90{,}0$ cm.

Il a été mesuré que 70 200 L passent au point B en une minute.

On suppose que l'écoulement de l'eau est permanent.

a. Déterminer le débit volumique du canal au point B.

b. En déduire le débit massique.

c. Déterminer la vitesse de l'eau au point B.

d. En déduire la vitesse de l'eau au point A.

Donnée : masse volumique de l'eau : $\rho_{eau} = 1\,000\ \text{kg} \cdot \text{m}^{-3}$.

CONSEILS

a. Dans le calcul du débit volumique, le volume de fluide doit être exprimé en mètres cubes et le temps en secondes.
b. Le débit massique et le débit volumique sont proportionnels : le coefficient de proportionnalité est la masse volumique du fluide considéré. Il faut de nouveau faire attention à exprimer les grandeurs dans les unités SI.
c. Le débit volumique d'un fluide dans un tuyau dépend de la surface de la section du tuyau et de la vitesse d'écoulement du fluide.
d. Appliquez le principe de continuité.

SOLUTION

a. On calcule le débit volumique : $V = 70\,200\ \text{L} = 70\,200 \times 10^{-3}\ \text{m}^{-3}$; $t = 1\ \text{min} = 60\ \text{s}$.

$$D_V = \frac{V}{t} = \frac{70\,200 \times 10^{-3}}{60} = 1{,}17\ \text{m}^3 \cdot \text{s}^{-1}.$$

b. On calcule le débit massique : $D_m = \rho \times D_V = 1\,000 \times 1{,}17 = 1\,170\ \text{kg} \cdot \text{s}^{-1}$.

c. On calcule la surface de la section d'eau en B :

$$S_B = h \times L_2 = 90{,}0 \times 10^{-2} \times 90{,}0 \times 10^{-2} = 8{,}1 \times 10^{-1}\ \text{m}^2.$$

On calcule la vitesse d'écoulement en B : $v_B = \dfrac{D_V}{S_B} = \dfrac{1{,}17}{8{,}1 \times 10^{-1}} = 1{,}4\ \text{m} \cdot \text{s}^{-1}$.

d. D'après le principe de continuité, on a : $D_{V,A} = D_{V,B}$ d'où $D_{V,B} = S_A \times v_A$

On calcule la surface de la section d'eau en A :

$S_A = h \times L_1 = 90{,}0 \times 10^{-2} \times 1{,}40 = 1{,}26\ \text{m}^2$

$$v_A = \frac{D_{V,B}}{S_A} = \frac{1{,}17}{1{,}26} = 9{,}3 \times 10^{-1}\ \text{m} \cdot \text{s}^{-1}$$

PHYSIQUE-CHIMIE SVT MATHS COMPLÉMENTAIRES GRAND ORAL

41 Relation de Bernoulli

En bref *Le principe de conservation de l'énergie appliqué au mouvement d'un fluide parfait incompressible, s'écoulant en régime permanent et sans frottement, permet d'aboutir à la relation de Bernoulli.*

I Relation de Bernoulli

- Un **fluide parfait** est un fluide « parfaitement fluide » : son écoulement n'est pas freiné par la viscosité contre les parois. C'est un cas idéal.
- À partir du principe de la conservation de l'énergie mécanique et parce qu'il ne subit pas de frottement, on peut écrire pour un **fluide parfait, incompressible et en écoulement permanent**, en deux points d'une même **ligne de courant** :

$$P_A + \frac{1}{2} \times \rho \times v_A^2 + \rho \times g \times z_A = P_B + \frac{1}{2} \times \rho \times v_B^2 + \rho \times g \times z_B$$

avec P_A et P_B en Pa ; ρ en $kg \cdot m^{-3}$; g en $N \cdot kg^{-1}$; v_A et v_B en $m \cdot s^{-1}$; z_A et z_B hauteurs des points A et B en m.

MOT CLÉ
Une **ligne de courant** est une courbe tangente en chacun de ses points, à chaque instant et localement, au vecteur vitesse de l'écoulement.

- Interprétation : dans le cas d'un écoulement permanent sur toute la section du tuyau d'un fluide parfait et incompressible, une augmentation de vitesse du fluide en un point implique une diminution de la pression en ce même point.
- Si le fluide est immobile, la relation de Bernoulli devient :

$$P_A + \rho \times g \times z_A = P_B + \rho \times g \times z_B \text{ soit : } P_B - P_A = \rho \times g \times (z_A - z_B).$$

On retrouve le principe fondamental de la statique des fluides (étudié en classe de 1re) qui est donc un cas particulier de l'équation de Bernoulli.

II Effet Venturi

- On considère un **fluide incompressible** s'écoulant dans un tuyau à étranglement qui a deux sections différentes ($S_A = S_C > S_B$).

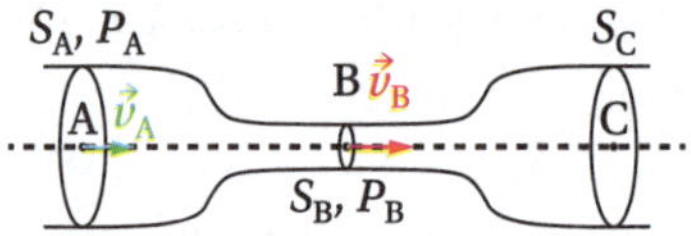

D'après le principe de continuité, le débit est conservé, donc on a :

$$D_A = D_B = D_C \text{ d'où } S_A \times v_A = S_B \times v_B.$$

Si $z_A = z_B$, la relation de Bernoulli devient $P_A - P_B = \frac{1}{2}\rho(v_B^2 - v_A^2)$.

Comme $S_A > S_B$, $v_B > v_A$, alors : $P_A > P_B$.

- On en conclut que lorsqu'un fluide traverse une section de plus faible diamètre, la pression diminue et la vitesse augmente : ce phénomène est appelé **effet Venturi**.

Méthode

Calculer une vitesse d'écoulement

On considère un réservoir rempli d'eau à une hauteur $H = 2{,}5$ m. Un trou de vidange de diamètre $d_2 = 10$ mm est situé à sa base. Le réservoir à un diamètre d_1, tel que $d_1 >> d_2$.

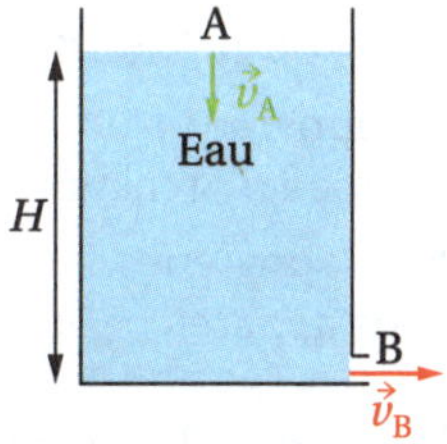

a. Quelles sont les valeurs de la pression à la surface de l'eau dans le réservoir P_A et à la sortie du trou de vidange P_B ?

b. Expliquer pourquoi on peut négliger v_A par rapport à v_B.

c. À partir de la relation de Bernoulli :

$$P_A + \frac{1}{2}\rho {v_A}^2 + \rho g z_A = P_B + \frac{1}{2}\rho {v_B}^2 + \rho g z_B,$$

calculer la vitesse v_B de l'eau lors de son écoulement par le trou de vidange.

Données : $P_{atm} = 1{,}0 \times 10^5$ Pa ; masse volumique de l'eau $\rho_{eau} = 1\,000$ kg·m^{-3} intensité de la pesanteur : g = 9,81 N·kg^{-1}.

CONSEILS

a. La surface d'un fluide en contact avec l'atmosphère est à la pression atmosphérique : au niveau du trou de vidange, l'eau qui sort de la cuve subie la pression de l'air.
b. Servez-vous du principe de continuité pour exprimer v_A en fonction de v_B.
c. Exprimez la relation de Bernoulli en tenant compte des réponses aux questions précédentes. Veillez à ne pas oublier la racine carrée dans l'expression de v_B.

SOLUTION

a. La surface de l'eau du réservoir et l'eau à la sortie du trou de vidange sont à la pression atmosphérique, soit $P_A = P_B = P_{atm} = 1{,}0 \times 10^5$ Pa.

b. D'après le principe de continuité, nous avons $S_A \times v_A = S_B \times v_B$.
D'après l'énoncé, $d_1 >> d_2$ soit $S_A >> S_B$ et donc : $v_A << v_B$. On peut donc négliger v_A par rapport à v_B.

c. La relation de Bernoulli donne : $\frac{2(P_A - P_B)}{\rho} + 2 \times g \times (z_A - z_B) = ({v_B}^2 - {v_A}^2)$

Grâce aux questions précédentes, on peut simplifier l'expression :

$$\cancel{\frac{2(P_A - P_B)}{\rho}} + 2 \times g \times (z_A - z_B) = ({v_B}^2 - \cancel{{v_A}^2})$$

On en déduit : ${v_B}^2 = 2 \times g \times (z_A - z_B)$.

D'où $v_B = \sqrt{2 \times g \times H}$. Soit $v_B = \sqrt{2 \times 9{,}81 \times 2{,}5} = 7{,}0$ m·s^{-1}.

SE TESTER QUIZ

Vérifiez que vous avez bien compris les points clés des **fiches 39 à 41**.

1 Poussée d'Archimède

→ FICHE 39

Le poids apparent d'un solide dans un fluide dépend du poids du solide et de la poussée d'Archimède, on calcule sa valeur par :

☐ a. Poids apparent = Poussée d'Archimède – Poids du solide
☐ b. Poids apparent = Poussée d'Archimède + Poids du solide

2 Écoulement d'un fluide en régime permanent

→ FICHE 40

D'après le principe de continuité, quand un fluide passe dans un tuyau dont la section diminue :

☐ a. la vitesse d'écoulement est constante
☐ b. le débit volumique est constant

3 Relation de Bernoulli

→ FICHE 41

1. La relation de Bernoulli permet d'écrire en deux points d'une même ligne de courant que $P + \frac{1}{2}\rho v^2 + \rho g z = \text{constante}$:

☐ a. vrai
☐ b. faux

2. L'effet Venturi est un phénomène au cours duquel un fluide qui s'écoule dans un tuyau dont la section diminue voit :

☐ a. sa pression et sa vitesse diminuer
☐ b. sa pression diminuer et sa vitesse augmenter
☐ c. sa pression augmenter et sa vitesse diminuer

OBJECTIF BAC

4 Réservoir de fioul

50 min

Ce sujet traite de toutes les notions vues en terminale pour un fluide au repos ou en mouvement. Outre faire manipuler les formules, il permet de réfléchir à la cohérence entre les résultats et les observations.

LE SUJET

Un réservoir cylindrique, ouvert à l'air libre, a une section S_A de diamètre $d_A = 6{,}0$ m. Il est muni, à sa base, d'un trou pour vidange de section S_B et de diamètre $d_B = 1{,}6$ mm. Le réservoir est rempli de fioul liquide jusqu'à une hauteur $H = 2{,}5$ m.

Dans tout l'exercice, l'écoulement sera permanent et le fluide incompressible.

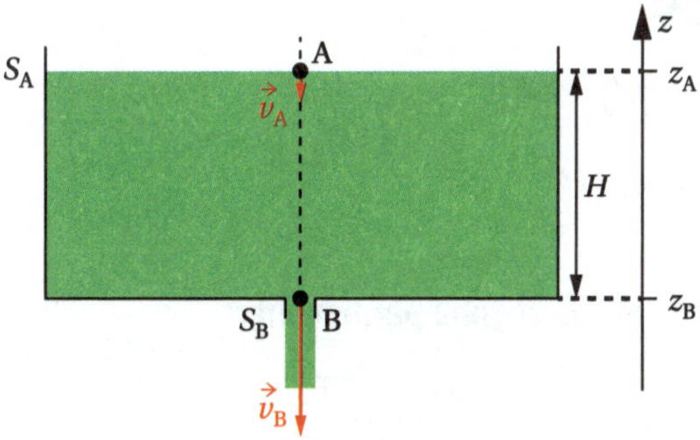

Données :

- masse volumique du fioul liquide $\rho_{\text{fioul liquide}} = 817\ \text{kg}\cdot\text{m}^{-3}$;
- intensité de la pesanteur $g = 9{,}8\ \text{N}\cdot\text{kg}^{-1}$.

On note $\alpha = \dfrac{S_B}{S_A}$.

Partie 1 Trou de vidange fermé

Le trou de vidange est fermé par un bouchon. Un objet métallique de masse volumique $\rho_{\text{objet}} = 7\ 700\ \text{kg}\cdot\text{m}^{-3}$ est tombé au fond de la cuve, le niveau de fioul a augmenté de 0,40 cm.

1. a. Calculer la poussée d'Archimède subie par l'objet.

b. Calculer le poids de l'objet.

c. Ces résultats sont-ils cohérents avec les informations de l'énoncé ?

Partie 2 Trou de vidange ouvert

L'objet a été sorti et le trou de vidange est ouvert pour procéder à la vidange du réservoir. Le fioul s'écoule du réservoir. Sa vitesse moyenne d'écoulement au point A est notée v_A, et sa vitesse d'écoulement au niveau de l'orifice est notée v_B.

2. a. Écrire la relation de continuité. En déduire v_A en fonction de v_B et de $\alpha = \dfrac{S_B}{S_A}$.

b. Exprimer la pression P_B en fonction de P_A.

c. En appliquant la relation de Bernoulli entre A et B :

$$P_A + \frac{1}{2}\times\rho\times {v_A}^2 + \rho\times g\times z_A = P_B + \frac{1}{2}\times\rho\times {v_B}^2 + \rho\times g\times z_B$$

établir l'expression littérale de la vitesse v_B en fonction de g, H et α.

d. Calculer v_B (on négligera la variation de H).

e. Calculer le débit volumique D_V du fioul qui s'écoule à travers le trou de vidange.

f. Combien de temps faudrait-il pour vider totalement le réservoir, si le débit du fioul restait constant ?

g. L'approximation sur la très faible variation de H au cours du temps est-elle raisonnable ?

CORRIGÉS

SE TESTER QUIZ

1 Poussée d'Archimède

Réponse a.

2 Écoulement d'un fluide en régime permanent

Réponse b.

3 Relation de Bernoulli

1. Réponse a.
2. Réponse b.

OBJECTIF BAC

4 Réservoir de fioul

Partie 1 Trou de vidange fermé

1. a. Le volume de l'objet totalement immergé est égal au volume de fluide déplacé :

$$V_{\text{objet}} = V_{\text{fioul déplacé}} = S_A \times h_{\text{niveau}} = \pi \times \left(\frac{d_A}{2}\right)^2 \times h_{\text{niveau}}$$

$$V_{\text{objet}} = \pi \times \left(\frac{6{,}0}{2}\right)^2 \times 0{,}40 \times 10^{-2} = 1{,}1 \times 10^{-1}\ \text{m}^3.$$

L'objet a un volume de $1{,}1 \times 10^{-1}$ m^3.

On calcule la poussée d'Archimède exercée par le fioul sur l'objet :

$P_A = \rho_{\text{fioul}} \times g \times V_{\text{objet}}$

$P_A = 817 \times 9{,}81 \times\ 1{,}1 \times 10^{-1} = 8{,}8 \times 10^2$ N.

La poussée d'Archimède exercée par le fioul sur l'objet est de $8{,}8 \times 10^2$ N

b. On sait que $P_{\text{objet}} = m_{\text{objet}} \times g$ et que $\rho_{\text{objet}} = \dfrac{m_{\text{objet}}}{V_{\text{objet}}}$

On en déduit :

$P_{\text{objet}} = \rho_{\text{objet}} \times V_{\text{objet}} \times g$

$P_{\text{objet}} = 7\,700 \times 1{,}1 \times 10^{-1} \times 9{,}81 = 8{,}3 \times 10^3$ N.

Le poids de l'objet est égal à $8{,}3 \times 10^3$ N.

c. D'après les calculs, $P_{\text{objet}} > P_A$, donc le poids apparent sera orienté vers le bas. D'après l'énoncé, l'objet est tombé au fond de la cuve : il est soumis à une accélération orientée vers le bas, son poids apparent est orienté vers le bas.

Les résultats sont en accord avec l'énoncé.

Partie 2 Trou de vidange ouvert

2. a. D'après le principe de continuité, on a $D_{V,A} = D_{V,B} = S_A \times v_A = S_B \times v_B$.

On en déduit $v_A = \dfrac{S_B \times v_B}{S_A}$. En identifiant le terme $\alpha = \dfrac{S_B}{S_A}$, on a : $v_A = \alpha \times v_B$.

b. Au point A comme au point B, le fioul est en contact avec l'air : $P_B = P_A = P_{\text{atm}}$.

c. À partir de la relation de Bernoulli, on obtient :

$$\frac{2}{\rho}(\cancel{P_A - P_B}) + 2 \times g \times (z_A - z_B) = v_B{}^2 - v_A{}^2.$$

En remplaçant les différents termes, on obtient :

$2 \times g \times H = v_B{}^2 - (\alpha \times v_B)^2$ soit $2 \times g \times H = v_B{}^2(1 - \alpha^2)$

$v_B = \sqrt{\dfrac{2 \times g \times H}{1 - \alpha^2}}$.

d. On calcule la vitesse d'écoulement au niveau de l'orifice :

$$v_B = \sqrt{\frac{2 \times g \times H}{1 - \alpha^2}} \text{ avec } \alpha = \frac{S_B}{S_A} = \frac{\pi \times \left(\dfrac{d_B}{2}\right)^2}{\pi \times \left(\dfrac{d_A}{2}\right)^2} = \frac{d_B{}^2}{d_A{}^2}$$

$$v_B = \sqrt{\frac{2 \times 9{,}81 \times 2{,}5}{1 - \left[\dfrac{(1{,}6 \times 10^{-3})^2}{6{,}0^2}\right]^2}} = 7{,}0 \text{ m} \cdot \text{s}^{-1}$$

La vitesse d'écoulement en B est de $7{,}0 \text{ m} \cdot \text{s}^{-1}$.

e. On calcule le débit volumique $D_{V,\,B}$ du fioul qui s'écoule à travers B :

$$D_{V,B} = S_B \times v_B = \pi \times \left(\frac{d_B}{2}\right)^2 \times v_B$$

$$D_{V,B} = \pi \times \left(\frac{1{,}6 \times 10^{-3}}{2}\right)^2 \times 7{,}0 = 1{,}4 \times 10^{-5} \text{ m}^3 \cdot \text{s}^{-1}$$

Le débit de fioul en B est égal à $1{,}4 \times 10^{-5} \text{ m}^3 \cdot \text{s}^{-1}$.

f. On cherche le temps t nécessaire pour vider totalement le réservoir avec un débit constant. On a : $D_{V,B} = \dfrac{V_{\text{fioul}}}{t}$. D'où :

$$t = \frac{V_{\text{fioul}}}{D_{V,B}} = \frac{S_A \times H}{D_{V,B}} = \frac{\pi \times \left(\dfrac{d_A}{2}\right)^2 \times H}{D_{V,B}}$$

$$t = \frac{\pi \times \left(\dfrac{6{,}0}{2}\right)^2 \times 2{,}5}{1{,}4 \times 10^{-5}} = 5{,}0 \times 10^6 \text{ s}$$

$t = \dfrac{5{,}0 \times 10^6}{3\,600}$ h = 1 389 h soit près de 58 jours.

g. Le niveau du fioul dans la cuve baisse de 2,5 m en presque 58 jours : il est donc raisonnable de négliger la variation de H au cours du temps.

42 Le modèle du gaz parfait

En bref *Le gaz parfait est un modèle de gaz dans lequel les particules constitutives, modélisées par des points matériels, n'exercent aucune interaction entre elles, mis à part lors des chocs.*

I Lien entre grandeurs macroscopiques et microscopiques

■ À l'échelle macroscopique, un échantillon de gaz peut être décrit par 5 grandeurs, appelées aussi **variables d'états** : sa température thermodynamique T (en kelvins, K), sa quantité de matière n (en moles, mol), sa pression P (en pascals, Pa), son volume V (en mètres cubes, m^3) et sa masse m (en kilogrammes, kg).

À NOTER
La température thermodynamique T en kelvins (K) est reliée à la température t en degrés Celsius (°C) par la relation : $T = t + 273$.

La masse et le volume déterminent la masse volumique du gaz :

$$\rho = \frac{m}{V}$$

ρ en kilogrammes par mètre cube ($kg \cdot m^{-3}$) ; m en kilogrammes (kg) ; V en mètres cubes (m^3)

■ Certaines de ces grandeurs macroscopiques ont un lien avec des grandeurs microscopiques.

Grandeur macroscopique	quantité de matière	température thermodynamique	pression
Grandeur microscopique	nombre de particules	vitesse des particules	nombre de chocs sur les parois par unité de temps et de surface

II L'équation du gaz parfait

■ L'**équation d'état des gaz parfaits** est une relation entre 4 des variables d'état du gaz, pour un système gazeux isolé (pas d'échange de matière avec l'extérieur) :

$$P \times V = n \times R \times T$$

P en pascals (Pa) ; V en mètres cubes (m^3) ;
n en moles (mol) ; T en kelvins (K) ;
R constante des gaz parfaits : $R = 8{,}31\ J \cdot K^{-1} \cdot mol^{-1}$.

■ Le modèle du gaz parfait possède des limites, en dehors desquelles l'équation des gaz parfaits n'est plus applicable. Les cas où elle ne s'applique pas sont :
- les hautes pressions ;
- le volume propre des particules n'est plus négligeable ;
- le système n'est pas isolé : il échange de la matière avec l'extérieur.

Méthode

Exploiter l'équation des gaz parfaits

Un échantillon de gaz est enfermé dans un récipient dont on peut faire varier le volume. Les valeurs de la pression, du volume et de la température sont les suivantes : $P = 1{,}0 \times 10^5$ Pa ; $V = 2{,}0$ L ; $t = 25$ °C.
Le gaz est considéré comme étant parfait.

Donnée : constante des gaz parfaits : $\mathrm{R} = 8{,}31\ \mathrm{J \cdot K^{-1} \cdot mol^{-1}}$.

a. Calculer la quantité de matière n de l'échantillon de gaz.

b. On fait varier le volume du récipient jusqu'à la valeur $V = 1{,}0$ L, la température restant constante. Calculer la nouvelle valeur de la pression P.

c. Comparer pour les deux expériences le produit $P \times V$. Comment se nomme la loi ainsi vérifiée ?

CONSEILS

a. Pensez à convertir le volume en mètres cubes et calculez la température thermodynamique en kelvins : $1\ \mathrm{L} = 1 \times 10^{-3}\ \mathrm{m^3}$ et $T\ (\mathrm{K}) = t\ (°\mathrm{C}) + 273$.
b. Isolez la pression P dans l'équation des gaz parfaits.
c. Vous devez connaître cette loi étudiée en classe de Première.

SOLUTION

a. On isole la quantité de matière n dans l'équation des gaz parfaits :
$$P \times V = n \times \mathrm{R} \times T \Leftrightarrow n = \frac{P \times V}{\mathrm{R} \times T}.$$
On convertit le volume et on calcule la température thermodynamique :
$V = 2{,}0\ \mathrm{L} = 2{,}0 \times 10^{-3}\ \mathrm{m^3}$ et $T = 25 + 273 = 298$ K.
On calcule la quantité de matière n :
$$n = \frac{1{,}0 \times 10^5 \times 2{,}0 \times 10^{-3}}{8{,}31 \times 298} = 8{,}1 \times 10^{-2}\ \mathrm{mol}.$$

b. On isole la pression P dans l'équation des gaz parfaits :
$$P \times V = n \times \mathrm{R} \times T \Leftrightarrow P = \frac{n \times \mathrm{R} \times T}{V}.$$
On convertit le volume : $V = 1{,}0\ \mathrm{L} = 1{,}0 \times 10^{-3}\ \mathrm{m^3}$.
On calcule la pression P :
$$P = \frac{8{,}1 \times 10^{-2} \times 8{,}31 \times 298}{1{,}0 \times 10^{-3}} = 2{,}0 \times 10^5\ \mathrm{Pa}.$$

c. On calcule pour les deux expériences le produit $P \times V$:
- Expérience 1 : $P \times V = 1{,}0 \times 10^5 \times 2{,}0 \times 10^{-3} = 2{,}0 \times 10^2\ \mathrm{Pa \cdot m^3}$.
- Expérience 2 : $P \times V = 2{,}0 \times 10^5 \times 1{,}0 \times 10^{-3} = 2{,}0 \times 10^2\ \mathrm{Pa \cdot m^3}$.

Les deux produits sont égaux. La loi ainsi vérifiée est la loi de Mariotte.

43 Bilan d'énergie d'un système

En bref *Un système possède une énergie propre, appelée énergie interne U. Si le système n'échange pas de matière avec l'extérieur (système fermé), cette énergie est égale à la somme des énergies d'interaction et cinétique microscopiques entre les particules.*

I Le premier principe de la thermodynamique

- Un système **fermé** (pas d'échange de matière avec l'extérieur) peut échanger avec l'extérieur de l'énergie sous forme de **travail** W si son volume V varie. Sa pression P ne varie pas et le travail a pour expression :

$$W = -P \times \Delta V$$
$$\Delta V = V_{\text{final}} - V_{\text{initial}}$$

W en joules (J) ; P en pascals (Pa) ; ΔV en mètres cubes (m^3).

W est positif si le système voit son volume diminuer et négatif dans le cas contraire.

- Un système fermé peut échanger avec un autre système de l'énergie sous forme d'**énergie thermique Q** lorsque les températures des deux systèmes sont différentes. Il s'agit d'un transfert thermique. L'énergie thermique est cédée par le système ayant la plus haute température au système ayant la plus basse température.
- W et Q sont positifs si le système reçoit de l'énergie et négatifs s'il en cède.
- **Premier principe de la thermodynamique.** La variation de l'énergie interne U d'un système entre un état initial et un état final est égale à la somme du travail W et de l'énergie thermique Q échangés entre ces deux états :

$$\Delta U = W + Q$$
$$\Delta U = U_{\text{final}} - U_{\text{initial}}$$

ΔU, W et Q en joules (J).

II Capacité thermique d'un système incompressible

- La **capacité thermique** C d'un système est égale à l'énergie thermique qu'il faut lui fournir pour augmenter sa température d'un kelvin.
- La variation d'énergie interne U d'un **système incompressible** (son volume ne varie pas), de capacité thermique C, et dont la variation de température entre un état initial et un état final est égale à ΔT a pour expression :

$$\Delta U = Q = C \times \Delta T$$
$$\Delta U = U_{\text{final}} - U_{\text{initial}}$$
$$\Delta T = T_{\text{final}} - T_{\text{initial}}$$

ΔU et Q en joules (J) ; C en joules par kelvin ($J \cdot K^{-1}$) ; T en kelvins (K).

À NOTER

- La variation de température ΔT est la même si les températures sont en kelvins ou en degrés Celsius : $\Delta T = T_{\text{final}} - T_{\text{initial}} = (t_{\text{final}} + 273) - (t_{\text{initial}} + 273) = t_{\text{final}} - t_{\text{initial}}$.
- Si le volume ne varie pas alors $W = 0$ car $\Delta V = 0$.

Méthode

Réaliser l'étude énergétique d'un système

Un système fermé subit des transformations dont les états initiaux et finaux sont décrits dans le tableau ci-dessous :

Transformation	État initial	État final
n° 1	$t_{initial} = 20$ °C $P = 1{,}0 \times 10^5$ Pa $V_{initial} = 5{,}0$ m^3	$t_{final} = 20$ °C $P = 1{,}0 \times 10^5$ Pa $V_{final} = 3{,}0$ m^3
n° 2	$t_{initial} = 20$ °C $P = 1{,}0 \times 10^5$ Pa $V_{initial} = 6{,}0 \times 10^{-3}$ m^3	$t_{final} = -15$ °C $P = 1{,}0 \times 10^5$ Pa $V_{final} = 6{,}0 \times 10^{-3}$ m^3

Donnée : capacité thermique du système : $C = 500$ J·K^{-1}.

a. Calculer la variation d'énergie interne du système pour les transformations n° 1 et n° 2.

b. Identifier si le système a perdu ou gagné de l'énergie.

CONSEILS

a. Identifiez le fait que les températures initiale et finale sont les mêmes et que soit le volume du système a varié, soit la température du système a varié.

b. Rappelez-vous que $\Delta U = U_{final} - U_{initial}$.

SOLUTION

a. **Transformation n° 1.** La température n'ayant pas varié entre l'état initial et l'état final, l'énergie thermique échangée avec l'extérieur est nulle : $Q = 0$ J.

On calcule le travail W échangé avec l'extérieur :
$W = -P \times \Delta V = -P \times (V_{final} - V_{initial})$
$W = -1{,}0 \times 10^5 \times (3{,}0 - 5{,}0) = 2{,}0 \times 10^5$ J.

On applique le premier principe de la thermodynamique :
$\Delta U = W + Q = 2{,}0 \times 10^5 + 0 = 2{,}0 \times 10^5$ J.

Transformation n° 2. Le volume n'ayant pas varié entre l'état initial et l'état final, le travail échangé avec l'extérieur est nul : $W = 0$ J.

On calcule l'énergie thermique Q échangée avec l'extérieur :
$Q = C \times \Delta T = C \times (T_{final} - T_{initial}) = 500 \times (-15 - 20) = -1{,}8 \times 10^4$ J.

On applique le premier principe de la thermodynamique :
$\Delta U = W + Q = 0 + (-1{,}8 \times 10^4) = -1{,}8 \times 10^4$ J.

b. Sachant que $\Delta U = U_{final} - U_{initial}$, on en en déduit que si la variation d'énergie interne est positive, l'énergie interne du système augmente (transformation n° 1) et elle diminue dans le cas où elle est négative (transformation n° 2).

44 Les transferts thermiques

En bref *Les échanges thermiques entre un système et l'extérieur peuvent se réaliser selon trois voies différentes : la conduction, la convection et le rayonnement.*

I Modes de transferts thermiques

- La **convection thermique** est un transfert effectué grâce à un mouvement de matière dans les fluides. La matière se déplace des régions les plus chaudes vers les régions les plus froides.
- La **conduction thermique** est un transfert ayant lieu entre deux corps à des températures différentes et en contact. Le transfert s'effectue de proche en proche grâce aux chocs incessants des molécules du corps le plus chaud vers le corps le plus froid. Il n'y a pas de déplacement de matière au cours de ce transfert.
- Le **rayonnement thermique** est un transfert qui s'effectue sans contact, même dans le vide, porté par des rayonnements électromagnétiques (de longueurs d'onde comprises entre 0,1 µm et 100 µm). Il n'y a pas de déplacement de matière au cours de ce transfert.

II Flux thermique et résistance thermique

On considère une paroi plane de surface S et d'épaisseur L, dont les deux faces sont à des températures différentes, notées T_1 et T_2.

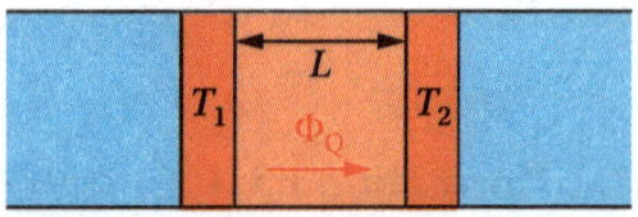

- Le **flux thermique** Φ_Q est égal à l'énergie thermique traversant la paroi par seconde, de la face de température T_1 vers la face de température T_2.

$$\Phi_Q = -\frac{\Delta T}{R_{th}} = -\frac{(T_2 - T_1)}{R_{th}}$$

Φ_Q en watts (W) ; T_1 et T_2 en kelvins (K) ; R_{th} résistance thermique en $K \cdot W^{-1}$.

Le flux thermique est d'autant plus faible en valeur absolue que la résistance thermique de la paroi est grande. Pour un matériau isolant thermique, on recherche la plus grande résistance thermique.

- Si $T_2 > T_1$ alors $\Phi_Q < 0$: l'énergie thermique est transférée de la paroi de température T_2 vers celle de température T_1.
- Si $T_2 < T_1$ alors $\Phi_Q > 0$: l'énergie thermique est transférée de la paroi de température T_1 vers celle de température T_2.

À NOTER
L'énergie thermique est toujours transférée du corps le plus chaud vers le corps le plus froid.

- La **résistance thermique** dépend à la fois de la valeur de la surface S, de l'épaisseur L et de la nature du matériau de la paroi.

$$R_{th} = \frac{L}{\lambda \times S}$$

R_{th} en $K \cdot W^{-1}$; L en m ; S en m^2 ;
λ conductivité thermique du matériau en $W \cdot K^{-1} \cdot m^{-1}$.

Méthode

Exploiter la relation entre le flux thermique et l'écart de température

On place une paroi de largeur $L = 3{,}6$ cm et de surface $S = 2{,}0$ m^2 entre deux thermostats aux températures respectives $t_1 = 20$ °C et $t_2 = 40$ °C.
On note Φ_Q le flux thermique traversant la paroi de la surface 1 vers la surface 2.
La résistance thermique R_{th} de la paroi est égale à 20 K·W^{-1}.

a. Calculer la valeur du flux thermique Φ_Q.

b. Déterminer la température t_2 de la paroi en degrés Celsius, dans le cas où le flux thermique Φ_Q à travers cette paroi est égal à 2,5 W.

c. La résistance thermique a pour expression : $R_{th} = \dfrac{L}{\lambda \times S}$ avec L en mètres, S en mètres carrés et λ en W·K^{-1}·m^{-1}. Déterminer la valeur de la conductivité thermique λ du matériau composant la paroi.

CONSEILS

a. Rappelez-vous que la différence entre deux températures est la même, que les températures soient en kelvins ou en degrés Celsius.
b. Utilisez la relation entre le flux thermique et la différence de température afin d'isoler la température thermodynamique T_2 en kelvins. Pour trouver t_2 en degrés Celsius, utilisez la relation : $T\ (\text{K}) = t\ (°\text{C}) + 273$.
c. Pensez à réaliser les conversions d'unité adéquates.

SOLUTION

a. Calculons le flux thermique :

$$\Phi_Q = -\frac{\Delta T}{R_{th}} = -\frac{(T_2 - T_1)}{R_{th}} = -\frac{(t_2 - t_1)}{R_{th}} = -\frac{(40 - 20)}{20} = -1{,}0 \text{ W}.$$

b. On a :

$$\Phi_Q = -\frac{\Delta T}{R_{th}} = -\frac{(T_2 - T_1)}{R_{th}} \Leftrightarrow -(T_2 - T_1) = \Phi_Q \times R_{th} \Leftrightarrow T_2 = T_1 - \Phi_Q \times R_{th}$$

$$T_2 = T_1 - \Phi_Q \times R_{th} = (t_1 + 273) - \Phi_Q \times R_{th} = (20 + 273) - 2{,}5 \times 20$$

$$T_2 = 243 \text{ K}$$

$$t_2 = T_2 - 273 = 243 - 273 = -30 \text{ °C}.$$

c. On isole la conductivité thermique à partir de la formule donnée de la résistance thermique :

$$R_{th} = \frac{L}{\lambda \times S} \Leftrightarrow \lambda = \frac{L}{R_{th} \times S}$$

On convertit L en mètres : $L = 3{,}6 \text{ cm} = 3{,}6 \times 10^{-2}$ m.
On calcule la conductivité thermique du matériau :

$$\lambda = \frac{3{,}6 \times 10^{-2}}{20 \times 2{,}0} \Leftrightarrow \lambda = 9{,}0 \times 10^{-4} \text{ W·K}^{-1}\text{·m}^{-1}.$$

45 Bilan thermique du système Terre-atmosphère

En bref *Le système Terre-atmosphère reçoit et perd de l'énergie. L'énergie reçue provient du Soleil sous forme radiative. Cette énergie est en partie réfléchie par le système et en partie absorbée.*

I Bilan d'énergie de la Terre

■ L'énergie reçue par le système Terre-atmosphère est essentiellement de l'énergie radiative en provenance du Soleil.

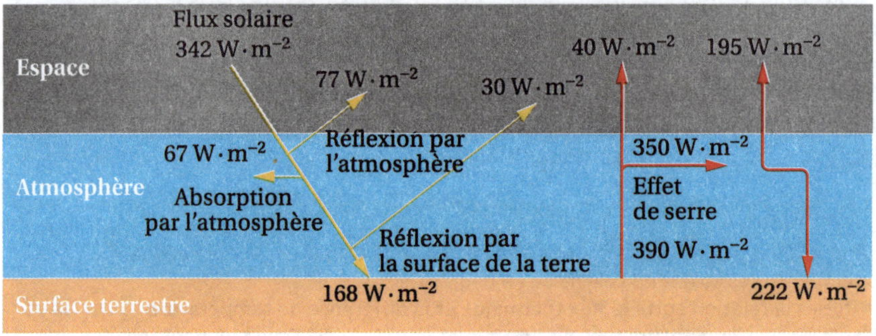

■ L'albedo est le rapport du flux réfléchi total (77 + 30 = 107 $W \cdot m^{-2}$) sur le flux reçu, égal à environ 30 %.

■ La surface terrestre émet un rayonnement infrarouge en partie vers l'espace et en partie absorbé par l'atmosphère. L'atmosphère émet alors un rayonnement en direction de l'espace et vers la surface de la Terre. C'est l'effet de serre.

À NOTER
L'effet de serre est dû à certains gaz de l'atmosphère : vapeur d'eau, dioxyde de carbone, méthane.

■ Le bilan global radiatif du système Terre-atmosphère est nul car le flux d'énergie reçu depuis l'espace (342 $W \cdot m^{-2}$) est égal au flux sortant (77 + 30 + 40 + 195 = 342 $W \cdot m^{-2}$) : la température moyenne sur Terre reste constante au cours du temps.

II La température moyenne de la Terre

La formule de Stefan-Boltzmann permet de calculer la température de surface de la Terre à partir du flux radiatif émis par celle-ci (390 $W \cdot m^{-2}$) :

$$\phi = \sigma \times T^4$$

ϕ puissance émise par unité de surface en $W \cdot m^{-2}$;
T en kelvins (K) ;
σ constante de Stefan-Boltzmann $\sigma = 5{,}67 \times 10^{-8}\ W \cdot m^{-2} \cdot K^{-4}$

La température obtenue est égale à 288 K (15 °C). Le rayonnement émis vers l'espace est égal à 235 $W \cdot m^{-2}$ (= 40 + 195), ce qui donnerait une température de –18 °C. La différence est due à l'effet de serre.

Méthode

Effectuer un bilan quantitatif d'énergie et estimer une température

La surface terrestre reçoit un flux d'énergie qui est réparti de la façon suivante :

Flux	rayonnement UV, visible émis par le Soleil	rayonnement infrarouge émis par l'atmosphère
Valeur ($W \cdot m^{-2}$)	168	222

La surface terrestre émet un flux d'énergie qui est réparti de la façon suivante :

Flux	rayonnement infrarouge émis vers l'atmosphère	rayonnement infrarouge émis vers l'espace
Valeur ($W \cdot m^{-2}$)	350	40

a. Réaliser le bilan global d'énergie de la surface de la Terre.

b. Calculer la température de surface de la Terre, en degrés Celsius, la formule de Stefan-Boltzmann étant donnée : $\phi = \sigma \times T^4$ avec ϕ puissance émise par unité de surface en $W \cdot m^{-2}$; T en kelvins (K) ; σ constante de Stefan-Boltzmann $\sigma = 5{,}67 \times 10^{-8}\ W \cdot m^{-2} \cdot K^{-4}$.

c. Pour quelle raison tout le rayonnement infrarouge émis par la surface de la Terre n'est-il pas émis vers l'espace ?

CONSEILS

a. Un bilan consiste à soustraire aux gains d'énergie, les pertes d'énergie.

b. La Terre émet des rayonnements infrarouges. Le lien entre la température thermodynamique T et la température t est : $T\,(K) = t\,(°C) + 273$.

SOLUTION

a. Le bilan global d'énergie de la surface de la Terre s'écrit :
$\Delta\phi$ = somme des flux d'énergies reçues – somme des flux d'énergies perdues
$\Delta\phi = (168 + 222) - (350 + 40) = 390 - 390 = 0\ W \cdot m^{-2}$.

b. Isolons la température T en kelvins dans la formule :

$$\phi = \sigma \times T^4 \Leftrightarrow T^4 = \frac{\phi}{\sigma} \Leftrightarrow T = \left(\frac{\phi}{\sigma}\right)^{1/4}.$$

Calculons le flux associé au rayonnement infrarouge :
$\phi = 350 + 40 = 390\ W \cdot m^{-2}$.

Calculons la température T : $T = \left(\dfrac{390}{5{,}67 \times 10^{-8}}\right)^{1/4} = 288\ K$.

Déterminons la température t en degrés Celsius :
$T = t + 273 \Leftrightarrow t = T - 273 = 288 - 273 = 15\ °C$.

c. Le rayonnement infrarouge est absorbé en partie par la vapeur d'eau, le méthane et le dioxyde de carbone de l'atmosphère : c'est l'effet de serre.

46 Évolution de la température d'un système

En bref *Un système peut voir sa température T varier entre un état initial et un état final. Il existe un modèle mathématique qui permet de déterminer l'évolution temporelle de cette température.*

I Bilan d'énergie d'un système incompressible

- Un système incompressible (c'est-à-dire dont le volume ne peut pas varier) et au contact d'un **thermostat** échange uniquement de l'énergie thermique Q. Si on note C la capacité thermique de ce système, le premier principe de la thermodynamique donne la variation de l'énergie interne U d'un tel système → FICHE 43 :

$$\Delta U = Q = C \times \Delta T = C \times (T_{\text{final}} - T_{\text{initial}})$$

La température du système, initialement à une valeur $T_{\text{initial}} = T_0$, évolue pour atteindre la valeur $T_{\text{final}} = T_{\text{thermostat}}$.

MOT CLÉ
Un **thermostat** est un système qui peut échanger de la chaleur afin de garder sa température constante au cours du temps.

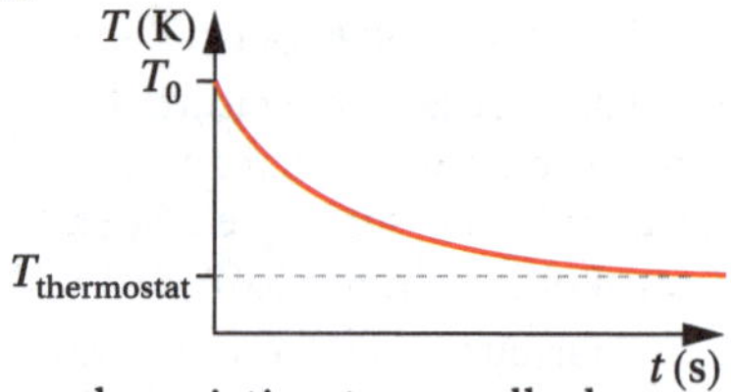

- La **loi phénoménologique de Newton**, indique que la variation temporelle de la température T d'un système incompressible (c'est-à-dire dont le volume ne peut pas varier) est proportionnelle à la différence de température entre le système et le milieu environnant considéré comme un thermostat :

$$\frac{dT(t)}{dt} = -\alpha \times (T(t) - T_{\text{thermostat}})$$

T et $T_{\text{thermostat}}$ en kelvins (K) ;
α en s^{-1} ;
t en secondes (s).

α est une constante positive caractéristique du système.

II Modélisation de l'évolution de la température d'un système

- La loi de Newton est une équation différentielle du premier ordre à coefficients constants avec un second membre constant :

$$\frac{dT(t)}{dt} = -\alpha \times (T(t) - T_{\text{thermostat}}) \Leftrightarrow \frac{dT(t)}{dt} + \alpha \times T(t) = \alpha \times T_{\text{thermostat}}.$$

La solution d'une telle équation différentielle a pour expression :

$$T(t) = A + B \times e^{-\alpha t}$$

Les coefficients A et B sont déterminés à partir de la condition initiale et de la condition finale associées à la température $T(t)$: $T(0) = T_0$ et $T(t \to \infty) = T_{\text{thermostat}}$.

- La solution de la loi de Newton a pour expression :

$$T(t) = T_{\text{thermostat}} + (T_0 - T_{\text{thermostat}}) \times e^{-\alpha t}$$

Méthode

Suivre et modéliser l'évolution d'une température

Un système incompressible possède une température initiale $t = 20$ °C. On le met au contact d'un thermostat dont la température est égale à 40 °C.

a. Quelle sera la température finale du système ?

b. Déterminer l'expression de la température en fonction du temps, solution de l'équation différentielle associée à la loi de Newton :

$$\frac{dT(t)}{dt} = -\alpha \times \left(T(t) - T_{\text{thermostat}}\right).$$

c. Sachant que le coefficient α est égal à 0,30 min^{-1}, calculer la valeur de la température du système au bout d'une durée égale à 200 secondes.

CONSEILS

a. Rappelez-vous qu'un thermostat est un système dont la température reste constante au cours du temps.
b. Rappelez-vous que la solution générale a pour expression : $T(t) = A + B \times e^{-\alpha t}$.
c. Pensez à convertir α en s^{-1} : $1\ \text{min}^{-1} = \frac{1}{60}\ s^{-1}$.

SOLUTION

a. La température finale du système est égale à celle du thermostat : 40 °C.

b. La solution générale a pour expression $T(t) = A + B \times e^{-\alpha t}$.

On exprime la condition initiale et la condition finale associées à la température $T(t)$ pour trouver A et B : $T(0) = T_0$ et $T(t \to \infty) = T_{\text{thermostat}}$

$T(0) = T_0 \Leftrightarrow A + B \times e^{-\alpha \times 0} = T_0 \Leftrightarrow A + B = T_0$

$\lim\limits_{t\to\infty}\left(A + B \times e^{-\alpha t}\right) = T_{\text{thermostat}} \Leftrightarrow A + B \times 0 = T_{\text{thermostat}} \Leftrightarrow A = T_{\text{thermostat}}.$

On en déduit : $A + B = T_0 \Leftrightarrow T_{\text{thermostat}} + B = T_0 \Leftrightarrow B = T_0 - T_{\text{thermostat}}.$

L'expression de $T(t)$ est donc :

$$T(t) = T_{\text{thermostat}} + \left(T_0 - T_{\text{thermostat}}\right) \times e^{-\alpha t}$$

c. On convertit α en s^{-1} :

$\alpha = 0{,}30\ \text{min}^{-1} = \frac{0{,}30}{60}\ s^{-1} = 5{,}0 \times 10^{-3}\ s^{-1}.$

La température en fonction du temps a pour expression :

$T(t) = 40 + (20 - 40) \times e^{-\alpha t} = 40 - 20 \times e^{-5{,}0\times10^{-3}\times t}.$

On calcule la température du système au bout d'une durée égale à 200 secondes :

$T(t = 200) = 40 - 20 \times e^{-5{,}0\times10^{-3}\times200} = 33\ °C.$

OBJECTIF BAC

Étude d'un ballon-sonde

60 min

Ce sujet traite dans une première partie de la loi des gaz parfaits, dans une deuxième des échanges d'énergie et du premier principe de la thermodynamique et dans une troisième, de la modélisation de l'évolution de la température.

LE SUJET

Un ballon-sonde est utilisé en météorologie et en astronautique pour réaliser des mesures dans l'atmosphère, à haute altitude, jusqu'à 35 km. C'est un ballon libre qui embarque des instruments de mesure dans une nacelle appelée radiosonde. Les ballons-sondes standard sont gonflés à l'hélium (gaz plus léger que l'air) de manière à avoir une vitesse ascensionnelle de quelques mètres par seconde. Ils sont fermés, ce qui fait que la quantité de matière de gaz reste constante au cours de l'ascension.

Partie 1 Étude pendant l'ascension du ballon-sonde

On fournit les évolutions de la température et de la pression de l'atmosphère en fonction de l'altitude.

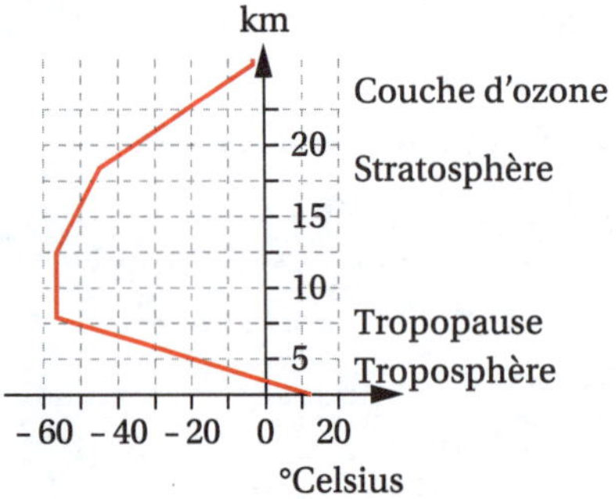

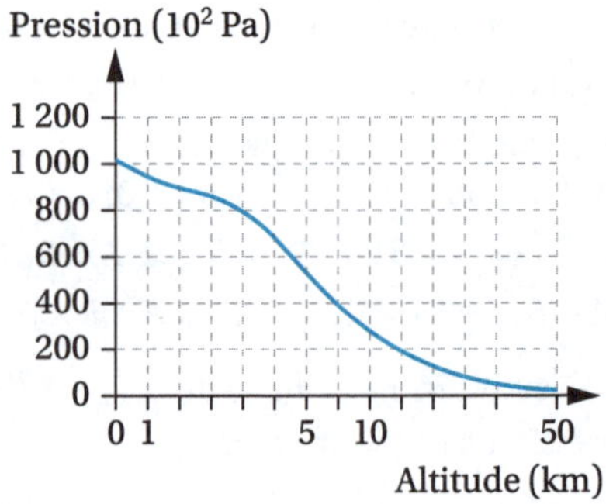

Au sol, juste avant le décollage, le ballon-sonde occupe un volume $V = 33{,}5\ m^3$, sa température étant égale à 22,0 °C et sa pression P égale à $1{,}00 \times 10^5$ Pa.

1. Calculer la quantité de matière contenue dans le ballon-sonde.

2. La quantité de matière étant constante, comment varie le volume en fonction de la pression ? de la température ?

3. Déterminer le volume du ballon-sonde aux altitudes $h = 5{,}0$ km et $h = 10{,}0$ km. Quelle grandeur physique impose sa variation à ce volume lors de l'ascension ?

4. On donne ci-contre l'allure de la courbe du flux solaire mesuré par un appareil placé dans la nacelle emportée par le ballon-sonde, pour différentes altitudes h.

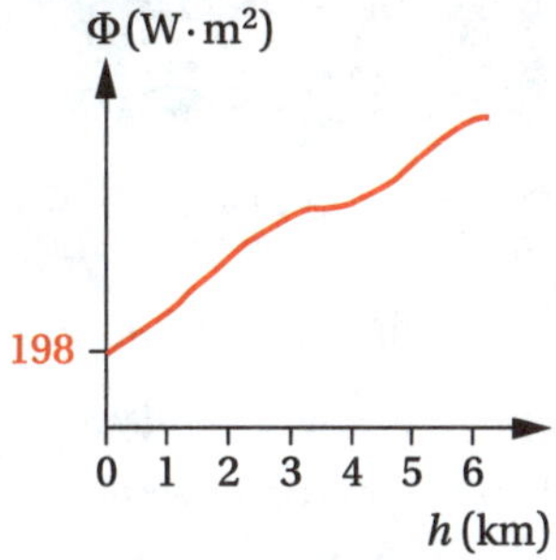

a. Indiquer les raisons pour lesquelles le flux mesuré augmente avec l'altitude.

b. La surface de la Terre réfléchit un flux égal à 30 $W \cdot m^{-2}$. Quelle est la valeur du flux solaire absorbé par la surface de la Terre ?

c. Sachant que le flux solaire incident est égal à 342 $W \cdot m^{-2}$ et que l'atmosphère réfléchi un flux égal à 77 $W \cdot m^{-2}$, calculer l'albédo terrestre.

Partie 2 Étude en laboratoire du gaz du ballon-sonde

On enferme une quantité d'hélium dans un récipient hermétique et de volume variable, que l'on plonge dans une enceinte thermostatée dont la température peut être modifiée. La pression dans l'enceinte et dans le gaz est constante et égale à $P = 1{,}0 \times 10^5$ Pa. On réalise les expériences suivantes :

Expérience	1	2	3
État initial	$t = 20$ °C $V = 1{,}5$ dm³	$t = 20$ °C $V = 1{,}5$ dm³	$t = 20$ °C $V = 1{,}5$ dm³
État final	$t = 90$ °C $V = 1{,}5$ dm³	$t = 20$ °C $V = 10{,}0$ dm³	$t = 50$ °C $V = 5{,}0$ dm³

Donnée : capacité thermique de l'hélium dans le récipient : $C = 316\ J \cdot K^{-1}$.

5. Calculer la variation d'énergie interne pour les trois expériences.

6. Indiquer pour chaque expérience si l'énergie interne a augmenté ou diminué.

Partie 3 Étude des échanges thermiques pendant l'ascension

Le gaz est en enfermé dans une enveloppe sphérique de rayon R et d'épaisseur L. Au sol, le rayon R est égal à 2,0 m, il augmente au cours de l'ascension et, à une altitude de 35 km, atteint la valeur de 10,0 m. L'épaisseur L de la membrane en caoutchouc est égale à 1,0 mm. On note S la surface de l'enveloppe sphérique.

Donnée : conductivité thermique du caoutchouc : $\lambda = 0{,}25\ W \cdot K^{-1} \cdot m^{-1}$.

7. La résistance thermique a pour expression : $R_{th} = \dfrac{L}{\lambda \times S}$ avec L en mètres, S en mètres carrés, et λ en $W \cdot K^{-1} \cdot m^{-1}$.

a. Comment évolue la résistance thermique au cours de l'ascension ?

b. Calculer la résistance thermique (en $W \cdot K^{-1}$) de l'enveloppe du ballon au sol et à une hauteur de 35 km.

8. La température du gaz dans le ballon est égale à 20 °C et celle de l'extérieure est égale à –10 °C. Calculer la valeur du flux thermique Φ_Q, de l'intérieur du ballon vers l'extérieur ($R_{th} = 1{,}0 \times 10^{-5}\ K \cdot W^{-1}$).

9. Dans quel sens s'est effectué le transfert d'énergie ?

CORRIGÉS

OBJECTIF BAC

Étude d'un ballon-sonde

Partie 1 Étude pendant l'ascension du ballon-sonde

1. On convertit la température en kelvins : $T = 273 + 22 = 295$ K

On calcule la quantité de matière : $n = \dfrac{1{,}00 \times 10^5 \times 33{,}5}{8{,}31 \times 295} = 1{,}37 \times 10^4$ mol.

2. On isole le volume V dans l'équation des gaz parfaits :

$P \times V = n \times \mathrm{R} \times T \Leftrightarrow V = \dfrac{n \times \mathrm{R} \times T}{P}$.

Le volume V est une fonction croissante de la température (car elle est au numérateur) et décroissante de la pression (car elle est au dénominateur).

3. À l'altitude $h = 5{,}0$ km $= 5{,}0 \times 10^3$ m, on détermine graphiquement :

$t = -20$ °C $= 273 - 20 = 253$ K et $P = 550 \times 10^2$ Pa.

$$V = \frac{n \times \mathrm{R} \times T}{P} = \frac{1{,}37 \times 10^4 \times 8{,}31 \times 253}{550 \times 10^2} = 5{,}24 \times 10^2 \text{ m}^3.$$

À l'altitude $h = 10{,}0$ km $= 1{,}0 \times 10^4$ m, on détermine graphiquement :

$t = -55$ °C $= 273 - 55 = 218$ K et $P = 250 \times 10^2$ Pa.

$$V = \frac{n \times \mathrm{R} \times T}{P} = \frac{1{,}37 \times 10^4 \times 8{,}31 \times 218}{250 \times 10^2} = 9{,}93 \times 10^2 \text{ m}^3.$$

La grandeur physique qui impose sa variation au volume du ballon-sonde lors de l'ascension est la pression qui diminue, alors que la température diminue.

4. a. Les raisons pour lesquelles le flux mesuré augmente avec l'altitude sont liées à l'absorption et à la réflexion du flux solaire par l'atmosphère. En effet la couche d'atmosphère étant plus fine, la partie réfléchie et absorbée par les couches inférieures sont à ajouter.

b. La surface de la Terre réfléchi un flux égal à 30 $\mathrm{W \cdot m^{-2}}$, la valeur du flux solaire absorbé par la surface de la Terre est égal à : $198 - 30 = 168\ \mathrm{W \cdot m^{-2}}$.

c. L'albédo terrestre est égal à la fraction de flux solaire incident qui est réfléchi :

albédo $= \dfrac{77 + 30}{342} = 0{,}31 = 31$ %.

Partie 2 Étude en laboratoire du gaz du ballon-sonde

5. • **Expérience 1**

Le volume n'ayant pas varié entre l'état initial et l'état final, le travail échangé avec l'extérieur est nul : $W = 0$ J.

On calcule l'énergie thermique Q échangée avec l'extérieur :

$\mathrm{Q} = C \times \Delta T = C \times (T_{\text{final}} - T_{\text{initial}}) = 316 \times (90 - 20) = 2{,}2 \times 10^4$ J.

On applique le premier principe de la thermodynamique :

$\Delta U = W + \mathrm{Q} = 0 + (2{,}2 \times 10^4) = 2{,}2 \times 10^4$ J.

• **Expérience 2**

La température n'ayant pas varié entre l'état initial et l'état final ($t = 20$ °C), l'énergie thermique échangée avec l'extérieur est nulle : $\mathrm{Q} = 0$ J.

On calcule le travail W échangé avec l'extérieur :
$W = -P \times \Delta V = -P \times (V_{final} - V_{initial})$
$W = -1{,}0 \times 10^5 \times (10{,}0 - 1{,}5) \times 10^{-3} = -8{,}5 \times 10^2$ J.
On applique le premier principe de la thermodynamique :
$\Delta U = W + Q = -8{,}5 \times 10^2 + 0 = -8{,}5 \times 10^2$ J.

CONSEILS

5. Le volume doit être exprimé en mètres cubes : $1\ dm^3 = 1 \times 10^{-3}\ m^3$.

- **Expérience 3**

On calcule le travail W échangé avec l'extérieur :
$W = -P \times \Delta V = -P \times (V_{final} - V_{initial})$
$W = -1{,}0 \times 10^5 \times (5{,}0 - 1{,}5) \times 10^{-3} = -3{,}5 \times 10^2$ J.
On calcule l'énergie thermique Q échangée avec l'extérieur :
$Q = C \times \Delta T = C \times (T_{final} - T_{initial}) = 316 \times (50 - 20) = 9{,}4 \times 10^3$ J.
On applique le premier principe de la thermodynamique :
$\Delta U = W + Q = -3{,}5 \times 10^2 + 9{,}4 \times 10^3 = 9{,}1 \times 10^3$ J.

6. Sachant que $\Delta U = U_{final} - U_{initial}$, on en déduit que :
- dans l'expérience 1, la variation d'énergie interne est positive, donc l'énergie interne du système augmente ;
- dans l'expérience 2, la variation d'énergie interne est négative, donc l'énergie interne du système diminue ;
- dans l'expérience 3, la variation d'énergie interne est positive, donc l'énergie interne du système augmente.

Partie 3 Étude des échanges d'énergie pendant l'ascension

7. a. Au cours de l'ascension, le rayon R de l'enveloppe sphérique augmente, passant de 2,0 mètres au sol à 10,0 mètres à une altitude de 35 kilomètres. La surface S de celle-ci, égale à $4 \times \pi \times R^2$, augmente elle aussi. La surface S étant au dénominateur de la résistance thermique, L et λ restant constants, on en conclut que la résistance thermique au cours de l'ascension diminue au cours de l'ascension.

b. • Calculons la résistance thermique de l'enveloppe du ballon au sol :
On convertit L en mètres : $L = 1{,}0$ mm $= 1{,}0 \times 10^{-3}$ m.
On calcule S en mètres carrés : $S = 4 \times \pi \times R^2 = 4 \times \pi \times 2{,}0^2 = 50\ m^2$.

$$R_{th} = \frac{L}{\lambda \times S} \Leftrightarrow R_{th} = \frac{1{,}0 \times 10^{-3}}{0{,}25 \times 50} = 8{,}0 \times 10^{-5}\ W \cdot K^{-1}.$$

• Calculons la résistance thermique de l'enveloppe du ballon à une altitude de 35 km :
on calcule S en mètres carrés : $S = 4 \times \pi \times R^2 = 4 \times \pi \times 10{,}0^2 = 1{,}26 \times 10^3\ m^2$.

$$R_{th} = \frac{L}{\lambda \times S} \Leftrightarrow R_{th} = \frac{1{,}0 \times 10^{-3}}{0{,}25 \times 1{,}26 \times 10^3} = 3{,}2 \times 10^{-6}\ W \cdot K^{-1}.$$

8. Calculons la valeur du flux thermique Φ_Q, de l'intérieur du ballon vers l'extérieur :

$$\Phi_Q = -\frac{\Delta T}{R_{th}} = -\frac{(T_2 - T_1)}{R_{th}} = -\frac{(t_2 - t_1)}{R_{th}} = -\frac{(-10 - 20)}{1{,}0 \times 10^{-5}} = 3{,}0 \times 10^6\ W.$$

9. Le flux thermique calculé étant positif, le transfert d'énergie s'est réalisé de l'intérieur de l'enveloppe du ballon vers l'extérieur.

47 Intensité sonore et atténuation

En bref *La sensation auditive d'un signal sonore peut être modélisée par le niveau d'intensité sonore qui dépend de l'intensité de ce signal. La diminution d'un tel signal est quantifiée par son atténuation qui peut être de deux sortes.*

I Intensité sonore et niveau d'intensité sonore

- Le son est une **onde mécanique progressive** qui se propage de proche en proche dans un milieu matériel (air, eau, acier...).
- L'**intensité sonore**, notée I, est liée à l'amplitude de l'onde sonore. Elle est une fonction croissante de l'amplitude et s'exprime en watts par mètre carré ($W \cdot m^{-2}$).
- Le **seuil d'audibilité** d'un son est fixé à une valeur d'intensité sonore $I_0 = 1{,}0 \times 10^{-12}\ W \cdot m^{-2}$.
- Le **niveau d'intensité sonore**, noté L, permet de prendre en compte la variation de la sensation auditive en fonction de l'intensité sonore :

$$L = 10 \times \log\left(\frac{I}{I_0}\right)$$ L en dB ; I et I_0 en $W \cdot m^{-2}$.

II Atténuation d'un signal sonore

- L'**atténuation géométrique** d'un son est liée à l'éloignement progressif de l'onde de sa source au cours de la propagation. Pour une source ponctuelle, émettant une puissance sonore P_{source}, l'énergie se répartit sur des sphères dont le rayon r est de plus en plus grand.

$$I(r) = \frac{P_{source}}{4\pi \times r^2}$$ I en $W \cdot m^{-2}$; P_{source} en W ; r en m.

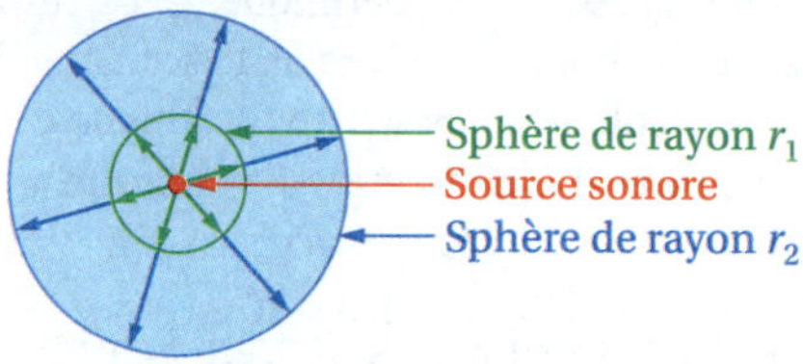

- On peut aussi exprimer l'atténuation géométrique **en décibels** :

$$L(r) = L_{source} - 10 \times \log(4\pi) - 20 \times \log(r)$$ L en dB ; r en m.

- L'**atténuation par absorption** d'un son est due aux chocs entre les molécules de l'air qui dissipent une partie de l'énergie sonore en la transformant en énergie thermique. Cette atténuation dépend de la fréquence de l'onde sonore : elle augmente avec la fréquence de l'onde (sons graves moins absorbés que sons aigus sur des longues distances). Elle s'ajoute à l'atténuation géométrique.

Méthode

Calculer et exploiter un niveau d'intensité sonore

Un sonomètre est un appareil de mesure qui permet de déterminer le niveau d'intensité sonore en un point, exprimé en décibels. On place des sonomètres à différentes distances d'un haut-parleur (source sonore) :

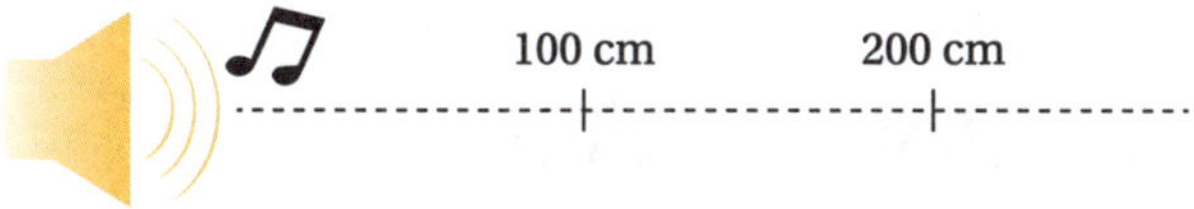

a. Calculer le niveau d'intensité sonore mesuré par le sonomètre placé à 100 cm sachant que l'intensité sonore est égale à $7{,}9 \times 10^{-9}\ \mathrm{W \cdot m^{-2}}$.

b. Calculer le niveau d'intensité sonore mesuré par le sonomètre placé à 200 cm sachant que le niveau sonore au niveau du haut-parleur est égal à 50 dB.

c. Calculer l'intensité sonore I correspondant à un sonomètre qui mesure un niveau d'intensité sonore égal à 27 dB.

Donnée :
intensité sonore du seuil d'audibilité d'un son : $I_0 = 1{,}0 \times 10^{-12}\ \mathrm{W \cdot m^{-2}}$.

CONSEILS

a. La valeur trouvée doit être donnée avec deux chiffres significatifs.
b. Convertissez la distance en mètres avant d'appliquer la formule :
$1\ \mathrm{cm} = 1 \times 10^{-2}\ \mathrm{m}$.
c. Il faut savoir que les fonctions $\log(x)$ et 10^x sont inverses l'une de l'autre :
$\log(10^x) = x$ et $10^{\log(x)} = x$.

SOLUTION

a. On applique la formule de l'intensité sonore :

$$L = 10 \times \log\left(\frac{I}{I_0}\right) = 10 \times \log\left(\frac{7{,}9 \times 10^{-9}}{1{,}0 \times 10^{-12}}\right) = 39\ \mathrm{dB}.$$

b. On applique la formule de l'atténuation géométrique, en convertissant la distance (notée r) en mètres : $r = 200\ \mathrm{cm} = 200 \times 10^{-2}\ \mathrm{m} = 2{,}00\ \mathrm{m}$.

$$L(2{,}0\ \mathrm{m}) = L_{\mathrm{source}} - 10 \times \log(4\pi) - 20 \times \log(r)$$

$$L(2{,}0\ \mathrm{m}) = 50 - 10 \times \log(4\pi) - 20 \times \log(2{,}00) = 33\ \mathrm{dB}.$$

c. On exprime l'intensité sonore à partir de la formule du niveau d'intensité sonore :

$$L = 10 \times \log\left(\frac{I}{I_0}\right) \Leftrightarrow \log\left(\frac{I}{I_0}\right) = \frac{L}{10} \Leftrightarrow \frac{I}{I_0} = 10^{\frac{L}{10}} \Leftrightarrow I = I_0 \times 10^{\frac{L}{10}}$$

$$I = I_0 \times 10^{\frac{L}{10}} = 1{,}0 \times 10^{-12} \times 10^{\frac{27}{10}} = 5{,}0 \times 10^{-10}\ \mathrm{W \cdot m^{-2}}.$$

48 Diffraction d'une onde

En bref *Les ondes lumineuses ou mécaniques (son, vagues à la surface de l'eau...) voient leur direction de propagation changer lorsqu'elles rencontrent des obstacles ou des ouvertures : c'est le phénomène de diffraction.*

I Condition de diffraction d'une onde

La diffraction est un phénomène qui se produit lorsqu'une onde périodique rencontre une ouverture ou un obstacle de dimension inférieure ou de l'ordre de grandeur de la longueur d'onde.

Exemple : une onde mécanique périodique de longueur d'onde λ, se propageant à la surface de l'eau et rencontrant une digue dans laquelle est pratiquée une ouverture de largeur a, peut être diffractée si $a < \lambda$.

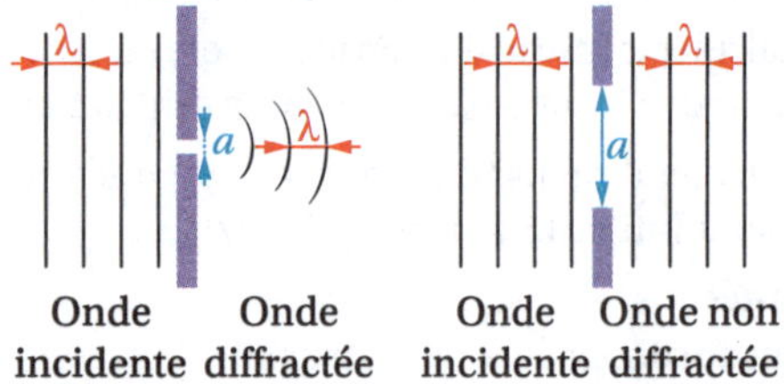

II Expérience de diffraction d'un faisceau lumineux

■ Pour une onde lumineuse monochromatique traversant une fente fine, on observe sur un écran une série de taches lumineuses entrecoupées d'extinction : c'est la figure de diffraction de l'onde à travers la fente.

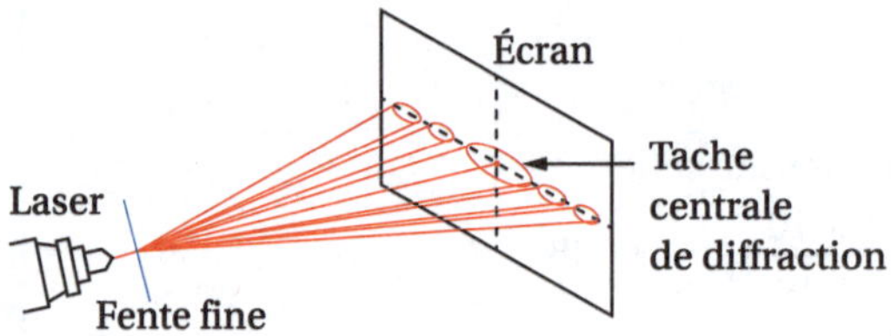

À NOTER
La figure de diffraction est perpendiculaire à l'axe de la fente.

■ Pour caractériser le phénomène de diffraction, on définit l'écart angulaire θ entre le centre de la tache centrale et la première extinction. Il peut s'exprimer en fonction de la longueur d'onde λ de la radiation lumineuse et de la largeur de la fente a :

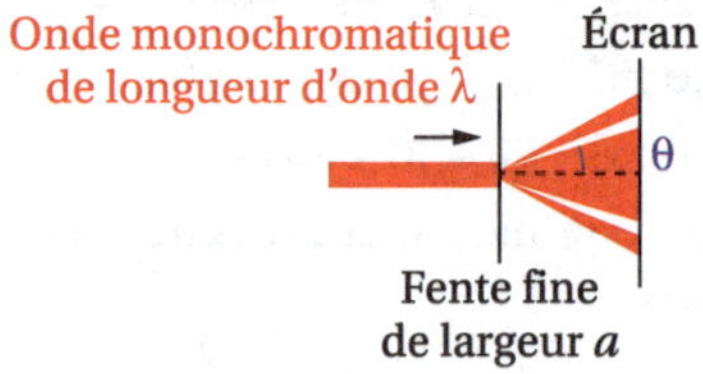

$$\theta = \frac{\lambda}{a}$$ θ en rad ; a et λ en m.

Méthode

Déterminer la longueur d'onde d'une lumière laser

On éclaire avec une lumière laser de longueur d'onde λ une fente de largeur a égale à 32,5 µm. On obtient sur l'écran, situé à une distance $D = 2{,}00$ m, une figure de diffraction avec une tache centrale de longueur $L = 8{,}60$ cm.

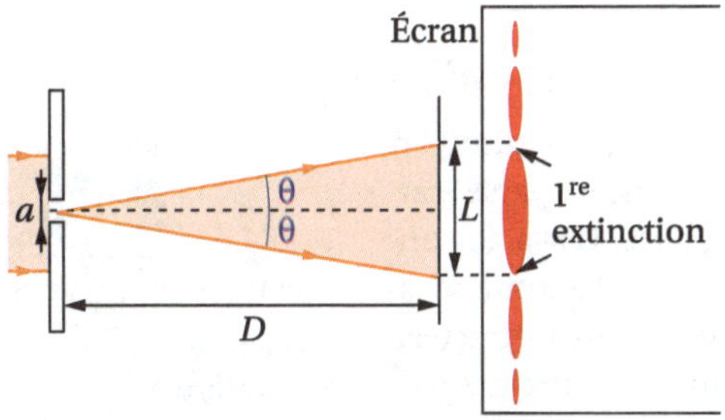

a. Exprimer l'écart angulaire θ en fonction de D et de L.

b. Identifier les deux expressions de l'écart angulaire et isoler la longueur d'onde.

c. Calculer la longueur d'onde en mètres.

CONSEILS

a. Dans le triangle rectangle où θ est un des angles, appliquez la formule de la tangente : $\tan(\theta) = \dfrac{\text{côté opposé}}{\text{côté adjacent}}$ puis utilisez la relation dans le cas des petits angles (applicable ici) : $\tan(\theta) \approx \theta$.

b. Rappelez-vous de la formule de l'écart angulaire.

c. Pensez à convertir toutes les longueurs en mètres. Les conversions suivantes doivent être connues : 1 µm $= 1 \times 10^{-6}$ m et 1 cm $= 1 \times 10^{-2}$ m.

SOLUTION

a. On applique la formule de la tangente dans le triangle rectangle suivant :

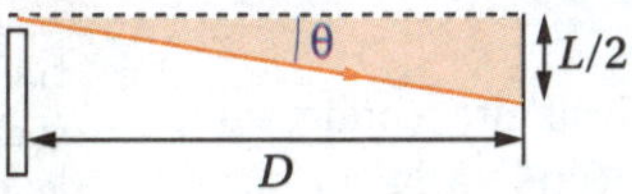

$\tan(\theta) = \dfrac{L/2}{D} = \dfrac{L}{2 \times D}$ avec $\theta \approx \tan(\theta)$ donc $\theta = \dfrac{L}{2 \times D}$.

b. On identifie les deux formules de l'écart angulaire afin d'exprimer la longueur d'onde :

$\theta = \dfrac{L}{2 \times D} = \dfrac{\lambda}{a} \Leftrightarrow \lambda = \dfrac{L \times a}{2 \times D}$.

c. On calcule la longueur d'onde après avoir converti dans les unités adéquates : $\lambda = \dfrac{L \times a}{2 \times D} = \dfrac{8{,}60 \times 10^{-2} \times 32{,}5 \times 10^{-6}}{2 \times 2{,}00} = 6{,}99 \times 10^{-7}$ m.

49 Interférences de deux ondes

En bref *Deux ondes se superposant peuvent additionner ou soustraire leurs amplitudes pour donner une tache lumineuse ou sombre (ondes lumineuses), ou bien un creux, une crête ou un plat (ondes à la surface de l'eau).*

I L'expérience des trous d'Young

■ La lumière monochromatique émise par une source de petite dimension passe par deux fentes fines et verticales. On place un écran derrière les deux fentes. La lumière, à la traversée de chaque fente, est diffractée. On obtient sur l'écran une zone atteinte par les lumières issues des deux fentes.

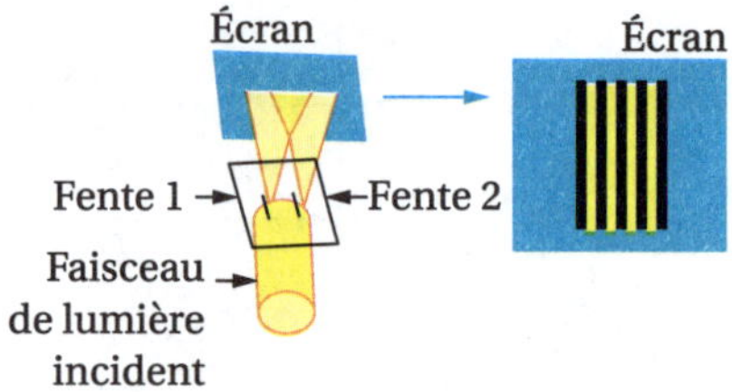

■ Le résultat attendu est un éclairage uniforme plus intense sur cette zone. On observe en fait une série régulière de bandes verticales alternativement sombres et brillantes, appelées franges : c'est le **phénomène d'interférences lumineuses**.

■ L'**interfrange i d'une figure d'interférences** est égale à la distance entre deux franges brillantes (ou sombres) successives. Elle dépend à la fois de la longueur d'onde λ commune aux ondes qui interfèrent et des paramètres du dispositif expérimental : la distance D entre le support des deux fentes et l'écran, et l'écartement a entre les deux fentes. Elle a pour expression :

$$i = \frac{\lambda \times D}{a}$$ i, λ, D et a en mètres (m).

II Interférences constructives et destructives

■ Deux ondes doivent être **cohérentes** pour pouvoir interférer.

• Si l'on obtient une frange brillante (onde lumineuse), une crête ou un creux (onde à la surface de l'eau), les interférences sont **constructives**.

• Si l'on obtient une frange sombre (onde lumineuse) ou un plat (onde à la surface de l'eau), les interférences sont **destructives**.

> **MOT CLÉ**
> Deux ondes sont **cohérentes** si elles sont sinusoïdales, si leurs fréquences sont égales et si leur déphasage est constant au cours du temps.

■ La **différence de marche δ** de l'onde entre les points source S_1 et S_2, et le point M où les ondes se superposent permet de savoir si les interférences sont constructives ou destructives : $\delta = S_1M - S_2M$.

Interférences constructives	$\delta = k \times \lambda$, avec k entier naturel.
Interférences destructives	$\delta = (2 \times k + 1) \times \lambda/2$ avec k entier naturel.

Méthode

Déterminer la longueur d'onde d'une lumière monochromatique

On réalise l'expérience des trous d'Young schématisée ci-dessous :

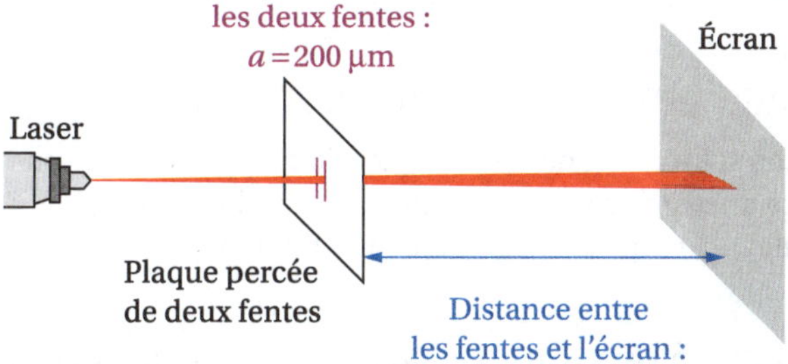

a. Donner l'expression de l'interfrange *i*.

b. Exprimer la longueur d'onde en fonction de l'interfrange et des paramètres de l'expérience.

c. Calculer la longueur d'onde en mètres, sachant que l'interfrange mesurée est égale à 0,875 mm.

CONSEILS

a. Appliquez la formule de l'interfrange.

c. Convertissez toutes les longueurs en mètres.
Les conversions suivantes doivent être connues :
$1\ \mu m = 1 \times 10^{-6}$ m, 1 mm $= 1 \times 10^{-3}$ m et 1 cm $= 1 \times 10^{-2}$ m.

SOLUTION

a. L'expression de l'interfrange est : $i = \dfrac{\lambda \times D}{a}$.

b. On exprime la longueur d'onde à partir de l'expression précédente :
$i = \dfrac{\lambda \times D}{a} \Leftrightarrow \lambda = \dfrac{i \times a}{D}$.

c. On convertit toutes les longueurs en mètres :
$a = 200\ \mu m = 200 \times 10^{-6}$ m ;
$D = 40,0$ cm $= 40,0 \times 10^{-2}$ m ;
$i = 0,875$ mm $= 0,875 \times 10^{-3}$ m.

On calcule la valeur de la longueur d'onde :

$$\lambda = \frac{i \times a}{D} = \frac{0,875 \times 10^{-3} \times 200 \times 10^{-6}}{40,0 \times 10^{-2}} = 4,38 \times 10^{-7}\,\text{m}.$$

50 Effet Doppler

En bref *L'effet Doppler correspond à la modification apparente de la fréquence d'une onde émise par une source en mouvement par rapport à un observateur.*

I La fréquence perçue par l'observateur

■ On considère une source d'ondes périodiques de fréquence ν_{source} en mouvement rectiligne avec une vitesse V_{source} par rapport à un observateur fixe. On note c la célérité des ondes. La fréquence ν_{obs} perçue par l'observateur est donnée par :

$$\nu_{obs} = \frac{c}{c - V_{source}} \times \nu_{source}$$

ν_{obs} et ν_{source} en hertz (Hz) ;
c et V_{source} en mètres par seconde ($m \cdot s^{-1}$).

■ Pour une source qui s'éloigne (fig. 1), la vitesse V_{source} est comptée négativement, ce qui implique : $\nu_{source} > \nu_{obs}$.

■ Pour une source qui se rapproche (fig. 2), la vitesse V_{source} est comptée positivement, ce qui implique : $\nu_{source} < \nu_{obs}$.

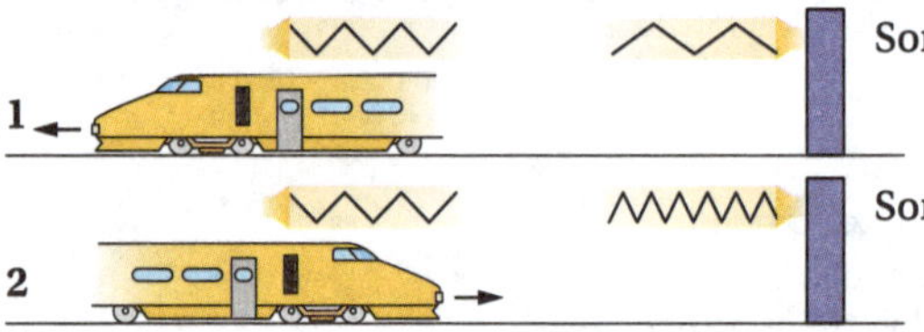

Fig. 1 — Son perçu plus grave

Fig. 2 — Son perçu plus aigu

II Application de l'effet Doppler à l'astrophysique

■ La célérité c d'une radiation lumineuse, de longueur d'onde λ et de fréquence ν, a pour expression :

$$c = \lambda \times \nu$$

c en $m \cdot s^{-1}$; λ en m ; ν en Hz.

On constate que la longueur d'onde et la fréquence sont inversement proportionnelles : si l'une augmente, l'autre diminue dans les mêmes proportions.

■ En 1929, Edwin Hubble a mis en évidence que la lumière émise par une galaxie comportait des radiations qui possédaient des longueurs d'onde toutes décalées vers de plus grandes valeurs : c'est le décalage vers le rouge.

■ Ce décalage vers le rouge implique que les fréquences associées diminuent : d'après l'effet Doppler, la galaxie doit alors s'éloigner de nous. C'est une preuve de l'expansion de l'Univers.

À NOTER
Entre 400 nm et 800 nm, la couleur des radiations lumineuses passe du bleu au rouge.

Méthode

Exploiter l'effet Doppler

Un son émis par un véhicule en mouvement est détecté par un microphone. Un système d'acquisition des données permet d'obtenir sur l'écran d'un ordinateur une visualisation du signal sonore.

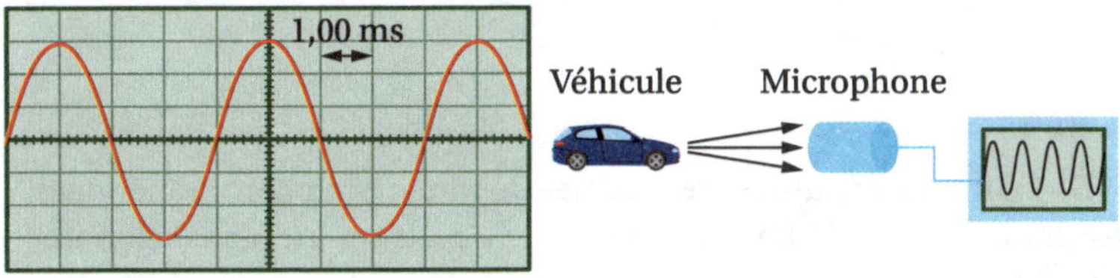

a. Déterminer la fréquence perçue à l'aide de l'enregistrement.

b. Donner l'expression de la vitesse du véhicule en fonction de la fréquence perçue par l'observateur et celle de la source, puis la calculer.

c. Le système s'éloigne-t-il ou s'approche-t-il de l'observateur ?

Données : • vitesse du son : $c = 340\ \text{m}\cdot\text{s}^{-1}$;
• fréquence de la source : $\nu_{source} = 280$ Hz.

CONSEILS

a. Pensez à convertir la période en secondes avant de calculer la fréquence.
b. Appliquez la formule puis isolez la vitesse V_{source}.
c. Rappelez-vous que le signe de la vitesse indique si la source s'éloigne ou se rapproche.

SOLUTION

a. Par lecture graphique on trouve la période T. On compte quatre divisions horizontales et une division correspond à 1,00 ms.
$T = 4 \times 1{,}00 = 4{,}00$ ms.
On calcule la fréquence : $\nu_{obs} = \dfrac{1}{T} = \dfrac{1}{4{,}00 \times 10^{-3}} = 2{,}50 \times 10^{2}$ Hz.

b. La formule de la fréquence perçue est :

$$\nu_{obs} = \frac{c}{c - V_{source}} \times \nu_{source} \quad (1)$$

On isole V_{source} :

$$(1) \Leftrightarrow c - V_{source} = \frac{c \times \nu_{source}}{\nu_{obs}} \Leftrightarrow V_{source} = c - \frac{c \times \nu_{source}}{\nu_{obs}}$$

$$V_{source} = 340 - \frac{340 \times 280}{250} = -41\ \text{m}\cdot\text{s}^{-1}.$$

c. La vitesse calculée étant négative, on en déduit que le véhicule s'éloigne.

PHYSIQUE-CHIMIE
SVT
MATHS COMPLÉMENTAIRES
GRAND ORAL

OBJECTIF BAC

CD, DVD et BR : des unités de stockage

60 min

Ce problème traite des phénomènes de diffraction et d'interférences lors de la lecture d'une unité de stockage (CD, DVD, BR). On utilisera les relations liées aux phénomènes de diffraction et d'interférence.

LE SUJET

Les CD, DVD et BR sont des unités de stockage de son ou d'images numériques. Les signaux sont codés sous la forme de creux et de plats se succédant selon une spirale, du centre vers le bord du disque.

Document 1 La lecture d'un disque gravé

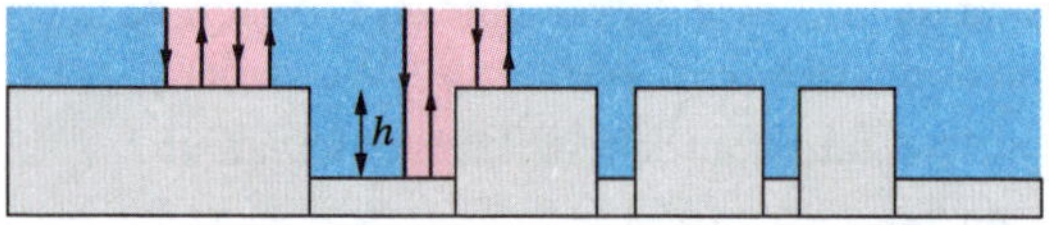

La lecture est basée sur le phénomène des interférences lumineuses. Lorsque la lumière laser arrive sur un plat ou un creux, il se forme des interférences entre les faisceaux réfléchis. Les interférences sont :
- constructives entre deux faisceaux réfléchis sur un plat ou sur un creux ;
- destructives entre deux faisceaux réfléchis pour l'un sur un plat et pour l'autre sur un creux.

Document 2 La diffraction de la lumière laser par un trou

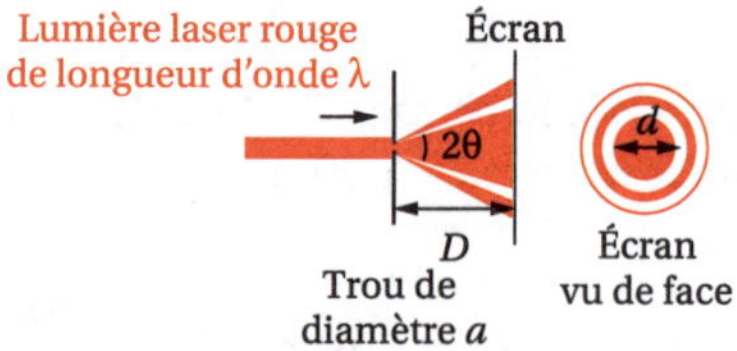

Document 3 Les capacités de stockage des disques

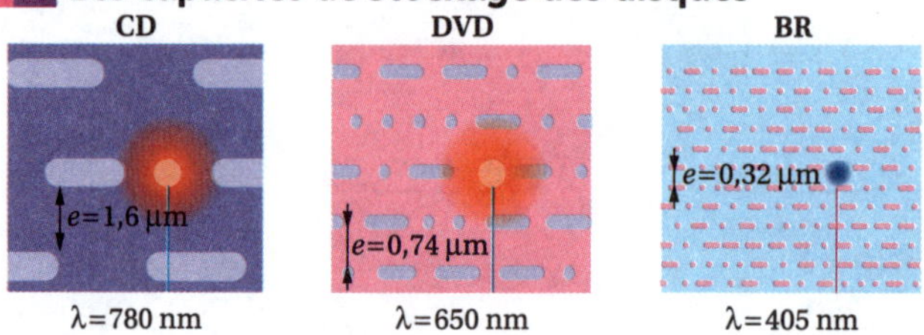

Lors de la lecture du disque, un faisceau laser balaie la surface du disque parsemée d'une succession de creux et de plat. L'écartement e des lignes est un paramètre associé à chaque type de disque et qui est en lien avec sa capacité de stockage.

a. À l'aide du schéma du document 1, montrer que les interférences sont constructives entre deux faisceaux réfléchis sur un plat.

b. Montrer que lorsque $h = \lambda/4$, les interférences entre deux faisceaux réfléchis pour l'un sur un plat et pour l'autre sur un creux sont destructives.

c. Quel phénomène explique l'étalement du faisceau laser sur la surface de lecture ?

d. Exprimer la largeur d de la tache centrale de diffraction du faisceau laser en fonction des autres grandeurs du document 2 (D, λ et a).

e. Calculer la largeur d pour le faisceau laser associé au CD (document 3), sachant que : $D = 1{,}0 \times 10^{-3}$ m et $a = 8{,}0 \times 10^{-4}$ m.

f. Montrer que le faisceau laser du CD ne pourrait pas être utilisé pour lire un DVD ou un BR.

CORRIGÉS

OBJECTIF BAC

CD, DVD et BR : des unités de stockage

a. Soit deux faisceaux réfléchis sur un plat. La différence de marche δ entre ces deux faisceaux est égale à zéro, ce qui correspond alors à des interférences constructives.

b. La différence de marche entre deux faisceaux réfléchis pour l'un sur un plat et l'autre sur un creux est égale à deux fois la profondeur du creux h.

$\delta = 2 \times h = 2 \times \lambda/4 = \lambda/2$.

La différence de marche est égale à un nombre impair de demi-longueurs d'onde donc les interférences sont destructives.

c. Le phénomène qui explique l'étalement du faisceau laser sur la surface de lecture est la diffraction.

d. On identifie les deux formules de l'écart angulaire (document 2) puis on isole d :

$$\theta = \frac{d}{2 \times D} = \frac{1{,}22 \times \lambda}{a} \Leftrightarrow d = \frac{2 \times 1{,}22 \times D \times \lambda}{a}.$$

e. On calcule la largeur d pour le faisceau laser associé au CD de longueur d'onde λ égale à 780 nm (document 3) soit 780×10^{-9} m :

$$d = \frac{2 \times 1{,}22 \times 1{,}0 \times 10^{-3} \times 780 \times 10^{-9}}{8{,}0 \times 10^{-4}} = 2{,}4 \times 10^{-6}\,\text{m}.$$

f. Pour pouvoir être utilisé, il faut que l'étalement du faisceau laser du CD soit inférieur strictement à deux fois l'écartement e du DVD ou du BR.

- Pour le DVD : $2 \times e = 2 \times 0{,}74\ \mu\text{m} = 1{,}48\ \mu\text{m}$.

On convertit la largeur du faisceau laser du CD en micromètres :

$d = 2{,}4 \times 10^{-6}\,\text{m} = 2{,}4\ \mu\text{m}$.

On constate que : $2{,}4\ \mu\text{m} > 1{,}48\ \mu\text{m}$.

Le laser du CD ne peut pas être utilisé pour lire un DVD.

- Pour le BR : $2 \times e = 2 \times 0{,}32\ \mu\text{m} = 0{,}64\ \mu\text{m}$.

On constate que : $2{,}4\ \mu\text{m} > 0{,}64\ \mu\text{m}$.

Le laser du CD ne peut pas être utilisé pour lire un BR.

51 La lunette astronomique

En bref *La lunette astronomique permet d'observer des objets très éloignés (considérés comme situés à l'infini) en augmentant leur diamètre apparent par rapport à une observation à l'œil nu.*

I Caractéristiques et principe

■ Une lunette astronomique est composée de deux lentilles convergentes.

• La lentille L_1 située à l'entrée de la lunette sert d'objectif : elle capte la lumière de l'astre et en forme une image en son foyer image. Elle a une très grande distance focale f'_1, de l'ordre du mètre.

• La lentille L_2, qui est placée en sortie de la lunette, a le rôle d'oculaire : elle grossit l'image obtenue par l'objectif et la rejette à l'infini pour qu'elle puisse être observée par l'œil. Elle a une distance focale f'_2 de l'ordre du centimètre.

■ L'objectif donne d'un objet AB situé **à l'infini**, une image A'B' située dans son plan focal image. Cette image a le rôle d'objet pour l'oculaire et se trouve également dans le plan focal objet de l'oculaire car les points F'_1 et F_2 sont confondus. L'image A''B'' donnée par la lunette est donc rejetée à l'infini. Ainsi, AB et A''B'' sont à l'infini : on dit que la lunette est un système afocal.

MOT CLÉ
Un objet (ou une image) situé(e) **à l'infini** a ses rayons lumineux qui arrivent (ou partent) tous parallèles entre eux sur (de) la lentille.

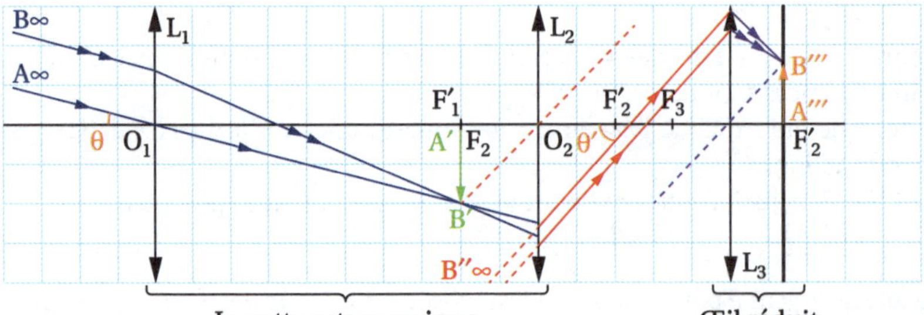

II Grossissement d'une lunette astronomique

■ Le diamètre apparent d'un objet est défini par l'angle formé par les points extrêmes de l'objet (A et B ou A'' et B'') et l'œil de l'observateur.

■ Le grossissement G d'une lunette astronomique est égal au rapport entre le diamètre apparent de l'astre observé à travers la lunette (θ') et le diamètre apparent de l'astre observé à l'œil nu (θ). C'est une caractéristique de la lunette :

$$G = \frac{\theta'}{\theta} = \frac{f'_1}{f'_2}$$

θ et θ' diamètres apparents en radians ; f'_1 et f'_2 distances focales de l'objectif et de l'oculaire de la lunette en mètres.

Méthode

Exprimer les diamètres apparents, en déduire le grossissement

On s'intéresse à une lunette astronomique dont les distances focales sont $f'_1 = 1{,}15$ m pour l'objectif (L_1) et $f'_2 = 25$ mm pour l'oculaire (L_2).

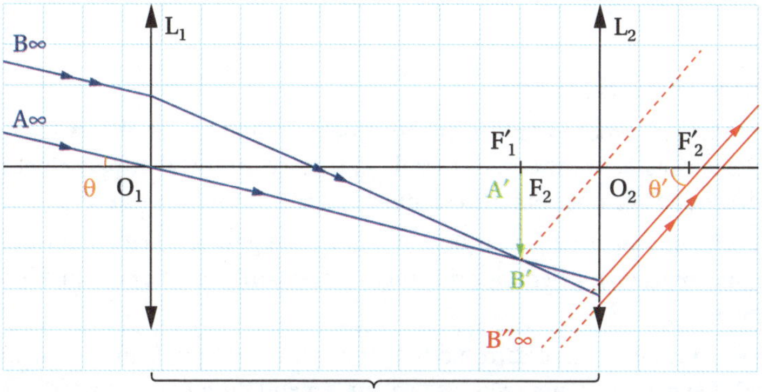

a. Exprimer θ en fonction de A'B' et f'_1 et θ' en fonction de A'B' et f'_2.

b. Exprimer le grossissement de la lunette en fonction de f'_1 et f'_2.

c. Calculer la valeur du grossissement.

CONSEILS

a. Souvenez-vous que deux droites parallèles coupées par une sécante forment des angles alternes-internes égaux et que deux angles opposés par leurs sommets sont égaux. Les angles θ et θ' étant très petits, appliquez l'**approximation des petits angles** : $\tan\theta = \theta$ et $\tan\theta' = \theta'$.
b. Utilisez la réponse précédente pour remplacer les termes de la formule du grossissement.
c. Exprimez les valeurs d'une même grandeur toutes dans la même unité.

SOLUTION

a. Dans le triangle $O_1F'_1B'$: $\tan\theta = \dfrac{A'B'}{O_1F'_1}$ avec A' et F'_1 confondus et $O_1F'_1 = f'_1$.

Dans le triangle O_2F_2B' : $\tan\theta' = \dfrac{A'B'}{O_2F_2}$ avec A' et F_2 confondus et $O_2F_2 = f'_2$.

D'après l'approximation des petits angles : $\theta = \tan\theta = \dfrac{A'B'}{f'_1}$ et $\theta' = \tan\theta' = \dfrac{A'B'}{f'_2}$.

b. On sait que $G = \dfrac{\theta'}{\theta}$ soit $G = \dfrac{\dfrac{A'B'}{f'_2}}{\dfrac{A'B'}{f'_1}} = \dfrac{A'B'}{f'_2} \times \dfrac{f'_1}{A'B'}$ d'où $G = \dfrac{f'_1}{f'_2}$.

c. $G = \dfrac{f'_1}{f'_2} = \dfrac{1{,}15}{25 \times 10^{-3}} = 46$. La lunette a un grossissement de 46.

52 Effet photoélectrique et cellule photovoltaïque

En bref *Un métal qui reçoit de la lumière peut libérer des électrons : c'est l'effet photoélectrique. Grâce à ce phénomène, les cellules photovoltaïques peuvent convertir l'énergie lumineuse en énergie électrique.*

I L'effet photoélectrique

- Quand un métal est exposé à la lumière (flux de photons), si des photons sont absorbés, des électrons peuvent être éjectés de la surface du métal et participer à un courant électrique : ce phénomène est appelé **effet photoélectrique**.
- Pour que l'effet photoélectrique ait lieu, il faut que le photon incident ait une énergie **égale ou supérieure** à l'énergie minimale nécessaire pour extraire un électron d'un atome de métal.
- Cette énergie minimale nécessaire pour extraire un électron d'un atome est appelée **travail d'extraction** (noté W_0), sa valeur dépend du métal considéré.
- On appelle **fréquence seuil** la fréquence du photon pour laquelle son énergie est égale au travail d'extraction :

$$W_0 = \mathrm{h} \times \nu_0$$

W_0 énergie en joules (J) ; ν_0 en hertz (Hz) ; h constante de Planck : $\mathrm{h} = 6{,}63 \times 10^{-34}\ \mathrm{J \cdot s}$.

- Si l'énergie fournie par le photon est supérieure à W_0, l'excédent se retrouve sous forme d'**énergie cinétique** pour l'électron : $E_{c,max} = \mathrm{h} \times \nu - W_0$ avec $E_{c,max}$ en J.

II Étude d'une cellule photovoltaïque

- Les cellules photovoltaïques sont constituées d'un **métal semi-conducteur** qui libère des électrons lorsqu'il reçoit de l'énergie lumineuse (flux de photons) en quantité suffisante. Ces électrons en se déplaçant produisent un courant électrique.
- Sous un éclairement donné, une cellule photovoltaïque est **caractérisée** par une courbe courant-tension et par une courbe puissance-tension.
- La **puissance électrique produite** par une cellule photovoltaïque éclairée dépend de la tension aux bornes de la cellule U_c et du courant électrique généré par la cellule I_c : $P = U_c \times I_c$ avec P en watts (W), U en volts (V) et I en ampères (A).
- La **puissance lumineuse reçue** par une cellule photovoltaïque $P_{reçue}$ dépend de l'éclairement E produit par la source lumineuse et de la surface S de la cellule : $P_{reçue} = E \times S$ avec $P_{reçue}$ en watts(W), E en $\mathrm{W \cdot m^{-2}}$ et S en mètres carrés ($\mathrm{m^2}$).
- Le **rendement** η d'une cellule photovoltaïque s'écrit :

$$\eta = \frac{\text{Puissance électrique maximale produite}}{\text{Puissance lumineuse reçue}} = \frac{P_m}{E \times S} = \frac{U_{c,m} \times I_{c,m}}{E \times S}$$

Méthode

Calculer l'énergie cinétique d'un électron

Un métal exposé à une lumière monochromatique de longueur d'onde 600 nm émet des électrons. L'énergie d'extraction d'un électron de ce métal est $W_0 = 3{,}00 \times 10^{-19}$ J.

a. Faire le bilan d'énergie lorsque l'onde lumineuse arrive sur le métal.

b. Exprimer la vitesse maximale de l'électron en fonction de la longueur d'onde de la radiation.

c. Calculer la vitesse maximale d'un électron libéré par la radiation lumineuse.

Données :
- constante de Planck : $h = 6{,}63 \times 10^{-34}$ J·s ;
- masse de l'électron : $m_e = 9{,}12 \times 10^{-31}$ kg ;
- célérité des ondes lumineuses dans l'air et le vide : $c = 3{,}00 \times 10^{8}$ m·s^{-1}.

CONSEILS

a. Prenez en compte l'énergie fournie par un photon, le travail d'extraction et l'énergie de l'électron une fois qu'il a été libéré.
b. Utilisez la formule de l'énergie cinétique d'un corps de masse *m* et l'expression de l'énergie fournie par un photon pour en déduire l'expression de la vitesse en fonction des autres variables.
c. Pensez à prendre la racine carrée pour obtenir la valeur de la vitesse et non son carré.

SOLUTION

a. L'énergie fournie par un photon au métal sert d'une part à libérer un électron (énergie d'extraction) et d'autre part au mouvement de l'électron (énergie cinétique). On a donc : $E_{photon} = W_0 + E_{c,max}$.

b. On sait que $E_{photon} = h \times \nu = \dfrac{h \times c}{\lambda}$ et que $E_{c,max} = \dfrac{1}{2} \times m_{électron} \times v^2$, donc :

$$\frac{h \times c}{\lambda} = W_0 + \frac{1}{2} \times m_{électron} \times v^2$$

$$v = \sqrt{\frac{2\left(\dfrac{h \times c}{\lambda} - W_0\right)}{m_{électron}}}.$$

c. On calcule la vitesse maximale de l'électron libéré par la radiation de longueur d'onde λ égale à 600 nm :

$$v = \sqrt{\frac{2\left(\dfrac{h \times c}{\lambda} - W_0\right)}{m_{électron}}} = \sqrt{\frac{2\left(\dfrac{6{,}63 \times 10^{-34} \times 3{,}00 \times 10^{8}}{600 \times 10^{-9}} - 3{,}00 \times 10^{-19}\right)}{9{,}12 \times 10^{-31}}}$$

$v = 2{,}63 \times 10^{5}$ m·s^{-1}.

SE TESTER QUIZ

Vérifiez que vous avez bien compris les points clés des **fiches 51 et 52**.

1 La lunette astronomique

→ FICHE 51

1. Une lunette astronomique est formée de :

☐ **a.** une lentille convergente, on peut aussi l'appeler loupe
☐ **b.** une lentille convergente et une lentille divergente, on peut aussi l'appeler lunette de Galilée
☐ **c.** deux lentilles convergentes, on peut aussi l'appeler lunette de Kepler

2. Le grossissement a pour expression :

☐ **a.** $G = \dfrac{\theta'}{\theta}$

☐ **b.** $G = \dfrac{\theta}{\theta'}$

☐ **c.** $G = \dfrac{f_1'}{f_2'}$

2 Effet photoélectrique et cellule photovoltaïque

→ FICHE 52

1. L'effet photoélectrique est :

☐ **a.** la libération de photons
☐ **b.** la libération d'électrons
☐ **c.** la transformation de photons en électrons

2. L'effet photoélectrique dépend :

☐ **a.** de l'énergie reçue par le métal
☐ **b.** de la fréquence de la radiation lumineuse
☐ **c.** de la vitesse de la radiation lumineuse

3. La longueur d'onde de seuil est la longueur d'onde qui correspond à une énergie du flux de photons égale au travail d'extraction.
Elle correspond à la longueur d'onde :

☐ **a.** minimale que doit avoir le flux de photons pour libérer un ou plusieurs électrons par effet photoélectrique
☐ **b.** maximale que doit avoir le flux de photons pour libérer un ou plusieurs électrons par effet photoélectrique

4. Le rendement d'une cellule photovoltaïque est :

☐ **a.** $\eta = \dfrac{\text{Puissance lumineuse reçue}}{\text{Puissance électrique maximale produite}}$

☐ **b.** $\eta = \dfrac{\text{Puissance électrique produite}}{\text{Puissance lumineuse maximale reçue}}$

OBJECTIF BAC

3 Solar impulse 2 : un avion solaire

30 min

Ce sujet traite des caractéristiques du flux de photons qui permettent le fonctionnement de cellules photovoltaïques ainsi que du rendement des cellules photovoltaïques. En plus de faire manipuler les formules, il permet de travailler la compétence « savoir extraire des informations d'un document ».

LE SUJET

Solar Impulse 2 est un avion presque entièrement recouvert de cellules photovoltaïques : 17 248 cellules réparties sur une surface totale de 270 m^2.

Les cellules photovoltaïques sont faites d'un matériau semi-conducteur dont la réponse dépend de la longueur d'onde des photons qu'il reçoit.

Solar Impulse 2 a atterri le jeudi 23 juin 2016 à Séville, après avoir décollé de New York le lundi 20 juin 2016, réussissant ainsi sa première traversée de l'Atlantique. Lors de cette traversée, pendant les 14 heures de vol de jour, la puissance lumineuse moyenne du rayonnement solaire réellement disponible était de 450 $W \cdot m^{-2}$.

Document 1 Réponse spectrale du semi-conducteur constituant les panneaux photovoltaïques de Solar Impulse 2

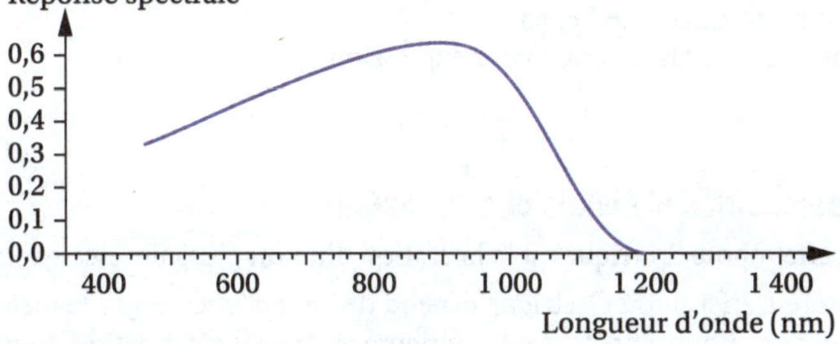

Document 2 Spectre des ondes électromagnétiques

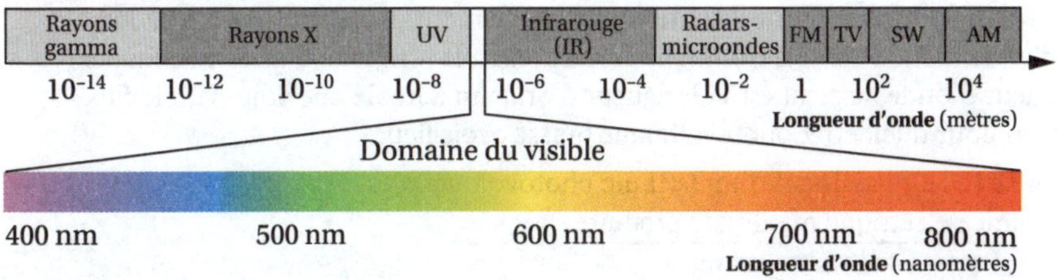

a. Déterminer la longueur d'onde des photons pour lesquels la réponse spectrale du semi-conducteur est maximale.

b. À quel domaine des ondes lumineuses ces photons appartiennent-ils ? Justifier.

c. En déduire l'énergie des photons permettant une utilisation optimale des cellules photovoltaïques de l'avion solaire.

d. Déterminer la puissance lumineuse reçue par l'ensemble des cellules photovoltaïques installées sur Solar Impulse 2.

e. Calculer dans ces conditions l'énergie solaire en kWh reçue par l'ensemble des cellules photovoltaïques en 14 heures de vol de jour.

f. Les mesures effectuées ont permis de montrer que l'énergie électrique disponible à la sortie des cellules photovoltaïques utilisées pour Solar Impulse 2 était de l'ordre de 370 kWh par jour.
En déduire le rendement de ces cellules photovoltaïques.

CORRIGÉS

SE TESTER QUIZ

1 La lunette astronomique

1. Réponse c. Une lunette astronomique est formée de deux lentilles convergentes, on peut aussi l'appeler lunette de Kepler.
2. Réponses a et c. Le grossissement a pour expression :

$$G = \frac{\theta'}{\theta} = \frac{f_1'}{f_2'}.$$

2 Effet photoélectrique et cellule photovoltaïque

1. Réponse b. L'effet photoélectrique est la libération d'un ou plusieurs électron(s).

2. Réponses a et b. L'effet photoélectrique dépend de l'énergie reçue par le métal : si l'énergie du flux de photon incident est inférieure au travail d'extraction du métal, l'effet photoélectrique ne peut avoir lieu. L'énergie du photon est proportionnelle à la fréquence de la radiation lumineuse.

3. Réponse b. L'énergie d'une radiation est inversement proportionnelle à sa longueur d'onde, donc l'énergie minimale correspond à la longueur d'onde maximale. La longueur d'onde de seuil est la longueur d'onde maximale que doit avoir le flux de photon pour que l'effet photovoltaïque puisse avoir lieu.

4. Réponse b. Le rendement d'une cellule photovoltaïque est :

$$\eta = \frac{\text{Puissance électrique maximale produite}}{\text{Puissance lumineuse reçue}}.$$

OBJECTIF BAC

3 Solar impulse 2 : un avion solaire

a. Détermination graphique de la longueur d'onde des photons pour lesquels la réponse spectrale du semi-conducteur est maximale :

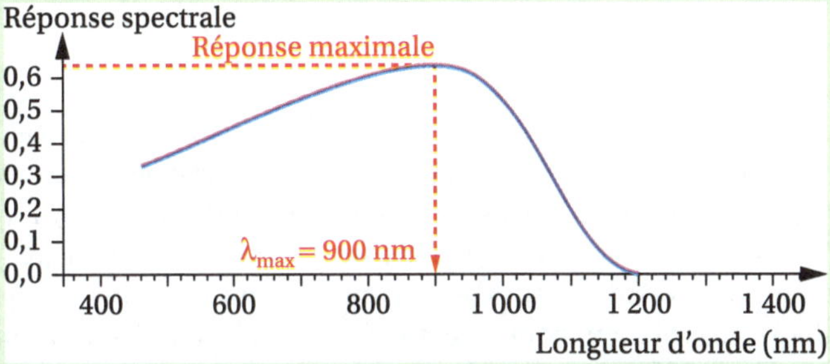

La réponse du semi-conducteur est maximale pour une radiation de longueur d'onde égale à 900 nm.

b. D'après le document 2, une radiation de longueur d'onde 900 nm appartient au domaine de l'infrarouge.

c. Calcul de l'énergie d'un photon de longueur d'onde 900 nm :

$$E_{photon} = \frac{h \times c}{\lambda} = \frac{6{,}63 \times 10^{-34} \times 3{,}00 \times 10^{8}}{900 \times 10^{-9}} = 2{,}21 \times 10^{-19} \text{ J.}$$

d. Calcul de la puissance lumineuse reçue :

$P = E \times S = 450 \times 270 = 1{,}21 \times 10^2$ kW.

À NOTER

d. L'éclairement est également appelé puissance lumineuse surfacique.

e. Calcul de l'énergie reçue :

$E_{reçue} = P \times t = 1{,}21 \times 10^2 \times 14 = 1{,}7 \times 10^3$ kWh.

f. Calcul du rendement :

$$\eta = \frac{E_{disponible}}{E_{reçue}} = \frac{370}{1{,}70 \times 10^3} = 0{,}22 = 22\ \%.$$

Les panneaux photovoltaïques de Solar Impulse 2 ont un rendement de 22 %.

53 Le condensateur

En bref *Les armatures d'un condensateur accumulent des charges électriques de signes opposés. L'intensité du courant est définie par la dérivée temporelle de la charge.*

I Modèle du condensateur

■ Un conducteur 1, portant un excès d'électrons, est approché d'un conducteur 2 relié à la terre. Par interaction électrostatique (voir programme de première), les charges négatives du conducteur 1 repoussent des électrons du conducteur 2 vers la terre ; des charges positives apparaissent alors sur la surface du conducteur 2 en regard du conducteur 1. Ce phénomène d'accumulation de charges, appelé condensation de l'électricité ou **comportement capacitif**, est d'autant plus important que les deux conducteurs sont proches.

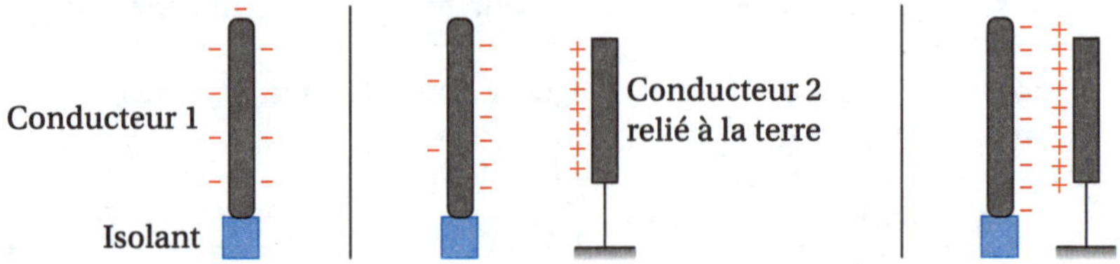

■ Un système de deux conducteurs métalliques ayant un comportement capacitif est modélisé par un dipôle électrique appelé **condensateur**. Les faces métalliques A et B en regard sont appelées armatures du condensateur.

Symbole du condensateur

■ Les charges électriques q_A et q_B portées par les armatures A et B sont de signes opposés : $q_A + q_B = 0$.

À NOTER
On appelle charge du condensateur la valeur absolue $|q_A| = |q_B|$.

II Intensité électrique

L'intensité électrique i traversant un dipôle est le **débit de charge électrique**, c'est-à-dire la charge traversant une section du dipôle par unité de temps. L'intensité i du courant (orienté vers l'armature A d'un condensateur) est la dérivée de la charge q_A par rapport à t :

$$i = \frac{dq_A}{dt}$$

q_A en coulombs (C) ; t en secondes (s) ; i en ampères (A).

À NOTER
Cette définition est valide en régime continu (intensité constante) et en régime variable (intensité non constante).

Méthode

Déterminer l'intensité électrique traversant un condensateur

Les courbes I, II et III représentent, dans trois cas, l'évolution temporelle de la charge électrique q_A portée par l'armature A d'un condensateur.

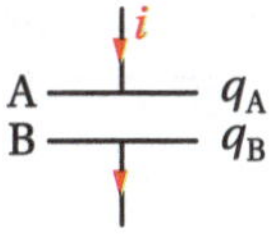

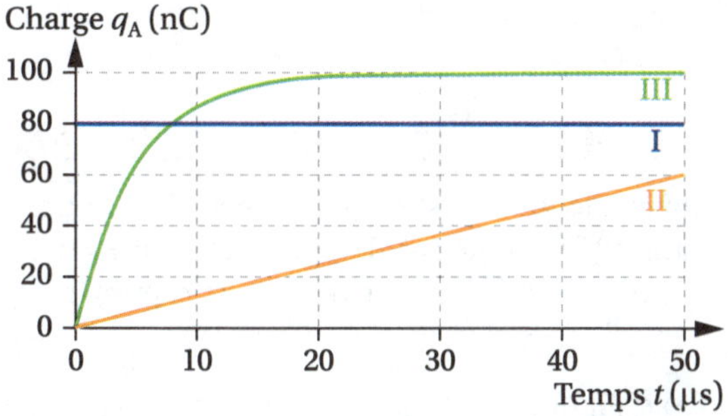

Pour chaque cas, indiquer si l'intensité est : constante ; croissante ; décroissante. Si l'intensité est constante et non nulle, déterminer sa valeur.

CONSEILS

Pensez à faire le lien entre la dérivée en un point et le coefficient directeur de la tangente à la courbe.

SOLUTION

L'intensité arrivant en A s'exprime par la dérivée : $i = \frac{dq_A}{dt}$.

- **Cas I.** La charge reste constante ($q_A = 80$ nC) donc $i = 0$, il n'y a pas de courant.
- **Cas II.** La représentation graphique de $q_A(t)$ est un segment de droite. La dérivée de cette charge est une constante égale au coefficient directeur : $i = \frac{\Delta q_A}{\Delta t} = \frac{60 \times 10^{-9}}{50 \times 10^{-6}}$ donc $i = 1{,}2 \times 10^{-3}$ A = 1,2 mA. Le régime est continu.
- **Cas III.** Graphiquement, la dérivée $i = \frac{dq_A}{dt}$ est le coefficient directeur de la tangente à la courbe $q_A(t)$ à la date considérée. En traçant plusieurs tangentes, on constate que l'intensité i (toujours positive) décroît jusqu'à une valeur nulle (tangente horizontale). Le régime est variable.

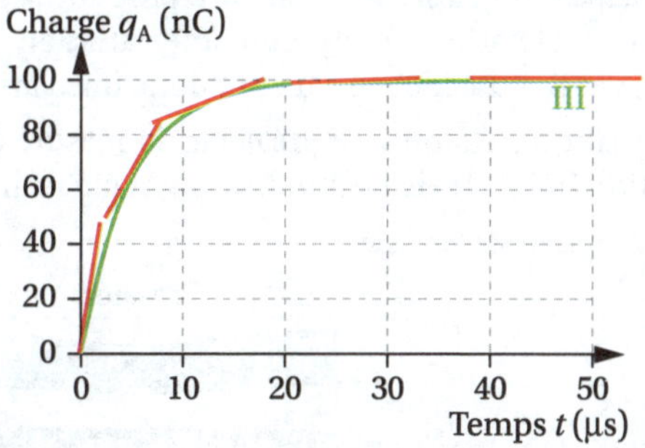

54 Capacité d'un condensateur

En bref *Le comportement capacitif d'un condensateur est traduit par la relation de proportionnalité entre la charge électrique accumulée sur ses armatures et la tension entre celles-ci. Le coefficient de proportionnalité est la capacité du condensateur ; elle dépend de sa géométrie.*

I Définition et caractéristiques de la capacité

- La charge d'un condensateur est proportionnelle à la tension entre ses armatures. Le coefficient de proportionnalité est la **capacité C du condensateur**, grandeur positive exprimée en farads (F).

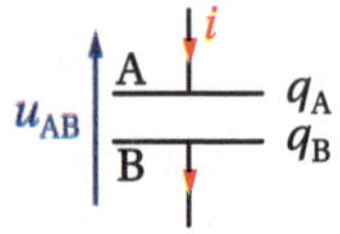

$q_A = Cu_{AB}$ | C en farads (F) ; u_{AB} en volts (V) ; q_A en coulombs (C).

- La capacité d'un condensateur dépend de sa **géométrie**. Elle est fonction croissante de la surface des armatures et fonction décroissante de la distance entre les armatures.

- Dans le cas d'un **condensateur plan,** constitué de deux feuilles métalliques séparées par un matériau isolant, la capacité est proportionnelle à la surface S d'une armature et inversement proportionnelle à la distance e séparant les deux armatures : $C = \varepsilon \frac{S}{e}$ C en F ; ε en $F \cdot m^{-1}$; S en m^2 ; e en m.

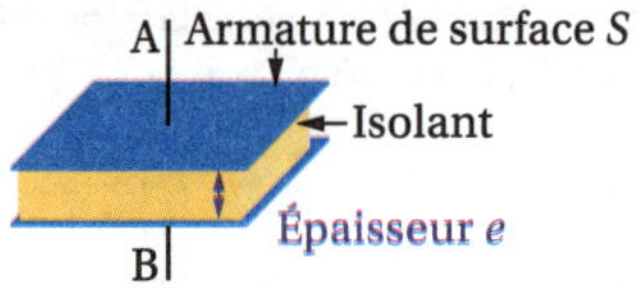

ε est la permittivité diélectrique de l'isolant ; elle dépend de la nature du matériau.
Exemple : la permittivité diélectrique de l'air est $\varepsilon = 8{,}9 \times 10^{-12}\ F \cdot m^{-1}$.

II Capteurs capacitifs

- Le principe d'un **capteur capacitif** repose sur le fait qu'une grandeur physique (pression, accélération...) engendre une variation de la distance séparant les armatures A et B d'un condensateur et donc une variation de sa capacité.
- Moyennant un étalonnage préalable, la mesure de la capacité permet une détermination indirecte de la grandeur physique recherchée.

Exemple : capteur de pression.

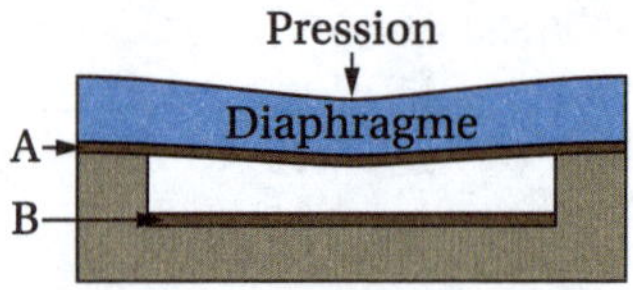

Méthode

Déterminer les caractéristiques d'un condensateur

Le condensateur représenté ci-après est constitué d'un enroulement de deux feuilles métalliques et de deux feuilles d'isolant d'épaisseur 57 µm. Ce condensateur a la forme d'un cylindre de 24 mm de diamètre et 50 mm de long.

Il est assimilable à un condensateur plan constitué de deux armatures planes de surface S et séparées par une feuille d'isolant d'épaisseur e. (Une seconde feuille d'isolant évite que les deux armatures soient en contact). Sa capacité s'exprime par la relation : $C = \varepsilon \frac{S}{e}$ avec $\varepsilon = 3{,}8 \times 10^{-11}\ \text{F} \cdot \text{m}^{-1}$.

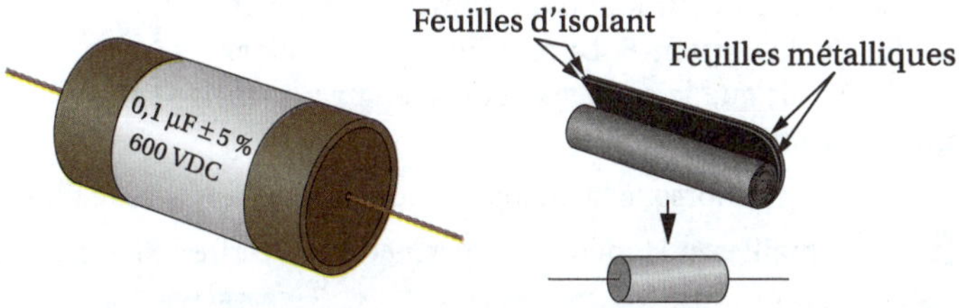

L'indication ± 5 % est la tolérance ; l'incertitude relative associée vaut $\frac{\pm 5}{\sqrt{3}}$ %.
DC inscrit à côté de 600 V signifie *direct current* (courant continu).

a. Déterminer la valeur de la charge électrique maximale du condensateur.

b. Évaluer la longueur de chaque feuille enroulée.

CONSEILS

a. Utilisez les informations inscrites sur le condensateur.

b. Déterminez la surface d'une armature.

SOLUTION

a. La capacité du condensateur vaut $C = 0{,}1\ \mu\text{F}$ avec une tolérance de ± 5 % et la tension d'utilisation du condensateur est $u_{AB} = 600$ V. La charge maximale du condensateur est : $q_A = Cu_{AB} = 0{,}1 \times 10^{-6} \times 600\ \text{V} = 6 \times 10^{-3}$ C ou 6 mC.
Cette charge, proportionnelle à C, est exprimée comme C à $\pm \frac{5}{\sqrt{3}}$ % près donc : $q_A = 6{,}0 \pm 0{,}2$ mC.

b. $C = \varepsilon \frac{S}{e}$ conduit à $S = \frac{Ce}{\varepsilon}$ avec : $C = 0{,}1 \times 10^{-6}$ F ; $e = 5{,}7 \times 10^{-5}$ m et $\varepsilon = 3{,}8 \times 10^{-11}\ \text{F} \cdot \text{m}^{-1}$ donc $S = \frac{0{,}1 \times 10^{-6} \times 5{,}7 \times 10^{-5}}{3{,}8 \times 10^{-11}} = 0{,}15\ \text{m}^2$.

Chaque feuille est rectangulaire et sa largeur est la longueur du cylindre, soit $L_{cy} = 50$ mm, donc une feuille a pour longueur $L = \frac{S}{L_{cyl}} = \frac{0{,}15}{0{,}05} = 3{,}0$ m.

On comprend aisément l'intérêt d'enrouler les feuilles pour réduire l'encombrement du condensateur.

55 Dipôle *RC* : charge d'un condensateur

En bref *Dans un circuit RC série, la charge du condensateur est régie par une équation différentielle du 1er ordre. Le temps caractéristique de la charge est égal au produit de la résistance par la capacité.*

I Modélisation de la charge d'un condensateur

■ L'association en série d'un conducteur ohmique de résistance R et d'un condensateur de capacité C constitue un dipôle RC.

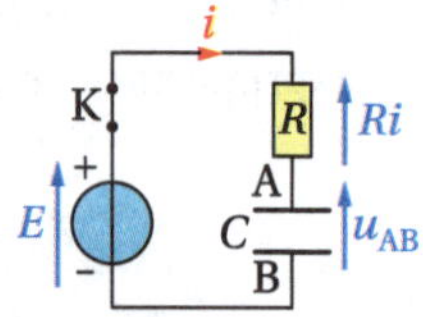

■ À $t = 0$, on ferme l'interrupteur K afin de connecter le dipôle RC à une source idéale de tension E. La tension u_{AB} croît alors jusqu'à la valeur E. On dit que le condensateur se charge et on parle d'un **régime transitoire**.

■ Le régime est **stationnaire** lorsque la charge du condensateur n'évolue plus.

■ Pour $t > 0$, la loi des mailles et la loi d'Ohm permettent d'écrire : $Ri + u_{AB} = E$. Par ailleurs, en combinant $i = \frac{dq_A}{dt}$ → FICHE 53 et $q_A = Cu_{AB}$ → FICHE 54, on obtient, sachant que C est une constante : $i = C\frac{du_{AB}}{dt}$. En reportant dans $Ri + u_{AB} = E$, on obtient l'équation différentielle du 1er ordre : $RC\frac{du_{AB}}{dt} + u_{AB} = E$.

■ L'équation différentielle a pour solution :

$u_{AB}(t) = E\left(1 - e^{-\frac{t}{\tau}}\right)$ avec : $\tau = RC$ R en Ω ; C en F ; τ en s.

Au bout du temps caractéristique τ, appelé **constante de temps** du dipôle RC, le condensateur est chargé à 63 % : $u_{AB}(\tau) = E\left(1 - e^{-1}\right) = 0{,}63E$.

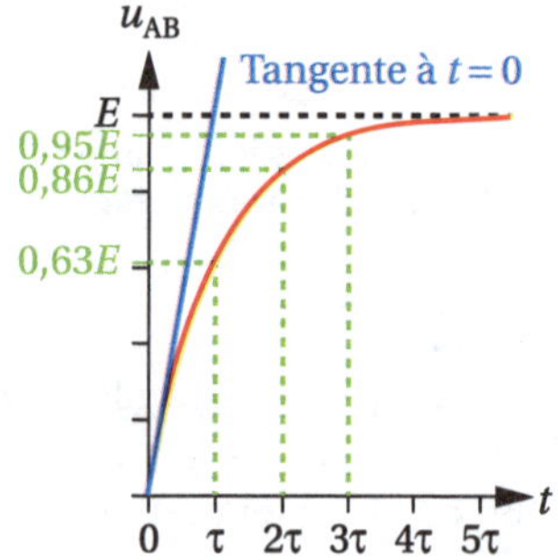

> **À NOTER**
> La signification de $\tau = RC$ est à rapprocher de celle du temps caractéristique $\tau = \frac{1}{\lambda}$ utilisé en radioactivité → FICHE 15.

II Courant de charge

La relation $i = C\frac{du_{AB}}{dt}$ avec $u_{AB}(t) = E\left(1 - e^{-\frac{t}{\tau}}\right)$ donne :

$i(t) = \frac{CE}{\tau}e^{-\frac{t}{\tau}} = \frac{E}{R}e^{-\frac{t}{\tau}}$. Le courant de charge du condensateur décroît exponentiellement.

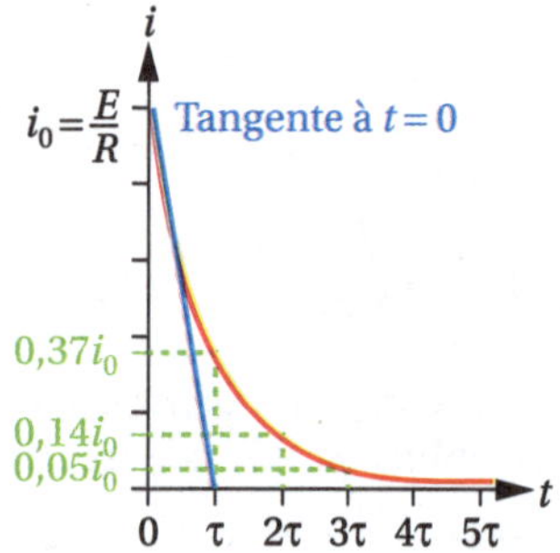

Méthode

Exploiter une courbe de charge d'un condensateur

On réalise le montage suivant, puis à la date $t = 0$, on ferme l'interrupteur K en déclenchant simultanément un chronomètre.

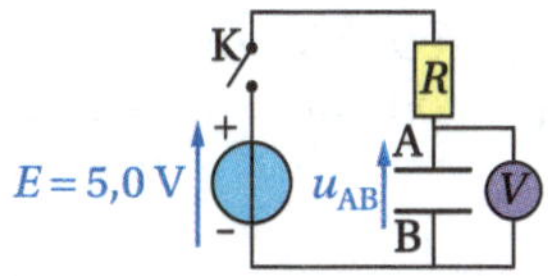

On relève la valeur de la tension u_{AB} à différentes dates :

t (s)	0	5	10	20	30	40	50	60	70
u_{AB} (V)	0	1,0	1,8	3,0	3,7	4,2	4,5	4,7	4,8

En déduire la valeur de la capacité C du condensateur sachant que $R = 1{,}0 \times 10^4\ \Omega$.

CONSEILS

Tracez la courbe représentative de $u_{AB} = f(t)$ et la droite d'équation $u_{AB} = E$.
Pour déterminer graphiquement la valeur de la constante de temps τ du dipôle RC, il y a deux méthodes.
- **Méthode 1.** Tracez la tangente à l'origine qui coupe la droite d'équation $u_{AB} = E$ au point d'abscisse τ.
- **Méthode 2.** Repérez le point d'ordonnée $u_{AB} = 0{,}63E$ qui a pour abscisse τ.

Enfin, calculez C en utilisant l'expression de τ.

SOLUTION

Par les deux méthodes, on obtient $\tau = 22$ s.

L'expression de la constante de temps $\tau = RC$ donne :

$$C = \frac{\tau}{R} = \frac{22}{1{,}0 \times 10^4} = 2{,}2 \times 10^{-3}\ \text{F soit } C = 2{,}2\ \text{mF}.$$

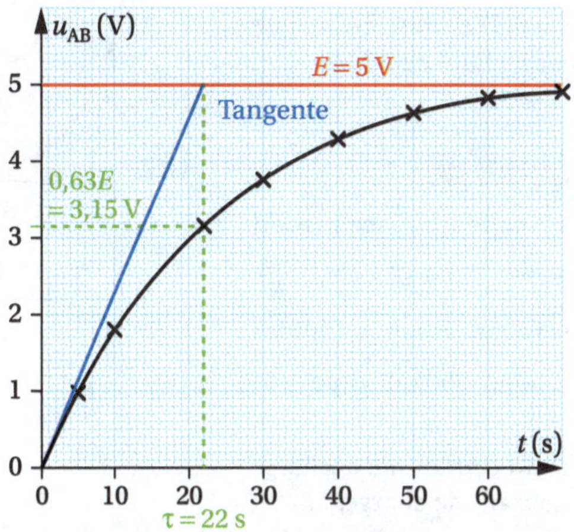

PHYSIQUE-CHIMIE
SVT
MATHS COMPLÉMENTAIRES
GRAND ORAL

56 Dipôle *RC* : décharge d'un condensateur

En bref *L'équation différentielle du 1er ordre régissant la décharge du condensateur diffère de celle de la charge, mais le temps caractéristique (ou constante de temps) est identique.*

I Modélisation de la décharge d'un condensateur

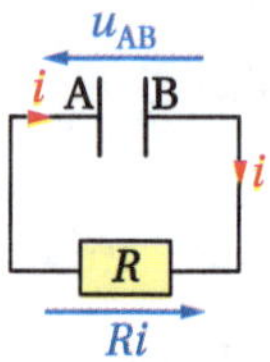

■ À $t = 0$, les bornes d'un condensateur préalablement chargé ($u_{AB}(0) = E > 0$) sont reliées par l'intermédiaire d'un conducteur ohmique de résistance R. On constate que la tension u_{AB} décroît de E jusqu'à 0. On dit que le condensateur **se décharge**.

■ Pour $t > 0$, la loi des mailles et la loi d'Ohm permettent d'écrire : $Ri + u_{AB} = 0$.

À NOTER
Le courant et les tensions sont orientés de la même manière que pour l'étude de la charge du condensateur → FICHE 55.

En combinant avec la relation $i = C\dfrac{du_{AB}}{dt}$ → FICHE 55 on obtient l'équation différentielle du premier ordre qui régit l'évolution de la tension aux bornes du condensateur au cours de sa décharge : $RC\dfrac{du_{AB}}{dt} + u_{AB} = 0$ ou bien $\dfrac{du_{AB}}{dt} + \dfrac{u_{AB}}{\tau} = 0$.

■ L'équation différentielle admet pour solution : $u_{AB}(t) = Ee^{-\frac{t}{\tau}}$. Il s'agit d'une loi exponentielle décroissante analogue à la loi de décroissance radioactive → FICHE 15. Au bout du temps caractéristique τ : $u_{AB}(\tau) = Ee^{-1} = 0{,}37E$, c'est-à-dire que la charge du condensateur a chuté de 63 %.

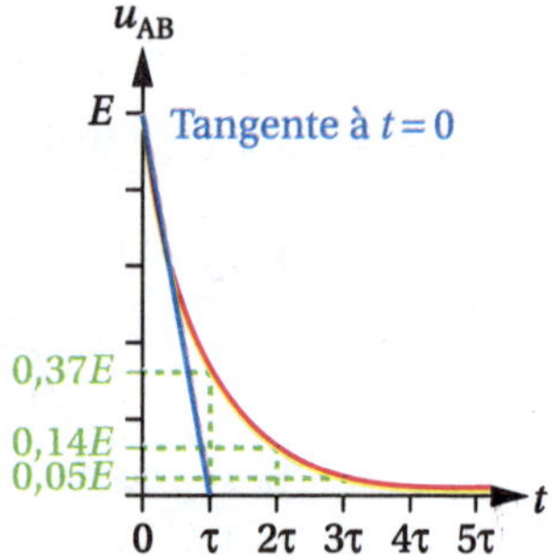

II Courant de décharge

■ La relation $Ri + u_{AB} = 0$ conduit à l'expression de l'intensité du courant de décharge : $i = -\dfrac{u_{AB}}{R}$ donc : $i(t) = -\dfrac{E}{R}e^{-\frac{t}{\tau}}$. En valeur absolue, l'intensité du courant de décharge décroît exponentiellement.

On a $i < 0$ car le sens réel du courant de décharge est l'opposé de celui du courant de charge.

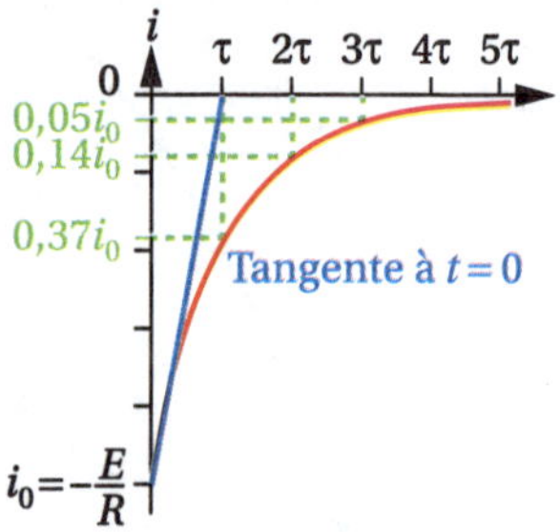

Méthode

Exploiter une courbe de décharge d'un condensateur

Un condensateur de capacité C, initialement chargé, est relié à un dipôle ohmique de résistance $R = 100$ kΩ. L'évolution temporelle de la charge q_A de l'armature A au cours de la décharge du condensateur est fournie sur le graphe suivant.

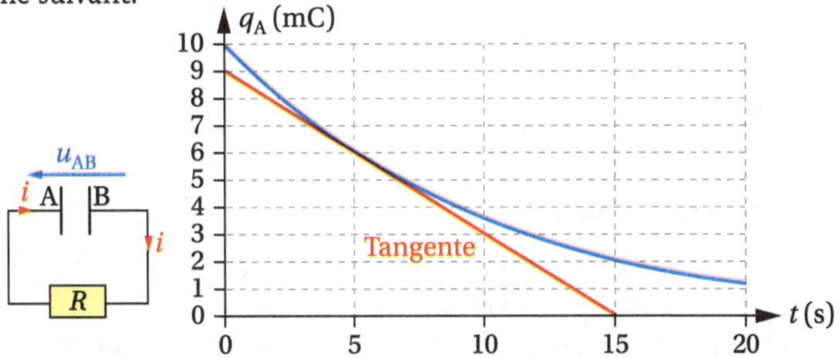

a. Déterminer graphiquement la valeur de l'intensité électrique i à la date $t = 5$ s.

b. Déterminer la valeur de la charge q_A et de la tension u_{AB} à $t = 5$ s.

c. En déduire la valeur de la capacité C.

CONSEILS

a. Faites le lien entre la définition de i et la tangente tracée sur le graphique.
b. Pensez à la loi des mailles et la loi d'Ohm pour déterminer la valeur de u_{AB}.
c. Utilisez la relation entre q_A et u_{AB}.

SOLUTION

a. L'intensité du courant s'exprime par une dérivée : $i = \frac{dq_A}{dt}$.
Graphiquement, cette dérivée est le coefficient directeur de la tangente à la courbe $q_A(t)$. La tangente à la courbe au point d'abscisse $t = 5$ s passe par les points (5 s ; 6 mC) et (15 s ; 0), donc l'intensité à cette date est :

$$i = \frac{6 \times 10^{-3} - 0}{5 - 15} = -6 \times 10^{-4} \text{ A soit } -0{,}6 \text{ mA.}$$

À NOTER
$i < 0$; c'est-à-dire que le courant de décharge est de sens opposé au sens choisi sur le schéma.

b. À $t = 5$ s, la charge de l'armature A vaut $q_A = 6 \times 10^{-3}$ C. La loi des mailles et la loi d'Ohm permettent d'écrire : $Ri + u_{AB} = 0$ donc $u_{AB} = -Ri$ soit : $u_{AB} = -10^5 \times (-6 \times 10^{-4}) = 60$ V.

c. La capacité vaut donc : $C = \frac{q_A}{u_{AB}} = \frac{6 \times 10^{-3}}{60} = 10^{-4}$ F ou 100 µF.

SE TESTER QUIZ

Vérifiez que vous avez bien compris les points clés des **fiches 53 à 56**.

1 Condensateur

→ FICHE 53

Parmi les affirmations suivantes, lesquelles sont vraies ?

☐ **a.** Les deux armatures d'un condensateur portent exactement la même charge électrique.
☐ **b.** La charge globale d'un condensateur est toujours nulle.
☐ **c.** L'intensité i du courant sortant de l'armature B s'exprime : $i = \frac{\mathrm{d}q_B}{\mathrm{d}t}$.

2 Capacité d'un condensateur

→ FICHE 54

Parmi les affirmations suivantes, lesquelles sont vraies ?

☐ **a.** La capacité d'un condensateur s'exprime en coulombs.
☐ **b.** La capacité d'un condensateur est un cœfficient de proportionnalité.
☐ **c.** La capacité d'un condensateur plan augmente avec la distance entre les armatures et l'aire des armatures.

3 Dipôle *RC* : charge d'un condensateur

→ FICHE 55

Initialement le condensateur est déchargé. À $t = 0$, on ferme l'interrupteur K.
Parmi les affirmations suivantes, lesquelles sont vraies ?

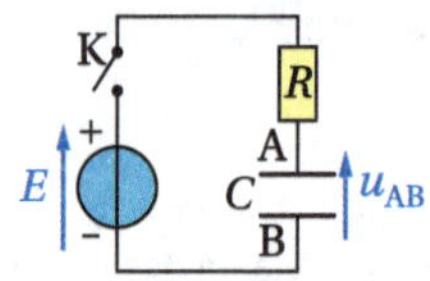

☐ **a.** La tension u_{AB} croît jusqu'à la valeur E.
☐ **b.** La charge q_A croît jusqu'à la valeur CE.
☐ **c.** Si on multiplie E par 2, la durée de charge du condensateur est doublée.

4 Dipôle *RC* : décharge d'un condensateur

→ FICHE 56

Initialement un condensateur de capacité C est chargé de telle manière que la tension initiale entre ses bornes soit $u_{AB}(0) > 0$.
À $t = 0$, on provoque sa décharge en le connectant sur un conducteur ohmique de résistance R.

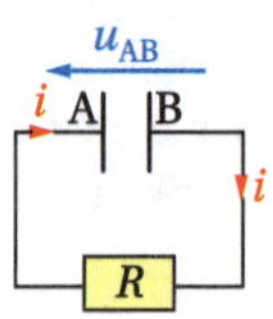

Parmi les affirmations suivantes, lesquelles sont vraies ?

☐ **a.** La charge initiale q_A (0) portée par l'armature A est positive.
☐ **b.** L'intensité i du courant de décharge garde une valeur constante.
☐ **c.** À $t = \tau = RC$, la tension aux bornes du condensateur est $u_{AB}(\tau) = 0{,}63\ u_{AB}(0)$.

OBJECTIF BAC

5 Étude d'un airbag

40 min

Ce sujet s'intéresse au principe de déclenchement de l'airbag d'un véhicule grâce à un capteur capacitif d'accélération. C'est l'occasion d'utiliser le modèle du dipôle *RC* et la constante de temps de charge d'un condensateur.

LE SUJET

Un accéléromètre est un microsystème électromécanique (MEMS) constitué sur une même puce d'un capteur d'accélération et d'un circuit électronique. Il est entre autres utilisé pour déclencher le gonflage des airbags des véhicules en cas de choc brutal.

L'accéléromètre est constitué de deux pièces en forme de peignes complémentaires (voir figure page suivante). L'une est fixe et constitue le cadre, l'autre est mobile à l'intérieur de ce cadre, suspendue par une lamelle flexible, sans contact entre les deux parties. L'ensemble constitue un condensateur. En cas de choc brutal du véhicule, la partie mobile se déplace par inertie dans le sens opposé au mouvement, comme le passager d'un bus qui est debout et se trouve projeté en avant quand le bus freine.

Ce changement de distance entre le peigne mobile et le cadre modifie la capacité du condensateur. Dès que le circuit intégré détecte ce changement de capacité, il commande le gonflage de l'airbag, avant même que le conducteur et les passagers du véhicule ne soient projetés en avant.

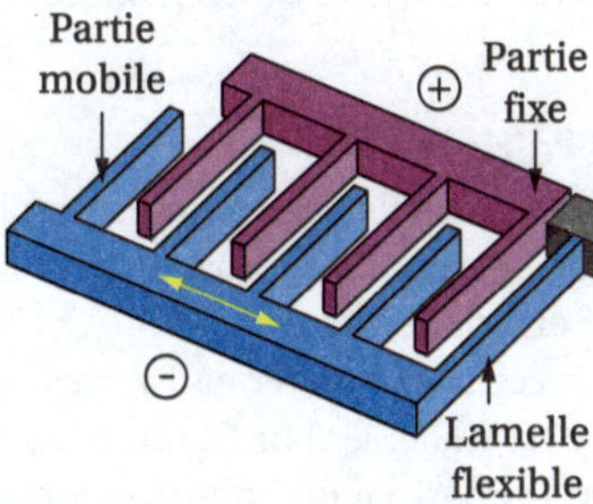

La modélisation du capteur d'accélération est la suivante : le peigne mobile et le cadre constituent un condensateur, de capacité $C = 100$ pF $= 1{,}0 \times 10^{-12}$ F, branché en série avec un dipôle ohmique de résistance R et un générateur idéal délivrant une tension $E = 5{,}0$ V.

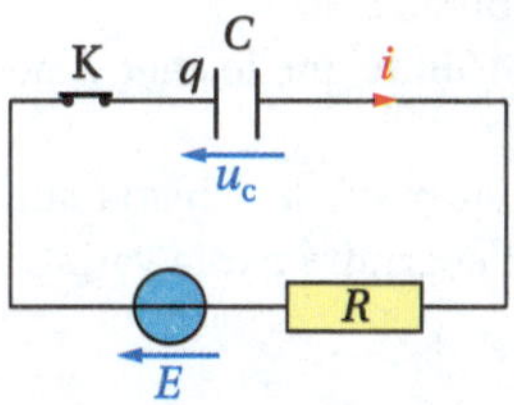

Partie 1 Comportement de l'accéléromètre en dehors de chocs

La mise sous tension de l'accéléromètre revient à fermer l'interrupteur K du montage modélisant le dispositif. Le condensateur étant préalablement déchargé, à l'instant $t = 0$, on ferme l'interrupteur. Les courbes représentant les variations de la tension aux bornes du condensateur et de l'intensité du courant en fonction du temps sont les suivantes :

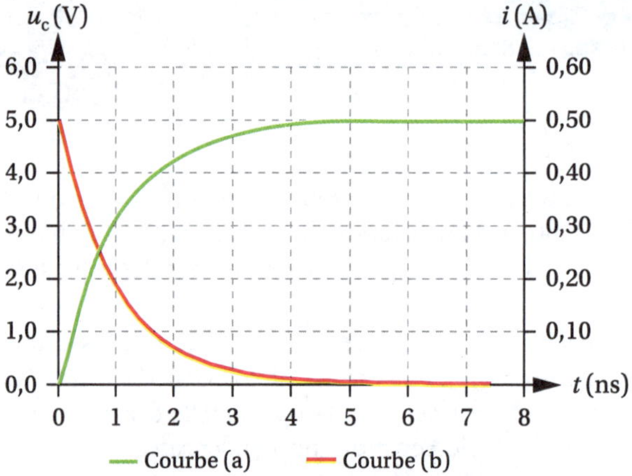

a. Identifier, en le justifiant qualitativement, la courbe correspondant à la tension et celle correspondant à l'intensité.

b. Déterminer graphiquement la valeur de la constante de temps du dipôle RC. Comparer cette valeur à la durée d'un choc de l'ordre de 200 ms.

c. En déduire la valeur de la résistance R.

d. Déterminer la valeur de la charge électrique du condensateur à la fin du processus de charge.

Partie 2 Déclenchement de l'airbag

e. En supposant que le modèle du condensateur plan est applicable, expliquer pourquoi le rapprochement des deux armatures, provoqué par un choc, entraîne une augmentation de la capacité du condensateur.

f. En tenant compte du fait que la constante de temps est très faible, on considérera que la valeur de la résistance est nulle. Établir l'expression de la tension aux bornes du condensateur u_C et de la charge q du condensateur avant le choc, en fonction de E.

g. En déduire que le choc a pour effet de faire augmenter la charge q du condensateur.

h. Indiquer sur le schéma suivant le sens de déplacement des électrons dans le circuit engendré par la variation de charge q du condensateur.

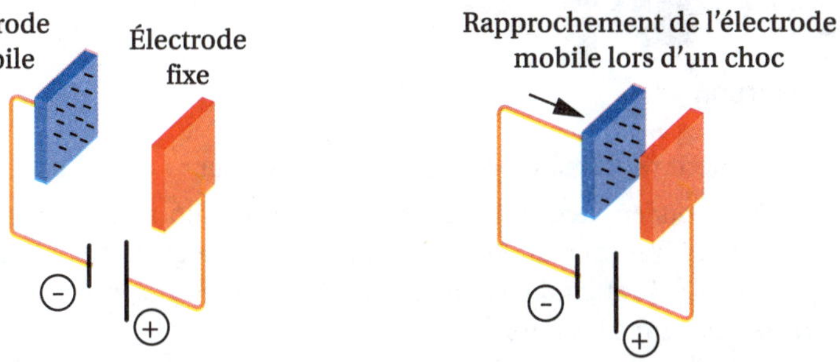

i. Parmi les propositions suivantes, identifier, en le justifiant, celle qui est exacte. Le déclenchement du gonflage de l'airbag est commandé par la détection d'une variation :

- **proposition 1** : de tension aux bornes du condensateur ;
- **proposition 2** : d'intensité du courant dans le circuit ;
- **proposition 3** : de tension aux bornes du générateur.

CORRIGÉS

SE TESTER QUIZ

1 Condensateur

Réponse b.

2 Capacité d'un condensateur

Réponse b.

3 Dipôle *RC* : charge d'un condensateur

Réponses a et b.

4 Dipôle *RC* : décharge d'un condensateur

Réponse a.

OBJECTIF BAC

5 Étude d'un airbag

Partie 1 Comportement de l'accéléromètre en dehors de chocs

a. À l'instant $t = 0$, le condensateur est déchargé donc la tension à ses bornes est nulle. À la fermeture de l'interrupteur K, le condensateur se charge. La tension u_c à ses bornes augmente jusqu'à atteindre la valeur $E = 5{,}0$ V délivrée par le générateur. La courbe (a) représente donc la courbe $u_c = f(t)$.

Pendant cette charge, l'intensité électrique, maximale à $t = 0$, décroît jusqu'à atteindre une valeur nulle lorsque le condensateur est chargé. La courbe (b) représente donc la courbe $i = f(t)$.

b. Pour déterminer la valeur de la constante de temps, deux méthodes sont possibles → FICHE 55 :

- tracer la tangente à $t = 0$ coupant la droite d'équation $u_C = 5{,}0$ V au point d'abscisse τ ;
- repérer le point d'ordonnée :

$u_c = 0{,}63 \times 5{,}0 = 3{,}2$ V qui a pour abscisse τ.

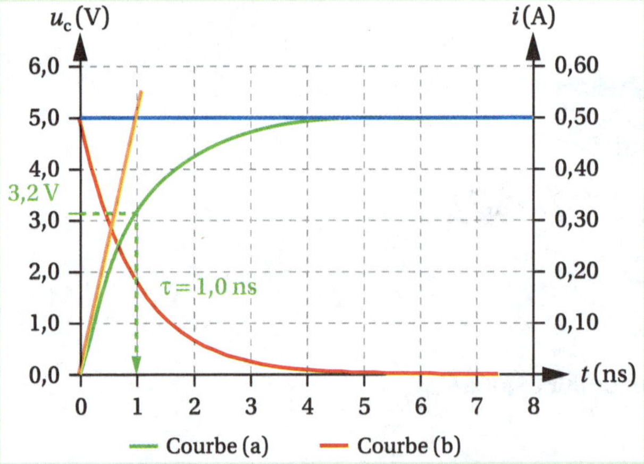

Cette constante de temps $\tau = 1{,}0$ ns est très faible par rapport à la durée d'un choc (200 ms).

c. L'expression de la constante de temps $\tau = RC$ donne :

$$R = \frac{\tau}{C} = \frac{1{,}0 \times 10^{-9}}{100 \times 10^{-12}} = 1{,}0 \times 10^{1}\ \Omega \text{ soit une résistance } R = 10\ \Omega.$$

d. La charge du condensateur est proportionnelle à la tension à ses bornes : $q = Cu_C$.

Lorsque la charge est terminée : $q = CE$ donc $q = 100 \times 10^{-12} \times 5{,}0 = 5{,}0 \times 10^{-10}$ C c'est-à-dire $q = 0{,}50$ nC.

Partie 2 Déclenchement de l'airbag

e. La capacité du condensateur, supposé plan, s'exprime par la relation : $C = \varepsilon\frac{S}{e}$.

Lors du freinage, les deux armatures se rapprochent, c'est-à-dire que la distance e est réduite. Par conséquent la capacité C, inversement proportionnelle à e, augmente.

f. Avant le choc, l'interrupteur a été fermé au moment de la mise sous tension de l'accéléromètre.

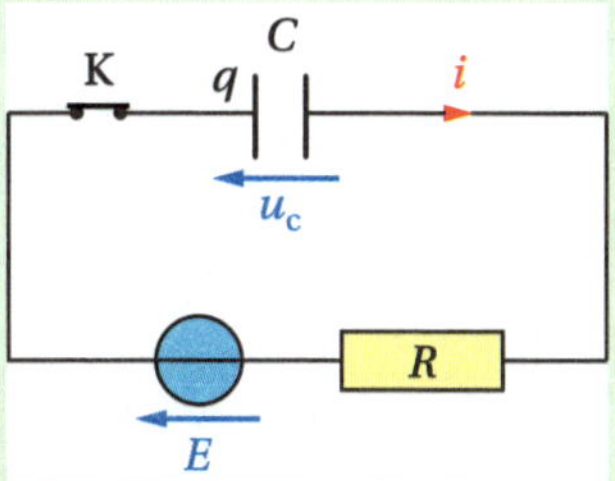

Comme la résistance R est négligeable, on a alors :
$u_C = E$ et $q = Cu_C = CE$.

g. Lors du choc, la capacité C augmente et la tension E reste inchangée. Par conséquent, la charge $q = CE$ augmente.

h. La charge du condensateur augmente donc des électrons se dirigent vers l'armature déjà chargée négativement et des électrons quittent l'armature chargée positivement.

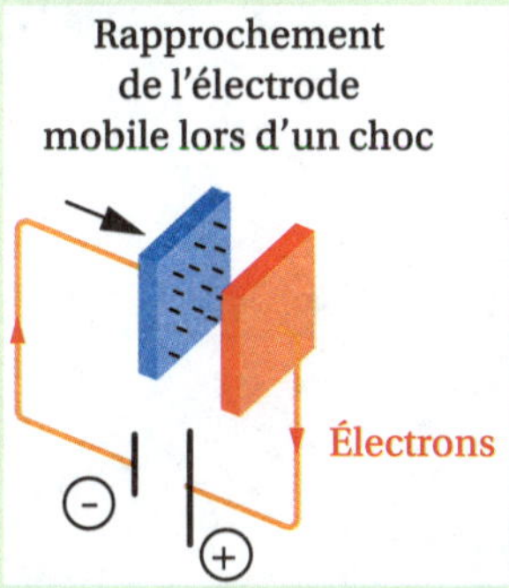

i. La variation de la charge q lors du choc provoque l'apparition d'un courant dans le circuit. En revanche, la tension E délivrée par le générateur ne varie pas. Comme la tension aux bornes du condensateur chargé vaut E, elle ne varie pas non plus. Par conséquent, le déclenchement du gonflage de l'airbag est commandé par la détection d'une variation d'intensité du courant dans le circuit (proposition 2).

SVT

TOUT LE PROGRAMME

- 41 fiches de cours
- Exercices et sujets corrigés

SOMMAIRE

Quand vous en avez fini avec une fiche ou un entraînement, cochez la case ☐ correspondante !

La Terre, la vie et l'organisation du vivant

1. L'origine du génotype des individus

2. L'évolution des génomes au sein des populations

3. Retracer l'histoire de la Terre

Enjeux contemporains de la planète

4. L'organisation fonctionnelle des plantes à fleurs

SOMMAIRE

Quand vous en avez fini avec une fiche ou un entraînement,cochez la case ☐ correspondante !

10. La cellule musculaire, une cellule spécialisée

11. Le contrôle des flux de glucose, source essentielle d'énergie

12. Comportements et stress de l'organisme

1 Stabilité génétique et évolution clonale

En bref *La mitose permet d'obtenir des clones de cellules identiques. Parfois, des mutations entraînent l'apparition de sous-clones génétiquement différents.*

I Clones et stabilité génétique

- Lors de la **multiplication cellulaire** ou mitose, les cellules d'un organisme se reproduisent à l'identique. On peut donc obtenir un groupe de cellules, issues d'une seule cellule ancestrale, génétiquement identiques, qu'on appelle un **clone**. Cette multiplication à l'identique est à l'origine de la **stabilité génétique**.

- Les mitoses interviennent dans le renouvellement cellulaire, notamment pour les cellules à multiplication rapide comme les cellules de la peau.

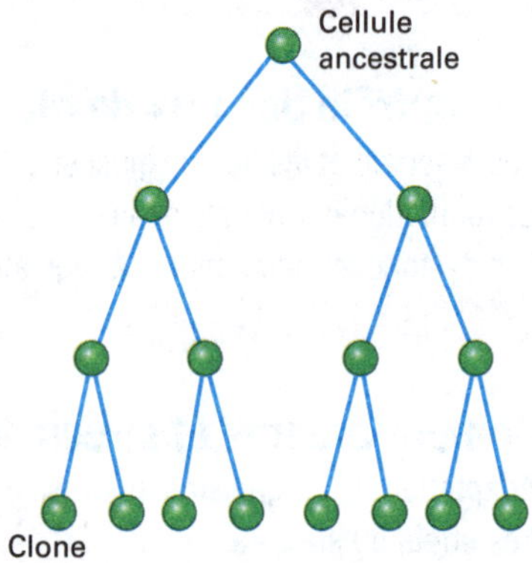

Doc 1 Clones d'une cellule ancestrale

- Les clones peuvent être des cellules libres (bactéries, cellules immunitaires), des cellules associées en tissus (peau, intestin) ou des organismes entiers. Le clonage est utilisé en agriculture pour obtenir des végétaux aux caractéristiques identiques de génération en génération.

II Diversification génétique au sein d'un clone

- Parfois, au sein des cellules issues d'un clone, des **mutations** peuvent survenir, puis se transmettre à la descendance de la cellule mutée. Ces mutations sont à l'origine de cellules génétiquement différentes de la cellule ancestrale, qui se multiplient à leur tour pour créer une lignée de sous-clones.

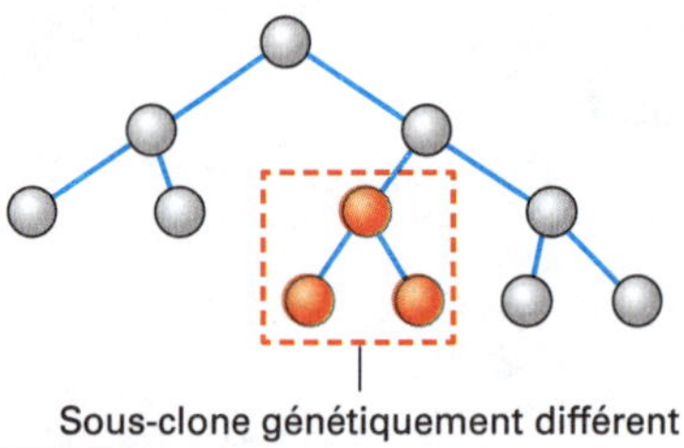

Doc 2 Mutation au sein d'un clone

- L'accumulation de mutations au sein de la lignée d'un clone modifie ainsi l'information génétique et entraîne une **diversification génétique**.

Méthode

Expliquer l'origine des cellules cancéreuses

L'être humain est constitué de milliards de cellules qui se renouvellent régulièrement à l'identique par mitose.

Un cancer se développe à partir d'une cellule saine qui a été modifiée, la cellule devient alors cancéreuse et se multiplie pour former une tumeur.

À l'aide du document, expliquer l'origine des cellules cancéreuses formant une tumeur.

Doc Les perturbations du génome et la cancérisation

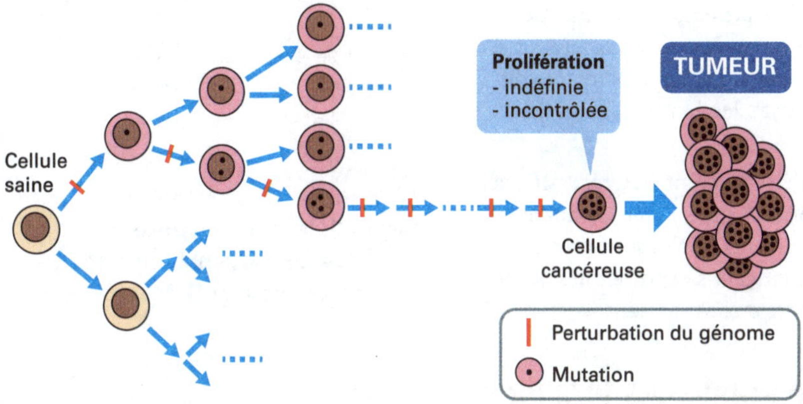

CONSEILS

Étape 1 Indiquer pour chaque embranchement le nombre de mutations présentes à la troisième génération.
Étape 2 Citer l'embranchement qui perturbe le génome.
Étape 3 Conclure sur l'origine des cellules cancéreuses de la tumeur.

SOLUTION

Étape 1 Pour les deux embranchements du haut, on observe une mutation qui persiste à la troisième génération, le troisième embranchement montre deux mutations, le quatrième trois mutations, les quatre derniers n'en présentent aucune.

Étape 2 Seules les mutations du quatrième embranchement perturbent durablement le génome (barres verticales).

Étape 3 Les mutations qui perturbent le génome sont responsables de l'apparition d'une cellule cancéreuse. Celle-ci va alors se multiplier et créer un sous-clone qui donnera alors une tumeur cancéreuse.

2 Le brassage génétique à chaque génération

En bref *Lors de la méiose, les allèles se répartissent dans les gamètes : c'est le brassage génétique. Ce brassage est à l'origine d'une diversité allélique, qui sera accentuée lors de la fécondation.*

I Homozygotes et hétérozygotes

- Une cellule diploïde contient deux exemplaires de chaque gène. Les deux versions de ces gènes ou **allèles** peuvent être présentes sous une même forme chez les **homozygotes** (A et A par exemple) ou sous deux formes différentes chez les **hétérozygotes** (A et O).

- Les allèles peuvent être **récessifs**, et ne s'exprimer qu'à l'état homozygote (quand les deux allèles sont présents), ou **dominants** et s'exprimer dès qu'un seul d'entre eux est présent.

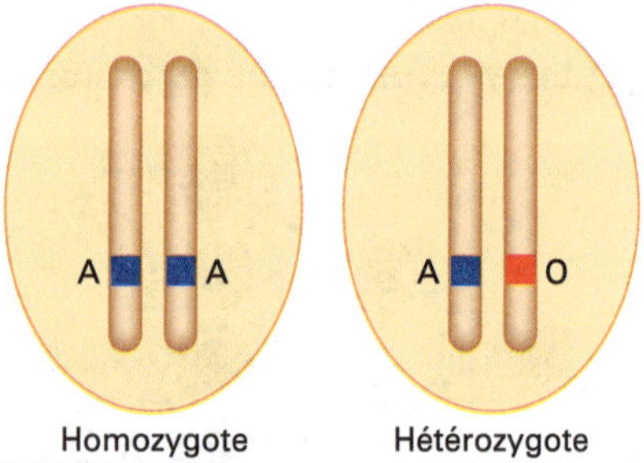

Doc **Cellules homozygote et hétérozygote présentant les allèles A et O**

II Les brassages lors de la méiose

- La méiose permet de passer d'une seule cellule diploïde à quatre cellules haploïdes après deux divisions cellulaires successives comportant chacune **quatre phases** (prophase, métaphase, anaphase et télophase) 1 et 2.

- Chaque cellule fille haploïde ne comporte qu'un seul allèle de chaque gène. Les allèles se répartissent de façon différente lors de la méiose : c'est ce que l'on appelle le **brassage génétique**.

- Il y a deux types de brassage génétique :
un **brassage interchromosomique**, qui correspond à une séparation aléatoire des chromosomes homologues lors de l'anaphase 1 de la méiose ;
un **brassage intrachromosomique ou *crossing-over***, qui correspond à un échange entre chromatides de chromosomes homologues lors de la prophase 1 de la méiose et qui est responsable d'échanges d'allèles des paires homologues.

- Les brassages génétiques permettent de produire des gamètes différents pour les gènes présents à l'état hétérozygote. Plus les gènes d'une cellule sont présents à l'état hétérozygote, plus le nombre de combinaisons de gamètes différents est grand. La fécondation fusionnera ensuite deux génomes indépendants, ce qui augmente encore la **diversité allélique**.

Méthode

Expliquer la transmission des groupes sanguins

Manon, élève de terminale, se pose des questions : son père est du groupe A– et sa mère du groupe B+. Elle est du groupe O– et son petit frère, Paul, du groupe AB+. Les groupes sanguins sont l'expression de deux gènes : le gène du système ABO et le gène du système Rhésus.

Expliquer, à l'aide du tableau, les groupes sanguins de Manon et de Paul, ainsi que celui de leurs parents.

Gènes	Système ABO	Système Rhésus
Allèles	A, B et O	+ et -
Allèle(s) dominant(s)	A et B	+
Allèle récessif	O	-

CONSEILS

Étape 1 Écrire le phénotype et le génotype de Manon et de Paul pour chacun des deux gènes et celui de leurs parents.
Étape 2 Préciser l'origine paternelle ou maternelle des allèles présents chez Manon et Paul.

SOLUTION

Étape 1 Manon est du groupe O– : elle possède donc l'allèle (O) du système ABO et l'allèle (–) du système Rhésus. Elle est homozygote [OO] pour le système ABO et homozygote [– –] pour le système Rhésus. C'est la seule solution, car les deux allèles sont récessifs et parviennent à s'exprimer.

Paul est du groupe AB+ : il possède donc les allèles (A) et (B) du système ABO et l'allèle (+) du système Rhésus. Il est [AB] pour le système ABO, mais peut être soit (+//–), soit (+//+) pour le système Rhésus.

Le père est [A] et sa fille est [O], donc il est (A//O). Comme il est de Rhésus négatif, il est homozygote pour ce caractère (+//+).

La mère est [B] et sa fille est [O], donc elle est (B//O). Comme elle est de Rhésus positif et que sa fille est de Rhésus négatif, elle est hétérozygote (+//–) pour ce caractère.

Étape 2 Manon a reçu un allèle (O) et un allèle (–) de chacun de ses deux parents, seule condition pour qu'elle soit homozygote pour les deux gènes.

Paul a reçu l'allèle (A) de son père et l'allèle (B) de sa mère. Pour le gène Rhésus, il a reçu l'allèle (+) de sa mère et l'allèle (–) de son père.

3 Les principes de base de la génétique

En bref *Pour étudier la transmission de caractères héréditaires, on réalise des croisements ou des arbres généalogiques. Le séquençage de l'ADN permet de connaître le génome d'un individu.*

I Principe des croisements

- Gregor Mendel a élaboré les principes de la génétique sous la forme de trois lois. Lors d'un croisement, les hybrides de première génération présentent un phénotype homogène, les gamètes ne contiennent qu'un seul allèle (pureté des allèles) et les allèles se séparent de manière indépendante.
- La transmission des caractères héréditaires est étudiée au moyen de croisements entre individus de lignée pure. Une lignée pure est un ensemble d'individus homozygotes pour tous les caractères étudiés. On appelle phénotype, noté entre crochets, le caractère observable que l'on étudie, et génotype, noté entre parenthèses, l'allèle présent chez un individu.

II Étude d'un arbre généalogique

Pour étudier la transmission des caractères dans l'espèce humaine, on réalise des arbres généalogiques. On indique ainsi la transmission d'un caractère particulier présent au sein d'une famille, ce qui permet, à partir du phénotype des individus, de reconstituer leur génotype à toutes les générations.

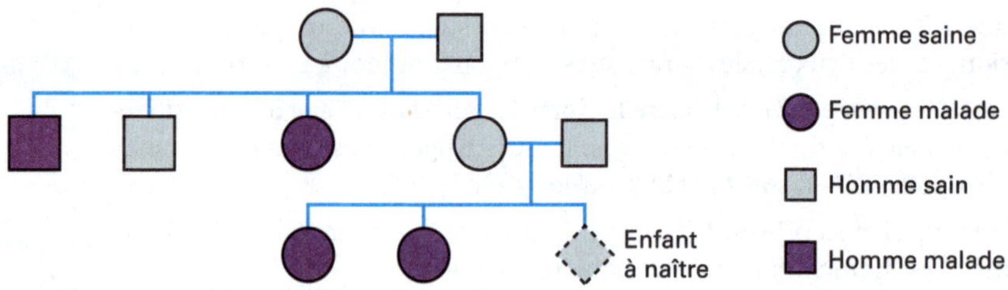

Doc **Arbre généalogique d'une famille atteinte par une maladie génétique**

III Séquençage de l'ADN

- Le séquençage de l'ADN consiste à déterminer l'enchaînement des nucléotides de l'ADN d'un individu. On peut ainsi connaître les caractéristiques de cet individu et en déduire celles des autres membres de sa famille.
- Chez l'Homme, un séquençage de l'ADN permet notamment d'identifier les gènes responsables de maladies génétiques ou de faire des tests de filiation.

Méthode

Effectuer le diagnostic prénatal d'une maladie génétique

Dans la famille L, les deux parents sains ont donné naissance à un enfant atteint d'une maladie génétique récessive. Lors d'une troisième grossesse, tous les membres de la famille sont testés afin de savoir si l'enfant à naître sera malade. On notera (m) l'allèle responsable de la maladie et (s) l'allèle sain.

Expliquer à l'aide des documents si l'enfant à naître sera malade.

Doc 1 Arbre généalogique de la famille L

Doc 2 Diagnostic prénatal par électrophorèse

On découpe l'ADN avec des enzymes de restriction afin d'obtenir des fragments d'ADN coloré pour le gène de la maladie, que l'on fait ensuite migrer dans un gel.

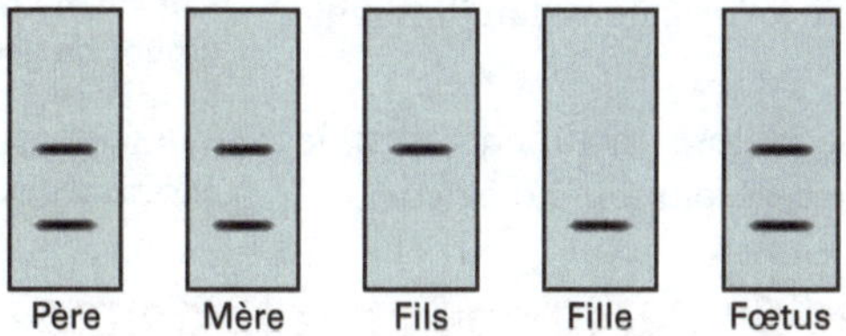

CONSEILS

Étape 1 Établir le génotype de chacun des deux parents, en comparant les bandes obtenues avec le phénotype des enfants malade et sain.

Étape 2 Établir le génotype de l'enfant à naître d'après son test prénatal, en le comparant aux autres membres de la famille.

SOLUTION

Étape 1 Les deux parents sont hétérozygotes pour le gène étudié, car ils possèdent chacun deux bandes différentes, donc deux allèles différents :
- une bande qui correspond à l'allèle (m), que l'on retrouve chez leur fille malade ;
- une bande qui correspond à l'allèle (s) que l'on retrouve chez leur fils sain.

Les deux parents sont donc [m//s].

Étape 2 D'après le diagnostic prénatal, le fœtus est hétérozygote [m//s], puisqu'il a les mêmes résultats que ses parents. Il ne sera donc pas malade.

4 Les accidents chromosomiques lors de la méiose

En bref *Les anomalies de la méiose, comme les* crossing-over *inégaux, sont à l'origine de l'évolution, mais aussi d'anomalies du caryotype, comme la trisomie 21.*

I Les anomalies de la méiose

- Lors des *crossing-over*, il arrive que les échanges de fragments de chromatides ne soient pas équivalents. On parle de *crossing-over* inégal.
- Les chromosomes affectés par un *crossing-over* inégal, en fin de méiose, présentent des combinaisons génétiques différentes. Dans le document 1, l'un des deux chromosomes possède deux copies du gène A, alors que l'autre chromosome n'aura plus de gène A. Ce gène supplémentaire peut ensuite muter et être à l'origine de **familles multigéniques**.
- Les anomalies de la méiose modifient ainsi le génome, ce qui participe à l'évolution biologique.

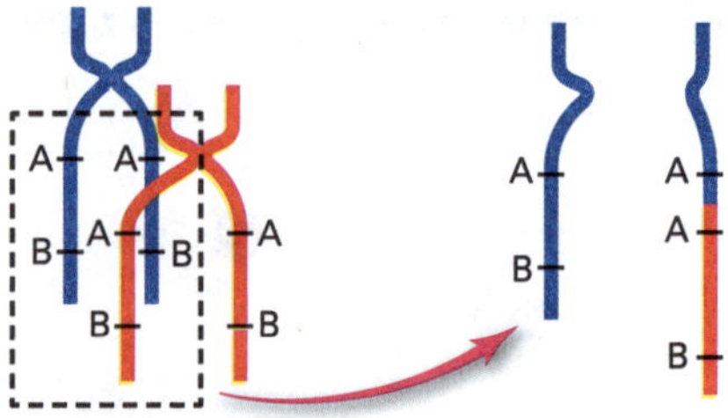

Doc 1 ***Crossing-over* inégal**

MOT CLÉ
Famille multigénique : groupe de gènes issus de la duplication et de mutations d'un gène ancestral unique.

II Les anomalies du caryotype chez l'homme

- Une mauvaise séparation des chromosomes lors de la méiose peut entraîner la formation d'un gamète avec des chromosomes en plus ou en moins.
- La plupart de ces anomalies ne sont pas viables, hormis quelques trisomies comme la trisomie 21 ou monosomie sexuelle.

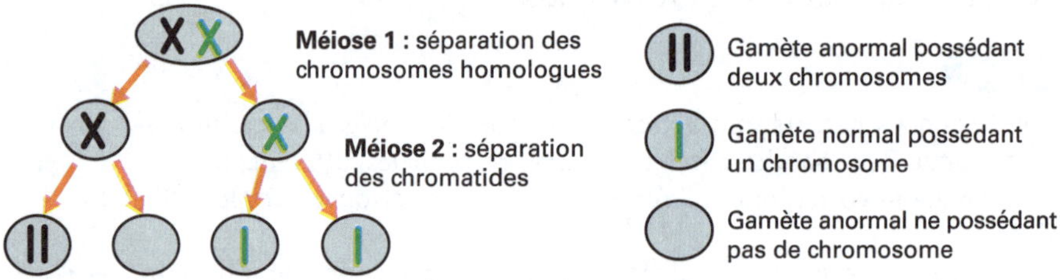

Doc 2 **Schéma d'une méiose anormale**

Méthode

Déterminer l'origine du syndrome de Klinefelter

Le syndrome de Klinefelter est une anomalie présente chez 1/500 à 1/1 000 nouveau-nés masculins. Il entraîne de nombreuses anomalies dans le développement de l'appareil génital, entraînant une stérilité. Pour poser le diagnostic, on réalise un caryotype.

Déterminer à l'aide du document et de vos connaissances l'origine du syndrome de Klinefelter.

Doc Caryotype d'une personne atteinte du syndrome de Klinefelter

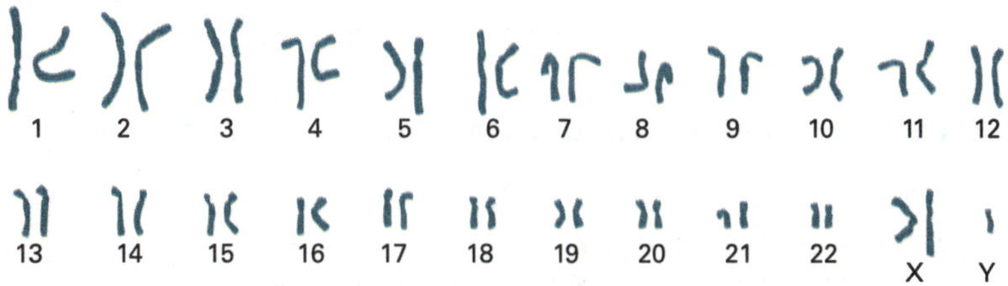

CONSEILS

Étape 1 Trouver l'anomalie affectant le caryotype de la personne malade.
Étape 2 Faire un schéma pour expliquer l'anomalie observée.

SOLUTION

Étape 1 On remarque que la 23ᵉ paire de chromosomes comporte trois chromosomes sexuels (XXY) au lieu de deux (XX ou XY). C'est cette anomalie qui est responsable du syndrome de Klinefelter.

Étape 2 Les chromosomes se sont mal répartis lors de la formation des gamètes. Le chromosome X est en double exemplaire au lieu d'un seul chez l'un des deux parents. On obtient donc une cellule-œuf avec 47 chromosomes, dont trois pour la 23ᵉ paire.

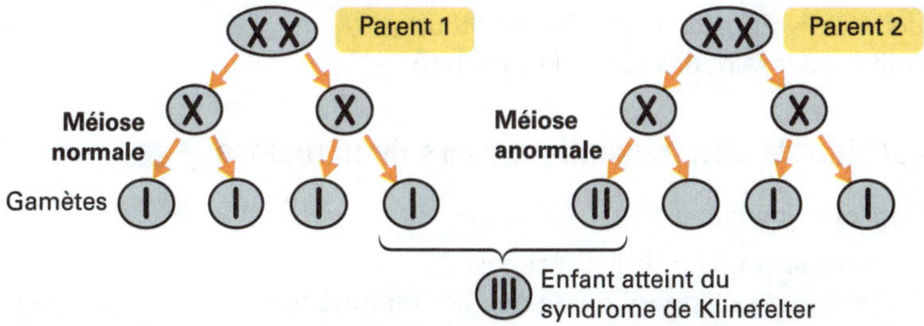

Doc Anomalie responsable du syndrome de Klinefelter

SE TESTER QUIZ

Vérifiez que vous avez bien compris les points clés des **fiches 1 à 4**.

1 Stabilité génétique et évolution clonale

→ FICHE 1

1. Les clones :

☐ **a.** permettent la multiplication cellulaire
☐ **b.** proviennent de plusieurs molécules ancestrales
☐ **c.** produisent un ensemble de cellules génétiquement différentes

2. La diversification génétique :

☐ **a.** permet le maintien de la stabilité d'une espèce
☐ **b.** est due à une accumulation de mutations au sein d'un clone
☐ **c.** peut apparaître au sein d'un sous-clone

2 Le brassage génétique à chaque génération

→ FICHE 2

1. Une cellule diploïde :

☐ **a.** contient toujours deux allèles identiques pour un même gène
☐ **b.** qui possède un allèle a et un allèle b pour un même gène est homozygote
☐ **c.** qui possède un allèle a et un allèle b pour un même gène est hétérozygote

2. Vrai ou faux ?

☐ **a.** Le *crossing-over* permet un échange de chromatides lors de la mitose
☐ **b.** Le brassage interchromosomique permet une répartition aléatoire des chromosomes lors de la méiose
☐ **c.** Les brassages génétiques permettent d'obtenir des cellules génétiquement identiques

3 Les principes de base de la génétique

→ FICHE 3

Le séquençage de l'ADN :

☐ **a.** permet de connaître précisément le génome d'un individu
☐ **b.** est source de mutations au sein des cellules
☐ **c.** est utilisé pour faire des tests de paternité

4 Les accidents chromosomiques lors de la méiose

→ FICHE 4

Les *crossing-over* inégaux :

☐ **a.** permettent la stabilité de l'espèce
☐ **b.** sont à l'origine de l'apparition de familles multigéniques
☐ **c.** n'augmentent pas le nombre de gènes dans une cellule

OBJECTIF BAC

5 Localiser deux gènes de la drosophile

45 min

→ FICHE 2

LE SUJET

On réalise des croisements portant sur deux caractères de la drosophile, la longueur des ailes et la couleur des yeux, afin de localiser ces deux gènes sur une même paire de chromosomes ou non.

À l'aide des documents, déterminer si les gènes codant la longueur des ailes et la couleur des yeux sont liés ou indépendants.

Doc 1 Premier croisement

Le premier croisement de drosophiles porte sur le caractère « longueur des ailes » : (ailes longues) et (ailes vestigiales) et « couleur des yeux » : (yeux rouges) et (yeux pourpres). Les parents sont homozygotes pour les deux gènes. On observe autant de mâles que de femelles parmi les descendants F1. Tous sont hétérozygotes et ont pour phénotype : ailes longues et yeux rouges.

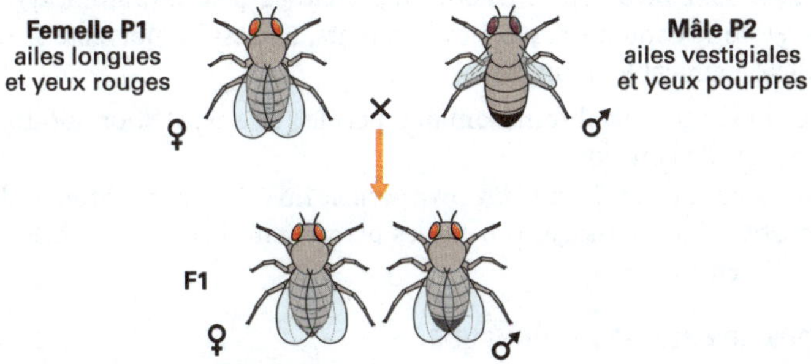

Doc 2 Deuxième croisement

On réalise un *test-cross* en croisant une femelle de F1 et un mâle P2 double récessif.

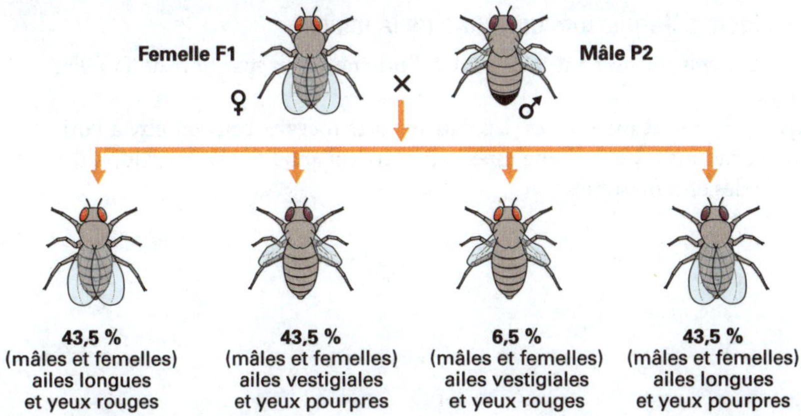

PHYSIQUE-CHIMIE SVT MATHS COMPLÉMENTAIRES GRAND ORAL

CORRIGÉS

SE TESTER QUIZ

1 Stabilité génétique et évolution clonale

1. Réponse a. Les clones permettent la multiplication cellulaire.
Les réponses b et c sont incorrectes. Les clones proviennent de cellules ancestrales, pas de molécules. Ils donnent des cellules génétiquement identiques.

2. Réponses b et c. La diversification génétique est due à une accumulation de mutations au sein d'un clone. Elle peut apparaître au sein d'un sous-clone.
La réponse a est incorrecte. La diversification génétique ne stabilise pas une espèce, elle lui permet au contraire d'évoluer.

2 Le brassage génétique à chaque génération

1. Réponse c. Une cellule diploïde qui possède un allèle a et un allèle b pour un même gène est hétérozygote.
Les réponses a et b sont incorrectes. Une cellule diploïde peut être homozygote ou hétérozygote, et donc contenir des allèles différents. Elle est homozygote si elle contient deux allèles semblables d'un même gène.

2. Réponse b. Le brassage interchromosomique permet une répartition aléatoire des chromosomes lors de la méiose.
Les réponses a et c sont fausses. Le *crossing-over* permet un échange de chromatides au cours de la méiose et les brassages génétiques permettent d'obtenir des cellules génétiquement différentes.

3 Les principes de base de la génétique

Réponses a. et c. Le séquençage de l'ADN permet de connaître précisément le génome d'un individu et c'est l'outil utilisé pour faire des tests de paternité.
La réponse b est incorrecte. Une méthode d'analyse ne peut provoquer de mutations.

4 Les accidents chromosomiques lors de la méiose

Réponse b. Les *crossing-over* inégaux sont à l'origine de l'apparition de familles multigéniques.
Les réponses a et c sont incorrectes. Les *crossing-over* inégaux peuvent être à l'origine de modifications au sein d'une espèce. Ils peuvent modifier la répartition des gènes au sein des chromosomes.

OBJECTIF BAC

5 Localiser deux gènes de la drosophile

■ Au premier croisement, on obtient des mouches hétérozygotes de phénotype [ailes longues, yeux rouges], donc l'allèle qui permet d'avoir des ailes longues (a^+) est dominant sur l'allèle qui permet d'avoir des ailes vestigiales (a^-) et l'allèle qui permet d'avoir les yeux rouges (r^+) est dominant sur l'allèle qui permet d'avoir les yeux pourpres (r).

RAPPEL
Un *test-cross* est un croisement entre F1 et un individu double récessif. Lorsque les résultats sont équiprobables, les gènes sont indépendants ; s'il y a une majorité d'individus de type parentaux, ils sont liés.

■ On remarque que la répartition des phénotypes n'est pas équiprobable (on aurait 25 % de chaque si les gènes étaient indépendants). On fait donc l'hypothèse que les deux gènes sont liés ; on croise F1 (a^+, r^+//a, r) × P2 (a, r//a, r) et on établit le tableau de croisement suivant :

Gamètes de P2 / Gamètes de F1	(a, r/)
(a, r/)	(a, r//a, r)
(a^+, r^+/)	(a^+, r^+//a, r)
(a, r^+/)	(a, r^+//a, r)
(a^+, r/)	(a^+, r//a, r)

On obtient une majorité de mouches ayant un phénotype parental (en noir dans le tableau) [ailes longues, yeux rouges] et [ailes vestigiales, yeux pourpres] et une minorité de mouches ayant un phénotype recombiné issu d'un *crossing-over* (en rouge dans le tableau) [ailes longues, yeux pourpres] et [ailes vestigiales, yeux rouges].

CONSEIL
Comparez les résultats théoriques et expérimentaux pour conclure.

■ On constate que les résultats des expériences sont conformes à ceux du tableau de croisement. Il y a bien une majorité de mouches de génotype parental : 43,5 % (a, r//a, r) + 43,5 % (a^+, r^+//a, r) et une minorité de mouches de génotype parental : 6,5 % (a, r^+//a, r) + 6,5 % (a^+, r//a, r). Les deux gènes codant pour la couleur des yeux et la longueur des ailes sont donc liés.

PHYSIQUE-CHIMIE
SVT
MATHS COMPLÉMENTAIRES
GRAND ORAL

5 La complexification des génomes

En bref *Des échanges de gènes ou des associations de génomes peuvent avoir lieu entre différents groupes d'êtres vivants. Ces associations et gènes échangés peuvent se transmettre de manière héréditaire.*

I Échanges de gènes entre êtres vivants

- Certains gènes peuvent être échangés entre espèces par des mécanismes non reproductifs : ce sont les **transferts horizontaux** de gènes. Ces échanges sont assurés par des vecteurs (transporteurs) comme les virus ou, s'il s'agit de deux espèces bactériennes, par la formation de ponts entre cytoplasmes.

Exemple : les nématodes, vers microscopiques, sont capables de digérer les parois des cellules végétales grâce à des gènes hérités de bactéries du sol.

- Ces transferts peuvent avoir des conséquences importantes sur l'**évolution des populations** et plus largement des écosystèmes. Ils sont par exemple à l'origine de transferts de gènes de résistances aux antibiotiques entre bactéries, ce qui engendre des problèmes de santé publique humaine.

II Association de génomes par endosymbiose

- Les endosymbioses sont des associations durables entre êtres vivants d'espèces différentes. L'un des deux symbiotes se retrouve inclus à l'intérieur de l'autre. Ce type d'association peut finir par devenir héréditaire en se transmettant de génération en génération.

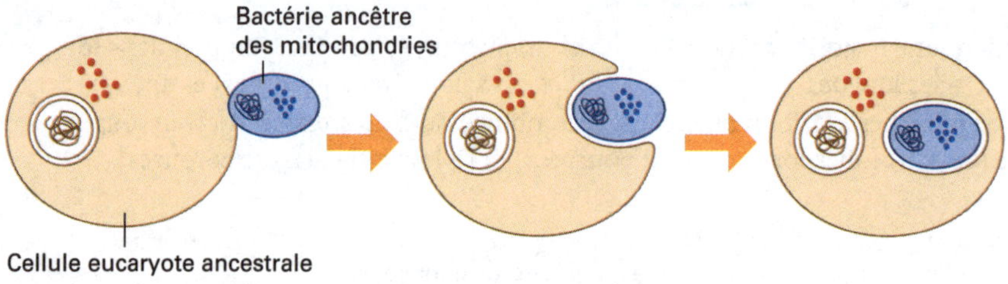

Doc **Mécanisme de l'endosymbiose mitochondriale**

La bactérie absorbée par la cellule eucaryote est intégrée au cytoplasme. Elle évoluera en mitochondrie, qui présentera les vestiges des deux membranes.

- C'est le cas des organites de la cellule eucaryote (mitochondries, chloroplastes), qui proviennent probablement d'anciennes associations entre une cellule eucaryote et une cellule procaryote bactérienne. Cette théorie de l'« **endosymbiose** » repose sur la présence de matériel génétique propre à ces organites. La majeure partie de leur génome a été simplifiée et transférée vers le noyau de la cellule hôte.

Méthode

Comprendre l'origine des chloroplastes

Les chloroplastes sont les organites clés de la photosynthèse réalisée par les organismes végétaux.

À l'aide du document ci-dessous et de vos connaissances, émettre une hypothèse quant à l'origine des chloroplastes dans les cellules végétales.

Doc Chloroplaste d'une cellule végétale (a) et cyanobactérie (b)

Photographies en microscopie électronique à transmission. Le thylakoïde est une structure permettant de capter la lumière utile à la photosynthèse.

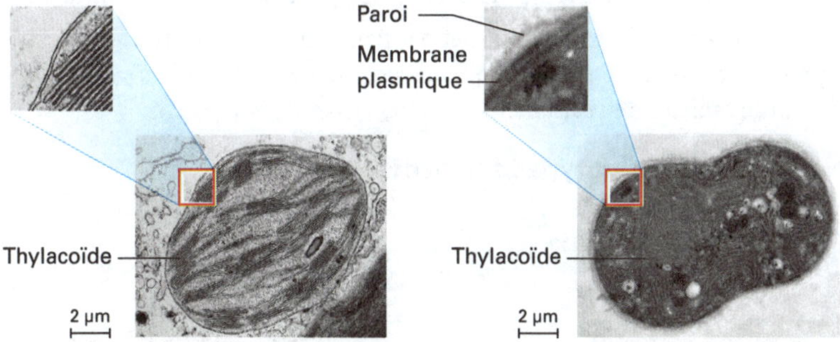

CONSEILS

Étape 1 Dénombrer les membranes plasmiques délimitant le chloroplaste et la cyanobactérie.
Étape 2 Identifier une structure commune aux chloroplastes et aux cyanobactéries.
Étape 3 Imaginer un scénario expliquant l'origine du chloroplaste des cellules eucaryotes.

SOLUTION

Étape 1 Le chloroplaste est délimité par deux membranes, tandis que la cyanobactérie n'en compte qu'une.

Étape 2 Le thylakoïde est une structure que l'on rencontre à la fois dans la cellule eucaryote végétale et chez les cyanobactéries.

Étape 3 Le chloroplaste et la cyanobactérie présentant des structures communes, il est probable qu'une cyanobactérie ait été phagocytée à l'origine par une cellule eucaryote. La seconde membrane présente autour du chloroplaste serait héritée de la membrane plasmique de la cellule eucaryote ayant phagocyté la cyanobactérie.

6 Une prévision mathématique des fréquences alléliques

En bref *Le modèle mathématique de Hardy-Weinberg prévoit une stabilité théorique de la fréquence des allèles au sein d'une population.*

I Modèle de Hardy-Weinberg et fréquences des allèles

■ Hardy et Weinberg ont formulé au xxe siècle un modèle de transmission des allèles au cours d'une génération pour une population « idéale ».

■ Ce modèle avance une **stabilité des fréquences relatives des allèles** d'un gène donné au cours des générations au sein de cette population idéale. Un tableau de croisements permet de prévoir les fréquences des génotypes à la génération suivante.

■ Considérons un gène à deux allèles (A et a). Pour une génération donnée, si p est la fréquence de l'allèle A et q la fréquence de l'allèle a, on a $p + q = 1$. Cela permet d'établir le tableau de croisement suivant.

Doc Fréquence des génotypes à la génération *n* + 1

Fréquence des allèles à la génération n	A (p)	a (q)
A (p)	AA (p^2)	Aa (pq)
a (q)	Aa (pq)	aa (q^2)

■ **Démonstration** de la stabilité des fréquences des allèles. Soit $f(\text{A})$ la fréquence de l'allèle A à la génération n, $f'(\text{A})$ sa fréquence à la génération $n + 1$, on a :

$$f'(\text{A}) = f'(\text{AA}) + \frac{1}{2} f'(\text{Aa}) = p^2 + \frac{1}{2} \times 2pq = p^2 + pq = p\,(p + q) = p = f(\text{A}).$$

La fréquence de l'allèle A à la génération $n + 1$ est bien la même qu'à la génération n.

II Conditions pour valider le modèle de Hardy-Weinberg

■ La **population « idéale »** étudiée dans le cadre du modèle de Hardy-Weinberg doit respecter un certain nombre de **conditions** (hypothèses) :
une population formée d'individus diploïdes à reproduction sexuée ;
une reproduction entre individus de même génération ;
une rencontre entre individus (et donc des gamètes) liée au hasard ;
une population d'effectif infini (pas de dérive génétique) ;
une absence de mutation du gène considéré ;
une absence de sélection (positive ou négative) du gène considéré ;
une absence de migration des individus de la population.

■ Dans la plupart des **populations réelles**, au moins l'une de ces hypothèses ne peut être vérifiée et empêche donc de valider le modèle de Hardy-Weinberg.

Méthode

Calculer des fréquences alléliques dans une population idéale

Chez une espèce végétale diploïde à floraison annuelle, un gène codant la couleur des fleurs est représenté par deux allèles : l'allèle A est à l'origine d'une coloration rouge sang, l'allèle B d'une coloration rose.

Un échantillon d'individus de la population a été prélevé et la couleur des fleurs déterminée à partir de la concentration des pigments présents. On distingue ainsi trois types d'individus dont les phénotypes peuvent être annotés de la manière suivante : [rouge], [rose foncé] et [rose].

Dans un échantillon de 416 individus, on a trouvé 220 [rouge], 130 [rose] et 66 [rose foncé].

On considère que la population respecte le modèle de Hardy-Weinberg.

Calculer les fréquences de chaque allèle du gène codant la couleur des fleurs dans la population étudiée.

CONSEILS

Étape 1 Annoter les génotypes des individus correspondant aux trois phénotypes relevés dans la population végétale.
Étape 2 Donner la relation mathématique décrivant la fréquence de chaque allèle.
Étape 3 Calculer la fréquence de chaque génotype.
Étape 4 Calculer la fréquence de chaque allèle dans la population.

SOLUTION

Étape 1 Les organismes sont diploïdes.
Phénotype [rouge] : génotype (AA).
Phénotype [rose] : génotype (BB).
Phénotype [rose foncé] : génotype (AB).

Étape 2 La population respectant le modèle de Hardy-Weinberg, les fréquences des allèles sont stables au cours des générations. Donc, on a :

$$f(\text{A}) = f(\text{AA}) + \frac{1}{2}\ f(\text{AB}) \text{ et } f(\text{B}) = f(\text{BB}) + \frac{1}{2}\ f(\text{AB}).$$

Étape 3 Les fréquences des génotypes peuvent être calculées en divisant l'effectif de chaque phénotype par l'effectif total de la population :

$$f(\text{AA}) = \frac{220}{416}\ ;\ f(\text{BB}) = \frac{130}{416}\ ;\ f(\text{AB}) = \frac{66}{416}.$$

Étape 4 Les fréquences de chaque allèle sont donc les suivantes :

$$f(\text{A}) = \frac{220}{416} = \frac{1}{2} \times \frac{66}{416} = \frac{253}{416} = 0{,}6 \text{ et } f(\text{B}) = \frac{130}{416} = \frac{1}{2} \times \frac{66}{416} = \frac{98}{416} = 0{,}4.$$

7 Des mécanismes génétiques à l'origine de l'évolution

En bref *Les variations individuelles dans les populations sont le support de forces évolutives : sélection naturelle et dérive génétique. Ces mécanismes sont à l'origine de la diversité des espèces.*

I Des populations d'individus soumises à des forces évolutives

- Les populations sont formées d'individus présentant une **variabilité intraspécifique**, en raison de la diversité des allèles (à cause notamment des mutations). Cette variabilité est le support de l'évolution : elle entraîne la variation des fréquences d'allèles représentés dans la population au cours du temps.
- L'une des forces évolutives à l'origine de la modification des fréquences d'allèles dans les populations est la **sélection naturelle**. Dans un milieu donné, un allèle peut se montrer avantageux ou désavantageux pour l'individu qui le porte. Celui-ci pourra donc mieux (ou moins bien) survivre et se reproduire, transmettant (ou non) ses allèles à la génération suivante.
- La plupart des allèles sont néanmoins neutres vis-à-vis de la survie et de la reproduction des individus. Par conséquent, les variations de fréquences des allèles dans une population sont majoritairement attribuées aux effets du hasard de rencontres des individus et donc des allèles (dans le cadre de la reproduction) : c'est la **dérive génétique**.

II Les espèces, ensembles d'individus isolés génétiquement

- Une **espèce** peut être considérée comme une population d'individus isolés génétiquement d'autres populations. Cet isolement implique des **barrières génétiques** entre les individus.
- Ces barrières sont généralement de nature géographique (distance, montagnes...), mais elles peuvent aussi être anatomiques, comportementales ou chromosomiques, empêchant l'accouplement (périodes de reproduction différentes, par exemple), voire la fécondation.

RAPPEL
On considère que des individus d'une même espèce peuvent engendrer une descendance fertile.

- Ces barrières sont souvent **limitées dans le temps**, du fait de l'instabilité du milieu de vie (modification du paysage) et des individus (mutations, dérive et sélection). Par conséquent, la notion d'espèce est liée au temps (apparition de deux espèces distinctes à la suite de la séparation géographique d'une même population).

Méthode

Comprendre l'action de la sélection naturelle

Des populations de mésanges bleues (*Parus caeruleus*) ont été étudiées sur deux sites français (Liouc et Quissac) du Gard. Les chercheurs ont mesuré :
- l'abondance de chenilles se nourrissant de feuilles de chêne, et étant elles-mêmes la source de nourriture principale des mésanges ;
- le nombre d'œufs pondus par les mésanges bleues.

L'alimentation apporte l'énergie nécessaire à la ponte, dont la période est contrôlée par un gène à deux allèles : ponte précoce et ponte tardive.

À partir des données, montrer que le milieu de vie exerce une sélection des mésanges et proposer un scénario évolutif pour leurs populations.

Doc Abondance de chenilles et pourcentages d'œufs pondus

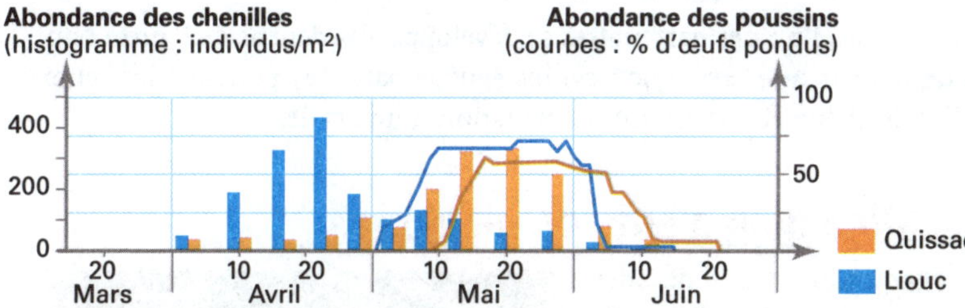

CONSEILS

Étape 1 Étudier la relation entre abondance des chenilles et ponte des mésanges.
Étape 2 Expliquer l'influence du milieu sur la date de ponte des mésanges et en déduire les allèles sélectionnés sur chaque site.
Étape 3 Émettre une hypothèse sur le devenir des populations de mésanges.

SOLUTION

Étape 1 À Liouc comme à Quissac, le maximum de pontes a lieu quelques jours à quelques semaines après le maximum d'abondance des chenilles. La ponte et l'abondance des chenilles sont plus précoces à Liouc qu'à Quissac.

Étape 2 La période de ponte des mésanges est liée à l'abondance des chenilles. L'allèle (ponte précoce) apporte un avantage aux mésanges de Liouc, car elles bénéficient d'une période d'abondance de nourriture. L'allèle est donc sélectionné à Liouc. L'allèle (ponte tardive) est avantageux à Quissac, car l'abondance des chenilles est plus tardive : il est sélectionné sur ce site.

Étape 3 Le milieu entraîne l'isolement génétique des populations d'oiseaux des deux sites. On peut donc supposer que, dans de nombreuses générations, elles ne seront plus capables de se reproduire et formeront deux espèces.

8 Autres mécanismes contribuant à la biodiversité

En bref *La diversification du monde vivant n'est pas seulement liée à des modifications génétiques. D'autres mécanismes participent au « phénotype étendu » des individus.*

I Des associations entre êtres vivants

- Certains organismes s'associent durablement, s'assurant ainsi une meilleure survie et une meilleure reproduction. Ces associations, non héréditaires, sont dites obligatoires (les organismes ne peuvent pas survivre séparément).
- Ces associations peuvent être à bénéfices réciproques pour les deux partenaires : on parle alors de symbiose mutualiste. Exemple : microbiote aidant la digestion de l'hôte, qui l'héberge en retour.
- Dans certains cas, l'un des partenaires se développe aux dépens de l'autre : on parle alors de parasitisme. Exemple : cynips (guêpe parasite) pondant ses œufs sur les feuilles de chêne et entraînant la formation d'une galle.

II L'utilisation d'éléments du milieu

Certains organismes réalisent des constructions (terriers, nids...) à partir d'éléments du milieu pour assurer leur protection. D'autres éléments peuvent être utilisés pour attirer des individus du sexe opposé.

Doc Le jardinier satiné

Le jardinier satiné construit un « berceau » de brindilles orné de ses plumes ou de petits objets bleus pour attirer une femelle.

III Une transmission des comportements

- Les chants d'oiseaux jouent un rôle dans la reconnaissance entre individus. La réalisation d'un nouveau chant est donc un facteur d'isolement de populations. L'utilisation d'outils chez les primates ou les pratiques culturelles dans les sociétés humaines peuvent avoir les mêmes conséquences.
- Ces comportements participent ainsi à la diversification du vivant sans modifier leur génome. Transmis de génération en génération par apprentissage, leur pratique peut être sélectionnée si elle apporte des bénéfices aux individus les réalisant.

Méthode

Étudier l'association d'êtres vivants à l'origine du lichen

Les lichens sont formés par l'association de deux êtres vivants distincts.

À partir des documents et de vos connaissances, montrer que le lichen est un organisme issu d'une symbiose mutualiste.

Doc 1 Coupe de lichen

Les sorédies sont les formes de dispersion reproductives du lichen, assurant une reproduction asexuée des deux partenaires (par mitoses).

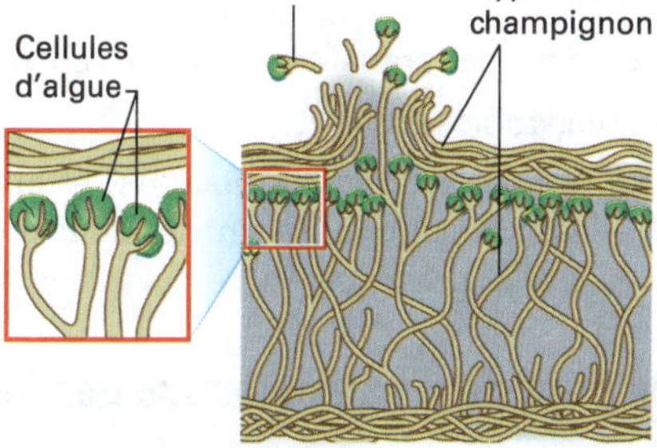

Doc 2 Nutrition des végétaux et des champignons

Les végétaux chlorophylliens captent l'énergie lumineuse par photosynthèse afin de produire de la matière organique à partir de matière minérale (CO_2 atmosphérique) et d'autres minéraux du sol.

Les champignons ne réalisent pas la photosynthèse, mais leurs réseaux d'hyphes prélèvent des sels minéraux dans le sol et extraient de la matière organique à partir de la digestion d'autres êtres vivants.

CONSEILS

Étape 1 Montrer que le lichen est une association durable d'êtres vivants.
Étape 2 Relever les différences dans la nutrition des végétaux et des champignons, en termes de matières minérale et organique.
Étape 3 En déduire les bénéfices de la symbiose pour les deux partenaires.

SOLUTION

Étape 1 Le lichen est formé de deux organismes : des algues unicellulaires incluses dans des hyphes de champignon. Cette association perdure grâce aux sorédies, forme reproductive dispersant les deux partenaires à la fois.

Étape 2 Les végétaux peuvent élaborer leur matière organique par photosynthèse à partir de matière minérale issue du milieu. Les champignons ne réalisent pas la photosynthèse et doivent donc prélever leur matière organique directement dans le milieu.

Étape 3 La symbiose permet des échanges bénéfiques entre les deux partenaires : les algues transfèrent les produits photosynthétiques au champignon, qui fournit la matière minérale et assure une protection.

SE TESTER QUIZ

Vérifiez que vous avez bien compris les points clés des **fiches 5 à 8**.

1 La complexification des génomes

→ FICHE 5

1. Les transferts horizontaux :

☐ **a.** concernent des transferts de gènes de parents à descendants
☐ **b.** sont impliqués dans la résistance bactérienne aux antibiotiques
☐ **c.** concernent des transferts de gènes entre espèces différentes

2. Les endosymbioses :

☐ **a.** sont des associations non obligatoires entre deux organismes
☐ **b.** sont des associations transmises de manière héréditaire
☐ **c.** expliquent la présence d'organites dans les cellules eucaryotes

2 Une prévision mathématique des fréquences alléliques

→ FICHE 6

Le modèle de Hardy-Weinberg :

☐ **a.** prévoit des variations aléatoires des fréquences alléliques
☐ **b.** concerne des populations idéales
☐ **c.** considère que les populations ne sont soumises qu'aux mutations

3 Des mécanismes génétiques à l'origine de l'évolution

→ FICHE 7

1. Les populations sont soumises :

☐ **a.** à la sélection naturelle qui favorise les individus portant des allèles avantageux pour la survie et la reproduction
☐ **b.** à la dérive génétique liée à la rencontre aléatoire des individus
☐ **c.** aux mutations qui apparaissent sous la contrainte du milieu

2. Les espèces :

☐ **a.** ne sont pas modifiées au cours du temps
☐ **b.** sont des populations différentes morphologiquement
☐ **c.** sont des populations isolées génétiquement par des barrières

4 Autres mécanismes contribuant à la biodiversité

→ FICHE 8

Les mécanismes non génétiques de diversification du vivant :

☐ **a.** concernent des comportements transmis de génération en génération
☐ **b.** concernent des associations héréditaires entre êtres vivants
☐ **c.** concernent le « phénotype étendu » des individus

OBJECTIF BAC

5 Expliquer l'évolution des pinsons *Geospiza fortis*

45 min

→ FICHE 7

LE SUJET

Les pinsons du genre *Geospiza*, vivant sur les îles Galápagos, ont été étudiés par Darwin au XIXe siècle, l'inspirant à établir sa théorie de l'évolution. Ils ont aussi été étudiés par Peter et Rosemary Grant, un couple de chercheurs ayant suivi leurs populations dans les années 1970.

À partir des documents et de vos connaissances, expliquer et schématiser le mécanisme évolutif expliquant les changements observés dans la population de *Geospiza fortis* de 1976 à 1978.

Doc 1 Deux formes de pinsons *Geospiza fortis*

L'île Daphne major de l'archipel des Galápagos abrite une population de pinsons *Geospiza fortis*, dont on observe deux formes, témoignant d'une variabilité intraspécifique : une forme à petit bec (à gauche) et une forme à gros bec (à droite).

Les pinsons à petit bec se nourrissent de petites graines, tandis que les pinsons à gros bec se nourrissent plutôt de grosses graines, plus dures. Jusqu'en 1976, la population était surtout composée de pinsons à petit bec.

Doc 2 Quantité de graines, taille du bec des pinsons

En mai 1976 débuta une sécheresse qui perdura jusqu'à la fin de l'année 1977. Cet épisode a eu un impact sur la nature et la quantité de graines présentes sur l'île, mais également sur la taille du bec des pinsons. J M M J S N en abscisse correspondent au mois de janvier, mars, mais, juillet, septembre, novembre.

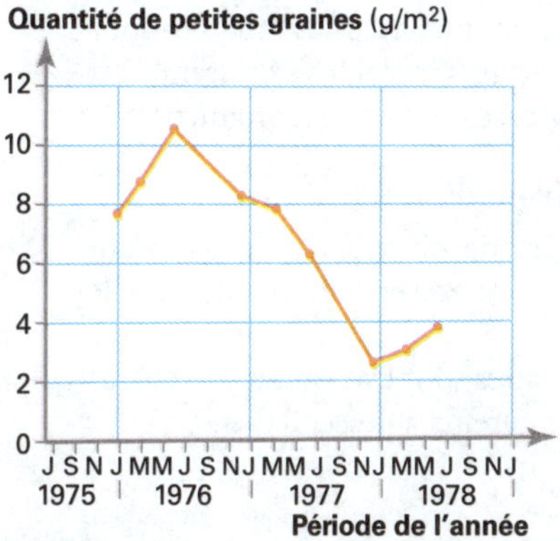

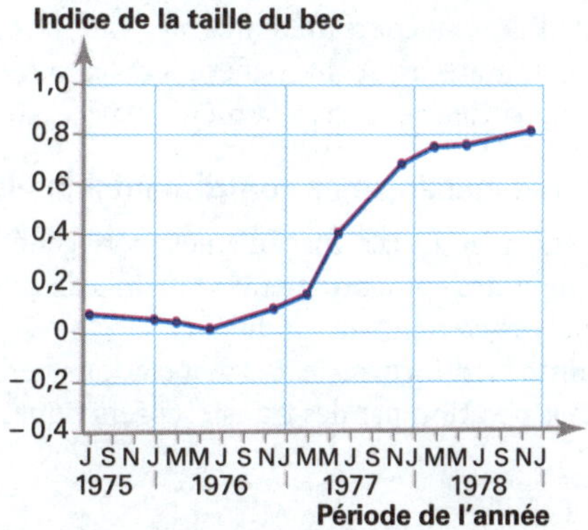

CORRIGÉS

SE TESTER QUIZ

1 La complexification des génomes

1. **Réponses b et c.** Les transferts horizontaux sont impliqués dans la résistance bactérienne aux antibiotiques. Ils concernent des transferts de gènes entre espèces différentes.
La réponse a est incorrecte. Les transferts horizontaux ne se font pas de parents à descendants.

2. **Réponses b et c.** Les endosymbioses sont des associations transmises de manière héréditaire. Elles expliquent la présence d'organites des cellules eucaryotes.
La réponse a est incorrecte. Ce sont des associations obligatoires, car les « organismes » ne peuvent pas survivre séparément.

2 Une prévision mathématique des fréquences alléliques

Réponse b. Le modèle de Hardy-Weinberg concerne des populations idéales.
Les réponse a et c sont incorrectes. Le modèle prévoit au contraire une stabilité des fréquences alléliques au cours des générations. Les populations prises en compte dans ce modèle ne sont soumises à aucune force évolutive, y compris les mutations.

3 Des mécanismes génétiques à l'origine de l'évolution

1. **Réponses a et b.** Les populations sont soumises à la sélection naturelle qui favorise les individus portant des allèles avantageux pour la survie et la reproduction, ainsi qu'à la dérive génétique liée à la rencontre aléatoire des individus.
La réponse c est incorrecte. Les mutations apparaissent de manière aléatoire. Elles peuvent toutefois être par la suite sélectionnées, contre-sélectionnées ou persister dans la population sous l'effet du hasard (dérive génétique).

2. **Réponse c.** Les espèces sont des populations isolées génétiquement par des barrières.
Les réponses a et b sont incorrectes. Dans le contexte de l'évolution, les espèces sont modifiées au cours du temps, pouvant être maintenues avec des modifications liées aux mutations, se diversifier ou disparaître. Certains individus se ressemblent mais n'appartiennent pas à la même espèce, sur la base de critères reproductifs.

4 Autres mécanismes contribuant à la biodiversité

Réponses a et c. Les mécanismes non génétiques de diversification du vivant concernent des comportements transmis de génération en génération, ainsi que le « phénotype étendu » des individus.
La réponse b est incorrecte. Les associations héréditaires sont transmises de génération en génération par des transferts génétiques de parents à descendants.

OBJECTIF BAC

5 Expliquer l'évolution des pinsons *Geospiza fortis*

■ L'espèce de pinson *Geospiza fortis* présente une variabilité intraspécifique, avec une forme à petit bec et une forme à gros bec. Les formes à petit bec se nourrissent de petites graines, tandis que les formes à gros bec se nourrissent de grosses graines. Avant 1976, la forme à petit bec était majoritaire.

■ Un des graphiques du document 2 montre qu'à partir du mois de juin 1976 le nombre de petites graines a diminué sur l'île (divisé d'un facteur 5 l'année suivante). Un graphique montre que la taille du bec des pinsons a augmenté à partir de l'été 1976 et que la forme à gros bec est devenue majoritaire.

■ Ces modifications au sein de la population de *Geospiza fortis* sont liées à l'épisode de sécheresse de l'été 1976. Les plus petites graines n'étant plus disponibles, seuls les pinsons à gros bec ont pu se nourrir. Cet événement explique donc la prédominance de la forme à gros bec l'année suivante, qui a pu mieux survivre à la sécheresse et donc pu mieux se reproduire. Les allèles responsables d'un gros bec ont été davantage transmis à la descendance. L'évolution de cette population de pinsons est donc liée à la sélection naturelle, mécanisme évolutif ayant engendré une survie et une reproduction différente selon les formes de pinsons.

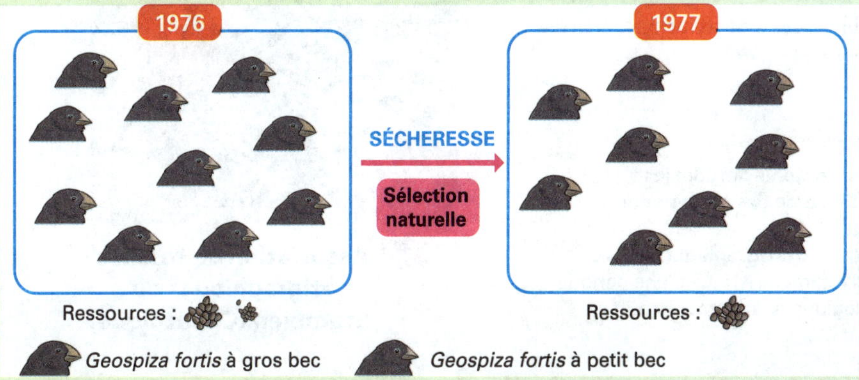

9 La chronologie relative

En bref *La géométrie des structures géologiques permet de reconstituer une chronologie relative de leur mise en place. L'étude des fossiles sert à l'élaboration d'une échelle des temps géologiques.*

I Principes de la chronologie relative

- Des **relations géométriques** permettent de reconstituer la chronologie relative de la mise en place des diverses structures géologiques.
- Trois principes logiques guident l'étude **stratigraphique** :
superposition : une couche sus-jacente à une autre est plus récente ;
recoupement : une structure qui en recoupe une autre est plus récente ;
inclusion : une structure incluse dans une autre est plus ancienne.
- Les associations de **fossiles stratigraphiques** (doc.) caractérisent un intervalle de temps précis. Elles permettent d'établir des corrélations entre des régions éloignées.

Doc **Association de fossiles stratigraphiques du Stampien (Cénozoïque)**

MOTS CLÉS
- **Stratigraphie :** étude de la stratification des roches et de leur âge relatif.
- **Fossile stratigraphique :** espèce fossile caractéristique d'une période géologique relativement courte.

II L'élaboration de l'échelle des temps géologiques

- Les coupures dans les temps géologiques sont établies sur des critères paléontologiques : l'apparition ou la disparition de groupes fossiles.
- La superposition des temps géologiques aboutit à l'échelle stratigraphique : l'**ère**, encadrée par des crises biologiques majeures, est divisée en **périodes**, elles-mêmes divisées en **étages**. Ces derniers sont définis par des **stratotypes**.

MOT CLÉ
Stratotype : affleurement de référence définissant un étage géologique.

Méthode

Établir la chronologie d'une coupe géologique

Les coupes géologiques permettent d'établir des chronologies relatives.

À partir de l'analyse de la coupe géologique de la nappe du Guil (Hautes-Alpes), établir la succession des événements visibles.

Doc Coupe géologique au niveau du Pic des Ourgières

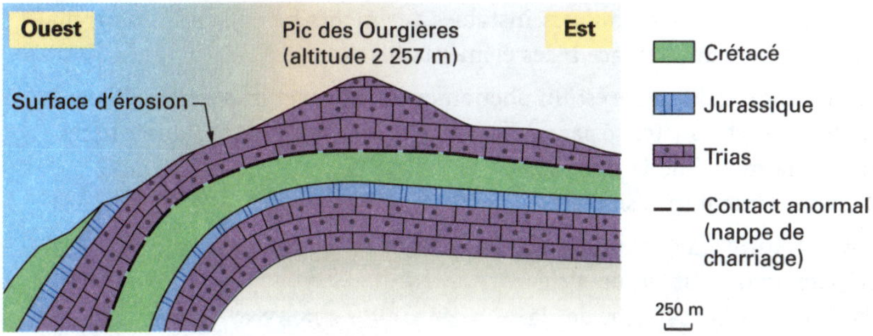

CONSEILS

Étape 1 Lister les principales structures et événements géologiques à ordonner chronologiquement.
Étape 2 Appliquer les principes de la stratigraphie et vos connaissances.
Étape 3 Reconstituer l'ordre chronologique des événements.

SOLUTION

Étape 1 Il faut positionner chronologiquement les trois dépôts sédimentaires (Crétacé, Jurassique, Trias), la mise en place du pli, de la nappe de charriage et la surface d'érosion.

Étape 2 Par superposition, on déduit que les dépôts du Crétacé sont plus récents que ceux du Jurassique, eux-mêmes plus récents que ceux du Trias. La mise en contact direct du Trias par-dessus Crétacé s'explique par l'existence d'un contact anormal : celui-ci est donc postérieur au Crétacé. Le pli affectant à la fois la nappe de charriage et les couches sédimentaires sous-jacentes est encore plus récent. Enfin, l'érosion touche l'ensemble des structures, c'est donc l'événement le plus récent.

Étape 3 On en déduit l'ordre chronologique suivant :
1. Dépôts du Trias, du Jurassique, puis du Crétacé.
2. Superposition anormale (nappe de charriage) de ces dépôts sur eux-mêmes.
3. Plissement de l'ensemble.
4. Érosion des reliefs.

10 La chronologie absolue

En bref *La radiochronologie est une méthode qui permet de donner un âge absolu donc numérique à certains événements géologiques.*

I Principe de la radiochronologie

- La plupart des roches contiennent, généralement à l'état de traces, des isotopes **radioactifs** : ces éléments atomiques instables (éléments pères) se désintègrent progressivement, laissant la place à des éléments fils.

- La désintégration radioactive est un phénomène continu et irréversible. Chaque élément radioactif est caractérisé par sa **demi-vie ($t_{1/2}$)**, c'est-à-dire la durée nécessaire pour que la moitié de la quantité initiale du radioélément se désintègre.

- Le rapport entre la quantité de l'élément père radioactif et de l'élément fils **radiogénique** (issu de la radioactivité) ne dépend donc que du temps qui s'est écoulé depuis la formation de l'objet étudié : ceci permet de déterminer l'âge des minéraux constitutifs d'une roche. Ce rapport constitue ainsi un véritable « **chronomètre** ».

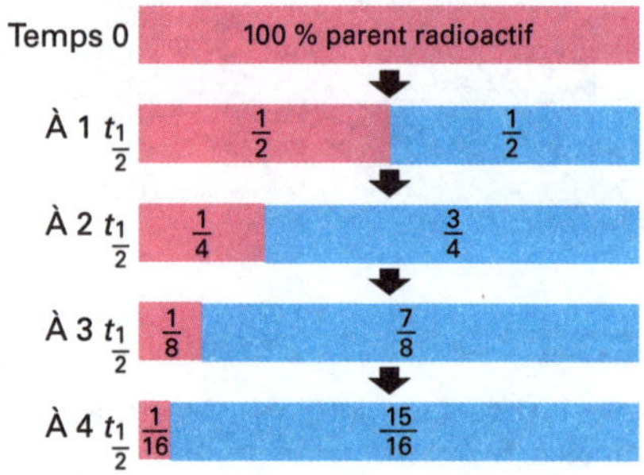

Doc **Évolution des quantités d'éléments père et fils**

II Matériel nécessaire et résultats

- Différents « chronomètres » sont utilisés en géologie. Leur choix dépend de la nature des roches et de l'événement à dater, ainsi que de leur âge supposé (qui a pu être évalué par chronologie relative).

- On date en réalité la **fermeture** d'un système, c'est-à-dire le moment où cesse tout échange entre le système et son environnement. Par exemple, la cristallisation d'un minéral correspond à la fermeture d'un système (cristallin).

- Le métamorphisme ou la cristallisation des roches magmatiques peuvent ainsi être datés, mais pas la sédimentation : en effet, ce phénomène correspond rarement à une fermeture d'un système et les roches sédimentaires présentent généralement peu d'éléments pouvant servir de chronomètre.

- Des mesures effectuées sur différents chronomètres (différents minéraux) d'une même roche peuvent donner des valeurs différentes, car chaque minéral a sa propre température de cristallisation (donc de fermeture).

Méthode

Choisir une méthode de chronologie absolue

En 2012, une équipe franco-turque a découvert en Turquie les restes d'un rhinocéros prisonnier dans une roche volcanique.

D'après les documents, expliquer comment dater ce fossile, en identifiant le chronomètre à utiliser.

Doc 1 Un fossile de rhinocéros

Ceratotherium neumayri est une espèce de rhinocéros qui était fréquente dans le bassin méditerranéen à la fin du Miocène (– 5 Ma). La roche volcanique qui a emprisonné l'animal est une ignimbrite (nuée ardente), composée principalement de quartz, de feldspaths potassiques et sodiques, et de biotite (riche en K).

Doc 2 Exemples de chronomètres

On considère qu'un chronomètre ne peut être utilisé pour dater un événement ayant plus de 10 fois sa demi-vie.

Chronomètre	$t_{1/2}$	Type de matériau
^{14}C	5 570 ans	Matière organique fossile riche en carbone
$^{40}K/^{40}Ar$	1,248 Ga	Minéraux potassiques des roches magmatiques

CONSEILS

Étape 1 Identifier les matériaux datables et les chronomètres utilisables.
Étape 2 Comparer les chronomètres avec l'événement à dater. Conclure

SOLUTION

Étape 1 On peut dater soit la mort du rhinocéros (s'il reste de la matière organique) grâce au ^{14}C, soit la cristallisation des minéraux potassiques (feldspaths ou biotite) de la nuée ardente qui l'a tué grâce au $^{40}K/^{40}Ar$.

Étape 2 Le document 2 précise que l'on ne peut utiliser un chronomètre pour dater un objet âgé de plus de 10 fois sa demi-vie. La méthode au ^{14}C ne peut donc être utilisée pour des objets de plus de 55 700 ans. Or, le fossile découvert est celui d'une espèce vivant à la fin du Miocène, donc âgée d'au moins 5 Ma (soit beaucoup plus que 55 700 ans).
Le seul moyen de dater le rhinocéros est donc d'utiliser la méthode au $^{40}K/^{40}Ar$ sur les minéraux de la roche volcanique encaissante.

11 Le passé mouvementé de la Terre

En bref *L'utilisation de méthodes de datation associée à la reconnaissance de structures géologiques caractéristiques permet de reconstituer l'histoire mouvementée de notre planète.*

I Des continents aux âges variés

Les continents actuels regroupent des domaines géologiques d'âges différents. Ils contiennent souvent des reliquats d'anciennes chaînes de montagnes issues de précédents cycles orogéniques dont on peut retrouver les traces des principales étapes : fragmentation continentale (rifting), ouverture d'un océan, subduction, collision de continents, disparition des reliefs.

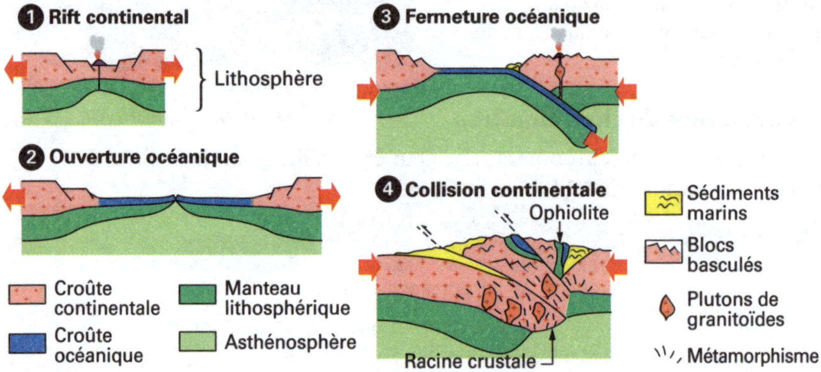

Doc Étapes d'un cycle orogénique

II À la recherche des océans disparus

- La présence de complexes ophiolitiques au sein des chaînes de montagnes témoigne d'anciens océans, exhumés par la collision continentale.
- Certains domaines océaniques sont bordés par des marges passives montrant des indices de distension (failles normales, blocs basculés), qui témoignent de la fragmentation du continent (rift continental) précédant l'ouverture de l'océan.

> **MOT CLÉ**
> **Complexe ophiolitique :** groupe de roches issues de la lithosphère océanique (péridotite, gabbro, basalte en coussins, sédiments océaniques).

- La dynamique de la lithosphère détermine différentes périodes paléogéographiques pendant lesquelles alternent des périodes de réunion des blocs continentaux (formation de la Pangée à la fin du Paléozoïque) et des périodes de fragmentation (mise en place de dorsales fragmentant la Pangée au Mésozoïque).

Méthode

Repérer les étapes d'un cycle orogénique

Les Alpes constituent le dernier cycle orogénique affectant l'Europe.

Reconstituer l'histoire des Alpes grâce aux indices relevés dans la carte.

Doc **Carte géologique simplifiée des Alpes**

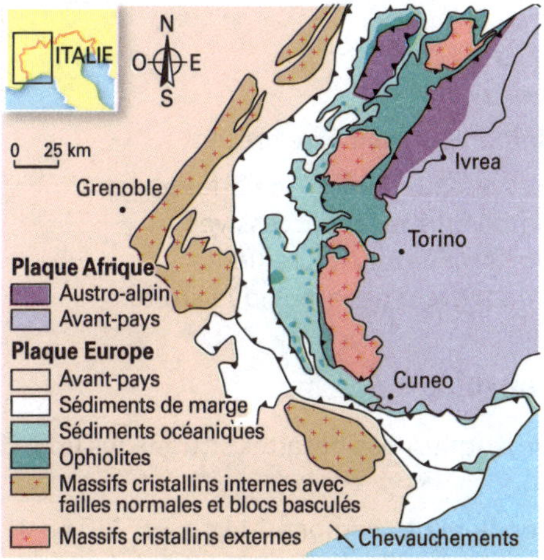

CONSEILS

Étape 1 Rappeler les grandes étapes d'un cycle orogénique.
Étape 2 Repérer les indices témoignant des étapes du cycle orogénique sur le document et les classer par étapes.
Étape 3 Organiser les informations chronologiquement et conclure.

SOLUTION

Étape 1 Un cycle orogénique comprend généralement une fragmentation continentale suivie d'une océanisation, la disparition de l'océan par subduction/obduction, puis la collision continentale et l'érosion des reliefs.

Étape 2 Les failles normales et blocs basculés des massifs cristallins externes, ainsi que les sédiments de marge constituent une ancienne marge passive. La présence d'ophiolites et de sédiments océaniques témoigne de la présence d'un ancien océan. Les chevauchements résultent de la collision de deux plaques continentales.

Étape 3 L'histoire des Alpes a commencé par la fragmentation d'un ancien continent, créant des marges passives et l'ouverture d'un océan. Cet océan a ensuite disparu par subduction (et obduction) due à la collision entre deux plaques tectoniques, ce qui explique la présence d'une ceinture ophiolitique coincée entre les deux plaques.

SE TESTER QUIZ

Vérifiez que vous avez bien compris les points clés des **fiches 9 à 11**.

1 La chronologie relative

→ FICHE 9

1. Soit une strate A coupée par une faille F et située sous une strate B non faillée. La chronologie est :

☐ **a.** dépôt de A, dépôt de B, faille F
☐ **b.** dépôt de A, faille F, dépôt de B
☐ **c.** dépôt de B, dépôt de A, faille F

2. Un bon fossile stratigraphique doit être présent :

☐ **a.** dans de nombreuses strates d'un même affleurement
☐ **b.** dans un nombre limité de strates successives
☐ **c.** dans des strates de nombreux affleurements
☐ **d.** uniquement dans un secteur géographique limité

2 La chronologie absolue

→ FICHE 10

Pour donner un âge numérique à des basaltes situés sous un calcaire du Crétacé, on peut :

☐ **a.** utiliser la radiochronologie au carbone 14 ($t_{1/2}$ = 5 730 ans)
☐ **b.** utiliser la radiochronologie à l'uranium 235/plomb 207 ($t_{1/2}$ = 0,7 Ga)
☐ **c.** appliquer une méthode de chronologie relative

3 Le passé mouvementé de la Terre

→ FICHE 11

1. L'ordre chronologique d'un cycle orogénique complet est :

☐ **a.** rift, dorsale, subduction, collision, pénéplanation
☐ **b.** rift, pénéplanation, dorsale, subduction, collision
☐ **c.** collision, rift, dorsale, subduction, pénéplanation

2. Les ophiolites sont des traces :

☐ **a.** de la lithosphère continentale chevauchante
☐ **b.** de la lithosphère océanique subduite ou obduite
☐ **c.** de la lithosphère continentale chevauchée

3. Une marge passive est caractérisée par :

☐ **a.** des ophiolites
☐ **b.** des blocs basculés de lithosphère continentale
☐ **c.** une fosse océanique et un plan de Wadati-Bénioff

OBJECTIF BAC

4 Déterminer les âges de deux granites

45 min

→ FICHES 9 et 10

LE SUJET

Les granites de Saint-Mathieu et de Piégut-Pluviers, en Dordogne, divisent depuis longtemps les géologues : certains pensent que ces deux granites sont contemporains, d'autres que l'un serait antérieur à l'autre.

1. À partir du document 1, argumenter l'idée que les deux granites ne sont pas contemporains.

2. Indiquer si les données radiométriques permettent de conforter cette hypothèse.

Doc 1 Carte géologique régionale

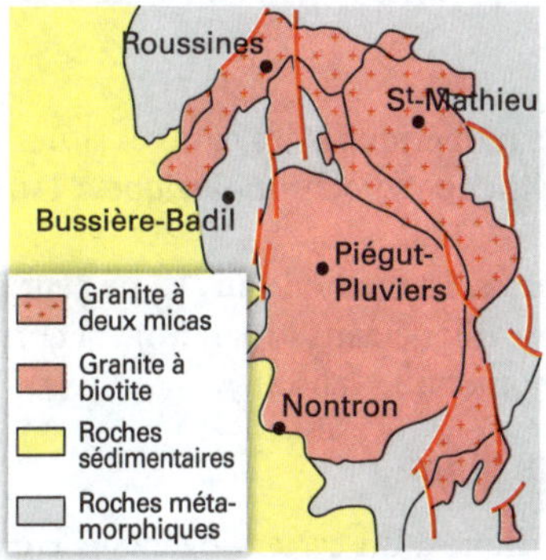

Doc 2 Datation au $^{87}Rb/^{86}Sr$ et données radiométriques

L'âge (t) d'un granite peut être estimé grâce à la mesure des rapports $^{87}Rb/^{86}Sr$ et $^{87}Sr/^{86}Sr$. Le rubidium 87 se désintègre en strontium 87 selon une constante $\lambda = 1{,}42 \times 10^{-11}$ an^{-1} et le strontium 86 est un isotope stable. La mesure de ces rapports sur divers échantillons de roches permet d'obtenir un âge. Le graphique représentant $^{87}Sr/^{86}Sr = f(^{87}Rb/^{86}Sr)$ donne des points alignés sur une droite dont le coefficient directeur est environ égal à λ/t. Les âges sont estimés ici avec une incertitude d'environ 15 Ma.

Granite à biotite		
Échantillon	$^{87}Rb/^{86}Sr$	$^{87}Sr/^{86}Sr$
1	1,97	0,7148
2	3	0,7197
3	4,87	0,7282
4	3,24	0,7213
5	2,64	0,7219
6	1,36	0,7125

Granite à deux micas		
Échantillon	$^{87}Rb/^{86}Sr$	$^{87}Sr/^{86}Sr$
1	11,69	0,7696
2	8,54	0,756
3	5,09	0,7404
4	6,56	0,7448
5	9,04	0,7573
6	11,98	0,768

CORRIGÉS

SE TESTER QUIZ

1 La chronologie relative

1. **Réponse b.** La chronologie est : dépôt de A, faille F, puis dépôt de B.
Les réponses a et c sont par conséquent incorrectes.

2. **Réponses b et c.** Un bon fossile stratigraphique doit être présent dans un nombre limité de strates successives (pour être représentatif d'une période courte) et dans les strates de nombreux affleurements (il doit posséder une grande extension géographique).
Les réponses a et d sont incorrectes. Un bon fossile statigraphique ne doit être localisé dans un grand nombre de strates ni dans un secteur géographique limité.

2 La chronologie absolue

Réponse b. Pour donner un âge numérique à des basaltes situés sous un calcaire du Crétacé, on peut utiliser la méthode radiochronologique à l'uranium 235/plomb 207.
Les réponses a et c sont incorrectes. La méthode au ^{14}C ne peut être utilisée au-delà de 50 000 ans (et il n'y a pas de carbone dans le basalte). La chronologie relative ne permet pas de donner un âge numérique (absolu).

3 Le passé mouvementé de la Terre

1. **Réponse a.** L'ordre chronologique d'un cycle orogénique complet est : rift, dorsale, subduction, collision, pénéplanation.
Les réponses b et c sont par conséquent incorrectes.

2. **Réponse b.** Les ophiolites sont des traces de la lithosphère océanique subduite ou obduite.
Les réponses a et c sont incorrectes. Les ophiolites sont des complexes de roches typiquement océaniques et non continentales.

3. **Réponse b.** Une marge passive est caractérisée par des blocs basculés de lithosphère continentale.
Les réponses a et c sont incorrectes. Les ophiolites sont des traces de l'océanisation (mise en place d'une dorsale) et le plan de Wadati-Bénioff caractérise une marge active (zone de subduction).

OBJECTIF BAC

4 Déterminer les âges de deux granites

1. Sur la carte géologique, le pluton granitique de Piégut-Pluviers semble recouper celui de Saint-Mathieu (doc. 1), ce qui suggère que le granite à deux micas de Saint-Mathieu est antérieur au granite à biotite de Piégut-Pluviers

2. En appliquant la méthode proposée dans le document 2, on peut tracer les graphiques suivants :

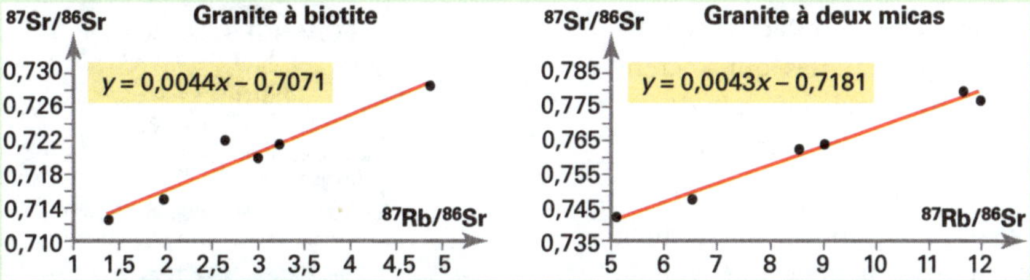

Pour le granite à biotite de Piégut-Pluviers, la droite isochrone a un coefficient directeur de 0,0044, ce qui correspond à un âge de 310 ± 15 Ma. Pour le granite à deux micas de Saint-Mathieu, la droite isochrone a un coefficient directeur de 0,0043, ce qui correspond à un âge de 303 ± 15 Ma.
L'ordre chronologique suggéré par la datation radiométrique semble contraire de celui supposé, avec un granite de Saint-Mathieu postérieur à celui de Piégut-Pluviers.
Mais en tenant compte de l'incertitude des mesures, on ne peut pas conclure à l'antériorité de l'un des granites par rapport à l'autre. En effet, l'âge du granite du Piégut-Pluviers est compris entre –295 et –325 Ma, et celui du granite de Saint-Mathieu entre –288 et –318 Ma. Les intervalles ne chevauchant nettement, les données radiométriques ne permettent pas d'établir l'antériorité d'un granite par rapport l'autre. Il semble que les deux granites soient contemporains ou qu'ils se soient mis en place à des dates très proches.

12 L'adaptation de la plante à la vie fixée

En bref *Les plantes ne se déplacent pas. Leurs feuilles, leurs tiges, leurs racines et leur organisation sont une adaptation à la vie fixée.*

I L'optimisation des échanges nutritifs

■ La plante à fleurs comporte une tige, des feuilles en contact avec l'atmosphère et des racines qui ancrent la plante dans le sol. Du fait de cet ancrage, la plante s'est adaptée à la vie fixée.

■ Les feuilles présentent une grande surface qui leur permet une grande exposition à la lumière. Elles possèdent des stomates, composés de deux cellules qui délimitent une ouverture facilitant les échanges gazeux entre la plante et l'atmosphère.

■ Dans le sol, les racines de la plante s'associent très souvent à des champignons pour former une structure symbiotique appelée mycorhize. Le développement des mycorhizes améliore l'absorption d'eau et de sels minéraux dans le sol ; en échange, la plante fournit de la matière organique aux champignons.

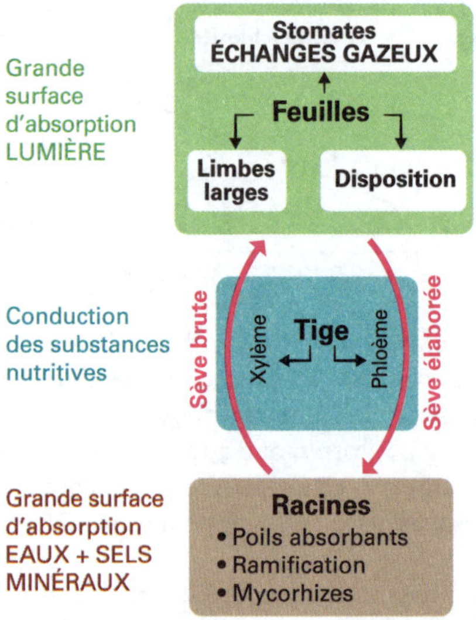

Doc **Adaptations de la plante à la vie fixée**

II La conduction des substances nutritives

■ Les zones d'absorption de la plante sont les racines et les feuilles. Comme la matière organique est synthétisée dans les feuilles, il est nécessaire de leur transférer des substances nutritives par la tige.

■ La tige est parcourue de vaisseaux, qui sont des cellules cylindriques permettant la conduction de substances nutritives. Les vaisseaux du xylème conduisent la **sève brute** et les vaisseaux du phloème conduisent la **sève élaborée**.

MOTS CLÉS
- **Sève brute** : liquide riche en eau et en sels minéraux, provenant des racines.
- **Sève élaborée** : liquide riche en matière organique produite par le métabolisme des plantes.

Méthode

Mettre en évidence l'adaptation des feuilles

La lumière est une ressource nécessaire pour l'Homme, notamment pour la synthèse de vitamine D, mais surtout pour la plante qui réalise la photosynthèse. Des données sont utilisées pour comparer l'Homme et la violette, une plante dont les fleurs sont utilisées en confiserie et en parfumerie.

Montrer qu'à poids égal la violette possède une surface d'absorption de la lumière plus efficace que celle de l'Homme.

Doc Masse et surfaces d'échanges chez l'Homme (*Homo sapiens*) et la violette (*Viola odorata*)

Homme		Violette	
Masse	85 kg	Masse	0,007 kg
Surface de la peau	2,55 m^2	Surface des feuilles	0,035 m^2
Surface des alvéoles pulmonaires	157 m^2	Surface des racines	4,55 m^2
Surface de la muqueuse intestinale	238 m^2		

CONSEILS

Étape 1 Identifier ce qui, chez l'Homme, peut être comparé aux feuilles pour l'absorption de la lumière.
Étape 2 Identifier l'intérêt de comparer des rapports surface/masse.
Étape 3 Calculer les rapports surface/masse de l'organe d'absorption de la lumière pour ces deux organismes.
Étape 4 Interpréter les résultats de vos calculs pour déterminer l'être vivant le mieux adapté à l'absorption de la lumière.

SOLUTION

Étape 1 Chez l'Homme, c'est la peau qui est en contact avec la lumière.

Étape 2 Les deux organismes ont des tailles et des structures très différentes. Pour comparer « équitablement » les surfaces d'échanges des deux organismes, on considère les valeurs des surfaces, rapportées à un même poids.

Étape 3 Chez la violette, le rapport est de 0,035/0,007 = 5 m^2/kg ; chez l'Homme, il est de 2,55/85 = 0,03 m^2/kg.

Étape 4 À masse égale, la violette possède une surface d'absorption de la lumière 166 fois plus grande que celle de l'homme. La feuille de la violette est donc un organe bien plus adapté à l'absorption de lumière que la peau de l'Homme.

PHYSIQUE-CHIMIE SVT MATHS COMPLÉMENTAIRES GRAND ORAL

13 La plante, un développement localisé et contrôlé

En bref *Le développement d'une plante se fait via de nombreuses divisions et croissances cellulaires. Il peut être influencé par les conditions du milieu de vie de la plante.*

I Les méristèmes, sièges du développement des plantes

■ De nombreuses divisions cellulaires se déroulent dans des régions de la plante appelées méristèmes. Ces zones participent au développement et à la croissance de la plante en produisant en permanence de nouvelles cellules.

■ Les méristèmes caulinaires sont localisés à l'extrémité des tiges, les méristèmes axillaires sont à la base des feuilles et les méristèmes racinaires à l'apex des racines.

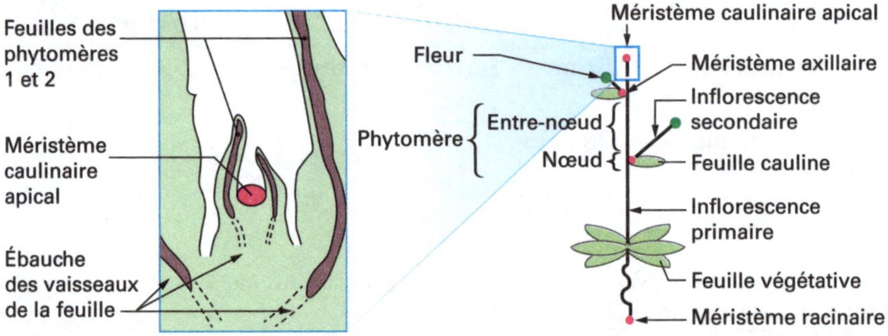

Doc **Méristèmes et zoom sur un méristème apical caulinaire**

■ Les cellules produites dans les méristèmes s'allongent puis se différencient. Divisions cellulaires, allongement et différenciation permettent aux organes de la plante de se construire : c'est l'**organogenèse**.

> **MOT CLÉ**
> **Organogenèse** : ensemble des processus à l'origine de la production des organes (feuilles, tige, racines, fleurs).

II Un développement sous contrôle

■ Le développement des plantes peut être influencé par des hormones végétales ou phytohormones, comme l'auxine, qui agissent sur les cellules.

■ L'environnement de la plante peut aussi influencer son développement. La plante peut modifier son port ou sa ramure pour supporter des vents forts ou pour mieux accéder à la lumière. Ces réactions sont des **tropismes**.

> **MOT CLÉ**
> **Phototropisme** : modification de la dynamique de croissance d'une plante sous l'effet de la lumière.

Méthode

Mettre en évidence le phototropisme

Dans son ouvrage « *La force motrice dans les plantes* », publié en 1880, Charles Darwin défini « l'héliotropisme [phototropisme] négatif et positif [... comme la] torsion d'un organe vers la lumière ou dans le sens opposé ».

En vous appuyant sur le document, montrer comment Darwin a mis en évidence le phototropisme.

Doc Expériences réalisées par Darwin en 1880 (a, b, c) et complétées par Went en 1930 (d)

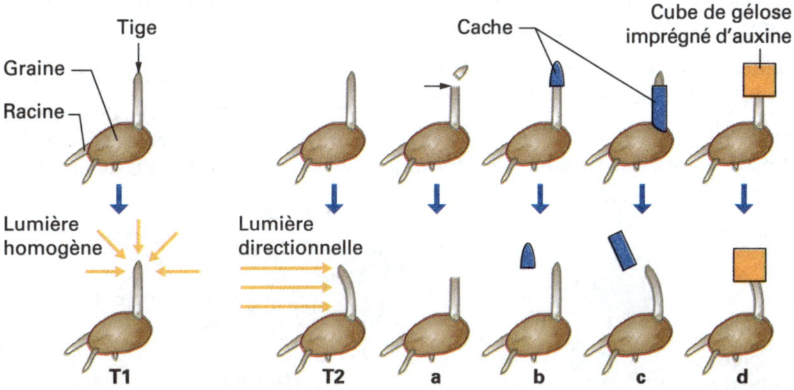

CONSEILS

Étape 1 Commenter le résultat des expériences témoins T1 et T2.
Étape 2 Comparer les résultats de l'expérience témoin T2 avec les expériences a, b et c.
Étape 3 Conclure quant à la réaction de la plante à la lumière, la zone et la substance impliquées dans le phototropisme.

SOLUTION

Étape 1 Sous l'effet de la lumière venant de gauche, la tige se courbe vers la gauche (T2). Si la lumière est homogène la tige reste droite (T1).

Étape 2 La tige coupée à l'apex (a) ou qui a l'apex caché (b) ne se courbe pas vers la lumière, contrairement à la tige témoin T2. En revanche, la tige dont on a masqué la base (c) se courbe comme la tige témoin T2.

Étape 3 La tige se courbe vers la lumière par le phénomène appelé phototropisme. Quand l'apex est caché ou coupé, il n'y a pas de réaction à la lumière. C'est donc l'apex qui est à l'origine de la réponse phototropique. Si on le coupe et que l'on met à sa place un cube imprégné d'auxine (d), la tige se courbe. L'auxine est donc la substance impliquée dans la réaction phototropique.

14 La photosynthèse, métabolisme producteur de matière organique

En bref *La plante convertit l'énergie lumineuse en énergie chimique par photosynthèse. Celle-ci permet la production de matière organique servant à la croissance de la plante.*

I La captation de lumière par les pigments

■ La feuille est constituée d'un tissu de cellules chlorophylliennes, riches en chloroplastes. Ces organites sont emplis de vésicules, les thylakoïdes, dont la membrane contient des pigments comme la chlorophylle ou le carotène qui sont regroupés dans des structures nommées les photosystèmes.

■ Les pigments sont des molécules excitables par la lumière. Leur excitation est à l'origine d'une cascade de réactions aboutissant à la photolyse de l'eau et à la libération de dioxygène : c'est la phase photochimique.

MOT CLÉ
Photolyse : dégradation d'une molécule sous l'effet de la lumière.

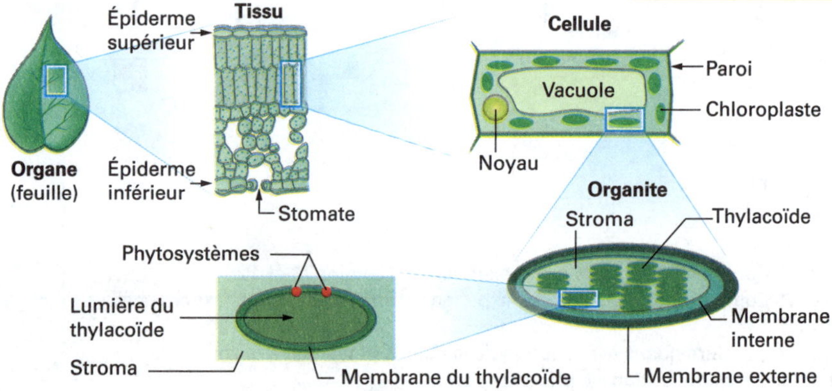

Doc **Structures impliquées dans la captation de lumière**

II La synthèse de matière organique

■ L'énergie produite au cours de la phase photochimique est réinvestie au cours d'une phase chimique lors de laquelle une succession de réactions aboutira à la production de glucides à partir de l'assimilation du dioxyde de carbone. Pour que la photosynthèse soit opérationnelle, les phases chimiques et photochimiques doivent être couplées.

■ Le principal glucide produit par la photosynthèse est le glucose, mais d'autres « sucres » sont élaborés comme le fructose, le saccharose... Ces glucides sont ensuite acheminés dans toute la plante au moyen de la sève élaborée.

Méthode

Mettre en évidence le rôle des pigments photosynthétique

Les pigments sont des molécules complexes dont la structure chimique permet une absorption de lumière. L'excitation du pigment par la lumière est à l'origine de la phase photochimique de la photosynthèse.

À l'aide des documents, montrer en quoi les pigments sont impliqués dans le déroulement de la photosynthèse.

Doc 1 Chromatographie d'une feuille d'épinard

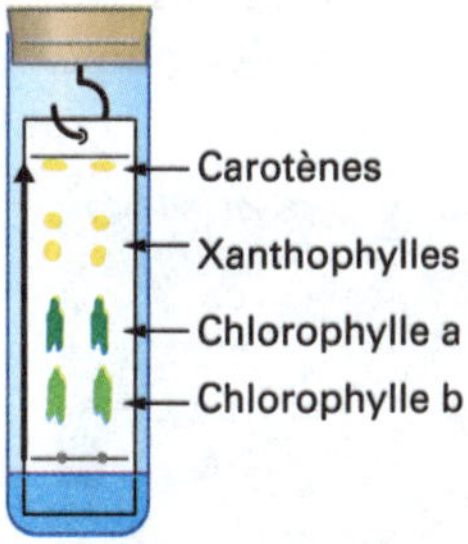

Doc 2 Superposition du spectre d'action photosynthétique et des spectres d'absorption des pigments de l'épinard

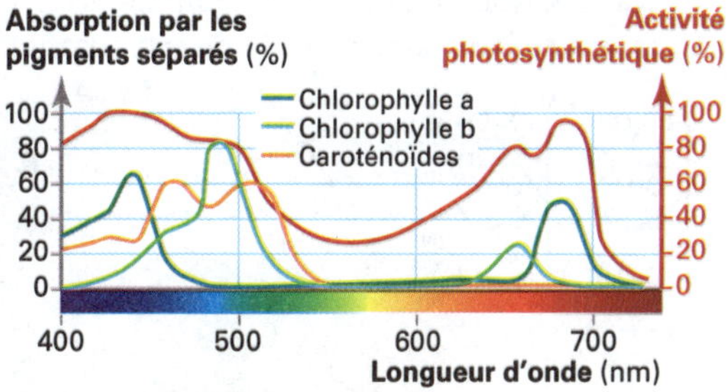

CONSEILS

Étape 1 Déterminer la composition pigmentaire de l'épinard au moyen du document 1.
Étape 2 Déterminer le spectre d'absorption des pigments de l'épinard au moyen du document 2.
Étape 3 Mettre en relation vos observations avec le spectre d'action photosynthétique et conclure.

SOLUTION

Étape 1 La feuille de l'épinard comporte en majorité des pigments verts (chlorophylles a et b) et quelques pigments jaune orange (carotènes, xantophylles).

Étape 2 Les longueurs d'onde absorbées par les pigments de la feuille d'épinard sont essentiellement situées entre 400 et 540 nm (violet-bleu-vert) et entre 650 et 700 nm (rouge).

Étape 3 Le spectre d'action photosynthétique se superpose au spectre d'absorption des pigments chlorophylliens de la feuille d'épinard. Les pigments de la feuille contribuent donc à la photosynthèse en absorbant des longueurs d'onde spécifiques.

15 Le devenir de la matière organique dans la plante

En bref *La photosynthèse produit des glucides qui sont transformés par des enzymes spécifiques en une grande variété de molécules.*

I Le stockage du glucose

■ Le glucose issu de la photosynthèse est stocké temporairement dans les chloroplastes grâce à une enzyme spécifique, l'amidon synthase, qui catalyse l'assemblage des unités de glucose en une chaîne d'**amidon**.

MOT CLÉ
Amidon : chaîne de glucoses constituant les réserves de la plante.

■ Le glucose peut être mis en réserve sous forme d'amidon dans des organes pour passer la mauvaise saison (tubercules de pomme de terre) ou dans des graines pour nourrir la jeune plante avant qu'elle ne soit autonome.

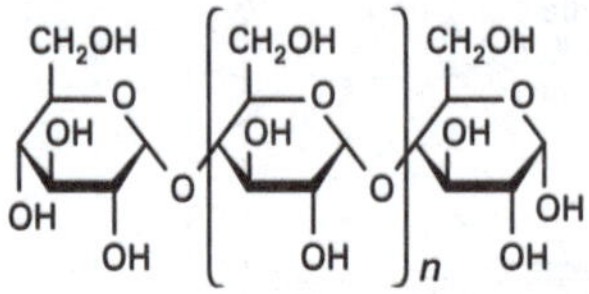

a.

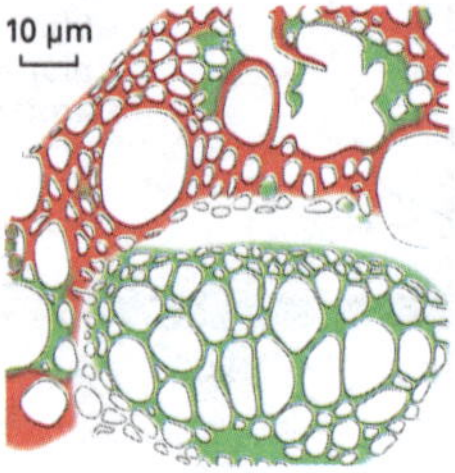

b.

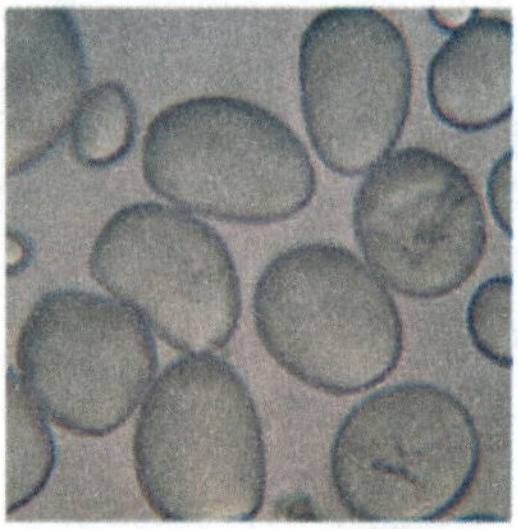
c.

Doc **Structure, transport et stockage du glucose**
a. Molécule d'amidon composée de *n* molécules de glucose. b. Coloration des parois du xylème en rose et des parois du phloème en vert dans un vaisseau conducteur.
c. Cellule de pomme de terre et ses amyloplastes riches en amidon.

II Le glucose et le développement de la plante

■ Le glucose est utilisé par tous les organes de la plante qui ont besoin d'un substrat pour la respiration cellulaire. Il participe aussi à la formation de la **cellulose** et de la **lignine** qui structurent les parois des cellules végétales et participent ainsi à la rigidité de la plante.

■ Les glucides servant aussi à l'élaboration des protéines ou des lipides de réserve, des tanins, substances toxiques pour les herbivores, ou des anthocyanes, des pigments impliqués dans l'attraction des insectes pollinisateurs.

MOTS CLÉS
- **Cellulose** : chaîne linéaire de glucoses composant les parois végétales.
- **Lignine** : molécule entrant, avec la cellulose, dans la composition du bois.

Méthode

Étudier l'activité métabolique résultant de la photosynthèse

En 1950, les Américains M. Calvin et A. Benson cultivent des chlorelles (algues unicellulaires) dans un milieu contenant du CO_2 radioactif. Au bout de 5 secondes, puis de 1 minute, ils observent les molécules synthétisées.

En vous appuyant sur vos connaissances et le document, expliquer comment la plante maintient son activité métabolique à l'obscurité.

Doc 1 Séparation par chromatographie des molécules marquées extraites des chlorelles

Entouré en bleu : molécules extraites après 5 secondes de culture.

Entouré en rouge : molécules extraites après 1 minute de culture.

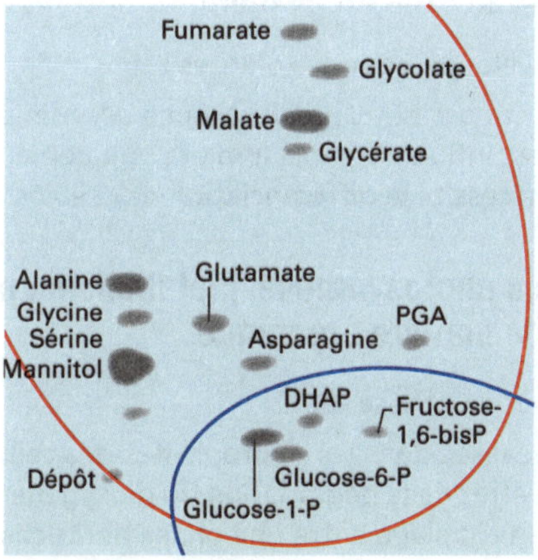

CONSEILS

Étape 1 Rappeler la molécule produite par photosynthèse et comment elle est stockée dans la plante.
Étape 2 Montrer que le glucose est à l'origine de la production de molécules nécessaires à l'activité métabolique des cellules.
Étape 3 Formuler une hypothèse permettant de répondre à la consigne.

SOLUTION

Étape 1 Le glucose est produit par photosynthèse, puis transformé en amidon par l'amidon synthase. L'amidon est stocké dans les chloroplastes ou dans des organes de réserve.

Étape 2 Au bout de 5 secondes, la chlorelle a essentiellement produit du glucose et du fructose. Au bout d'une minute, elle produit aussi des acides aminés (glutamate, asparagine…) et une plus grande diversité de sucres.

Étape 3 L'amidon stocké la journée dans les chloroplastes peut être dégradé la nuit pour produire les diverses molécules nécessaires à la vie cellulaire.

SE TESTER QUIZ

Vérifiez que vous avez bien compris les points clés des **fiches 12 à 15**.

1 L'adaptation de la plante à la vie fixée

→ FICHE 12

L'organisation de la plante impose :

- ☐ **a.** l'absorption des nutriments uniquement au niveau des feuilles
- ☐ **b.** le transport des nutriments entre les racines et les feuilles
- ☐ **c.** l'existence de vaisseaux permettant le transport des nutriments

2 La plante, un développement localisé et contrôlé

→ FICHE 13

Le développement des plantes :

- ☐ **a.** est possible sans la présence des méristèmes
- ☐ **b.** est influencé par la lumière uniquement
- ☐ **c.** nécessite la différenciation de cellules qui conduit à l'organogenèse

3 La photosynthèse, métabolisme producteur de matière organique

→ FICHE 14

La photosynthèse est :

- ☐ **a.** réalisée dans les chloroplastes des cellules racinaires
- ☐ **b.** l'effet de la dégradation du dioxygène en eau sous l'effet de la lumière
- ☐ **c.** un couplage entre une phase photochimique et chimique
- ☐ **d.** à l'origine de la production d'un sucre, le glucose

4 Le devenir de la matière organique dans la plante

→ FICHE 15

Le glucose produit par photosynthèse :

- ☐ **a.** peut uniquement faire l'objet d'un stockage à long terme
- ☐ **b.** est une molécule nécessaire à la production des parois de toutes les cellules
- ☐ **c.** est transporté dans toute la plante pour être stocké ou directement utilisé
- ☐ **d.** est une molécule à la base de la synthèse des protéines et des lipides de la plante

OBJECTIF BAC

5 Faire la lumière sur les mycorhizes

45 min

→ FICHES 12 et 15

Ce sujet permet de comprendre les conditions nécessaires à la mise en place de la symbiose entre la plante et le champignon, ainsi que les avantages réciproques qu'elle apporte.

LE SUJET

En vous appuyant sur les documents et vos connaissances, expliquer les avantages dont la plante bénéficie en s'associant avec les champignons. Expliquer également comment faciliter le développement des mycorhizes et assurer une bonne croissance aux plantes.

Doc 1 Localisation et structure des mycorhizes

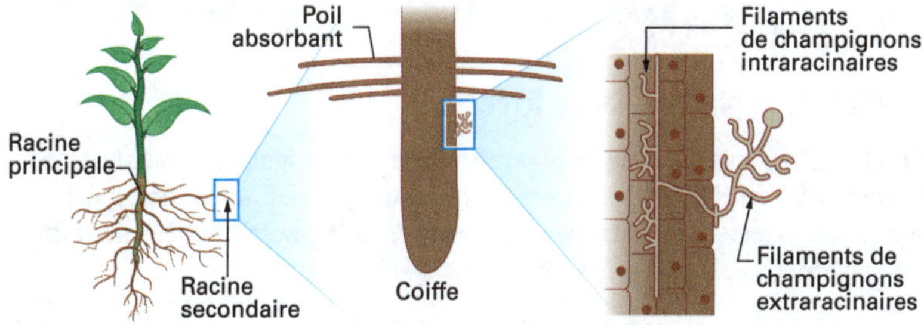

Doc 2 Effet de deux techniques agricoles sur la croissance des plantes

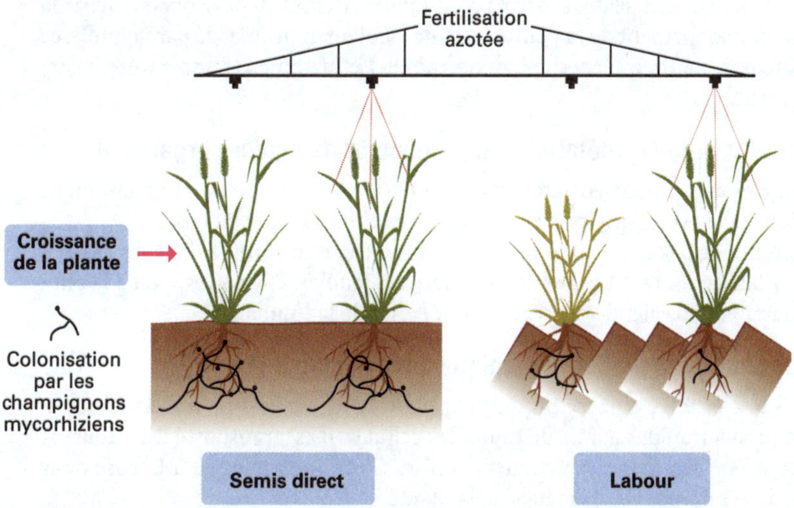

PHYSIQUE-CHIMIE
SVT
MATHS COMPLÉMENTAIRES
GRAND ORAL

Doc 3 **Paramètres de croissance et de mycorhization de plantules du cèdre de l'Atlas**

Plants témoins et inoculés par deux espèces de champignons mycorhiziens.

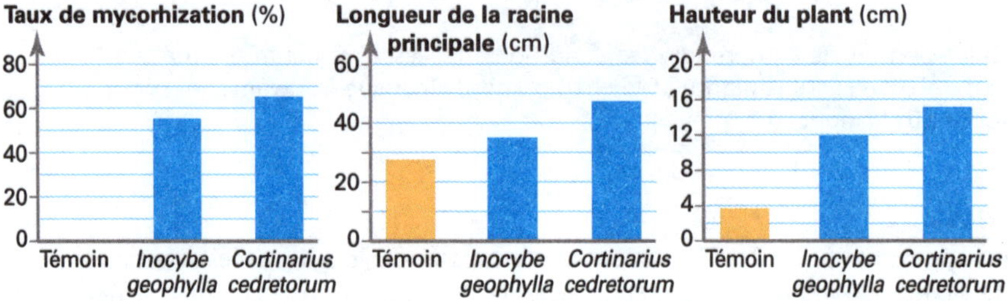

CORRIGÉS

SE TESTER QUIZ

1 L'adaptation de la plante à la vie fixée

Réponses b et c. L'organisation de la plante impose le transport des nutriments entre les racines et les feuilles et l'existence de vaisseaux permettant ce transport.
La réponse a est incorrecte. Les nutriments nécessaires à la photosynthèse ne sont pas absorbés seulement par les feuilles, mais aussi par les racines.

2 La plante, un développement localisé et contrôlé

Réponse c. Le développement des plantes nécessite la différenciation de cellules qui conduit à l'organogenèse. Les réponses a et b sont incorrectes. Les méristèmes sont les zones où les cellules se divisent : ils sont indispensables au développement de la plante. Le développement de la plante n'est pas seulement influencé par la lumière : de nombreux facteurs internes (phytohormones) et externes (température, vent) interviennent.

3 La photosynthèse, métabolisme producteur de matière organique

Réponses c et d. La photosynthèse est un couplage entre une phase photochimique et chimique. Elle est à l'origine de la production d'un sucre, le glucose.
Les réponses a et b sont incorrectes. La photosynthèse se déroule dans les cellules chlorophylliennes qui sont généralement dans les feuilles. Elle correspond à la photolyse de l'eau et au rejet de dioxygène sous l'effet de la lumière.

4 Le devenir de la matière organique dans la plante

Réponses b, c et d. Le glucose produit par photosynthèse est une molécule nécessaire à la production des parois de toutes les cellules. Il est transporté dans toute la plante pour être stocké ou directement utilisé. C'est une molécule à la base de la synthèse des protéines et des lipides de la plante.

La réponse a est incorrecte. Le glucose peut être stocké à long terme et il est utilisé en permanence par toutes les cellules pour produire d'autres molécules indispensables au fonctionnement de la plante.

OBJECTIF BAC

5 Faire la lumière sur les mycorhizes

Avantages de l'association plante-champignon

■ Sur le document 1, on observe une association entre la racine et le champignon, ce dernier restant en surface de la racine. On identifie ainsi un premier type d'association où le champignon recouvre la racine.
Sur le même document, on remarque que certains filaments de champignon pénètrent dans la racine et s'installent à l'intérieur sous la forme d'arbuscules.

■ Les champignons qui recouvrent la racine lui offrent une protection physique face aux agressions extérieures.

■ Les filaments mycéliens augmentent aussi la surface en contact avec le sol, ce qui facilite l'absorption d'eau et de sels minéraux.

■ Les filaments de champignons insérés dans les cellules racinaires reçoivent également les substances nutritives issues de la photosynthèse et acheminées par la plante.

■ On peut en déduire que l'association entre la plante et le champignon est une symbiose, car c'est une relation durable et à bénéfices réciproques.

Comment faciliter le développement des mycorhizes ?

■ En semis direct, les champignons colonisent les plantes de façon efficace, quel que soit l'apport en fertilisant.

■ Quand le sol est préalablement labouré, les plantes sont beaucoup moins colonisées par les champignons. La croissance des plantes est impactée et seul l'apport de fertilisants permet d'obtenir une bonne croissance.

■ On peut en déduire que la technique de labour déstabilise la structure du sol et entrave l'installation des champignons. On observe en conséquence une baisse de la croissance des plantes, donc une perte de rendement. La technique du labour doit donc être utilisée avec parcimonie.

■ Le document 3 montre que le cèdre non mycorhizé a une racine principale de 28 cm de long et une tige haute de 4 cm. Le cèdre mycorhizé avec *Inocybe geophylla* a un taux de mycorhization de 55 %, sa racine principale est plus grande de 7 cm par rapport au témoin et le plant est trois fois plus grand. Le cèdre mycorhizé avec *Cortinarius cedretorum* a une racine principale 17 cm plus longue que celle du témoin et le plant est cinq fois plus grand pour un taux de mycorhization de 65 %.

■ Suivant l'espèce de champignon qui colonise la racine, les bénéfices fournis à la plante sont variables. Ainsi, le cèdre de l'Atlas a une meilleure croissance avec le champignon *Cortinarius cedretorum*.

■ Par conséquent, le choix de l'espèce de champignon est important si on souhaite obtenir une croissance optimale de la plante d'intérêt à cultiver.

16 Deux modalités de reproduction

En bref *Les plantes à fleurs, ou angiospermes, présentent deux modalités de reproduction : un mode asexué et un mode sexué qui implique la fleur.*

I La reproduction asexuée chez les angiospermes

- Les plantes à fleurs peuvent se reproduire de manière **asexuée**, c'est-à-dire sans l'intervention de gamètes. Ce mode de reproduction repose sur la **totipotence** des cellules végétales et sur les capacités de croissance indéfinie des plantes.

MOT CLÉ
Totipotence : propriété des cellules à se différencier en n'importe quel type de cellule spécialisée.

- Les **cellules végétales** faiblement différenciées peuvent en effet retrouver un état méristématique (dédifférenciation), se multiplier par mitose et redonner un plant complet à partir de presque n'importe quelle partie de la plante (tiges, racines, feuilles).
- Les plants fils sont ainsi génétiquement identiques au plant mère : il s'agit de **clones**.

II La fleur, organe de la reproduction sexuée

- La reproduction sexuée des angiospermes est assurée par la fleur. Celle-ci possède des pièces florales stériles (sépales et pétales) et des pièces fertiles : **étamines** et **pistil**.
- Les gamètes femelles, immobiles, sont situés au sein du pistil, dans les **ovules**. Les étamines sont le lieu de production des **grains de pollen**, vecteurs des gamètes mâles.

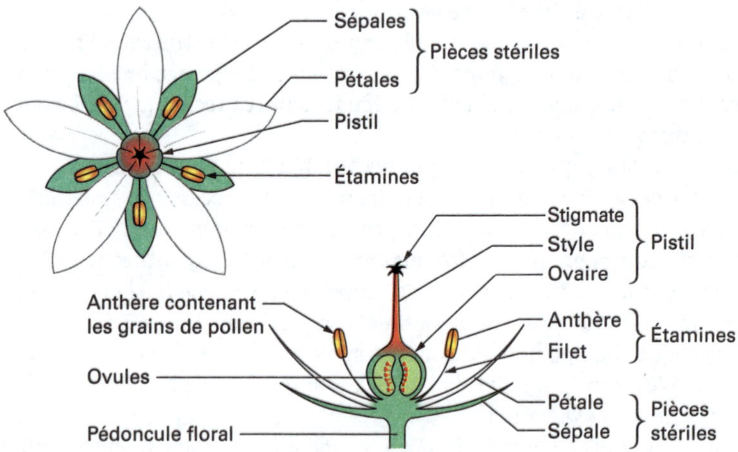

Doc **Organisation type d'une fleur d'angiosperme**

Méthode

Montrer la totipotence des cellules végétales

En 1958, le Britannique Frederick Campion Steward réalise une expérience à partir de fragments racinaires de carotte.

À l'aide du document, montrer la totipotence des cellules du phloème prélevées dans une racine de carotte.

Doc Expérience de Steward

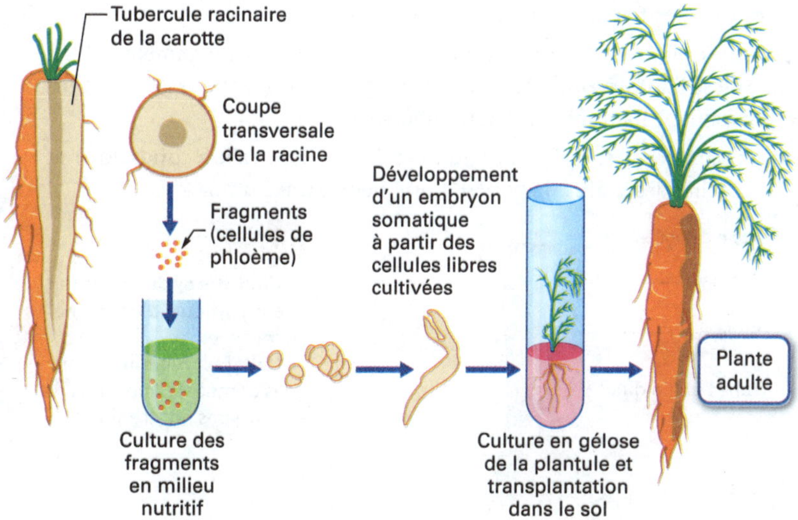

CONSEILS

Étape 1 Décrire l'expérience en soulignant le caractère différencié des cellules mises en culture.
Étape 2 Conclure à partir des résultats obtenus.

SOLUTION

Étape 1 Steward a mis en culture des cellules du phloème, différenciées, prélevées dans la racine d'une carotte. Ces cellules se sont multipliées dans un milieu nutritif et ont formé un embryon qui, cultivé en gélose, donne une plantule complète avec racines, tiges et feuilles.

Étape 2 Les cellules racinaires du phloème, une fois cultivées, ont la propriété de régénérer un plant complet. Elles sont bien totipotentes, capables après dédifférenciation de se différencier en tout type cellulaire.

17 La pollinisation chez les plantes à fleurs

En bref *Les gamètes mâles sont généralement dispersés grâce à la mobilité des grains de pollen. La pollinisation préalable à la fécondation implique souvent une collaboration avec un animal.*

I Autofécondation et fécondation croisée

- Le grain de pollen déposé sur le stigmate du pistil va acheminer les gamètes mâles vers les gamètes femelles contenus dans les ovules.
- Chez certaines plantes, la fécondation peut se réaliser entre gamètes d'une même fleur : c'est l'**autofécondation**. Il existe cependant des mécanismes d'incompatibilité rendant l'autofécondation impossible.
- Dans la plupart des cas, la fécondation est dite croisée (**allofécondation**) et implique la mobilité des grains de pollen d'une fleur à une autre.

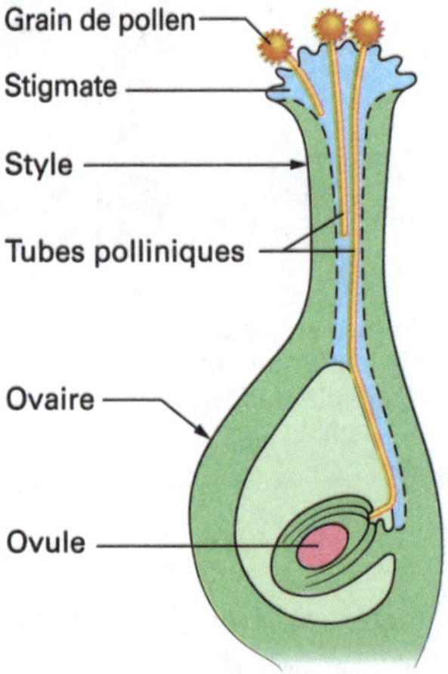

Doc **La fécondation chez les angiospermes**

MOTS CLÉS

- **L'autofécondation** réunit deux gamètes d'un même génotype.
- **L'allofécondation** réunit des gamètes d'individus de génotypes différents.

II Les modalités de dispersion des grains de pollen

- La pollinisation repose en général sur une collaboration entre la plante et un animal pollinisateur (zoogamie), qui peut être un insecte (entomogamie).
- Le vent peut aussi être l'agent de transport des grains de pollen (anémogamie).
- La zoogamie est à l'origine de processus de coévolution qui caractérisent les plantes et leurs pollinisateurs. Les organismes impliqués dans cette relation mutualiste présentent des adaptations améliorant la prise en charge du pollen.

Méthode

Argumenter la coévolution plante-animal pollinisateur

La pollinisation de l'orchidée *Zaluzianskya microsiphon* est en général assurée par la mouche *Prosoeca ganglbaueri*. Cette dernière possède un organe de succion, le proboscis, qui lui permet d'accéder au nectar sucré situé au fond de la corolle. Lorsque la mouche introduit son proboscis dans la fleur, elle se charge de pollen.

À partir de l'analyse du document, déterminer les arguments en faveur de la coévolution entre *Z. microsiphon* et *P. ganglbaueri*.

Doc Longueur du proboscis et profondeur des fleurs dans seize régions géographiques

Les points rouges correspondent aux mouches et orchidées d'une même région.

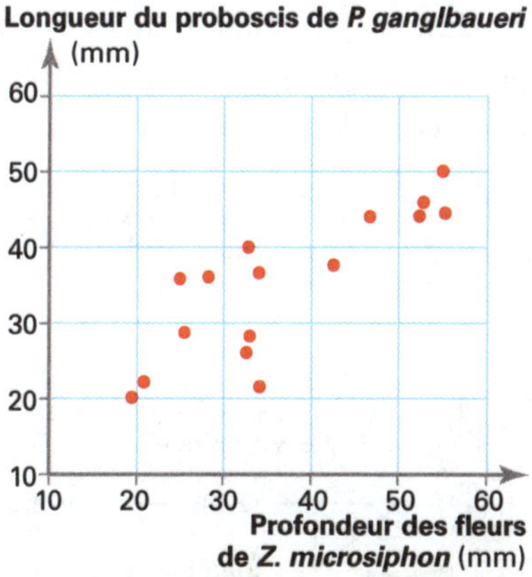

CONSEILS

Étape 1 Analyser le graphique afin d'établir une corrélation entre la longueur du proboscis de la mouche et la profondeur des fleurs de l'orchidée.
Étape 2 Identifier l'adaptation des deux partenaires selon la région.
Étape 3 Traduire ces données en processus de coévolution.

SOLUTION

Étape 1 La longueur du proboscis varie de 20 à 50 mm et les profondeurs des fleurs de 20 à 55 mm. Il existe une relation quasi linéaire entre la profondeur de la fleur et la longueur du proboscis. Dans chacune des régions, les longueurs sont soit équivalentes, soit assez proches.

Étape 2 Dans chaque région, les mouches ont un organe de succion suffisamment long pour se nourrir du nectar et les fleurs sont suffisamment profondes pour que les mouches, en se nourrissant, se chargent de pollen.

Étape 3 La longueur de l'organe de succion des mouches a évolué conjointement avec la profondeur des fleurs. Chaque modification chez l'un des partenaires de la relation mutualiste a pour conséquence la sélection d'un caractère adapté chez l'autre. C'est un cas de coévolution.

18 La graine et sa dissémination

En bref *La fleur, après la fécondation, se transforme en fruit contenant les graines. La dissémination des graines fait parfois intervenir un animal.*

I La formation des graines et des fruits

- À l'issue de la fécondation, les ovules se transforment en graines. Celles-ci contiennent l'**embryon** d'une future plante protégé par une **enveloppe résistante**, le tégument. Les graines contiennent également des **réserves** accumulées après la fécondation, qui seront utilisées lors de la germination.
- Les graines sont contenues dans les fruits, qui résultent eux-mêmes d'une transformation de la fleur.

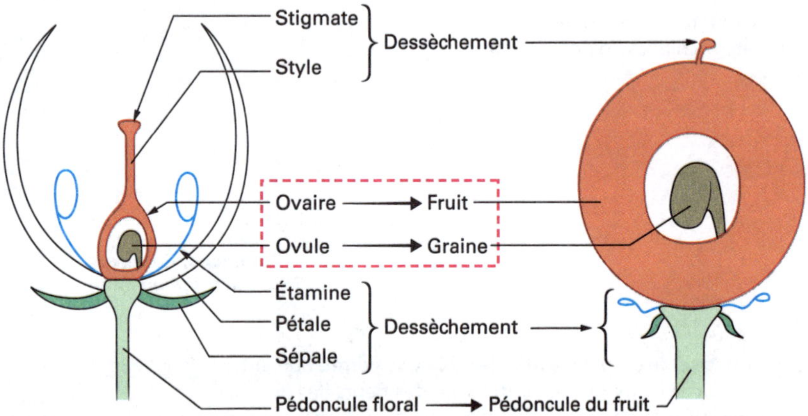

Doc **De la fleur au fruit : cas d'un fruit simple**

II La dissémination des graines

- La dissémination des graines est une étape de mobilité dans la reproduction de la plante. Elle peut être assurée par le vent (**anémochorie**), mais aussi par l'eau ou par tout autre agent physique de transport.
- Chez certaines espèces, la dissémination repose sur un mutualisme entre un animal disperseur et la plante (**zoochorie**). Des phénomènes de **coévolution** peuvent également se produire.
- Certaines plantes possèdent des dispositifs spécifiques de dissémination (fruits « explosifs », par exemple).

Méthode

Déterminer l'effet de l'endozoochorie sur la germination

La germination de graines du genévrier de Phénicie a été évaluée. Trois lots sont constitués : des graines témoins n'ayant subi aucun traitement, des graines scarifiées à l'aide de papier de verre afin d'altérer le tégument, des graines récoltées dans des déjections d'oiseaux. Toutes les graines ont ensuite été placées dans des conditions favorables à la germination.

À partir de l'analyse du document, déterminer le rôle du tégument et l'effet du passage dans le tube digestif d'un oiseau (endozoochorie) sur la germination des graines.

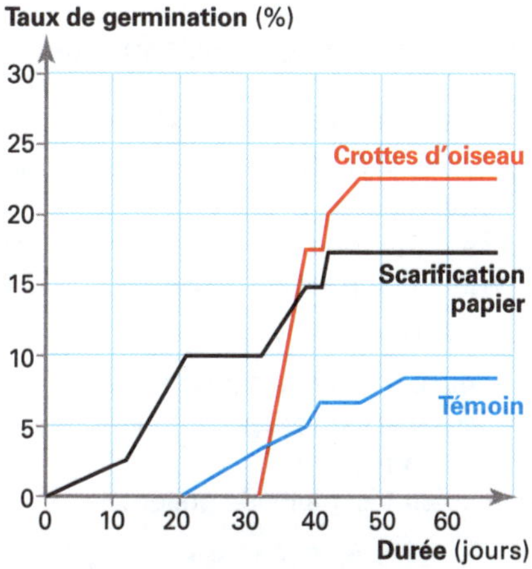

Doc Taux de germination des graines en fonction du temps

CONSEILS

Étape 1 Analyser les courbes par rapport au lot témoin. Des calculs peuvent être judicieux.
Étape 2 Déduire le rôle du tégument à partir de l'expérience de scarification.
Étape 3 Conclure sur l'effet de l'endozoochorie.

SOLUTION

Étape 1 Le taux de germination passe de 0 % à 21 jours à 8 % au bout de 50 jours pour les graines du lot témoin. Pour les graines scarifiées, il est de 17,5 % au 50ᵉ jour, soit multiplié par 2,2. Pour les graines retrouvées dans des déjections d'oiseaux, le taux est de 22,5 % par rapport au lot témoin, soit multiplié par 3,1.

Étape 2 La scarification augmente la proportion de graines germées. Le tégument semble donc empêcher la germination lorsqu'il est inaltéré.

Étape 3 Le taux de germination des graines retrouvées dans les déjections d'oiseaux est le plus élevé. Le passage dans le tube digestif de l'oiseau doit altérer davantage le tégument qu'une simple scarification, ce qui accroît les capacités de germination.

SE TESTER QUIZ

Vérifiez que vous avez bien compris les points clés des **fiches 16 à 38**.

1 Deux modalités de reproduction

→ FICHE 16

1. La reproduction asexuée des angiospermes :

☐ **a.** dépend de la formation de gamètes unis par fécondation
☐ **b.** fait intervenir la fleur
☐ **c.** repose sur la totipotence des cellules végétales
☐ **d.** aboutit à la formation de clones du plant mère

2. Les étamines :

☐ **a.** sont les pièces fertiles de la fleur
☐ **b.** sont des pièces stériles de la fleur
☐ **c.** composent le pistil
☐ **d.** produisent les grains de pollen

2 La pollinisation chez les plantes à fleurs

→ FICHE 17

Lors de la fécondation chez les angiospermes :

☐ **a.** l'autofécondation est souvent impossible à cause de mécanismes d'incompatibilité
☐ **b.** l'allofécondation implique une mobilité des gamètes femelles
☐ **c.** l'allofécondation implique une mobilité des gamètes mâles
☐ **d.** la formation d'un embryon se déroule dans le style

3 La graine et sa dissémination

→ FICHE 18

1. La graine des plantes à fleur :

☐ **a.** dérive de l'ovule
☐ **b.** dérive de l'ovaire
☐ **c.** est dépourvue de réserves
☐ **d.** accumule des réserves après la formation du fruit

2. La zoogamie :

☐ **a.** qualifie le transport des graines par les animaux
☐ **b.** qualifie la consommation de fruits par les animaux
☐ **c.** qualifie le transport des grains de pollen par les animaux
☐ **d.** se traduit par une évolution conjointe des plantes et des animaux

OBJECTIF BAC

4 Comprendre la coévolution figuier-blastophage

50 min

→ FICHES 17 et 18

La pollinisation des figuiers s'avère étonnante du fait de la participation d'un petit insecte, la « guêpe du figuier ». Pour comprendre pourquoi la guêpe est aussi indispensable à la figue que la figue l'est à la guêpe, vous devrez mettre en relation les quatre documents proposés.

LE SUJET

Le figuier *Ficus carica* est un arbre fruitier emblématique de la région méditerranéenne. La pollinisation des figues est assurée par un petit insecte proche des guêpes : *Blastophaga psenes*.

À l'aide des documents et de vos connaissances, montrer que la pollinisation du figuier résulte d'une coévolution avec le blastophage.

Doc 1 Les inflorescences des figuiers

Les figues sont des inflorescences regroupant des fleurs mâles au sommet et des fleurs femelles à la base. Elles sont ouvertes sur l'extérieur par un ostiole, ce qui interdit l'anémogamie.

On trouve deux types de figuier dans la nature : les figuiers mâles et les figuiers femelles. Seuls les figuiers femelles donnent des fruits comestibles.

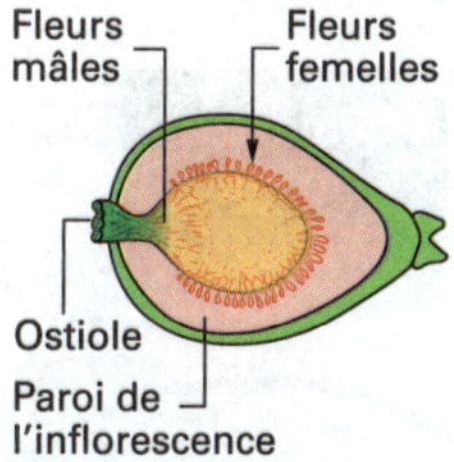

	Figuier mâle	Figuier femelle
Fleurs mâles	 Fertiles au printemps	Stériles, voire non identifiables
Fleurs femelles	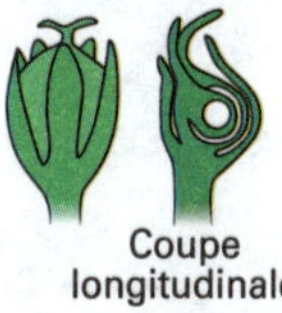 Fleurs à style court (brévistylées), stériles	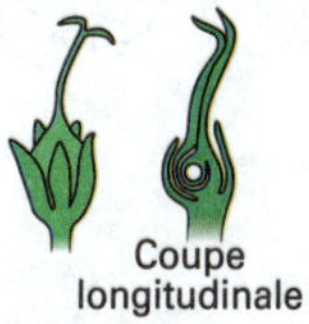 Fleurs à style long (longistylées), fertiles

PHYSIQUE-CHIMIE
SVT
MATHS COMPLÉMENTAIRES
GRAND ORAL

Doc 2 Les blastophages

Les larves de *Blastophaga psenes* ne peuvent se développer que dans les fleurs femelles des figuiers en consommant les tissus voisins de l'ovule. Les femelles blastophages pondent en effet leurs œufs dans les fleurs femelles grâce à un ovipositeur dont la longueur correspond à peu près à celle du style des fleurs brévistylées. Seules les femelles sont ailées. Les mâles sont dépourvus d'ailes et, après avoir fécondé les femelles, forent un trou dans la paroi de l'inflorescence pour permettre aux femelles de sortir.

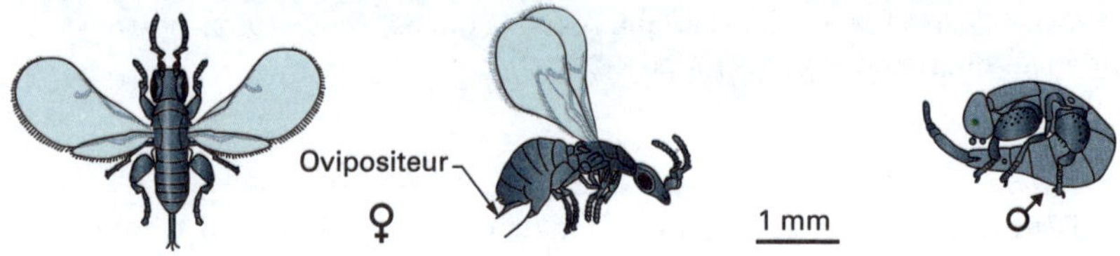

Les femelles sortant des figues sont chargées de pollen ; elles présentent notamment des poches adaptées au transport du pollen sur leur thorax. Lorsque la femelle pénètre dans une figue par l'ostiole, elle perd ses ailes et dépose les grains de pollen sur le stigmate des fleurs. Si la longueur des styles le permet, si les fleurs ne sont pas longistylées, elle pondra ses œufs. Dans tous les cas, elle meurt dans la figue visitée.

Doc 3 Cycles de vie des figuiers et des blastophages

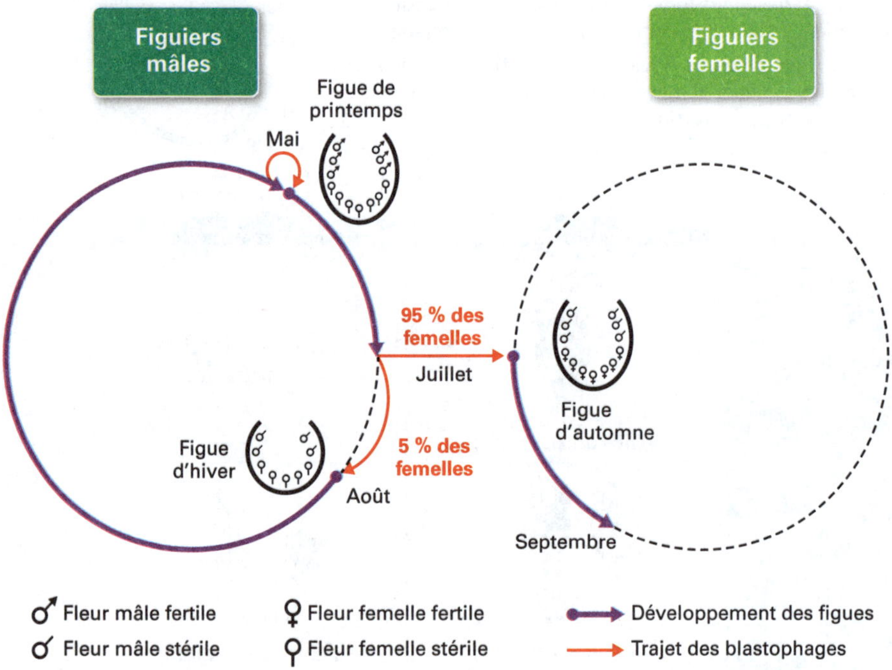

Doc 4 **Phylogénies comparées de figuiers et de leurs pollinisateurs**

L'étude met en correspondance la phylogénie de figuiers (à gauche) avec celle de leurs pollinisateurs (à droite). Les pointillés représentent les relations de pollinisation.

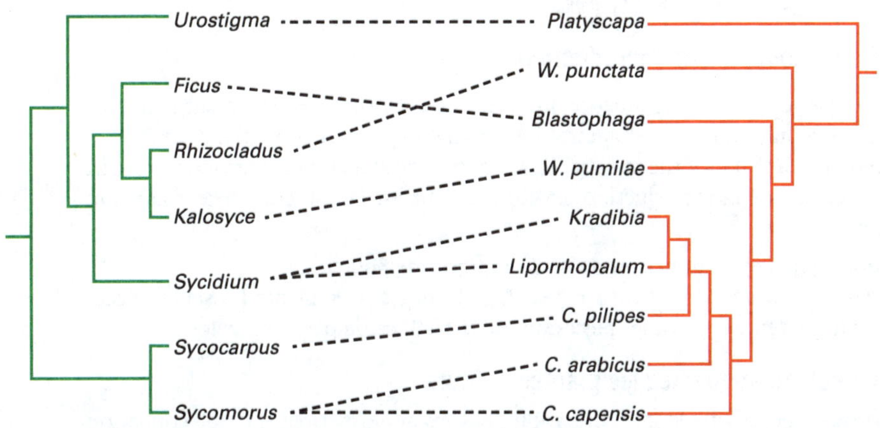

CORRIGÉS

SE TESTER QUIZ

1 Deux modalités de reproduction

1. Réponses c et d. La reproduction asexuée des angiospermes repose sur la totipotence des cellules végétales et aboutit à la formation de clones du plant mère.
Les réponses a et b sont incorrectes. La formation de gamètes et la fécondation sont des processus de la reproduction sexuée. La fleur est l'organe de la reproduction sexuée.

2. Réponse d. Les étamines produisent les grains de pollen.
Les réponses a, b et c sont incorrectes. Les étamines ne sont pas les seules pièces fertiles de la fleur. Ce sont les pièces mâles, le pistil est la partie femelle.

2 La pollinisation chez les plantes à fleurs

Réponses a et c. Lors de la fécondation chez les angiospermes, l'autofécondation est souvent impossible, en raison de mécanismes d'incompatibilités. L'allofécondation implique une mobilité des gamètes mâles.
Les réponses b et d sont incorrectes. Les gamètes femelles sont immobiles au sein du pistil et l'embryon, après fécondation, se formera dans l'ovule.

3 La graine et sa dissémination

1. Réponse a. La graine des plantes à fleurs dérive de l'ovule.
Les réponses b, c et d sont incorrectes. L'ovaire participe à la formation du fruit. La graine contient des réserves accumulées avant la formation du fruit.

2. Réponses c et d. La zoogamie désigne le transport des grains de pollen par les animaux. Elle peut conduire à une coévolution des plantes et des animaux.
Les réponses a et b sont incorrectes. Le transport des graines par les animaux est appelé zoochorie. Les animaux consommant des fruits sont qualifiés de frugivores.

OBJECTIF BAC

4 Comprendre la coévolution figuier-blastophage

Le blastophage, un petit insecte, assure la pollinisation du figuier, *Ficus carica*.

■ D'après le document 1, les figues sont des inflorescences regroupant des fleurs mâles et des fleurs femelles. Ces inflorescences sont ouvertes au niveau d'un ostiole. Il existe deux types de figuiers : des figuiers mâles possédant des fleurs mâles fertiles au printemps et des fleurs femelles brévistylées stériles ; des figuiers femelles possédant des fleurs mâles stériles voire non identifiables et des fleurs femelles longistylées fertiles.

■ *Blastophaga psenes* mesure 2 mm environ (doc. 2). Les femelles ailées peuvent pondre leurs œufs dans les fleurs brévistylées et les larves se développent en consommant les tissus voisins de l'ovule. L'insecte est ainsi dépendant des figuiers mâles pour sa reproduction. Les mâles dépourvus d'ailes fécondent les femelles dans les figues et permettent leur sortie en creusant un trou dans la paroi de l'inflorescence.

■ D'après le document 3, les insectes femelles qui se sont développés dans les figues d'hiver émergent et pénètrent dans les figues de printemps où elles peuvent pondre, les fleurs femelles étant brévistylées. Après fécondation par les mâles, lors de la sortie de la nouvelle génération de femelles au mois de juillet, celles-ci sont chargées des grains de pollen produits par les fleurs mâles fertiles. Ces femelles possèdent des adaptations anatomiques au transport du pollen telles que des poches sur leur thorax (doc. 2). La très grande majorité de ces femelles va pénétrer dans les figues d'automne des figuiers femelles. Elles vont perdre leurs ailes lors du passage de l'ostiole et ne pourront pas pondre dans les fleurs femelles longistylées (doc. 2). Elles vont en revanche déposer les grains de pollen sur le stigmate des fleurs et ainsi assurer la pollinisation et la formation des graines pour les figuiers. Seuls 5 % des blastophages femelles, à la fin de l'été, vont pénétrer dans une figue d'hiver du figuier mâle et pourront pondre les œufs, assurant ainsi la prochaine génération d'insectes.

■ La relation entre le figuier et son insecte pollinisateur est donc très étroite. La reproduction sexuée du figuier dépend entièrement du blastophage, l'anémogamie étant impossible (doc. 1). D'un autre côté, le développement des larves de l'insecte dépend entièrement des figuiers mâles et des fleurs brévistylées. Le figuier produit notamment des figues d'hiver uniquement dédiées au développement des blastophages.

■ Le document 4 présente en vis-à-vis la phylogénie de figuiers et de leurs insectes pollinisateurs. À l'exception des genres *Sycidium* et *Sycomorus*, chaque genre de figuier n'est pollinisé que par un seul genre, voire une seule espèce d'insecte. La correspondance des deux phylogénies témoigne d'événements de spéciation conjointe. La divergence des espèces de figuiers s'accompagne de la divergence des espèces pollinisatrices, ces associations étant étroites et les organismes impliqués étant interdépendants.

■ La relation entre le figuier *Ficus carica* et l'insecte pollinisateur *Blastophaga psenes* est donc indispensable à la survie de ces deux espèces. Ceci témoigne de la coévolution des deux organismes. Cette coévolution se traduit pour les figuiers et leurs insectes pollinisateurs par des cospéciations.

19 Les processus de la domestication

En bref *L'amélioration des plantes cultivées constitue un enjeu majeur pour l'humanité, notamment pour son alimentation.*

I Des plantes sauvages aux plantes cultivées

- La comparaison de plantes cultivées et de leur « ancêtre » sauvage met en évidence un ensemble de caractères normalement défavorables en milieu naturel : c'est le **syndrome de la domestication**.

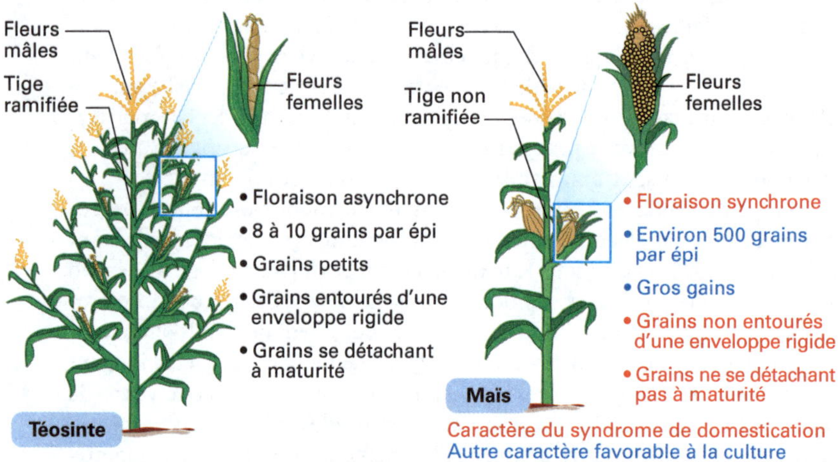

Doc **Comparaison de la téosinte et du maïs**

- La domestication a commencé dans divers foyers par le choix des plants les plus intéressants ou **sélection massale**. Cette **sélection artificielle** de caractères d'intérêt agronomique a rendu la reproduction des plantes totalement dépendante de l'action humaine. Une relation **mutualiste** s'est ainsi établie entre l'homme et les plantes cultivées.

II La création variétale moderne

- Depuis le XXe siècle, les progrès de la génétique permettent l'obtention de plus en plus rapide de nouvelles **variétés** végétales.
- Par autofécondation puis croisement, des lignées **pures** puis des variétés hybrides ont été mises au point. Depuis les années 1980, les biotechnologies et notamment la **transgenèse** autorisent des modifications ciblées des plantes.
- La production de **semences** est aujourd'hui une activité économique spécialisée.

Méthode

Calculer le nombre de gènes impliqués dans la domestication

Vers 1970, George Beadle réalise des croisements entre des plants de maïs et de téosinte pour déterminer l'origine des différences morphologiques.

À partir de l'étude des croisements, déterminer le nombre de gènes impliqués dans la différence phénotypique des deux plantes.

Doc **Les croisements réalisés par George Beadle**

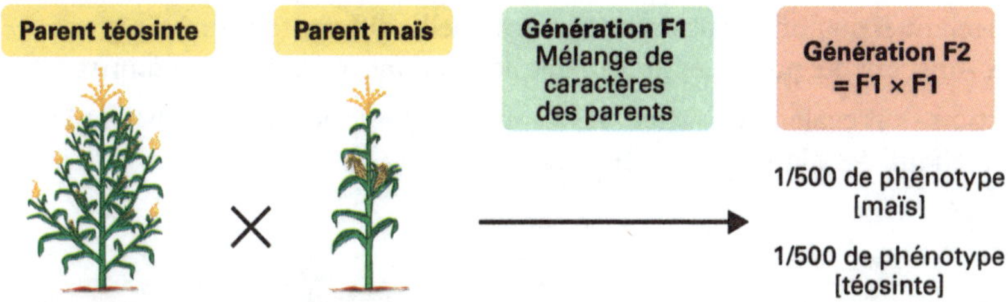

CONSEILS

Étape 1 Pour un gène, déterminer le génotype des parents et de la génération F1.
Étape 2 Indiquer que la probabilité d'obtenir le phénotype [maïs] ou [téosinte] dans la génération F2 est égale à 1/4.
Étape 3 En considérant x gènes indépendants, indiquer que la probabilité d'obtenir le phénotype [maïs] ou [téosinte] dans la génération F2 est de $(1/4)^x$.
Étape 4 Déterminer x et conclure.

SOLUTION

Étape 1 Pour un gène à deux allèles, le génotype du maïs peut s'écrire (m//m) et celui de la téosinte (t//t). Les individus de la génération F1 de phénotype intermédiaire sont donc hétérozygotes (m//t).

Étape 2 La génération F1 produit deux types de gamètes. La probabilité d'obtenir (m//m) ou (t//t) en génération F2, soit des phénotypes [maïs] ou [téosinte], est donc de $P = 1/4$.

Étape 3 Pour deux gènes indépendants, la génération F1 produit quatre types de gamètes dans des proportions de 1/4. Donc $P = (1/4)^2 = 1/16$ individus de la génération F2 auront le phénotype [maïs] ou [téosinte]. Pour trois gènes, $P = 1/64$; pour quatre gènes, $P = 1/256$; pour cinq gènes, $P = 1/1\,024$.

Étape 4 Comme la génération F2 présente 1/500 individus de chaque phénotype, x est compris entre 4 et 5, donc quatre ou cinq gènes sont impliqués dans la différence phénotypique entre le maïs et la téosinte.

INFO
Dans les années 1980, des études génétiques ont montré que **cinq régions** chromosomiques étaient impliquées.

20 Les conséquences de la domestication

En bref *La domestication des plantes s'est accompagnée d'une perte globale de leur diversité génétique. Elle a par ailleurs influencé certains caractères génétiques humains.*

I La diversité des plantes cultivées

- Les espèces cultivées présentent des variétés résultant de mutations aléatoires, qui ont été retenues ou non par une sélection artificielle, différente selon les régions du monde. Ainsi ont été produites les variétés populations ou variétés paysannes.
- La sélection s'est également accompagnée d'un appauvrissement global de la diversité allélique des plantes domestiquées.

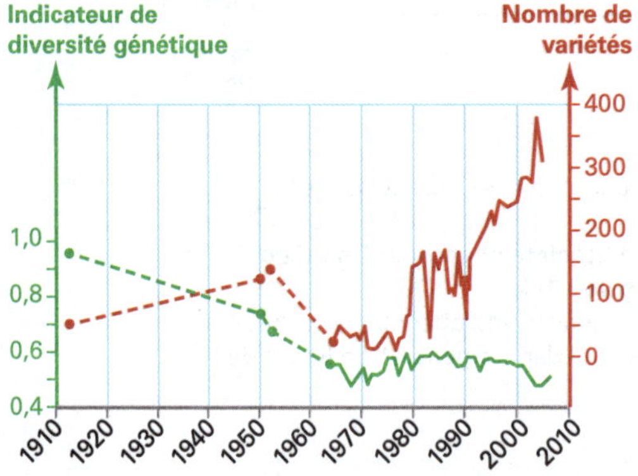

Doc **Évolution de la diversité variétale et génétique des blés en France**

- La perte de certaines caractéristiques des plantes sauvages, par exemple de défenses, couplée à l'extension de leur culture favorise le développement de maladies infectieuses végétales. Ces fragilités sont compensées par des pratiques culturales adaptées (apport de pesticides, entre autres).
- L'exploitation des ressources génétiques, historiques ou sauvages, permet d'envisager de nouvelles méthodes de culture et de s'affranchir de l'apport d'un certain nombre d'intrants.

II L'influence de la domestication sur l'humanité

La domestication de plantes a contribué à la sélection de caractères génétiques spécifiques dans les populations humaines. Par exemple, l'apport d'amidon dans le régime alimentaire s'est accompagné d'une production accrue d'amylase salivaire dans certaines populations.

Méthode

Établir la relation entre diversité et sensibilité des cultures

En 1846, en Irlande, l'anéantissement des cultures de pommes de terre par le mildiou a entraîné une famine conduisant à la mort d'un million de personnes. De nombreux exemples de destruction massive de cultures par des agents pathogènes sont attribués à l'homogénéité génétique des plants.

À partir de l'analyse du document, montrer que la biodiversité cultivée impacte la sensibilité des cultures aux pathogènes.

Doc Pourcentage de plants malades en fonction du nombre de variétés

Dans la région de Mei Tan, en Chine, les chercheurs ont relevé le nombre de variétés de riz cultivées par 60 familles de paysans et noté la proportion de plants malades.

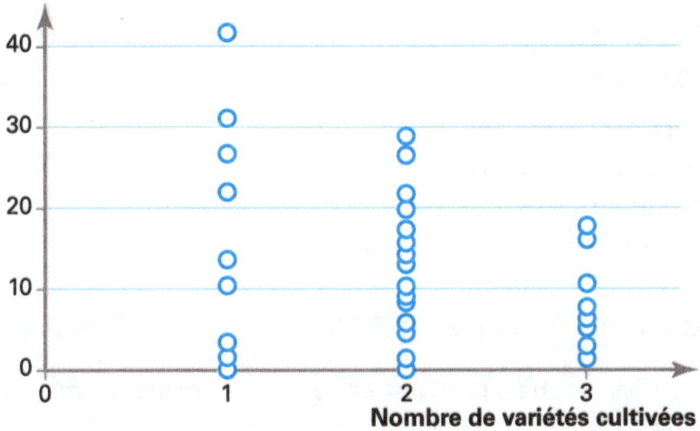

CONSEILS

Étape 1 Analyser le graphique en réalisant une moyenne des points expérimentaux et en décrivant les valeurs maximales.
Étape 2 Conclure sur l'effet de la biodiversité.

SOLUTION

Étape 1 Le pourcentage de plants de riz malades est en moyenne de 20 % lorsqu'une seule variété de riz est cultivée, de 15 % lorsqu'il y en a deux et de 10 % lorsqu'il y en a trois. Le pourcentage maximal de plants malades passe de 41 % pour les cultures ne comportant qu'une seule variété à 18 % pour les cultures associant trois variétés.

Étape 2 L'augmentation de la biodiversité cultivée réduit le nombre de plants affectés par des maladies. La culture de plusieurs variétés associées limite leur sensibilité aux pathogènes.

SE TESTER QUIZ

Vérifiez que vous avez bien compris les points clés des **fiches 19 à 20**.

1 Les processus de la domestication

→ FICHE **19**

1. La sélection massale :

☐ **a.** provoque la disparition des variétés sauvages
☐ **b.** retient souvent des caractères qui ne sont pas favorables à l'état sauvage
☐ **c.** permet l'obtention de lignées pures
☐ **d.** nécessite l'utilisation de pesticides

2. L'hybridation de plantes nécessite de réaliser :

☐ **a.** une fécondation croisée
☐ **b.** une autofécondation
☐ **c.** une transgenèse
☐ **d.** une multiplication asexuée

3. Les plantes OGM sont le résultat de :

☐ **a.** mutations d'espèces cultivées
☐ **b.** l'hybridation d'espèces cultivées
☐ **c.** techniques du génie génétique
☐ **d.** sélections variétales

2 Les conséquences de la domestication

→ FICHES **19** et **20**

1. Parmi ces caractères, lesquels peuvent appartenir à un syndrome de domestication :

☐ **a.** une dissémination favorisée
☐ **b.** une fructification synchrone
☐ **c.** des graines protégées par des téguments rigides
☐ **d.** des graines riches en réserves

2. La domestication des plantes :

☐ **a.** se traduit par une augmentation de la diversité des plantes cultivées
☐ **b.** a permis la sélection de plantes résistant aux pathogènes, il n'y a aujourd'hui plus de risque pour la sécurité alimentaire
☐ **c.** s'accompagne d'une influence sur le patrimoine génétique humain
☐ **d.** rend les plantes cultivées dépendantes de l'action de l'homme

OBJECTIF BAC

3 Déterminer l'influence du régime alimentaire

50 min

→ FICHE 20

La culture de nombreuses plantes (blé, maïs, pomme de terre, riz, etc.) a entraîné la consommation de grandes quantités d'amidon par les populations humaines. Ce sujet permet de comprendre l'influence de la domestication des plantes sur le génome... humain !

LE SUJET

L'amidon est un glucide constitué d'un enchaînement de nombreuses molécules de glucose. C'est le principal sucre de réserve chez les plantes ; il est particulièrement présent dans les semences des Poacées (maïs, riz, blé, etc.).

À partir de l'exploitation des documents et de vos connaissances, expliquer l'influence des régimes alimentaires riches en amidon sur le génome des populations humaines.

Doc 1 L'amylase salivaire

L'organisme humain produit deux types d'amylases catalysant l'hydrolyse de l'amidon : l'amylase salivaire et l'amylase pancréatique.

$$2\,(C_6H_{10}O_5)_n + n\,H_2O \xrightarrow{\text{Amylases salivaires et pancréatiques}} n\,C_{12}H_{22}O_{11}$$

Amidon — Eau — Maltose

Doc 2 Quantité d'amylase salivaire et nombre de copies du gène *AMY1*

L'amylase salivaire est codée par le gène *AMY1*. La concentration de cette enzyme dans la salive a été mesurée chez cinquante Américains d'origine européenne. Le nombre de copies du gène *AMY1* dans leur ADN a également été déterminé.

Chez les chimpanzés, ce gène est présent en double exemplaire.

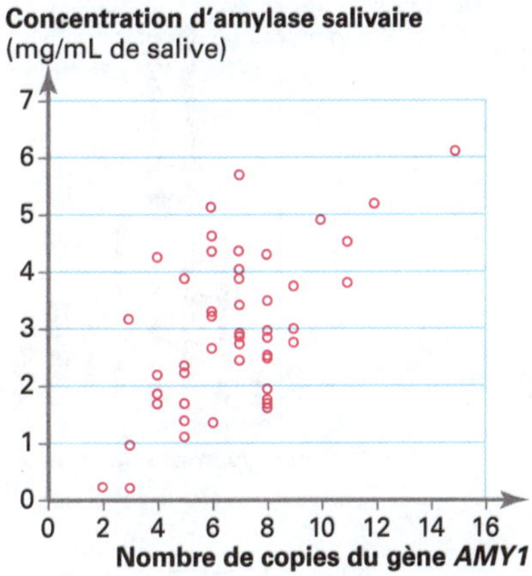

Doc 3 Populations humaines et régimes alimentaires

Deux groupes de populations ont été constitués pour la suite des études. Le premier comprend trois populations consommant traditionnellement beaucoup d'amidon : les Japonais, les Européens et les Hadza (population de Tanzanie se nourrissant de nombreux tubercules). Le second comprend quatre populations dont le régime alimentaire est traditionnellement pauvre en amidon : les Biaka et les Mbuti, des chasseurs-cueilleurs africains, les Datog, une population pastorale africaine, et les Yakut, une population asiatique.

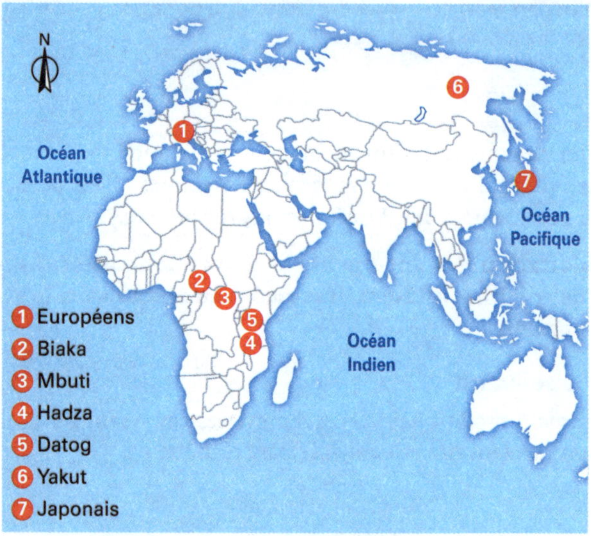

Doc 4 Nombre de copies du gène *AMY1* selon le régime alimentaire

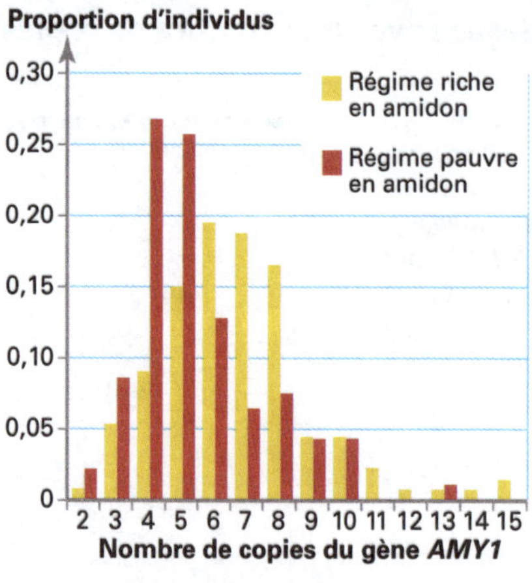

Doc 5 Nombre de copies du gène *AMY1* dans les différentes populations

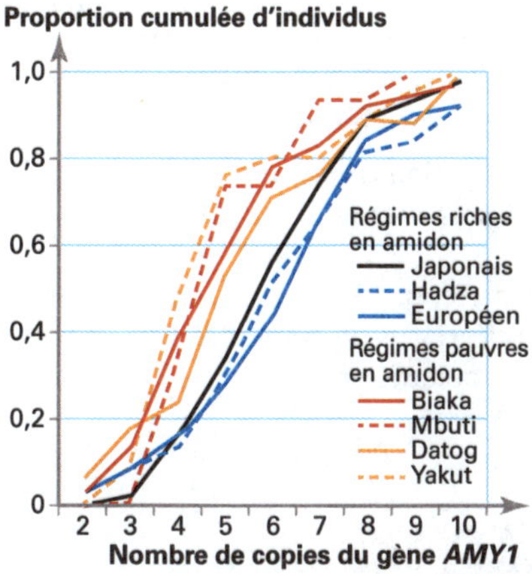

CORRIGÉS

SE TESTER QUIZ

1 Les processus de la domestication

1. Réponse b. La sélection massale retient souvent des caractères qui ne sont pas favorables à l'état sauvage.
Les réponses a, b et d sont incorrectes. La sélection massale s'opère sur des variétés sauvages, sans pour autant entraîner leur disparition. L'obtention de lignées pures a été réalisée par des autofécondations successives, bien plus tardivement. Les pesticides ne jouent pas de rôle dans la sélection massale.

2. Réponse a. L'hybridation de plantes nécessite de réaliser une fécondation croisée.
Les réponses b, c et d sont incorrectes. L'autofécondation est la fécondation de gamètes d'un même plant : elle n'aboutit pas à un hybride. La transgenèse consiste à intégrer un gène (ou plusieurs) d'une espèce dans le génome d'une autre ; il ne s'agit pas de réunir deux génomes complets. La multiplication asexuée aboutit à l'obtention de clones.

3. Réponse c. Les plantes OGM sont le résultat de techniques de génie génétique.
Les réponses a, b et d sont incorrectes. Les mutations sont aléatoires, les hybrides combinent les génomes des espèces parentales, mais ne sont pas génétiquement modifiés. La sélection variétale intervient après des croisements.

2 Les conséquences de la domestication

1. Réponses b et d. Les caractères pouvant appartenir à un syndrome de domestication sont une fructification synchrone et des graines riches en réserves.
Les réponses a et c sont incorrectes. La dissémination favorisée est un caractère de plantes sauvages, la possibilité de récolter nécessite l'absence de dissémination. La domestication a retenu des graines peu protégées.

2. Réponses c et d. La domestication des plantes s'accompagne d'une influence sur le patrimoine génétique humain et rend les plantes cultivées dépendantes de l'action de l'homme.
Les réponses a et b sont incorrectes. La diversité génétique des plantes cultivées s'est réduite tout au long du processus de domestication. La recherche de plantes résistantes aux pathogènes est toujours une question d'actualité.

OBJECTIF BAC

3 Déterminer l'influence du régime alimentaire

- D'après le document 1, l'organisme humain produit deux types d'amylases, salivaire et pancréatique, catalysant toutes les deux l'hydrolyse de l'amidon en maltose.
- L'amylase salivaire est codée par le gène *AMY1* présent en double exemplaire dans le génome des chimpanzés (doc. 2). Pour cinquante Américains d'origine européenne, le nombre de copies du gène varie entre deux et seize. Pour ces cinquante individus, la quantité d'amylase produite varie entre 0,2 et 6 mg par mL de salive. Globalement, il existe une corrélation positive entre la quantité d'amylase contenue dans la salive et le nombre de copies du gène *AMY1* dans le génome de l'individu. En moyenne, la quantité d'amylase passe de 0,5 mg/mL de salive pour deux copies du gène à 5,5 mg/mL pour quatorze copies.
- Le document 3 montre la répartition des différentes populations humaines étudiées. Les Japonais, les Européens et les Hadza de Tanzanie ont des régimes alimentaires riches en amidon. Les quatre autres populations (Baika, Mbuti, Datog et Yakut) ont un régime alimentaire traditionnellement pauvre en amidon. Il n'y a ici pas de relation apparente entre la répartition géographique des populations et leur régime alimentaire.

À NOTER
Ce document semble *a priori* apporter peu d'information pour la résolution du problème, mais son interprétation est essentielle : la production d'amylase est bien corrélée au régime alimentaire.

■ D'après le document 4, les populations ayant un régime alimentaire pauvre en amidon ont en moyenne quatre à cinq copies du gène *AMY1*. Dans ces populations, 25 % des individus possèdent cinq copies du gène codant pour l'amylase salivaire et 27 % en possèdent quatre. Dans les populations aux régimes alimentaires riches en amidon, 19 % des individus ont six copies du gène *AMY1* et 18 % en ont sept. En moyenne, le nombre de copies du gène *AMY1* est supérieur dans le génome des individus issus de populations consommant beaucoup d'amidon.

■ Le document 5 présente les proportions cumulées d'individus en fonction du nombre de copies du gène *AMY1*. Les courbes sont similaires pour les populations consommant peu d'amidon et similaires pour celles en consommant beaucoup : 20 % des individus des populations aux régimes alimentaires pauvres en amidon ont entre trois et quatre copies du gène, 20 % des individus des populations aux régimes alimentaires riches en amidon ont entre quatre et cinq copies, 50 % des individus japonais, européens-américains et Hadza ont plus de six copies du gène *AMY1* et 50 % des Baika, Mbuti, Datog et Yakut en ont moins de cinq.

■ Les chimpanzés, comme certains hommes, ont deux copies du gène *AMY1* dans leur génome. Il semble donc que ce caractère soit ancestral. L'augmentation du nombre de copies du gène de l'amylase salivaire résulte de duplications, événements aléatoires.

RAPPEL

Le *crossing-over* inégal, anomalie de la méiose, aboutit à la duplication de gènes. Ces modifications génétiques sont soumises à sélection.

■ La présence d'un nombre de copies supérieur du gène *AMY1* dans les populations aux régimes alimentaires traditionnellement riches en amidon résulte d'une sélection de cette modification du génome, à savoir de la duplication de ce gène. La corrélation entre le nombre de copies du gène et la quantité d'amylase produite (doc. 2) laisse en effet penser qu'il y a un avantage sélectif à produire davantage d'amylase lorsque le régime est riche en amidon ; il sera plus rapidement hydrolysé.

21 Les variations climatiques du Quaternaire

En bref *Le Quaternaire a connu une succession de phases froides (glaciaires) et moins froides (interglaciaires) liées notamment à des variations de l'orbite terrestre.*

I Une alternance de périodes glaciaires et interglaciaires

■ Les données préhistoriques, géologiques et paléo-écologiques attestent de l'existence d'une période glaciaire entre –120 000 et –11 000 ans.

■ Cette glaciation est confirmée par la mesure de rapports isotopiques de l'oxygène dans les calottes polaires et les sédiments océaniques. En effet, plus il fait froid, plus l'eau contenant de l'oxygène 18 (^{18}O) s'évapore difficilement, comparée à l'eau composée d'oxygène 16 (^{16}O). La glace formée à partir des précipitations s'appauvrit donc en ^{18}O ($\delta^{18}O$ plus faible) en période froide.

À l'inverse, l'eau des océans s'enrichit en ^{18}O en période froide : les coquilles des animaux marins ont donc un $\delta^{18}O$ plus élevé.

■ À l'échelle du Quaternaire, ces données font apparaître une alternance de périodes glaciaires et interglaciaires durant les derniers 800 000 ans.

MOTS CLÉS

- **$\delta^{18}O$** : rapport entre le $^{18}O/^{16}O$ mesuré et celui de référence (en général celui de l'océan actuel), exprimé en ‰.
- **Quaternaire** : dernière période du Cénozoïque, débutant il y a 2,58 Ma.

II Le rôle des paramètres orbitaux terrestres

■ Les variations des rapports isotopiques de l'oxygène coïncident avec les variations de l'orbite terrestre décrits par les cycles de Milankovitch.

■ Ces variations des paramètres orbitaux ont modifié la puissance solaire reçue par la Terre. Elles sont à l'origine de l'entrée ou de la sortie d'une glaciation.

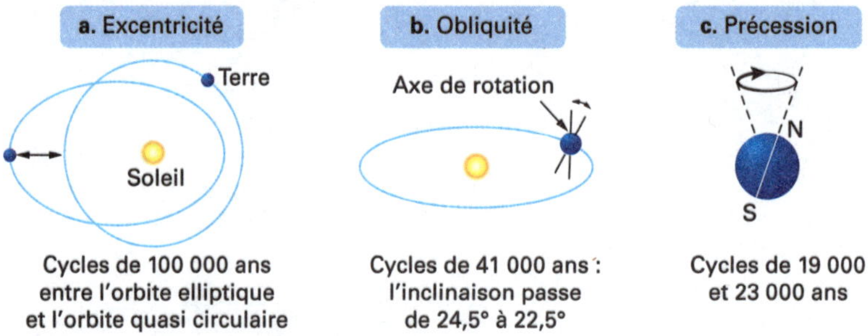

Doc **Les cycles de Milankovitch**

Méthode

Corréler variations climatiques et cycles de Milankovitch

Les glaciations du Quaternaire s'expliquent par des variations astronomiques.

Montrer que les variations des paramètres orbitaux expliquent les périodes glaciaires de ces 600 000 dernières années.

Doc Volume des glaces et paramètres orbitaux

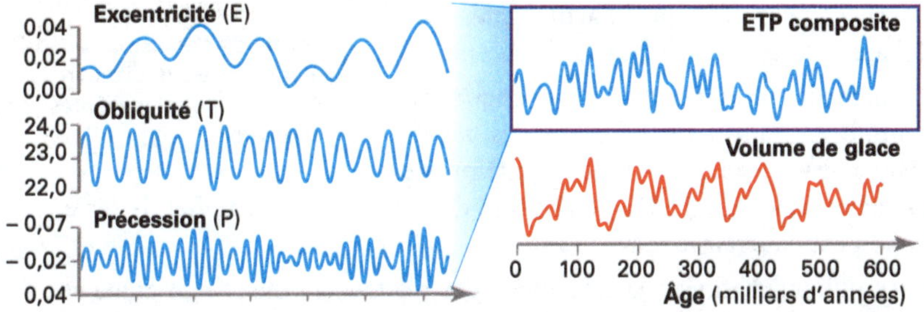

CONSEILS

Étape 1 Repérer les cycles des différents paramètres et donner leur période.
Étape 2 Expliquer le lien entre paramètre orbital et climat global.
Étape 3 Établir les corrélations en débutant par les cycles de longue période.

SOLUTION

Étape 1 En 600 000 ans, on repère 6 cycles pour l'excentricité, donc une période de 100 000 ans ; 14 cycles pour l'obliquité, donc une période de 43 000 ans et 27 cycles pour la précession, donc une période de 22 000 ans.

Étape 2 Quand la Terre s'éloigne du Soleil (excentricité croissante), le climat mondial se refroidit, d'où l'entrée en glaciation. De la même façon, une obliquité élevée augmente le contraste entre les saisons, favorisant la glaciation. La précession entraîne un décalage progressif entre les saisons et la position de la Terre sur son orbite : aujourd'hui, l'été boréal a lieu alors que la distance Terre-Soleil est élevée, ce qui réduit le contraste entre les saisons dans l'hémisphère Nord.

Étape 3 On observe que la courbe de l'évolution du volume des glaces se superpose quasiment à la courbe de la résultante des trois paramètres orbitaux. Ainsi, on retrouve tous les 110 à 120 000 ans une période avec un faible volume de glace (période interglaciaire) lié à une excentricité et une obliquité faibles. Au sein de la dernière phase glaciaire, on observe 4 ou 5 cycles correspondant globalement aux cycles de 22 000 ans de la précession des équinoxes.

22 Le refroidissement du Cénozoïque

En bref *Le climat actuel s'inscrit dans un refroidissement global amorcé il y a 30 millions d'années du fait de la raréfaction du CO_2 atmosphérique.*

I Un refroidissement au cours du Cénozoïque

- Les indices géochimiques ($\delta^{18}O$) des sédiments marins révèlent, par **principe d'actualisme**, une baisse globale de la température depuis l'Éocène.
- Simultanément, la teneur atmosphérique en CO_2 diminue en raison de l'érosion des reliefs (Alpes, Himalaya...), alimentant la formation de nouvelles roches calcaires. Le CO_2 étant l'un des principaux gaz à effet de serre, sa raréfaction expliquerait le refroidissement.

> **MOT CLÉ**
> **Principe d'actualisme** : postule que les processus à l'œuvre aujourd'hui sont les mêmes qu'autrefois.

- Il y a 30 millions d'années, la tectonique des plaques a isolé l'Antarctique en créant un courant océanique circumpolaire. Le continent s'est rapidement englacé, d'où une hausse de l'albédo (fraction de la lumière réfléchie ou diffusée) terrestre.

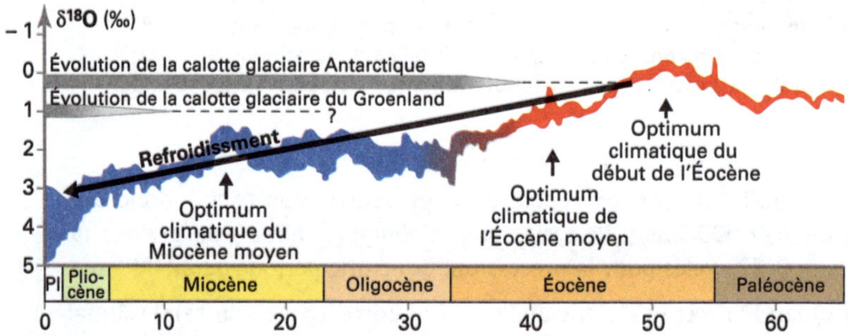

Doc **Refroidissement et baisse du $\delta^{18}O$ des sédiments marins**

II Rôle des boucles de rétroaction

- Une boucle de rétroaction apparaît lorsqu'une petite variation d'un paramètre entraîne *in fine* une variation importante dans le même sens (rétroaction positive) ou dans le sens opposé (rétroaction négative).
- L'albédo intervient dans une boucle de rétroaction positive. Si la température diminue, la surface occupée par les glaces augmente et l'albédo aussi, entraînant une diminution encore plus rapide de la température.
- De même, la solubilité du CO_2 dans les océans diminue avec la température. Une hausse de la température réduit la capacité de l'océan à absorber le CO_2 atmosphérique, ce qui favorise le réchauffement.
- Ces rétroactions explique le passage rapide entre période glaciaire et interglaciaire.

Méthode

Interpréter les variations des rapports isotopiques

Le climat du Quaternaire a connu de nombreuses variations, avec de forts épisodes glaciaires et interglaciaires.

À l'aide du document, déterminer les périodes glaciaires et interglaciaire du Quaternaire.

Doc Variations du $\delta^{18}O$ depuis 400 000 ans

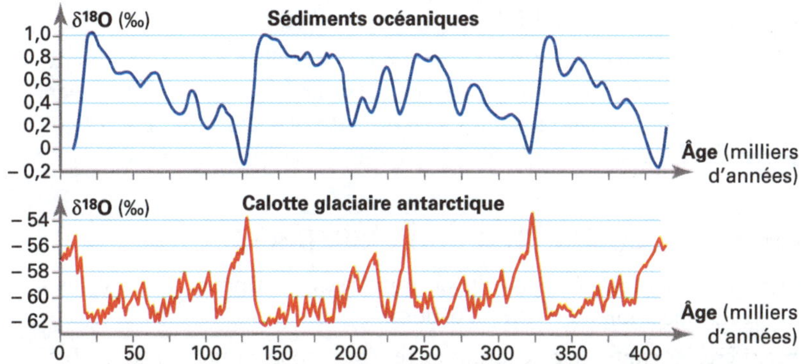

CONSEILS

Étape 1 Repérer où ont été mesurés les rapports et indiquer comment varie ce paramètre dans la glace et les océans.
Étape 2 Rappeler le lien existant entre température globale et $\delta^{18}O$.
Étape 3 Reconstituer les grandes variations du climat en repérant les périodes glaciaires et interglaciaires.

SOLUTION

Étape 1 Le document présente le $\delta^{18}O$ des océans (en haut) et des glaces (en bas). Le $\delta^{18}O$ des glaces et des océans varie de façon opposée : un $\delta^{18}O$ des glaces faible correspond à un $\delta^{18}O$ des océans élevé, donc une période froide.

Étape 2 En période chaude, le $\delta^{18}O$ dans la glace est plus élevé (« moins négatif ») qu'en période froide. Dans les sédiments océaniques, au contraire, le $\delta^{18}O$ est plus élevé en période froide qu'en période chaude.

Étape 3 On repère trois ou quatre périodes de glaciations successives :
- de – 10 000 à – 115 000 ans ;
- de – 130 000 à – 325 000 ans, avec un climat doux vers – 220 000 ans ;
- avant – 340 000 ans, avec une phase douce vers – 440 000 ans.

23 Les climats extrêmes du passé

En bref *L'étude des fossiles et des glaciers montre que la Terre a connu autrefois des climats très différents de l'actuel.*

I La Terre « chaude » du Mésozoïque

■ Au Mésozoïque (notamment au Crétacé, de – 146 à – 66 Ma), la présence de **charbon** à proximité des pôles de l'époque, qui étaient dépourvus de glace, révèle un climat globalement plus chaud (d'environ 3 °C) qu'aujourd'hui.

■ Ceci s'explique principalement par la tectonique des plaques : le continent unique, la **Pangée**, commence à se fracturer dès le Permo-Trias. Le CO_2 libéré par l'activité volcanique des dorsales s'accumule dans l'atmosphère, d'où le réchauffement ; par ailleurs, l'absence de reliefs à éroder limite sa consommation.

II Les grandes glaciations du Paléozoïque

■ La découverte de traces glaciaires sur de nombreux continents révèle l'existence d'une vaste glaciation au **Permo-Carbonifère**.

■ Au Carbonifère, les continents achèvent de se réunir pour former la Pangée. Les collisions continentales entraînent l'édification de la **chaîne varisque**. Son altération aurait entraîné une baisse importante de la teneur en CO_2 de l'atmosphère.

■ Le Carbonifère voit aussi le développement de vastes forêts piégeant le CO_2 atmosphérique. Le bois qui a sédimenté sur place sans être consommé est à l'origine des **gisements de charbon** (puits à CO_2). L'arrêt de la formation des charbons à la fin du Carbonifère semble corrélé avec le développement de champignons capables de dégrader totalement la lignine.

■ On explique ainsi la glaciation permo-carbonifère par la modification du cycle géochimique du carbone, liée à l'altération de la chaîne varisque et à la fossilisation importante de matière organique.

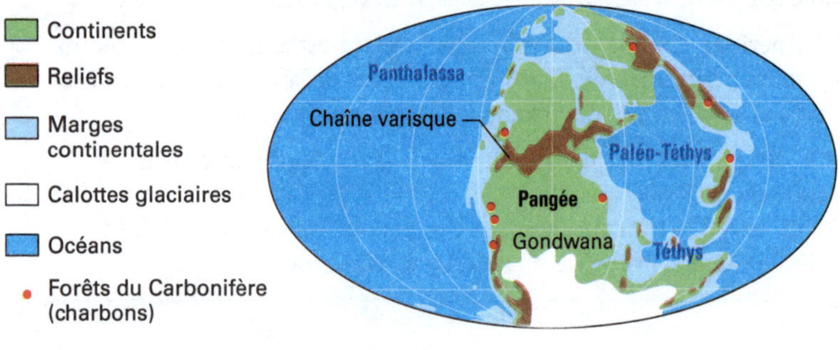

Doc **La Terre lors de la glaciation du Carbonifère (– 300 Ma)**

Méthode

Exploiter des équations chimiques pour modéliser le climat

Au Carbonifère se met en place la chaîne hercynienne, d'ampleur comparable à l'Himalaya actuel. Cette période est aussi celle d'une vaste glaciation.

Montrer que l'érosion de la chaîne hercynienne peut expliquer la glaciation permo-carbonifère.

Doc Quelques équilibres chimiques régissant l'altération et la précipitation

Dans les chaînes de montagnes, les affleurements présentent généralement davantage de roches magmatiques que dans les zones de plaine. Ces roches peuvent posséder des minéraux tels que des feldspaths ou des pyroxènes, qui s'altèrent suivant les réactions suivantes :

Altération d'un feldspath calcique :

$$CaAl_2Si_2O_8 + 3\ H_2O + 2\ CO_2 \rightarrow 2\ HCO_3^- + Ca^{2+} + Al_2Si_2O_5(OH)_4 \quad (1)$$

Altération d'un pyroxène calcique :

$$CaSiO_3 + H_2O + 2\ CO_2 \rightarrow SiO_2 + Ca^{2+} + 2\ HCO_3^- \quad (2)$$

Les produits d'érosion (sous la forme d'ions solubles Ca^{2+} et HCO_3^-) seront transportés jusqu'aux océans où ils seront mobilisés pour former de nouvelles roches calcaires, selon l'équation :

$$2\ HCO_3^- + Ca^{2+} \rightarrow CaCO_3 + CO_2 + H_2O \quad (3)$$

CONSEILS

Étape 1 Repérer les interventions du CO_2 et le nombre de moles impliquées.
Étape 2 Faire le bilan complet entre altération et précipitation.
Étape 3 Conclure en rappelant le rôle du CO_2 dans l'effet de serre.

SOLUTION

Étape 1 Il faut deux moles de CO_2 pour altérer une mole de feldspath ou de pyroxène calciques. Cela libère deux moles d'HCO_3^- et une mole d'ion Ca^{2+}, qui peuvent précipiter sous forme de calcite et libérer une mole de CO_2.

Étape 2 Le bilan pour le CO_2 de l'altération d'un feldspath calcique (1) ou d'un pyroxène calcique (2) puis de la précipitation des produits de l'érosion (3) consomme une mole de CO_2 par mole de minéral altéré.

Étape 3 Ainsi l'altération des roches magmatiques, généralement exposées lors de la formation de reliefs, puis la précipitation des produits de l'érosion consomme du CO_2 atmosphérique. La formation d'un relief comme l'orogenèse hercynienne peut donc conduire à une baisse de la concentration en CO_2 atmosphérique, d'où une entrée en glaciation, le CO_2 étant l'un des principaux gaz à effet de serre.

SE TESTER QUIZ

Vérifiez que vous avez bien compris les points clés des **fiches 21 à 23**.

1 Les variations climatiques du Quaternaire

→ FICHE 21

1. Par rapport à une période chaude, une période froide possède un $\delta^{18}O$:

☐ **a.** plus faible dans les glaces
☐ **b.** plus élevé dans les glaces
☐ **c.** plus faible dans les sédiments océaniques
☐ **d.** plus élevé dans les sédiments océaniques

2. Les paramètres astronomiques expliquant les variations cycliques du climat sont :

☐ **a.** les variations de l'excentricité
☐ **b.** la précession des équinoxes
☐ **c.** la durée de révolution de la Terre autour du Soleil
☐ **d.** la position de la Lune par rapport à la Terre
☐ **e.** les variations de l'inclinaison de l'axe de rotation de la Terre

2 Le refroidissement du Cénozoïque

→ FICHE 22

Un réchauffement peut s'auto-amplifier, car :

☐ **a.** la fonte des glaces augmente l'albédo, ce qui favorise le réchauffement
☐ **b.** la fonte des glaces diminue l'albédo, ce qui favorise le réchauffement
☐ **c.** lorsqu'ils se réchauffent, les océans libèrent davantage de CO_2
☐ **d.** lorsqu'ils se réchauffent, les océans stockent davantage de CO_2

3 Les climats extrêmes du passé

→ FICHE 23

1. La tectonique des plaques influence indirectement le climat, car :

☐ **a.** l'érosion des montagnes consomme du CO_2
☐ **b.** l'érosion des montagnes libère du CO_2
☐ **c.** les dorsales océaniques consomment du CO_2
☐ **d.** les dorsales océaniques libèrent du CO_2

2. La présence de grandes forêts sombres influence le climat, car elles :

☐ **a.** consomment beaucoup de CO_2 par photosynthèse
☐ **b.** libèrent beaucoup de CO_2 par photosynthèse
☐ **c.** augmentent l'albédo, donc favorisent le réchauffement
☐ **d.** diminuent l'albédo, donc favorisent le réchauffement

OBJECTIF BAC

4 Reconstituer le climat de l'Éemien

45 min

→ FICHES 21 et 22

Cet exercice permet de faire le lien entre les différentes méthodes de reconstitution du climat et de les appliquer à la dernière période interglaciaire.

LE SUJET

Le Quaternaire est marqué par des variations climatiques importantes où alternent périodes glaciaires et interglaciaires. Ainsi, les assemblages de mollusques dans les mines d'Amersfoort (Pays-Bas) ont permis à Harting en 1875 de décrire un climat entre –130 000 et –115 000 ans contrastant beaucoup avec la période précédente, dite de Riss, et la période suivante, dite de Würm. Cette période a été nommée Éemien, en référence à la rivière Eem qui coule à Amersfoort.

En exploitant les documents et vos connaissances, montrer que le climat qui régnait pendant l'Éemien contraste avec celui du Riss ou du Würm.

Doc 1 Évolution de la composition de l'atmosphère en CO_2 et en CH_4 depuis 400 000 ans

Les mesures ont été réalisées sur des bulles d'air piégées dans les glaces antarctiques. On rappelle que le CO_2 et le CH_4 sont des gaz à effet de serre.

ppm : partie par million ; ppb : partie par billion (par milliard).

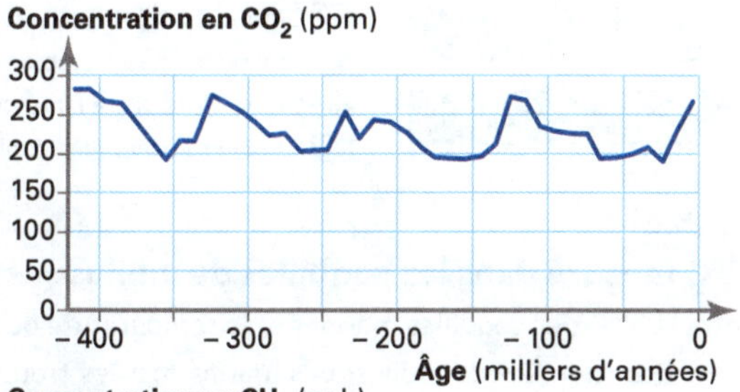

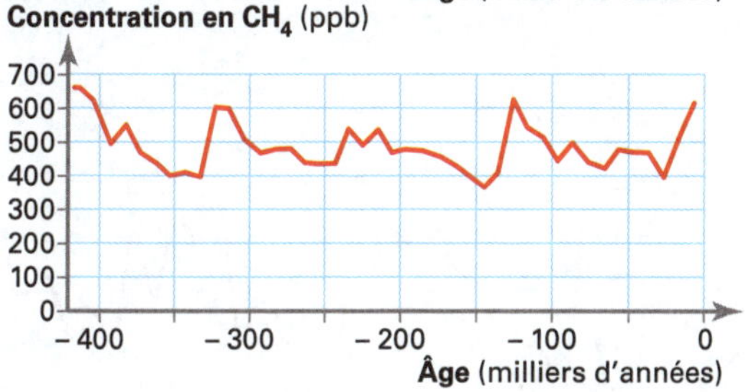

Doc 2 Extension des glaciers alpins

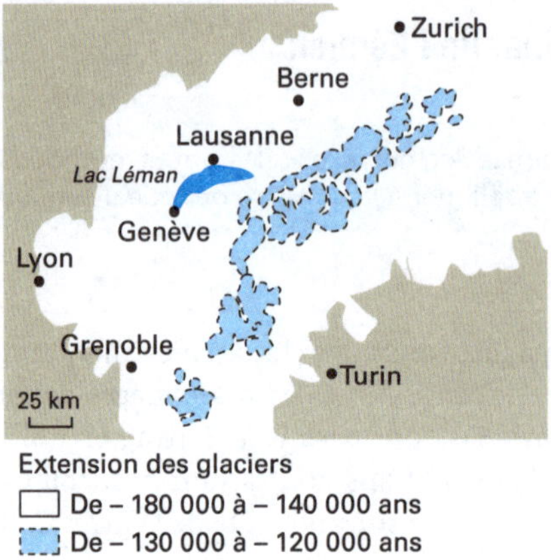

Doc 3 Climatogrammes obtenus à partir des fossiles des grands mammifères trouvés dans la grotte du Lazaret (Nice)

Un climatogramme est une classification des animaux par affinité climatique et/ou écologique. Les groupes « écologiques » sont représentés sur un graphique, en pourcentages, selon un ordre précis, d'un environnement froid (à gauche) vers un environnement tempéré (à droite).

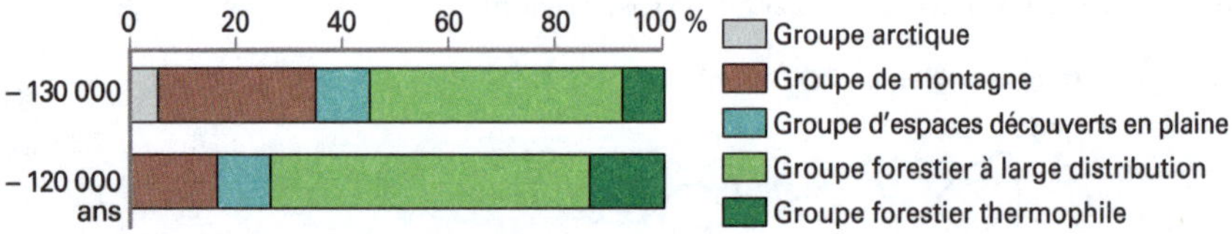

Doc 4 Étude du $\delta^{18}O$ mesuré dans les coquilles de mollusques marins

À gauche, corrélation entre le $\delta^{18}O$ des coquilles marines et la température de l'eau.

À droite, évolution du $\delta^{18}O$ des coquilles de mollusques marins fossiles trouvés dans la grotte du Lazaret (Nice).

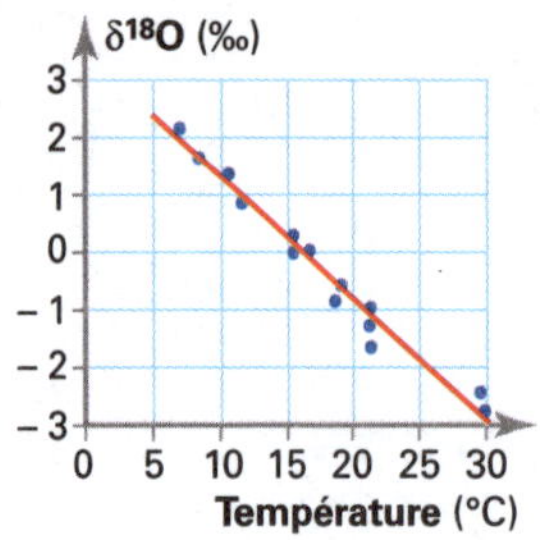

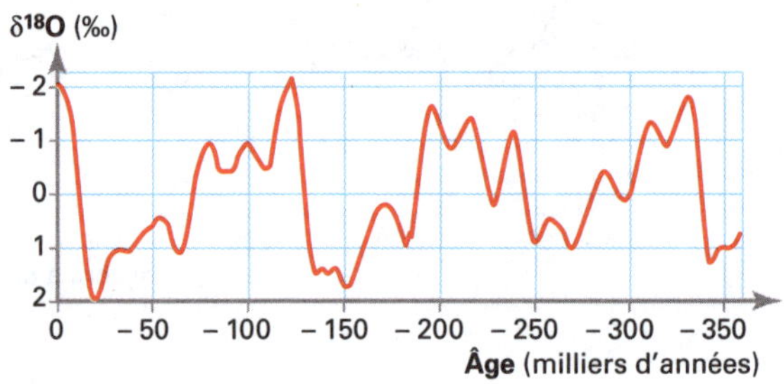

Doc 5 **Données palynologiques (étude des pollens) relevées au Portugal et climats associés**

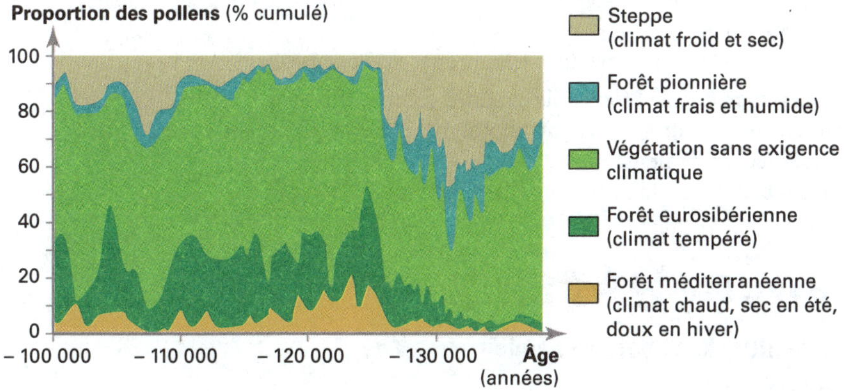

CORRIGÉS

SE TESTER QUIZ

1 Les variations climatiques du Quaternaire

1. Réponses a et d. Par rapport à une période chaude, une période froide possède un $\delta^{18}O$ plus faible dans les glaces et plus élevé dans les sédiments océaniques.
Les réponses b et c sont incorrectes ; elles proposent le contraire.

2. Réponses a, b et e. Les paramètres astronomiques expliquant les variations cycliques du climat sont les variations de l'excentricité, la précession des équinoxes et les variations d'inclinaison de l'axe de rotation terreste.
Le réponses c et d sont incorrectes. La durée de révolution de la Terre autour du Soleil n'a pas d'effet sur le climat. La position de la Lune explique les marées mais n'a pas d'effet sur le climat.

2 Le refroidissement du Cénozoïque

Réponses b et c. Un réchauffement peut s'auto-amplifier, car la fonte des glaces diminue l'albédo, ce qui favorise le réchauffement, et lorsqu'ils se réchauffent, les océans libèrent davantage de CO_2.
Les réponses a et d sont incorrectes ; elles proposent le contraire.

3 Les climats extrêmes du passé

1. Réponses a et d. La tectonique des plaques influence indirectement le climat, car l'érosion des montagnes consomme du CO_2 et les dorsales océaniques en libèrent de grandes quantités.
Les réponses b et c sont incorrectes ; elles proposent le contraire.

2. Réponses a et c. La présence de grandes forêts influence le climat, car elles consomment beaucoup de CO_2 par photosynthèse et augmentent l'albédo, donc favorisent le réchauffement.
Les réponses b et d sont incorrectes ; elles proposent le contraire.

OBJECTIF BAC

4 Reconstituer le climat de l'Éémien

Introduction

Les archives sédimentaires montrent que pendant l'Éémien (entre –130 000 et –115 000 ans), le climat était très différent du climat du Riss qui le précédait ou du Würm qui le suivait. Nous verrons ce qui caractérisait ce climat par rapport aux autres époques.

Une période plus chaude que le Riss et le Würm

- Le document 1 retrace les quantités de CO_2 et de CH_4, deux gaz à effet de serre, dans l'atmosphère. Ces gaz absorbent les rayons infrarouges réémis par la Terre à la suite de son réchauffement par le Soleil : ils participent donc à l'élévation de la température mondiale. Pendant l'Éémien, on observe un pic de la teneur en CO_2 (275 ppm contre en moyenne 200 ppm pendant le Riss et le Würm) et en CH_4 (600 ppb contre 450 ppb en moyenne pendant le Riss et le Würm), ce qui a pu entraîner une élévation de la température mondiale.
- Le document 4 permet de reconstituer les températures par la mesure du $\delta^{18}O$ dans les coquilles des mollusques marins. Le ^{18}O étant plus lourd que l'^{16}O, il s'évapore plus difficilement : en période froide, lorsque l'évaporation est plus limitée, les nuages (et les glaces formées) vont donc présenter une sous-abondance de ^{18}O par rapport au ^{16}O, donc un $\delta^{18}O$ faible. À l'inverse, le ^{18}O s'étant peu évaporé, il reste plus abondant dans l'océan : une période froide correspondra donc à un $\delta^{18}O$ plus élevé dans les sédiments marins.
- Cette corrélation négative entre température et $\delta^{18}O$ dans les sédiments marins est illustrée dans la partie gauche du document 4. Dans la partie droite du même document, le $\delta^{18}O$ des sédiments marins est beaucoup plus élevé pendant l'Éémien (avec des pics jusqu'à –2 ‰, ce qui correspondrait à des températures de l'eau à proximité de la grotte du Lazaret de 25 °C) que pendant le Riss ou le Würm (avec un $\delta^{18}O$ de 1 ‰, correspondant à des températures de la Méditerranée de 10 °C).
- L'Éémien est donc une période particulièrement chaude, caractérisée par une teneur importante en gaz à effet de serre dans l'atmosphère.

Les conséquences du réchauffement éémien

■ Les autres documents permettent d'étudier les conséquences de ce réchauffement. D'après le document 2, les glaciers alpins sont beaucoup moins étendus pendant l'Éémien que pendant le Riss : le Riss est une phase glaciaire, tandis que l'Éémien est une phase interglaciaire. Le document 3 montre que pendant l'Éémien (entre –130 000 et –120 000 ans) la part des mammifères forestiers dans les fossiles de la grotte du Lazaret augmente (de 55 à 70 %) et, parmi eux, la part de forestiers thermophiles, qui ne survivent que dans des milieux relativement chauds (de 8 à 15 %). À l'inverse, les mammifères caractéristiques des milieux froids se raréfient : ainsi, la part des mammifères montagnards diminue de moitié (de 30 à 15 %) et les mammifères arctiques disparaissent complètement.

■ Ces résultats sont caractéristiques d'un réchauffement du climat dans la région du Lazaret, de même que ceux présentés dans le document 5. Les pollens retrouvés permettent de reconstituer le type de végétation : pendant l'Éémien, elle est dominée par des forêts de climat tempéré ou méditerranéen, alors qu'au Riss et au Würm elle est plutôt dominée par des steppes caractéristiques de climats froids et secs.

Conclusion

L'Éémien est une période où régnait un climat beaucoup plus chaud et humide que le climat froid et sec du Würm et du Riss. C'est une phase interglaciaire, lors de laquelle les glaciers alpins ont reculé et les forêts forêts tempérées et méditerranéennes se sont développées, abritant des animaux caractéristiques de climats chauds. Le Riss et le Würm, au contraire, étaient des phases glaciaires, avec des glaciers alpins étendus et une végétation de type steppe (toundra) ou de forêt froide (taïga), où vivaient des mammifères de climat froid et sec.

24 Le consensus sur le réchauffement climatique

En bref *L'origine anthropique du réchauffement climatique est scientifiquement avérée, mais sa modélisation reste complexe.*

I L'établissement d'un consensus scientifique

- Les données climatiques relevées depuis le XIXe siècle montrent une élévation de la température mondiale d'environ 1 °C en 150 ans. Ce réchauffement est lié à une hausse importante de la teneur atmosphérique en CO_2 libéré par les activités humaines : la combustion des gisements carbonés, à la base de nombreuses activités modernes, est aujourd'hui la source principale de CO_2 atmosphérique.

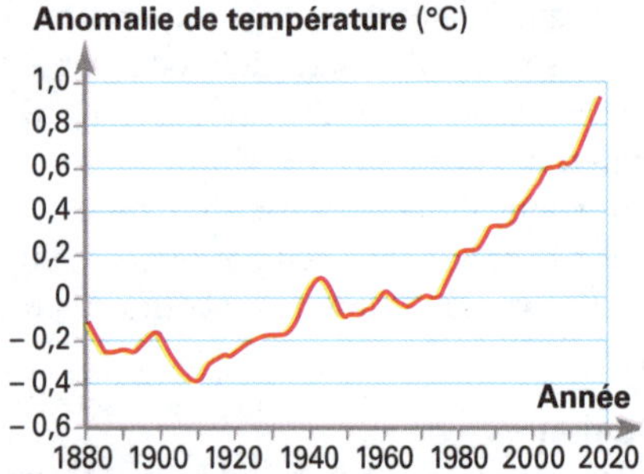

Doc Évolution de la température mondiale

- L'ONU a créé en 1988 le Giec et, depuis, un effort de recherche majeur est mené pour élaborer un modèle robuste du changement climatique, de ses causes et conséquences, et pour définir les actions à conduire pour y faire face.

MOT CLÉ
Giec : Groupe d'experts intergouvernemental sur l'évolution du climat.

II Conséquences biologiques possibles du réchauffement

- En dehors des effets physiques (fonte des glaces, etc.), le réchauffement climatique a des impacts importants sur la biodiversité et la santé humaine.
- Il peut modifier les effectifs des différentes populations sauvages, leur état sanitaire ou leur répartition géographique. Ainsi, si certaines espèces peuvent se déplacer pour chercher ailleurs de meilleures conditions, d'autres voient leurs populations décroître et pourraient être amenées à disparaître.
- Ces modifications perturbent tous les écosystèmes, mettant en danger des espèces qui ne sont pas directement impactées par le réchauffement climatique.
- Ces effets sont souvent difficiles à quantifier. Ainsi, l'augmentation de la concentration en CO_2 atmosphérique favorise la photosynthèse, donc la production de biomasse et les rendements agricoles. Mais le réchauffement climatique rend aussi les terres agricoles moins disponibles, du fait de la montée du niveau marin, de la diffusion de pathogènes et de la pénurie d'eau.

Méthode

Analyser un suivi de la répartition des espèces

Vecteur de nombreuses maladies (dengue, chikungunya, zika...), le développement du moustique tigre est un problème de santé publique.

Montrer comment la répartition du moustique tigre en France évolue parallèlement au réchauffement climatique.

Doc Évolution de l'aire de répartition du moustique tigre *Aedes albopictus*

Venant d'Asie, le moustique tigre résiste à des températures plus froides que les autres espèces tropicales. Ses œufs, qui peuvent survivre pendant des mois en milieu sec, donnent un adulte en 10 jours à 20 °C, contre 6 jours seulement à 28 °C.

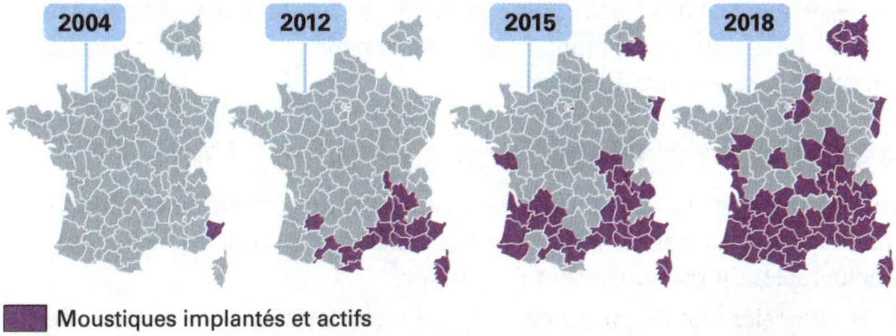

CONSEILS

Étape 1 Retracer l'évolution de l'expansion du moustique tigre.
Étape 2 Relever les effets possibles de la température sur les populations.
Étape 3 Conclure en distinguant bien corrélation et causalité.

SOLUTION

Étape 1 En 2004, le moustique tigre est cantonné aux Alpes-Maritimes. Il migre ensuite vers l'ouest et le nord : il semble suivre les vallées du Rhône et de la Garonne, puis atteint la région parisienne en 2018. Il est présent aujourd'hui sur plus de la moitié du territoire.

Étape 2 Le réchauffement climatique pourrait avoir deux conséquences principales sur les populations de moustique tigre :
- il rend accessibles des régions autrefois trop froides pour ce moustique ;
- il accélère le cycle de vie du moustique, lui permettant ainsi de se reproduire et de coloniser plus rapidement le territoire.

Étape 2 Le réchauffement climatique semble favoriser l'installation d'espèces tropicales en France, comme le moustique tigre.
Il s'agit ici d'une corrélation. Seule une étude expérimentale approfondie pourrait démontrer une causalité.

25 Agir sur le réchauffement climatique

En bref *Les causes et les conséquences possibles du réchauffement climatique sont aujourd'hui identifiées. Il faut maintenant agir pour en atténuer les effets ou s'y adapter.*

I Des actions à des échelles différentes

■ À l'échelle collective, le Giec a pour objectif d'évaluer de façon mondiale les connaissances acquises et les stratégies à mettre en œuvre. De nombreux pays ont développé des plans d'action bâtis sur un consensus scientifique, dont l'objectif est de renforcer les connaissances et l'évaluation des politiques mises en place.

■ On peut également agir à l'échelle individuelle, en limitant par exemple les transports individuels ou en achetant préférentiellement des produits fabriqués localement ou nécessitant peu d'énergie.

II Les stratégies d'atténuation ou d'adaptation

■ On peut envisager de limiter (atténuation) l'ampleur du réchauffement climatique et/ou d'adapter les installations et les comportements humains aux conséquences inéluctables du réchauffement climatique.

■ Parmi les stratégies d'atténuation possibles, on peut réduire les émissions de gaz à effet de serre. Diverses méthodes de stockage du carbone (agriculture et sylviculture, puits miniers, etc.) sont également à l'étude.

■ Les plans d'action nationaux proposent aussi des stratégies d'adaptation. En France, le PNACC (plan national d'action sur le changement climatique) recherche les méthodes et les bénéfices de diverses politiques d'action : construction de digues et naturalisation des côtes pour lutter contre l'érosion du littoral, végétalisation des villes, prévention et suivi des maladies infectieuses, etc.

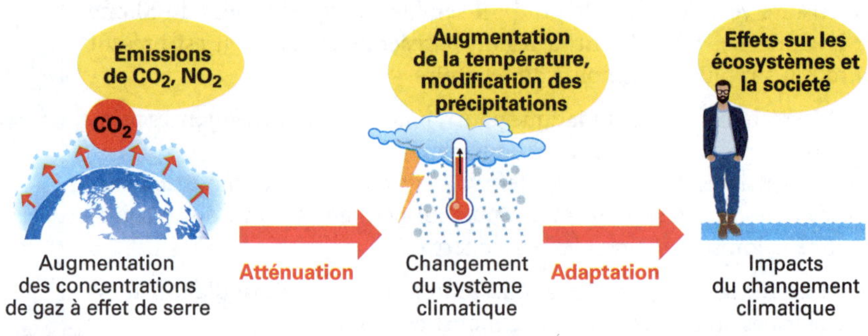

Doc **Notions d'atténuation ou d'adaptation selon le PNACC**

Méthode

Proposer ou identifier une stratégie d'action

Les centres-villes connaissent souvent des températures plus élevées que les zones rurales, et cet écart peut s'aggraver avec le réchauffement climatique.

D'après le document, proposer une stratégie d'atténuation permettant de limiter l'ampleur des îlots de chaleur urbains.

Doc Profil de température selon l'occupation des sols

Le phénomène « îlot de chaleur urbain » dépend de l'organisation du bâti et de l'utilisation de matériaux réfléchissants : plus une surface a un albédo faible, plus elle se réchauffe. Par ailleurs, ce phénomène est modéré par la présence d'eau : ainsi, la remise à l'air libre en 2005 de la rivière Cheongguecheon à Séoul, enfouie sous l'autoroute depuis 1950, a réduit la température de 3,6 °C aux alentours.

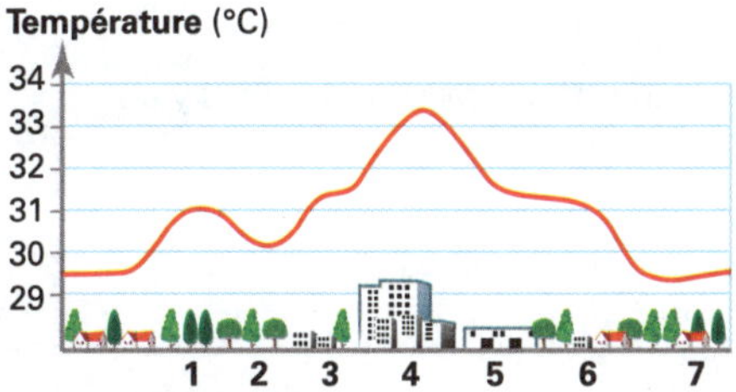

1 : Résidentiel de banlieue
2 : Parc
3 : Résidentiel urbain
4 : Centre-ville
5 : Commercial
6 : Résidentiel suburbain
7 : Rural

CONSEILS

Étape 1 Identifier le paramètre sur lequel on veut agir.
Étape 2 Établir les corrélations entre température et type d'occupation des sols.
Étape 3 À partir de ces corrélations, imaginer comment réduire la température des centres-villes.

SOLUTION

Étape 1 On veut atténuer la température dans les centres-villes.

Étape 2 On observe que, par rapport aux zones rurales, la température est plus élevée de 1,5 °C dans les zones résidentielles et commerciales, et même de 3,5 °C dans les centres-villes. Dans les parcs, la température n'est que de 0,5 °C plus élevée.

Étape 3 Pour atténuer les îlots de chaleur urbains, on peut envisager :

- d'utiliser davantage de matériaux réfléchissants, afin de baisser l'albédo et donc de limiter le réchauffement du centre-ville ;
- de végétaliser les centres villes (parcs, toitures végétalisées, etc.), puisque la présence de végétation limite la température ;
- de libérer les cours d'eau qui auraient pu être enfouis.

SE TESTER QUIZ

Vérifiez que vous avez bien compris les points clés des **fiches 24 à 25**.

1 Le consensus sur le réchaufement climatique

→ FICHE 24

1. Depuis 150 ans, les données climatiques révèlent :

☐ **a.** une baisse de la température et une baisse du CO_2 atmosphérique
☐ **b.** une hausse de la température et une baisse du CO_2 atmosphérique
☐ **c.** une baisse de la température et une hausse du CO_2 atmosphérique
☐ **d.** une hausse de la température et une hausse du CO_2 atmosphérique

2. L'ONU a créé le Giec en 1988. Ce sigle désigne le :

☐ **a.** Groupe d'experts international sur les émissions de CO_2
☐ **b.** Groupe d'experts intergouvernemental sur l'évolution du climat
☐ **c.** Groupe scientifique international d'étude du cycle du carbone

3. Parmi les conséquences physiques du réchauffement climatique, il y a :

☐ **a.** la fonte des glaces
☐ **b.** la dérégulation des écosystèmes
☐ **c.** une modification des aires de répartition des espèces
☐ **d.** une hausse du niveau mondial de la mer

2 Agir sur le réchauffement climatique

→ FICHE 25

1. Pour agir sur le réchauffement climatique, il faut développer des actions :

☐ **a.** à l'échelle individuelle, elles seules pouvant avoir un impact
☐ **b.** à l'échelle internationale, elles seules pouvant avoir un impact
☐ **c.** à toutes les échelles, chaque action pouvant avoir un impact

2. Pour faire face au réchauffement climatique, on peut proposer :

☐ **a.** une stratégie d'atténuation : stocker le CO_2 dans les mines
☐ **b.** une stratégie d'atténuation : développer des plans d'action d'urgence en cas de canicule estivale
☐ **c.** une stratégie d'adaptation : favoriser l'électricité d'origine nucléaire plutôt que celle venant des conbustibles fossiles
☐ **d.** une stratégie d'adaptation : développer des plans de prévention des maladies infectieuses

OBJECTIF BAC

3 Expliquer la fonte du pergélisol

45 min

→ FICHES 24 et 25

Ce sujet permet de montrer que si les grandes lignes du réchauffement climatique font l'objet d'un consensus scientifique, certains points, tel l'impact du réchauffement sur le pergélisol, sont encore à l'étude.

LE SUJET

Les régions arctiques sont caractérisées par un sol gelé en profondeur depuis des milliers d'années, appelé pergélisol ou permafrost. Sous l'effet du réchauffement climatique, ce pergélisol a amorcé un dégel inquiétant.

Grâce aux documents et à vos connaissances, expliquer pourquoi la fonte du pergélisol pourrait accélérer le réchauffement climatique.

Doc 1 Répartition du pergélisol dans l'hémisphère Nord

Le pergélisol représente 25 % des terres émergées dans l'hémisphère Nord. C'est le plus gros réservoir de carbone continental de la planète, devant les réserves de combustibles fossiles. Il contient deux fois plus de carbone que l'atmosphère actuelle.

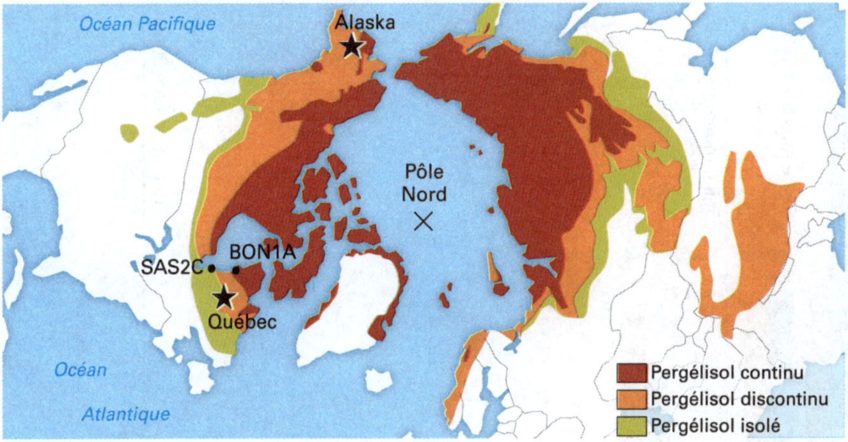

Doc 2 Température du pergélisol en Alaska entre 1978 et 2008

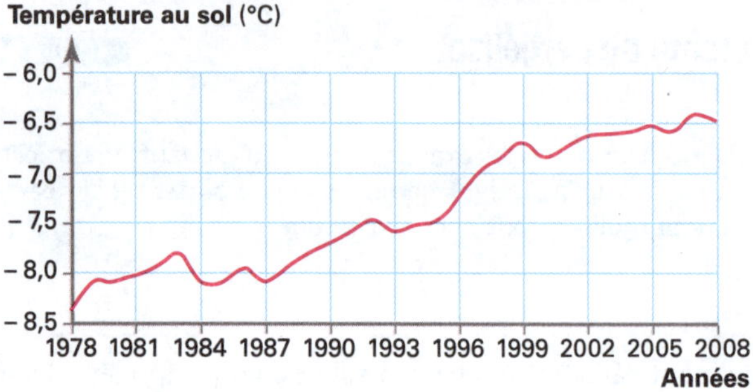

Doc 3 Évolution des mares de thermokarst entre 1959 et 2006 au nord du Québec

La fonte du pergélisol provoque des affaissements qui se remplissent d'eau, formant des mares de thermokarst, dont la superficie est corrélée à la profondeur. Les lignes verticales en pointillé indiquent, pour 1959 et 2006, la taille moyenne et la taille maximale des mares de thermokarst.

n = nombre de mares de thermokarst comptabilisées.

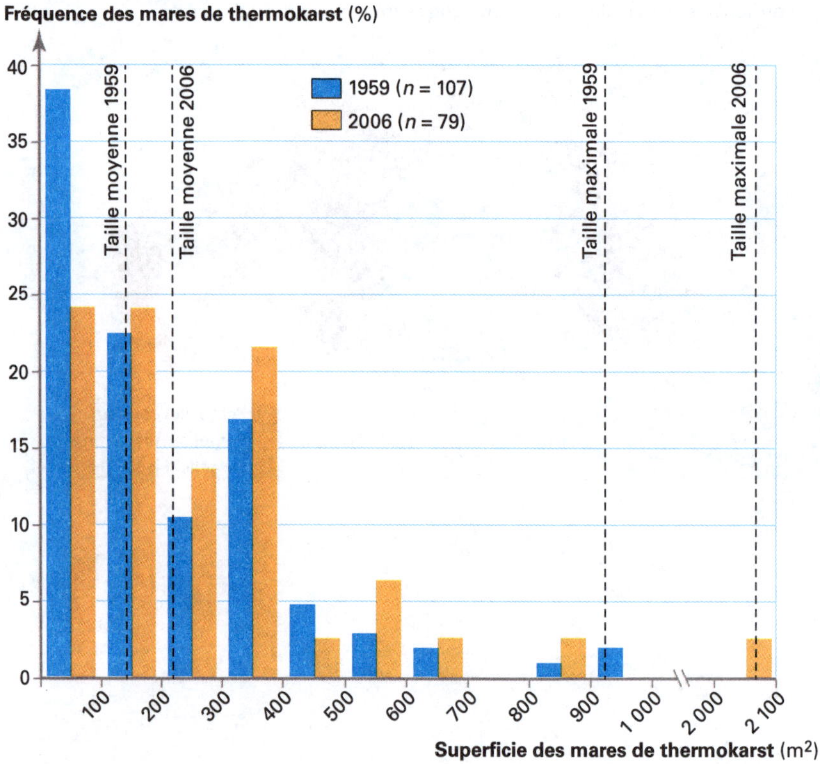

Doc 4 Concentration de CH_4 et de CO_2 en fonction de la profondeur des mares de thermokarst

À gauche, dans une petite mare du site BON1A (voir doc. 1) ; à droite, dans une grande mare du site SAS2C (voir doc. 1). CH_4 et CO_2 diffusent d'autant plus facilement dans l'atmosphère que leur concentration dans la mare est élevée.

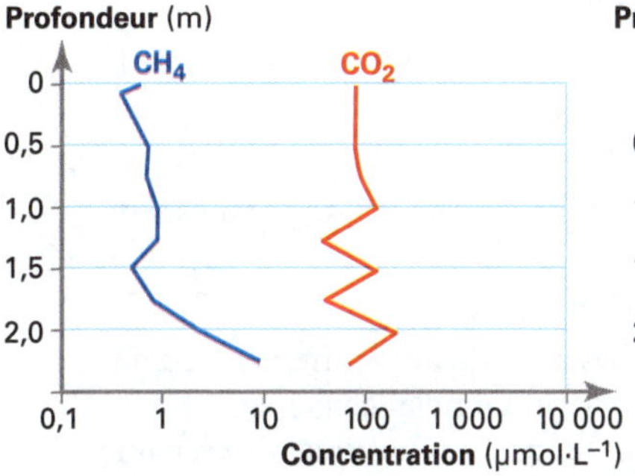

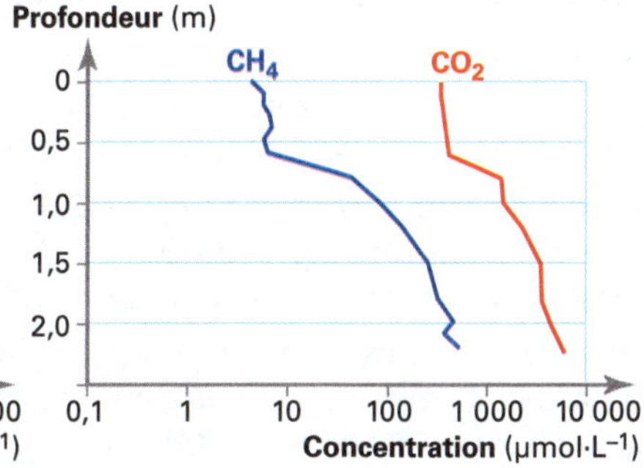

Doc 5 Évolution de la dégradation du pergélisol et des émissions de carbone cumulées

La dégradation du pergélisol (diminution du volume de sol gelé) et les émissions de carbone cumulées sont modélisées selon quatre scénarios et pour trois années. Du scénario RCP 2.6 à RCP 8.5, le réchauffement climatique envisagé est de plus en plus élevé.

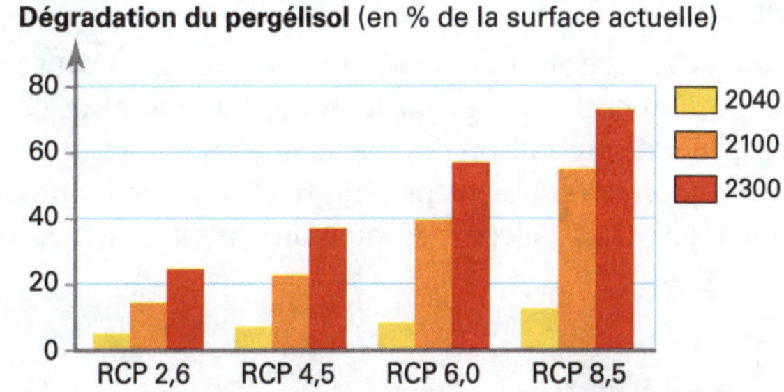

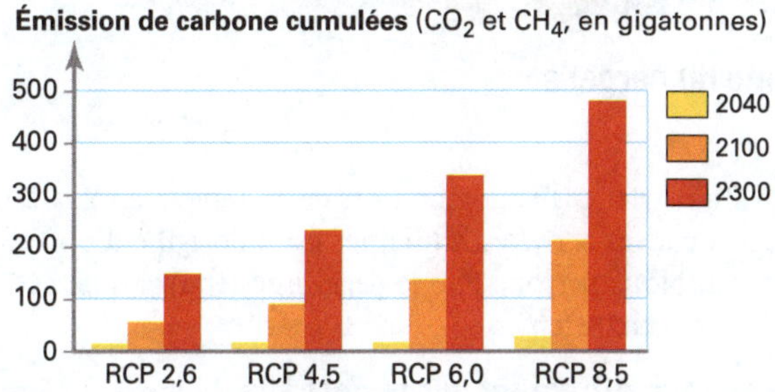

CORRIGÉS

SE TESTER QUIZ

1 Le consensus sur le réchauffement climatique

1. Réponse d. Depuis 150 ans, les données climatiques révèlent une hausse de la température liée à une hausse du CO_2 atmosphérique.
Les réponses a, b, c sont par conséquent incorrectes.

2. Réponse b. L'ONU a créé le Giec en 1988. Ce sigle désigne le Groupe d'experts intergouvernemental sur l'évolution du climat.
Les réponses a et c sont par conséquent incorrectes.

3. Réponses a et d. Parmi les conséquences physiques du réchauffement climatique, il y a la fonte des glaces et une hausse du niveau mondial de la mer.
Les réponses b et c sont incorrectes. Ce sont des conséquences possibles du réchauffement climatique, mais elles ne sont pas de nature physique.

2 Agir sur le réchauffement climatique

1. Réponse c. Pour agir sur le réchauffement climatique, il faut développer des actions à toutes les échelles, chaque action pouvant avoir un impact.
Les réponses a et b sont incorrectes. Les actions individuelles ne sont pas les seules à avoir un impact, de même qu'un action à l'échelle internationale ne peut suffire à mobiliser tous les citoyens.

2. Réponses a et d. Pour faire face au réchauffement climatique, on peut proposer une stratégie d'atténuation(stocker le CO_2 dans les mines) et une stratégie d'adaptation : développer des plans de prévention des maladies infectieuses.
Les réponses b et c sont incorrectes. Des plans d'urgence canicule n'ont pas d'influence sur le climat et favoriser l'électricité nucléaire n'est pas une stratégie d'adaptation.

OBJECTIF BAC

3 Expliquer la fonte du pergélisol

Introduction
Depuis la Révolution industrielle, l'augmentation de la teneur en gaz à effet de serre (CO_2, CH_4) libérés par les activités humaines est à l'origine d'un réchauffement du climat mondial. Nous verrons que le dégel inquiétant du pergélisol arctique pourrait amplifier ce réchauffement.

Les conséquences du réchauffement sur le pergélisol
D'après le document 1, le pergélisol, c'est-à-dire le sol gelé en permanence, occupe une vaste surface de l'Arctique : il représente près de 25 % de terres émergées et stockerait deux fois plus de carbone que toute l'atmosphère. Or la température

dans ce pergélisol (doc. 2) a augmenté de plus de 1,5 °C entre 1987 et 2008 en Alaska, passant de –8 à –6,5 °C. Le réchauffement climatique entraîne donc un réchauffement du pergélisol, ce qui favorise son dégel.
Ceci se voit dans le **document 3** : la superficie des mares de thermokarst, issues de la fonte du pergélisol, est passée en moyenne de 140 m^2 en 1959 à 210 m^2 en 2006. Dans le même temps, les mares les plus grandes ont vu leur superficie doubler, passant de 900 à 2 100 m^2. L'ensemble de ces observations permet de montrer que le réchauffement climatique favorise le dégel du pergélisol, ce qui se traduit par la formation de grandes et profondes mares de thermokarst.

Un dégel qui pourrait amorcer une boucle de rétroaction positive
Dans les petites mares de thermokarst, on observe que la concentration en CO_2 est constante quelle que soit la profondeur, tandis que la concentration en CH_4 est 10 fois plus importante à 2 m de profondeur par rapport à la surface. À cette profondeur, dans les grandes mares, les concentrations en CO_2 et en CH_4 sont respectivement 10 fois et 100 fois plus importantes qu'en surface. Or ces gaz (et surtout le CH_4) sont des gaz à effet de serre : en absorbant le rayonnement infrarouge émis par la surface terrestre, ils favorisent le réchauffement de l'atmosphère. Ainsi, les grandes mares ont des concentrations en gaz à effet de serre dissous bien plus élevées que les petites, et ces gaz pourraient plus facilement diffuser vers l'atmosphère. Le dégel du pergélisol pourrait donc libérer de grandes quantités de gaz à effet de serre.
Ceci est bien modélisé dans le **document 4** : dans les modèles les plus optimistes (RCP 2.6), le réchauffement climatique entraînerait une dégradation trois fois plus importante du pergélisol en 2100 par rapport à 2040, ce qui entraînerait une libération de carbone dans l'atmosphère trois fois plus importante. En comparant ces résultats à ceux du modèle le plus pessimiste (RCP 8.5), qui repose sur un réchauffement climatique important (les activités humaines continuant d'augmenter la quantité de carbone libéré), un tel dégel du pergélisol serait atteint dès 2040, et les émissions de carbone seraient alors deux fois plus importantes. Ainsi, quel que soit le modèle retenu, la fonte du pergélisol entraînerait une libération accrue de gaz à effet de serre dans l'atmosphère, ce qui amplifierait encore le réchauffement climatique : on peut parler d'une boucle de rétroaction positive.

Conclusion
Le réchauffement climatique favorise le dégel du pergélisol, ce qui entraîne une libération accrue de gaz à effet de serre dans l'atmosphère, amplifiant de ce fait le réchauffement climatique. Ce dégel, déjà amorcé depuis quelques décennies, est donc un paramètre important à prendre en compte dans les modèles du réchauffement climatique, étant donné que le pergélisol stocke deux fois plus de carbone (notamment sous forme de CH_4, un gaz exerçant un effet de serre beaucoup plus important que le CO_2) que l'atmosphère actuelle.

26 Le réflexe myotatique, un mouvement involontaire

En bref *Le réflexe myotatique est un mouvement involontaire d'un muscle contrôlé par la moelle épinière. Il provoque la contraction d'un muscle en réponse à son étirement.*

I Le déclenchement du réflexe

- Le médecin peut faire un test du **réflexe** rotulien en tapant sur le genou fléchi du patient. Ce choc, ou stimulus, provoque un **étirement du muscle**, puis une extension de la jambe.
- Dans les muscles, certaines fibres musculaires sont entourées par un neurone sensoriel ; cette zone est le fuseau neuromusculaire et est sensible à l'étirement.

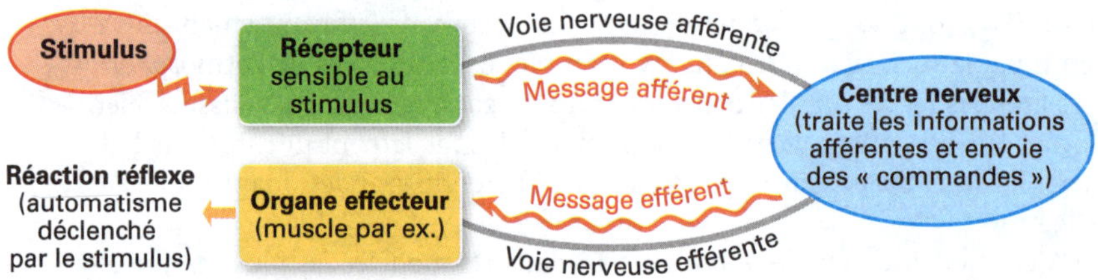

Doc **Le circuit général d'un réflexe**

II L'intégration des informations par la moelle épinière

- Lorsque le fuseau neuromusculaire est excité ou étiré, un message nerveux est engendré par le neurone sensoriel et est amené jusqu'à la **moelle épinière** : c'est un **message afférent**. Dans la moelle épinière, le message nerveux sensoriel est transmis à un motoneurone (neurone moteur) par le biais d'une structure spécifique : la synapse. Le motoneurone activé envoie alors un message nerveux jusqu'au muscle étiré, qui se contracte : c'est un **message efférent**.
- Lors d'un réflexe, un muscle se contracte et un autre muscle, antagoniste, se relâche. Par exemple, le réflexe rotulien est un étirement de la jambe produit par la contraction du quadriceps et le relâchement des ischio-jambiers.
- Le réflexe est un **mouvement involontaire** constituant un mécanisme de préservation des muscles, qui se contractent quand ils sont trop étirés. Ce réflexe est aussi primordial dans le maintien de la posture.
- En raison de la succession des événements, on dit que le réflexe est une boucle de régulation. On parle aussi d'arc réflexe.

Méthode

Comprendre le transfert des messages nerveux lors du réflexe

En 1820, le médecin et physiologiste français François Magendie entre à l'école vétérinaire d'Alfort. Il commence alors une série d'expériences sur des animaux afin d'étudier le fonctionnement de la moelle épinière.

Déterminer le sens de circulation des messages nerveux moteurs et sensoriels en vous appuyant sur les expériences historiques de François Magendie.

Doc Résultats expérimentaux obtenus par François Magendie

Les tiretés indiquent les sections réalisées sur les nerfs. Les flèches noires désignent les points où les stimulations n'engendrent pas de contraction. Les flèches rouges désignent les points où les stimulations engendrent une contraction.

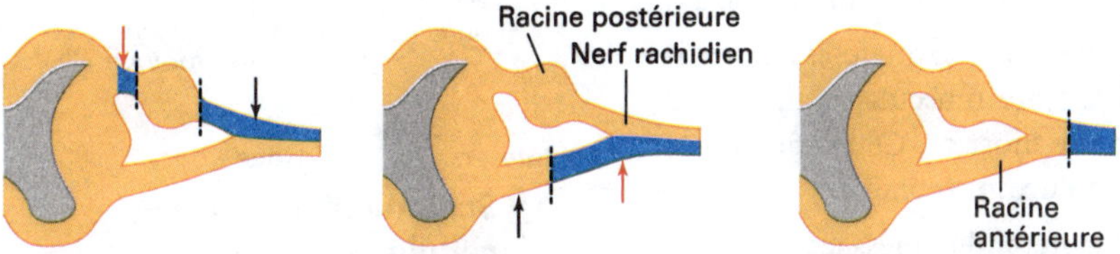

a. Perte de sensibilité globale

b. Perte de motricité globale

c. Perte de la motricité et de la sensibilité

CONSEILS

Étape 1 Identifier les types de message qui circulent dans le nerf rachidien.
Étape 2 Identifier la nature des messages nerveux qui circulent dans la racine postérieure et la racine antérieure de la moelle épinière.
Étape 3 Déterminer le sens de circulation de ces messages.

SOLUTION

Étape 1 La section du nerf rachidien (c) entraîne la perte de la motricité et de la sensibilité. Ce nerf transmet donc des messages nerveux moteurs et sensoriels.

Étape 2 La section de la racine postérieure (a) ne fait perdre que la sensibilité. La racine postérieure conduit donc uniquement des messages sensoriels. La section de la racine antérieure (b) ne fait perdre que la motricité. La racine postérieure conduit donc uniquement des messages moteurs.

Étape 3 L'expérience **b** montre que seule la stimulation du côté de la racine antérieure reliée au muscle entraîne une contraction : le message moteur sort donc de la moelle épinière par la racine antérieure. L'expérience **a** montre que les messages sensoriels entrent par la racine postérieure de la moelle épinière.

27 Rôle des jonctions neuromusculaires

En bref *La jonction neuromusculaire transfère l'information du neurone à la fibre musculaire via un neurotransmetteur, l'acétylcholine. Il en résulte une contraction musculaire.*

I La jonction neuromusculaire

■ Le message du neurone moteur est produit dans le corps cellulaire et transite via l'axone jusqu'à la terminaison axonale sous la forme d'un message électrique nommé potentiel d'action. On parle de codage électrique du message.

■ La terminaison axonale est à proximité de la fibre musculaire au niveau de la plaque motrice. Cette zone est la jonction neuromusculaire.

■ Le transfert du message nerveux électrique à la fibre musculaire met en jeu un messager chimique, l'acétylcholine, qui transite par une synapse. C'est un codage chimique du message.

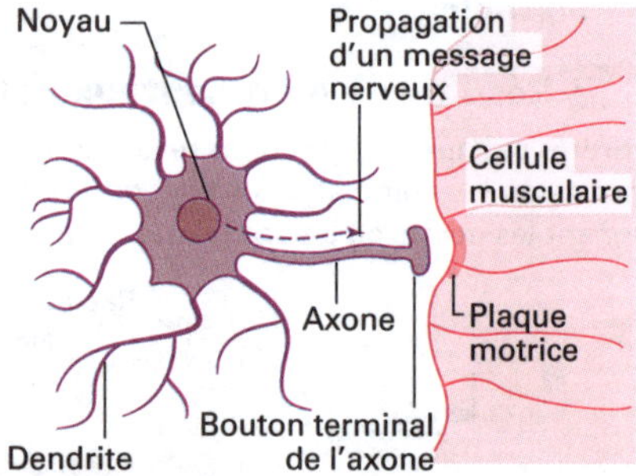

Doc 1 Schéma d'un neurone, cellule typique du système nerveux

II Le potentiel d'action musculaire à l'origine de la contraction

■ Le message nerveux électrique (potentiel d'action) est transmis, par l'intermédiaire de l'acétylcholine, à la fibre musculaire qui, à son tour, crée un nouveau message électrique nommé potentiel d'action musculaire.

■ Le potentiel d'action musculaire déclenche, par une cascade de réactions, une sortie d'ions calciques (Ca^{2+}) stockés dans le réticulum sarcoplasmique, un organite de la fibre musculaire.

■ À une stimulation nerveuse du motoneurone correspond une contraction musculaire. On dit qu'il y a une réponse motrice au stimulus nerveux.

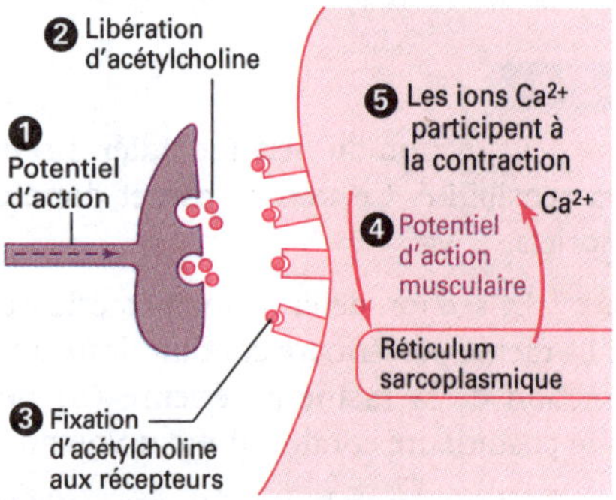

Doc 2 Contraction d'une fibre musculaire activée par un motoneurone

Méthode

Comprendre le rôle de l'acétylcholine dans la synapse chimique

L'étude du document révèle l'aspect sombre et épais de la région postsynaptique de la jonction neuromusculaire.

À partir de l'analyse du document et de vos connaissances, montrer que le message électrique du neurone présynaptique est transmis à la fibre musculaire par l'intermédiaire d'un messager chimique.

Doc Observation en microscopie électronique de la jonction neuromusculaire

À gauche, on observe l'épaississement de la membrane postsynaptique de la fibre musculaire. Au centre et à droite, zoom sur l'espace synaptique avant (centre) et après (droite) une stimulation électrique du motoneurone.

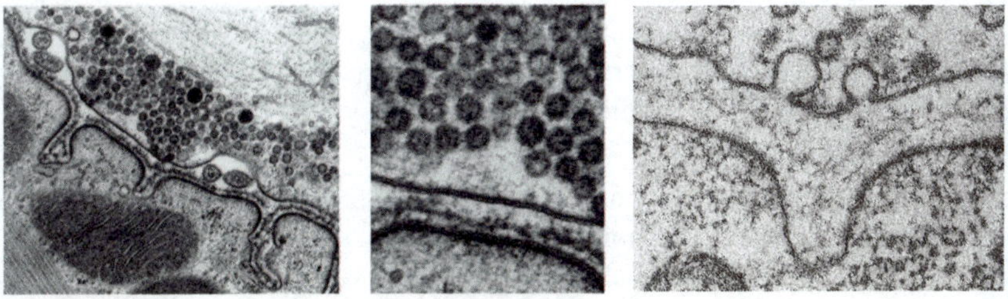

CONSEILS

Étape 1 Décrire la structure du neurone présynaptique avant et après sa stimulation.
Étape 2 Expliquer l'origine de l'expulsion des vésicules.
Étape 3 Expliquer comment le message électrique est restauré dans la région postsynaptique de la fibre musculaire.
Étape 4 Expliquer l'importance de modifier la nature du message.

SOLUTION

Étape 1 Avant la stimulation, le neurone contient de nombreuses vésicules. Après la stimulation, elles déversent leur contenu dans la synapse.

Étape 2 L'arrivée du potentiel d'action dans la terminaison neuronale active la fusion des vésicules avec la membrane du neurone par exocytose.

Étape 3 L'acétylcholine libérée dans l'espace synaptique se fixe sur les récepteurs de la membrane postsynaptique de la fibre musculaire. Ceci engendre un message électrique : le potentiel d'action musculaire.

Étape 4 Un message électrique ne peut être transmis qu'au sein d'une même cellule. Pour transmettre l'information entre deux cellules, il faut franchir un espace synaptique, ce qui est possible au moyen d'un messager de nature chimique.

28 Le contrôle du mouvement volontaire

En bref *Le cerveau centralise les messages sensoriels qui sont transmis aux motoneurones. Il contrôle ainsi les mouvements volontaires.*

I Le cerveau, récepteur des informations sensorielles

- Le cerveau, la moelle épinière et le cervelet forment le **système nerveux central.** On estime que le cerveau est composé d'environ 100 milliards de neurones, associés à près de 200 milliards de cellules gliales.
- Le cerveau reçoit des **messages sensoriels** provenant de tout l'organisme. Les neurones centraux du cortex cérébral intègrent ces informations et produisent en retour un message nerveux.
- La somme des informations apportées aux neurones centraux produit ou non un message nerveux. On parle de **sommation**.

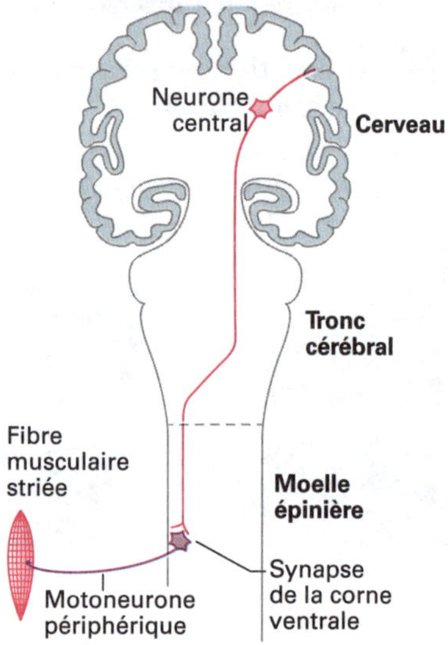

Doc **Schéma de la voie motrice volontaire**

II La voie motrice volontaire

- Les axones des neurones centraux localisés dans l'**hémisphère gauche** se croisent avec ceux provenant de l'**hémisphère droit** au niveau du tronc cérébral. Les neurones de l'hémisphère droit contrôlent les neurones moteurs des muscles localisés du côté gauche de l'organisme et vice versa.
- Les corps cellulaires des **motoneurones** sont dans la moelle épinière. Ils reçoivent les informations transmises par les faisceaux de neurones provenant du cerveau. Chaque neurone moteur est relié à une seule fibre musculaire.

> **MOT CLÉ**
> **Motoneurone** : neurone relié à un muscle et qui contrôle sa contraction.

III Cortex moteur ou aire motrice

- Dans le cerveau, les neurones centraux qui agissent sur les neurones moteurs sont localisés dans une zone spécifique nommée **cortex moteur** ou **aire motrice**, située dans la partie postérieure du lobe frontal.
- Chaque zone de l'aire motrice contrôle des muscles différents, l'aire motrice est donc spécialisée.

Méthode

Mettre en évidence la spécialisation des aires cérébrales

Des médecins demandent à un patient d'effectuer un mouvement de la main et mesurent en parallèle l'activité de son cerveau grâce à la technique de l'IRM fonctionnelle.

En vous appuyant sur le document, expliquer pourquoi les médecins affirment que les voies motrices volontaires se croisent et que le cortex moteur est spécialisé.

Doc Résultats d'un IRMf du lobe frontal (vue de dos) lors d'un mouvement de la main gauche

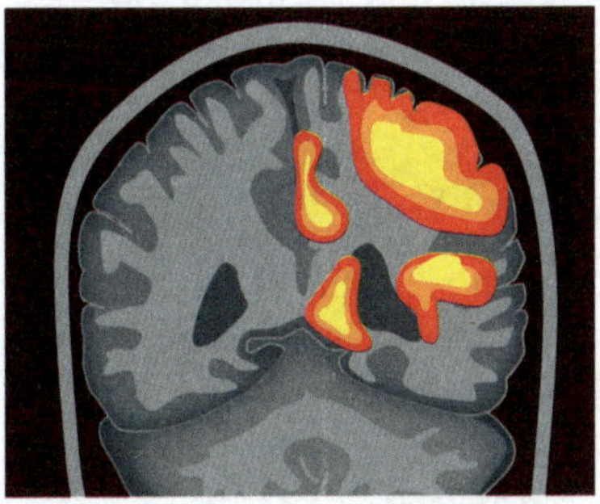

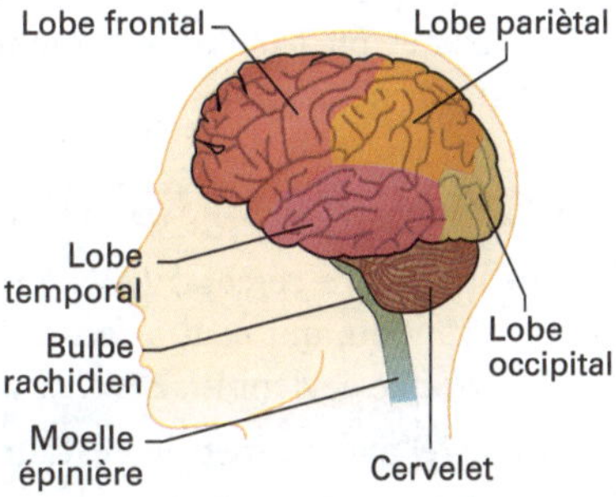

CONSEILS

Étape 1 Quelles sont les zones activées dans le cerveau lors du mouvement ?
Étape 2 Déterminer quels hémisphères contrôlent le mouvement de chaque main.
Étape 3 Pourquoi peut-on dire que l'aire motrice est spécialisée ?

SOLUTION

Étape 1 Le cortex moteur se situe à l'arrière du lobe frontal. C'est surtout le tiers supérieur du cortex moteur droit qui est activé lors du mouvement de la main gauche.

Étape 2 L'hémisphère droit est à l'origine du mouvement volontaire de la main gauche. Inversement, on suppose que l'hémisphère gauche contrôle la main droite.

Étape 3 Le mouvement de la main gauche ne mobilise pas tout le cortex moteur de l'hémisphère droit et le cortex moteur de l'hémisphère gauche n'est pas mobilisé. Il y a donc une spécialisation des aires motrices des deux hémisphères, car chaque zone du cortex contrôle un ensemble de muscles bien précis et chaque hémisphère contrôle les muscles localisés du côté opposé.

PHYSIQUE-CHIMIE SVT MATHS COMPLÉMENTAIRES GRAND ORAL

29 Perturbations de la motricité et apprentissage

En bref *La plasticité cérébrale, phénomène remaniant la structure et le fonctionnement du cerveau, est au cœur de son adaptation.*

I Plasticité cérébrale et fonctionnement du cerveau

- La **plasticité cérébrale** permet la modification de la structure du cerveau et de son fonctionnement en réponse à des stimulations volontaires (apprentissage) ou des modifications accidentelles (accident vasculaire cérébral).
- La plasticité cérébrale se traduit par une augmentation du **nombre de connexions** synaptiques entre certains neurones, par une augmentation du **nombre de neurones** ou par l'**allongement** de leurs axones, ce qui favorise le contact avec d'autres neurones.

II Les accidents vasculaires cérébraux

- Un accident vasculaire cérébral (AVC) résulte d'un problème de **circulation du sang** dans le cerveau, qui peut affecter des zones précises ou un hémisphère entier. La zone affectée devient inactive, ce qui peut pertuber la motricité.
- La plasticité cérébrale permet de **restaurer les fonctions perdues** à la suite d'un AVC par la mobilisation de nouvelles zones cérébrales. Le processus est facilité par des programmes de rééducation adaptés.

III La capacité d'apprentissage

> **MOT CLÉ**
> **IRM fonctionnelle** : imagerie permettant de visualiser les zones cérébrales en activité.

- L'**apprentissage** est la capacité pour un individu de modifier son comportement lorsqu'il est face à un problème ou lorsqu'il répète des actions.
- En imagerie (**IRM fonctionnelle**), les **zones activées** du cerveau sont celles du cortex cérébral les plus irriguées par le sang lors de l'action.
- L'étude par IRM fonctionnelle permet d'illustrer la plasticité cérébrale associée à l'apprentissage. En effet, lorsqu'il joue, un pianiste professionnel mobilise un plus grand nombre de zones du cortex cérébral qu'un amateur.

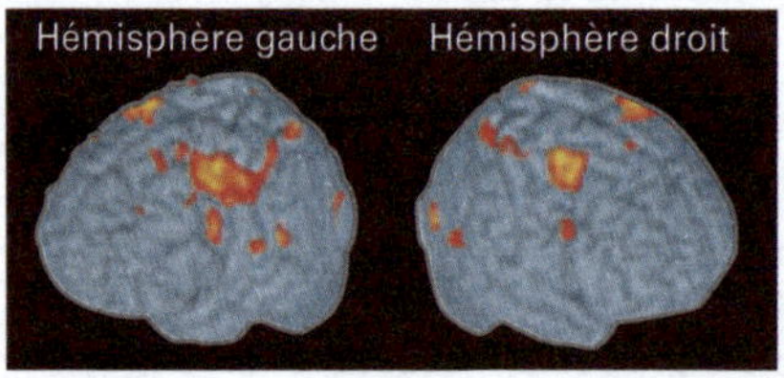

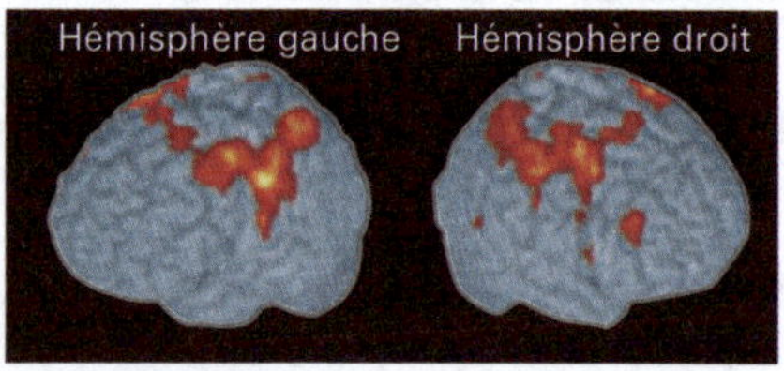

Doc **IRMf des deux hémisphères d'un pianiste amateur (à gauche) et d'un pianiste professionnel (à droite)**

Méthode

Observer une récupération après un AVC

Des patients victimes d'un AVC affectant le cortex moteur gauche présentent des troubles de la motricité de la main droite. On a mesuré par IRMf l'activité cérébrale de certains patients pendant un mouvement de fermeture du poing.

Expliquer comment la plasticité cérébrale permet la récupération de la fonction motrice de la main droite après un AVC.

Doc IRMf de patients atteints d'un AVC du cortex moteur gauche

Les images visualisent l'activité des deux hémisphères lors de la fermeture du poing droit 2 et 10 jours après l'accident, en comparaison d'un individu témoin.

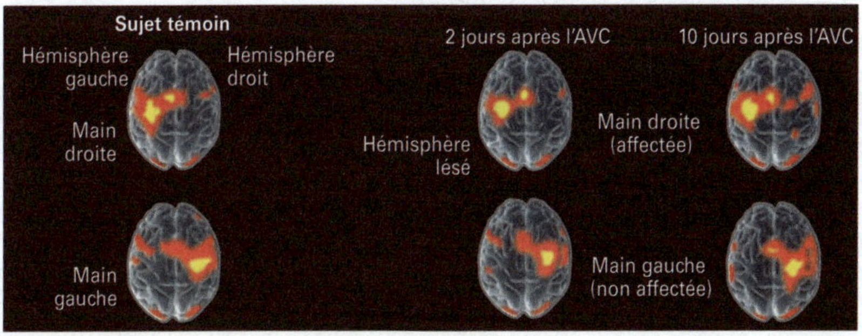

CONSEILS

Étape 1 Comparer les IRMf des patients deux jours après leur AVC et celui des sujets témoins.
Étape 2 Comparer les IRMf des patients au bout de 10 jours avec ceux du deuxième jour.
Étape 3 Expliquer comment la plasticité cérébrale permet la récupération de la fonction motrice de la main droite.

SOLUTION

Étape 1 La surface active du cortex moteur gauche des patients touchés par un AVC est légèrement plus réduite que celle des sujets témoins.

Étape 2 Au bout de 10 jours, l'activité des cortex moteurs droit et gauche des patients augmente lorsque la main droite est serrée.

Étape 3 L'activation de zones du cortex moteur droit après l'AVC lors du mouvement de la main droite montre que le cerveau a modifié son fonctionnement afin de compenser le déficit de motricité de la main droite. Il s'agit bien d'un mécanisme de plasticité cérébrale participant à la restauration de la motricité.

30 Fondements de la communication neuronale

En bref *La communication entre les neurones repose sur des échanges de neurotransmetteurs et sur la production de potentiels d'action.*

I Le message codé en fréquence de potentiel d'action

■ Les neurones cérébraux reçoivent en permanence des informations d'autres neurones via des neurotransmetteurs comme la sérotonine, la dopamine ou le GABA. Tous ces messages sont intégrés par le neurone et s'additionnent : c'est la **sommation** spatiale ou temporelle.

■ Le neurone est une cellule polarisée qui montre une forte **différence de potentiel** avec le milieu extérieur (–70 mV en moyenne).

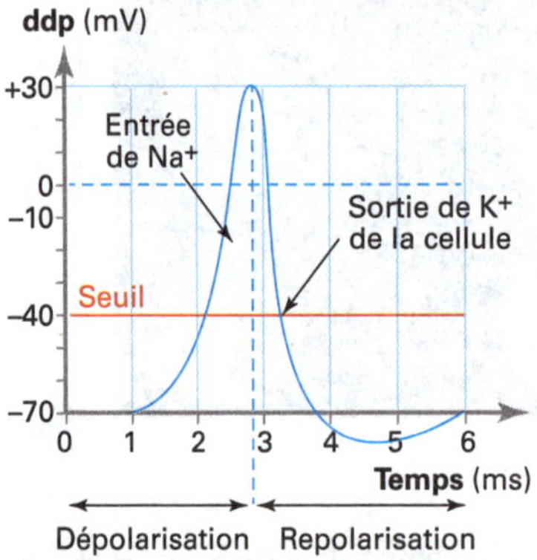

Doc Potentiel d'action d'un neurone à la suite de sa stimulation

■ Le neurone produit un message nerveux sous forme de **potentiel d'action**. La fréquence des potentiels d'action code l'intensité du message.

MOT CLÉ
Potentiel d'action : différence de potentiel résultant d'une modification de répartition des ions entre l'intérieur et l'extérieur de la membrane du neurone, et correspondant à une dépolarisation (100 mV d'amplitude).

II Perturbations de la communication neuronale

■ Les substances contenues dans les **drogues** (cannabis, cocaïne, alcool, cigarette…) agissent directement sur le cerveau en perturbant la communication entre les neurones.

■ Les drogues agissent sur le **système de récompense** en perturbant le fonctionnement des neurones de ce système. C'est ce qui provoque les phénomènes d'addiction et de manque.

■ Le plus souvent, les substances actives des drogues provoquent une forte libération de dopamine dans les neurones du système de récompense. On parle de molécules **psychoactives**. Elles peuvent soit imiter la dopamine, soit se substituer à d'autres neurotransmetteurs, soit empêcher la dégradation de la dopamine. Il en résulte toujours une augmentation du taux de dopamine dans le cerveau, créant une sensation de plaisir ou une sensation de manque lors des périodes de sevrage.

Méthode

Étudier l'action de la nicotine sur le cerveau

La cigarette contient de nombreuses substances cancérigènes, ses effets néfastes sur la santé ne sont plus à démontrer. On se propose de comprendre le rôle de l'une de ces substances, la nicotine.

À l'aide des documents et de vos connaissances, expliquer l'action de la nicotine et son rôle sur la dépendance à la cigarette.

Doc 1 Action de l'acétylcholine sur un neurone dopaminergique

Ces neurones sont très présents dans la zone de récompense du cerveau.

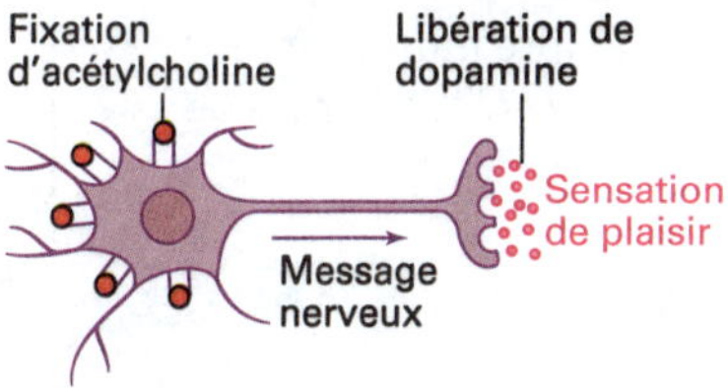

Doc 2 Comparaison des molécules d'acétylcholine et de nicotine

Le cercle indique la zone de fixation sur le récepteur à l'acétylcholine.

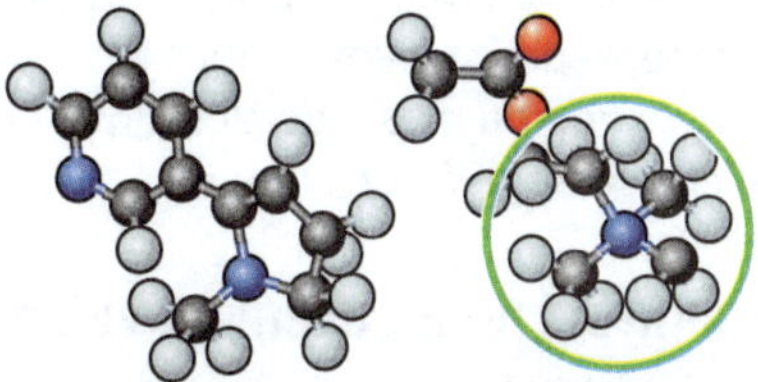

CONSEILS

Étape 1 Expliquer le fonctionnement des neurones dopaminergiques.
Étape 2 Rappeler le rôle de ces neurones dans le cerveau.
Étape 3 Comparer les molécules d'acétylcholine et de nicotine.
Étape 4 Expliquer comment la nicotine rend dépendant à la cigarette.

SOLUTION

Étape 1 La fixation de l'acétylcholine sur les récepteurs des neurones dopaminergiques provoque l'exocytose de vésicules contenant la dopamine. Cette libération entraîne la sensation de plaisir.

Étape 2 Les neurones dopaminergiques font partie du système de récompense.

Étape 3 La nicotine et l'acétylcholine présentent une région quasi identique.

Étape 4 La nicotine a un site moléculaire qui est identique au site de fixation de l'acétylcholine sur son récepteur. La nicotine peut donc se fixer sur les récepteurs à l'acétylcholine. Quand un individu fume, la nicotine se fixe sur les neurones dopaminergiques qui libèrent de la dopamine, provoquant une sensation de plaisir. La nicotine est donc la cause de la dépendance.

SE TESTER QUIZ

Vérifiez que vous avez bien compris les points clés des **fiches 26 à 30**.

1 Le réflexe myotatique, un mouvement involontaire

→ FICHE 26

Le réflexe myotatique fait intervenir :

- ☐ **a.** un muscle extenseur et un muscle fléchisseur
- ☐ **b.** le cerveau, qui fait partie du système nerveux central
- ☐ **c.** des messages nerveux moteurs partant des fuseaux neuromusculaires
- ☐ **d.** des messages nerveux sensoriels entrant dans la moelle épinière

2 Rôle des jonctions neuromusculaires

→ FICHE 27

Les jonctions neuromusculaires mettent en jeu :

- ☐ **a.** un messager chimique, l'acétylcholine, libéré dans une synapse
- ☐ **b.** des récepteurs présynaptiques localisés sur la fibre musculaire
- ☐ **c.** la conversion du message électrique en message chimique puis de nouveau en message électrique

3 Le contrôle du mouvement volontaire

→ FICHE 28

Le mouvement volontaire :

- ☐ **a.** met en jeu le cerveau qui envoie des messages sensoriels aux muscles
- ☐ **b.** résulte de l'activation de l'aire motrice située dans le cortex
- ☐ **c.** est le résultat de la sommation de messages sensoriels intégrés dans le cortex moteur et retranscrits en un message moteur

4 Perturbations de la motricité et apprentissage

→ FICHE 29

La plasticité cérébrale est un mécanisme complexe :

- ☐ **a.** qui permet la récupération après un accident vasculaire cérébral
- ☐ **b.** qui entraîne uniquement la modification du nombre de neurones
- ☐ **c.** qui permet d'expliquer les processus d'apprentissage

5 Fondements de la communication neuronale

→ FICHE 30

La transmission d'informations nerveuses :

- ☐ **a.** met en jeu des potentiels d'action circulant dans les synapses
- ☐ **b.** met en jeu la libération de neurotransmetteurs dans les axones
- ☐ **c.** peut être perturbée par des drogues qui se substituent à l'acétylcholine

OBJECTIF BAC

6 Comprendre l'action des drogues sur la communication entre les neurones

45 min

→ FICHES 28 et 29

LE SUJET

L'alcool est une substance psychotrope qui agit directement sur les neurones. À faible dose, il provoque un effet euphorisant qui se traduit par une sensation de plaisir associée à un effet sédatif ou relaxant. Cependant, à forte dose, il engendre un ralentissement du système cérébral conduisant parfois au coma appelé coma éthylique. En avril 2018, des chercheurs ont diagnostiqué plusieurs types de coma éthylique chez des individus ayant consommé du GHB.

À partir du document, expliquer le mode d'action du GHB ou GBL et expliquer pourquoi l'augmentation de la consommation de cette drogue est inquiétante.

Doc Mode d'action du GBL, un dérivé du GHB, sur le cerveau

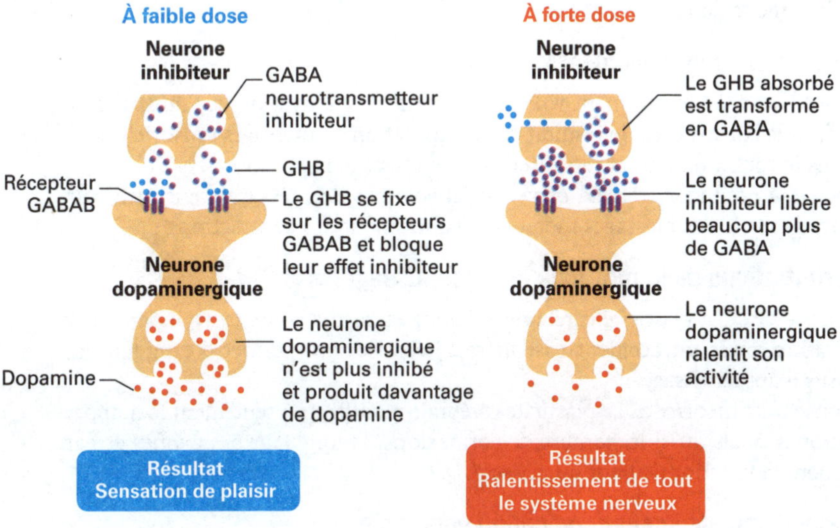

PHYSIQUE-CHIMIE SVT MATHS COMPLÉMENTAIRES GRAND ORAL

CORRIGÉS

SE TESTER QUIZ

1 Le réflexe myotatique, un mouvement involontaire

Réponses a et d. Le réflexe myotatique fait intervenir un muscle extenseur et un muscle fléchisseur, ainsi que des messages nerveux sensoriels entrant dans la moelle épinière.
Les réponses b et c sont incorrectes. Le cerveau contrôle les mouvements volontaires, le réflexe fait intervenir la moelle épinière. Les fuseaux neuromusculaires sont des structures sensibles à l'étirement et sont reliés à des neurones sensoriels.

2 Rôle des jonctions neuromusculaires

Réponses a et c. Les jonctions neuromusculaires mettent en jeu l'acétylcholine, qui est libérée dans une synapse, où s'effectue la conversion du message électrique en message chimique, puis de nouveau électrique.
La réponse b est incorrecte. Ce sont les récepteurs postsynaptiques qui sont localisés sur la fibre musculaire.

3 Le contrôle du mouvement volontaire

Réponses b et c. Le mouvement volontaire résulte de l'activation de l'aire motrice située dans le cortex. C'est le résultat de la sommation de messages sensoriels intégrés dans le cortex moteur et retranscris en un message moteur.
La réponse a est incorrecte. Le cerveau n'envoie pas de messages sensoriels aux muscles, il envoie des messages moteurs qui entraînent des contractions.

4 Perturbations de la motricité et apprentissage

Réponses a et c. La plasticité cérébrale est un mécanisme complexe qui permet la récupération après un accident vasculaire cérébral et qui permet d'expliquer les processus d'apprentissage.
La réponse b est incorrecte. La plasticité cérébrale modifie non seulement le nombre de neurones, mais aussi le nombre de connexions, la longueur des axones et par conséquent le fonctionnement du cerveau.

5 Fondements de la communication neuronale

Réponse c. La transmission d'informations nerveuses peut être perturbée par des drogues qui se substituent à l'acétylcholine.
Les réponses a et b sont incorrectes. Les potentiels d'action circulent dans les axones et non dans les synapses. À l'inverse, les neurotransmetteurs sont libérés dans les synapses et non dans les axones.

OBJECTIF BAC

6 Comprendre l'action des drogues sur la communication entre les neurones

■ Sur le document, on remarque qu'à faible dose le GHB se fixe sur les récepteurs du GABA. En se fixant sur ces récepteurs, le GHB empêche le GABA de se fixer et l'empêche ainsi d'inhiber le neurone dopaminergique à l'origine de la sensation de plaisir.

■ À faible dose, le GHB a donc les mêmes effets que l'alcool.

■ À forte dose, le GHB est dégradé en un sous-produit servant à la production du GABA. Une très grande quantité de GABA est alors libérée, inhibant de façon très intense les neurones dopaminergiques, ce qui ralentit tout le fonctionnement du système nerveux.

■ À forte dose, le GHB a donc aussi les mêmes effets que l'alcool, à savoir un fort ralentissement du système nerveux.

■ GHB et alcool ont les mêmes effets et sont responsables de comas s'ils sont consommés à forte dose. La consommation à faible dose entraîne un effet euphorisant, qui peut être à l'origine de phénomènes addictifs. Pour ces deux raisons, cette drogue peut entraîner des dégâts aussi importants que ceux de l'alcool.

31 Le muscle strié squelettique

En bref *Les mouvements des membres sont réalisés grâce aux muscles striés squelettiques qui actionnent les os et grâce aux articulations.*

I Les muscles dans les mouvements

- Par leur contraction, les muscles striés squelettiques assurent la motricité du corps en faisant bouger les os auxquels ils sont rattachés par des tendons.

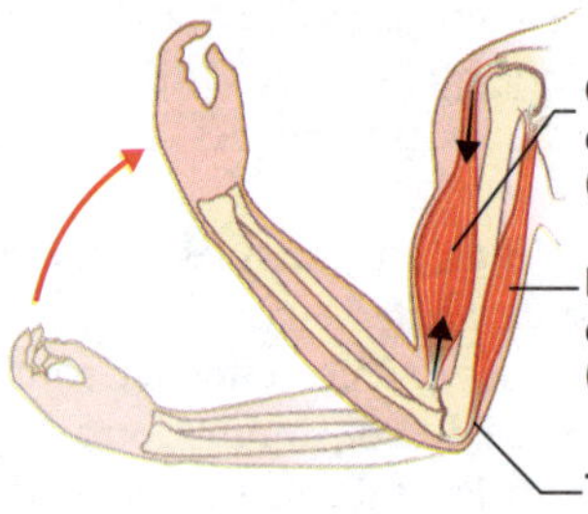

- La plupart des mouvements font intervenir un couple de muscles antagonistes : l'un est relâché lorsque l'autre est contracté et inversement. Par exemple, le biceps est un muscle fléchisseur, alors que le triceps est un muscle extenseur.

Doc 1 Réalisation d'un mouvement de flexion

- Un muscle strié squelettique est composé de plusieurs faisceaux musculaires constitués d'un ensemble de cellules appelées fibres musculaires.

II La fibre musculaire, une cellule spécialisée

- Le cytoplasme ou sarcoplasme d'une cellule musculaire contient un grand nombre de mitochondries et montre quelques spécificités : il possède plusieurs noyaux, un réseau très développé de réticulum sarcoplasmique, du glycogène (réserves de glucose) et surtout de nombreuses myofibrilles qui occupent la plus grande partie du sarcoplasme.
- Chaque myofibrille est constituée de myofilaments de nature protéique. Une myofibrille est organisée en une succession de sarcomères, qui sont les unités contractiles élémentaires du muscle.

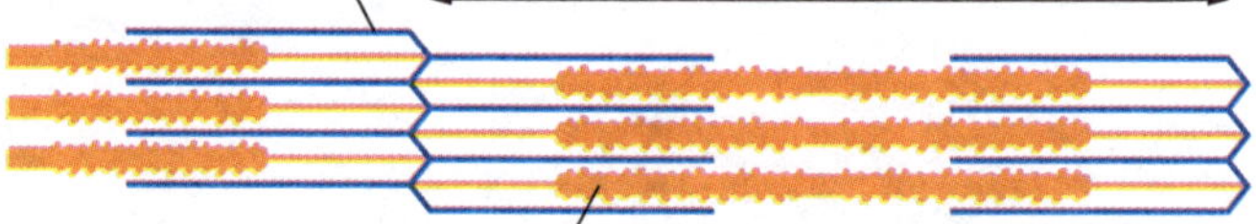

Doc 2 Organisation d'un sarcomère (3 µm de longueur au repos)

Méthode

Démontrer l'activité des muscles antagonistes

La marche nécessite la coordination des muscles du membre inférieur.

À partir du document, montrer comment l'activité antagoniste des muscles permet les mouvements de flexion et d'extension du pied.

Doc Activité électrique des muscles de la jambe

Un muscle qui se contracte est le siège d'une activité électrique d'autant plus grande que la contraction musculaire est intense.

a. Muscles de la jambe. **b.** Électromyogrammes : enregistrements de l'activité électrique des muscles de la jambe lors d'exercices alternés « pointe-talon » (extension-flexion du pied). A : pied à plat. B : pied sur pointe. C : pied sur talon.

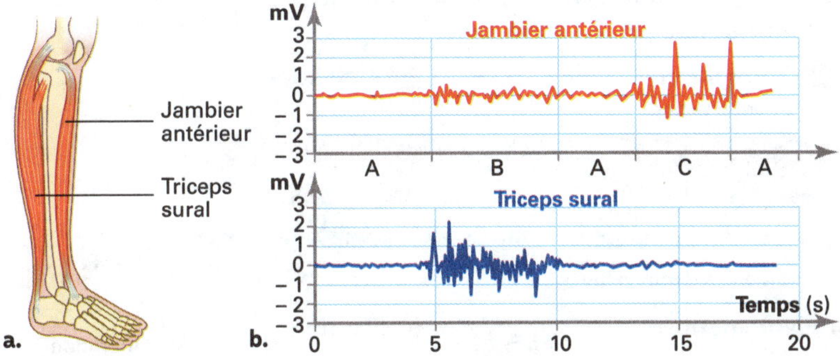

CONSEILS

Étape 1 Pour chaque position du pied, indiquer l'activité électrique d'un des deux muscles afin d'en déduire son état de contraction.
Étape 2 Faire de même avec le deuxième muscle.
Étape 3 Comparer l'état de contraction des deux muscles lors d'une flexion/extension.

SOLUTION

Étape 1 Le triceps sural présente une forte activité électrique (jusqu'à 2 mV) durant la période B, lorsque le pied est sur pointe. En revanche, lors des périodes A et C, son activité électrique est quasi nulle. Il est donc contracté lorsque le pied est en extension et relâché lorsque le pied est en flexion.

Étape 2 Le jambier antérieur présente une forte activité électrique durant la période C, lorsque le pied est sur talon. En revanche, lors des périodes A et B, son activité électrique est quasi nulle. Il est donc contracté lorsque le pied est en flexion et relâché lorsque le pied est en extension.

Étape 3 Lorsque le triceps sural est contracté, le jambier antérieur est globalement relâché et inversement : c'est l'activité antagoniste de ces muscles qui permet les mouvements de flexion et d'extension du pied.

32 Le fonctionnement de la cellule musculaire

En bref *La structure et l'organisation de la cellule musculaire permettent son raccourcissement lors de la contraction, en présence d'ions calcium et d'ATP.*

I La contraction musculaire

■ Lors de la contraction musculaire, chaque sarcomère se raccourcit, de sorte que les myofibrilles, ainsi que l'ensemble de la fibre raccourcissent, par glissement des myofilaments d'actine entre les molécules de myosine.

■ La molécule d'**ATP** est indispensable, car elle intervient à plusieurs moments du cycle de contraction.

> **MOT CLÉ**
> **ATP** : adénosine triphosphate, molécule fondamentale dans les réactions de transferts d'énergie se déroulant dans les cellules.

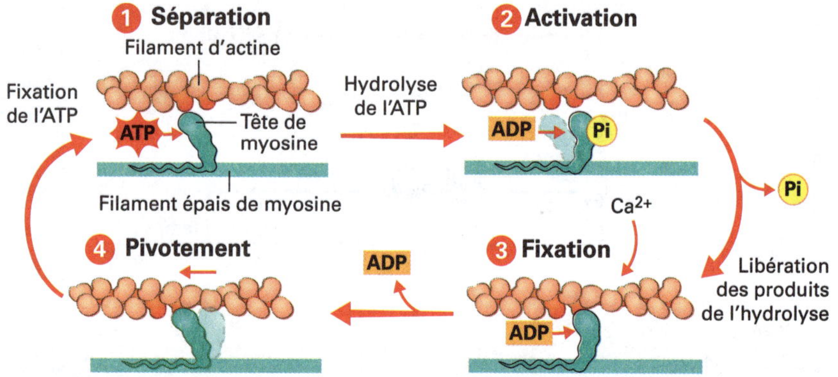

Doc **Mécanismes moléculaires de la contraction**

1. Séparation des complexes actine-têtes de myosine. **2.** Basculement des têtes de myosine. **3.** Liaison des têtes de myosine plus loin sur l'actine. **4.** Retour des têtes de myosine à leur position initiale (entraînant le glissement de l'actine).

II Le dysfonctionnement des cellules musculaires

■ Les dystrophies musculaires sont des maladies musculaires (ou myopathies) caractérisées par une dégénérescence des fibres musculaires, entraînant progressivement l'atrophie des muscles : ils perdent leur volume et donc leur force de contraction. Cette dégénérescence est due à l'absence de certaines protéines (telle que la dystrophine) assurant les interactions entre les protéines intracellulaires et la matrice extracellulaire.

■ Ces myopathies ont une origine génétique, liée à la mutation de gènes codant ces protéines.

Méthode

Déterminer les conditions de la contraction musculaire

Il est possible d'extraire des myofibrilles isolées à partir de cellules musculaires et de mesurer leur tension, proportionnelle à leur force de contraction dans différentes conditions expérimentales.

Par une exploitation rigoureuse du document, expliquer quelles sont les conditions indispensables à la contraction des myofibrilles.

Doc Mesure de la tension d'une myofibrille après l'ajout d'ATP, de calcium ou d'un chélateur dans le milieu

Le chélateur fixe les ions Ca^{2+}, bloquant ainsi leur action.

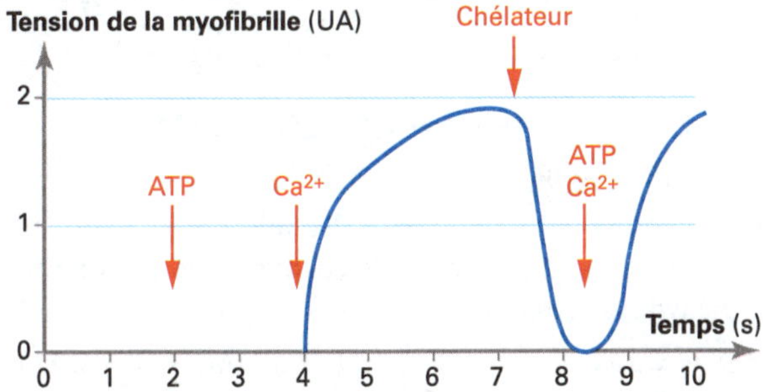

CONSEILS

Étape 1 Décrire les variations du paramètre mesuré en fonction des conditions expérimentales.
Étape 2 Indiquer les effets du chélateur sur la tension.
Étape 3 Mettre en avant l'importance du Ca^{2+} et de l'ATP dans la contraction des myofibrilles.

SOLUTION

Étape 1 La tension mesurée dans la myofibrille montre une contraction d'autant plus forte que la tension est grande.
Sans ATP ou après ajout d'ATP seul, il n'y a pas de modification de la tension de la myofibrille, donc pas de contraction. En revanche, si l'on ajoute du Ca^{2+} à l'ATP, on observe une augmentation de la tension, donc une contraction.

Étape 2 L'apport d'un chélateur bloquant l'action des Ca^{2+} entraîne une diminution de la tension, donc un arrêt de la contraction.

Étape 3 On en déduit que la présence simultanée d'ion Ca^{2+} et d'ATP est indispensable à la contraction des myofibrilles, donc du muscle.

PHYSIQUE-CHIMIE
SVT
MATHS COMPLÉMENTAIRES
GRAND ORAL

33 La production d'ATP par métabolisme aérobie

En bref *Dans le cas d'un exercice physique modéré et long, la respiration cellulaire est la voie principale de production d'ATP dans les cellules musculaires en présence de dioxygène.*

I Les étapes de la respiration cellulaire

> **MOTS CLÉS**
> • **NAD⁺ et FAD** : formes oxydées de transporteurs d'hydrogène et d'électrons, qui deviennent NADH,H⁺ et $FADH_2$ quand elles sont réduites.
> • **Phosphorylation de l'ADP** : fixation d'un phosphate inorganique (Pi) sur une molécule d'ADP conduisant à une molécule d'ATP.

■ La glycolyse se déroule dans le hyaloplasme. Elle aboutit à une dégradation du glucose en deux molécules d'acide pyruvique ou pyruvate ($C_3H_4O_3$).

$$C_6H_{12}O_6 + 2\ NAD^+ \longrightarrow 2\ C_3H_4O_3 + 2\ NADH,H^+$$
$$2\ Pi + 2\ ADP \longrightarrow 2\ ATP$$

■ Le cycle de Krebs se déroule dans la matrice des mitochondries. Cette série de réactions complexes permet la dégradation de chaque molécule (décarboxylation) de pyruvate en dioxyde de carbone.

$$2\ C_3H_4O_3 + 6\ NAD^+ + 2\ FAD \longrightarrow 6\ CO_2 + 6\ NADH,H^+ + 2\ FADH_2$$
$$2\ ADP + 2\ Pi \longrightarrow 2\ ATP$$

■ La phosphorylation oxydative se déroule dans les crêtes mitochondriales en présence de dioxygène. La régénération des transporteurs oxydés par la chaîne respiratoire entraîne la réduction du dioxygène (O_2) en eau (H_2O).
Cette série de réactions génère un gradient de protons qui active des ATPsynthases catalysant la synthèse d'une grande quantité d'ATP.

$$NADH,H^+ + ½\ O_2 + 2\ H^+ \longrightarrow NAD^+ + H_2O$$
$$3\ ADP + 3\ Pi \longrightarrow 3\ ATP$$

II Bilan de la voie métabolique aérobie

■ La dégradation complète d'une molécule de glucose en CO_2 et H_2O permet la synthèse de 36 molécules d'ATP.

$$C_6H_{12}O_6 + 6\ O_2 \longrightarrow 6\ CO_2 + 6\ H_2O$$
$$36\ ADP + 36\ Pi \longrightarrow 36\ ATP$$

■ Les cellules musculaires dégradent prioritairement le glycogène en réserve dans le hyaloplasme par glycogénolyse, ce qui produit une molécule d'ATP supplémentaire :

Glycogène → Glucose-1-phosphate → Glucose-6-phosphate → Glucose + 1 ATP

Méthode

Révéler une étape préalable à la phase mitochondriale

On étudie la respiration cellulaire en mesurant la concentration en dioxygène de deux milieux riches en dioxygène, ADP et Pi.

À partir des résultats obtenus, montrer qu'une partie des réactions de la respiration cellulaire se déroule dans le hyaloplasme.

Doc Variations de concentration de dioxygène dans le milieu

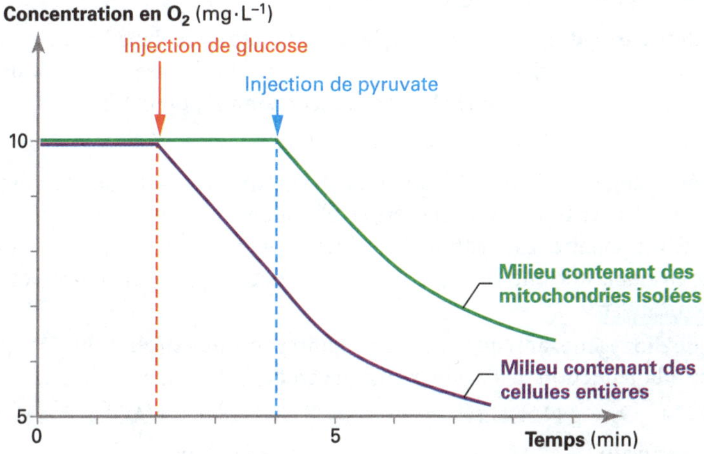

CONSEILS

Étape 1 Comparer la concentration en dioxygène dans les deux milieux après injection de glucose, puis après injection de pyruvate.
Étape 2 En déduire quelle molécule est utilisée par les mitochondries.
Étape 3 Conclure en indiquant la réaction se déroulant dans le hyaloplasme.

SOLUTION

Étape 1 Après l'injection de glucose, seule la concentration en dioxygène du milieu contenant les cellules entières diminue ; la concentration en dioxygène du milieu contenant les mitochondries reste stable. Après l'injection de pyruvate, la concentration en dioxygène diminue dans les deux milieux.

Étape 2 Les mitochondries ne sont pas capables de métaboliser le glucose, mais elles peuvent utiliser le pyruvate.

Étape 3 Une réaction préalable est donc nécessaire : il s'agit de la dégradation du glucose en pyruvate (glycolyse), qui se déroule dans le hyaloplasme.

34 La production d'ATP par métabolisme anaérobie

En bref *Dans le cas d'exercices physiques brefs et intenses, les cellules musculaires produisent de l'ATP en l'absence de dioxygène, par fermentation lactique ou par métabolisme anaérobie alactique.*

I Les voies anaérobies

■ La **voie métabolique anaérobie alactique,** ou **voie créatine phosphate**, est mise en jeu dès les premiers instants d'un effort.

L'ATP est produit par hydrolyse de la phosphocréatine (stockée dans les cellules musculaires) en créatine grâce à une enzyme : la créatine kinase. Le stock de phosphocréatine est reconstitué après l'effort par consommation d'ATP.

ADP + phosphocréatine ↔ ATP + créatine

■ La **voie métabolique anaérobie lactique**, ou **fermentation lactique** est mise en jeu dans les premières minutes d'un exercice physique. Le glycogène en réserve dans les cellules musculaires est hydrolysé en glucose (glycogénolyse), puis la **glycolyse** dans le hyaloplasme entraîne la formation de deux molécules de pyruvate et de 2 ATP. → FICHE 33

En **l'absence de dioxygène**, afin que la glycolyse puisse recommencer, le NAD^+ est régénéré grâce à la réduction de l'acide pyruvique en acide lactique.

$$\underset{\text{pyruvate}}{2\,C_3H_4O_3} + 2\,NADH,H^+ \longrightarrow \underset{\text{acide lactique}}{2\,C_3H_6O_3} + 2\,NAD^+$$

II Comparaison des voies métaboliques

Les voies métaboliques anaérobie et aérobie n'ont pas le même rendement et se mettent en place successivement lors d'un effort d'une durée croissante.

Voies métaboliques	Anaérobie alactique	Anaérobie lactique	Aérobie
Substrats utilisés	Créatine phosphate	Glycogène et glucose	Glucides, lipides...
Débit d'énergie ($kJ \cdot min^{-1}$)	60 à 120	200 à 500	400 à 800
Molécules d'ATP produites par molécule de substrat	1	2	36 (glucose) 129 (ac. gras)
Délai d'utilisation	Aucun	15 s	90 à 180 s
Type d'effort à fournir	Explosif, très courte durée	Moyenne durée	Longue durée

Méthode

Calculer et comparer des rendements énergétiques

Le calcul du rendement énergétique permet de déterminer l'efficacité d'une réaction chimique.

Calculer le rendement énergétique de la respiration cellulaire et de la fermentation lactique dans une cellule musculaire. Conclure sur l'efficacité de ces voies métaboliques.

Doc Le rendement énergétique

Le rendement correspond au rapport entre le nombre de molécules produites au cours d'une réaction chimique et le nombre de molécules théoriquement produites. Il est souvent exprimé en pourcentages.

On sait que l'énergie libérée par l'oxydation complète d'une molécule de glucose est égale à 2 870 kJ et que la synthèse d'une molécule d'ATP dans une cellule musculaire demande une énergie de 30,5 kJ.

CONSEILS

Étape 1 Calculer le nombre de molécules d'ATP théoriquement produites à partir d'une molécule de glucose.
Étape 2 Pour chaque voie métabolique, rappeler le nombre de molécules d'ATP produites.
Étape 3 Appliquer la formule du rendement (en pourcentages) donnée dans le document.
Étape 4 Comparer les résultats obtenus et conclure.

SOLUTION

Étape 1 Le nombre de molécules d'ATP théoriquement produites est obtenu en divisant l'énergie potentielle d'une molécule de glucose par l'énergie nécessaire pour produire une molécule d'ATP ; soit $\frac{2\,870}{30{,}5} = 94$ molécules d'ATP théoriques.

Étape 2 On sait que pour chaque molécule de glucose dégradée la voie aérobie produit 36 molécules d'ATP et la voie métabolique anaérobie lactique en produit 2.

Étape 3 Le rendement énergétique de la respiration est de : $\frac{36}{94} \times 100 = 38\ \%$.
Celui de la fermentation lactique est de : $\frac{2}{94} \times 100 = 2\ \%$.

Étape 4 Dans la cellule musculaire, le rendement énergétique de la voie aérobie est environ seize fois supérieur à celui de la voie anaérobie lactique : elle est donc plus efficace pour produire de l'ATP.

35 Performances sportives et dopage

En bref *Les performances sportives sont étroitement liées aux propriétés des muscles et à l'efficacité du métabolisme des cellules musculaires. Le dopage est un moyen de les améliorer.*

I Caractéristiques du muscle et performances

- La force et la vitesse de contraction des muscles dépendent du nombre, du volume et de la proportion des types de fibres musculaires (fibres I, IIa ou IIx).
- L'augmentation de l'activité métabolique des cellules musculaires lors d'un effort dépend d'un apport supplémentaire en substrats produits par l'organisme ou apportés par l'alimentation. Il dépend aussi de l'apport en dioxygène, fourni à court terme par l'augmentation des débits respiratoire et cardiaque et à long terme par une production accrue de globules rouges.
- Un temps de récupération physique est nécessaire à la régénération des molécules impliquées dans le métabolisme et à l'élimination des déchets.

II Amélioration des performances par le dopage

- La prise de substances exogènes, détournées de leur utilisation thérapeutique, permet d'améliorer les performances sportives au-delà des capacités physiologiques. Ces substances ont des structures moléculaires proches des molécules endogènes ; en se fixant sur leurs récepteurs, elles modulent le métabolisme cellulaire.

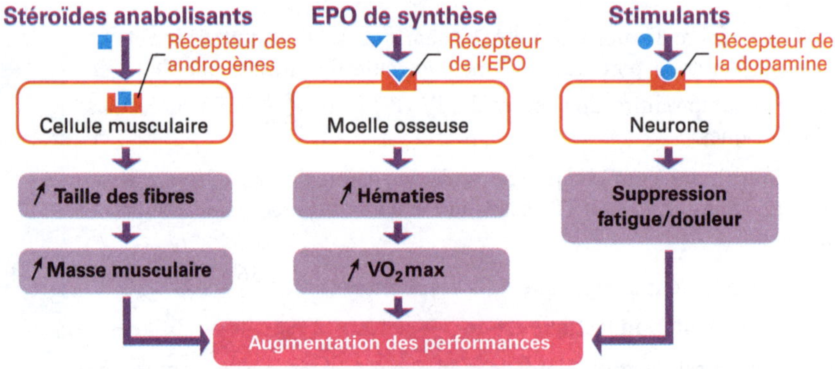

Doc **Mode d'action et effets dopants de substances exogènes**

- À long terme, le dopage, induit des effets néfastes sur la santé humaine.

MOT CLÉ
Dopage : procédé permettant d'améliorer artificiellement les performances physiques ou mentales.

Méthode

Détecter l'EPO de synthèse

Les molécules d'EPO exogènes utilisées comme produit dopant par les sportifs ne possèdent pas les mêmes charges électriques ni les mêmes masses molaires que l'EPO endogène. Il est donc possible de détecter l'EPO de synthèse dans l'urine de sportifs en réalisant une immunoélectrophorèse.

Par l'étude du document, déterminer si les sportifs A, B et C contrôlés se sont dopés à l'EPO.

Doc Résultats d'immunoélectrophorèses

L'immunoélectrophorèse permet la séparation des protéines d'une solution par électrophorèse, puis leur identification par immunofluorescence (reconnaissance spécifique des protéines par des anticorps marqués).

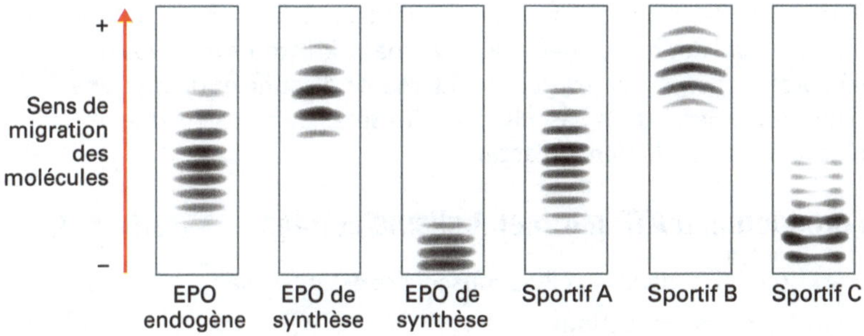

CONSEILS

Étape 1 Repérer la localisation de l'EPO endogène (naturelle) et des EPO de synthèse sur les trois profils témoins.
Étape 2 Comparer le profil de chaque sportif aux profils témoins et en déduire la nature de l'EPO détectée dans leur urine.
Étape 3 Conclure sur le dopage des sportifs contrôlés.

SOLUTION

Étape 1 Les molécules d'EPO de synthèse migrent soit moins loin, soit plus loin que l'EPO endogène. Il est donc possible de les distinguer.

Étape 2 En comparant le profil électrophorétique des sportifs aux profils témoins, on en déduit que le sportif A possède uniquement de l'EPO endogène, alors que les profils des sportifs B et C révèlent tous deux la présence d'EPO de synthèse.

Étape 3 Seul le sportif A ne se dope pas ; les sportifs B et C ont absorbé de l'EPO exogène afin d'améliorer leurs performances.

SE TESTER QUIZ

Vérifiez que vous avez bien compris les points clés des **fiches 31 à 35**.

1 Le muscle strié squelettique

→ FICHE 31

Les muscles striés squelettiques :

- ☐ a. permettent le mouvement relatif de deux os entre eux
- ☐ b. sont constitués uniquement de fibres musculaires
- ☐ c. sont les muscles du mouvement et de la posture
- ☐ d. sont attachés aux os par des ligaments

2 Le fonctionnement de la cellule musculaire

→ FICHE 32

L'ATP est nécessaire à la contraction d'un sarcomère, car :

- ☐ a. sa fixation sur les têtes de myosine permet leur accrochage à l'actine
- ☐ b. sa fixation sur l'actine permet leur accrochage aux têtes de myosine
- ☐ c. son hydrolyse permet la fixation des filaments d'actine et de myosine
- ☐ d. son hydrolyse permet un basculement des têtes de myosine et leur liaison plus loin sur les filaments d'actine

3 La production d'ATP par métabolisme aérobie

→ FICHE 33

La régénération d'ATP dans la cellule musculaire est possible :

- ☐ a. par synthèse d'acide lactique
- ☐ b. par dégradation d'acide lactique
- ☐ c. par dégradation de glucose ou de glycogène
- ☐ d. par synthèse de phosphocréatine

4 La production d'ATP par métabolisme anaérobie

→ FICHE 34

La voie anaérobie lactique :

- ☐ a. permet une production d'énergie lente sur une longue durée
- ☐ b. passe par une dégradation incomplète du glucose
- ☐ c. se réalise dans les mitochondries
- ☐ d. s'appelle aussi voie de la créatine phosphate

5 Performances sportives et dopage

→ FICHE 35

Le dopage des sportifs :

- ☐ a. améliore leur état de santé, donc leurs performances
- ☐ b. est toléré par la loi malgré le risque pour leur santé
- ☐ c. permet d'amplifier les voies métaboliques énergétiques
- ☐ d. permet de diminuer les risques d'accidents musculo-articulaires.

OBJECTIF BAC

6 Déterminer les limites physiologiques

45 min

→ FICHE 35

LE SUJET

Le $VO_{2\ max}$ est connu pour être le reflet de l'effort maximal qu'un individu peut fournir ; il correspond donc à la limite de ses capacités physiologiques.

À partir du document et de vos connaissances, justifier cette affirmation, puis indiquer comment cette limite physiologique peut être repoussée.

Doc Évolution de la consommation de dioxygène en fonction de la vitesse de course et du niveau d'entraînement de l'individu

La vitesse est augmentée toutes les minutes, sans interruption de l'effort, jusqu'à épuisement. La consommation de dioxygène est relevée à la fin de chaque minute.

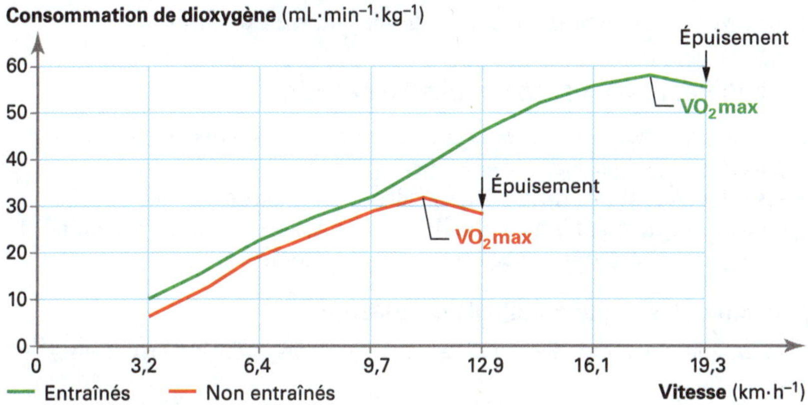

CONSEIL

Repérez le $VO_{2\ max}$ sur les courbes et utilisez les axes pour déterminer sa signification.

CORRIGÉS

SE TESTER QUIZ

1 Le muscle strié squelettique

Réponses a et c. Les muscles striés squelettiques permettent le mouvement relatif de deux os entre eux ; ce sont les muscles du mouvement et de la posture.
Les réponses b et d sont incorrectes. Les muscles sont aussi riches en vaisseaux sanguins. Ils sont attachés aux os non par des ligaments mais par des tendons.

2 Le fonctionnement de la cellule musculaire

Réponse d. L'ATP est nécessaire à la contraction d'un sarcomère, car son hydrolyse permet un basculement des têtes de myosine et leur accrochage plus loin sur les filaments d'actine.
Les réponses a, b et c sont incorrectes. L'ATP ne se fixe pas sur l'actine et sa fixation sur la tête de myosine entraîne le décrochage de cette dernière à l'actine.

3 La production d'ATP par métabolisme aérobie

Réponse c. La régénération d'ATP dans la cellule musculaire est possible par dégradation de glucose ou glycogène.
Les réponses a, b et d sont incorrectes. La dégradation de l'acide pyruvique en acide lactique permet seulement la régénération des transporteurs d'électrons et c'est la dégradation de phosphocréatine qui permet une régénération d'ATP.

4 La production d'ATP par métabolisme anaérobie

Réponse b. La voie anaérobie lactique passe par une dégradation incomplète du glucose.

Les réponses a, c et d sont incorrectes. La voie anaérobie lactique permet une production d'énergie rapide sur une courte durée. Elle se réalise hors des mitochondries et s'appelle aussi la fermentation lactique.

5 Performances sportives et dopage

Réponse c. Le dopage des sportifs permet d'amplifier les voies métaboliques énergétiques.
Les réponses a, b et d sont incorrectes. Les molécules utilisées à des fins de dopage sont dangereuses pour la santé ; elles sont donc interdites par la loi. Au contraire, certaines substances dopantes augmentent les risques d'accidents musculo-articulaires.

OBJECTIF BAC

6 Déterminer les limites physiologiques

■ On constate sur le document que le $VO_{2\ max}$ correspond à la consommation maximale de dioxygène d'un individu lors d'un effort. Au-delà de cette valeur, la consommation diminue jusqu'à épuisement de l'individu. Le $VO_{2\ max}$ correspond donc au volume maximal de dioxygène qu'un individu peut consommer pour réaliser son métabolisme aérobie ; au-delà de ce seuil, seul le métabolisme anaérobie est possible, et ceci pendant environ 30 secondes, car l'énergie est alors fournie par la fermentation, génératrice de peu d'ATP.
Le $VO_{2\ max}$ correspond donc bien à une limite physiologique.

■ En comparant les valeurs du $VO_{2\ max}$ des deux sujets, on constate que celui du sujet entraîné (58 $mL{\cdot}min^{-1}{\cdot}kg^{-1}$) est bien supérieur à celui du sujet non entraîné (32 $mL{\cdot}min^{-1}{\cdot}kg^{-1}$). De plus, il est atteint pour un effort beaucoup plus intense (vitesse de 19,3 km/h) au bout de 5 min 30 de course, comparé au sujet non entraîné qui atteint son $VO_{2\ max}$ pour une vitesse de 12,9 km/h au bout de seulement 3 min 30 d'effort.

■ On en conclut que l'entraînement permet d'augmenter le $VO_{2\ max}$, donc de repousser les limites physiologiques d'un sportif, en améliorant les capacités de son métabolisme aérobie, qui lui fournira une plus grande quantité d'ATP (d'énergie).

36 Les réserves et les flux de glucose

En bref *Le glucose est la source principale d'énergie des cellules musculaires. Il est stocké et libéré en permanence.*

I Les besoins des cellules musculaires

- Les cellules musculaires en activité consomment davantage de glucose et de dioxygène qu'au repos, augmentant ainsi leur rejet de dioxyde de carbone.

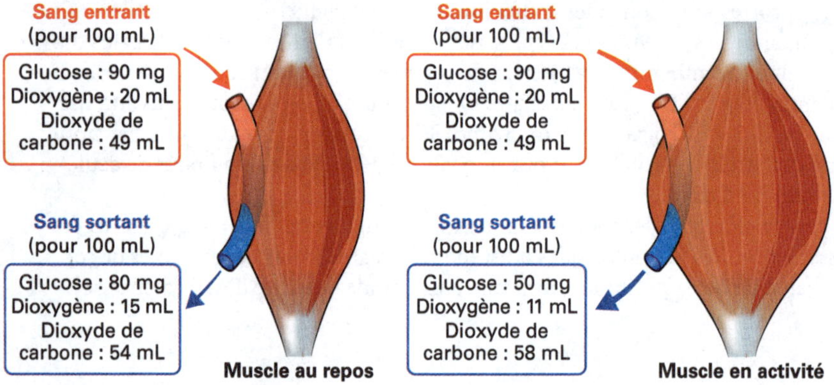

Doc 1 Composition du sang entrant et sortant du muscle

- Le glucose et le dioxygène consommés permettent la production d'ATP, une molécule énergétique nécessaire au fonctionnement du muscle.

II Le glucose, consommé ou mis en réserve

- Les réserves de glucose sont stockées sous forme de glycogène dans les cellules musculaires et les cellules hépatiques. Elles permettent à l'organisme d'entretenir les flux de glucose entre les organes sources (intestin et foie) et les organes consommateurs (dont les muscles) :

lors de l'activité, pour répondre aux besoins des cellules musculaires ;

au repos et à la suite d'un repas, pour être reconstituées dans les muscles et le foie.

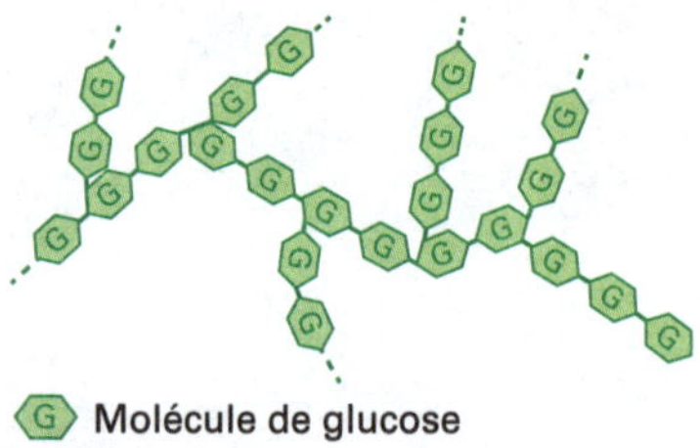

Doc 2 Structure du glycogène

Méthode

Comprendre l'expérience du foie lavé

Le célèbre physiologiste français, Claude Bernard, a proposé en 1855 l'expérience du foie lavé montrant le rôle du foie dans le stockage du glucose.

Doc Protocole et résultats de l'expérience du foie lavé

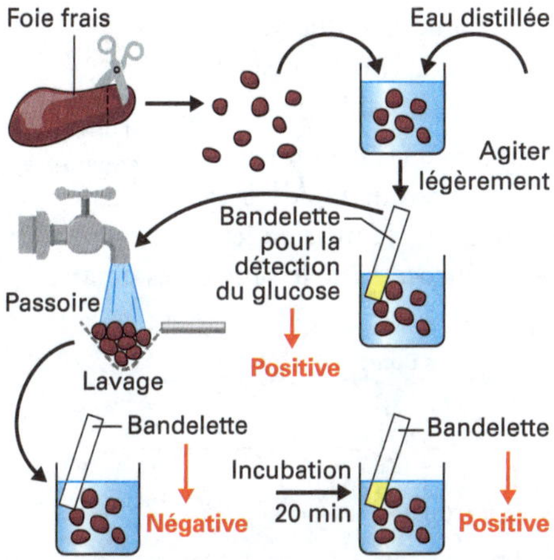

Le même protocole est appliqué à un muscle. Les bandelettes montrent un résultat négatif après lavage et après 20 minutes d'incubation.

Exploiter les résultats des expériences pour montrer quel organe peut être qualifié d'organe « source » de glucose au sein de l'organisme.

CONSEILS

Étape 1 Pour les deux organes, comparer les résultats des tests après lavage et après 20 minutes d'incubation.
Étape 2 Indiquer comment s'explique le test positif, 20 minutes après incubation, pour le foie.
Étape 3 Identifier l'organe « source » de glucose au sein de l'organisme.

SOLUTION

Étape 1 Après lavage, les bandelettes pour la détection du glucose montrent des résultats négatifs, donc l'absence de glucose, pour les deux organes. Après 20 minutes d'incubation, les bandelettes montrent un résultat négatif pour le muscle et positif pour le foie, donc la présence de glucose.

Étape 2 Pour l'expérience avec le foie, un test positif après 20 minutes d'incubation s'explique par une libération de glucose par cet organe.

Étape 3 On peut donc qualifier le foie d'organe « source » de glucose. Le muscle n'en est pas un, car il ne libère pas de glucose.

37 La régulation hormonale de la glycémie

En bref *La glycémie d'une personne en bonne santé est stable. Cette stabilité est assurée par des hormones pancréatiques.*

I La glycémie, une variable physiologique réglée

■ Le maintien de la glycémie autour d'une **valeur de consigne** (entre 0,75 et 1,1 g · L^{-1}) est indispensable au bon fonctionnement de l'organisme.

■ Chaque variation de la glycémie (liée à un repas, au sport…) s'accompagne d'un retour rapide à sa valeur de consigne, ce qui atteste de la mise en jeu de mécanismes de régulation reposant sur des échanges de glucose entre le sang et les organes.

MOT CLÉ
Valeur de consigne : valeur d'une grandeur maintenue constante.

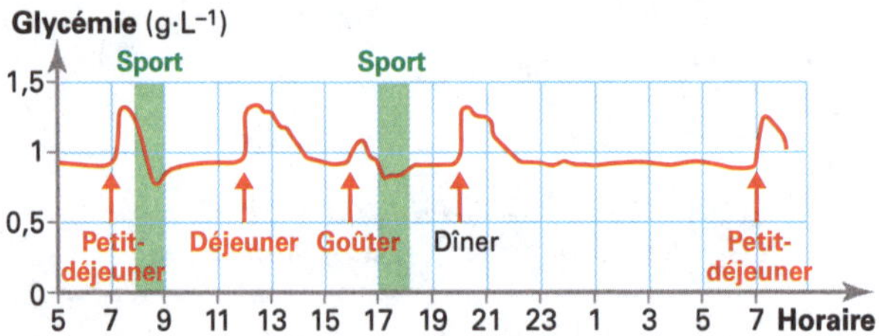

Doc **Évolution de la glycémie au cours d'une journée**

II Le contrôle hormonal de la glycémie

■ Le pancréas sécrète des hormones grâce à des amas cellulaires nommés îlots de Langerhans. Ils sont composés de cellules α et β produisant respectivement l'insuline et le glucagon.

■ L'insuline est sécrétée pour répondre à une hyperglycémie (hausse de la glycémie) et est donc une hormone hypoglycémiante. Elle exerce son action sur le foie en stimulant la **glycogénogenèse** et en inhibant la **glycogénolyse**. Elle agit également sur les muscles en stimulant la dégradation du glucose et la synthèse de glycogène et sur les tissus adipeux en inhibant l'hydrolyse des lipides qui seraient convertis en glucose.

MOTS CLÉS
- **Glycogénogenèse** : synthèse de glycogène à partir de glucose.
- **Glycogénolyse** : dégradation du glycogène libérant du glucose.

■ Le glucagon est sécrété pour répondre à une hypoglycémie (baisse de la glycémie) et est donc une hormone hyperglycémiante. Il exerce son action uniquement sur le foie de façon inverse à l'insuline.

Méthode

Montrer l'action de l'insuline sur le foie

On étudie la production de glucose par le foie d'animaux ayant subi une intervention chirurgicale, puis recevant une perfusion d'insuline.

Doc Modification chirurgicale de la circulation hépatique et glycémie mesurée dans deux vaisseaux

Une intervention chirurgicale a permis de relier la veine porte hépatique directement à la veine cave inférieure. La composition du sang dans les veines sus-hépatiques n'est ainsi plus influencée par le sang qui provenait de l'intestin.

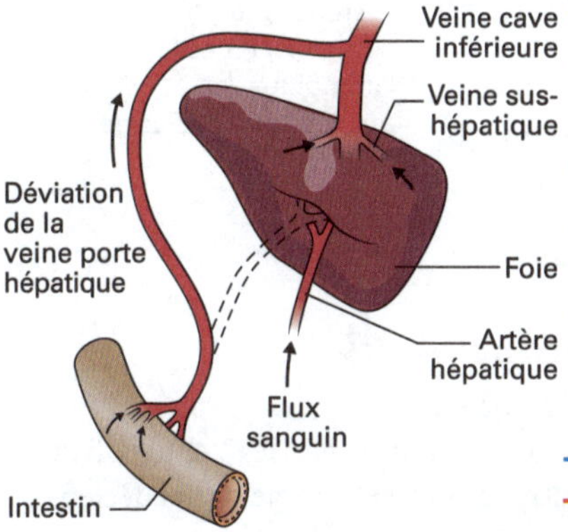

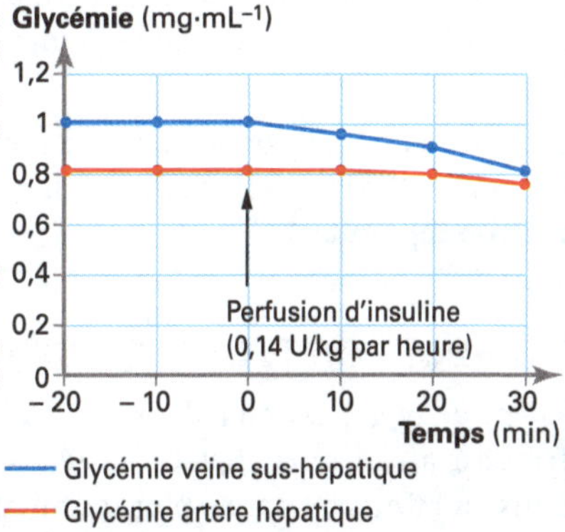

Montrer l'action de l'insuline sur le foie en comparant la production de glucose par le foie avant et après une perfusion d'insuline.

CONSEILS

Étape 1 Déterminer la différence de glycémie entre l'artère hépatique et la veine sus-hépatique (en mg/mL) avant et après la perfusion d'insuline. Calculer la production de glucose par le foie avant et après perfusion en utilisant la valeur du flux sanguin hépatique estimée à 250 mL/min.

Étape 2 Déterminer le facteur multiplicateur entre les deux résultats.

Étape 3 Indiquer l'action de l'insuline sur le foie.

SOLUTION

Étape 1 Avant perfusion, la différence de glycémie entre l'artère hépatique et la veine sus-hépatique est de 0,2 mg/ml. Après perfusion, elle est de 0,05 mg/ml. Le flux sanguin hépatique est estimé à 250 mL/min. La production de glucose par le foie est donc, avant perfusion, de 0,2 × 250 = 50 mg/min. Après perfusion, elle est de 0,05 × 250 = 12,5 mg/min.

Étape 2 La production de glucose est divisée par quatre après la perfusion.

Étape 3 La perfusion d'insuline fait chuter la production de glucose par le foie.

38 Les dysfonctionnements de la régulation de la glycémie

En bref *Un dysfonctionnement de la régulation de la glycémie entraîne des complications qui peuvent être à l'origine de diabètes.*

I Le diabète de type 1 insulinodépendant

■ Le diabète de type 1 est dû à une destruction des cellules β des îlots de Langerhans ; il en résulte une absence totale de sécrétion d'insuline. Il s'agit d'une **maladie auto-immune**, car ce sont des lymphocytes qui détruisent les cellules β reconnues à tort comme étrangères.

■ Ce diabète peut être corrigé par des injections d'insuline une à plusieurs fois par jour : il est qualifié d'**insulinodépendant**.

MOT CLÉ

Maladie auto-immune : dysfonctionnement du système immunitaire, par lequel les cellules de l'immunité s'attaquent aux propres cellules de l'organisme.

II Le diabète de type 2 insulinorésistant

■ Le diabète de type 2 est dû à deux anomalies majeures :

une altération au fil du temps de la sécrétion d'insuline par les cellules β de Langerhans, qui finissent par ne plus reconnaître le glucose comme signal déclenchant la sécrétion ;

une résistance accrue des cellules cibles (des muscles, du foie et du tissu adipeux) à l'action de l'insuline, ce qui diminue le stockage et l'utilisation du glucose par ces cellules.

■ Ce diabète est qualifié d'insulinorésistant, car dans les deux cas les cellules cibles deviennent moins sensibles à l'insuline.

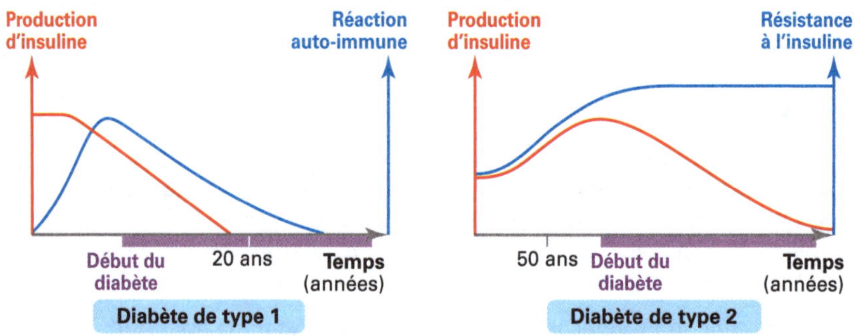

Doc **Origines des deux types de diabète**

Méthode

Étudier le diabète de type 2 chez des souris obèses modèles

Certaines souris mutantes présentent une obésité et une hyperglycémie chronique. Elles constituent un modèle pour l'étude du diabète de type 2.

À l'aide des documents et de vos connaissances, montrer ce qu'apportent ces souris modèles à la compréhension des origines du diabète de type 2.

Doc 1 L'insuline et son récepteur

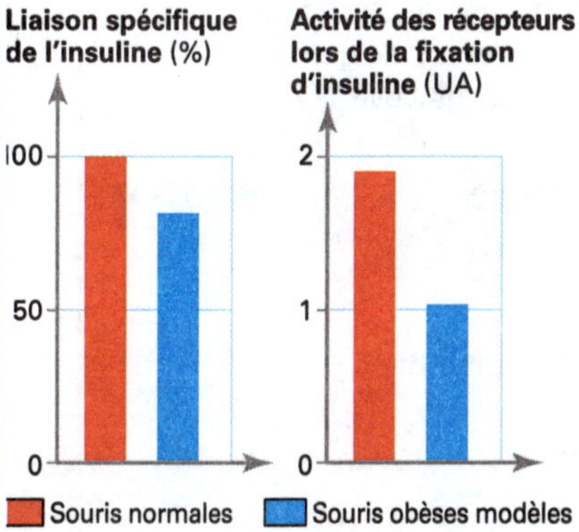

Doc 2 Le glucose dans le muscle

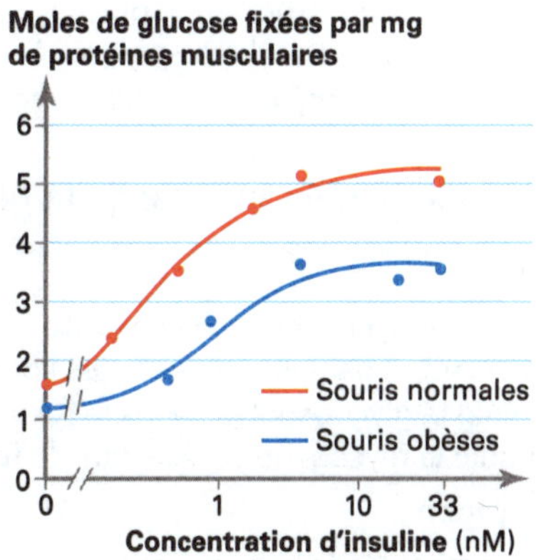

CONSEILS

Étape 1 Repérer sur le doc. 1 le paramètre modifié chez les souris modèles.
Étape 2 Rappeler les effets de l'insuline sur les cellules musculaires.
Étape 3 Repérer sur le doc. 2 le paramètre modifié chez les souris modèles.
Déduire de vos observations l'une des origines du diabète de type 2.

SOLUTION

Étape 1 Les souris modèles ont des récepteurs fixant moins bien l'insuline : leur activité est donc plus faible après cette fixation et l'insuline aura une moindre efficacité sur les cellules.

Étape 2 La fixation d'insuline sur les cellules musculaires entraîne l'entrée de glucose et son utilisation par ces cellules.

Étape 3 La quantité de glucose entrant dans les cellules musculaires des souris modèles est plus faible que pour les souris normales, ce qui peut s'expliquer par la moindre efficacité de l'insuline.

Une insulinorésistance réduit donc l'entrée du glucose dans les cellules et provoque une hyperglycémie à l'origine du diabète de type 2.

SE TESTER QUIZ

Vérifiez que vous avez bien compris les points clés des **fiches 32 à 34**.

1 Les réserves et les flux de glucose

→ FICHE 36

1. Le glycogène est :

- ☐ **a.** une molécule lipidique de réserve
- ☐ **b.** une molécule présente dans le muscle au repos
- ☐ **c.** dégradé en glucose dans le muscle en activité

2. Le foie et les muscles sont :

- ☐ **a.** des organes qui stockent le glucose sous forme de glycogène
- ☐ **b.** des organes qui stockent le glycogène sous forme de glucose
- ☐ **c.** considérés comme des organes « sources » de glucose

2 La régulation hormonale de la glycémie

→ FICHE 37

1. L'insuline :

- ☐ **a.** est une hormone hypoglycémiante
- ☐ **b.** est sécrétée par les cellules α des îlots de Langerhans
- ☐ **c.** stimule la glycogénolyse dans le foie
- ☐ **d.** stimule la glycogénogenèse dans le foie

2. Le glucagon :

- ☐ **a.** est une hormone hypoglycémiante
- ☐ **b.** est sécrétée par les cellules α des îlots de Langerhans
- ☐ **c.** stimule la glycogénolyse dans les muscles
- ☐ **d.** stimule la glycogénolyse dans le foie

3 Les dysfonctionnements de la régulation de la glycémie

→ FICHE 38

1. Un dysfonctionnement de la régulation de la glycémie :

- ☐ **a.** peut être dû à une maladie auto-immune
- ☐ **b.** peut être dû à une insulinodépendance
- ☐ **c.** peut être dû à une insulinorésistance
- ☐ **d.** est forcément lié à une hausse de la sécrétion d'insuline

2. Le diabète :

- ☐ **a.** de type 1 peut être soigné par des injections d'insuline
- ☐ **b.** de type 1 est qualifié de diabète insulinodépendant
- ☐ **c.** de type 2 est qualifié de diabète insulinodépendant
- ☐ **d.** de type 1 est qualifié de diabète insulinorésistant

OBJECTIF BAC

4 Évaluer le GABA, une molécule prometteuse

75 min

→ FICHES 36 à 38

Cet exercice vise à évaluer la pratique d'une démarche scientifique. Il s'agit de résoudre un problème scientifique en exploitant un ensemble de documents et en mobilisant des connaissances.

LE SUJET

L'équipe de chercheurs dirigée par Patrick Collombat, de l'université de Nice, a récemment montré que l'injection de GABA, une molécule connue pour son rôle de neurotransmetteur, serait très prometteuse pour soigner le diabète de type 1, une maladie auto-immune détruisant les cellules β du pancréas.

À l'aide de l'exploitation des documents et de vos connaissances, montrer en quoi ces travaux permettraient la mise au point de traitements pour soigner le diabète de type 1.

Doc 1 Évolution de la glycémie d'un sujet sain à la suite d'une injection d'insuline

Pour déterminer le rôle de l'insuline, des mesures de glycémie ont été réalisées chez un sujet sain après une injection de cette hormone (5,56 $mmol \cdot L^{-1}$ équivaut à 1 $g \cdot L^{-1}$).

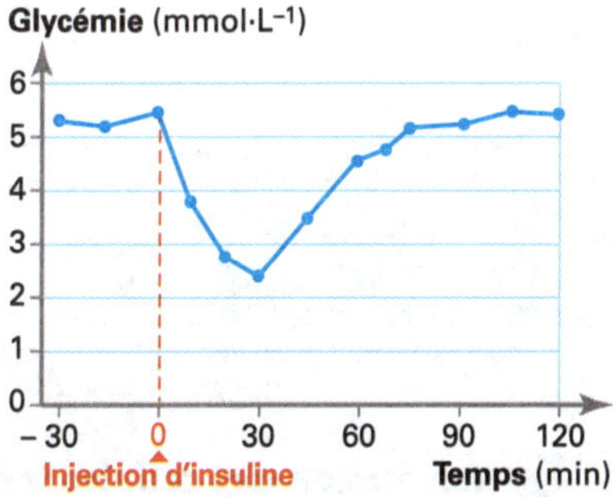

Doc 2 Traitements sur deux lots de souris

Deux lots de souris sauvages (WT, *wild type*) de deux mois sont traités avec des doses élevées de streptozotocine (STZ) pour détruire leurs cellules β, puis traités au GABA ou avec une solution saline. L'absence de mesures pour le lot WT + STZ + Saline à partir de $T = 16$ correspond à la mort des souris.

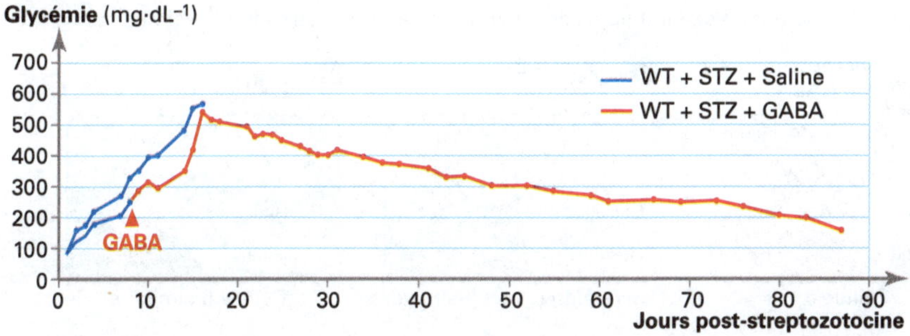

Doc 3 Visualisation des cellules productrices d'insuline dans le pancréas

Les cellules β productrices d'insuline apparaissent en rouge au sein d'îlots de Langerhans (structures délimitées par des pointillés) chez trois lots de souris. L'image de droite correspond à un lot de souris diabétiques qui reçoivent des injections quotidiennes de GABA pendant 3 mois.

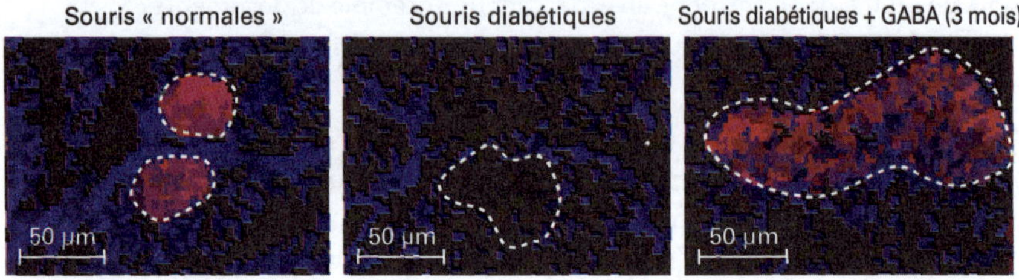

Doc 4 Pourcentage de cellules productrices de glucagon (cellules α) ou d'insuline (cellules β)

Les îlots de Langerhans de souris ont reçu, ou non (témoin), des injections de GABA à différentes concentrations.

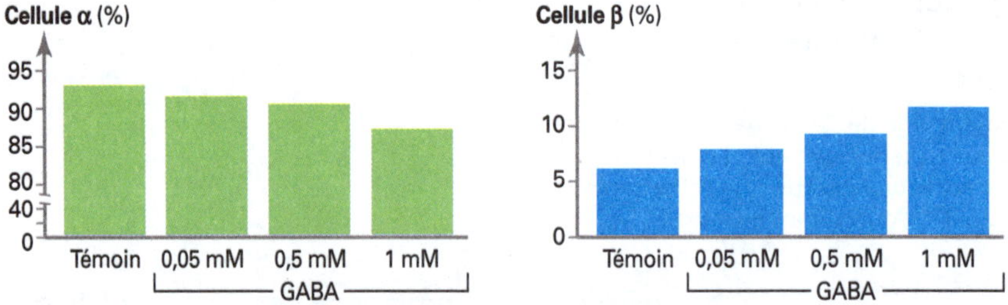

Doc 5 Conversion des cellules α des îlots de Langerhans en cellules β-similaires par le GABA

a Le maintien de l'identité cellulaire α est assuré par le facteur de transcription Arx qui réprime l'expression du gène *Pax4*.

b La fixation du GABA sur son récepteur active un signal par l'intermédiaire de différentes molécules. Ce signal permet la translocation du facteur Arx en dehors du noyau, l'empêchant de réprimer le gène *Pax4*.

c L'expression du gène *Pax4* induit la conversion des cellules α en cellules β-similaires.

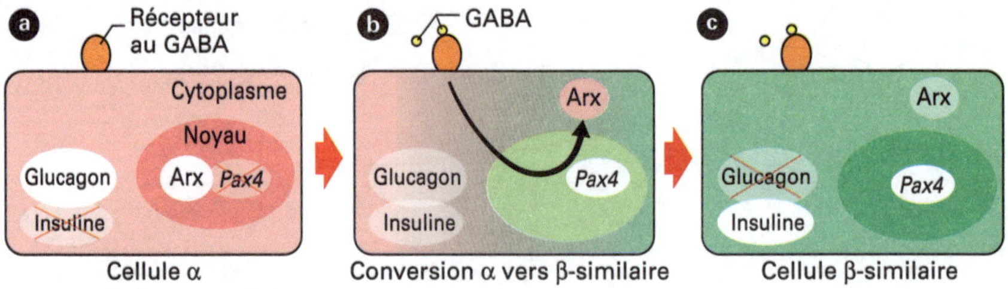

CORRIGÉS

SE TESTER QUIZ

1 Les réserves et les flux de glucose

1. Réponses b et c. Le glycogène est une molécule glucidique de réserve présente dans le muscle au repos ; elle est dégradée en glucose dans le muscle en activité.
La réponse a est incorrecte. Le glycogène est un glucide et non un lipide.

2. Réponse a. Le foie et les muscles sont des organes qui stockent le glucose sous forme de glycogène.
Les réponses b et c sont incorrectes. Seul le foie est considéré comme un organe « source » de glucose.

2 La régulation hormonale de la glycémie

1. Réponses a et d. L'insuline est une hormone hypoglycémiante, qui stimule la glycogénogenèse.
Les réponses b et c sont incorrectes. L'insuline est sécrétée par les cellules β et non α des îlots de Langerhans et elle ne stimule pas la glycogénolyse au niveau du foie.

2. Réponses b et d. Le glucagon est une hormone sécrétée par les cellules α des îlots de Langerhans et stimule la glycogénolyse.
Les réponses a et c sont incorrectes. Le glucagon est une hormone hyperglycémiante et non hypoglycémiante ; elle n'agit qu'au niveau du foie.

3 Les dysfonctionnements de la régulation de la glycémie

1. Réponses a et c. Le dysfonctionnement de la régulation de la glycémie peut être dû à une maladie auto-immune ou à une insulinorésistance.
Les réponses b et d sont incorrectes. Le dysfonctionnement de la régulation de la glycémie peut amener à une insulinodépendance et n'est pas forcément lié à une hausse de la sécrétion d'insuline.

2. Réponses a et b. Le diabète de type 1 peut être soigné par des injections d'insuline. Il est donc qualifié de diabète insulinodépendant.
Les réponses c et d sont incorrectes. Le diabète de type 2 n'est pas insulinodépendant et le diabète de type 1 n'est pas insulinorésistant.

OBJECTIF BAC

4 Évaluer le GABA, une molécule prometteuse

CONSEILS
Les documents 1 et 2 peuvent être traités dans une première partie, les documents 3 et 4 dans une deuxième partie et le document 5 dans une troisième partie.

Introduction

Le diabète de type 1 est dû à une destruction des cellules β du pancréas. Des injections de GABA sembleraient prometteuses pour soigner cette maladie.
Nous allons chercher à comprendre comment cette molécule agirait sur les patients atteints de diabète de type 1 pour remédier à cette destruction et donc les soigner.

Insuline et GABA, des molécules abaissant la glycémie de patients diabétiques

■ D'après le document 1, à la suite d'une injection d'insuline, on observe que la glycémie chute immédiatement et pendant 30 minutes (minimum à 2,3 $mmol \cdot l^{-1}$), puis revient progressivement à son taux initial (5,5 $mmol \cdot l^{-1}$). On déduit que l'insuline fait diminuer le taux de glucose sanguin. Cette hormone est hypoglycémiante.
■ Dans le document 2, on utilise des doses élevées de STZ pour détruire les cellules β du pancréas productrices d'insuline. On observe immédiatement une augmentation de la glycémie au-dessus de la valeur normale (100 $mg \cdot dL^{-1}$ = 1 $g \cdot L^{-1}$). À partir de T = 8 jours, on injecte du GABA à un lot de souris à la place de la solution saline, l'autre lot reçoit toujours des injections de solution saline. Pour le lot recevant les injections de GABA, on observe à partir de T = 15 jours une diminution progressive de la glycémie, qui revient à un taux quasi normal au bout des 80 jours de traitement. Les souris dont les cellules β ont été détruites, et qui sont traitées seulement par une solution saline, meurent environ 16 jours après le début de l'expérience. On en déduit que le GABA a permis la survie des souris, mais également de rétablir la glycémie à une valeur quasiment normale et donc de traiter leur diabète.

Des modifications cellulaires à l'origine de la baisse de la glycémie chez les patients diabétiques

■ Chez une souris non diabétique, de nombreuses cellules β sont visibles dans les îlots de Langerhans (doc. 3). Chez une souris diabétique, les îlots de Langerhans contiennent très peu de cellules β. Chez une souris diabétique ayant reçu des injections quotidiennes de GABA pendant 3 mois, les îlots de Langerhans contiennent beaucoup de cellules β. On en déduit que des cellules β sont réapparues. La présence de ces cellules β chez les souris traitées au GABA explique que leur diabète soit soigné. En effet, elles peuvent sécréter de l'insuline abaissant la glycémie.

■ Avant l'injection de GABA, on observe que les îlots de Langerhans des souris témoin présentent une proportion de 93 % de cellules α et 7 % de cellules β (doc. 4). Plus la concentration de GABA injecté augmente, plus le pourcentage de cellules α diminue pour atteindre 87 % (–6 %) et plus le pourcentage de cellules β augmente pour atteindre 13 % (+6 %). On pourrait proposer l'hypothèse que les cellules α sont converties en cellules β. Ainsi, la présence de ce nombre plus élevé de cellules β permet une meilleure production d'insuline abaissant la glycémie des sujets diabétiques.

Un contrôle génétique à l'origine des modifications cellulaires

D'après le document 5, on observe que l'injection de GABA induit une translocation du facteur de transcription Arx hors du noyau de la cellule, ce qui l'empêche d'inhiber l'expression du gène *Pax4* chez la souris. Ce dernier gène s'exprime alors et est responsable de la transformation des cellules α en cellules β-similaires. On en déduit que la conversion induite par le GABA augmente le nombre de cellule β produisant l'insuline nécessaire aux patients diabétiques.

Conclusion

Les travaux de l'équipe de Patrick Collombat pourraient permettre la mise au point de traitements pour soigner le diabète de type 1. En effet, si les observations effectuées sur la souris sont transposables à l'Homme, du GABA injecté chez des personnes diabétiques de type 1 abaisse la glycémie. Cet abaissement est lié à une augmentation du nombre de cellules β qui semblent se régénérer à partir des cellules α présentes dans le pancréas. Cette conversion des cellules est sous le contrôle de l'expression du gène *Pax4* dont l'expression est possible grâce au GABA. Ainsi, les patients diabétiques, ayant de nouvelles cellules β, produiraient à nouveau de l'insuline pour contrôler leur glycémie.

39 Adaptation de l'organisme et stress aigu

En bref *Notre organisme est capable de s'adapter aux perturbations de son environnement. Il s'agit d'une réponse normale de l'organisme nommée stress aigu.*

I Action des agents stressants sur le système nerveux

- Les réponses adaptatives de notre organisme face aux perturbations de son environnement impliquent dans un premier temps le système nerveux.

- Les agents stressants agissent sur le système nerveux en stimulant :
dans un premier temps, le **système limbique**, en particulier les zones impliquées dans les émotions telles que l'amygdale ;
dans un deuxième temps, l'**hypothalamus**, qui sécrète alors de la CRH (*corticotropin-releasing hormone*).

MOTS CLÉS
- **Système limbique :** ensemble de structures cérébrales jouant un rôle important dans le comportement.
- **Hypothalamus :** région située à la base du cerveau contrôlant les grandes fonctions de l'organisme (faim, soif, éveil, température…).

II Rôle des glandes surrénales

- Les glandes surrénales « coiffent » chaque rein. Elles se composent de deux parties, périphérique et centrale, nommées respectivement corticosurrénale et médullosurrénale :
la médullosurrénale libère de l'adrénaline lorsqu'elle est stimulée par le système limbique ;
la corticosurrénale libère du cortisol quand elle est stimulée par la CRH produite par l'hypothalamus.

- Le cortisol exerce un rétrocontrôle négatif sur la libération de CRH par l'hypothalamus. Il favorise ainsi le rétablissement de conditions de fonctionnement stables.

- La résilience désigne la capacité d'un organisme à surmonter les perturbations de son environnement.

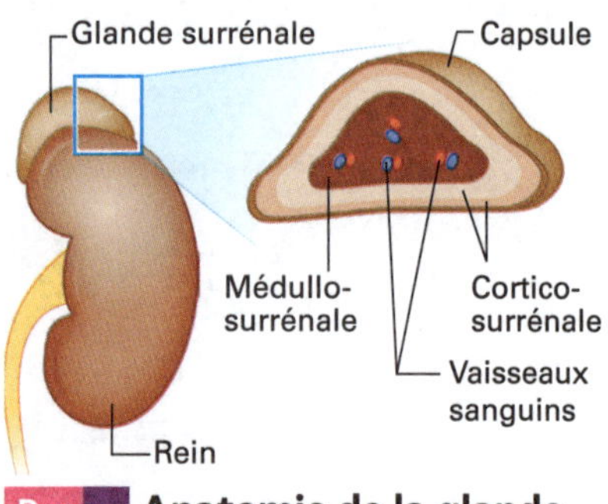

Doc **Anatomie de la glande surrénale**

Méthode

Préciser l'axe corticotrope

L'axe corticotrope, encore appelé axe hypothalamo-hypophyso-corticosurrénalien, est au cœur des réponses biologiques de stress et de résilience.

À l'aide de vos connaissances et du document, réaliser un schéma montrant les substances et structures impliquées dans l'axe corticotrope.

Doc L'hypophyse et ses organes cibles

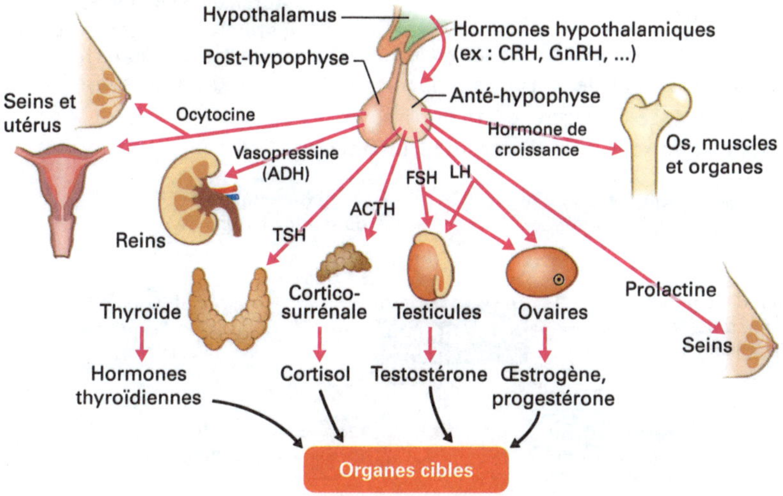

CONSEILS

Étape 1 Retrouver les structures intervenant dans la réponse au stress → FICHE 32.

Étape 2 Identifier les substances délivrées par les éléments de l'axe corticotrope.

Étape 3 Relier en un schéma les substances et structures de l'axe corticotrope.

SOLUTION

Étape 1 Les structures qui interviennent en réponse au stress sont l'hypothalamus, l'antéhypophyse et la glande corticosurrénale.

Étape 2 L'hypothalamus produit du CRH qui stimule l'antéhypophyse. Celui-ci produit alors de l'ACTH, qui agit la glande corticosurrénale. Cette dernière délivre du cortisol dans le sang.

Étape 3

Hypothalamus → (CRH) → **Antéhypophyse** → (ACTH) → **Corticosurrénale** → (Cortisol) → **Organes cibles**

40 Les effets du stress aigu

En bref *Le système nerveux, à l'origine du stress aigu, interagit avec les autres systèmes biologiques de l'organisme.*

I Les effets de l'adrénaline

- **L'adrénaline**, sécrétée en premier en réponse à un agent stressant, mobilise tout l'organisme afin d'affronter le danger.
- La libération d'adrénaline dans le sang déclenche des réactions dans tout le corps, en apportant notamment davantage d'oxygène et de nutriments au cerveau et aux muscles, afin d'accroître leur activité.

MOT CLÉ
Adrénaline : hormone naturellement sécrétée par la médullosurrénale en réponse au danger ou au stress.

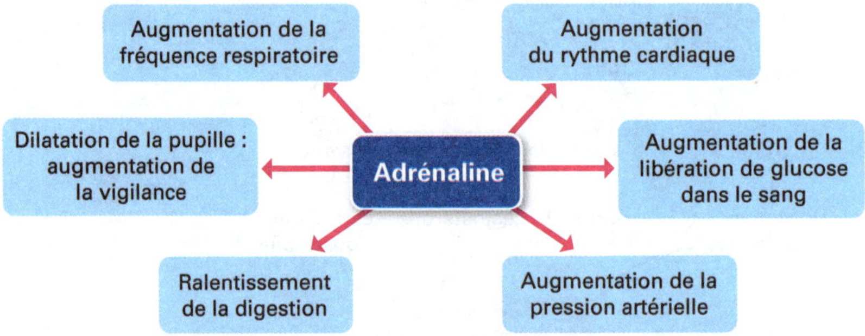

Doc **Les différents effets de l'adrénaline**

II Les effets du cortisol

MOT CLÉ
Cortisol : hormone sécrétée par les corticosurrénales en réponse au stress.

Le **cortisol** déclenche aussi, dans un deuxième temps, de nombreuses réactions dans le corps.

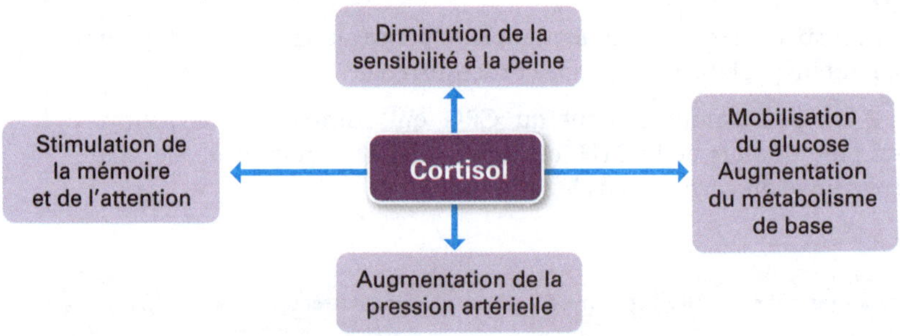

Doc **Les différents effets du cortisol à long terme**

Méthode

Associer stress et élévation de la glycémie

Une étude sur les effets du stress dû à un confinement a été produite sur une espèce de poisson, le tilapia du Mozambique.

À l'aide du document et de vos connaissances, montrer comment le stress influence la glycémie.

Doc Concentrations de cortisol, de glucose, de glycogène chez le tilapia soumis à différentes conditions de stress

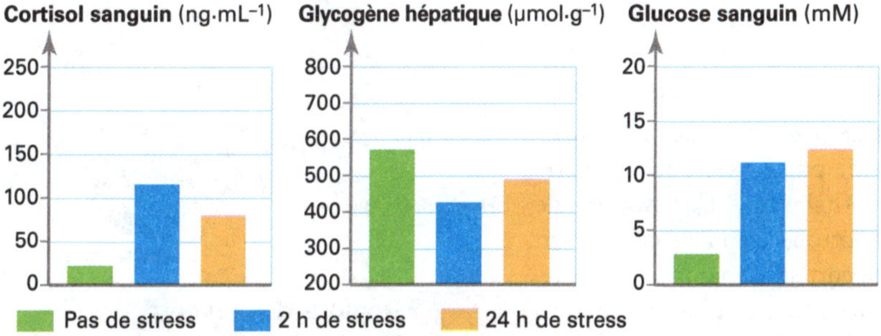

CONSEILS

Étape 1 Associer le confinement correspondant au stress à une modification plasmatique du cortisol.

Étape 2 Observer l'évolution des taux de glycogène hépatique et de glucose plasmatique lors du stress.

Étape 3 Relier la modification du taux plasmatique du cortisol à celle de glucose.

SOLUTION

Étape 1 Le confinement déclenche un stress amenant à une élévation plasmatique du taux de cortisol qui passe, en 2 heures, de 25 à 110 $ng \cdot mL^{-1}$. Ce taux descend à 75 $ng \cdot mL^{-1}$ si le stress persiste pendant 24 heures, mais reste toujours plus élevé que chez les témoins non stressés.

Étape 2 On observe que les sujets stressés présentent un taux de glycogène hépatique plus faible que les témoins non stressés (leur glycogène a donc été dégradé) et que leur taux de glucose plasmatique est plus élevé que celui des témoins non stressés (du glucose a donc été libéré dans leur sang).

Étape 3 L'élévation du taux de cortisol plasmatique lors du stress stimule la glycogénolyse hépatique. Elle conduit à une baisse du glycogène hépatique et à une augmentation du glucose plasmatique. Ainsi, on peut dire que le stress provoque une augmentation de la glycémie.

41 Dérèglement de l'organisme et stress chronique

En bref *À plus ou moins long terme, la structure et le fonctionnement du cerveau peuvent être perturbés par la répétition d'événements de stress, amenant à un stress chronique.*

I Stress chronique et plasticité cérébrale

■ Si les agents stressants sont trop intenses ou si leur action dure, les mécanismes physiologiques sont débordés et l'organisme se dérègle. On parle alors de **stress chronique**.

■ En cas de stress chronique, le cortisol ne freine plus la sécrétion de CRH par l'hypothalamus. L'activation de l'axe corticotrope tend à se pérenniser. Le taux de cortisol sanguin reste élevé, ce qui peut entraîner une dégradation de la mémoire et des capacités d'apprentissage.

■ Le stress chronique peut altérer certaines structures du cerveau, notamment celles du système limbique (**amygdale** et **hippocampe**) et du **cortex préfrontal**.

■ La plasticité du cerveau permet la modification de structures cérébrales. Mais dans le cas du stress chronique, elle est dite **mal adaptative**.

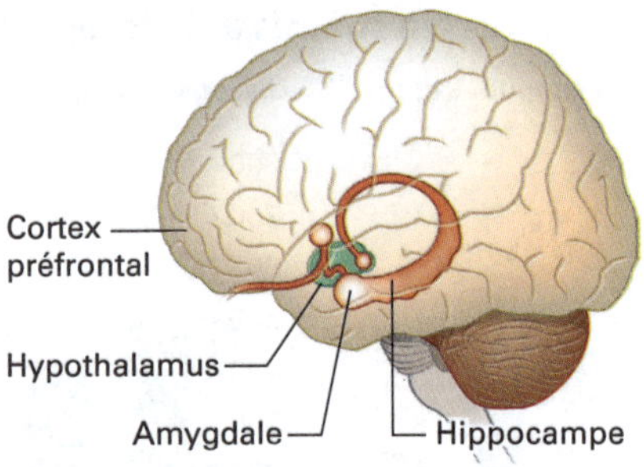

Doc **Régions du cerveau impliquées dans la réponse à des agents stressants**

MOTS CLÉS
- **Amygdale :** structure cérébrale impliquée dans le décodage des émotions, en particulier des stimuli menaçants pour l'organisme.
- **Hippocampe :** structure cérébrale jouant un rôle central dans la mémoire et le mouvement du corps dans l'espace.
- **Cortex préfrontal :** région du cerveau jouant un rôle dans l'adaptation comportementale.

II Le traitement du stress chronique

■ Les dérèglements liés au stress chronique engendrent diverses pathologies.

■ Certains médicaments, comme les benzodiazépines dans le cas de l'anxiété, visent à favoriser la résilience du système cérébral, mais leur indication doit suivre un protocole rigoureux.

Méthode

Diagnostiquer par imagerie cérébrale

Les études d'imagerie permettent d'observer le cerveau de sujets stressés.

À l'aide de vos connaissances et des documents, montrer l'un des effets du stress chronique sur le cerveau.

Doc Zones cérébrales (a) et imagerie médicale d'un sujet subissant un stress chronique (b) et d'un sujet sain (c)

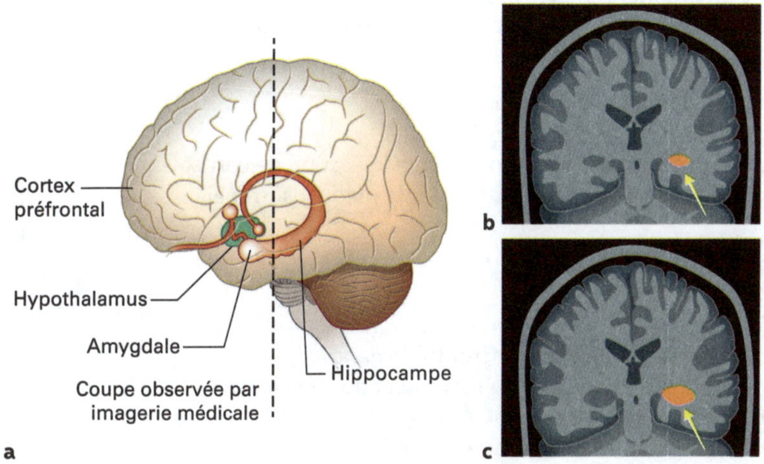

CONSEILS

Étape 1 Identifier la zone cérébrale pointée par les flèches sur les coupes obtenues par imagerie médicale.

Étape 2 Comparer ces deux régions dans les deux coupes.

Étape 3 Relier cette observation à vos connaissances afin de conclure sur les effets d'un stress chronique sur le cerveau.

SOLUTION

Étape 1 La zone cérébrale pointée par les flèches est l'hippocampe.

Étape 2 L'hippocampe semble être plus petit chez un sujet stressé (**b**) que chez un sujet sain (**c**).

Étape 3 L'hippocampe appartient au système limbique. Il est fortement sollicité en cas de stress. Le stress chronique peut donc modifier le volume de certaines structures cérébrales.

SE TESTER QUIZ

Vérifiez que vous avez bien compris les points clés des **fiches 38 à 40**.

1 Adaptation de l'organisme et stress aigu

→ FICHE 39

1. Les agents stressants agissent sur le système nerveux en stimulant :

☐ **a.** dans un premier temps, le système limbique
☐ **b.** dans un deuxième temps, l'hypothalamus qui sécrète alors du CRH
☐ **c.** dans un premier temps, l'hypothalamus
☐ **d.** dans un deuxième temps, le système limbique produisant le cortisol

2. La CRH :

☐ **a.** est produite par l'hypothalamus
☐ **b.** signifie *corticotropin-releasing human*
☐ **c.** exerce un rétrocontrôle négatif sur la libération de cortisol
☐ **d.** entraîne la libération de cortisol par la médullosurrénale

2 Les effets du stress aigu

→ FICHE 40

L'adrénaline :

☐ **a.** mobilise l'organisme pour affronter le danger
☐ **b.** réduit l'apport d'oxygène au cerveau et aux muscles
☐ **c.** est sécrétée après le cortisol
☐ **d.** inhibe le système immunitaire

3 Dérèglement de l'organisme et stress chronique

→ FICHE 41

1. Le stress chronique peut :

☐ **a.** survenir quand les mécanismes physiologiques sont débordés
☐ **b.** entraîner des modifications du système limbique (amygdale et hypothalamus) et du cortex préfrontal
☐ **c.** entraîner une plasticité mal adaptative
☐ **d.** accélérer le rétrocontrôle exercé par le cortisol sur l'hypothalamus

2. Le traitement du stress chronique :

☐ **a.** repose uniquement sur la prise de benzodiazépines
☐ **b.** doit suivre un protocole rigoureux
☐ **c.** vise à favoriser la résilience du système cérébral
☐ **d.** est propre à chaque individu

OBJECTIF BAC

4 Montrer comment agissent les benzodiazépines

75 min

→ FICHE 41

Ce sujet vous propose de résoudre un problème scientifique en exploitant un ensemble de documents. L'objectif est de comprendre les bases physiologiques du traitement du stress chronique, notamment de l'anxiété.

LE SUJET

Des chercheurs ont démontré qu'il existe un lien entre l'anxiété et une régulation défectueuse de divers neurotransmetteurs comme le GABA. Or, le GABA favorise la relaxation et le sommeil, il contribue à l'apaisement. Par ailleurs, on sait que l'anxiété chronique est souvent soignée par des médicaments antidépresseurs comme les benzodiazépines.

À partir des documents et de vos connaissances, montrer comment agissent les benzodiazépines pour soulager l'anxiété chronique.

Doc 1 Montage expérimental et localisation des expériences menées sur un neurone de la moelle épinière d'un mammifère

E1 : Enregistrement de la polarisation au niveau du corps cellulaire du neurone 3.

S1 : Électrodes de stimulation du neurone 1.

F1 : Fente synaptique entre le neurone 1 et le neurone 3.

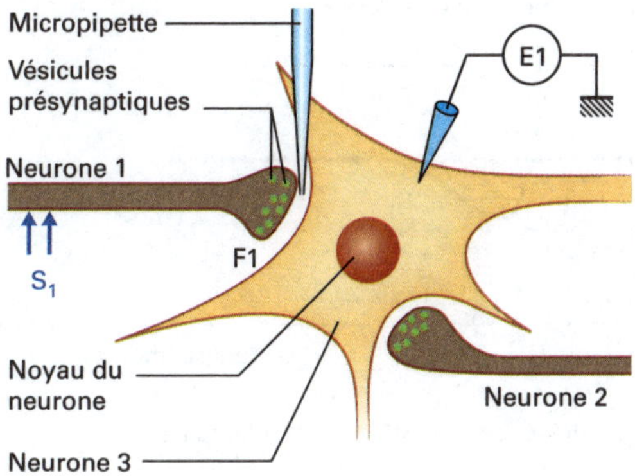

Doc 2 Enregistrement d'un potentiel de membrane, après stimulation, sans injection de picrotoxine (en bleu) et avec injection de picrotoxine (en rouge)

On reproduit expérimentalement l'état des synapses lors de l'anxiété en injectant de la picrotoxine dans la fente synaptique. La picrotoxine est capable de se fixer sur les récepteurs au GABA situés sur le neurone 3.

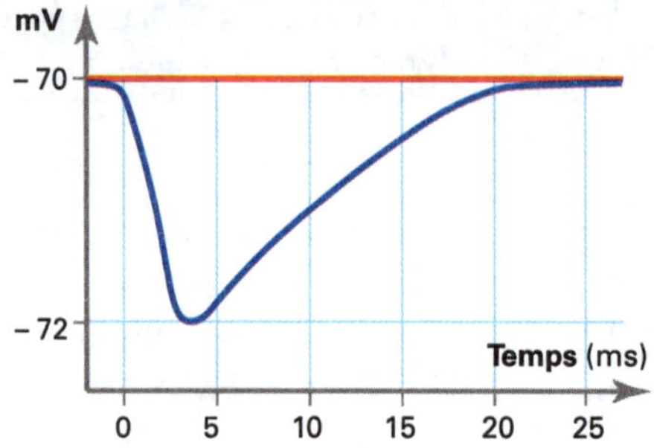

Doc 3 Enregistrement de la polarisation après injection dans la synapse de GABA seul (a) et avec des benzodiazépines (b)

Les benzodiazépines (comme le Valium®) sont des tranquillisants (utilisés contre l'anxiété) qui se fixent de manière spécifique aux récepteurs membranaires du GABA.
- - - : seuil de dépolarisation nécessaire au déclenchement du potentiel d'action.

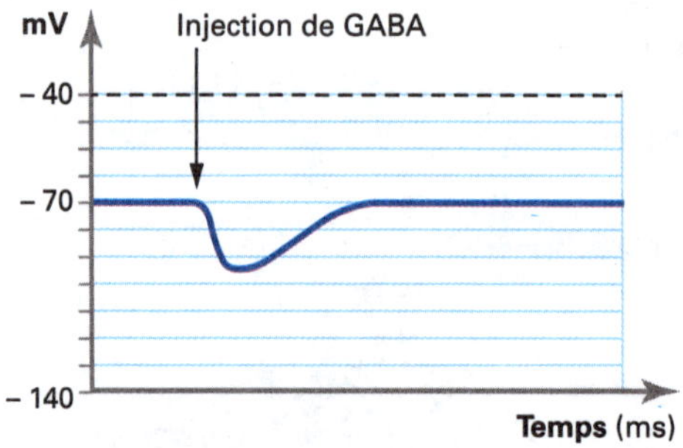

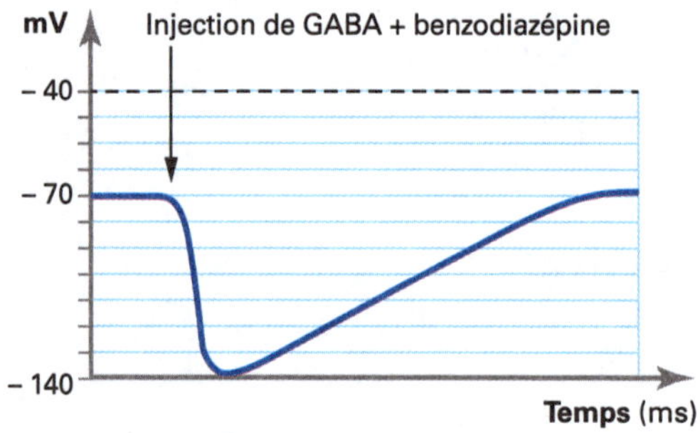

Doc 4 Mode d'action des benzodiazépines sur le récepteur au GABA

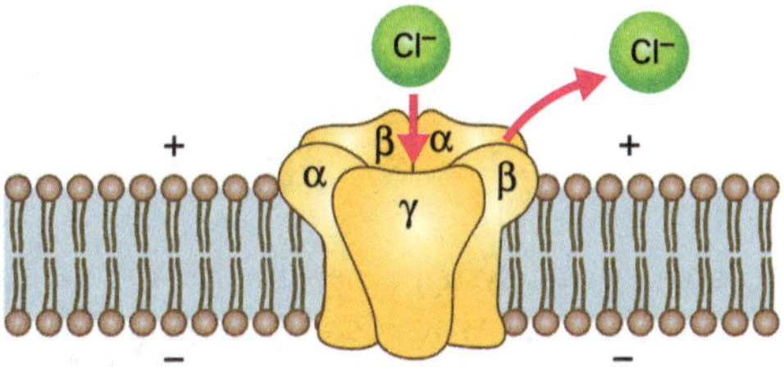

En l'absence de GABA, le récepteur est inactif, l'ion chlore n'entre pas dans la cellule : il n'y a pas de modification du potentiel de membrane.

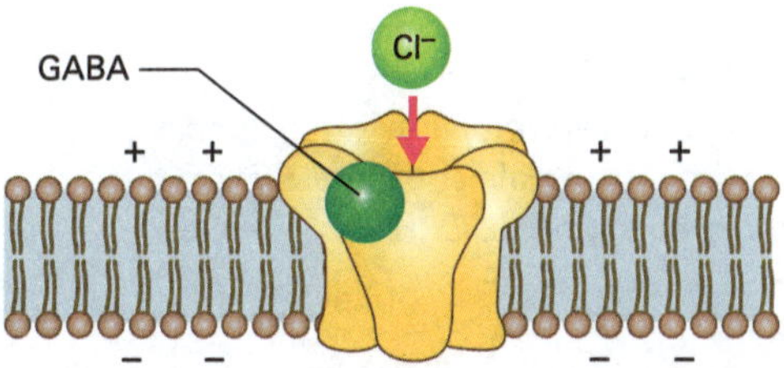

En présence de GABA, le récepteur est activé, le canal à ions chlore s'ouvre : il y a hyperpolarisation membranaire.

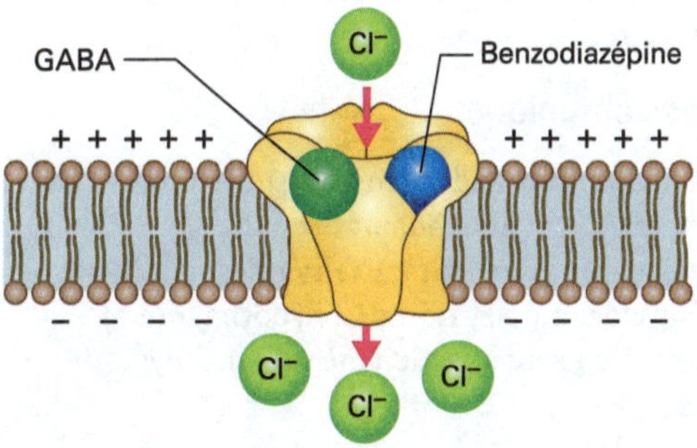

En présence de GABA et de benzodiazépine, la fixation du GABA sur son récepteur est facilitée. Il en résulte une plus grande ouverture du canal à ions chlore : l'hyperpolarisation membranaire est accrue.

CORRIGÉS

SE TESTER QUIZ

1 Adaptation de l'organisme et stress aigu

1. **Réponses a et b.** Les agents stressants agissent sur le système nerveux en stimulant dans un premier temps le système limbique et dans un deuxième temps l'hypothalamus, qui sécrète alors du CRH.
Les réponses c et d sont incorrectes. L'hypothalamus est stimulé en deuxième et sécrète du CRH.

2. **Réponse a.** La CRH est produite par l'hypothalamus
Les réponses b, c et d sont incorrectes. CRH signifie *corticotropin-releasing hormone*, elle entraîne la libération du cortisol par la corticosurrénale et c'est le cortisol qui exerce en retour un rétrocontrôle négatif sur la libération de CRH.

2 Les effets du stress aigu

Réponse a. L'adrénaline mobilise l'organisme pour affronter le danger.
Les réponses b, c et d sont incorrectes. L'adrénaline augmente l'apport d'oxygène au cerveau et aux muscles et est sécrétée avant le cortisol. C'est ce dernier qui inhibe certaines fonctions dont le système immunitaire.

3 Dérèglement de l'organisme et stress chronique

1. **Réponses a et c.** Le stress chronique peut survenir quand les mécanismes physiologiques sont débordés et peut entraîner une plasticité mal adaptative.
Les réponses b et d sont incorrectes. Le stress chronique peut entraîner des modifications du système limbique (amygdale et hippocampe et non de l'hypothalamus) et du cortex préfrontal. Il freine le rétrocontrôle exercé par le cortisol sur l'hypothalamus.

2. **Réponses b, c et d.** Le traitement du stress chronique doit suivre un protocole rigoureux ; il vise à favoriser la résilience et est propre à chaque individu.
La réponse a est incorrecte. La prise de benzodiazépines ne constitue pas le seul traitement possible.

OBJECTIF BAC

4 Montrer comment agissent les benzodiazépines

Le GABA est un neurotransmetteur inhibiteur

■ Un neurone est une cellule nerveuse comportant des dendrites, un corps cellulaire et un axone. Les dendrites et le corps cellulaires peuvent recevoir des messages nerveux d'autres neurones. Le neurone les intègre et un message nerveux peut ou non prendre naissance et être conduit le long de l'axone. Lorsque le message arrive à l'extrémité de l'axone, il peut être transmis à un autre neurone en franchissant un espace intercellulaire appelé synapse (entre deux neurones) grâce à des neurotransmetteurs.

■ Le document 3 montre qu'une injection de GABA dans la fente synaptique F1 induit une baisse du potentiel de membrane du neurone 3 (on parle d'hyperpolarisation). Cette baisse l'éloigne du seuil de dépolarisation nécessaire au déclenchement d'un potentiel d'action. La naissance d'un message nerveux n'est donc pas favorisée par une injection de GABA, mais au contraire inhibée.

■ Le GABA est donc un neurotransmetteur de nature inhibitrice.

Lien entre GABA et anxiété

■ Le document 2 montre l'intérêt d'utiliser la picrotoxine dans cette expérience. Son injection dans la fente synaptique F1 reproduit expérimentalement l'état des synapses en situation d'anxiété.

■ Le potentiel de membrane du neurone 3 en présence de picrotoxine correspond à celui d'un neurone non stimulé, alors qu'en présence de GABA, on observe une hyperpolarisation de la membrane.

On en déduit que la picrotoxine augmente le potentiel de membrane des neurones, alors que le GABA l'abaisse.

■ On en conclut que l'anxiété pourrait être due à une baisse de la quantité de GABA dans les fentes synaptiques. L'augmentation du potentiel de membrane du neurone (tout comme la picrotoxine) pourrait donc induire l'anxiété.

L'effet des benzodiazépines

■ Le document 3 permet de montrer que l'injection de GABA et de benzodiazépine dans la fente synaptique induit une hyperpolarisation bien plus importante (jusqu'à –140 mV) que si le GABA est injecté seul (hyperpolarisation de –90 mV seulement).

■ Le document 4 présente le mécanisme moléculaire à l'origine de cette hyperpolarisation. La fixation du GABA sur son récepteur permet l'entrée d'ions chlorure dans la cellule, qui est responsable de l'hyperpolarisation. On remarque également que les benzodiazépines peuvent se fixer sur les récepteurs au GABA, tout en améliorant leur affinité pour le GABA. Cette meilleure fixation du GABA sur son récepteur amplifie l'ouverture du canal et favorise l'entrée des ions chlorure dans la cellule. Il en résulte une plus grande hyperpolarisation.

■ En cas d'anxiété, le GABA semble ne pas agir correctement et n'induit pas une baisse suffisante du potentiel de membrane des neurones. L'utilisation de benzodiazépine permet donc d'abaisser ce potentiel de membrane et ainsi de rétablir l'hyperpolarisation de la membrane des neurones des sujets anxieux. Les benzodiazépines tout comme le GABA favorisent la relaxation et le sommeil. Mais l'utilisation de benzodiazépines est beaucoup plus puissante et permet de soulager l'anxiété.

MATHS COMPLÉMENTAIRES

TOUT LE PROGRAMME

- 26 fiches de cours
- Exercices et sujets corrigés

SOMMAIRE

Analyse

1. Suites numériques

2. Fonctions

3. Convexité

4. Fonctions logarithme népérien et exponentielle

5. Primitives, équations différentielles

6. Calcul intégral

Probabilités et statistique

7. Lois discrètes

8. Lois continues

9. Statistiques à deux variables

1 Limites, comparaison et encadrement

En bref *La limite éventuelle d'une suite donne une idée de son comportement asymptotique. Il est souvent pratique de trouver cette limite en la comparant avec celles de suites au comportement bien connu.*

I Définitions

1 Limite infinie

- Une suite de terme général u_n admet pour **limite $+\infty$** si elle dépasse toute valeur pour n suffisamment grand. On note $\lim\limits_{n \to +\infty} u_n = +\infty$.
- Une suite de terme général u_n admet pour **limite $-\infty$** si la suite de terme général $-u_n$ admet pour limite $+\infty$. On note $\lim\limits_{n \to +\infty} u_n = -\infty$.

2 Limite finie

Une suite de terme général u_n admet pour **limite un réel ℓ** si elle est aussi proche de ℓ que l'on veut pour n suffisamment grand. On note $\lim\limits_{n \to +\infty} u_n = \ell$.

II Limites et inégalités

- **Théorème de comparaison**

Soit N un entier naturel, soient ℓ et ℓ' des réels, et soient (u_n) et (r_n) des suites réelles telles que pour tout entier $n \in \mathbb{N}$, $u_n \geqslant r_n$:

- si $\lim\limits_{n \to +\infty} u_n = \ell$ et $\lim\limits_{n \to +\infty} r_n = \ell'$ alors $\ell \geqslant \ell'$.
- si $\lim\limits_{n \to +\infty} r_n = +\infty$ alors $\lim\limits_{n \to +\infty} u_n = +\infty$.

- **Théorème d'encadrement (dit « des gendarmes »)**

Soit ℓ un réel, soit $N \in \mathbb{N}$, soient (r_n) et (s_n) des suites réelles de même limite ℓ. Si pour tout entier $n \geqslant N$, $s_n \leqslant u_n \leqslant r_n$, alors $\lim\limits_{n \to +\infty} u_n = \ell$.

III Limites et opérations

Limite de u	ℓ	ℓ	$+\infty$	$+\infty$
Limite de v	ℓ'	$+\infty$	$+\infty$	ℓ'
Limite de $u+v$	$\ell + \ell'$	$+\infty$	$+\infty$	$+\infty$
Limite de $u \times v$	$\ell \times \ell'$	$\ell > 0 : +\infty$	$+\infty$	$\ell' < 0 : -\infty$
Limite de u/v	$\ell' \neq 0 : \ell/\ell'$	0		$\ell' > 0 : +\infty$

Méthodes

1 Déterminer la limite d'une suite par comparaison

Déterminer la limite de la suite de terme général $u_n = n + (-1)^n$.

CONSEIL
Encadrez $(-1)^n$.

SOLUTION

Pour tout entier naturel n, $-1 \leqslant (-1)^n \leqslant 1$ donc $u_n \geqslant n - 1$.
Or $\lim\limits_{n \to +\infty} (n-1) = +\infty$ donc, d'après le théorème de comparaison, $\lim\limits_{n \to +\infty} u_n = +\infty$.

2 Déterminer la limite d'une suite par encadrement

Déterminer la limite de la suite de terme général $u_n = \dfrac{(-1)^n - n}{n}$.

CONSEIL
Encadrez le numérateur de u_n.

SOLUTION

Pour tout entier naturel n, $-1 \leqslant (-1)^n \leqslant 1$ donc $-1 - n \leqslant (-1)^n - n \leqslant 1 - n$.

D'où $\dfrac{-1-n}{n} \leqslant \dfrac{(-1)^n - n}{n} \leqslant \dfrac{1-n}{n}$ puis : $-\dfrac{1}{n} - 1 \leqslant u_n \leqslant \dfrac{1}{n} - 1$.

Or, $\lim\limits_{n \to +\infty} \left(-\dfrac{1}{n} - 1\right) = \lim\limits_{n \to +\infty} \left(\dfrac{1}{n} - 1\right) = -1$ donc, d'après le théorème des gendarmes, $\lim\limits_{n \to +\infty} u_n = -1$.

3 Déterminer la limite d'une suite à l'aide d'opérations

Déterminer la limite de la suite de terme général $u_n = \dfrac{(n+1)\left(n + \dfrac{1}{n}\right)}{1 - \dfrac{1}{n}}$.

CONSEIL
Étudiez les limites des suites de termes généraux $n+1$, $n + \dfrac{1}{n}$, $1 - \dfrac{1}{n}$.

SOLUTION

On a $\lim\limits_{n \to +\infty} (n+1) = +\infty$, $\lim\limits_{n \to +\infty} \dfrac{1}{n} = 0$ d'où $\lim\limits_{n \to +\infty} \left(n + \dfrac{1}{n}\right) = +\infty$, donc par produit, $\lim\limits_{n \to +\infty} (n+1)\left(n + \dfrac{1}{n}\right) = +\infty$.

On a $\lim\limits_{n \to +\infty} \left(-\dfrac{1}{n}\right) = 0$ d'où $\lim\limits_{n \to +\infty} \left(1 - \dfrac{1}{n}\right) = 1$.

Par quotient, on obtient que $\lim\limits_{n \to +\infty} u_n = +\infty$.

2 Suites géométriques et limites

En bref *La limite d'une suite géométrique dépend de sa raison. On ne considérera que les suites géométriques de raison positive et strictement inférieure à 1.*

I Suites géométriques

On considère les suites géométriques de raison q positive.

À NOTER
Une suite géométrique u de raison q est définie pour tout $n \in \mathbb{N}$ par $u_{n+1} = u_n \times q$.

■ **Rappel :** Soit une suite (u_n) géométrique de premier terme u_0 et de raison q. On a pour tout $n \in \mathbb{N}$:

$$u_n = u_0 \times q^n$$

■ **Théorème :**

$$\text{Si } 0 \leq q < 1 \text{ alors } \lim_{n \to +\infty} q^n = 0$$

À NOTER
Si $q = 1$ alors la suite de terme général q^n est constante égale à 1.
Si $q = -1$ alors la suite de terme général q^n est bornée, et vaut alternativement -1 et 1.

■ *Remarques :*

- Si $q = 1$ alors $\lim_{n \to +\infty} q^n = 1$.
- Si $q > 1$ alors $0 < \frac{1}{q} < 1$ donc $\lim_{n \to +\infty} \left(\frac{1}{q}\right)^n = 0$.

À NOTER
On a pour tout $n \in \mathbb{N}$, $e^{-n} = \left(\frac{1}{e}\right)^n$ et $-1 < \frac{1}{e} < 1$ donc $\lim_{n \to +\infty} \left(\frac{1}{e}\right)^n = 0$ soit $\lim_{n \to +\infty} e^{-n} = 0$.

II Somme des termes consécutifs d'une suite géométrique

■ **Rappel :** On a pour tout réel $q \neq 1$:

$$1 + q + q^2 + \ldots + q^n = \frac{1 - q^{n+1}}{1 - q}$$

■ **Théorème :**

$$\text{Si } 0 \leq q < 1 \text{ alors } \lim_{n \to +\infty} \left(1 + q + q^2 + \ldots + q^n\right) = \frac{1}{1 - q}$$

Méthodes

1 | Étudier la limite de suites géométriques

Étudier la limite des suites de termes généraux :

$u_n = \left(\frac{\sqrt{2}}{2}\right)^n$; $v_n = \frac{1}{2^n}$ et $w_n = \frac{1-2^n}{3^n}$.

CONSEILS

Pour la suite (u_n), appliquez le théorème ; pour (v_n), remarquez que $\frac{1}{2^n} = \left(\frac{1}{2}\right)^n$; pour (w_n), « distribuez » le dénominateur.

SOLUTION

- L'arrondi au dixième de $\frac{\sqrt{2}}{2}$ est 0,7 donc $0 \leqslant \frac{\sqrt{2}}{2} < 1$ donc $\lim\limits_{n\to+\infty} u_n = 0$.
- On a pour tout $n \in \mathbb{N}$, $v_n = \left(\frac{1}{2}\right)^n$ et $0 \leqslant \frac{1}{2} < 1$ donc $\lim\limits_{n\to+\infty} v_n = 0$.
- Pour tout $n \in \mathbb{N}$, $w_n = \frac{1}{3^n} - \frac{2^n}{3^n} = \left(\frac{1}{3}\right)^n - \left(\frac{2}{3}\right)^n$. De plus, $0 \leqslant \frac{1}{3} < 1$ et $0 \leqslant \frac{2}{3} < 1$ donc $\lim\limits_{n\to+\infty}\left(\frac{1}{3}\right)^n = \lim\limits_{n\to+\infty}\left(\frac{2}{3}\right)^n = 0$, d'où par différence $\lim\limits_{n\to+\infty} w_n = 0$.

2 | Déterminer la limite d'une somme de termes consécutifs

Soit n un entier naturel non nul. Déterminer la limite des sommes suivantes :

$S_n = 1 + 0{,}25 + 0{,}25^2 + \ldots + 0{,}25^n$

$T_n = 1 + \frac{1}{2} + \frac{1}{2^2} + \ldots + \frac{1}{2^n}$

$D_n = 0{,}1 + 0{,}01 + \ldots + 0{,}1^n$

CONSEILS

Pour S_n, appliquez directement le théorème ; pour T_n, considérez une suite géométrique de raison $\frac{1}{2}$; pour D_n, remarquez qu'il manque le premier terme pour pouvoir appliquer directement le théorème.

SOLUTION

- On a $\lim\limits_{n\to+\infty}\left(1 + 0{,}25 + 0{,}25^2 + \ldots + 0{,}25^n\right) = \frac{1}{1-0{,}25}$ donc $\lim\limits_{n\to+\infty} S_n = \frac{4}{3}$.
- Pour tout $n \in \mathbb{N}$, $T_n = 1 + \frac{1}{2} + \left(\frac{1}{2}\right)^2 + \ldots + \left(\frac{1}{2}\right)^n$ donc $\lim\limits_{n\to+\infty} T_n = \frac{1}{1-\frac{1}{2}}$ soit $\lim\limits_{n\to+\infty} T_n = 2$.
- Pour tout $n \in \mathbb{N}$, $D_n = 1 + 0{,}1 + 0{,}1^2 + \ldots + 0{,}1^n - 1$ donc $\lim\limits_{n\to+\infty} D_n = \frac{1}{1-0{,}1} - 1$ soit $\lim\limits_{n\to+\infty} D_n = \frac{1}{9}$.

PHYSIQUE-CHIMIE | SVT | MATHS COMPLÉMENTAIRES | GRAND ORAL

3 Suites arithmético-géométriques

En bref *La plupart des suites ne sont ni arithmétiques ni géométriques. On utilise parfois une suite auxiliaire arithmétique ou géométrique pour étudier des suites quelconques. C'est le cas pour les suites arithmético-géométriques qui peuvent modéliser l'évolution d'une population.*

I Définition

Soient a et b deux réels et (u_n) une suite telle que pour tout entier naturel n :

$$u_{n+1} = au_n + b$$

Si a est différent de 0 et de 1, et si b est différent de 0, on dit que la suite (u_n) est **arithmético-géométrique**.

À NOTER

On peut remarquer que si $a = 1$, la suite est arithmétique et que si $b = 0$, la suite est géométrique ; enfin, si $a = 0$, la suite est constante à partir du rang 1.

II Solution particulière constante

Théorème :

Soient a et b deux réels, $a \neq 1$. Il existe une unique suite **constante** (c_n) telle que pour tout entier naturel n, $c_{n+1} = ac_n + b$; elle vérifie, pour tout entier naturel n, $c_n = \frac{b}{1-a}$.

III Utilisation de la suite auxiliaire constante

Soient a et b deux réels et (u_n) une suite arithmético-géométrique, telle que pour tout entier naturel n, $u_{n+1} = au_n + b$.

- **Théorème :** La suite définie, pour tout entier naturel n, par $v_n = u_n - \frac{b}{1-a}$ est une suite géométrique de raison a.
- *Conséquences :*
  - Pour tout entier naturel n, $v_n = v_0 a^n$ avec $v_0 = u_0 - \frac{b}{1-a}$.
  - Pour tout entier naturel n, $u_n = v_0 a^n + \frac{b}{1-a}$.
  - Si $0 \leqslant a < 1$ alors $\lim\limits_{n \to +\infty} u_n = \frac{b}{1-a}$.
- *Remarque :* Si la suite (u_n) est définie à partir du rang 1, on a pour tout entier naturel n non nul, $v_n = v_1 a^{n-1}$ avec $v_1 = u_1 - \frac{b}{1-a}$ et $u_n = v_1 a^{n-1} + \frac{b}{1-a}$.

Méthodes

1 Déterminer une solution constante

On considère la suite (u_n) définie pour tout $n \in \mathbb{N}$ par :

$$\begin{cases} u_0 = 1 \\ u_{n+1} = 3u_n + 2 \end{cases}$$

Déterminer une suite constante vérifiant la même relation de récurrence que la suite (u_n).

CONSEIL
Il suffit de résoudre l'équation $x = 3x + 2$.

SOLUTION

Pour $x \in \mathbb{R}$, $x = 3x + 2 \Leftrightarrow -2x = 2 \Leftrightarrow x = -1$.

La suite constante de terme général $c_n = -1$ vérifie, pour tout $n \in \mathbb{N}$, $c_{n+1} = 3c_n + 2$.

En effet, si $c_n = -1$, alors $3c_n + 2 = 3 \times (-1) + 2 = -1 = c_{n+1}$.

2 Utiliser une suite auxiliaire constante

On considère la suite (u_n) définie pour tout $n \in \mathbb{N}$ par :

$$\begin{cases} u_0 = 1 \\ u_{n+1} = 3u_n + 2 \end{cases}$$

a. Montrer que la suite de terme général $v_n = u_n + 1$ est géométrique. En donner le premier terme et la raison.

b. En déduire, pour tout entier naturel n, les expressions de v_n puis de u_n en fonction de n.

CONSEILS
Pour montrer que la suite (v_n) est géométrique, exprimez v_{n+1} en fonction de u_{n+1} ; déduisez-en v_{n+1} en fonction de u_n ; concluez en factorisant par 3.
On rappelle pour la fin de la question qu'une suite géométrique de raison k a pour terme général $v_0 \times k^n$ et on remarque que $u_n = v_n - 1$.

SOLUTION

a. Pour tout $n \in \mathbb{N}$, $v_{n+1} = u_{n+1} + 1 = 3u_n + 2 + 1 = 3(u_n + 1) = 3v_n$.

Ainsi, la suite (v_n) est géométrique de raison 3, de premier terme $u_0 + 1 = 2$.

b. Pour tout $n \in \mathbb{N}$, $v_n = 2 \times 3^n$.

Pour tout $n \in \mathbb{N}$, $v_n = u_n + 1$ d'où $u_n = v_n - 1$ soit $u_n = 2 \times 3^n - 1$.

PHYSIQUE-CHIMIE
SVT
MATHS COMPLÉMENTAIRES
GRAND ORAL

SE TESTER QUIZ

Vérifiez que vous avez bien compris les points clés des **fiches 1 à 3**.

1 Limites de suites par comparaison ou encadrement

→ FICHE 1

1. La suite de terme général $n+(-1)^n$ admet pour limite :

☐ **a.** $-\infty$ ☐ **b.** $+\infty$ ☐ **c.** 0

2. La suite de terme général $\frac{(-1)^n}{n}$ admet pour limite :

☐ **a.** $-\infty$ ☐ **b.** $+\infty$ ☐ **c.** 0

2 Limites de suites et opérations

→ FICHE 1

1. La suite de terme général $n+n^2-30\,000$ admet pour limite :

☐ **a.** $-\infty$ ☐ **b.** $+\infty$ ☐ **c.** 0

2. Si (u_n) est une suite de limite $+\infty$ alors :

☐ **a.** $\lim\limits_{n\to+\infty}\frac{1}{u_n}=0$ ☐ **b.** $\lim\limits_{n\to+\infty}\frac{1}{u_n}=+\infty$ ☐ **c.** $\lim\limits_{n\to+\infty}\frac{1}{u_n}=1$

3 Suites géométriques

→ FICHE 2

1. La suite de terme général $1-0{,}1^n$ admet pour limite :

☐ **a.** 1 ☐ **b.** $-\infty$ ☐ **c.** $+\infty$

2. La suite de terme général $1+\frac{1}{3^n}$ admet pour limite :

☐ **a.** 1 ☐ **b.** $+\infty$ ☐ **c.** 0

3. La suite de terme général $3+\frac{3}{2}+\frac{3}{4}+\ldots+\frac{3}{2^n}$ admet pour limite :

☐ **a.** 0 ☐ **b.** $\frac{3}{2}$ ☐ **c.** 6

4 Suites arithmético-géométriques

→ FICHE 3

1. La suite qui, pour tout $n\in\mathbb{N}$, vérifie $u_{n+1}=2u_n+1$ est :

☐ **a.** arithmétique ☐ **b.** géométrique ☐ **c.** arithmético-géométrique

2. Si une suite (u_n) vérifie, pour tout $n\in\mathbb{N}$, $u_{n+1}=2u_n+1$, alors la suite de terme général $v_n=u_n+1$ est une suite :

☐ **a.** arithmétique de raison 1

☐ **b.** géométrique de raison 2

☐ **c.** géométrique de raison 1

3. La suite de terme général $125\times0{,}95^n+1010$ admet pour limite :

☐ **a.** 125 ☐ **b.** 0 ☐ **c.** 1010

S'ENTRAÎNER

5 Modéliser l'évolution d'une population

50 min

→ FICHES 1 et 3

Ce sujet vous propose d'étudier l'évolution d'une population de coccinelles, selon différents modèles qui dépendent d'un paramètre traduisant l'influence de l'environnement.

LE SUJET

On se propose d'étudier l'évolution d'une population de coccinelles à l'aide d'un modèle utilisant la fonction logistique f définie par $f(x) = kx(1-x)$, k étant un paramètre réel qui dépend de l'environnement.

L'effectif des coccinelles, exprimé en millions d'individus, est donné pour l'année n par un nombre réel u_n.

On admet que l'évolution obéit à la relation $u_{n+1} = f(u_n)$.

1. Supposons que $u_0 = 0{,}2$ et $k = 0{,}5$.

a. Calculer u_1 et u_2.

b. En remarquant que $0 \leqslant 1 - u_0 \leqslant 1$ et $0{,}5u_0 \geqslant 0$, montrer que $0 \leqslant u_1 \leqslant 0{,}5u_0$, $0 \leqslant u_2 \leqslant 0{,}5^2 u_0$ et $0 \leqslant u_3 \leqslant 0{,}5^3 u_0$.

On admettra plus généralement que pour tout $n \in \mathbb{N}$, $0 \leqslant u_n \leqslant 0{,}5^n u_0$.

c. Quelle est la limite de la suite (u_n) ?

d. Que peut-on dire de l'évolution à long terme de la population de coccinelles avec ces hypothèses ?

2. Supposons maintenant que $u_0 = 0{,}4$ et $k = 1{,}5$.

a. On pose pour tout entier naturel n, $v_n = 3u_n - 1$.

Calculer v_0, v_1 et v_2. Que remarque-t-on ?

b. Démontrer que pour tout entier naturel n, $v_{n+1} = 0{,}5v_n(1 - v_n)$.

c. En déduire la limite de la suite (v_n) puis celle de la suite (u_n).

d. Que peut-on dire de l'évolution à long terme de la population de coccinelles avec ces hypothèses ?

3. On a représenté la fonction f dans le cas où $u_0 = 0{,}6$ et $k = 3{,}2$.

En utilisant ce graphique, formuler une conjecture sur l'évolution de la population dans ce cas.

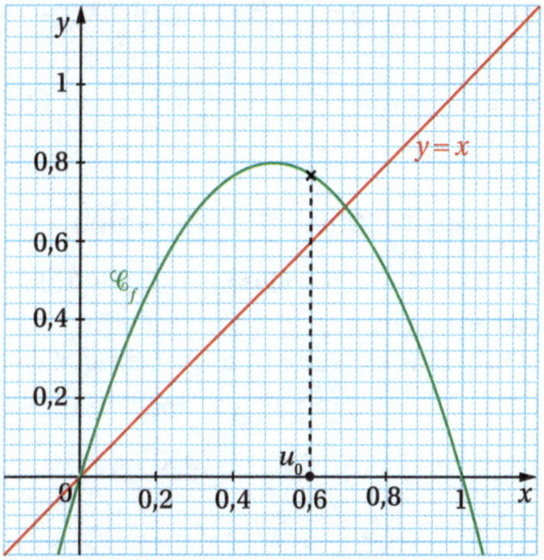

CORRIGÉS

SE TESTER QUIZ

1 Limites de suites par comparaison ou encadrement

1. Réponse b. Pour tout $n \in \mathbb{N}$, $(-1)^n \geqslant -1$ donc $n+(-1)^n \geqslant n-1$.

Or $\lim\limits_{n\to+\infty}(n-1) = +\infty$. On conclut grâce au théorème de comparaison.

À NOTER
Il est inutile d'encadrer ici : il suffit de comparer deux suites.

2. Réponse c. Pour tout $n \in \mathbb{N}$, $-1 \leqslant (-1)^n \leqslant 1$ donc $-\dfrac{1}{n} \leqslant \dfrac{(-1)^n}{n} \leqslant \dfrac{1}{n}$. Or, $\lim\limits_{n\to+\infty}\dfrac{1}{n} = 0$,

donc d'après le théorème des gendarmes, $\lim\limits_{n\to+\infty}\dfrac{(-1)^n}{n} = 0$.

2 Limites de suites et opérations

1. Réponse b. On a $\lim\limits_{n\to+\infty} n = +\infty$, $\lim\limits_{n\to+\infty} n^2 = +\infty$. Par somme, on obtient que $\lim\limits_{n\to+\infty}\left(n+n^2-30000\right) = +\infty$.

2. Réponse a. D'après la limite de l'inverse d'une suite, $\lim\limits_{n\to+\infty}\dfrac{1}{u_n} = 0$.

3 Suites géométriques

1. Réponse a. $0 \leqslant 0{,}1 < 1$, donc $\lim\limits_{n\to+\infty} 0{,}1^n = 0$ et $\lim\limits_{n\to+\infty}\left(1-0{,}1^n\right) = 1$.

2. Réponse a. Pour tout $n \in \mathbb{N}$, $\dfrac{1}{3^n} = \left(\dfrac{1}{3}\right)^n$ et $0 \leqslant \dfrac{1}{3} < 1$. Or $\lim\limits_{n\to+\infty}\left(\dfrac{1}{3}\right)^n = 0$.

Donc $\lim\limits_{n\to+\infty}\left(1+\dfrac{1}{3^n}\right) = 1$.

3. Réponse c. Pour tout $n \in \mathbb{N}$, $3+\dfrac{3}{2}+\dfrac{3}{4}+\ldots+\dfrac{3}{2^n} = 3\left(1+\dfrac{1}{2}+\ldots+\dfrac{1}{2^n}\right)$.

Or $\lim\limits_{n\to+\infty}\left(1+\dfrac{1}{2}+\ldots+\dfrac{1}{2^n}\right) = \dfrac{1}{1-\dfrac{1}{2}} = 2$, donc $\lim\limits_{n\to+\infty}\left(3+\dfrac{3}{2}+\dfrac{3}{4}+\ldots+\dfrac{3}{2^n}\right) = 6$.

4 Suites arithmético-géométriques

1. Réponse c. Immédiat d'après la définition avec $a = 2$ et $b = 1$.

2. Réponse b. On a $v_{n+1} = u_{n+1}+1 = 2u_n+1+1 = 2(u_n+1) = 2v_n$, pour tout $n \in \mathbb{N}$. On a donc bien une suite géométrique de raison 2.

3. Réponse c. On a $0 \leqslant 0{,}95 < 1$, donc $\lim\limits_{n\to+\infty} 0{,}95^n = 0$. Par produit et somme, on obtient que $\lim\limits_{n\to+\infty}\left(125\times 0{,}95^n+1010\right) = 1010$.

S'ENTRAÎNER

5 Modéliser l'évolution d'une population

1. a. • On a $u_1 = f(u_0) = 0{,}5u_0(1 - u_0) = 0{,}5 \times 0{,}2(1 - 0{,}2)$, soit $u_1 = 0{,}08$.
• On a $u_2 = f(u_1) = 0{,}5u_1(1 - u_1) = 0{,}5 \times 0{,}08(1 - 0{,}08)$ soit $u_2 = 0{,}0368$.

b. • $u_0 = 0{,}2$ donc $0 \leqslant 1 - u_0 \leqslant 1$. En multipliant chaque membre de l'inégalité par $0{,}5u_0 \geqslant 0$, on a $0 \leqslant 0{,}5u_0(1 - u_0) \leqslant 0{,}5u_0$, soit $0 \leqslant u_1 \leqslant 0{,}5u_0$.
• $u_1 = 0{,}08$ donc, de même que précédemment, on obtient $0 \leqslant u_2 \leqslant 0{,}5u_1$. Or $u_1 \leqslant 0{,}5u_0$, donc $0 \leqslant u_2 \leqslant 0{,}5u_1 \leqslant 0{,}5 \times 0{,}5u_0$ soit $0 \leqslant u_2 \leqslant 0{,}5^2u_0$.
• $u_2 = 0{,}0368$ donc, de même que précédemment, on obtient $0 \leqslant u_3 \leqslant 0{,}5u_2$. Or $u_2 \leqslant 0{,}5^2u_0$, donc $0 \leqslant u_3 \leqslant 0{,}5u_2 \leqslant 0{,}5 \times 0{,}5^2u_0$ soit $0 \leqslant u_3 \leqslant 0{,}5^3u_0$.

c. On admet que pour tout $n \in \mathbb{N}$, $0 \leqslant u_n \leqslant 0{,}5^n u_0$. Or $0 \leqslant 0{,}5 < 1$, donc $\lim\limits_{n \to +\infty} 0{,}5^n = 0$. Ainsi, d'après le théorème des gendarmes, $\lim\limits_{n \to +\infty} u_n = 0$.

d. À long terme, la population de coccinelles tend à s'éteindre.

2. a. • $v_0 = 3u_0 - 1 = 3 \times 0{,}4 - 1$ soit $v_0 = 0{,}2$.
• $v_1 = 3u_1 - 1$ avec $u_1 = f(u_0) = 1{,}5 \times 0{,}4(1 - 0{,}4) = 0{,}36$, soit $v_1 = 0{,}08$.
• $v_2 = 3u_2 - 1$ avec $u_2 = f(u_1) = 1{,}5 \times 0{,}36(1 - 0{,}36) = 0{,}3456$, soit $v_2 = 0{,}0368$.
On retrouve les premiers termes de la suite définie à la question 1.

b. ■ Pour tout $n \in \mathbb{N}$, $v_{n+1} = 3u_{n+1} - 1$. Or $u_{n+1} = f(u_n) = 1{,}5u_n(1 - u_n)$, donc $v_{n+1} = 3 \times 1{,}5u_n(1 - u_n) - 1 = 4{,}5u_n(1 - u_n) - 1 = -4{,}5u_n^2 + 4{,}5u_n - 1$.
■ De même, $0{,}5v_n(1 - v_n) = 0{,}5(3u_n - 1)(1 - 3u_n + 1) = -4{,}5u_n^2 + 4{,}5u_n - 1$.
On a donc montré que pour tout $n \in \mathbb{N}$, $v_{n+1} = 0{,}5v_n(1 - v_n)$.

c. • La suite (v_n) est identique à celle définie à la question 1., puisqu'elle vérifie la même relation de récurrence et a le même premier terme. Elle a donc la même limite et $\lim\limits_{n \to +\infty} v_n = 0$.
• Pour tout entier naturel n, $v_n = 3u_n - 1$ donc $u_n = \dfrac{v_n + 1}{3}$. On en déduit que $\lim\limits_{n \to +\infty} u_n = \dfrac{1}{3}$.

d. On en déduit qu'à long terme, la population de coccinelles tend à se stabiliser vers $\dfrac{1}{3}$ millions d'individus soit 333 333 individus, arrondi à l'unité.

3. $u_1 = f(u_0)$ donc u_1 est l'ordonnée du point de $\mathscr{C}_f$ d'abscisse u_0. La droite d'équation $y = x$ permet de reporter u_1 sur l'axe des abscisses puis de déterminer graphiquement u_2, et ainsi de suite…
On peut conjecturer qu'il y aura de plus en plus de coccinelles les années impaires, et de moins en moins de coccinelles les années paires.

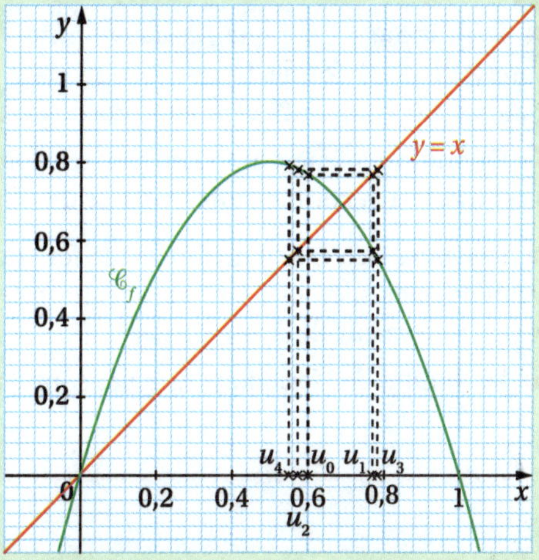

4 Limites et asymptotes

En bref *La notion de limite vue pour les suites peut s'étendre aux fonctions. On découvrira alors la limite lorsque x tend vers une valeur finie.*

I Limite finie en l'infini

■ **Définitions :** Dire que ℓ est la **limite** de $f(x)$ quand x tend vers $+\infty$ (resp. $-\infty$) signifie que tout intervalle ouvert contenant ℓ contient tous les nombres $f(x)$ pourvu que x soit suffisamment grand (resp. pourvu que x soit négatif et suffisamment grand en valeur absolue).

On note $\lim\limits_{x\to+\infty} f(x) = \ell$ (resp. $\lim\limits_{x\to-\infty} f(x) = \ell$).

■ **Définitions :** Soit ℓ un nombre réel. Dire que la droite d'équation $y = \ell$ est **asymptote** à la courbe représentative de f en $+\infty$ (resp. en $-\infty$) signifie que $\lim\limits_{x\to+\infty} f(x) = \ell$ (resp. $\lim\limits_{x\to-\infty} f(x) = \ell$).

À NOTER
La courbe se rapproche de « plus en plus » de son asymptote.

II Limite infinie en l'infini

■ **Définitions :** Dire qu'une fonction f **tend vers $+\infty$** (resp. $-\infty$) quand x tend vers $+\infty$ signifie que tout intervalle de la forme $]A\,;+\infty[$ (resp. $]-\infty\,;A[$) contient tous les nombres $f(x)$ pourvu que x soit suffisamment grand.

On note $\lim\limits_{x\to+\infty} f(x) = +\infty$ (resp. $\lim\limits_{x\to+\infty} f(x) = -\infty$).

On a des définitions analogues lorsque x tend vers $-\infty$.

III Limite infinie en un point

■ **Définitions :** Dire que f a pour **limite $+\infty$** (resp. $-\infty$) en x_0 signifie que tout intervalle de la forme $]A\,;+\infty[$ (resp. $]-\infty\,;A[$) contient tous les nombres $f(x)$ pourvu que x soit suffisamment proche de x_0.

■ **Définition :** Soit ℓ un nombre réel. Dire que la droite d'équation $x = \ell$ est **asymptote** à la courbe représentative de f signifie que $\lim\limits_{x\to\ell} f(x) = \pm\infty$.

■ *Remarque* : Le calcul de limites de fonctions se fera d'une manière analogue à celui des suites, en utilisant les opérations sur les limites. On pourra faire tendre x vers une valeur finie, $+\infty$ ou $-\infty$.

■ Les limites des fonctions usuelles sont données dans le mémo visuel.

Méthode

Lire et interpréter une limite

On considère une fonction f dont la courbe représentative dans un repère orthonormé est donnée ci-dessous :

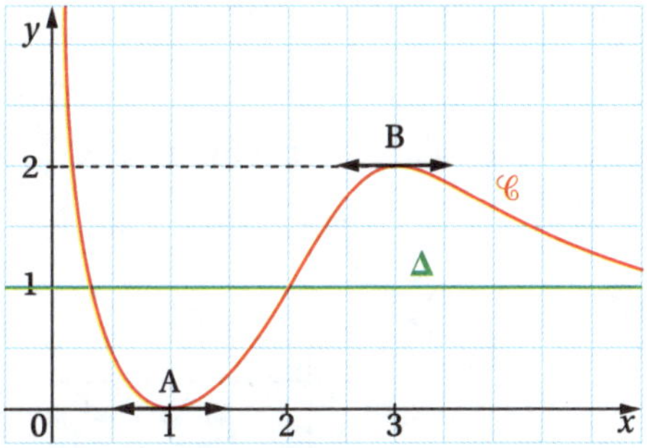

a. Quel est l'ensemble de définition D_f de f ?

b. Quelles **limites** pouvez-vous lire sur ce graphique ?

Les interpréter géométriquement.

c. Dresser le tableau de variations complet de f sur D_f.

CONSEILS

Les limites de f se lisent en $+\infty$, et aux points en lesquels la fonction n'est pas définie.

SOLUTION

a. L'ensemble de définition de f est $D_f =]0\,;+\infty[$.

b. D'après l'ensemble de définition, on voit qu'il faut déterminer deux limites : une limite en 0 et une limite en $+\infty$.

D'après le graphique, $\lim\limits_{x \to 0^+} f(x) = +\infty$ et $\lim\limits_{x \to +\infty} f(x) = 1$.

On en déduit que les droites d'équation $x = 0$ et $y = 1$ sont asymptotes à la courbe représentative de f.

c.

x	0		1		3		$+\infty$
$f'(x)$	‖	$-$	0	$+$	0	$-$	
f	‖ $+\infty$	↘	0	↗	2	↘	1

PHYSIQUE-CHIMIE SVT MATHS COMPLÉMENTAIRES GRAND ORAL

5 Continuité, théorème des valeurs intermédiaires

En bref *Certaines courbes se tracent « en un seul morceau ». On peut retrouver ce critère grâce à l'étude de la continuité de la fonction associée à la courbe.*

I Définitions – Propriétés

■ **Définition :** Une fonction f définie sur un intervalle I est **continue en x_0**, $x_0 \in$ I, si f admet une limite finie en x_0. Cette limite est alors $f(x_0)$.

■ **Définition :** Une fonction f définie sur un intervalle I est **continue sur I**, si f est continue en tout point de I.

Exemple : La fonction est continue sur]–4 ; 0] et sur]0 ; 4] mais pas sur [–4 ; 4].

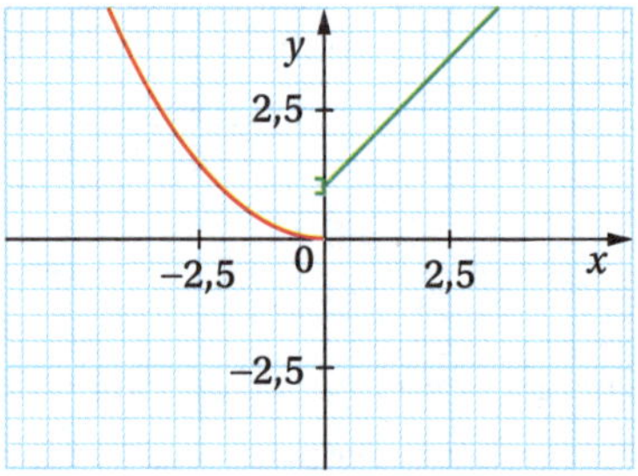

■ **Propriétés :**

• Les fonctions polynômes sont continues sur $\mathbb{R}$.

• Les fonctions rationnelles sont continues sur tout intervalle inclus dans leur domaine de définition.

• La fonction $x \mapsto \sqrt{x}$ est continue sur $[0\ ;+\infty[$.

• La fonction exponentielle est continue sur $\mathbb{R}$.

■ **Théorème :** Toute fonction dérivable sur un intervalle I est continue sur I.

II Théorème des valeurs intermédiaires

■ **Théorème :** Soit f une fonction définie et continue sur un intervalle I, soient a et b deux réels de I. Alors, pour tout réel k compris entre $f(a)$ et $f(b)$, il existe au moins un réel c compris entre a et b tel que $f(c) = k$.

Remarque : Cela revient à dire que, si k est compris entre $f(a)$ et $f(b)$, alors l'équation $f(x) = k$ admet au moins une solution comprise entre a et b : c'est le nombre c.

■ **Corollaire : théorème de la bijection**
Si f est une fonction continue et strictement monotone sur un intervalle $[a\ ;b]$, alors pour tout réel k compris entre $f(a)$ et $f(b)$, l'équation $f(x) = k$ a une solution unique dans $[a\ ;b]$.

Exemple : $f(x) = k$ admet trois solutions sur [–2 ; 2].

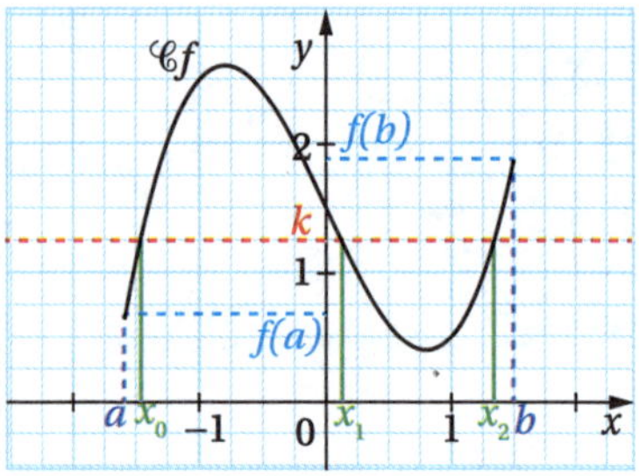

Méthode

Déterminer le nombre de solutions de l'équation $f(x) = 0$

Montrer que l'équation (E) : $-x^3 + x^2 - x = -2$ admet une unique solution dans l'intervalle [1 ; 2].

CONSEILS

Nous allons appliquer le théorème de la bijection avec $k = -2$.
Étape 1 Explicitez la fonction f à laquelle on souhaite appliquer ce théorème.
Étape 2 Vérifiez les hypothèses de ce théorème : f est continue sur [1 ; 2] ; f est strictement monotone sur [1 ; 2] ; –2 est compris entre $f(1)$ et $f(2)$.
Étape 3 Appliquez le théorème de la bijection et concluez.

SOLUTION

Étape 1 On introduit la fonction f définie par $f(x) = -x^3 + x^2 - x$.
Résoudre l'équation (E) revient à résoudre $f(x) = -2$.

Étape 2

- f est une fonction polynôme donc f est continue sur $\mathbb{R}$, donc sur [1 ; 2].
- Montrons que la dérivée de f est de signe constant sur [1 ; 2].

f est une fonction polynôme donc elle est dérivable sur [1 ; 2], et pour tout $x \in [1 ; 2]$, $f'(x) = -3x^2 + 2x - 1$, polynôme du second degré, dont on va calculer le discriminant : $\Delta = 2^2 - 4 \times (-3) \times (-1) = -8 < 0$. Donc $f'(x)$ est toujours du signe de –3, donc $f'(x)$ toujours négatif. La fonction f est donc strictement décroissante sur [1 ; 2].

- –2 est bien compris entre $f(1) = -1$ et $f(2) = -6$.

Étape 3 D'après le théorème de la bijection, l'équation $f(x) = -2$ admet **une unique solution sur [1 ; 2]**.

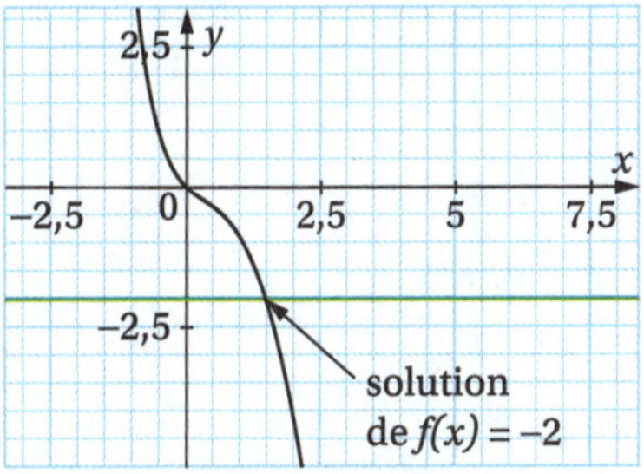

À NOTER

On peut remarquer ici que f étant décroissante sur [1 ; 2], l'image par f de [1 ; 2] est $[f(2) ; f(1)] = [-6 ; -1]$.

6 Fonctions réciproques et représentation graphique

En bref *Les représentations graphiques de deux fonctions peuvent être symétriques par rapport à la droite $y = x$. Cela permet d'en déduire certaines propriétés.*

I Fonction réciproque

■ **Théorème :** Si une fonction f est continue et strictement croissante (resp. décroissante) sur un intervalle $\mathrm{I} = [a\,;\,b]$, alors la **fonction réciproque** de f, notée f^{-1}, est définie, continue et strictement croissante (resp. décroissante) sur $f(\mathrm{I}) = [f(a)\,;\,f(b)]$ (resp. $[f(b)\,;\,f(a)]$).

Remarque : Ce théorème se généralise au cas où l'intervalle est ouvert, semi-ouvert, ou avec une borne infinie ; dans ce dernier cas, on remplace $f(a)$ ou $f(b)$ par $\lim\limits_{x \to +\infty} f(x)$ ou $\lim\limits_{x \to -\infty} f(x)$. D'une manière générale, on admettra que si f est continue et strictement monotone sur I, les intervalles I et $f(\mathrm{I})$ sont de même nature.

■ *Interprétation* : Pour déterminer la fonction réciproque d'une fonction continue strictement monotone sur un intervalle I, il suffit d'exprimer x en fonction de y, à partir de $y = f(x)$.

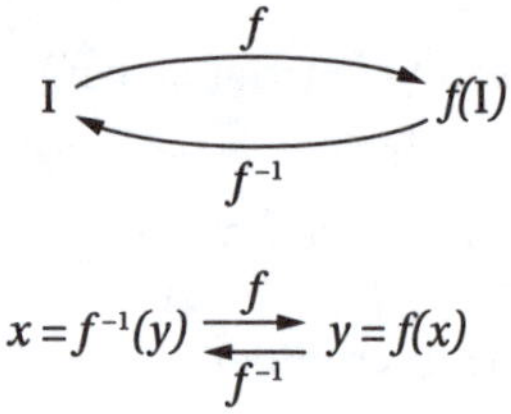

II Représentation graphique d'une fonction réciproque

■ **Théorème :** Les courbes représentant deux fonctions réciproques sont symétriques par rapport à la droite d'équation $y = x$.

■ *Exemple* : $f : x \mapsto x^2$ est continue et strictement croissante sur $[0\,;\,+\infty[$. f admet donc une fonction réciproque f^{-1} définie sur $f([0\,;\,+\infty[) = [0\,;\,+\infty[$. Or pour $x \in [0\,;\,+\infty[$, $y = x^2 \Leftrightarrow x = \sqrt{y}$. Donc $f^{-1} : y \mapsto \sqrt{y}$.

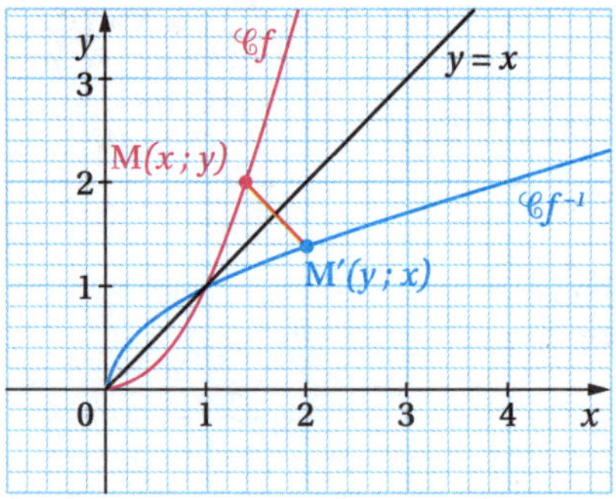

Méthode

Déterminer une fonction réciproque

Soit f la fonction définie sur $]-1\,;+\infty[$ par $f(x) = xe^x$. On note $\mathscr{C}$ sa courbe représentative.

a. Montrer que f admet une fonction réciproque f^{-1} sur $]-1\,;+\infty[$.

b. Déterminer la tangente à $\mathscr{C}$ au point d'abscisse 0.

c. Tracer $\mathscr{C}$ dans un repère orthonormé et en déduire la courbe représentative de f^{-1}.

CONSEILS

a. Pour montrer que f admet une fonction réciproque, appliquez le premier théorème. Vérifiez toutes les hypothèses de ce théorème :

- f est continue sur $]-1\,;+\infty[$;
- f est strictement monotone sur $]-1\,;+\infty[$.

b. Appliquez la formule donnant l'équation d'une tangente en un point.

c. Pour tracer la courbe représentant f^{-1}, on fera une symétrie de $\mathscr{C}$ par rapport à la droite d'équation $y = x$, et on utilisera la tangente au point d'abscisse 0.

SOLUTION

a. Les fonctions $x \mapsto x$ et $x \mapsto e^x$ sont continues sur $\mathbb{R}$, f est donc continue sur $\mathbb{R}$, en particulier sur $]-1\,;+\infty[$.

Pour montrer que f est strictement monotone sur $]-1\,;+\infty[$, étudions le signe de sa dérivée. f est dérivable sur $]-1\,;+\infty[$ comme produit de fonctions dérivables. Pour tout $x \in\ ]-1\,;+\infty[$, $f'(x) = e^x + xe^x = (x+1)e^x$. $f'(x)$ est du signe

de $(x+1)$ car $e^x > 0$. Sur $]-1\,;+\infty[$, $x+1>0$, donc f est strictement croissante.

Ainsi, f est continue et strictement croissante sur $]-1\,;+\infty[$. Elle admet une fonction réciproque f^{-1} définie sur $\left]f(-1)\,;\lim\limits_{x\to+\infty} f(x)\right[= \left]-e^{-1}\,;+\infty\right[$.

b. L'équation de la tangente à $\mathscr{C}$ au point d'abscisse 0 est $y = f'(0)(x-0) + f(0)$, soit $y = x$.

c. Remarquons que le point d'abscisse 0 de $\mathscr{C}$ a pour ordonnée 0 et est donc sur la droite d'équation $y = x$. Les courbes représentatives de f et f^{-1} auront donc ce point en commun.

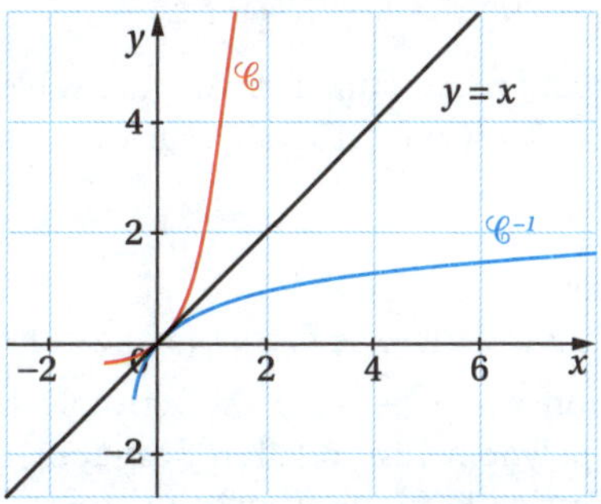

7 Dérivées de fonctions composées

En bref *Sous certaines conditions, si l'on connaît les dérivées de deux fonctions, il est possible de déterminer celle de leur somme, de leur composée.*

I Dérivée de $x \mapsto g(ax+b)$

■ **Théorème** : Soit g une fonction dérivable sur un intervalle I. La fonction $x \mapsto g(ax+b)$ est dérivable sur I et a pour dérivée :

$$x \mapsto a \times g'(ax+b)$$

■ *Exemple* : Déterminer la dérivée de $k : x \mapsto \sqrt{4x-5}$.

k est définie si et seulement si $4x - 5 \geqslant 0$, soit $x \geqslant \frac{5}{4}$, et est dérivable pour $x > \frac{5}{4}$. k est de la forme $x \mapsto g(ax+b)$ avec $g(X) = \sqrt{X}$ et $ax + b = 4x - 5$. On a donc $k'(x) = a \times g'(ax+b) = 4 \times \frac{1}{2\sqrt{4x-5}} = \frac{2}{\sqrt{4x-5}}$.

À NOTER
Pour calculer $g'(ax+b)$, on calcule $g'(X)$ et on remplace X par $ax+b$.

II Dérivée de $x \mapsto \mathrm{e}^{u(x)}$

■ **Théorème :** Soit u une fonction dérivable sur un intervalle I, de dérivée u'. La fonction $x \mapsto \mathrm{e}^{u(x)}$ est dérivable sur I et a pour dérivée :

$$x \mapsto u'(x) \times \mathrm{e}^{u(x)}$$

■ *Exemple* : Déterminer la dérivée de $f : x \mapsto \mathrm{e}^{3x-5}$.

La fonction f est dérivable sur $\mathbb{R}$ comme composée de fonctions dérivables. f est de la forme e^{u}, avec $u(x) = 3x - 5$, $u'(x) = 3$. Donc $f'(x) = 3\mathrm{e}^{3x-5}$.

III Dérivée de $x \mapsto u^2(x)$

■ **Théorème :** Soit u une fonction dérivable sur un intervalle I, de dérivée u'. La fonction $x \mapsto u^2(x)$ est dérivable sur I et a pour dérivée :

$$x \mapsto 2u'(x)u(x)$$

■ *Exemple* :
Déterminer la dérivée de $f : x \mapsto (x^2 + x - 1)^2$.

La fonction $x \mapsto x^2 + x - 1$ est dérivable sur $\mathbb{R}$ car c'est un polynôme. La fonction f est donc dérivable sur $\mathbb{R}$. f est de la forme u^2 avec $u(x) = x^2 + x - 1$, $u'(x) = 2x + 1$. Donc $f'(x) = 2(2x+1)\left(x^2 + x - 1\right)$.

À NOTER
Cette formule se généralise à $x \mapsto u^n(x)$, avec les mêmes hypothèses, et cette fonction a pour dérivée $x \mapsto nu'(x)u^{n-1}(x)$.

Méthode

Déterminer une fonction dérivée

Déterminer les dérivées des fonctions suivantes en précisant l'intervalle sur lequel ces fonctions sont dérivables :

a. $f : x \mapsto (x^2 - 1)^2$ b. $g : x \mapsto (x+1)e^{x^2+1}$ c. $h : x \mapsto \sqrt{1-3x}$

CONSEIL
L'expression de chaque fonction vous indique sa forme : selon le cas, appliquez la formule adéquate du cours.

SOLUTION

a. La fonction $x \mapsto x^2 - 1$ est dérivable sur $\mathbb{R}$ car c'est une fonction polynôme, donc la fonction f est dérivable sur $\mathbb{R}$.

f est de la forme u^2 avec $u'(x) = x^2 - 1$ et $u'(x) = 2x$. Or $\left(u^2\right)' = 2u'u$, donc pour tout x réel, $f'(x) = 2(2x)\left(x^2 - 1\right) = 4x(x^2 - 1)$.

b. Les fonctions $x \mapsto x + 1$ et $x \mapsto e^{x^2+1}$ sont dérivables sur $\mathbb{R}$ donc g est dérivable sur $\mathbb{R}$ par produit.

À NOTER
Nous avons ici à la fois une composée et un produit ! N'oubliez pas les règles générales de dérivation.

g est de la forme $v \times w$ avec $v(x) = x + 1$ et $w(x) = e^{x^2+1}$; on a alors $v'(x) = 1$ et il reste à déterminer la dérivée de w.

w est de la forme e^u avec $u(x) = x^2 + 1$ et $u'(x) = 2x$,. Or $\left(e^u\right)' = u'e^u$ donc $w'(x) = 2xe^{x^2+1}$.

On en déduit que pour tout x de $\mathbb{R}$ on a

$g'(x) = 1 \cdot e^{x^2+1} + (x+1)(2x)e^{x^2+1} = e^{x^2+1}(1 + 2x\ ^2 + 2x)$.

c. La fonction $x \mapsto 1 - 3x$ est dérivable sur $\mathbb{R}$ et est positive si et seulement si $1 - 3x \geqslant 0 \Leftrightarrow -3x \geqslant -1 \Leftrightarrow x \leqslant \frac{1}{3}$.

La fonction h est donc dérivable sur $\left]-\infty\,;\frac{1}{3}\right[$. h est de la forme $g(ax+b)$ avec $g(x) = \sqrt{x}$ et $ax + b = -3x + 1$. On a donc $h'(x) = ag'(ax + b)$.

Or $g'(x) = \frac{1}{2\sqrt{x}}$, donc pour tout $x \in \left]-\infty\,;\frac{1}{3}\right[$, $h'(x) = -3\frac{1}{2\sqrt{1-3x}}$.

SE TESTER QUIZ

Vérifiez que vous avez bien compris les points clés des **fiches 4 à 7**.

1 Limites et asymptotes

→ FICHE 4

Si f est une fonction vérifiant $\lim\limits_{x \to 3} f(x) = -\infty$, alors :

☐ **a.** la droite d'équation $x = 3$ est asymptote à la courbe représentant f

☐ **b.** la droite d'équation $y = 3$ est asymptote à la courbe représentant f

☐ **c.** la courbe représentant f n'admet pas d'asymptote

2 Utilisation du théorème des valeurs intermédiaires

→ FICHE 5

Soit f une fonction définie sur [–5 ; 5] dont le tableau de variations est :

x	–5	–3	0	5
f	–4 ↗	2 ↘	–1 ↗	0

L'équation $f(x) = 0$ admet :

☐ **a.** 3 solutions sur [–5 ; 5]

☐ **b.** 2 solutions sur [–5 ; 5]

☐ **c.** 1 solution sur [–3 ; 5]

3 Dérivée d'une fonction composée

→ FICHE 7

1. La fonction $f : x \mapsto e^{2x+1}$ a pour dérivée :

☐ **a.** $x \mapsto e^{2x+1}$ ☐ **b.** $x \mapsto 2e^{2x+1}$ ☐ **c.** $x \mapsto (2x+1)e^{2x+1}$

2. La fonction $f : x \mapsto (5x-1)^2$ a pour dérivée :

☐ **a.** $x \mapsto 2(5x-1)$ ☐ **b.** $x \mapsto 10(5x-1)$ ☐ **c.** $x \mapsto 5(5x-1)$

4 Limites et représentation graphique

→ FICHE 4

La courbe $\mathscr{C}$ ci-dessous représente une fonction f définie sur]–3 ; +∞[:

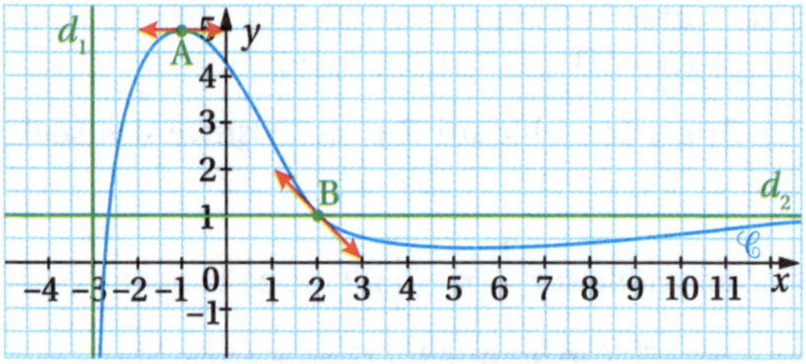

Parmi les affirmations suivantes, laquelle est vraie ?

☐ **a.** La droite d'équation $y = 5$ est asymptote à $\mathscr{C}$.

☐ **b.** $\lim\limits_{x \to -3} f(x) = -\infty$.

☐ **c.** $\lim\limits_{x \to +\infty} f(x) = 0$.

S'ENTRAÎNER

5 Déterminer un prix d'équilibre

30 min

→ FICHES 4 et 5

Ce sujet montre comment on peut utiliser des représentations graphiques de fonctions pour résoudre un problème concret. Sa résolution permet de revoir l'essentiel des notions de ce chapitre.

LE SUJET

Sur le graphique ci-dessous sont tracées, dans un repère orthogonal, les courbes représentatives $\mathscr{C}$ et $\mathscr{C}'$ de deux fonctions définies sur l'intervalle $[0\,;+\infty[$. La fonction f est la fonction de demande d'un produit : elle met en correspondance le prix $f(x)$ du produit et la quantité x achetée par les consommateurs. La fonction g est la fonction d'offre : elle met en correspondance le prix $g(x)$ du produit et la quantité x vendue par les producteurs. Les quantités sont exprimées en milliers d'unités, les prix en centaines d'euros.

Partie A Interprétation économique

a. Résoudre graphiquement les équations $f(x) = 7$ et $f(x) = 4$. En déduire quelle quantité est achetée par les consommateurs si le prix est 700 €, puis si le prix est 400 €.

b. Lire graphiquement $g(0)$. En déduire au-dessous de quel prix les producteurs ne sont plus prêts à vendre.

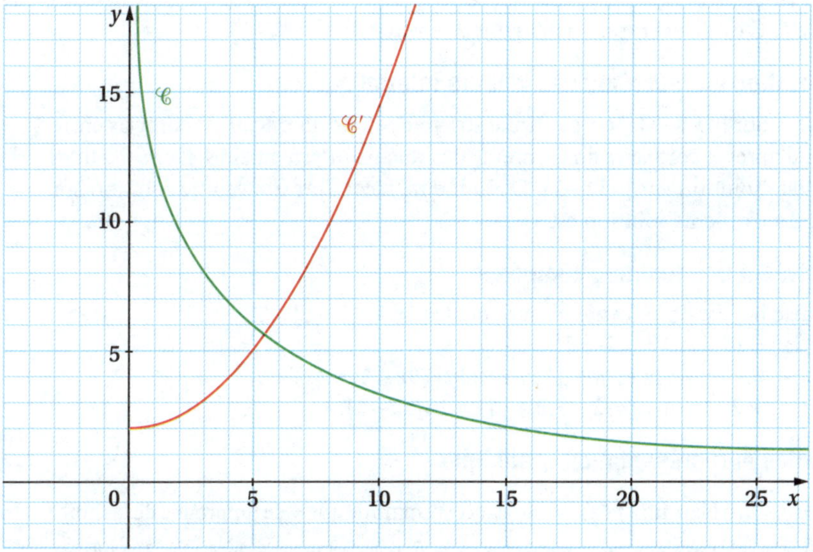

Partie B Équilibre du marché

1. La fonction f représentée sur le graphique est définie sur $[0\,;\,+\infty[$ par $f(x)=\dfrac{40}{x+2}$. Calculer $\lim\limits_{x\to+\infty} f(x)$. Quelle interprétation économique peut-on faire de ce résultat ?

2. La fonction g représentée sur le graphique est définie sur $[0\,;\,+\infty[$ par $g(x)=\dfrac{1}{18}x^2+2$.

Dans un marché à concurrence pure et parfaite, le prix p_0 qui se forme sur le marché selon la « loi de l'offre et de la demande » correspond à l'égalité de l'offre et de la demande, c'est-à-dire à l'ordonnée du point d'intersection I des deux courbes $\mathscr{C}$ et $\mathscr{C}'$. Soit x_0 l'abscisse de ce point.

a. Démontrer par le calcul que x_0 est solution de l'équation
(E) : $x^3+2x^2+36x-648=0$.

b. Démontrer que (E) admet une et une seule solution dans $]0\,;\,+\infty[$.

c. Donner une valeur du prix d'équilibre à 1 € près par défaut.

CORRIGÉS

SE TESTER QUIZ

1 Limites et asymptotes

Réponse a. C'est la définition de l'asymptote verticale.

2 Utilisation du théorème des valeurs intermédiaires

Réponse a. Sur $[-5\,;\,-3]$, f est continue strictement monotone, 0 est compris entre -4 et 2 ; d'après le corollaire du théorème des valeurs intermédiaires, $f(x)=0$ admet une unique solution sur $[-5\,;\,-3]$. De la même façon, on trouve une solution sur $[-3\,;\,0]$. La troisième solution est $x=5$.

3 Dérivée d'une fonction composée

1. Réponse b. f est de la forme e^u, avec $u(x)=2x+1$, $u'(x)=2$.
Donc $f'(x)=u'(x)e^{u(x)}=2e^{2x+1}$.

2. Réponse b. f est de la forme u^2 avec $u(x)=5x-1$, $u'(x)=5$.
Donc $f'(x)=2u'(x)u(x)=2\times5(5x-1)=10(5x-1)$.

4 Limites et représentation graphique

Réponse b. On a bien $\lim\limits_{x\to-3} f(x)=-\infty$ (car on remarque que $\mathscr{C}$ se rapproche de la droite d'équation $x=-3$ qui est donc asymptote à la courbe). De plus, la droite d'équation

$y = 5$ est une tangente horizontale, et non une asymptote ; $\lim_{x \to +\infty} f(x) = 1 \neq 0$ (car on remarque la présence d'une asymptote horizontale au voisinage de $+\infty$).

S'ENTRAÎNER

5 Déterminer un prix d'équilibre

Partie A Interprétation économique

a. Graphiquement, les solutions de $f(x) = 7$ sont les abscisses des points d'intersection de $\mathscr{C}$ avec la droite d'équation $y = 7$; on trouve $x \approx 4$.
De même, pour $f(x) = 4$, on trouve $x \approx 8$.
Si le prix est **700 €**, les consommateurs ont acheté environ **4 000 unités** ; si le prix est **400 €**, les consommateurs ont acheté environ **8 000 unités**.
b. Graphiquement, l'ordonnée du point de $\mathscr{C}'$ d'abscisse 0 donne $g(0) \approx 2$. Les producteurs ne sont plus prêts à vendre si le prix est **inférieur à 200 €**.

Partie B Équilibre du marché

1. $\lim_{x \to +\infty} (x + 2) = +\infty$ donc, par quotient, $\lim_{x \to +\infty} f(x) = 0$. Plus la quantité achetée par les consommateurs est grande, plus le prix du produit est proche de 0, c'est-à-dire que **plus la demande est élevée, plus le prix est bas !**

2. a. $M(x\,;y) \in \mathscr{C} \cap \mathscr{C}' \Leftrightarrow \begin{cases} y = f(x) \\ y = g(x) \end{cases}$ donc $y = \frac{1}{18}x^2 + 2 = \frac{40}{x+2}$. On a donc

$$\left(\frac{1}{18}x^2 + 2\right)(x+2) = 40 \Leftrightarrow \frac{1}{18}x^3 + \frac{1}{9}x^2 + 2x - 36 = 0 \Leftrightarrow x^3 + 2x^2 + 36x - 648 = 0.$$

x_0 vérifie donc bien (E) : $x^3 + 2x^2 + 36x - 648 = 0$.

b. Posons $h(x) = x^3 + 2x^2 + 36x - 648$. Résolvons $h(x) = 0$.
h est définie continue et dérivable (car fonction polynôme) sur $]0\,;+\infty[$. On a $h'(x) = 3x^2 + 4x + 36 < 0$ car le discriminant $\Delta = -416 < 0$. Donc $h'(x) > 0$ et h est strictement croissante sur $]0\,;+\infty[$. 0 est compris entre $h(0) = -648$ et $\lim_{x \to +\infty} h(x) = +\infty$. Donc d'après le théorème de la bijection, l'équation $h(x) = 0$, donc **l'équation (E) admet une unique solution x_0 dans $]0\,;+\infty[$**. À la calculatrice, on obtient $x_0 \approx 6{,}782$.
c. On détermine l'ordonnée du point de $\mathscr{C}$ (ou $\mathscr{C}'$) d'abscisse x_0. On obtient $f(x_0) \approx 4{,}55$. **Le prix d'équilibre est 455 €**, à un euro près.

PHYSIQUE-CHIMIE
SVT
MATHS COMPLÉMENTAIRES
GRAND ORAL

8 Convexité – Points d'inflexion

En bref *L'étude de la convexité d'une fonction permet d'apporter des précisions sur la position de sa courbe par rapport aux sécantes ou aux tangentes.*

I Convexité d'une fonction

1 Fonction convexe

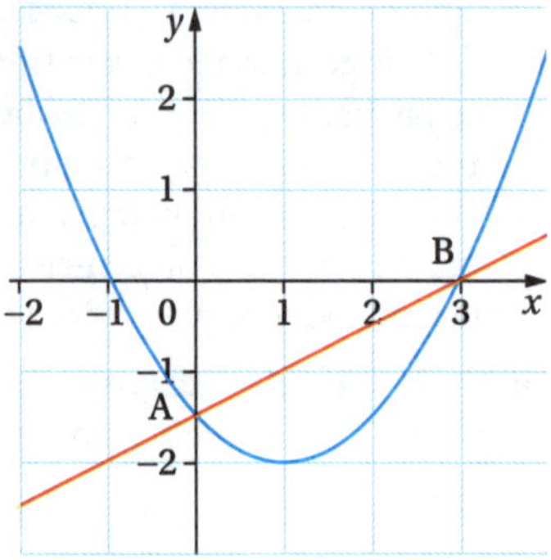

■ **Définition :** Une fonction f est **convexe** sur un intervalle I si sa courbe représentative $\mathscr{C}_f$ est située en dessous de chacune des cordes [AB], A et B étant des points quelconques de $\mathscr{C}_f$ d'abscisses respectives a et b dans I.

■ **Définitions équivalentes :** Soient f une fonction dérivable sur un intervalle ouvert I et $\mathscr{C}_f$ sa courbe représentative.

- f est convexe sur I si et seulement si $\mathscr{C}_f$ est au-dessus de toutes ses tangentes.
- f est convexe sur I si et seulement si f' est croissante sur I.

■ *Exemples* : • La fonction carré $x \mapsto x^2$ est convexe sur $\mathbb{R}$.

• La fonction inverse $x \mapsto \dfrac{1}{x}$ est convexe sur $]0;+\infty[$.

2 Fonction concave

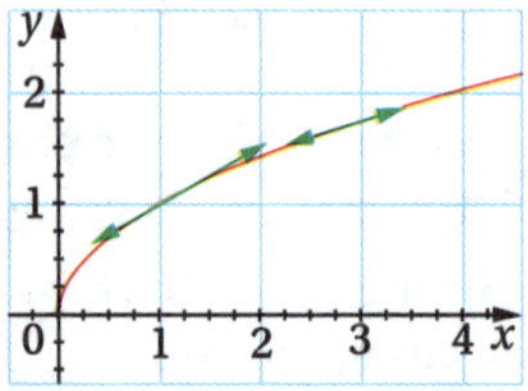

■ **Définition :** Une fonction f est **concave** sur un intervalle I si $-f$ est convexe sur I.

À NOTER
Attention, si f n'est pas convexe sur I, ça ne signifie pas nécessairement que f est concave sur I.

■ *Exemples* : • La fonction racine carrée $x \mapsto \sqrt{x}$ est concave sur $]0\,;+\infty[$.

• La fonction inverse $x \mapsto \dfrac{1}{x}$ est concave sur $]-\infty;0[$.

II Points d'inflexion

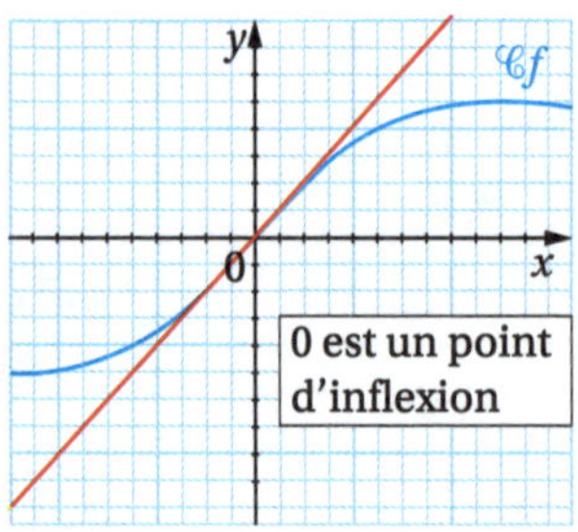

■ **Définition :** Soient f une fonction définie sur un intervalle I et $\mathscr{C}_f$ sa courbe représentative. On appelle **point d'inflexion** de $\mathscr{C}_f$ tout point de $\mathscr{C}_f$ en lequel f change de convexité (passe de convexe à concave ou inversement).

Méthode

Étudier graphiquement la convexité d'une fonction

Soit f une fonction deux fois dérivable sur $\mathbb{R}$ dont on donne la courbe représentative. La droite $\mathcal{T}$ est tangente à la courbe $\mathscr{C}_f$ au point d'abscisse 0.

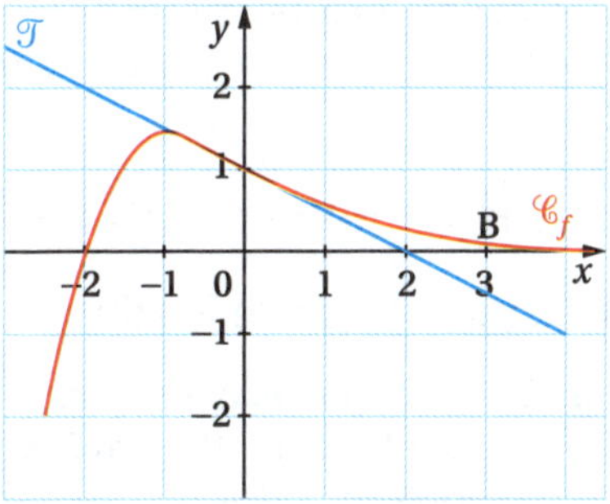

a. Déterminer graphiquement les intervalles sur lesquels f est convexe, f est concave. $\mathscr{C}_f$ possède-t-elle un point d'inflexion ?

b. Parmi ces deux courbes quelle est celle qui représente f' ?

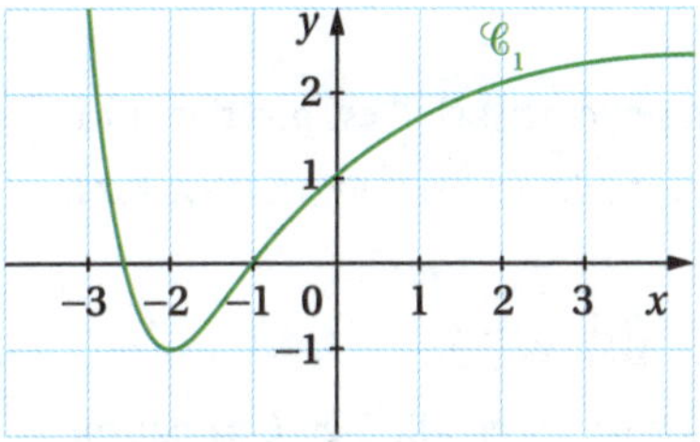

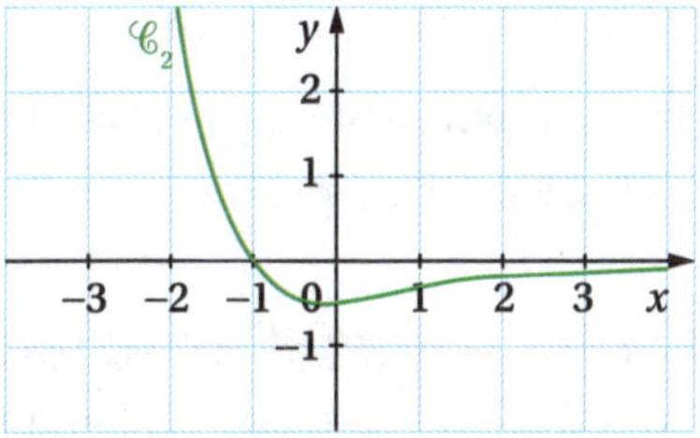

CONSEILS

Utilisez la définition de la convexité donnant la position de la courbe par rapport à ses tangentes.

SOLUTION

a. ■ Sur $]-\infty\,;0[$, les tangentes semblent être au-dessus de la courbe, f serait donc concave sur $]-\infty\,;0[$.

■ Sur $]0\,;+\infty[$, les tangentes semblent être en dessous de la courbe, f serait donc convexe sur $]0\,;+\infty[$. L'origine serait un point d'inflexion.

b. On remarque que f est croissante sur $]-\infty\,;-1[$ et décroissante sur $]-1\,;+\infty[$. $f'(x)$ sera donc positif sur $]-\infty\,;-1[$ et négatif sur $]-1\,;+\infty[$. La courbe représentant f' ne peut donc être que $\mathscr{C}_2$.

9 Caractérisation de la convexité

En bref *La convexité d'une fonction peut aussi s'étudier à partir de sa dérivée seconde. L'étude devient alors plus calculatoire mais permet d'étudier des situations concrètes, notamment en économie.*

I Lien entre convexité et dérivée seconde

1 Dérivée seconde d'une fonction

Définition : Soit f une fonction dérivable sur un intervalle I et f' sa dérivée sur I. Si f' est dérivable sur I, on appelle **dérivée seconde** de f sur I, la dérivée de f' sur I. On note cette dérivée seconde f''.

2 Dérivée seconde et convexité

- **Propriété :** f est convexe sur un intervalle I si et seulement si f'' est positive sur I.
- *Remarque* : f est donc concave sur un intervalle I si et seulement si f'' est négative sur *I*.

II Lien entre points d'inflexion et dérivée

- **Définition :** Soient f une fonction dérivable sur un intervalle I et $\mathscr{C}$ sa courbe représentative. S'il existe un point A de $\mathscr{C}$, tel que la tangente à la courbe en A traverse $\mathscr{C}$, on dit que A est un **point d'inflexion** pour $\mathscr{C}$.

Attention : c'est en ce point que la tangente doit traverser la courbe.

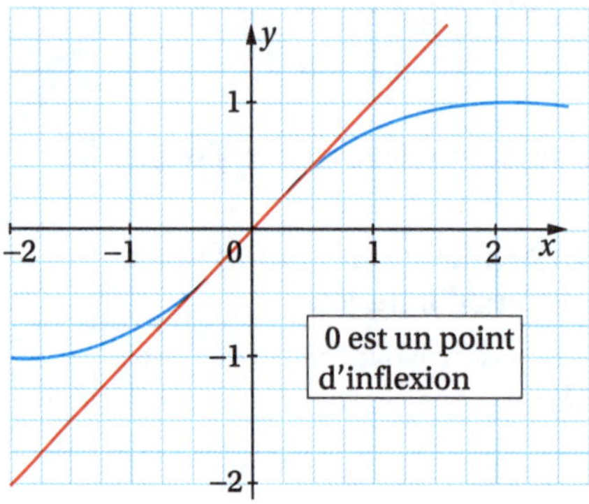

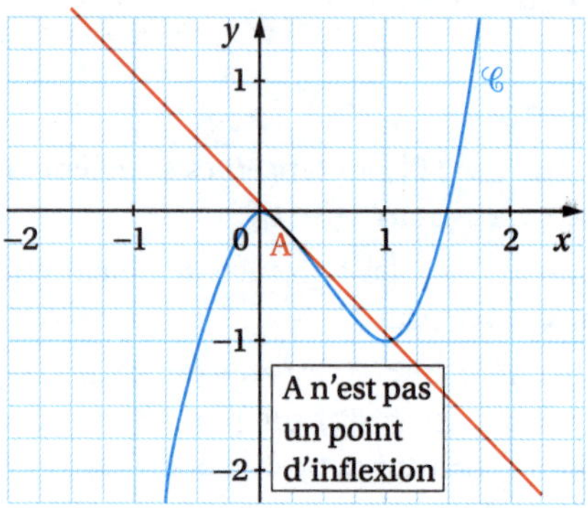

- **Théorème :** Soit a un réel de l'ensemble de définition de f. Si f est une fonction deux fois dérivable sur I, le point $I(a\,;f(a))$ est un point d'inflexion de $\mathscr{C}$ si et seulement si f'' s'annule et change de signe en a.

Méthodes

1 Étudier la convexité d'une fonction

On considère la fonction f définie sur $\mathbb{R}$ par $f(x) = 3x^2 - 4x + 1$.

Étudier la convexité de f sur $\mathbb{R}$.

CONSEIL
La fonction proposée est deux fois dérivable sur $\mathbb{R}$. Pour étudier sa convexité, déterminez sa dérivée seconde et étudiez-en le signe.

SOLUTION

f est une fonction polynôme donc f est deux fois dérivable sur $\mathbb{R}$.

Pour tout réel x, $f'(x) = 6x - 4$ et $f''(x) = 6$.

$f''(x) > 0$ pour tout réel x, donc la fonction f est **convexe sur $\mathbb{R}$**.

2 Déterminer des points d'inflexion

Soient f la fonction définie sur $\mathbb{R}$ par $f(x) = \dfrac{2x}{x^2+2}$ et $\mathscr{C}$ sa courbe représentative. Étudier l'existence éventuelle de points d'inflexion.

CONSEILS
Pour déterminer les éventuels points d'inflexion de la courbe représentative d'une fonction f deux fois dérivable sur un intervalle I, il suffit de :
- déterminer $f''(x)$;
- résoudre l'équation $f''(x) = 0$;
- étudier le signe de $f''(x)$ et déterminer si f'' « change de signe » en chacune des éventuelles solutions de l'équation $f''(x) = 0$.

SOLUTION

- f est deux fois dérivable sur $\mathbb{R}$. Pour tout réel x, on a :

$$f'(x) = \frac{2(x^2+2) - 2x(2x)}{(x^2+2)^2} = \frac{-2x^2+4}{(x^2+2)^2}$$

$$f''(x) = \frac{-4x(x^2+2)^2 - (-2x^2+4)(2 \times 2x(x^2+2))}{(x^2+2)^4} = \frac{4x(x^2-6)}{(x^2+2)^3}$$

- $f''(x) = 0 \Leftrightarrow 4x(x^2-6) = 0 \Leftrightarrow x = 0$ ou $x^2 = 6 \Leftrightarrow x = 0,\ x = \sqrt{6},\ x = -\sqrt{6}$.

La courbe possède au maximum **trois points d'inflexion.**

-

x	$-\infty$		$-\sqrt{6}$		0		$\sqrt{6}$		$-\infty$
$f''(x)$		$-$	0	$+$	0	$-$	0	$+$	

$f''(x)$ s'annule et change de signe en $-\sqrt{6}$, en 0 et en $\sqrt{6}$. $\mathscr{C}$ admet donc **trois points d'inflexion dont les abscisses sont $-\sqrt{6}$, 0 et $\sqrt{6}$**.

PHYSIQUE-CHIMIE SVT MATHS COMPLÉMENTAIRES GRAND ORAL

SE TESTER QUIZ

Vérifiez que vous avez bien compris les points clés des **fiches 8 et 9**.

1 Étude de la convexité

→ FICHE 9

1. La fonction cube $x \mapsto x^3$ est :

☐ **a.** convexe sur $\mathbb{R}$

☐ **b.** convexe sur $]-\infty\ ;\ 0[$ et concave sur $]0\ ;\ +\infty[$

☐ **c.** concave sur $]-\infty\ ;\ 0[$ et convexe sur $]0\ ;\ +\infty[$

2. Sur $\mathbb{R}$, la fonction $x \mapsto e^x$ est :

☐ **a.** convexe ☐ **b.** concave ☐ **c.** ni convexe ni concave

2 Étude de points d'inflexion

→ FICHE 9

Si la courbe $\mathscr{C}$ représentative d'une fonction f deux fois dérivable sur un intervalle I admet un point d'inflexion d'abscisse α où $\alpha \in$ I, alors :

☐ **a.** la tangente à $\mathscr{C}$ au point d'abscisse α est horizontale

☐ **b.** $f'(\alpha) = 0$

☐ **c.** $f''(\alpha) = 0$

3 Étude de la convexité à partir d'un tableau de variations

→ FICHES 8 et 9

On considère une fonction f dérivable sur [1 ; 15] dont le tableau de variations de la dérivée est donné ci-dessous, alors :

x	1	2	5	12	15
f'	3	0	−2 ↗	−1 ↘	−5

☐ **a.** f est convexe sur [1 ; 15]

☐ **b.** f est convexe sur [5 ; 12]

☐ **c.** le point d'abscisse 2 est un point d'inflexion de $\mathscr{C}$

S'ENTRAÎNER

4 Étudier un bénéfice

35 min

→ FICHES 8 et 9

Ce sujet montre comment on peut utiliser la convexité de fonctions pour résoudre un problème concret. Sa résolution permet de revoir l'essentiel des notions de ce chapitre.

LE SUJET

Une entreprise fabrique et vend des cartes à puce électroniques, entre 500 et 4000 unités par heure. On estime que le bénéfice algébrique réalisé par heure, en centaine d'euros, pour la production et la vente de x milliers de cartes est $B(x) = 0{,}5x^3 - 4{,}5x^2 + 11{,}34x - 6$ où $x \in [0{,}5 ; 4]$.

On note $\mathscr{C}$ la courbe représentant la fonction B.

Partie A Étude de la fonction *B*

1. Exprimer $B'(x)$ en fonction de x, puis dresser le tableau de signes de B' sur $[0{,}5 ; 4]$.

2. a. En déduire le tableau de variations de B.

b. Quel bénéfice maximal, à l'euro près, l'entreprise peut-elle réaliser par heure? pour quelle quantité de cartes fabriquées et vendues?

3. a. Justifier que l'équation $B(x) = 0$ admet deux solutions α et β. Déterminer une valeur approchée de chaque solution à 10^{-3} près.

b. Déterminer les quantités horaires minimale et maximale qui doivent figurer sur le carnet de commandes de l'entreprise pour qu'elle réalise des bénéfices.

Partie B Rythme de croissance du bénéfice

1. Déterminer la dérivée seconde de la fonction B.

2. a. Étudier la convexité de la fonction B.

b. En déduire l'abscisse du point d'inflexion.

3. Compléter les pointillés en utilisant les mots « accélérée » ou « ralentie » :

a. Lorsque la production augmente jusqu'à 1800 cartes par heure, le bénéfice augmente de façon...

b. Lorsque la production augmente entre 1800 et 3000 cartes par heure, le bénéfice diminue de façon...

c. Lorsque la production augmente entre 3000 et 3500 cartes par heure, le bénéfice diminue de façon...

Partie C Position relative d'une courbe et de sa tangente

a. Déterminer une équation de la tangente (T) à la courbe au point d'abscisse 3.

b. Pour tout réel x, on donne $(x + 3)^3 = x^3 - 9x^2 + 27x - 27$. Justifier que pour tout $x \in [0{,}5 ; 4]$, $B(x) - (-2{,}16x + 7{,}5) = 0{,}5(x - 3)^3$.

c. En déduire les positions relatives de $\mathscr{C}$ et (T). Mettre en relation le résultat obtenu avec l'un des résultats des parties A ou B.

CORRIGÉS

SE TESTER QUIZ

1 Étude de la convexité

1. Réponse c. Pour tout x de $\mathbb{R}$, on a $f'(x) = 3x^2$ et $f''(x) = 6x$. Le signe de $f''(x)$ dépend donc du signe de $6x$, qui est négatif sur $]-\infty\,;0[$ et positif sur $]0\,;+\infty[$. Donc f est concave sur $]-\infty\,;0[$ et convexe sur $]0\,;+\infty[$.
2. Réponse a. La fonction exponentielle est deux fois dérivable sur $\mathbb{R}$ et $f''(x) = e^x > 0$. On sait que pour tout x réel $e^x > 0$; la dérivée de f est donc positive sur $\mathbb{R}$, et f est convexe sur $\mathbb{R}$.

2 Étude de points d'inflexion

Réponse c. Si la courbe admet un point d'inflexion au point d'abscisse a, alors la dérivée seconde de f s'annule et change de signe en a.

3 Étude de la convexité à partir d'un tableau de variations

Réponse b. f' est croissante sur $[5\,;12]$, f est donc convexe sur cet intervalle. Sur $[1\,;5]$, f' est décroissante donc f est concave et $f'(2) = 0$ ne donne pas de renseignement sur $f''(2)$.

S'ENTRAÎNER

4 Étudier un bénéfice

Partie A Étude de la fonction B

1. B est dérivable sur $[0{,}5\,;4]$, car B est une fonction polynôme. Pour tout $x \in [0{,}5\,;4]$, $B'(x) = 1{,}5x^2 - 9x + 11{,}34$. Étudions le signe de B'. On détermine les racines de $B'(x)$. On a $\Delta = (-9)^2 - 4 \times 1{,}5 \times 11{,}34 = 12{,}96$. On a donc deux racines, $x_1 = \dfrac{9-3{,}6}{3} = 1{,}8$ et $x_2 = \dfrac{9+3{,}6}{3} = 4{,}2$. On en déduit le tableau de signes de B' :

x	0,5		1,8		4
$B'(x)$		+	0	−	

2. a. Le tableau de variations de B est donc :

x	0,5		1,8		4
B	−1,3925	↗	2,748	↘	−0,64

b. Le bénéfice maximum est **274,8 euros par heure pour 1 800 cartes vendues.**

3. a. La fonction B est continue et strictement croissante sur [0,5 ; 1,8]. 0 est compris entre $B(0,5) = -1,3925$ et $B(1,8) = 2,748$, donc l'équation $B(x) = 0$ admet une unique solution α sur [0,5 ; 1,8]. De même, sur l'intervalle [1,8 ; 4], la fonction B est continue et strictement décroissante. 0 est compris entre $B(1,8) = 2,748$ et $B(4) = -0,64$. Donc l'équation $B(x) = 0$ admet une unique solution β sur [1,8 ; 4]. En conclusion, **l'équation $B(x) = 0$ admet deux solutions α et β**. À la calculatrice, on obtient **$\alpha \approx 0,716$** et **$\beta \approx 3,501$**.

b. L'entreprise réalise des bénéfices si $B(x) > 0$, donc pour **une quantité minimale de 716 cartes et une quantité maximale de 3 501 cartes produites à l'heure.**

Partie B Rythme de croissance du bénéfice

1. B' est dérivable sur [0,5 ; 4], et on a **$B''(x) = 3x - 9$.**

2. a. $B''(x) \geq 0$ pour $x \geq 3$. Donc **B est convexe sur [3 ; 4] et concave sur [0,5 ; 3].**

b. B'' s'annule et change de signe en 3. **Le point d'abscisse 3 est donc un point d'inflexion pour $\mathscr{C}$.**

> **À NOTER**
> Une fonction croissante et convexe croît de plus en plus. Au contraire, une fonction croissante et concave croît de moins en moins (et inversement pour les fonctions décroissantes).

3. a. Lorsque la production augmente jusqu'à 1 800 cartes par heure, le bénéfice augmente de façon **ralentie**, car B est croissante et concave.

b. Lorsque la production augmente entre 1 800 et 3 000 cartes par heure, le bénéfice diminue de façon **accélérée**, car B est décroissante et concave.

c. Lorsque la production augmente entre 3 000 et 3 500 cartes par heure, le bénéfice diminue de façon **ralentie**, car B est croissante et convexe.

Partie C Position relative d'une courbe et de sa tangente

a. L'équation de la tangente au point d'abscisse 3 est
$y = B'(3)(x-3) + B(3) = -2,16(x-3) + 1,02$.
Donc **$y = -2,16x + 7,5$.**

b. ■ $B(x) - (-2,16x + 7,5) = 0,5x^3 - 4,5x^2 + 11,34x - 6 + 2,16x - 7,5$.
Donc $B(x) - (-2,16x + 7,5) = 0,5x^3 - 4,5x^2 + 13,5x - 13,5$.
■ $0,5(x-3)^3 = 0,5(x^3 - 9x^2 + 27x - 27) = 0,5x^3 - 4,5x^2 + 13,5x - 13,5$.
On a donc bien **$B(x) - (-2,16x + 7,5) = 0,5(x-3)^3$.**

c. Pour étudier la position relative de $\mathscr{C}$ par rapport à (T), étudions le signe de $B(x) - (-2,16x + 7,5) = 0,5(x-3)^3$.
On a $B(x) - (-2,16x + 7,5) \geq 0 \Leftrightarrow (x-3)^3 \geq 0 \Leftrightarrow x \geq 3$.
On en déduit que **$\mathscr{C}$ est en dessous de (T) sur [0,5 ; 3], au-dessus de (T) sur [3 ; 4].** On retrouve bien les résultats de la question **B 2. a.** puisque nous avons montré que B est convexe sur [3 ; 4] et concave sur [0,5 ; 3].

PHYSIQUE-CHIMIE SVT MATHS COMPLÉMENTAIRES GRAND ORAL

10 Rappels et compléments sur la fonction exponentielle

En bref *La fonction exponentielle étudiée en Première sert à définir la fonction logarithme népérien, et permet l'étude de fonctions plus complexes, grâce à la composition.*

I Définitions et notations

- **Définition :** La fonction exponentielle est l'unique fonction dérivable sur $\mathbb{R}$, de dérivée elle-même, et qui prend la valeur 1 en 0. On la note exp.
- **Notations :** Le nombre exp(1) se note e, et pour tout $x \in \mathbb{R}$, on note $\exp(x) = e^x$.
- **Définition :** Pour toute fonction u définie sur un intervalle I, on définit la fonction e^u par :

$$\text{pour tout } x \in \text{I}, \ (e^u)(x) = e^{u(x)}$$

II Propriétés analytiques

- La fonction exp est **dérivable** sur $\mathbb{R}$, et pour tout $x \in \mathbb{R}$:

$$\exp'(x) = \exp(x)$$

- La fonction exp est **strictement croissante** sur $\mathbb{R}$.
- $\lim\limits_{x \to -\infty} e^x = 0$ et $\lim\limits_{x \to +\infty} e^x = +\infty$.
- Pour toute fonction u dérivable sur un intervalle I, la fonction e^u est dérivable sur I, et on a :

$$\left(e^u\right)' = u' \times e^u$$

III Propriétés algébriques

Pour tous réels a et b, et pour tout entier n, on a :

- $e^a \times e^b = e^{a+b}$
- $\left(e^a\right)^n = e^{na}$
- $e^{-a} = \dfrac{1}{e^a}$
- $\dfrac{e^a}{e^b} = e^{a-b}$

IV Équations et inéquations

Pour tous réels a et b, on a :

- $e^a = e^b \Leftrightarrow a = b$
- $e^a < e^b \Leftrightarrow a < b$

Méthode

Étudier une fonction contenant une exponentielle

Étudier la fonction f définie sur $\mathbb{R}$ par :

$$f(x) = \mathrm{e}^{-x^2}$$

CONSEILS

Étape 1 Étudiez la dérivabilité de f et déterminez sa fonction dérivée.
Étape 2 Déduisez-en les variations de f sur son domaine de définition.
Étape 3 Étudiez les limites de f aux bornes de son domaine de définition.
Étape 4 Dressez le tableau de variations de f.

SOLUTION

Étape 1

f est de la forme e^u avec $u(x) = -x^2$, pour tout réel x.

Elle est donc définie et dérivable sur $\mathbb{R}$. De plus $\left(\mathrm{e}^u\right)' = u'\mathrm{e}^u$, avec $u'(x) = -2x$.

Donc pour tout réel x, $f'(x) = -2x\,\mathrm{e}^{-x^2}$.

Étape 2

La fonction exponentielle est strictement positive, donc $-2x\,\mathrm{e}^{-x^2}$ est du signe de $-2x$, d'où $f'(x) > 0$ pour tout $x \in\ ]-\infty\,;\,0[$, et $f'(x) < 0$ pour tout $x \in\ ]0\,;\,+\infty[$.

Donc f est strictement croissante sur $]-\infty\,;\,0[$, et strictement décroissante sur $]0\,;\,+\infty[$.

Étape 3

On sait que $\lim\limits_{x\to-\infty}\left(\mathrm{e}^x\right) = 0$, donc $\lim\limits_{x\to-\infty} f(x) = \lim\limits_{x\to+\infty} f(x) = 0$, par composition.

Étape 4

x	$-\infty$		0		$-\infty$
$f'(x)$		$+$		$-$	
f	0	↗	1	↘	0

11 Définition et propriétés analytiques de la fonction logarithme népérien

En bref *La fonction logarithme népérien est la fonction réciproque de la fonction exponentielle.*

I Définition et notations

- **Définition :** La fonction logarithme népérien, notée ln, est la fonction définie sur $]0\,;+\infty[$ par : pour tout $x \in\ ]0\,;+\infty[$, $\ln x = y \Leftrightarrow x = e^y$

- **Conséquences :**
  - Pour tout réel x strictement positif, $e^{\ln x} = x$.
  - Pour tout réel y, $\ln(e^y) = y$.

- On a en particulier : $\ln 1 = 0$ et $\ln e = 1.$

- **Définition :** Si u est une fonction strictement positive sur un intervalle I, on définit la fonction $\ln u$ par : pour tout $x \in$ I, $(\ln u)(x) = \ln(u(x))$

II Propriétés analytiques

- La fonction ln est dérivable sur $]0\,;+\infty[$, et pour tout $x \in\ ]0\,;+\infty[$:

$$\ln'(x) = \frac{1}{x}$$

- La fonction ln est strictement croissante sur $]0\,;+\infty[$.

- $\lim\limits_{x \to 0^+} \ln x = -\infty$ et $\lim\limits_{x \to +\infty} \ln x = +\infty$.

- Pour toute fonction u strictement positive et dérivable sur un intervalle I, la fonction $\ln u$ et dérivable sur I, et on a :

$$(\ln u)' = \frac{u'}{u}$$

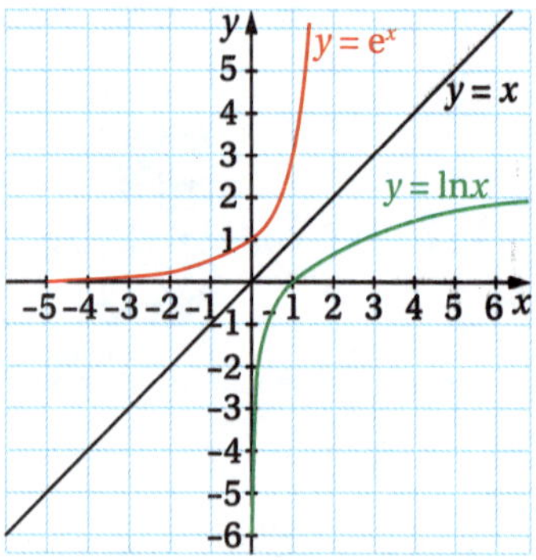

III Tableau de variations et courbe

x	0	1	$+\infty$
ln	$-\infty$ (double barre en 0) ↗	0	↗ $+\infty$

À NOTER

Les courbes représentatives des fonctions exp et ln sont symétriques par rapport à la droite d'équation $y = x$.

Méthode

Étudier une fonction contenant des logarithmes

Étudier la fonction f définie par $f(x) = \ln(1 + e^{-x})$.

CONSEILS

Étape 1 Déterminez l'ensemble de définition de f.
Étape 2 Étudiez la dérivabilité de f et déterminez sa fonction dérivée.
Étape 3 Déduisez-en les variations de f sur son domaine de définition.
Étape 4 Étudiez les limites de f aux bornes de son domaine de définition.
Étape 5 Dressez le tableau de variations de f.

SOLUTION

Étape 1 La fonction ln est définie sur $]0\,;+\infty[$. Or, pour tout réel x, $e^{-x} > 0$ donc $1 + e^{-x} > 0$.

Donc f est définie sur $\mathbb{R}$.

Étape 2 f est dérivable sur $\mathbb{R}$ car f est de la forme $\ln u$ avec $u(x) = 1 + e^{-x}$, strictement positive pour tout réel x et dérivable sur $\mathbb{R}$. Or $(\ln u)' = \dfrac{u'}{u}$ avec $u'(x) = -e^{-x}$ pour tout $x \in \mathbb{R}$.

Donc pour tout réel x, $f'(x) = \dfrac{-e^{-x}}{1+e^{-x}}$.

Étape 3 La fonction exponentielle est strictement positive, d'où $\dfrac{e^{-x}}{1+e^{-x}} > 0$ et $f'(x) < 0$ pour tout réel x.
Donc f est strictement décroissante sur $\mathbb{R}$.

Étape 4 On sait que $\lim\limits_{x\to-\infty}\left(e^{-x}\right) = \lim\limits_{X\to+\infty}\left(e^{X}\right) = +\infty$, donc $\lim\limits_{x\to-\infty}\left(1+e^{-x}\right) = +\infty$.

Or $\lim\limits_{X\to+\infty} \ln X = +\infty$, donc, par composition, $\lim\limits_{x\to-\infty} f(x) = +\infty$.

On sait que $\lim\limits_{x\to+\infty}\left(e^{-x}\right) = 0$, donc $\lim\limits_{x\to+\infty}\left(1+e^{-x}\right) = 1$.

Or $\lim\limits_{X\to1} \ln X = \ln 1 = 0$ donc, par composition, $\lim\limits_{x\to+\infty} f(x) = 0$.

Étape 5

x	$-\infty$		$+\infty$
$f'(x)$		$-$	
f	$+\infty$	↘	0

12 Propriétés algébriques de la fonction logarithme népérien

En bref *Historiquement, la fonction ln a été inventée pour simplifier les calculs, car elle permet de convertir les multiplications, longues à effectuer et souvent sources d'erreurs, en de simples additions.*

I Propriétés algébriques

- Pour tous réels strictement positifs a et b, et pour tout entier n, on a :

• $\ln(ab) = \ln(a) + \ln(b)$

• $\ln\left(\frac{1}{a}\right) = -\ln(a)$

• $\ln\left(\frac{a}{b}\right) = \ln(a) - \ln(b)$

• $\ln(a^n) = n\ln(a)$

- *Conséquence* : Pour tout réel strictement positif a, on a :

$$\ln\left(\sqrt{a}\right) = \frac{1}{2}\ln(a)$$

II Équations et inéquations

- Pour tous réels a et b strictement positifs, on a :

• $\ln(a) = \ln(b) \Leftrightarrow a = b$ • $\ln(a) < \ln(b) \Leftrightarrow a < b$

Exemple : $\ln(3x) = \ln 6 \Leftrightarrow 3x = 6 \Leftrightarrow x = 2$.

- *Conséquence* : Pour tout réel m et tout réel strictement positif x, on a :

• $\ln(x) = m \Leftrightarrow x = e^m$ • $\ln(x) < m \Leftrightarrow x < e^m$

En particulier : $\ln(a) < 0 \Leftrightarrow 0 < a < 1$.

Exemple : $\ln(1 + x) = 4 \Leftrightarrow 1 + x = e^4 \Leftrightarrow x = e^4 - 1$.

Remarque : Si q et a sont des réels strictement positifs et si n est un entier naturel, alors $q^n > a \Leftrightarrow n\ln(q) > \ln(a)$.

À NOTER
Cette remarque permet de déterminer un seuil dans l'étude d'une suite géométrique.

Méthodes

1 Simplifier ou transformer une expression

On pose $A = \dfrac{\ln 12 - 3\ln 2}{2\ln 3 - \ln 6}$ et $B = e^{-\ln 2} + \ln(e^{-2})$.

Montrer que A est un entier et que B est un rationnel.

CONSEILS
Pour simplifier A, utilisez la propriété sur le logarithme d'un produit.
Pour simplifier B, utilisez la définition du logarithme.

SOLUTION

- $A = \dfrac{\ln(3\times 2^2) - 3\ln 2}{2\ln 3 - \ln(3\times 2)} = \dfrac{\ln 3 + 2\ln 2 - 3\ln 2}{2\ln 3 - (\ln 3 + \ln 2)} = \dfrac{\ln 3 - \ln 2}{\ln 3 - \ln 2} = 1.$

Donc **A est entier**.

- $B = \dfrac{1}{e^{\ln 2}} + \ln(e^{-2}) = \dfrac{1}{2} - 2 = -\dfrac{3}{2}$. Donc **$B$ est rationnel**.

2 Résoudre une inéquation

On considère la suite géométrique de terme général $u_n = \dfrac{1}{2^n}$.

Déterminer à partir de quel rang n on a $u_n \leq 10^{-5}$.

CONSEILS
Modifiez la condition $u_n \leq 10^{-5}$ en prenant le logarithme népérien de chaque membre, pour faire passer l'inconnue n d'exposant à coefficient.

SOLUTION

Pour tout $n \in \mathbb{N}$, $u_n > 0$. On peut donc utiliser la croissance de la fonction ln puisque les deux membres de l'inégalité sont positifs. On obtient :

$$0 < u_n \leq 10^{-5} \Leftrightarrow \ln(u_n) \leq \ln(10^{-5}) \quad \Leftrightarrow \ln\left(\frac{1}{2^n}\right) \leq \ln(10^{-5})$$

$$\Leftrightarrow -\ln(2^n) \leq \ln(10^{-5}) \quad \Leftrightarrow -n\ln 2 \leq \ln(10^{-5})$$

$$\Leftrightarrow n \geqslant \frac{-\ln(10^{-5})}{\ln 2} \text{ (car } \mathbf{-\ln 2 < 0}\text{) avec } \frac{-\ln(10^{-5})}{\ln 2} \approx 16{,}6$$

Donc $u_n \leq 10^{-5}$ à partir du rang *$n = 17$*.

À NOTER
Attention aux signes dans les résolutions d'inéquations!

PHYSIQUE-CHIMIE SVT MATHS COMPLÉMENTAIRES GRAND ORAL

SE TESTER QUIZ

Vérifiez que vous avez bien compris les points clés des **fiches 10 à 12**.

1 Calculs d'images

→ FICHES 10 et 11

1. Si f est définie par $f(x) = x\ln x - x$, alors :

☐ **a.** $f(1) = 1$ ☐ **b.** $f(1) = 0$ ☐ **c.** $f(1) = -1$

2. Si f est définie par $f(x) = e^{x\ln x}$, alors :

☐ **a.** $f(1) = 1$ ☐ **b.** $f(1) = e$ ☐ **c.** $f(1) = 0$

2 Résolutions d'équations

→ FICHE 12

Pour tout réel x, on a :

☐ **a.** $3e^{-x} = 1 \Leftrightarrow x = \ln 3$

☐ **b.** $\ln x + \ln(x+1) = \ln 2 \Leftrightarrow x = 1$ ou $x = -2$

☐ **c.** $\ln(x^2 + 4x + 1) = \ln(x - 1) \Leftrightarrow x = -1$ ou $x = -2$

3 Résolutions d'inéquations

→ FICHE 12

Pour tout réel x, on a :

☐ **a.** $e^{-x} > \frac{1}{2} \Leftrightarrow x > -\ln 2$

☐ **b.** $e^{-x} > \frac{1}{2} \Leftrightarrow x < \ln 2$

☐ **c.** $e^{-x} > \frac{1}{2} \Leftrightarrow x < -\ln 2$

4 Calculs de dérivées

→ FICHES 10 et 11

1. La fonction $x \mapsto x\ln x - x$ admet pour dérivée sur $]0\,;+\infty[$:

☐ **a.** $x \mapsto 0$ ☐ **b.** $x \mapsto 1 - x$ ☐ **c.** $x \mapsto \ln x$

2. La fonction $x \mapsto e^{\frac{1}{x}}$ admet pour dérivée sur $]0\,;+\infty[$:

☐ **a.** $x \mapsto e^{\frac{-1}{x^2}}$ ☐ **b.** $x \mapsto -e^{-x}$ ☐ **c.** $x \mapsto \frac{-1}{x^2}e^{\frac{1}{x}}$

5 Calculs de limites

→ FICHE 11

☐ **a.** $\lim\limits_{x\to 0} \frac{\ln(1+x)}{x} = 1$ ☐ **b.** $\lim\limits_{x\to 0^+} \frac{\ln x}{e^x - 1} = 0$ ☐ **c.** $\lim\limits_{x\to 0^+} \frac{\ln(1+x)}{e^x - 1} = +\infty$

S'ENTRAÎNER

6 Modélisation temporelle

45 min

→ FICHES 10, 11 et 12

Les fonctions exp et ln sont souvent utilisées pour modéliser des évolutions de phénomènes au cours du temps. Nous allons ici en étudier deux cas, l'un pour une datation passée, l'autre pour des prospections futures.

LE SUJET

Partie A

Le carbone 14 est radioactif. Sa période radioactive (durée au bout de laquelle la moitié d'une quantité donnée de radionucléides s'est désintégrée) est T = 5 570 ans.

La quantité de carbone 14 contenue dans une espèce vivante reste constante durant toute sa vie, à cause des échanges entre cette espèce et le monde extérieur. À la mort de l'espèce, ces échanges s'arrêtent et la quantité de carbone 14 qui y est contenue va diminuer du fait de sa désintégration.

Expérimentalement, on constate que l'activité (nombre moyen de désintégrations par seconde) est proportionnelle au nombre $N(t)$ de noyaux radioactifs restant à l'instant t, et à la nature des noyaux radioactifs. On obtient ainsi $N(t) = \mathrm{N}_0\mathrm{e}^{-\lambda t}$, où λ est une constante qui dépend de l'élément radioactif et $N_0 = N(0)$.

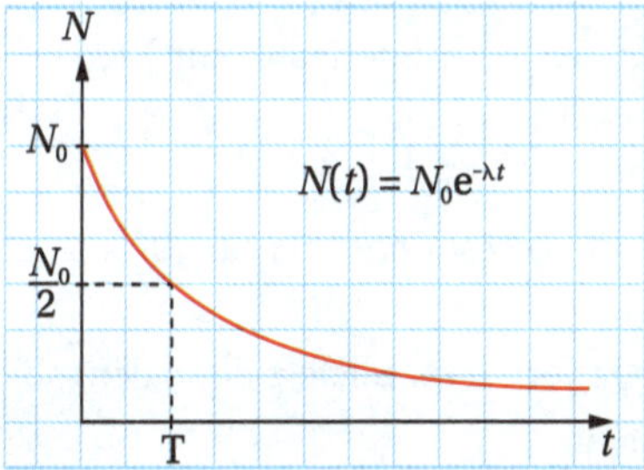

a. Montrer que $\lambda = \dfrac{\ln 2}{T}$.

b. L'analyse d'un échantillon de bois fossile montre qu'il ne contient plus que 6,25 % de son carbone 14 initial. Quel est l'âge approximatif de ce morceau de bois ?

Partie B

En 1975, Gordon E. Moore a conjecturé que le nombre de transistors implantés dans la puce du microprocesseur d'un ordinateur doublerait tous les ans. C'est ce que l'on appelle la loi de Moore. La première de ces puces (l'Intel 4004) possédait 2 300 transistors en 1971.

a. En supposant que la loi de Moore soit vérifiée, combien de transistors devaient avoir une puce de microprocesseur en 1973 ? en 1977 ?

b. En quelle année atteindrait-on alors la quantité de 10^{12} transistors par puce ?

CORRIGÉS

SE TESTER QUIZ

1 Calculs d'images

1. Réponse c. $\ln 1 = 0$, donc $f(1) = 1 \times 0 - 1 = -1$.

2. Réponse a. $\ln 1 = 0$, donc $f(1) = e^{1 \times \ln 1} = e^0 = 1$.

2 Résolutions d'équations

Réponse a. Pour tout x réel, on a $3e^{-x} = 1 \Leftrightarrow e^{-x} = \dfrac{1}{3}$ qui est toujours strictement positif.

Donc $3e^{-x} = 1 \Leftrightarrow \ln\left(e^{-x}\right) = \ln\left(\dfrac{1}{3}\right) \Leftrightarrow -x = -\ln 3 \Leftrightarrow x = \ln 3$.

> **À NOTER**
> L'expression $\ln(x) + \ln(x+1)$ n'est pas définie pour $x = -2$.
> De même, l'expression $\ln(x^2 + 4x + 1) = \ln(x - 1)$ n'est définie ni pour $x = -1$ ni pour $x = -2$.

3 Résolutions d'inéquations

Réponse b. Comme $\dfrac{1}{2} > 0$, par croissance de la fonction ln, on a pour tout x réel,

$e^{-x} > \dfrac{1}{2} \Leftrightarrow -x > \ln\left(\dfrac{1}{2}\right) \Leftrightarrow x < -\ln\left(\dfrac{1}{2}\right) \Leftrightarrow x < \ln 2$.

4 Calculs de dérivées

1. Réponse c. La fonction $u : x \mapsto x \ln x$ est dérivable sur $]0\,;+\infty[$ (produit de deux fonctions dérivables), et $u'(x) = 1 \times \ln x + x \times \dfrac{1}{x} = \ln x + 1$.

2. Réponse c. La fonction $u : x \mapsto \dfrac{1}{x}$ est dérivable sur $]0\,;+\infty[$ et $u'(x) = -\dfrac{1}{x^2}$.

La fonction $f : x \mapsto e^{\frac{1}{x}}$ est de la forme e^u. Elle est donc dérivable sur $]0\,;+\infty[$, et $f'(x) = u'(x)e^{u(x)} = \dfrac{-1}{x^2}e^{\frac{1}{x}}$.

5 Calculs de limites

Réponse a. La fonction $f : x \mapsto \ln(1 + x)$ est de la forme $\ln u$, avec $u(x) = x + 1$. u est strictement positive et dérivable sur $]-1\,;+\infty[$, et $u'(0) = 1$. On en déduit que f est dérivable en 0, et $f'(0) = \dfrac{u'(0)}{u(0)} = 1$.

$\lim\limits_{x \to 0} \dfrac{f(x)}{x}$ est la limite du taux d'accroissement de f en 0, donc $\lim\limits_{x \to 0} \dfrac{f(x)}{x} = f'(0) = 1$.

S'ENTRAÎNER

6 Modélisation temporelle

Partie A

a. Par définition de la période radioactive T, on a pour tout t positif, $N(t+\mathrm{T})=\frac{1}{2}N(t)$. D'où $\frac{1}{2}=\frac{N(t+\mathrm{T})}{N(t)}=\frac{N_0\,\mathrm{e}^{-\lambda(t+\mathrm{T})}}{N_0\,\mathrm{e}^{-\lambda t}}=\mathrm{e}^{-\lambda\mathrm{T}}$.

Donc $-\lambda\mathrm{T}=\ln\left(\frac{1}{2}\right)=-\ln 2 \Leftrightarrow \lambda=\frac{\ln 2}{\mathrm{T}}$.

b. Si l'échantillon de bois fossile ne contient plus que 6,25 % de son carbone 14 initial, alors on a $\frac{N(t)}{N_0}=6{,}25\,\%=0{,}0625$.

On en déduit que $\mathrm{e}^{-\lambda t}=0{,}0625 \Leftrightarrow -\lambda t=\ln 0{,}0625 \Leftrightarrow t=-\frac{\ln 0{,}0625}{\lambda}$.

Donc $t=-\frac{\mathrm{T}\times\ln 0{,}0625}{\ln 2}\approx 22\,280$.

L'échantillon de bois fossile a approximativement 22 280 ans.

Partie B

a. Il devait y avoir $2\,300\times 2^2=9\,200$ transistors par puce en 1973, et $2\,300\times 2^6=147\,200$ transistors en 1977.

b. Si n est le nombre d'années pour avoir 10^{12} transistors par puce, alors on a $2300\times 2^n\geqslant 10^{12} \Leftrightarrow 2^n\geqslant\frac{10^{12}}{2300} \Leftrightarrow \ln(2^n)\geqslant\ln\left(\frac{10^{12}}{2300}\right) \Leftrightarrow n\ln 2\geqslant\ln\left(\frac{10^{12}}{2300}\right)$.

Or $\ln 2>0$, donc $2^n\geqslant\frac{10^{12}}{2300} \Leftrightarrow n\geqslant\frac{\ln(10^{12})-\ln 2300}{\ln 2}$.

Comme $\frac{\ln(10^{12})-\ln 2300}{\ln 2}\approx 28{,}7$, on a $n=29$. Il aura donc fallu attendre l'an 2000 pour atteindre les 10^{12} transistors par puce.

À NOTER

On résout ici une inéquation car il n'y a pas de raison pour que l'on obtienne directement un nombre entier (*n* représente un nombre d'années, donc est nécessairement entier).

PHYSIQUE-CHIMIE | SVT | MATHS COMPLÉMENTAIRES | GRAND ORAL

13 Notions d'équation différentielle et de primitive

En bref *Les équations différentielles permettent de relier une fonction et ses dérivées, alors que la recherche de primitives est l'opération inverse de la dérivation.*

I Solution d'une équation différentielle

■ **Définition :** On appelle **équation différentielle** une équation liant une fonction (qui est donc l'inconnue de l'équation) et ses dérivées.

Exemples : $y' = 1 - y$; $y' = y^2$; $y'' + \omega^2 y = 0$.

■ On appelle **solution de l'équation différentielle** (E) sur un intervalle I une fonction définie sur I qui vérifie (E) pour tous les réels de I.

Exemple : La fonction $x \mapsto -\dfrac{1}{x}$ est solution sur $]0\,;+\infty[$ de l'équation différentielle $y' = y^2$.

■ **Résoudre** une équation différentielle (E) sur un intervalle I revient à trouver l'ensemble des solutions de (E) sur I.

Exemple : Les solutions sur $\mathbb{R}$ de l'équation différentielle $y' = y$ sont les fonctions de la forme $x \mapsto Ce^x$ où C est un réel quelconque.

> **À NOTER**
> La fonction exponentielle est l'unique solution f de l'équation différentielle $y' = y$, qui vérifie $f(0) = 1$.

II Notion de primitive et propriétés

Soit f une fonction continue sur un intervalle I.

■ **Définition :** On appelle **primitive** de f sur I toute solution sur I de l'équation différentielle $y' = f$.

■ *Conséquence* : F est une primitive de f sur I si et seulement si F est dérivable sur I et :

$$\text{pour tout réel } x \text{ de I, } F'(x) = f(x)$$

■ **Propriétés :**

• Toute fonction continue sur un intervalle I admet des primitives sur I.

• Si F et G sont deux primitives d'une même fonction f sur I, alors il existe un réel k tel que pour tout $x \in$ I, $F(x) = G(x) + k$.

> **À NOTER**
> Deux primitives d'une même fonction diffèrent d'une constante.

Méthode

Approcher une solution par la méthode d'Euler

On considère l'équation différentielle (E) : $y' = -y + 2$.

On note f la solution de (E) telle que $f(x_0) = y_0$ (on admet qu'il en existe une et une seule).

Pour $a > x_0$, écrire un algorithme qui permet de déterminer, par la méthode d'Euler, une approximation de $f(a)$, avec un pas h.

Rappel : La courbe représentative de f admet une tangente en chacun de ses points $M(\alpha ; f(\alpha))$, et pour h très petit, on a $f(\alpha + h) \approx f(\alpha) + h \times f'(\alpha)$. On peut ainsi obtenir des valeurs approchées de $f(x)$ pour x proche de α.

CONSEILS

Étape 1 On définit les suites (x_n) et (y_n) pour $n \geqslant 1$ par $x_n = x_{n-1} + h$ et $y_n = f(x_n)$. Donnez une approximation du terme général y_n.

Étape 2 Écrivez l'algorithme demandé.

SOLUTION

Étape 1 On pose $M_0(x_0 ; y_0)$.

On construit une suite de points $M_n(x_n ; y_n)$ tels que, pour $n \geqslant 1$, $x_n = x_{n-1} + h$ et $y_n = f(x_n) = f(x_{n-1} + h)$.

On a donc $y_n \approx f(x_{n-1}) + h \times f'(x_{n-1})$.

Or $f(x_{n-1}) = y_{n-1}$ et f est solution de (E) donc $f'(x_{n-1}) = -f(x_{n-1}) + 2 = -y_{n-1} + 2$.

D'où $y_n \approx y_{n-1}(1 - h) + 2h$.

Étape 2

```
Entrer a, h
Entrer x0, y0
x, y = x0, y0
Tant que x < a :
    x = x + h
    y = y × (1 − h) + 2h
Fin Tant que
Afficher y
```

PHYSIQUE-CHIMIE SVT MATHS COMPLÉMENTAIRES GRAND ORAL

14 Équation différentielle $y' = ay + b$

En bref *On connaît la forme des solutions des équations différentielles $y' = ay + b$ où a et b sont des constantes, ce qui n'est pas le cas pour la plupart des autres équations.*

I Équation différentielle $y' = ay$, a réel

Les solutions sur $\mathbb{R}$ de l'équation différentielle $y' = ay$ sont les fonctions de la forme :

$$x \mapsto Ce^{ax}, \text{ où } C \text{ est une constante réelle}$$

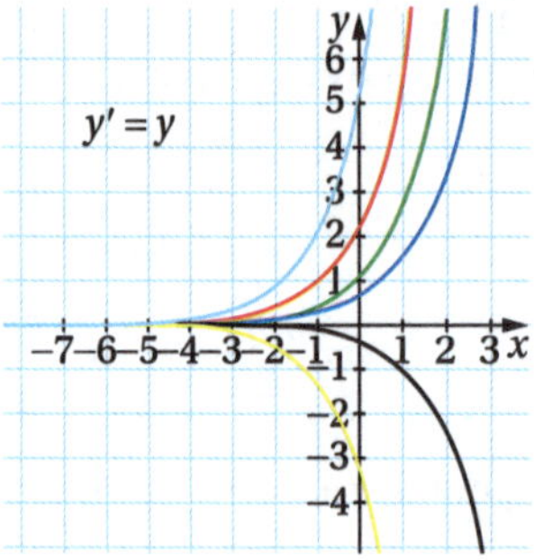

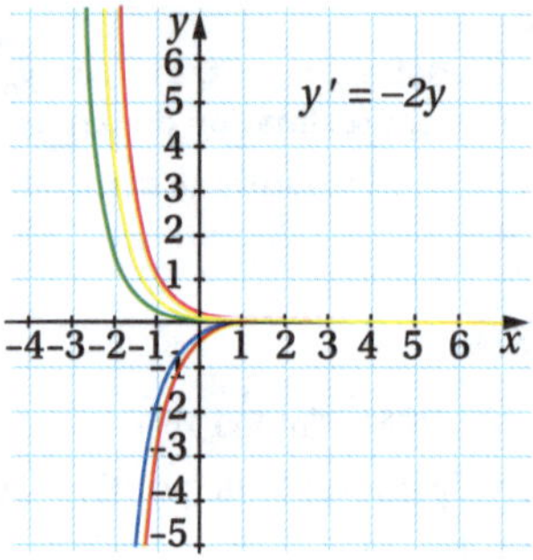

II Équation différentielle $y' = ay + b$, a réel non nul, b réel

Les solutions sur $\mathbb{R}$ de l'équation différentielle $y' = ay + b$ sont les fonctions de la forme :

$$x \mapsto Ce^{ax} - \frac{b}{a}, \text{ où } C \text{ est une constante réelle}$$

À NOTER
Lorsque $b = 0$, on retrouve le cas précédent.

III Équation logistique

Une équation logistique est une équation différentielle de la forme $y' = ky(m - y)$, où k et m sont des réels strictement positifs.

Elle se résout par un changement de la fonction variable, qui permet de se ramener à une équation différentielle de la forme $y' = ay + b$.

Le modèle logistique, dû à Pierre François Verhulst, permet de modéliser l'évolution de certaines populations.

À NOTER
Dans les exercices, le changement de la fonction variable est systématiquement donné, il n'est pas à trouver.

Méthode

Résoudre une équation différentielle de la forme $y' = ay + b$

On considère l'équation différentielle (E) : $2y' + y = 0$.

1. Déterminer les solutions de (E) sur $\mathbb{R}$.

2. Déterminer la (ou les) solution(s) éventuelle(s) de (E) vérifiant la condition précisée dans chacun des cas suivants :

a. $f(1) = 1$ **b.** $f(2) = (f(1))^2$ **c.** $\lim\limits_{x \to +\infty} f(x) = +\infty$

CONSEILS

1. On se ramène à la forme $y' = ay + b$; c'est alors une question de cours.

2. Exprimez la contrainte par une condition sur la constante C de la solution générale.

SOLUTION

1. y solution de $(E) \Leftrightarrow y' = -\frac{1}{2}y$. Donc $\mathcal{S} = \left\{x \mapsto C\mathrm{e}^{-\frac{x}{2}}, C \in \mathbb{R}\right\}$.

2. f est solution de (E) donc f est de la forme $f(x) = C\mathrm{e}^{-\frac{x}{2}}$ avec $C \in \mathbb{R}$.

a. $f(1) = 1 \Leftrightarrow C\mathrm{e}^{-\frac{1}{2}} = 1 \Leftrightarrow C = \mathrm{e}^{\frac{1}{2}}$. Donc l'unique fonction f solution de (E) vérifiant $f(1) = 1$ est définie par $f_0(x) = \mathrm{e}^{\frac{1}{2}} \times \mathrm{e}^{-\frac{x}{2}}$ et $\mathcal{S} = \left\{f_0 : x \mapsto \mathrm{e}^{\frac{1-x}{2}}\right\}$.

b. $f(2) = (f(1))^2 \Leftrightarrow C\mathrm{e}^{-1} = \left(C\mathrm{e}^{-\frac{1}{2}}\right)^2 \Leftrightarrow C\mathrm{e}^{-1} = C^2\mathrm{e}^{-1} \Leftrightarrow C = C^2$

$\Leftrightarrow C - C^2 = 0 \Leftrightarrow C(C-1) = 0 \Leftrightarrow C = 0$ *ou* $C = 1$

On a donc deux solutions et $\mathcal{S} = \left\{f_0 : x \mapsto 0 ; f_1 : x \mapsto \mathrm{e}^{-\frac{x}{2}}\right\}$.

À NOTER

$\mathrm{e}^{-1} \neq 0$ on peut donc bien simplifier par e^{-1}. En revanche, on ne sait rien de C. Il ne faut donc surtout pas « simplifier » par C dans d'égalité $C = C^2$ (on remarque d'ailleurs que $C = 0$ donne une solution).

c. On sait que $\lim\limits_{x \to +\infty} \mathrm{e}^{-\frac{x}{2}} = 0$. Donc quel que soit C, $\lim\limits_{x \to +\infty} f(x) = 0$. Il n'y a donc pas de solution vérifiant la condition $\lim\limits_{x \to +\infty} f(x) = +\infty$.

15 Calculs de primitives

En bref *La recherche d'une primitive d'une fonction est l'opération inverse de la dérivation.*

I Primitives usuelles

On déduit du tableau des dérivées, le tableau des primitives usuelles.

Fonction f	Une primitive F	
$x \mapsto a$ (a réel)	$x \mapsto ax$	sur $\mathbb{R}$
$x \mapsto x^n \, (n \in \mathbb{Z} \setminus \{-1\})$	$x \mapsto \dfrac{x^{n+1}}{n+1}$	sur $\mathbb{R}$ si $n \geq 0$ sur $]0\,;+\infty[$ et $]-\infty\,;0[$ si $n \leqslant -2$
$x \mapsto \dfrac{1}{x}$	$x \mapsto \ln x$	sur $]0\,;+\infty[$
$x \mapsto \dfrac{1}{\sqrt{x}}$	$x \mapsto 2\sqrt{x}$	sur $]0\,;+\infty[$
$x \mapsto e^x$	$x \mapsto e^x$	sur $\mathbb{R}$

II Opérations et composition

Soient u et v deux fonctions dérivables sur un intervalle I.

Fonction f	Une primitive F (sur I)
ku' (k réel)	$k\,u$
$u' + v'$	$u + v$
$u'u$	$\dfrac{u^2}{2}$
$\dfrac{u'}{u}$	$\ln\lvert u\rvert$ c'est-à-dire $\ln u$ si u strictement positive sur I $\ln(-u)$ si u strictement négative sur I
$u'e^u$	e^u

Exemple : $f : x \mapsto \dfrac{2x-1}{x^2-x}$ admet pour primitive $F : x \mapsto \ln\lvert x^2 - x\rvert$ sur tout intervalle ne contenant ni 0 ni 1.

Méthode

Déterminer des primitives

Déterminer les primitives des fonctions suivantes :

a. $f(x) = 2x^3 + \frac{3}{x}$, pour tout $x \in]0\,;+\infty[$;

b. $g(x) = \frac{x}{1+x^2}$, pour tout $x \in \mathbb{R}$.

CONSEILS

Étape 1 Justifiez l'existence des primitives.
Étape 2 Déterminez s'il s'agit d'une primitive de référence ou reconnaissez uneopération ou une fonction composée (dans ce cas, définir u et exprimer u'). Concluez.

SOLUTION

a. **Étape 1** La fonction f est continue sur $]0\,;+\infty[$ comme somme de fonctions continues; elle y admet donc des primitives.

Étape 2 $x \mapsto \frac{x^4}{4}$ est une primitive de $x \mapsto x^3$, et $x \mapsto \ln x$ est une primitive de $x \mapsto \frac{1}{x}$ sur $]0\,;+\infty[$; donc les primitives de f sur $]0\,;+\infty[$ sont de la forme $F(x) = 2 \times \frac{x^4}{4} + 3\ln x + C = \frac{x^4}{2} + 3\ln x + C$, où C est une constante réelle.

b. **Étape 1** La fonction g est continue sur $\mathbb{R}$ comme quotient de fonctions continues dont le dénominateur ne s'annule pas; elle admet donc des primitives sur $\mathbb{R}$.

Étape 2 Posons $u(x) = 1 + x^2$. La fonction u est dérivable sur $\mathbb{R}$ et $u'(x) = 2x$.
Pour tout $x \in \mathbb{R}$, $g(x) = \frac{1}{2} \times \frac{2x}{1+x^2} = \frac{1}{2}\frac{u'(x)}{u(x)}$, avec pour tout réel x, $u(x) = 1 + x^2 > 0$.

Donc les primitives de g sur $\mathbb{R}$ sont de la forme $G(x) = \frac{1}{2}\ln\left(1+x^2\right) + C$ où C est une constante réelle.

PHYSIQUE-CHIMIE
SVT
MATHS COMPLÉMENTAIRES
GRAND ORAL

SE TESTER QUIZ

Vérifiez que vous avez bien compris les points clés des **fiches 13 à 15**.

C désigne une constante réelle.

1 Résolution d'une équation différentielle

→ FICHES **13 et 14**

1. Les solutions sur $\mathbb{R}$ de l'équation différentielle $2y' - 3y = 0$ sont :

☐ **a.** $x \mapsto Ce^{\frac{2}{3}x}$ ☐ **b.** $x \mapsto Ce^{-\frac{3}{2}x}$ ☐ **c.** $x \mapsto Ce^{\frac{3}{2}x}$

2. Les solutions sur $\mathbb{R}$ de l'équation différentielle $3y' - 2y = 6$ sont :

☐ **a.** $x \mapsto Ce^{\frac{2}{3}x} - 3$ ☐ **b.** $x \mapsto Ce^{\frac{2}{3}x} - \frac{1}{3}$ ☐ **c.** $x \mapsto Ce^{-\frac{2}{3}x} - 1$

2 Solutions d'une équation différentielle

→ FICHES **13 et 14**

Dans chaque cas, indiquez si les affirmations sont vraies ou fausses.

1. Si f et g sont des solutions non nulles de l'équation différentielle $(E) : y' - 3y = 0$, alors est aussi solution de (E) :

☐ **a.** $f + g$ ☐ **b.** $f \times g$ ☐ **c.** $f + C$ avec $C \neq 0$

2. On considère l'équation différentielle $(E) : y' = ay$, où a est un réel non nul.

☐ **a.** Aucune des solutions de (E) ne s'annule.

☐ **b.** Il existe une unique solution f de (E) vérifiant $f(0) = f(1)$.

☐ **c.** Deux solutions de (E) diffèrent d'une constante.

3 Reconnaissance d'une primitive

→ FICHES **13 et 15**

La fonction définie sur $]0 ; +\infty[$ par $F(x) = x\ln x - x$ est une primitive de :

☐ **a.** $x \mapsto \frac{1}{x} - 1$ ☐ **b.** $x \mapsto \ln x$ ☐ **c.** la fonction nulle

S'ENTRAÎNER

4 Équations différentielles en biologie

60 min

→ FICHE 14

De nombreuses disciplines scientifiques font appel aux équations différentielles, notamment pour étudier des phénomènes qui évoluent au cours du temps.

LE SUJET

Partie A Préambule

1. On considère deux nombres réels strictement positifs α et μ, et l'équation différentielle $(E_1) : y' + \alpha y = \mu t$, où y est une fonction de la variable réelle t.

a. Résoudre l'équation différentielle $(H_1) : y' + \alpha y = 0$.

b. Trouver une solution particulière y_p de (E_1) sur $\mathbb{R}$ de la forme $y_p : t \mapsto at + b$, où a et b seront déterminés en fonction de α et μ.

c. Montrer qu'une fonction dérivable f est solution de (E_1) sur $\mathbb{R}$ si et seulement si la fonction $f - y_p$ est solution de (H_1) sur $\mathbb{R}$.

d. Déduire des questions précédentes l'ensemble des solutions de (E_1) sur $\mathbb{R}$.

e. Déterminer la solution particulière de (E_1) qui prend la valeur 0 pour $t = 0$.

2. On considère maintenant un nombre réel strictement positif β et l'équation différentielle $(E_2) : y' + \alpha y = \beta$.

a. Résoudre (E_2).

b. Soit λ une constante réelle donnée. Déterminer la solution particulière de (E_2) qui prend la valeur λ pour $t = \dfrac{1}{\alpha}$.

Partie B Application à la biologie

Un produit S passe sans être altéré d'un milieu A à un milieu B. À l'instant t, la concentration de S dans A est notée $x(t)$, celle de S dans B est notée $y(t)$. La variation instantanée de concentration de S dans B est alors $y'(t)$.

Nous nous plaçons dans le cas où il existe une constante k strictement positive telle que $y'(t) = k(2x(t) - y(t))$ pour tout réel t positif.

À l'instant $t = 0$, les concentrations dans A et B sont nulles. On injecte alors du produit S dans A de façon régulière de manière à avoir, pour tout réel t strictement positif, $x(t) + y(t) = 3kt$.

a. Écrire l'équation différentielle (E_3) vérifiée par la fonction y.

b. Déterminer $y(t)$ en fonction de t et de k.

c. À l'instant $t_1 = \dfrac{1}{3k}$, on arrête l'injection du produit S dans A. Pour tout $t > t_1$, on a alors $x(t) + y(t) = 3kt_1 = 1$, et toujours $y'(t) = k(2x(t) - y(t))$. Donner alors l'expression de y en fonction du temps t, pour $t > t_1$.

CORRIGÉS

SE TESTER QUIZ

1 Résolution d'une équation différentielle

1. Réponse c. $2y' - 3y = 0 \Leftrightarrow y' = \frac{3}{2}y$. On applique le résultat du cours avec $a = \frac{3}{2}$.

2. Réponse a. $3y' - 2y = 6 \Leftrightarrow y' = \frac{2}{3}y + 2$. On applique le résultat du cours avec $a = \frac{2}{3}$ et $b = 2$.

2 Solutions d'une équation différentielle

1. a. Vrai. Si f et g sont solutions de (E), alors $f' = 3f$ et $g' = 3g$. On a donc $(f+g)' = f' + g' = 3f + 3g = 3(f+g)$ et $f + g$ est solution de (E).

b. Faux. *Contre-exemple* : $f(x) = e^{3x}$ et $g(x) = 2e^{3x}$ sont solutions de (E). On a $(f \times g)(x) = 2e^{3x+3x} = 2e^{6x}$ et $(f \times g)'(x) = 12e^{6x} \neq 3 \times (f \times g)(x)$. Donc $f \times g$ n'est pas solution de (E).

c. Faux. *Contre-exemple* : $f(x) = e^{3x}$ est solution de (E). On a donc $f(x) + 1 = e^{3x} + 1$ et $(f(x)+1)' = f'(x) = 3e^{3x} \neq 3 \times (f(x)+1)$. Donc $f + C$ n'est pas solution de (E).

2. a. Faux. *Contre-exemple* : la fonction nulle est solution de (E).

b. Vrai. Soit f une solution de (E) telle que $f(0) = f(1)$. On a f de la forme $f(x) = Ce^{ax}$ et $f(0) = f(1) \Leftrightarrow C = Ce^{a} \Leftrightarrow C = 0$ (car $a \neq 0$). Donc la fonction nulle est la seule solution vérifiant ces conditions.

c. Faux. $f(x) = e^{ax}$ et la fonction nulle sont solutions de (E). Pourtant leur différence n'est pas constante.

3 Reconnaissance d'une primitive

Réponse b. $F'(x) = 1 \times \ln x + x \times \frac{1}{x} - 1 = \ln x$.

S'ENTRAÎNER

4 Équations différentielles en biologie

Partie A Préambule

1. a. D'après le cours, les solutions de (H_1) sont $\mathcal{S} = \{t \mapsto Ce^{-\alpha t}, C \in \mathbb{R}\}$.

b. Soit $y_p : t \mapsto at + b$ une solution particulière de (E_1), on a $y'(t) = a$ et pour tout réel t, $a + \alpha(at + b) = \mu t \Leftrightarrow (\alpha a - \mu)t + (a + \alpha b) = 0$.

Donc $\begin{cases} \alpha a - \mu = 0 \\ a + \alpha b = 0 \end{cases} \Leftrightarrow \begin{cases} a = \frac{\mu}{\alpha} \\ b = -\frac{a}{\alpha} = -\frac{\mu}{\alpha^2} \end{cases}$, puisque α est non nul.

On vérifie que $y_p : t \mapsto \frac{\mu}{\alpha}t - \frac{\mu}{\alpha^2}$ est bien une solution particulière de (E_1).

c. On a y_p est solution de (E_1) donc pour tout réel t, $y_p'(t) + \alpha y_p(t) = \mu t$.

f est solution de $(E_1) \Leftrightarrow$ pour tout réel t, $f'(t) + \alpha f(t) = \mu t$

$\Leftrightarrow$ pour tout réel t, $f'(t) + \alpha f(t) = y_p'(t) + \alpha y_p(t)$

$\Leftrightarrow$ pour tout réel t, $f'(t) - y_p'(t) + \alpha\left(f(t) - y_p(t)\right) = 0$

$\Leftrightarrow$ pour tout réel t, $\left(f - y_p\right)'(t) + \alpha\left(f - y_p\right)(t) = 0$

$\Leftrightarrow f - y_p$ est solution de (H_1)

d. On déduit que f est solution de $(E_1) \Leftrightarrow f - y_p$ est de la forme $t \mapsto Ce^{-\alpha t}$, $C \in \mathbb{R}$.

Donc $\mathcal{S} = \left\{t \mapsto \frac{\mu}{\alpha}t - \frac{\mu}{\alpha^2} + Ce^{-\alpha t}, C \in \mathbb{R}\right\}$.

e. Soit f la solution particulière recherchée, on a $f(0) = 0 = -\frac{\mu}{\alpha^2} + C \Leftrightarrow C = \frac{\mu}{\alpha^2}$.

Donc $f : t \mapsto \frac{\mu}{\alpha}t + \frac{\mu}{\alpha^2}\left(e^{-\alpha t} - 1\right)$.

2. a. $y' + \alpha y = \beta \Leftrightarrow y' = -\alpha y + \beta$. Donc $\mathcal{S} = \left\{t \mapsto Ce^{-\alpha t} + \frac{\beta}{\alpha}, C \in \mathbb{R}\right\}$.

b. Soit g la solution recherchée, on a

$g\left(\frac{1}{\alpha}\right) = \lambda = Ce^{-1} + \frac{\beta}{\alpha} \Leftrightarrow C = \left(\lambda - \frac{\beta}{\alpha}\right)e$.

Donc $g : t \mapsto \frac{\beta}{\alpha} + \left(\lambda - \frac{\beta}{\alpha}\right)e^{1-\alpha t}$.

À NOTER

On a utilisé les relations $e^{-x} = \frac{1}{e^x}$ et $e^{x+y} = e^x e^y$.

Partie B Application à la biologie

a. Pour tout $t \geqslant 0$, $x(t) = 3kt - y(t)$ et $y'(t) = k(2x(t) - y(t))$, donc $y'(t) = k(2(3kt - y(t)) - y(t)) = 6k^2t - 3ky(t)$.

Donc y est solution de l'équation différentielle $(E_3) : y' + 3ky = 6k^2t$.

b. L'équation (E_3) correspond à (E_1) avec $\alpha = 3k$ et $\mu = 6k^2$. La condition initiale $y(0) = 0$ permet de déduire immédiatement de la question **1. e.** de la partie A que pour tout $t \geqslant 0$, $y(t) = \frac{6k^2}{3k}t + \frac{6k^2}{(3k)^2}\left(e^{-3kt} - 1\right)$. On a donc $y(t) = 2kt + \frac{2}{3}\left(e^{-3kt} - 1\right)$.

c. Pour tout $t \geqslant t_1$, $x(t) = 1 - y(t)$. Or $y'(t) = k(2x(t) - y(t))$. Donc $y'(t) = k(2 - 3y(t)) \Leftrightarrow y'(t) + 3ky(t) = 2k$ et y est solution de l'équation différentielle (E_2) avec $\alpha = 3k$ et $\beta = 2k$.

Or, d'après la question précédente, $y(t_1) = y\left(\frac{1}{3k}\right) = \frac{2}{3} + \frac{2}{3}\left(e^{-1} - 1\right) = \frac{2}{3e}$.

En posant $\lambda = \frac{2}{3e}$, la question **2. b.** de la partie A nous donne

$y(t) = \frac{2k}{3k} + \left(\frac{2}{3e} - \frac{2k}{3k}\right)e^{1-3kt} = \frac{2}{3} + \frac{2}{3}\left(\frac{1-e}{e}\right)e^{1-3kt} = \frac{2}{3}\left(1 + (1-e)e^{-3kt}\right)$.

16 Définition de l'intégrale

En bref *L'intégrale d'une fonction positive sur un intervalle I est l'aire de la surface comprise entre sa courbe et l'axe des abscisses.*

I Intégrale d'une fonction continue positive

Le plan est rapporté à un repère orthogonal $(O;\vec{i};\vec{j})$. f désigne une fonction continue sur un intervalle $[a ; b]$, $a \leqslant b$. On note $\mathscr{C}$ la courbe représentative de f dans le repère $(O;\vec{i};\vec{j})$.

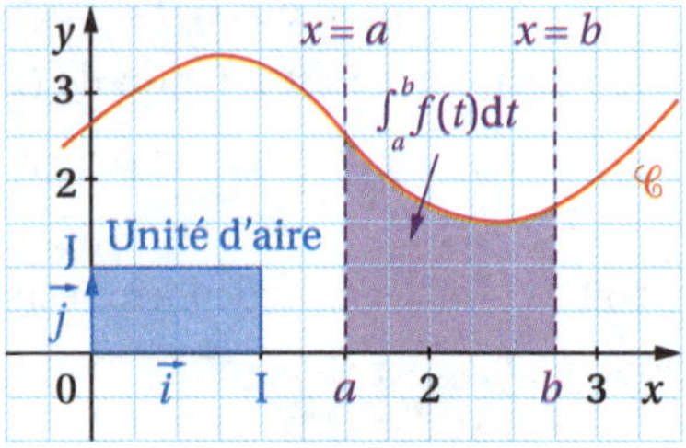

- Soient I et J des points du plan tels que $\overrightarrow{OI} = \vec{i}$, $\overrightarrow{OJ} = \vec{j}$. .

On appelle **unité d'aire** (notée u.a.) l'aire du rectangle de longueur OI et de largeur OJ.

- **Définition :** Si f est positive sur $[a ; b]$, **l'intégrale de f sur $[a ; b]$** est l'aire, exprimée en u.a., du domaine délimité par $\mathscr{C}$, l'axe des abscisses et les droites d'équations $x = a$ et $x = b$.

On la note $\int_a^b f(t)\,\mathrm{d}t$.

a et b s'appellent les bornes de l'intégrale.

> **À NOTER**
> La variable t est « muette ».
> On peut noter indifféremment $\int_a^b f(t)\mathrm{d}t$, $\int_a^b f(x)\mathrm{d}x$, etc.

- Par convention, pour tous réels a et b tels que $a \leqslant b$:

$$\int_a^a f(t)\,\mathrm{d}t = 0 \text{ et } \int_b^a f(t)\,\mathrm{d}t = -\int_a^b f(t)\,\mathrm{d}t$$

II Intégrale d'une fonction continue de signe quelconque

- **Définition :** Si f est négative sur $[a ; b]$, l'intégrale de f sur $[a ; b]$, toujours notée $\int_a^b f(t)\,\mathrm{d}t$, est l'opposée de l'aire du domaine délimité par $\mathscr{C}$, l'axe des abscisses et les droites d'équations $x = a$ et $x = b$.
- **Définition :** Si f n'est pas de signe constant sur $[a ; b]$, on découpe $[a ; b]$ en intervalles $[a ; a_1]$, $[a_1 ; a_2]$, … , $[a_n ; b]$ sur lesquels f est de signe constant ; l'intégrale de f sur $[a ; b]$ est la somme des intégrales de f sur ces segments.
- **Relation de Chasles :** Soit f une fonction continue sur un intervalle I. Pour tous a, b, c de I, on a :

$$\int_a^c f(t)\,\mathrm{d}t = \int_a^b f(t)\,\mathrm{d}t + \int_b^c f(t)\,\mathrm{d}t$$

Méthode

Encadrer une intégrale par la méthode des rectangles

On considère la fonction inverse f définie sur $\mathbb{R}^*$ par $f(x) = \frac{1}{x}$, et $\mathscr{C}$ sa courbe représentative dans un repère orthogonal. On note D le domaine compris entre l'axe des abscisses, la courbe $\mathscr{C}$, et les droites d'équations $x = 1$ et $x = 2$. On cherche à encadrer l'aire de ce domaine, notée A.

Soit n un entier naturel non nul. On découpe l'intervalle $[1\,;2]$ en n intervalles de même longueur. En considérant l'aire des rectangles « sous la courbe » et l'aire des rectangles « sur la courbe », montrer que :

$$\frac{1}{n+1} + \frac{1}{n+2} + \ldots + \frac{1}{n+n} \leqslant A \leqslant \frac{1}{n} + \frac{1}{n+1} + \ldots + \frac{1}{n+(n-1)}$$

puis que $0 \leqslant A - \left(\frac{1}{n+1} + \frac{1}{n+2} + \ldots + \frac{1}{2n}\right) \leqslant \frac{1}{2n}$.

SOLUTION

Soit $k \in \{1, 2, \ldots, n\}$.

Sur $\left[1 + \frac{k-1}{n}\,; 1 + \frac{k}{n}\right]$, on construit deux rectangles R_k et r_k de hauteurs respectives $f\left(1 + \frac{k-1}{n}\right)$ et $f\left(1 + \frac{k}{n}\right)$.

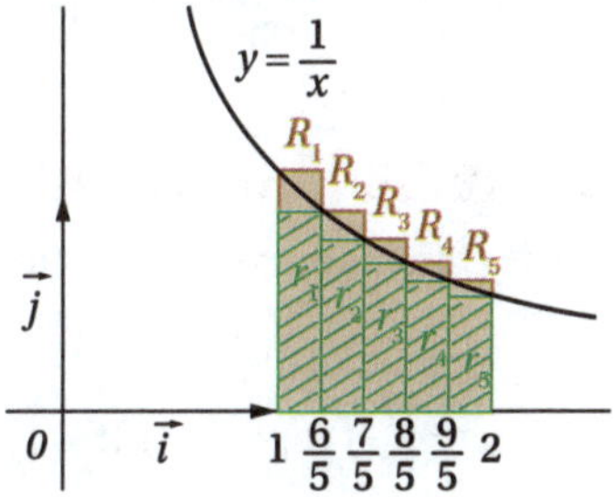

On a, par décroissance de f,
$\text{aire}(r_1) + \text{aire}\ (r_2) + \ldots + \text{aire}(r_n) \leqslant A \leqslant \text{aire}(R_1) + \text{aire}(R_2) + \ldots + \text{aire}(R_n)$,

avec
$$\begin{cases} \text{aire}(R_k) = \frac{1}{n} \times f\left(1 + \frac{k-1}{n}\right) = \frac{1}{n} \times \frac{n}{n-1+k} = \frac{1}{n-1+k} \\ \text{aire}(r_k) = \frac{1}{n} \times f\left(1 + \frac{k}{n}\right) = \frac{1}{n} \times \frac{n}{n+k} = \frac{1}{n+k} \end{cases}$$

On en déduit que

$$\frac{1}{n+1} + \frac{1}{n+2} + \ldots + \frac{1}{n+n} \leqslant A \leqslant \frac{1}{n} + \frac{1}{n+1} + \ldots + \frac{1}{n+(n-1)}.$$

En retranchant $\frac{1}{n+1} + \frac{1}{n+2} + \ldots + \frac{1}{n+n}$ à tous les membres, on obtient

$$0 \leqslant A - \left(\frac{1}{n+1} + \frac{1}{n+2} + \ldots + \frac{1}{2n}\right) \leqslant \frac{1}{n} - \frac{1}{2n} = \frac{1}{2n}.$$

17 Calcul d'intégrales, valeur moyenne

En bref *Une intégrale se calcule à l'aide des primitives de la fonction que l'on intègre.*

I Lien entre intégrale et primitives d'une fonction continue

■ **Théorème fondamental :** Si f est une fonction continue sur un intervalle $[a\,;b]$, la fonction F_a définie sur $[a\,;b]$ par $F_a(x) = \int_a^x f(t)\,dt$ est la primitive de f qui s'annule en a. → FICHE 13

■ *Conséquence* : Soit f une fonction continue sur un intervalle I, et F une primitive de f sur I. Pour tous a et b de I, on a :

$$\int_a^b f(t)\,dt = [F(t)]_a^b = F(b) - F(a)$$

II Linéarité de l'intégrale

Soient f et g des fonctions continues sur un intervalle I. Pour tous a, b de I et pour tout λ réel, on a :

- $\int_a^b (f(t) + g(t))\,dt = \int_a^b f(t)\,dt + \int_a^b g(t)\,dt$
- $\int_a^b \lambda f(t)\,dt = \lambda \int_a^b f(t)\,dt$

III Valeur moyenne

■ **Définition :** Soit f une fonction continue sur un intervalle $[a\,;b]$. On appelle **valeur moyenne** de f sur $[a\,;b]$ le réel :

$$\mu = \frac{1}{b-a}\int_a^b f(t)\,dt$$

■ *Interprétation graphique* : Pour une fonction positive f, la valeur moyenne μ est le réel tel que le rectangle de côtés de mesures μ et $(b - a)$ ait la même aire que le domaine délimité par la courbe représentative de f, l'axe des abscisses, et les droites d'équations $x = a$ et $x = b$.

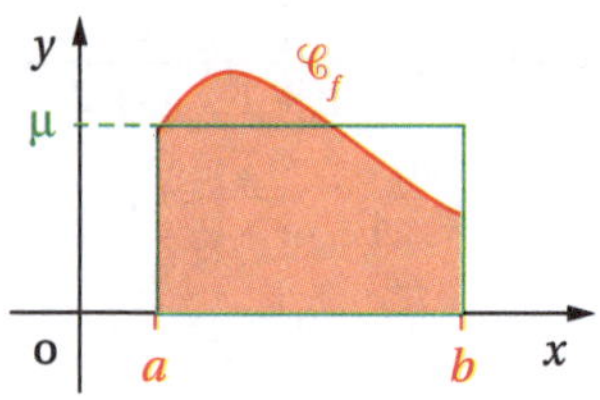

Méthode

Calculer l'aire d'un domaine limité par deux courbes

On considère les fonctions f et g définies sur $]0\,;\,+\infty[$ par $f(x)=x-2+\dfrac{\ln x}{x}$ et $g(x)=x-2$.

On note $\mathscr{C}$ et $\mathscr{C}'$ leurs courbes respectives dans un repère orthogonal d'unités graphiques 2 cm sur l'axe des abscisses et 1 cm sur l'axe des ordonnées.

Calculer l'aire en cm², du domaine D du plan limité par les courbes $\mathscr{C}$, $\mathscr{C}'$ et les droites d'équation $x=\dfrac{1}{\text{e}}$ et $x=2$.

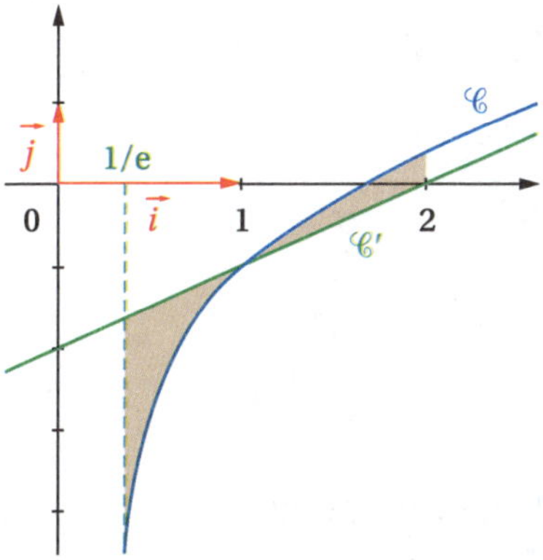

CONSEILS

Étape 1 Cherchez le signe de la fonction $f-g$ sur l'intervalle $\left[\dfrac{1}{\text{e}}\,;2\right]$.

Étape 2 Découpez $\left[\dfrac{1}{\text{e}}\,;2\right]$ en intervalles sur lesquels le signe de $f-g$ est constant.
L'aire de chacun des domaines ainsi délimités est égale à l'intégrale de $f-g$ si $f-g$ est positive, et à l'opposé de l'intégrale de $f-g$ si $f-g$ est négative.
L'aire de D (en u.a.) est alors la somme de l'aire de chacun des domaines.

Étape 3 Convertissez le résultat précédent en cm².

SOLUTION

Étape 1 Pour tout $x>0$, on a $f(x)-g(x)=\dfrac{\ln x}{x}\geqslant 0 \Leftrightarrow x\geqslant 1$.

Donc $f-g$ est négative sur $\left[\dfrac{1}{\text{e}}\,;1\right]$, positive sur $[1\,;2]$.

Étape 2 On a $A=A_1+A_2=-\displaystyle\int_{\frac{1}{\text{e}}}^{1}\left(\frac{\ln t}{t}\right)\text{d}t+\int_{1}^{2}\left(\frac{\ln t}{t}\right)\text{d}t$. Or une primitive de $t\mapsto\dfrac{\ln t}{t}$, fonction de la forme $u'u$ avec $u(t)=\ln t$, est $t\mapsto\dfrac{1}{2}(\ln t)^2$. Donc

$$A=-\left[\frac{1}{2}(\ln t)^2\right]_{\frac{1}{\text{e}}}^{1}+\left[\frac{1}{2}(\ln t)^2\right]_{1}^{2}=-\left(-\frac{1}{2}\left(\ln\frac{1}{\text{e}}\right)^2\right)+\frac{1}{2}(\ln 2)^2=\frac{1}{2}+\frac{(\ln 2)^2}{2}\text{ u.a.}$$

Étape 3 On a 1 u.a. $=1\times 2$ cm² $=2$ cm². Donc $A=1+(\ln 2)^2$ cm².

PHYSIQUE-CHIMIE SVT MATHS COMPLÉMENTAIRES GRAND ORAL

SE TESTER QUIZ

Vérifiez que vous avez bien compris les points clés des **fiches 16 et 17**.

1 Calcul d'une intégrale

→ FICHE 17

1. Soit $I = \int_0^2 e^2\, dt$. Alors $I = \ldots$

☐ **a.** $2e^2$ ☐ **b.** $e^2 - 1$ ☐ **c.** $e^4 - 1$

2. Soit $I = \int_1^x t^2\, dt$. Alors $I = \ldots$

☐ **a.** $\frac{1}{3}x^3$ ☐ **b.** $\frac{1}{3}x^3 - 1$ ☐ **c.** $\frac{1}{3}(x^3 - 1)$

2 Valeur moyenne

→ FICHE 17

1. La valeur moyenne de $x \mapsto 4x + 1$ sur $[-1 ; 1]$ est :

☐ **a.** 8 ☐ **b.** 1 ☐ **c.** 0

2. La valeur moyenne de $x \mapsto \frac{3}{x}$ sur $[1 ; 7]$ est :

☐ **a.** $\frac{\ln 7}{2}$ ☐ **b.** $\frac{\ln 6}{2}$ ☐ **c.** $-\frac{\ln 7}{2}$

3 Propriétés de l'intégrale

→ FICHES 16 et 17

Parmi les affirmations suivantes, lesquelles sont vraies ?

☐ **a.** $A = \int_0^3 f(t)\,dt - \int_0^{-3} f(t)\,dt = \int_{-3}^3 f(t)\,dt$ avec f fonction continue sur $\mathbb{R}$.

☐ **b.** $B = \int_2^4 (\ln t)\,dt + \int_4^7 (3\ln t)\,dt = \int_2^7 (4\ln t)\,dt$.

☐ **c.** Soit g une fonction continue positive sur $[2 ; 5]$, alors $\int_4^3 g(t)\,dt \geq 0$.

4 Théorème fondamental de l'intégration

→ FICHE 17

Sur $\mathbb{R}$, la fonction F définie par $F(x) = \int_0^x \frac{1}{1+t^2}\,dt$ est :

☐ **a.** croissante

☐ **b.** décroissante

☐ **c.** strictement positive

S'ENTRAÎNER

5 Valeur approchée de π

35 min

→ FICHES 16 et 17

Cet exercice regroupe plusieurs notions : calcul intégral, théorèmes de convergence des suites, usage du symbole Σ.

LE SUJET

On considère les applications continues f et g définies sur $[1\,;+\infty[$ par $f(x)=\dfrac{4}{x^2}$

et $\begin{cases} g(2p-1)=0\,;\; g(2p)=\dfrac{4}{(2p)^2}\,; \\ g \text{ affine sur } [2p-1\,;2p] \text{ et sur } [2p\,;2p+1] \end{cases}$ pour tout entier $p \geqslant 1$.

a. Représenter sur un même graphique les courbes de f et de g dans un repère adapté.

b. Calculer $I_n=\int_1^{2n+1} f(t)\,\mathrm{d}t$, pour $n \in \mathbb{N}^*$.

c. Calculer $\int_{2k-1}^{2k+1} g(t)\,\mathrm{d}t$ pour $k \in \mathbb{N}^*$. En déduire que $J_n=\int_1^{2n+1} g(t)\,\mathrm{d}t=\sum_{k=1}^{n}\dfrac{1}{k^2}$ pour tout $n \in \mathbb{N}^*$.

d. Justifier que $J_n \leqslant \dfrac{8n}{2n+1}$ pour tout $n \in \mathbb{N}^*$.

e. En déduire que la suite $(J_n)_{n \geqslant 1}$ converge vers une valeur $\alpha \leqslant 4$.

f. On admet, pour cette dernière question, que $\alpha=\dfrac{\pi^2}{6}$. On donne l'algorithme ci-dessous :

> *Variables* : S est un nombre réel, n est un nombre entier
> *Initialisation* : Affecter à S la valeur 1 ;
> Affecter à n la valeur 1 ;
> *Traitement* : Tant que $n < 600$
> Affecter à n la valeur $n+1$;
> Affecter à S la valeur $S+\dfrac{1}{n^2}$;
> Fin tant que ;
> Affecter à S la valeur $\sqrt{6\times S}$.
> *Sortie* : Afficher S.

Expliquer ce que fait cet algorithme, donner une approximation de S et interpréter ce résultat.

CORRIGÉS

SE TESTER QUIZ

1 Calcul d'une intégrale

1. Réponse a. $I = \int_0^2 e^2 dt = \left[e^2 t\right]_0^2 = 2e^2$.

À NOTER
On intègre une fonction constante.

2. Réponse c. $I = \int_1^x t^2 dt = \left[\dfrac{t^3}{3}\right]_1^x = \dfrac{1}{3}x^3 - \dfrac{1}{3}$.

2 Valeur moyenne

1. Réponse b. $\mu = \dfrac{1}{1-(-1)}\int_{-1}^{1}(4x+1)\,dx = \dfrac{1}{2}\left[2x^2 + x\right]_{-1}^{1} = \dfrac{3-1}{2} = 1$.

2. Réponse a. $\mu = \dfrac{1}{7-1}\int_1^7 \dfrac{3}{x} dx = \dfrac{1}{6}[3\ln x]_1^7 = \dfrac{3\ln 7 - 3\ln 1}{6} = \dfrac{\ln 7}{2}$.

3 Propriétés de l'intégrale

a. Vrai. $A = \int_0^3 f(t)dt - \left(-\int_{-3}^0 f(t)dt\right) = \int_0^3 f(t)dt + \int_{-3}^0 f(t)dt = \int_{-3}^3 f(t)dt$

À NOTER
On utilise la relation de Chasles.

b. Faux. Pour pouvoir utiliser la relation de Chasles, la fonction à intégrer doit être la même dans les deux intégrales, ce qui n'est pas le cas ici.

c. Faux. g est une fonction positive donc $\int_3^4 g(t)\,dt \geqslant 0$ car elle correspond exactement à une aire. On a donc $\int_4^3 g(t)\,dt = -\int_3^4 g(t)\,dt \leqslant 0$.

4 Théorème fondamental de l'intégration

Réponse a. En effet, la fonction $f : t \mapsto \dfrac{1}{1+t^2}$ est continue sur $\mathbb{R}$, donc d'après le théorème fondamental de l'intégration, la fonction F est la primitive de f qui s'annule en 0. Donc F est dérivable sur $\mathbb{R}$, et sa dérivée est f. Or $f(t) = \dfrac{1}{1+t^2} > 0$ pour tout $t \in \mathbb{R}$. Donc F est strictement croissante sur $\mathbb{R}$.

S'ENTRAÎNER

5 Valeur approchée de π

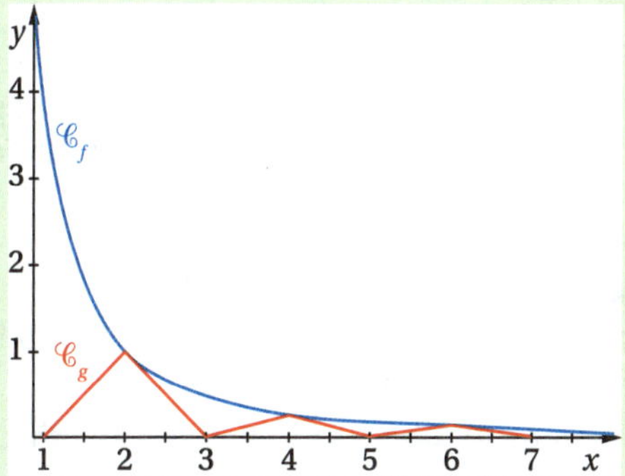

a. Voici les deux courbes, celle de f étant en bleu, celle de g en rouge :

b. On a $I_n = \int_1^{2n+1} f(t)\,dt = \int_1^{2n+1} \frac{4}{t^2}\,dt$

$= \left[-\frac{4}{t}\right]_1^{2n+1} = \frac{-4}{2n+1} + 4 = \mathbf{\frac{8n}{2n+1}}.$

c. • Pour tout entier $k \geqslant 1$, l'intégrale $\int_{2k-1}^{2k+1} g(t)\,dt$ est l'aire d'un triangle de base $(2k+1) - (2k-1) = 2$, de hauteur $g(2k) = \frac{4}{(2k)^2} = \frac{1}{k^2}$.

Donc $\int_{2k-1}^{2k+1} g(t)\,dt = \frac{1}{2} \times \left(2 \times \frac{1}{k^2}\right) = \mathbf{\frac{1}{k^2}}.$

• On en déduit alors immédiatement, à l'aide de la relation de Chasles, que $J_n = \int_1^{2n+1} g(t)\,dt = \sum_{k=1}^{n} \int_{2k-1}^{2k+1} g(t)\,dt = \mathbf{\sum_{k=1}^{n} \frac{1}{k^2}}.$

d. Comme les deux fonctions f et g sont positives, avec $1 \leqslant 2n+1$, les deux intégrales correspondent aux aires des domaines délimités par l'axe des abscisses, les droites d'équations $x = 1$ et $x = 2n+1$ et les courbes de f et de g respectivement. De plus, la courbe représentative de g est toujours en dessous de celle de f, donc $J_n = \int_1^{2n+1} g(t)\,dt \leqslant \int_1^{2n+1} f(t)\,dt$, d'où $\mathbf{J_n \leqslant \frac{8n}{2n+1}}$.

e. ■ Étudions les variations de la suite $(J_n)_{n \geqslant 1}$:

$$J_n - J_{n-1} = \int_1^{2n+1} g(t)\,dt - \int_1^{2n-1} g(t)\,dt = \int_1^{2n+1} g(t)\,dt + \int_{2n-1}^{1} g(t)\,dt.$$

D'après la relation de Chasles, on a $J_n - J_{n-1} = \int_{2n-1}^{2n+1} g(t)\,dt = \frac{1}{n^2} > 0$.

La suite $(J_n)_{n \geqslant 1}$ est donc strictement croissante.

■ Comme $J_n \leqslant \frac{8n}{2n+1} < \frac{8n}{2n} = 4$, alors la suite $(J_n)_{n \geqslant 1}$ est majorée, ce qui implique donc qu'elle **converge vers une valeur $\alpha \leqslant 4$**.

f. Cet algorithme calcule dans un premier temps $S = J_{600}$, puis $S = \sqrt{6 \times J_{600}}$. En programmant cet algorithme dans une calculatrice, on obtient **$S \approx 3{,}14$**, ce qui nous donne une approximation de π. (En effet, la limite de la suite $(J_n)_{n \geqslant 1}$ étant $\alpha = \frac{\pi^2}{6}$, on a $\lim_{n \to +\infty} \sqrt{6 \times J_n} = \pi$.)

18 Schéma de Bernoulli et loi uniforme

En bref *En 1713 paraît* Ars Conjectandi *de Jacques Bernoulli, un ouvrage très important dans l'histoire des probabilités. On y trouve son schéma présenté dans le cadre d'un tirage sans remise pour un modèle d'urne.*

I Schéma de Bernoulli

■ **Définition :** Une **épreuve de Bernoulli** est une épreuve à deux issues : vrai/faux, pile/face, blanc/noir, etc.

On convient d'appeler « succès » et « échec » les deux issues, que l'on symbolise respectivement par 1 et 0.

■ **Définition :** Une **variable aléatoire de Bernoulli** est une variable aléatoire X caractérisée par :

- $X(\Omega) = \{0 ; 1\}$ (X ne prend que deux valeurs) ;
- $P(X = 1) = p$ et donc $P(X = 0) = 1 - p = q$ (p étant un nombre de $[0 ; 1]$).

■ **Définition :** Un **schéma de Bernoulli** est la répétition de la même épreuve de Bernoulli un certain nombre de fois (noté n), chaque fois étant indépendante des autres.

■ Arbre de probabilités :

> **À NOTER**
> On peut schématiser la succession d'épreuves par un arbre de probabilités, d'où le terme de « schéma ».

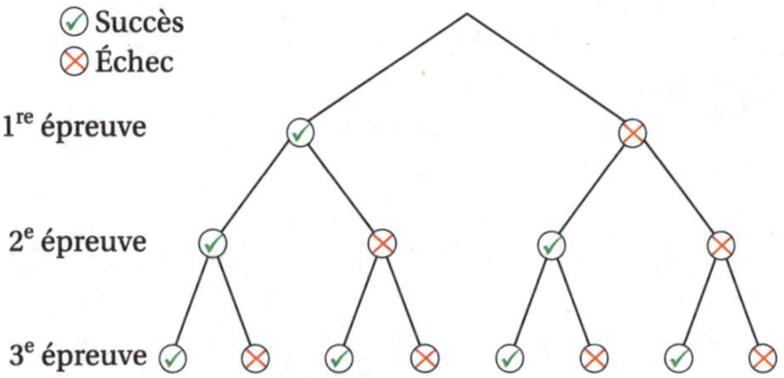

II Loi uniforme de paramètre n

■ **Définition :** Une variable aléatoire X suit une **loi uniforme de paramètre n** lorsque :

- $X(\Omega) = \{1, ..., n\}$;
- pour tout $k \in \{1, ..., n\}$, $P(X = k) = \dfrac{1}{n}$.

■ **Propriétés :** On a alors :

- espérance de X, $E(X) = \dfrac{n+1}{2}$;
- variance de X, $V(X) = \dfrac{n^2 - 1}{12}$.

> **À NOTER**
> Tous les événements $\{X = k\}$ sont équiprobables.

Méthodes

1 | Reconnaître un schéma de Bernoulli

Dans les situations suivantes, dire s'il est possible d'utiliser un schéma de Bernoulli pour les modéliser.

a. Le nombre de lancers d'un dé cubique nécessaires pour obtenir un 6 pour la première fois.

b. Le nombre de filles dans une famille de quatre enfants.

c. Le nombre de boules blanches obtenues lors du tirage de trois boules dans une urne comportant quatre boules blanches et six boules noires.

CONSEILS

a. et b. Vérifiez si chaque situation répond aux conditions caractéristiques d'un schéma de Bernoulli rappelées dans la définition.

c. Discutez selon la nature des tirages : avec ou sans remise.

SOLUTION

a. **Il n'est pas possible d'utiliser un schéma de Bernoulli** car le nombre de répétitions de l'épreuve (lancer d'un dé) n'est pas fixé.

b. Si on suppose que dans une fratrie les sexes des enfants sont indépendants les uns des autres, **on peut utiliser un schéma de Bernoulli** pour connaître le nombre de filles. L'épreuve de Bernoulli de base est l'identification du sexe de l'enfant : F ou G. On la répète 4 fois.

c. Si on effectue les tirages *avec remise*, **on peut modéliser la situation par un schéma de Bernoulli**, l'épreuve de base étant l'identification de la couleur : B ou N.

Si on effectue les tirages *sans* remise, **on ne peut pas utiliser un schéma de Bernoulli**. En effet dans ce cas les tirages ne sont pas indépendants, l'issue d'un tirage dépend de la composition de l'urne, variable d'un tirage à l'autre.

2 | Utiliser une loi uniforme

On jette un dé cubique ordinaire une fois. Soit X la variable aléatoire égale au nombre porté par le dé.

a. Déterminer la loi de X.

b. En déduire son espérance et sa variance.

CONSEILS

b. Utiliser les formules du cours.

SOLUTION

a. On a évidemment $X(\Omega) = \{1, ..., 6\}$ et, puisque le dé est équilibré, pour tout $k \in X(\Omega)$, $P(X = k) = \frac{1}{6}$. Donc **X suit la loi uniforme de paramètre 6.**

b. On sait alors que $E(X) = \frac{6+1}{2} = \mathbf{3{,}5}$ et $V(X) = \frac{6^2 - 1}{12} = \mathbf{\frac{35}{12}}$.

PHYSIQUE-CHIMIE | SVT | MATHS COMPLÉMENTAIRES | GRAND ORAL

19 Coefficients binomiaux

En bref *Lorsqu'on construit un arbre relatif à un schéma de Bernoulli il est utile de savoir combien de chemins comportent exactement k succès. Les coefficients binomiaux apportent la réponse.*

I Définition des coefficients binomiaux

On dispose de n objets. Le nombre de façons d'en choisir k ($k \leqslant n$) se note $\binom{n}{k}$ et se lit « k parmi n ». Ce nombre s'appelle un coefficient binomial.

Exemple : On dispose de 5 emplacements pour placer des lettres. Le nombre de façons de placer la lettre B sur 3 emplacements est égal à $\binom{5}{3}$. En effet, il y a $\binom{5}{3}$ façons de choisir un emplacement parmi les 5 disponibles ; en voici deux : B _ B B _ et B B _ B _.

II Calcul des coefficients binomiaux

■ Pour calculer $\binom{n}{k}$, on peut utiliser le triangle de Pascal :

n \ k	0	1	2	3	4	5	6
0	1						
1	1	1					
2	1	2	1				
3	1	3	3	1			
4	1	4	6	4	1		
5	1	5	10	10	5	1	
6	1	6	15	20	15	6	1

■ Il est construit à l'aide de la formule de Pascal valable pour tout entier n et tout entier k :

$$\binom{n+1}{k+1} = \binom{n}{k+1} + \binom{n}{k}$$

Exemple : $\binom{6}{4} = \binom{5}{4} + \binom{5}{3} = 15$ (triangle de Pascal avec $n = 5$ et $k = 3$).

Remarque : On a aussi $\binom{n}{k} = \binom{n}{n-k}$, par exemple $\binom{5}{3} = \binom{5}{2} = 10$.

Méthode

Compter des chemins dans un schéma de Bernoulli

On considère un schéma de Bernoulli à n répétitions, la probabilité de succès S étant égale à p.

1. On suppose dans cette question que $n = 3$.

a. Combien y a-t-il de chemins contenant deux succès exactement ?

b. Combien y a-t-il de chemins contenant k succès $(0 \leqslant k \leqslant 3)$?

2. Dans le cas général, combien y a-t-il de chemins contenant exactement k succès ?

CONSEILS

1. a. Un arbre permet de répondre par simple dénombrement.

b. Utilisez les coefficients binomiaux.

2. Raisonnez en pensant à la position des succès dans le chemin.

SOLUTION

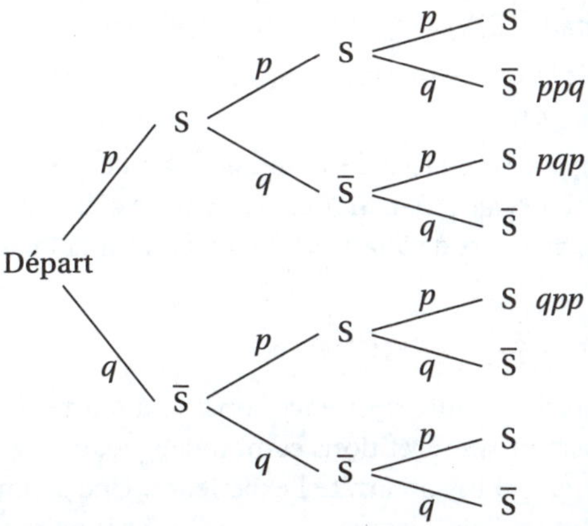

1. a. En comptant simplement, on voit qu'il y a **trois chemins** contenant 2 succès. On constate que $3 = \binom{3}{2}$.

b. Un chemin est une liste à 3 éléments choisis parmi S (succès) et $\overline{S}$ (échec). Pour savoir combien de chemins contiennent k lettres S, on choisit k places de la liste parmi les 3 dont on dispose, ce qui fait $\binom{3}{k}$ possibilités, donc $\binom{3}{k}$ **chemins possibles**.

2. Un chemin est ici une liste à n éléments choisis parmi S et $\overline{S}$. En généralisant le raisonnement précédent et en remplaçant 3 par n, on constate qu'il y a $\binom{n}{k}$ **chemins contenant exactement k succès**.

20 Loi binomiale et loi géométrique

En bref *La loi binomiale formalise un schéma de Bernoulli ; la loi géométrique formalise le temps d'attente du premier succès dans une succession d'épreuves identiques et indépendantes.*

I Loi binomiale

■ **Définition :** Une expérience consiste à répéter n fois une même action, les répétitions étant indépendantes. Une action produit un succès avec une probabilité p.

Soit X la variable aléatoire comptant le nombre de succès au cours des n répétitions. La loi de X est la **loi binomiale** de paramètres n et p et on a :

$X(\Omega) = \{0, 1, 2, ..., n\}$.

■ Pour tout $k \in X(\Omega)$:

$$P(X = k) = \binom{n}{k} p^k (1-p)^{n-k} = \binom{n}{k} p^k q^{n-k}$$

■ Espérance $E(X) = np$ et variance $V(X) = npq$.

■ On écrit que X suit la loi $\mathcal{B}(n\ ;\ p)$, en abrégé : $X \sim \mathcal{B}(n\ ;\ p)$.

À NOTER
On pose habituellement $q = 1 - p$.

■ *Exemple :* Une pièce de monnaie est truquée de telle sorte que la probabilité de pile soit égale à 0,6. Si X est la variable aléatoire comptant le nombre de piles obtenus au cours de 5 lancers, la loi de X est la loi $\mathcal{B}(5\ ;\ 0{,}6)$.

II Loi géométrique

■ **Définition :** Une expérience consiste à répéter un certain nombre de fois une même action, les répétitions étant indépendantes, jusqu'à l'obtention du premier succès, auquel cas on arrête l'expérience. Une action produit un succès avec une probabilité p. Soit X la variable aléatoire égale au rang du premier succès. La loi de X est la **loi géométrique** de paramètre p et on a $X(\Omega) = \mathbb{N}^*$.

■ Pour tout $k \in X(\Omega)$:

$$P(X = k) = q^{k-1} p$$

■ Espérance $E(X) = \dfrac{1}{p}$ et variance $V(X) = \dfrac{q}{p^2}$.

■ On écrit que X suit la loi $\mathcal{G}(p)$, en abrégé : $X \sim \mathcal{G}(p)$.

■ *Exemple :* On considère une pièce de monnaie truquée de telle sorte que la probabilité de pile soit égale à 0,6. On la jette jusqu'à ce que l'on obtienne pile pour la première fois, auquel cas on s'arrête.

Soit X le rang d'apparition du premier pile. Alors $X \sim \mathcal{G}(0{,}6)$.

Méthodes

1 | Utiliser une loi binomiale

On jette un dé cubique ordinaire 10 fois. Soit X la variable aléatoire comptant le nombre de faces 4 obtenues.

1. Identifier la loi de X.

2. a. Calculer, à 10^{-3} près, la probabilité d'obtenir au moins trois faces 4.

b. Calculer, à 10^{-3} près, $P(2 \leqslant X < 5)$.

CONSEILS

1. Un succès est l'obtention d'une face 4.

2. a. Pensez à l'événement contraire et utilisez les touches spécialisées de la calculatrice.

b. Bien prendre en compte les inégalités larges et strictes.

SOLUTION

1. On répète dix fois de manières indépendantes la même épreuve. La probabilité de succès est $\frac{1}{6}$ car le dé est cubique. C'est pourquoi $X \sim \mathscr{B}\left(10\,;\frac{1}{6}\right)$.

2. a. La probabilité d'obtenir au moins trois faces 4 est :

$$\begin{aligned} P(X \geqslant 3) &= 1 - P(X \leqslant 2) \\ &= 1 - (P(X=0) + P(X=1) + P(X=2)) \\ &= 1 - \left(\binom{10}{0}\left(\frac{1}{6}\right)^0\left(\frac{5}{6}\right)^{10} + \binom{10}{1}\left(\frac{1}{6}\right)^1\left(\frac{5}{6}\right)^{9} + \binom{10}{2}\left(\frac{1}{6}\right)^2\left(\frac{5}{6}\right)^{8}\right). \end{aligned}$$

La calculatrice fournit $P(X \geqslant 3) \approx 0{,}225$.

b. $P(2 \leqslant X < 5) = P(X=2) + P(X=3) + P(X=4) \approx 0{,}500$.

2 | Utiliser une loi géométrique

Dans l'urne ci-contre, on effectue des tirages aléatoires d'une boule avec remise. Soit X le rang d'apparition de la première boule blanche.

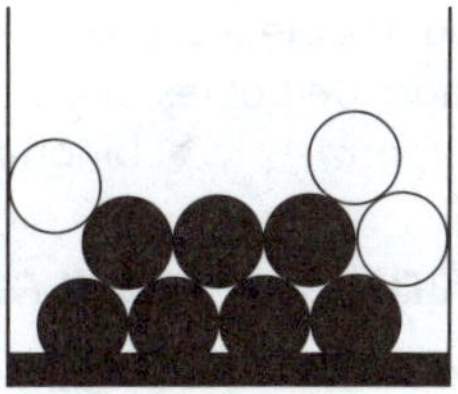

1. Identifier la loi de X.

2. Calculer la probabilité pour que la première boule blanche apparaisse au quatrième tirage.

SOLUTION

CONSEILS

1. Bien considérer la *première* boule blanche obtenue.

2. Les tirages qui précèdent le quatrième comportent alors des boules noires.

1. Un succès étant l'apparition d'une boule blanche, de probabilité $\frac{3}{10}$, X est égale au rang du premier succès lors de la répétition d'épreuves identiques et indépendantes. C'est pourquoi $X \sim \mathscr{G}(0{,}3)$.

2. On cherche $P(X=4)$ et on trouve $0{,}7^3 \times 0{,}3$ c'est-à-dire $0{,}1\,029$.

PHYSIQUE-CHIMIE SVT MATHS COMPLÉMENTAIRES GRAND ORAL

SE TESTER QUIZ

Vérifiez que vous avez bien compris les points clés des **fiches 18 à 20**.

1 Reconnaître un schéma de Bernoulli

→ FICHE 18

Parmi les affirmations suivantes, lesquelles sont vraies ?

☐ **a.** Dans un schéma de Bernoulli à n répétitions, chaque épreuve peut avoir 3 issues.

☐ **b.** Un schéma de Bernoulli à n répétitions conduit à 2^n résultats élémentaires.

☐ **c.** On peut modéliser l'expérience consistant à lancer un dé 10 fois et à considérer le nombre de sorties du six par un schéma de Bernoulli.

2 Coefficients binomiaux

→ FICHE 19

1. J'ai 10 billes, toutes de couleurs différentes. Le nombre de façons d'en choisir 4 simultanément est égal à $\binom{10}{6}$.

☐ **a.** Vrai ☐ **b.** Faux

2. Sans calculatrice, $\binom{4}{2}+\binom{4}{3}=\ldots$

☐ **a.** 10 ☐ **b.** $\binom{5}{4}$ ☐ **c.** $\binom{5}{1}$

3 Reconnaître une loi

→ FICHE 20

On prélève 6 fois une boule *avec remise*, dans une urne comportant trois boules bleues, quatre boules blanches et cinq boules rouges. X est le nombre de boules bleues obtenues. La loi de X est la loi :

☐ **a.** uniforme ☐ **b.** binomiale ☐ **c.** géométrique ☐ **d.** aucune des trois

4 Variance d'une variable aléatoire

→ FICHE 20

On tire une carte d'un jeu de 32 cartes. $X = 1$, 2, 3 ou 4 si la couleur est respectivement ♠, ♥, ♦, ♣.

☐ **a.** $V(X) = 32$ ☐ **b.** $V(X) = 1{,}25$ ☐ **c.** $V(X) = 16$

5 Loi binomiale

→ FICHE 20

X suit la loi $\mathcal{B}(20\,;\,0{,}6)$. Sa variance vaut alors :

☐ **a.** 12 ☐ **b.** 4,8 ☐ **c.** 0,24.

6 Loi géométrique

→ FICHE 20

L'espérance d'une loi géométrique de paramètre 0,1 est égale à 10.

☐ **a.** Vrai ☐ **b.** Faux

S'ENTRAÎNER

7 Étudier le temps d'attente d'un succès

40 min

→ FICHES 20 et 28

Dans ce sujet, on considère une urne contenant des boules de deux couleurs dans laquelle on effectue des tirages avec remise, les deux couleurs n'étant pas également réparties dans l'urne. On s'intéresse au nombre de tirages à effectuer pour obtenir un tirage donné et à la loi associée qu'il faut identifier.

LE SUJET

On considère une urne contenant quatre boules : une blanche et trois rouges.

1. On tire simultanément deux boules de cette urne. Quelle est la probabilité d'obtenir deux boules rouges ?

2. On effectue maintenant une succession de tirages simultanés de deux boules dans cette urne (en remettant les boules dans l'urne après chaque tirage) jusqu'à obtenir un tirage constitué de deux boules rouges.

Soit N la variable aléatoire égale au rang du tirage où l'expérience s'arrête.

a. Quelles sont les valeurs prises par N ?

b. Reconnaître la loi de N. On précisera $P(N = k)$ pour tout entier $k \geqslant 1$.

c. En déduire son espérance et sa variance.

d. Calculer la probabilité que l'expérience s'arrête au plus tard au quatrième tirage.

3. La succession de tirages s'achève au plus tard au tirage numéro n avec une probabilité de plus de 99,99 %. Écrire un programme en Python permettant de trouver la valeur minimale de n.

CORRIGÉS

SE TESTER QUIZ

1 Reconnaître un schéma de Bernoulli

Réponses b et c.

L'affirmation a est fausse, par définition on répète des épreuves à deux issues.

L'affirmation b est vraie, car à chaque répétition il y a deux fois plus d'événements élémentaires.

L'affirmation c est vraie, le succès est alors « on a obtenu six ».

2 Coefficients binomiaux

1. Réponse a. Vrai, en effet il y a $\binom{10}{4}$ façons de choisir simultanément les 4 billes et $\binom{10}{6} = \binom{10}{10-6} = \binom{10}{4}$.

2. Réponse a. En utilisant la formule de Pascal on obtient : $\binom{4}{2} + \binom{4}{3} = \binom{5}{3} = 10$.

3 Reconnaître une loi

Réponse b. $X \sim \mathcal{B}\left(5\,;\frac{3}{12}\right)$. En effet la boule tirée est soit bleue soit « non bleue » .

4 Variance d'une variable aléatoire

Réponse b. La loi de X est la loi uniforme de paramètre 4 car chaque couleur a une chance sur 4 d'être choisie. Donc $V(X) = \frac{4^2 - 1}{12} = \frac{15}{12} = 1{,}25$.

5 Loi binomiale

Réponse b. En effet $n = 20$, $q = 1 - 0{,}6 = 0{,}4$ et $V(X) = npq$, soit $V(X) = 4{,}8$.

6 Loi géométrique

Réponse a. Vrai, $E(X) = \frac{1}{0{,}1} = 10$.

S'ENTRAÎNER

7 Étudier le temps d'attente d'un succès

1. Tout se passe comme si on effectuait deux tirages d'une boule *sans* remise. L'arbre ci-contre résume la situation.

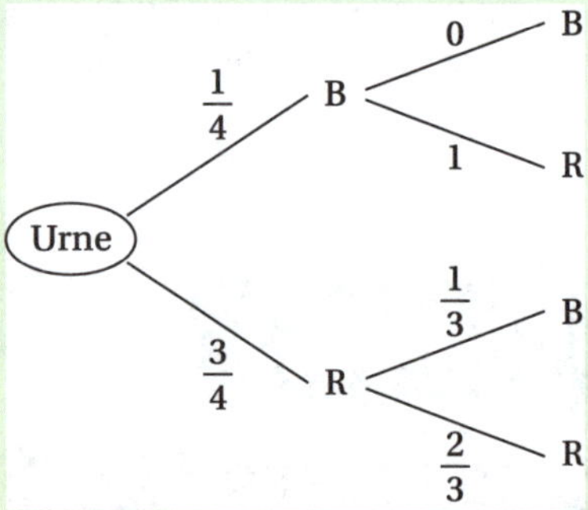

La probabilité cherchée est donc égale à $\frac{3}{4} \times \frac{2}{3}$ c'est-à-dire $\frac{2}{4}$ ou encore $\frac{1}{2}$.

2. a. On arrête la succession de tirages lorsqu'on obtient deux boules rouges. C'est pourquoi $X(\Omega) = \{1, 2, \ldots\} = \mathbb{N}^*$.

RAPPEL

L'éventualité que les deux boules rouges ne soient jamais obtenues est envisagée mais on démontre que sa probabilité est égale à 0 : c'est une éventualité quasi-impossible.

b. La loi de N est la loi du temps d'attente du premier succès (ici : « les deux boules tirées sont rouges ») lors d'une succession de tirages identiques et indépendants. C'est pourquoi N suit la loi géométrique de paramètre $\frac{1}{2}$ et :

pour tout $k \in \mathbb{N}^*$, $P(N = k) = \left(\frac{1}{2}\right)^{k-1} \frac{1}{2} = \left(\frac{1}{2}\right)^k$.

c. On sait que $E(N) = \frac{1}{\frac{1}{2}} = 2$ et $V(N) = \frac{\left(1 - \frac{1}{2}\right)}{\left(\frac{1}{2}\right)^2} = \frac{\frac{1}{2}}{\frac{1}{4}} = \frac{1}{2} \times 4 = 2$.

d. Cela revient à chercher $P(N \leqslant 4)$ avec :

$$P(N \leqslant 4) = \sum_{k=1}^{4} \left(\frac{1}{2}\right)^k = \frac{\frac{1}{2}\left(1 - \left(\frac{1}{2}\right)^4\right)}{1 - \frac{1}{2}} = \frac{\frac{1}{2}\left(1 - \left(\frac{1}{2}\right)^4\right)}{\frac{1}{2}} = 1 - \frac{1}{2^4} = \frac{15}{16}.$$

RAPPEL

Si $q \neq 1$: $\sum_{k=1}^{n} q^k = \frac{q(1-q^n)}{1-q}$.

3. On cherche n pour que $P(X \leqslant n) \geqslant 0{,}9999$.
Or, en utilisant la somme de termes d'une suite géométrique :

$$P(X \leqslant n) = \sum_{k=1}^{n} \left(\frac{1}{2}\right)^k = 1 - \frac{1}{2^n} = 1 - 0{,}5^n.$$

Le programme suivant calcule $1 - 0{,}5^n$ puis ajoute 1 à la variable n tant que la valeur calculée est inférieure à 0,9999.

```
n=0
while 1-0.5**n<0.9999:
    n=n+1
print(n)
```

On trouve $n = 14$.

21 Densité de probabilité et variables aléatoires continues

En bref *Lorsqu'une variable aléatoire est continue, on calcule non pas la probabilité d'apparition d'une valeur donnée, mais celle de tomber dans un intervalle de valeurs.*

I Densité de probabilité

■ **Définition :** Une **densité de probabilité** est une fonction f définie sur $\mathbb{R}$, positive, continue par morceaux et telle que $\int_{-\infty}^{+\infty} f(t)\,dt = 1$.

■ **Définition :** Une **fonction continue par morceaux** est une fonction qui est continue sauf en un nombre fini de points.

■ **Calcul de l'intégrale :** Soit a un nombre quelconque, si $\lim_{x \to +\infty} \int_a^x f(t)\,dt$ existe et est finie, de valeur ℓ_1 et si $\lim_{x \to -\infty} \int_x^a f(t)\,dt$ existe et est finie de valeur ℓ_2 alors $\int_{-\infty}^{+\infty} f(t)\,dt = \ell_1 + \ell_2$.

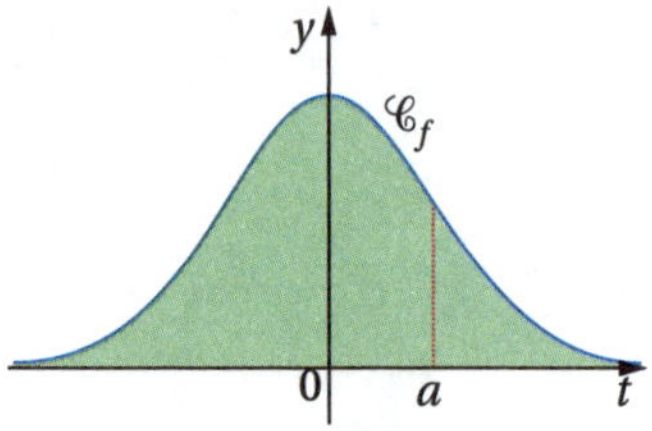

Graphiquement, l'aire comprise entre la courbe et l'axe des abscisses est égale à 1.

II Loi d'une variable aléatoire continue

■ **Définition :** Soit f une densité de probabilité. Dire qu'**une variable aléatoire X a pour loi la densité f** signifie que pour tout $x \in \mathbb{R}$:

$$P(X \leqslant x) = P(X < x) = \int_{-\infty}^{x} f(t)\,dt$$

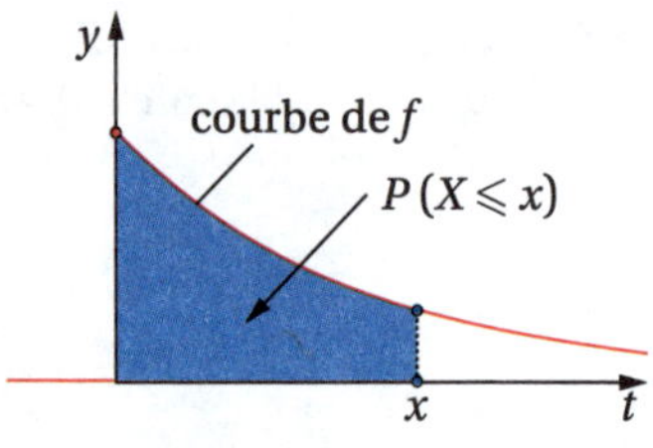

Dans ce cas on dit que **X est une variable aléatoire continue**.

■ **Définition :** La fonction $F : x \mapsto P(X \leqslant x)$ s'appelle la **fonction de répartition** de X.

$$P(a \leqslant X \leqslant b) = P(a < X < b) = F(b) - F(a) = \int_a^b f(t)\,dt$$

En effet, $P(a \leqslant X \leqslant b) = P(X \leqslant b) - P(X < a) = F(b) - F(a)$ et

$P(a \leqslant X \leqslant b) = \int_{-\infty}^{b} f(t)\,dt - \int_{-\infty}^{a} f(t)\,dt = \int_{-\infty}^{a} f(t)\,dt + \int_a^b f(t)\,dt - \int_{-\infty}^{a} f(t)\,dt = \int_a^b f(t)\,dt.$

Méthode

Reconnaître une densité de probabilité

1. Soit f la fonction définie par $f(x) = \dfrac{k}{x^2}$ si $x \in [1\,;5]$ et $f(x) = 0$ si $x \notin [1\,;5]$.

a. Tracer sommairement la représentation graphique de f pour $k = \dfrac{1}{4}$.

b. Déterminer k pour que f soit une densité de probabilité.

2. Mêmes questions pour $f(x) = \dfrac{k}{x^2}$ si $x \in [1\,;+\infty[$ et $f(x) = 0$ sinon.

CONSEILS

1. et 2. f doit vérifier toutes les conditions que doit remplir une densité de probabilité.

SOLUTION

1. a. Figure ci-contre.

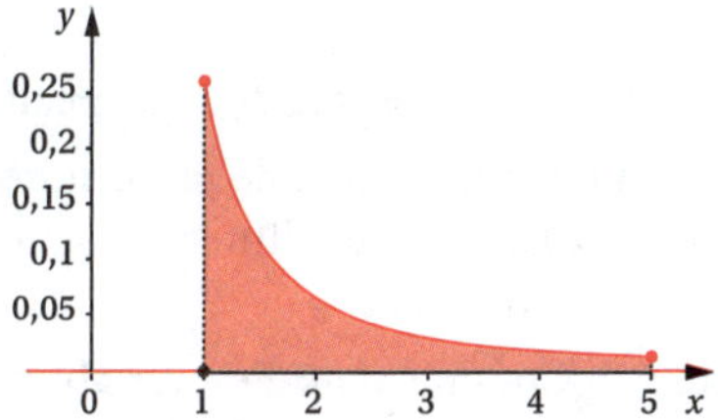

b. f est visiblement positive (produit d'un carré par un nombre positif) ; elle est continue par morceaux (il y a une coupure aux points d'abscisses 1 et 5).

De plus $\displaystyle\int_{-\infty}^{+\infty} f(x)\,dx = \int_1^5 \frac{k}{x^2}\,dx = k\left[-\frac{1}{x}\right]_1^5 = k\left(1-\frac{1}{5}\right) = \frac{4k}{5}$.

Pour que $\displaystyle\int_{-\infty}^{+\infty} f(x)\,dx = 1$, il faut et il suffit que $\dfrac{4k}{5} = 1$ c'est-à-dire $k = \dfrac{5}{4}$.

2. Figure ci-contre.

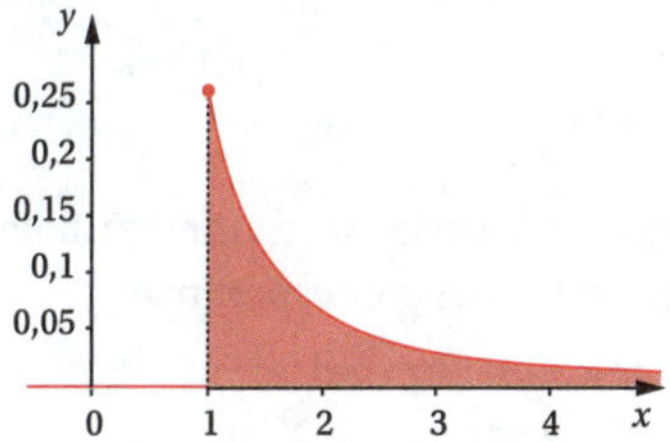

Comme précédemment, f est positive et continue par morceaux et :

$\displaystyle\int_1^x \frac{k}{t^2}\,dt = k\left[-\frac{1}{t}\right]_1^x = k\left(1-\frac{1}{x}\right)$.

De plus $\displaystyle\lim_{x\to+\infty} \int_1^x \frac{k}{t^2}\,dt = \lim_{x\to+\infty} k\left(1-\frac{1}{x}\right) = k$

car $\displaystyle\lim_{x\to+\infty} \frac{1}{x} = 0$.

On en déduit que $\displaystyle\int_1^{+\infty} \frac{k}{t^2}\,dt = k$. Par conséquent il suffit de choisir $k = 1$ pour que f soit une densité de probabilité.

PHYSIQUE-CHIMIE SVT MATHS COMPLÉMENTAIRES GRAND ORAL

22 Espérance et variance de variables aléatoires continues

En bref *Les notions d'espérance et de variance de variables aléatoires continues généralisent celles que l'on connaît pour les variables aléatoires discrètes.*

I Espérance

■ **Définition :** L'**espérance** d'une variable aléatoire X dont la densité de probabilité est f est le nombre noté $E(X)$:

$$E(X) = \int_{-\infty}^{+\infty} tf(t)\,\mathrm{d}t$$

À NOTER
Ici, les bornes de l'intégrale sont infinies → FICHE 21.

L'espérance d'une variable aléatoire s'appelle aussi sa moyenne.

Remarque : Souvent la densité de probabilité est définie sur des intervalles bornés ou semi-bornés. Le calcul de l'intégrale se résume alors à un calcul entre a et b ou entre $-\infty$ et b ou entre a et $+\infty$.

■ **Propriété :** Comme pour les variables aléatoires discrètes, l'espérance est **linéaire**. Pour tous réels a et b : $E(aX + b) = aE(X) + b$.

II Variance

■ **Définition :** La **variance** d'une variable aléatoire X dont la densité de probabilité est f est le nombre noté $V(X)$:

$$V(X) = \int_{-\infty}^{+\infty} t^2 f(t)\,\mathrm{d}t - (E(X))^2$$

Pour calculer la variance d'une variable aléatoire il est donc nécessaire d'avoir calculé au préalable son espérance.

■ La variance est un **indicateur de la dispersion** des valeurs de X autour de son espérance : plus la variance est grande et plus les valeurs de X sont dispersées (on dit aussi étalées) autour de l'espérance.

Exemples : Courbes de densités de probabilité de variables aléatoires X d'espérance 3 et de variances plus ou moins grandes.

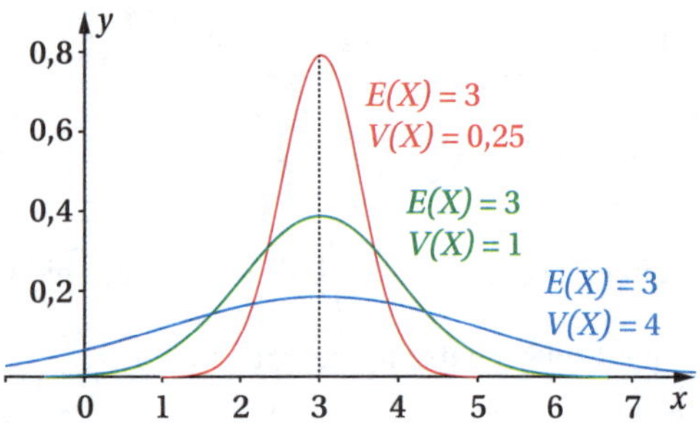

Méthode

Calculer l'espérance d'une variable aléatoire continue

On pose $f(t) = \begin{cases} e^{-t} \text{ si } t \geqslant 0 \\ 0 \text{ si } t < 0 \end{cases}$.

1. Montrer que f est une densité de probabilité.

2. Vérifier que F définie par $F(t) = e^{-t}(-t-1)$ est une primitive de $t \mapsto te^{-t}$.

3. Montrer que $\int_0^A te^{-t}\,dt = -Ae^{-A} - e^{-A} + 1$.

4. Calculer l'espérance de la variable aléatoire X de densité f.

CONSEILS

1. Utilisez les formules du cours et la limite : $\lim\limits_{x \to +\infty} e^{-x} = 0$.

2. La dérivée de $x \mapsto e^{\alpha x}$ est $x \mapsto \alpha e^{\alpha x}$ (où α est une constante).
Utilisez la formule de la dérivée d'un produit de fonctions : $(uv)' = u'v + uv'$.

3. Si F est une primitive de f alors $\int_a^b f(t)\,dt = F(b) - F(a)$.

4. Utilisez $\lim\limits_{x \to +\infty} \dfrac{x}{e^x} = 0$.

SOLUTION

1. La fonction f est évidemment positive et continue par morceaux.
De plus, $\int_{-\infty}^{+\infty} f(t)\,dt = \int_0^{+\infty} f(t)\,dt = \lim\limits_{x \to +\infty} \int_0^x f(t)\,dt$.

Or $\int_0^x f(t)\,dt = \left[-e^{-t}\right]_0^x = 1 - e^{-x}$. De plus $\lim\limits_{x \to +\infty} e^{-x} = 0$.

Il en résulte que $\lim\limits_{x \to +\infty} \int_0^x f(t)\,dt = 1$. On a donc bien $\int_{-\infty}^{+\infty} f(t)\,dt = 1$.
C'est pourquoi **f est une densité de probabilité**.

2. On a $F'(t) = -e^{-t}(-t-1) + e^{-t}(-1) = e^{-t}(t+1-1) = te^{-t}$.

3. $\int_0^A te^{-t}\,dt = F(A) - F(0) = e^{-A}(-A-1) - e^0(-1) = -Ae^{-A} - e^{-A} + 1$.

4. On sait que $E(X) = \int_{-\infty}^{+\infty} tf(t)\,dt = \int_0^{+\infty} te^{-t}\,dt = \lim\limits_{A \to +\infty} \int_0^A te^{-t}\,dt$.

De plus $\lim\limits_{A \to +\infty} (-Ae^{-A} - e^{-A} + 1) = 0 + 0 + 1 = 1$.

Donc $E(X) = \int_0^{+\infty} te^{-t}\,dt = 1$.

23 Loi uniforme

En bref *Dans le cas des variables aléatoires continues, la loi uniforme prolonge la loi uniforme des variables aléatoires discrètes.*

I Densité uniforme

■ **Définition :** La **densité uniforme** sur l'intervalle $[a\,;b]$ est la fonction définie sur $\mathbb{R}$ par :

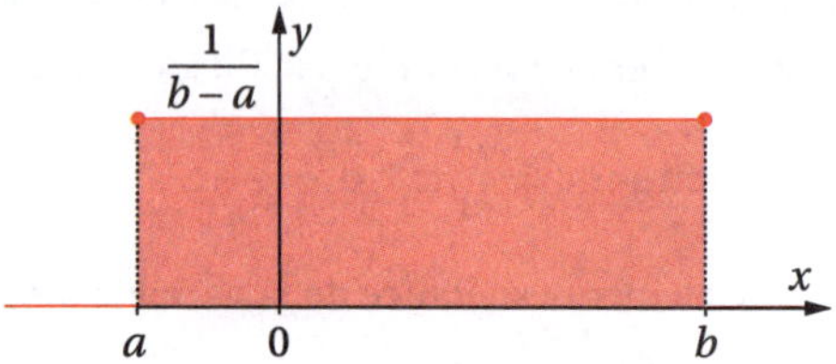

$$f(x) = \begin{cases} \dfrac{1}{b-a} \text{ si } x \in [a\,;b] \\ 0 \text{ si } x \notin [a\,;b] \end{cases}$$

■ **Justification :** La fonction f est visiblement positive et continue par morceaux (il y a deux points de discontinuité). De plus l'aire du domaine compris entre la courbe et l'axe des abscisses se réduit à l'aire d'un rectangle dont les dimensions sont $b-a$ et $\dfrac{1}{b-a}$ qui vaut bien 1.

II Loi uniforme

■ **Définition :** Dire que la loi d'une variable aléatoire X est la **loi uniforme** sur $[a\,;b]$ signifie que la densité de X est la densité uniforme. Pour tout $x \in \mathbb{R}$, sa fonction de répartition F est ainsi définie :

$$\begin{cases} \text{si } x \leqslant a,\ F(x) = P(X \leqslant x) = 0 \\ \text{si } a < x < b,\ F(x) = P(X \leqslant x) = \dfrac{x-a}{b-a} \\ \text{si } x \geqslant b,\ F(x) = P(X \leqslant x) = 1 \end{cases}$$

On dit souvent en abrégé que X est une variable aléatoire uniforme sur $[a\,;b]$ et on écrit : $X \sim \mathcal{U}([a;b])$.

■ Espérance et variance :

$$E(X) = \frac{a+b}{2} \text{ et } V(X) = \frac{(b-a)^2}{12}$$

À NOTER
Pour la démonstration de l'espérance.

■ Pour tous nombres c et d compris entre a et b : $P(c \leqslant X \leqslant d) = \dfrac{d-c}{b-a}$.

C'est l'aire du rectangle de largeur $d-c$ et de hauteur $\dfrac{1}{b-a}$.

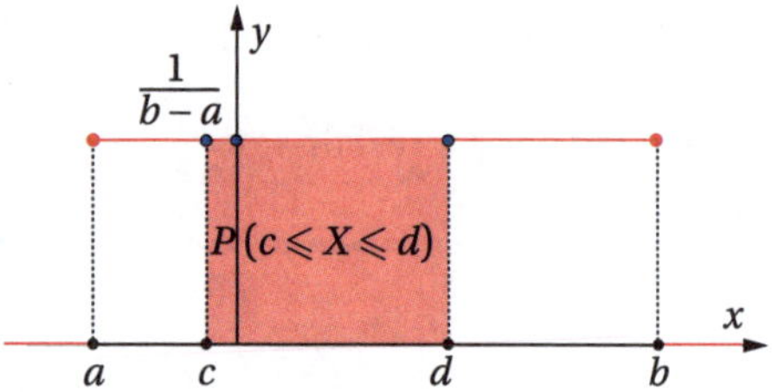

Méthodes

1 Formaliser la loi uniforme sur [0 ; 1]

a. Déterminer la densité uniforme f sur $[0\,;1]$.

b. Soit X une variable aléatoire uniforme sur $[0\,;1]$. Déterminer la fonction de répartition de X et la représenter graphiquement.

CONSEILS

a. Appliquez les résultats du cours avec $a = 0$ et $b = 1$.

b. La fonction de répartition de X est définie par $F(x) = P(X \leqslant x)$.

SOLUTION

a. On a ici $a = 0$ et $b = 1$.

Donc $f(x) = \begin{cases} 1 \text{ si } x \in [0\,;1] \\ 0 \text{ si } x \notin [0\,;1] \end{cases}$

b. On trouve :

$$F(x) = P(X \leqslant x) = \begin{cases} 0 \text{ si } x \leqslant 0 \\ x \text{ si } 0 < x < 1 \\ 1 \text{ si } x \geqslant 1 \end{cases}$$

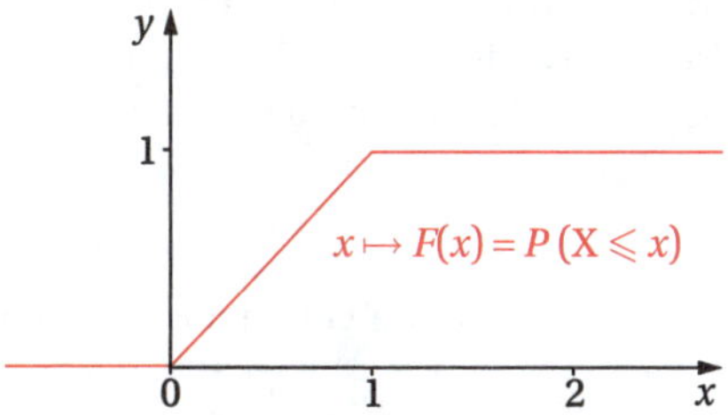

2 Utiliser une loi uniforme

Un distributeur de boissons est électroniquement contrôlé pour verser dans le gobelet une quantité aléatoire comprise entre 190 ml et 210 ml. Soit X la variable aléatoire égale au volume versé dans le gobelet.

1. Trouver la loi de X.

2. En déduire la probabilité pour que l'on ait :
a. moins de 196 ml ; **b.** entre 193 et 201 ml.

3. Quelle quantité un utilisateur obtient-il en moyenne ?

CONSEILS

1. Remarquez qu'aucune quantité n'est privilégiée.

2. a. C'est la probabilité que la quantité X soit inférieure ou égale à 196.

b. C'est la probabilité que la quantité X soit comprise entre 193 et 201.

c. Pensez à la signification de l'espérance.

SOLUTION

1. La quantité X est un nombre pris au hasard dans l'intervalle $[190\,;210]$. Donc X suit la loi uniforme sur l'intervalle $[190\,;210]$.

2. a. On cherche $P(X \leqslant 196)$ et $P(X \leqslant 196) = \dfrac{196-190}{210-190} = \dfrac{6}{20} = 0{,}3$.

b. Cela correspond à $P(193 \leqslant X \leqslant 201) = \dfrac{201-193}{210-190} = \dfrac{8}{20} = 0{,}4$.

3. Un utilisateur peut espérer avoir 200 ml car $E(X) = \dfrac{190+210}{2} = 200$.

PHYSIQUE-CHIMIE | SVT | MATHS COMPLÉMENTAIRES | GRAND ORAL

24 Loi exponentielle

En bref *La loi exponentielle est une loi sans mémoire. Autrement dit la probabilité pour qu'un événement survienne entre deux instants dépend uniquement de sa durée et non de la date de son début.*

I Densité exponentielle

■ **Définition :** Soit λ un nombre strictement positif. La **densité de probabilité exponentielle** de paramètre λ est la fonction définie sur $\mathbb{R}$ par :

$$f(x) = \begin{cases} \lambda e^{-\lambda x} \text{ si } x \geqslant 0 \\ 0 \text{ si } x < 0 \end{cases}$$

À NOTER
Pour la démonstration.

■ *Exemple :* Représentation graphique de f pour $\lambda = 0,5$:

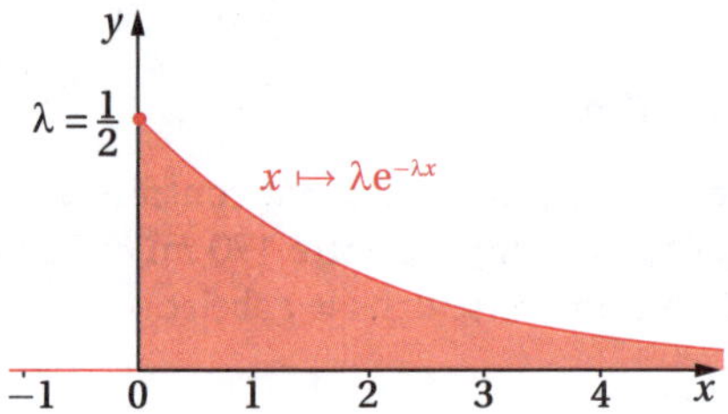

II Loi exponentielle

■ **Définition :** Dire que la loi d'une variable aléatoire X est la **loi exponentielle de paramètre λ** signifie que la densité de X est la densité exponentielle de paramètre λ. Pour tout $x \in \mathbb{R}$, sa **fonction de répartition** est :

$$\begin{cases} F(x) = P(X \leqslant x) = 0 \text{ si } x \leqslant 0 \\ F(x) = P(X \leqslant x) = 1 - e^{-\lambda x} \text{ si } x > 0 \end{cases}$$

On écrit $X \sim \mathcal{E}(\lambda)$.

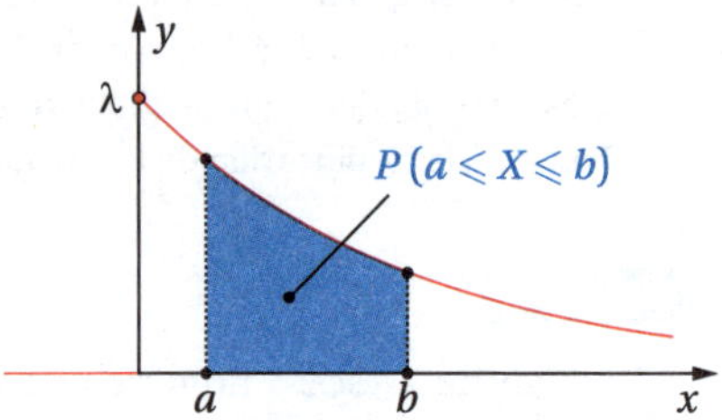

■ $P(a \leqslant X \leqslant b)$ est l'aire du domaine coloré sur la figure ci-contre et vaut :

$$P(a \leqslant X \leqslant b) = 1 - e^{-\lambda b} - (1 - e^{-\lambda a})$$
$$= e^{-\lambda a} - e^{-\lambda b}.$$

■ L'espérance de X est $E(X) = \dfrac{1}{\lambda}$ et la variance de X est $V(X) = \dfrac{1}{\lambda^2}$.

■ La loi exponentielle est **sans mémoire**. Pour tout x et tout $a > 0$:

$$P(X > a) = P_{X > x}(X > x + a).$$

À NOTER
Pour la démonstration.

Méthode

Utiliser la loi exponentielle

Soit X une variable aléatoire exponentielle de paramètre $\lambda > 0$. On suppose que $P(X \leqslant 2) = \dfrac{1}{2}$.

a. Calculer λ.

b. Donner alors la valeur exacte de $P(2 \leqslant X \leqslant 4)$.

c. Calculer la valeur exacte de $P(X \geqslant 3)$.

d. Calculer $P(X \geqslant x)$ pour tout $x \in \mathbb{R}$ et tracer la courbe de $x \mapsto P(X \geqslant x)$.

CONSEILS

a. Il suffit de revenir à la définition de $P(X \leqslant 2)$ pour une variable aléatoire exponentielle. Pour résoudre l'équation obtenue où figure une exponentielle, utilisez la fonction logarithme népérien.

b. On sait que pour tout $a \geqslant 0$ et tout $b \geqslant 0$ tels que $a \leqslant b$, $P(a \leqslant X \leqslant b) = e^{-\lambda a} - e^{-\lambda b}$.

c. Pensez à utiliser l'événement contraire.

d. Généralisez le cas précédent en tenant compte du signe de x.

SOLUTION

a. $P(X \leqslant 2) = 1 - e^{-2\lambda}$, donc $1 - e^{-2\lambda} = \dfrac{1}{2}$, soit $e^{-2\lambda} = \dfrac{1}{2}$ et $-2\lambda = \ln\left(\dfrac{1}{2}\right)$.

On a alors $\lambda = -\dfrac{\ln\left(\frac{1}{2}\right)}{2} = \dfrac{\ln(2)}{2}$.

b. $P(2 \leqslant X \leqslant 4) = e^{-2\lambda} - e^{-4\lambda} = e^{-2\frac{1}{2}\ln(2)} - e^{-4\frac{1}{2}\ln(2)}$.

Or $-2\dfrac{1}{2}\ln(2) = -\ln(2)$ et $e^{-\ln(2)} = e^{\ln\left(\frac{1}{2}\right)} = \dfrac{1}{2}$.

De même $-4\dfrac{1}{2}\ln(2) = -2\ln(2)$ et $e^{-2\ln(2)} = e^{2\ln\left(\frac{1}{2}\right)} = e^{\ln\left(\frac{1}{4}\right)} = \dfrac{1}{4}$.

Donc $P(2 \leqslant X \leqslant 4) = \dfrac{1}{2} - \dfrac{1}{4} = \dfrac{1}{4}$.

c. On sait que $P(X \geqslant 3) = 1 - P(X < 3)$. D'autre part $P(X < 3) = P(X \leqslant 3)$ donc $P(X \geqslant 3) = 1 - \left(1 - e^{-3\lambda}\right) = e^{-3\ln(2)} = \left(e^{-\ln(2)}\right)^3 = \left(\dfrac{1}{2}\right)^3 = \dfrac{1}{8}$.

d. Si $x \geqslant 0$ on trouve $P(X \geqslant x) = \left(\dfrac{1}{2}\right)^x$ par analogie.

Si $x < 0$ alors $P(X \geqslant x) = 1 - P(X < x) = 1$ car dans ce cas $P(X < x) = 0$.

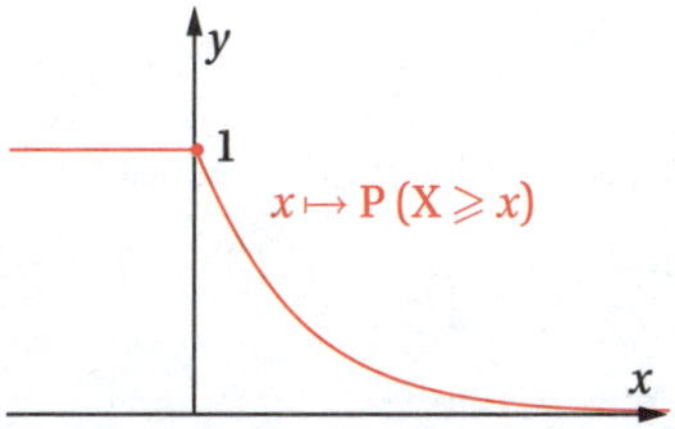

SE TESTER QUIZ

Vérifiez que vous avez bien compris les points clés des **fiches 21 à 24**.

1 Densités de probabilité

→ FICHE 21

1. Soit f une densité de probabilité. Quelle est l'affirmation fausse ?

☐ **a.** f a un signe constant ☐ **b.** f est croissante ☐ **c.** $\int_{-\infty}^{+\infty} f(t)\,dt = 1$

2. Soit f une densité de probabilité nulle sauf sur $[-2 ; 3]$. Sur $[-2 ; 3]$ quelle est l'affirmation qui peut être vraie (les deux autres étant certainement fausses) ?

☐ **a.** $f(x) = x - 0{,}15$ ☐ **b.** $f(x) = 0{,}2$ ☐ **c.** $f(x) = x + 2$

2 Variables aléatoires continues

→ FICHES 21 et 22

1. Soit X une variable aléatoire continue, a et b deux réels tels que $a \leqslant b$. Quelle est l'affirmation fausse ?

☐ **a.** $P(a \leqslant X \leqslant b) = P(a < X < b)$

☐ **b.** $P(a \leqslant X \leqslant b) = 1 - P(X > a)$

☐ **c.** $1 - P(X < a) = P(X > a)$

2. L'espérance d'une variable aléatoire continue est toujours positive.

☐ **a.** Vrai ☐ **b.** Faux

3 Loi uniforme

→ FICHE 23

1. La loi uniforme sur $[-1 ; 4]$ a pour densité la fonction f définie par :

☐ **a.** $f(x) = x$ ☐ **b.** $f(x) = 1$ ☐ **c.** $f(x) = \frac{1}{5}$

2. Si X suit la loi uniforme sur $[0 ; 3]$ alors :

☐ **a.** $P(0 \leqslant X < 2{,}9) = 0{,}95$ ☐ **b.** $P(X = 1{,}5) = \frac{1}{2}$ ☐ **c.** $P(X \geqslant 1{,}5) = \frac{1}{2}$

4 Loi exponentielle

→ FICHE 24

1. Trouver si possible λ pour que la fonction $x \mapsto -\frac{1}{2}e^{\lambda x}$ soit une densité de probabilité sur $[0 ; +\infty[$.

☐ **a.** $\lambda = \frac{1}{2}$ ☐ **b.** Impossible ☐ **c.** $\lambda = -\frac{1}{2}$

2. Si X suit la loi exponentielle de paramètre $\ln(2)$ alors :

☐ **a.** $P(X \leqslant 1) = \frac{1}{2}$ ☐ **b.** $P(X \leqslant -1{,}5) = 0$ ☐ **c.** $P(X \geqslant 1) = \frac{1}{2}$

S'ENTRAÎNER

5 Gérer son retard avec la loi uniforme

40 min

→ FICHE 23

Ne jetez pas la pierre à une personne toujours en retard. Tout s'explique ! Dans ce sujet on utilise une loi uniforme pour estimer les chances d'Hugo, retardataire chronique, d'arriver à l'heure à un concert…

LE SUJET

Un concert débute à 20 heures précises : les portes ferment et personne ne peut plus rentrer. Hugo n'est pas toujours à l'heure ; en général, sans trop savoir pourquoi, il arrive aux rendez-vous dans un laps de temps compris entre 6 minutes d'avance et un quart d'heure de retard. C'est comme ça.
Soit H l'heure d'arrivée de Hugo à la salle de concert.

1. a. Montrer que 19 h 54 = 19,9 h et 20 h 15 = 20,25 h.

b. Quelle est la loi de H ?

2. Quelle est la probabilité pour que Hugo assiste au concert ?

3. Il est 19 h 57 et Hugo n'est toujours pas arrivé. Quelle est la probabilité qu'il assiste au concert ?

4. Son amie Giulia est un peu plus anxieuse. Elle n'est pas toujours à l'heure non plus, mais elle arrive aux rendez-vous dans un laps de temps compris entre 12 minutes d'avance et 6 minutes de retard. Soit G l'heure d'arrivée de Giulia à la salle de concert. Répondre aux mêmes questions que pour Hugo.

CORRIGÉS

SE TESTER QUIZ

1 Densités de probabilité

1. Réponse b. Une densité de probabilité n'est pas nécessairement croissante.

2. Réponse b. En effet $\int_{-2}^{3} 0{,}2\,\mathrm{d}x = [0{,}2x]_{-2}^{3} = 0{,}6 + 0{,}4 = 1$, alors que :

$$\int_{-2}^{3}(x-0{,}15)\,\mathrm{d}x = \left[\frac{x^2}{2} - 0{,}15x\right]_{-2}^{3} = \frac{7}{4} \text{ et } \int_{-2}^{3}(x+2)\,\mathrm{d}x = \left[\frac{x^2}{2} + 2x\right]_{-2}^{3} = \frac{25}{2}.$$

2 Variables aléatoires continues

RAPPEL
$P(X = a) = 0$ dans le cas d'un variable aléatoire continue.

1. Réponse b. On sait que $1 - P(X > a) = P(X \leqslant a)$. D'autre part les inégalités peuvent être strictes ou larges car cela ne change pas le calcul de la probabilité.

2. b. Faux. La densité de probabilité f est certes positive, mais la fonction $t \mapsto tf(t)$ est négative sur $]-\infty\,;0]$.

3 Loi uniforme

1. Réponse c. La densité de la loi uniforme sur $[a\,;b]$ est la fonction constante $x \mapsto \dfrac{1}{b-a}$.

2. Réponse c. La figure ci-dessous illustre la bonne réponse, sachant que l'aire du rectangle sous le segment rouge est égale à 1. De plus $P(0 \leqslant X < 2{,}9) \approx 0{,}97$ et $P(X = 1{,}5) = 0$.

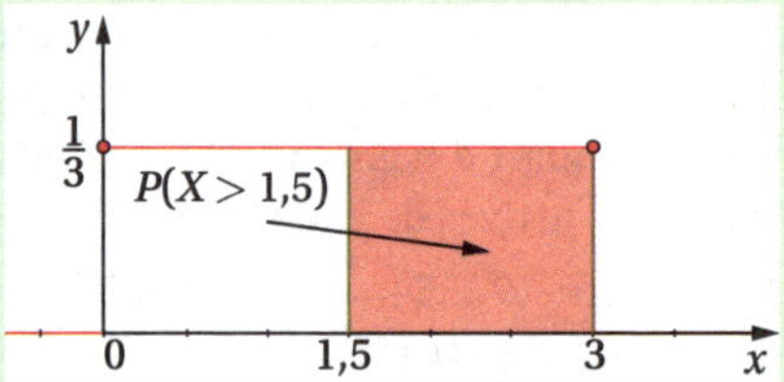

4 Loi exponentielle

1. Réponse b. La fonction n'étant pas positive, f n'est pas une densité de probabilité.

2. Réponses a, b et c. Toutes les affirmations sont vraies. En effet $P(X \leqslant x) = 0$ si $x \leqslant 0$ et $P(X \leqslant x) = 1 - e^{-\lambda x}$ si $x > 0$. Ici $\lambda = \ln(2)$ donc $P(X \leqslant 1) = 1 - e^{-\ln(2)\times 1} = 1 - \dfrac{1}{e^{\ln(2)}} = \dfrac{1}{2}$.

Comme $P(X \geqslant 1) = 1 - P(X < 1)$, on a $P(X \geqslant 1) = 1 - \dfrac{1}{2} = \dfrac{1}{2}$.

S'ENTRAÎNER

5 Gérer son retard avec la loi uniforme

1. a. $19\text{ h }54 = 20\text{ h} - 6\text{ min} = 20\text{ h} - \dfrac{1}{10}\text{ h} = \mathbf{19{,}9\text{ h}}$.

$20\text{ h }15 = 20\text{ h} + \dfrac{1}{4}\text{ h} = 20\text{ h} + 0{,}25\text{ h} = \mathbf{20{,}25\text{ h}}$.

b. Hugo arrivera aléatoirement entre 19 h 54 et 20 h 15 c'est-à-dire 19,9 heures et 20,25 heures. C'est pourquoi **H suit la loi uniforme $\mathcal{U}([19{,}9\,;20{,}25])$**.

2. On cherche la probabilité pour que Hugo arrive avant 20 h, c'est-à-dire $P(H \leqslant 20)$.

On a $P(H \leqslant 20) = \dfrac{20 - 19{,}9}{20{,}25 - 19{,}9} = \dfrac{0{,}1}{0{,}35} = \dfrac{2}{7} \approx \mathbf{0{,}29}$.

3. On a : $19\text{ h }57 = 20\text{ h} - 3\text{ min} = 20\text{ h} - \dfrac{3}{60}\text{ h} = 20\text{ h} - \dfrac{1}{20}\text{ h} = 19{,}95\text{ h}$.

On cherche $P_{H \geqslant 19{,}95}(H \leqslant 20)$ et :

$$P_{H \geqslant 19{,}95}(H \leqslant 20) = \frac{P((H \leqslant 20) \cap (H \geqslant 19{,}95))}{P(H \geqslant 19{,}95)} = \frac{P(19{,}95 \leqslant H \leqslant 20)}{P(H \geqslant 19{,}95)}.$$

Or $P(19{,}95 \leqslant H \leqslant 20) = \dfrac{20-19{,}95}{20{,}25-19{,}9} = \dfrac{0{,}05}{0{,}35}$;

et $P(H \geqslant 19{,}95) = 1 - P(H < 19{,}95) = 1 - \dfrac{19{,}95-19{,}9}{20{,}25-19{,}9} = 1 - \dfrac{0{,}05}{0{,}35} = \dfrac{0{,}30}{0{,}35}$.

La probabilité cherchée est donc $P_{H \geqslant 19{,}95}(H \leqslant 20) = \dfrac{\frac{0{,}05}{0{,}35}}{\frac{0{,}30}{0{,}35}} = \dfrac{5}{30} \approx$ **0,17**.

4. On a $G \sim \mathcal{U}([19{,}8\,;20{,}1])$ car $20\text{ h} - 12\text{ min} = 20\text{ h} - \dfrac{1}{5}\text{ h} = 20\text{ h} - 0{,}2\text{ h}$ et $20\text{ h} + 6\text{ min} = 20\text{ h} + \dfrac{1}{10}\text{ h} = 20{,}1\text{ h}$.

La probabilité pour que Giulia assiste au concert est égale à :

$P(G \leqslant 20) = \dfrac{20-19{,}8}{20{,}1-19{,}8} = \dfrac{0{,}2}{0{,}3} = \dfrac{2}{3} \approx$ **0,67**.

S'il est 19 h 57 et qu'elle n'est pas encore là, la probabilité pour qu'elle assiste au concert est égale à :

$$P_{G \geqslant 19{,}95}(G \leqslant 20) = \frac{P((G \leqslant 20) \cap (G \geqslant 19{,}95))}{P(G \geqslant 19{,}95)} = \frac{P(19{,}95 \leqslant G \leq 20)}{P(G \geqslant 19{,}95)}.$$

Or $P(19{,}95 \leqslant G \leqslant 20) = \dfrac{20-19{,}95}{20{,}1-19{,}8} = \dfrac{0{,}05}{0{,}3}$;

et $P(H \geqslant 19{,}95) = 1 - P(H < 19{,}95) = 1 - \dfrac{19{,}95-19{,}8}{20{,}1-19{,}8} = 1 - \dfrac{0{,}15}{0{,}3} = \dfrac{0{,}15}{0{,}3}$.

La probabilité cherchée est donc $P_{G \geqslant 19{,}95}(G \leqslant 20) = \dfrac{\frac{0{,}05}{0{,}3}}{\frac{0{,}15}{0{,}3}} = \dfrac{5}{15} = \dfrac{1}{3} \approx$ **0,33**.

PHYSIQUE-CHIMIE SVT MATHS COMPLÉMENTAIRES GRAND ORAL

25 Nuage de points et ajustement affine

En bref *On représente une série statistique à deux variables par un nuage de points et on cherche une droite passant « le plus près possible » des points du nuage.*

X et Y sont deux variables statistiques numériques dont les valeurs relevées sont respectivement $x_1, x_2, \ldots, x_n$ et $y_1, y_2, \ldots, y_n$.

I Nuage de points et point moyen

■ **Définition :** Dans le plan muni d'un repère orthogonal, le **nuage de points** associé à la série statistique est l'ensemble des points $M_i(x_i\,;y_i)$, i entier entre 1 et n.

■ **Définition :** Le **point moyen** est $G(\overline{x}\,;\overline{y})$, où $\overline{x}$ et $\overline{y}$ sont les moyennes des séries :

$$\overline{x} = \frac{x_1 + x_2 + \ldots + x_n}{n} \text{ et } \overline{y} = \frac{y_1 + y_2 + \ldots + y_n}{n}$$

II Ajustement affine

1 Droite de Mayer

On répartit, par abscisses croissantes, les points en **deux sous-nuages** de même effectif, éventuellement à une unité près ; G_1 et G_2 sont les points moyens des deux sous-nuages. La droite (G_1G_2) est appelée **droite de Mayer**.

2 Droite de régression de *y* en *x* ou droite des moindres carrés

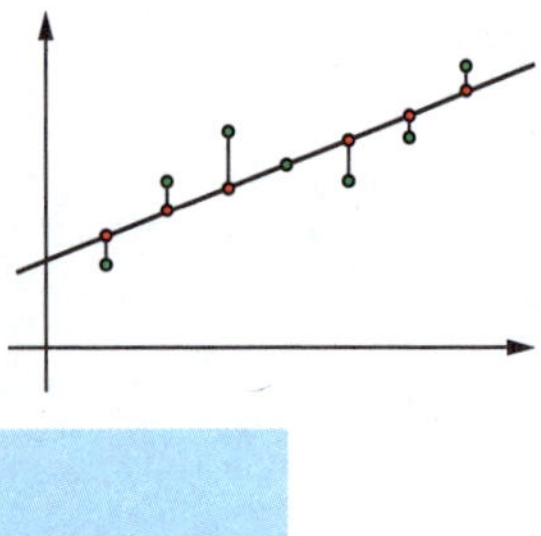

■ La somme des carrés des distances de chaque point du nuage au point de même abscisse de la **droite de regression de y en x** est minimale.

■ Cette droite, déterminée par la **méthode des moindres carrés**, passe par le point moyen G et a pour équation réduite $y = ax + b$, avec :

$$a = \frac{\sigma_{xy}}{\sigma_x^2} \text{ et } b = \overline{y} - a\overline{x}$$

$$\text{où } \sigma_{xy} = \frac{1}{n}\sum_{i=1}^{n}(x_i - \overline{x})(y_i - \overline{y}) \text{ et } \sigma_x = \sqrt{\frac{1}{n}\sum_{i=1}^{n}x_i^2 - \overline{x}^2}$$

■ **Application :** Si $y = ax + b$ est l'équation réduite d'une droite d'ajustement du nuage, on peut faire une **estimation** de la valeur v de Y associée à une valeur u de X autre que $x_1, x_2, \ldots, x_n$ en posant $v = au + b$.

Méthode

Déterminer deux ajustements affines d'une série statistique à deux variables

Le tableau ci-dessous donne l'évolution du nombre de PACS (pacte civil de solidarité), en milliers, conclus en France entre 2004 et 2010.

Année	2004	2005	2007	2008	2009	2010
Rang année x_i	0	1	3	4	5	6
Nombre milliers de PACS y_i	40,1	60,5	102	146	174,5	205,6

Tous les résultats numériques seront arrondis au centième.

a. Représenter le nuage de points associé à cette série. Calculer les coordonnées de son point moyen G et placer G sur le graphique.

b. Déterminer, à l'aide de la calculatrice, l'équation réduite de la droite de régression $\mathscr{D}$ obtenue par la méthode des moindres carrés et tracer cette droite sur le graphique.

c. Déterminer l'équation réduite de la droite de Mayer $\mathscr{D}'$ et tracer cette droite sur le graphique.

d. Vérifier que les droites $\mathscr{D}$ et $\mathscr{D}'$ passent par G.

CONSEILS

c. Déterminez les coordonnées des points moyens de deux sous-nuages.
d. Montrez que les coordonnées de G, déterminées à la question **a.**, vérifient les équations de $\mathscr{D}$ et de $\mathscr{D}'$.

SOLUTION

a. G a pour coordonnées **(3,17 ; 121,45)**.

b. D'après la calculatrice, $\mathscr{D}$ a pour équation $y = 27,92x + 33,05$. Elle est tracée en bleu sur le graphique.

c. On partage le nuage en deux sous-nuages de 3 points chacun ; le premier a pour point moyen $G_1(1,33 ; 67,53)$, le deuxième a pour point moyen $G_2(5 ; 175,37)$. La droite de Mayer $\mathscr{D}'$ est (G_1G_2). Elle a pour équation $y = 29,38x + 28,45$; elle est tracée en rouge sur le graphique.

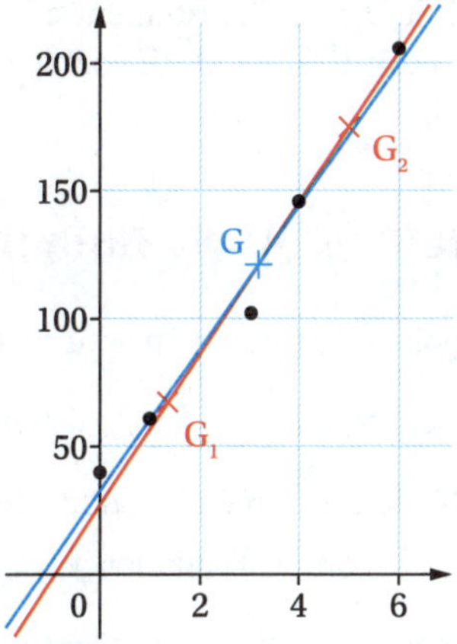

d. Avec l'équation $y = 27,92x + 33,05$, pour $x = 3,17$, on a $y = 121,55$, valeur voisine de l'ordonnée de G.

Avec l'équation $y = 29,38x + 28,45$, pour $x = 3,17$, on a $y = 121,58$, valeur voisine de l'ordonnée de G.

26 Coefficient de corrélation linéaire Autres ajustements

En bref *La pertinence d'un ajustement affine des variables X et Y peut être évaluée par le calcul de leur coefficient de corrélation linéaire. On peut alors envisager d'autres ajustements.*

I Coefficient de corrélation linéaire

■ **Définition :** Le **coefficient de corrélation linéaire** des variables X et Y est :

$$r = \frac{\sigma_{xy}}{\sigma_x \sigma_y}$$

Comme pour σ_{xy} et σ_x → FICHE 25, on définit $\sigma_y = \sqrt{\frac{1}{n}\sum_{i=1}^{n} y_i^2 - \overline{y}^2}$.

■ **Interprétation :** r est compris entre -1 et 1. Il mesure la « qualité » d'une régression linéaire entre X et Y. Plus précisément :

- si $|r|$ est proche de 1 (r proche de 1 ou de -1), la relation linéaire entre X et Y est forte, un ajustement linéaire est pertinent ;
- si $|r| = 1$, les points du nuage sont alignés ; si $r = 0$, il n'existe pas de relation linéaire entre X et Y, mais il peut exister une autre relation ;
- si $r > 0$, la droite d'ajustement a un coefficient directeur positif ; si $r < 0$, ce coefficient directeur est négatif.

À NOTER
Une **corrélation** entre X et Y n'est pas une « relation de cause à effet ». Souvent, X et Y sont corrélées parce qu'elles ont une cause commune.

II Ajustements se ramenant à un ajustement affine

■ Si les points du nuage semblent proches d'une **hyperbole** d'équation $y = \frac{1}{ax + b}$, on pose, pour tout i, $z_i = \frac{1}{y_i}$. On détermine l'équation $z = ax + b$ d'une droite d'ajustement du nuage formé des points de coordonnées $(x_i ; z_i)$ et on ajuste le nuage $(x_i ; y_i)$ par la courbe d'équation $y = \frac{1}{ax + b}$.

■ Si les points du nuage semblent proches d'une **courbe exponentielle**, on pose, pour tout i, $z_i = \ln(y_i)$. On détermine l'équation $z = Ax + B$ d'une droite d'ajustement du nuage formé des points de coordonnées $(x_i ; z_i)$ et on ajuste le nuage $(x_i ; y_i)$ par la courbe d'équation $y = be^{Ax}$, avec $b = e^B$.

MOT CLÉ
En posant $z_i = \frac{1}{y_i}$ ou $z_i = \ln(y_i)$, on fait un **changement de variable**.

Méthode

Réaliser un ajustement non linéaire d'un nuage de points

Le tableau ci-dessous donne l'évolution de la production d'énergie d'origine éolienne en France de 2000 à 2007 (exprimée en milliers de tonnes d'équivalent pétrole, ktep). Source : INSEE, avril 2008.

Année	2000	2002	2003	2004	2005	2006	2007
Rang année x_i	0	2	3	4	5	6	7
Production y_i	7	23	34	51	83	188	348

a. Calculer le coefficient de corrélation linéaire de X et Y. Un ajustement linéaire paraît-il approprié ?

b. Représenter le nuage de points associé à la série et justifier la pertinence d'un ajustement non linéaire.

c. Réaliser un ajustement exponentiel du nuage précédent.

CONSEILS

c. Calculez, pour tout entier i, le nombre $z_i = \ln(y_i)$ et déterminer l'équation réduite d'une droite d'ajustement du nuage formé des points de coordonnées $(x_i\,;\,z_i)$.

SOLUTION

a. D'après la calculatrice, le coefficient de corrélation linéaire de X et Y est $r = 0{,}843$ en arrondissant au millième.

$|r|$ n'est pas très proche de 1, **un ajustement affine ne semble pas approprié**.

b. Les points du nuage ci-contre semblent proches d'une courbe exponentielle, **un ajustement exponentiel paraît plus approprié** qu'un ajustement affine.

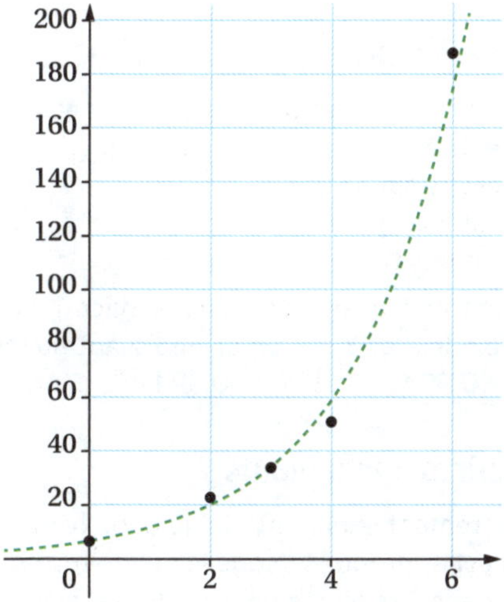

c. Pour tout i, on pose $z_i = \ln(y_i)$.

D'après la calculatrice, en arrondissant les coefficients au centième, la droite des moindres carrés ajustant le nuage formé des points de coordonnées $(x_i\,;\,z_i)$ a pour équation $z = 0{,}54x + 1{,}92$.

Or $e^{1{,}92} = 6{,}82$ (arrondi au centième).

Donc le nuage initial peut être ajusté par la courbe exponentielle d'équation $y = 6{,}82 \times e^{0{,}54x}$ (en pointillés sur le graphique).

SE TESTER QUIZ

Vérifiez que vous avez bien compris les points clés des **fiches 25 et 26**.

1 Nuage de points et ajustement affine

→ FICHE 25

On considère la série statistique à deux variables suivante :

x_i	5	7	9	11	13
y_i	26	22	15	12	7

1. Les coordonnées du point moyen sont :
☐ **a.** (16,4 ; 9) ☐ **b.** (9 ; 16,4) ☐ **c.** (7,2 ; 16,4)

2. Une équation de la droite de régression de y en x obtenue par la méthode des moindres carrés est :
☐ **a.** $y = -2{,}4x + 38$
☐ **b.** $y = 2{,}4x + 38$
☐ **c.** $y = -2{,}4x + 9{,}7$

3. Lorsque X prend la valeur 14, quelle valeur peut-on estimer pour Y ?
☐ **a.** 6 ☐ **b.** 4,4 ☐ **c.** 2,5

2 Coefficient de corrélation linéaire

→ FICHE 26

1. Soit r le coefficient de corrélation linéaire de X et Y. Un ajustement linéaire de X et Y est approprié lorsque :
☐ **a.** r est voisin de 0
☐ **b.** r est voisin de −1 ou 1
☐ **c.** r est positif

2. On reprend les données de l'exercice 1. Le coefficient de corrélation linéaire r de X et Y est, en arrondissant au millième :
☐ **a.** $r = 0{,}994$ ☐ **b.** $r = -0{,}994$ ☐ **c.** $r = -0{,}952$

3 Autres ajustements

→ FICHE 26

Un ajustement exponentiel du nuage formé des points de coordonnées $(x_i\ ;\ y_i)$ est approprié lorsque le nuage formé des points de coordonnées $(x_i\ ;\ z_i)$ peut être ajusté par une droite, avec pour tout i :

☐ **a.** $z_i = \dfrac{1}{y_i}$ ☐ **b.** $z_i = e^{y_i}$ ☐ **c.** $z_i = \ln(y_i)$

S'ENTRAÎNER

4 Étudier l'évolution de la valeur d'une machine

50 min

→ FICHES 2, 11, 25 et 26

Dans ce sujet, on modélise de deux façons différentes l'évolution de la valeur d'une machine en s'appuyant sur une série de données. La première méthode utilise une régression linéaire, la deuxième une suite géométrique.

LE SUJET

Une entreprise a acheté une machine en 2007 au prix de 50 000 €. L'un des responsables financiers a noté chaque année jusqu'en 2012 la valeur de cette machine sur le marché de l'occasion. Les résultats sont notés dans le tableau suivant :

Année	2007	2008	2009	2010	2011	2012
Rang année (x_i)	0	1	2	3	4	5
Valeur machine en € (y_i)	50 000	42 000	36 000	32 000	26 500	22 000

Partie A Ajustement affine et prévisions

1. Représenter le nuage de points $(x_i\,;\,y_i)$ dans un repère orthogonal. Au vu de ce nuage, un ajustement affine paraît-il approprié ?

2. Calculer le coefficient de corrélation linéaire r de X et Y et confirmer la conclusion de la question précédente.

3. À l'aide de la calculatrice, déterminer une équation de la droite d'ajustement de y en x obtenue par la méthode des moindres carrés (arrondir les coefficients à l'unité).

4. Pour la suite de l'exercice, on retient comme ajustement affine la droite Δ d'équation $y = -5\,440x + 48\,400$. Tracer la droite Δ sur le graphique.

5. En supposant que le modèle reste valable pour les cinq années suivantes, donner une estimation de la valeur de la machine en 2014, puis en 2017. Commenter ce dernier résultat.

6. Selon ce modèle, à partir de quelle année la valeur de la machine devient-elle inférieure ou égale à 5 000 € ?

Partie B Suite géométrique et prévisions

1. a. Déterminer le pourcentage de diminution de la valeur de la machine de 2007 à 2012.

b. Le service comptable de l'entreprise affirme que, de 2007 à 2012, la machine s'est dépréciée d'environ 15 % par an. Justifier cette affirmation.

2. On suppose qu'à partir de 2012, la baisse annuelle de la valeur de la machine sera toujours de 15 % par an. On modélise cette valeur par la suite (v_n), avec $v_0 = 22\ 000$ (valeur de la machine, en €, en 2012) et, pour tout entier naturel n, v_n la valeur estimée de la machine (en €) n années après 2012.

Montrer que la suite (v_n) est une suite géométrique et donner l'expression de v_n en fonction de n.

3. En supposant que ce modèle reste valable pour les cinq années suivantes, donner une estimation de la valeur de la machine en 2014, puis en 2017.

4. Selon ce modèle, à partir de quelle année la valeur de la machine devient-elle inférieure ou égale à 5 000 € ?

CORRIGÉS

SE TESTER QUIZ

1 Nuage de points et ajustement affine

1. Réponse b. G a pour coordonnées $(\overline{x}\ ;\ \overline{y})$ avec $\overline{x} = \frac{5+7+9+11+13}{5} = 9$ et $\overline{y} = \frac{26+22+15+12+7}{5} = 16{,}4$.

2. Réponse a. $y = -2{,}4x + 38$ d'après la calculatrice.

3. Réponse b. Si $x = 14$, on peut estimer $y = -2{,}4 \times 14 + 38$, soit $y = 4{,}4$.

2 Coefficient de corrélation linéaire

1. Réponse b. Plus $|r|$ est voisin de 1, plus la relation linéaire (positive ou négative) entre les deux variables est forte.

Si r est voisin de 0, il n'y a pratiquement pas de relation linéaire (mais il peut y avoir une relation d'un autre type).

Si r est positif, cela signifie simplement que la relation entre les deux variables est positive, c'est-à-dire que les valeurs de l'une augmentent lorsque les valeurs de l'autre augmentent.

2. Réponse b. $r = -0{,}994$ d'après la calculatrice.

Remarques :

- r est voisin de -1, donc un ajustement linéaire est approprié ;
- d'après le tableau, lorsque x_i augmente, y_i diminue, donc $r < 0$; la réponse a. peut être éliminée d'office.

3 Autres ajustements

Réponse c. En effet : $z = ax + b \Leftrightarrow e^z = e^b e^{ax} \Leftrightarrow y = e^b e^{ax}$
avec $y = e^z$, soit $z = \ln(y)$.

S'ENTRAÎNER

4 Étudier l'évolution de la valeur d'une machine

Partie A Ajustement affine et prévisions

1. Le nuage de points est représenté ci-dessous. Il est plutôt « rectiligne ». Un ajustement affine (négatif) semble **approprié**.

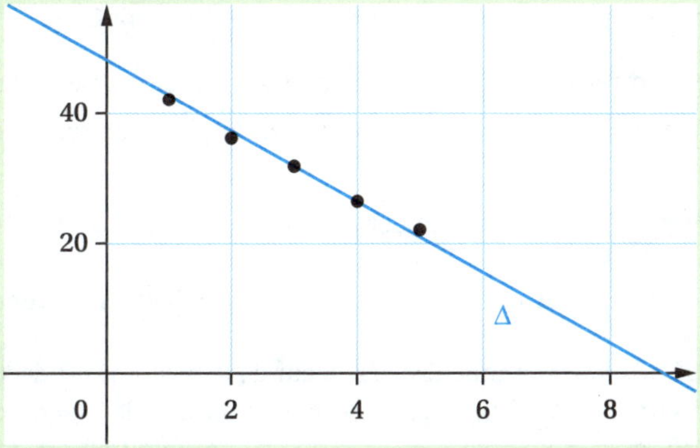

2. D'après la calculatrice, le coefficient de corrélation est $r \approx -0,994$, il est voisin de -1 et négatif, **ce qui confirme la conclusion précédente**.

3. D'après la calculatrice, la droite de régression de y en x a pour équation $y = -5\,443x + 48\,357$.

4. Δ a pour équation $y = -5\,440x + 48\,400$. Elle passe par les points de coordonnées $(0\,;\,48\,400)$ et $(5\,;\,21\,200)$. Δ est tracée en bleu sur le graphique.

5. Pour avoir une estimation de la valeur de la machine en 2014, on calcule y avec $x = 7$. On obtient $y = -5\,440 \times 7 + 48\,400$, soit $y = 10\,320$.
Cela signifie que le modèle donne comme estimation **10 320 €** pour la valeur de la machine en 2014.
Pour 2017 on fait le même calcul avec $x = 10$.
On a $y = -5\,440 \times 10 + 48\,400$, soit $y = -6\,000$. La valeur de la machine ne peut pas être négative, **le modèle considéré n'est plus valable en 2017**.

6. Pour déterminer l'année à partir de laquelle la valeur de la machine devient inférieure ou égale à 5 000 €, on résout l'inéquation $-5\,440x + 48\,400 \leqslant 5\,000$, qui équivaut à $x \geqslant \dfrac{43400}{5440}$, avec $\dfrac{43400}{5440} \approx 7,978$.

On en déduit donc que, selon ce modèle, c'est au bout de 8 années, c'est-à-dire **à partir de 2015**, que la valeur de la machine devient inférieure ou égale à 5 000 €.

Partie B **Suite géométrique et prévisions**

1. a. De 2007 à 2012, la valeur de la machine passe de 50 000 € à 22 000 €.

$\frac{50000-22000}{50000}=0{,}56$. De 2007 à 2012, **la valeur de la machine diminue de 56 %.**

b. Le coefficient multiplicateur global, par lequel on multiplie la valeur initiale de la machine pour trouver sa valeur en 2012, est donc $1-\frac{56}{100}$, soit 0,44.

Une baisse de 15 %, correspondant au pourcentage annuel de baisse annoncé par le service comptable, est associée à un coefficient multiplicateur égal à $1-\frac{15}{100}$, soit 0,85.

5 baisses successives de 15 % correspondent donc globalement à un coefficient multiplicateur égal à $0{,}85^5$, soit environ 0,44.

Une baisse de 44 % sur 5 ans correspond donc bien à 5 baisses annuelles successives de 15 %.

2. Si, à partir de 2012, la baisse annuelle de la valeur de la machine est de 15 % par an et si, pour tout entier naturel n, v_n est la valeur estimée de la machine (en €) n années après 2012, on a, pour tout n, $v_{n+1}=0{,}85v_n$. La suite **(v_n) est donc géométrique de raison 0,85.**

$v_0=22\,000$, donc, pour tout entier naturel n, **$v_n=22\,000\times 0{,}85^n$.**

3. Pour 2014, $n=2$ et $v_2=22\,000\times 0{,}85^2=15\,895$;
pour 2017, $n=5$ et $v_5=22\,000\times 0{,}85^5\approx 9\,761{,}52$.
Ce modèle permet donc d'estimer une valeur égale à **15 895 € en 2014** et à environ **9 716,52 € en 2017.**

4. Pour déterminer l'année à partir de laquelle la valeur de la machine devient inférieure ou égale à 5 000 €, on résout $22\,000\times 0{,}85^n\leqslant 5\,000$.

• On peut utiliser la calculatrice, faire afficher un tableau de valeurs des termes de la suite (v_n) et déterminer l'indice du premier terme inférieur ou égal à 5 000. On trouve $v_9\approx 5\,096$ et $v_{10}\approx 4\,331$. Selon ce modèle, c'est donc au bout de 10 ans après 2012, **en 2022**, que la valeur de la machine devient inférieure à 5 000 €.

• Avec la fonction ln. L'inéquation équivaut successivement à : $0{,}85^n\leqslant\frac{5}{22}$;

$n\ln 0{,}85\leqslant\ln\left(\frac{5}{22}\right)$ et $n\geqslant\frac{\ln\left(\frac{5}{22}\right)}{\ln(0{,}85)}$. Or $\frac{\ln\left(\frac{5}{22}\right)}{\ln(0{,}85)}\approx 9{,}1$. Comme n est entier, l'inéquation équivaut à $n\geqslant 10$. On retrouve le même résultat que précédemment et on conclut de la même manière.

GRAND ORAL

L'ÉPREUVE ORALE

- Les 8 fiches de méthode
- 2 sujets guidés et corrigés

SOMMAIRE

Quand vous en avez fini avec une fiche ou un entraînement, cochez la case ☐ correspondante !

Préparer le Grand Oral

Les sujets guidés et corrigés

1 Choisir une question en physique-chimie ou en SVT

En bref *Selon le BO du 13 février 2020, qui définit le « Grand Oral », vous devez choisir une question pour chacune de vos deux spécialités. Vous serez interrogé(e) sur l'une de ces deux questions le jour de l'épreuve.*

I Le « cahier des charges »

Le choix de la question doit répondre à ces **trois conditions** :

La question

1. met en lumière un des grands enjeux du programme de spécialité
2. se prête à une explicitation aisée, sans support et sans notes
3. permet de nourrir une réflexion sur votre projet d'orientation

II Des idées de sujets en physique-chimie

1 Questions en lien avec une autre discipline

Sciences de la vie et de la Terre

– Comment la chimie dite « verte » est-elle au service de la protection de l'environnement ?

– Comment les progrès de la physique-chimie et les innovations technologiques contribuent-ils à réduire l'émission des gaz à effet de serre ?

À NOTER
Ce type de questions nécessite souvent d'adosser le discours à plusieurs parties du programme du cycle terminal.

Sciences de l'ingénieur

– Comment la physique contribue-t-elle au développement raisonné de l'utilisation des sources d'énergie renouvelables ?

– Comment les capteurs capacitifs d'une tablette fonctionnent-ils ?

Maths

Comment Newton s'est-il appuyé sur les travaux de Galilée et de Kepler pour établir sa théorie de la gravitation universelle ?

2 | Questions sur une partie spécifique du programme

– Comment les techniques expérimentales de laboratoire permettent-elles d'appréhender les paramètres influençant une transformation chimique et d'élaborer des stratégies de synthèse limitant l'impact environnemental ?

– En quoi le développement de la médecine nucléaire est-il intimement lié à la compréhension de la radioactivité ? → SUJET 1

– Comment le décalage vers le rouge mis en évidence par Hubble a constitué la première preuve expérimentale en faveur du modèle de l'expansion de l'Univers ?

III Des idées de sujets en SVT

1 | Questions en lien avec une autre discipline

■ **Physique-chimie**

En quoi la combustion industrielle est-elle l'un des principaux contributeurs au réchauffement climatique ?

■ **SES**

– Quelles sont les conséquences du réchauffement climatique dans les échanges économiques intercontinentaux ?

– Comment mesurer l'empreinte écologique de l'envoi d'un mail ?

■ **Maths**

– Quelle est la probabilité de posséder un sosie ?

– Comment modéliser l'évolution de la température mondiale ?

2 | Questions sur une partie spécifique du programme

– Quels sont les mécanismes génétiques à l'origine de l'évolution des espèces ?

– Quels principes de datation permettent d'établir une échelle des temps géologiques ?

– Comment lier variations climatiques et paramètres orbitaux terrestres ?

– Quel était le climat au moment de la formation de la roche se trouvant sous mon lycée ?

– Quelles sont les conséquences des produits dopants sur l'organisme ?

– Les sociétés humaines sont-elles dépendantes du climat ? L'exemple de l'Égypte → SUJET 2

– Pourquoi conserver des variétés anciennes de plantes ?

– Comment le stress nous fait-il perdre nos moyens ?

– La méditation peut-elle permettre de lutter contre le stress ?

À NOTER

Ces trois dernières questions portent sur des thèmes qui ne sont pas au programme de l'épreuve écrite, mais qui peuvent être choisis pour le Grand Oral.

2 Concevoir sa présentation

En bref *Les recherches sur les questions choisies peuvent débuter assez rapidement dans l'année. Pour chacune, vous devez vous documenter et organiser vos idées, au fur et à mesure, en vue d'un exposé structuré.*

I Se documenter, chercher des idées

1 Se constituer une bibliographie pertinente

- Pour chaque question, établissez une **liste de mots-clés** : ils vont vous permettre d'interroger Internet mais aussi le catalogue de votre CDI ou de la médiathèque de votre quartier.
- Consultez les documents ainsi sélectionnés, **des plus généraux** (manuels, encyclopédies) **aux plus spécialisés**.
- Dans le cas de recherches sur Internet, pensez à **vérifier les sites** que vous consultez à l'aide de ces questions :

1. Qui est l'auteur du site ?
Quelle est son expertise sur le sujet ?
2. De quand datent les informations ?
3. L'exposé est-il clairement construit, solidement argumenté ?

> **CONSEILS**
> Commencez par lire les informations données par la page de présentation du site, souvent intitulée « À propos ».

2 Garder la trace de ses recherches

- **« Fichez » chacun des documents** consultés : le support peut être, selon votre préférence, physique (fiche Bristol) ou numérique.
- Reformulez les idées qui vous paraissent essentielles, en distinguant bien les arguments des exemples.
- Pour les documents qui vous paraissent essentiels, pensez à rechercher le document original (article scientifique, livre...)

FICHE DOCUMENT
Source :
Sujet :
Idées clés :
•
•
•
Citation :

> **CONSEILS**
> Notez précisément la source : le titre de l'ouvrage ou du site, le nom de l'auteur, la date de publication, ainsi que les pages consultées.

II Organiser ses idées

1 Plusieurs méthodes de classement

■ Au fil de vos prises de notes, vous allez être conduit(e) à regrouper vos idées autour de lignes directrices : une organisation de votre exposé se dessine progressivement. Essayez de la traduire sous forme de « carte mentale ».

■ Si vous avez du mal à faire émerger les grands axes, vous pouvez recourir à la méthode des post-it.

1. Écrivez une idée clé par post-it.
2. Ajouter, le cas échéant, des exemples sur des post-it d'une autre couleur.
3. Sur un mur, déplacez les post-it jusqu'à ce qu'ils s'enchaînent logiquement.

2 Le choix du plan

Votre plan dépend de la question et du type de réflexion proposé. Le plus souvent, cependant, vous avez le choix entre un plan thématique et un plan dialectique.

	Objectif	Question
Plan thématique	Il permet d'approfondir les différents aspects d'un sujet.	Il correspond à une question qui se subdivise en différentes sous-questions.
Plan dialectique	Il oppose deux thèses puis opère une synthèse des points de vue.	Il correspond à une question qui implique une discussion, un dilemme.

zoOm

Mettre son plan sous forme de carte mentale

❶ Prenez une feuille blanche A4, en format paysage.

❷ Notez la question au centre, dans un « noyau ».

❸ Créez autant de « branches » que de grands axes (une couleur par axe).

❹ Ramifiez les branches de manière à faire apparaître les idées clés.

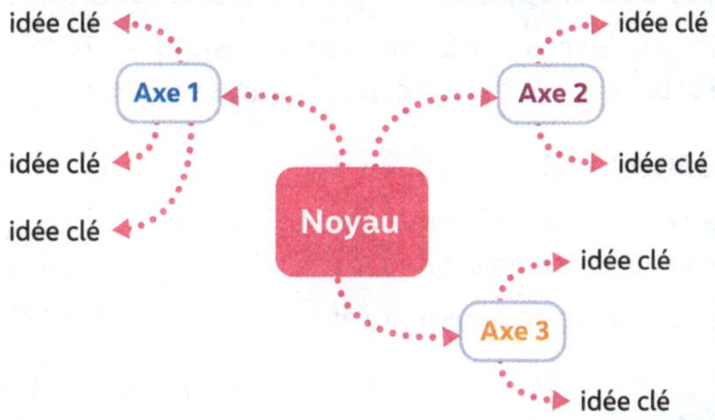

PHYSIQUE-CHIMIE
SVT
MATHS COMPLÉMENTAIRES
GRAND ORAL

3 Préparer efficacement l'exposé

En bref *Le jour J, vous devrez faire votre présentation en cinq minutes, sans notes. Cela suppose un travail préparatoire important : de rédaction, de mémorisation et d'entraînement à la prise de parole.*

I Rédiger une trame précise

Une fois que vous êtes au clair sur la structure générale de votre exposé, vous devez mettre par écrit le déroulement de votre argumentation, sous la forme d'un plan semi-rédigé.

1 L'introduction

■ L'introduction doit montrer :
- que votre sujet est intéressant ;
- que vous l'avez bien cerné ;
- que votre plan découle de la question posée et y répond.

■ Elle comprend trois étapes qui s'enchaînent logiquement.

1. L'accroche	En une ou plusieurs phrases, amenez progressivement votre sujet.
2. La question	Posez clairement la question à laquelle vous allez répondre et explicitez-la.
3. Le plan	Annoncez les deux ou trois grands axes, de manière que le jury comprenne d'emblée l'organisation de l'exposé.

2 Le corps de l'exposé

■ Recopiez le plan que vous avez établi et remplissez-le de manière télégraphique, à l'aide de listes à puces.

■ N'oubliez pas d'appuyer chaque argument par un exemple vérifié.

■ Distinguez bien les informations nécessaires à la bonne compréhension du sujet de celles qui sont secondaires et que vous pourrez préciser dans l'entretien.

3 La conclusion

■ Rédigez complètement la conclusion de l'exposé pour être sûr(e) qu'elle marque votre auditoire.

■ Elle se compose de deux parties :

CONSEILS
Une fois cette trame mise au point, oralisez-la, de manière à vérifier qu'elle tient à peu près en 5 minutes.

1. Le bilan	Reprenez les étapes du développement et répondez à la question.
2. L'ouverture	Élargissez le champ de la réflexion à l'aide d'une citation, d'un fait d'actualité, d'une question proche.

II Mémoriser la présentation, puis simuler l'épreuve

Vous êtes désormais au clair sur le contenu de votre exposé. Il s'agit maintenant de préparer sa restitution orale.

1 Faire travailler sa mémoire

- Vous devez posséder votre exposé « sur le bout des doigts », de telle manière que les idées se rappelleront à vous naturellement le jour de l'épreuve et que vous pourrez consacrer toute votre attention à votre auditoire.
- Pour ce faire, sollicitez vos différentes mémoires (visuelle, auditive, kinesthésique…) pour fixer le déroulement de l'exposé puis récitez-le plusieurs fois, de manière à vous en souvenir durablement.

À NOTER
Des chercheurs ont prouvé qu'il faut refaire au moins sept fois le chemin vers un souvenir pour l'ancrer durablement.

2 Simuler un Oral blanc

- C'est à ce moment-là, quand vous avez mémorisé votre exposé, que vous devez faire appel à votre entourage – vos professeurs, vos parents ou vos amis – pour leur demander de constituer votre premier auditoire.

À NOTER
S'enregistrer puis réécouter son exposé peut être aussi très utile.

- Demandez-leur d'évaluer votre présentation selon ces trois principaux critères :

1. Pertinence	Ai-je bien répondu à la question posée ?
2. Clarté	Qu'est-ce qui était clair ? moins clair ?
3. Efficacité	Ai-je retenu votre attention ? Comment puis-je le faire mieux ?

- N'hésitez pas également à leur demander de vous poser des questions sur le contenu de la présentation : cela vous entraînera pour l'entretien qui suit.

zoOm

Comment fonctionne la mémoire ?

- La mémorisation est le résultat d'un processus biochimique dans lequel les neurones jouent un rôle essentiel.
- Elle se déroule en trois étapes.
❶ L'encodage : enregistrement d'une nouvelle information
❷ Le stockage : rangement, consolidation de l'information
❸ Le rappel : recherche du souvenir afin de le restituer

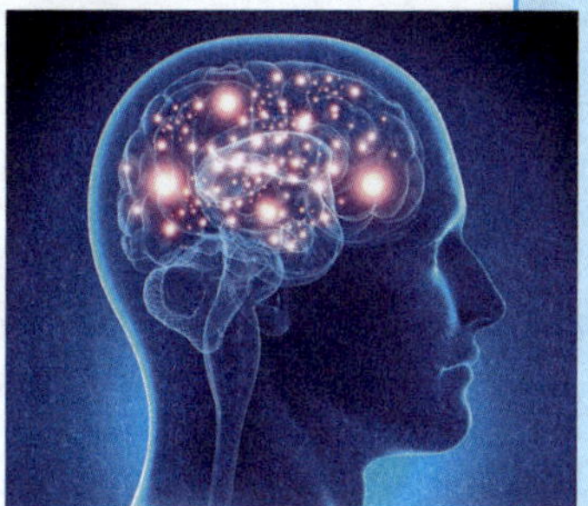

- Plus on rappelle un souvenir, plus on l'ancre durablement dans la mémoire.

4 Présenter la question au jury

En bref *Votre présentation doit être synthétique et rendre compte efficacement du questionnement. Le jury vous évalue principalement sur la solidité de vos connaissances et votre capacité à argumenter.*

I Optimiser le temps de préparation

Le jury vient de choisir l'une des deux questions préparées. Vous avez alors 20 minutes pour mettre en ordre vos idées et préparer – si vous vous sentez suffisamment sûr(e) de vous – un support pour le jury.

1 Mettre en ordre vos idées au brouillon

20 minutes de préparation, c'est à la fois long et court. Comment les utiliser ?

Pensez à...	Évitez de...
rédiger l'introduction et la conclusion	rédiger tout l'exposé
noter le plan	noter des idées en désordre
résumer les principales idées	ajouter du contenu au dernier moment

2 Préparer un support pour le jury

- Si vous avez bien en tête votre exposé, mettez à profit les 20 minutes pour préparer un support pour le jury.
- L'objectif est de permettre à votre auditoire de mieux suivre votre présentation. Votre support peut ainsi prendre des formes variées.

CONSEILS
Bien que non évalué, le support doit être pertinent et lisible pour bien disposer le jury.

La forme du support

- **Un plan linéaire**
  I. Premier axe
  - idée clé
  - idée clé
  II. Deuxième axe
  ...
- **Une carte mentale**
  Pour présenter votre plan sous une forme visuelle
- **Les définitions clés**
- **Un schéma explicatif**
- **Les formules pertinentes**
  Dans les matières scientifiques

II Faire une présentation claire et fluide

1 Soigner les étapes clés de l'exposé

■ Vous devez prêter une attention particulière à l'introduction et à la conclusion.

L'introduction	La conclusion
• amène la question • pose clairement la question • annonce le plan	• fait le bilan des recherches • répond à la question • ouvre de nouvelles perspectives

■ Lorsque vous annoncez le plan, vous pouvez recourir à des formules telles que :

- Tout d'abord nous nous intéresserons…
- Puis nous étudierons…, avant de montrer que…

2 Mettre en évidence la progression de l'exposé

■ Plus encore qu'à l'écrit, vous devez être attentif(ve) aux transitions de manière que votre auditoire comprenne bien la progression de votre présentation.

Les passages d'une partie à l'autre doivent être ainsi explicités :

- Nous venons de voir que…
- Nous allons maintenant essayer de comprendre comment ce processus…

CONSEILS
Tout au long de votre présentation, n'hésitez pas à rappeler le fil conducteur en reprenant les mots-clés de la question.

■ Les liens entre les idées d'une partie doivent être clarifiés au moyen de connecteurs logiques : de cause (*car, en effet…*), de conséquence (*donc, c'est pourquoi…*), d'opposition (*mais, cependant…*), de concession (*certes… mais…*), d'addition (*de plus, en outre…*).

zoOm

Parler debout

■ Placez-vous face à votre jury, bien au centre.

■ Ancrez vos pieds au sol, de manière à avoir une assise stable.

■ Placez dès le départ vos mains à hauteur de votre ventre, sans les laisser pendre le long du corps. Vous pouvez les croiser devant vous et les dénouer lorsqu'il sera nécessaire d'appuyer le propos.

Image extraite du film *À voix haute* de Ladj Ly et Stéphane de Freitas, 2017.

5 Répondre aux questions en lien avec la présentation

En bref *Lors de la deuxième partie de l'épreuve, le jury revient sur la présentation et évalue plus largement vos connaissances dans les disciplines correspondant à vos spécialités.*

I Anticiper les questions

1 Les questions sur la présentation

■ Le jury va en premier lieu revenir sur certains points de la présentation pour vous **demander des précisions**.

- Vous avez affirmé que... : pouvez-vous donner un exemple ?
- Vous avez cité... : quelle est votre source ?
- Comment définissez-vous le mot ... ?

■ Afin de ne pas être surpris(e), efforcez-vous de les anticiper lors de l'élaboration de l'exposé.

2 Les questions sur le programme

■ Cependant le jury peut aussi vous poser des questions sur d'autres thèmes de vos **programmes de spécialité**.

■ C'est pourquoi vous devez travailler tout au long de l'année les notions au programme, en imaginant cette interrogation. Voici quatre conseils clés :

ATTENTION
Ces questions peuvent porter sur des thèmes hors du programme limitatif de l'épreuve écrite.

4 conseils clés

1. Faites des fiches pour chaque chapitre
2. Apprenez par cœur les définitions clés
3. Questionnez votre enseignant en cas d'incompréhension
4. Complétez le travail fait en cours avec des recherches personnelles

CONSEILS
Cette préparation vous servira également pour l'écrit !

II Développer une posture d'échange

1 Faire des réponses appropriées

■ Un seul des deux membres du jury est un spécialiste des domaines concernés par votre question. Votre réponse doit donc être **précise mais pas trop jargonneuse**.

■ D'autres conseils utiles :

Pensez à...	Évitez de...
prendre quelques secondes pour « ingérer » la question	vous précipiter : vous risquez de ne pas répondre à la question
donner des réponses brèves pour des précisions, plus longues pour un avis personnel	répondre par oui ou par non, ne pas développer
vous appuyer sur des connaissances précises, des chiffres, des dates...	rester dans les généralités, utiliser le pronom « on »

2 Gérer les difficultés

■ Si vous n'êtes **pas sûr(e) de comprendre** la question :

• reformulez-la à voix haute pour vérifier que vous avez bien compris ;

Vous me demandez si... Vous voulez savoir comment...

• demandez des précisions ou un exemple.

Qu'entendez-vous par... ? Pouvez-vous me donner un exemple ?

■ Si vous **ne savez pas quoi répondre**, osez le dire : vous pouvez toutefois commencer par faire remarquer la pertinence de la question.

Ce point me semble en effet très intéressant,
mais je n'ai pas eu le temps de l'approfondir.

zoOm

Éviter les gestes parasites

Apprenez à identifier les gestes que vous effectuez pour vous rassurer en situation de stress : ils brouillent la communication et traduisent votre inconfort.

Passer la main dans ses cheveux

Remonter ses manches, tirer dessus

Toucher sa montre, un bijou

Se gratter avec insistance

6 Défendre son projet d'orientation

En bref *Au cours de cette partie de l'épreuve, vous exposez votre projet d'orientation : quel domaine vous intéresse, depuis quand, quels choix vous avez faits pour vous en rapprocher.*

I Faire le lien entre la question traitée et son projet d'orientation

■ Le jury va commencer par vous demander en quoi le travail sur la question traitée **a nourri votre réflexion sur votre projet d'orientation**. Voici quelques éléments de réponse, à adapter en fonction de votre sujet et de votre projet :

- En travaillant sur ce sujet au croisement de deux disciplines, j'ai acquis la certitude que je souhaitais continuer à les étudier l'une et l'autre : d'où le choix d'un cursus réunissant…
- La préparation de cet oral m'a permis de rencontrer des personnes travaillant dans le domaine de …, qui m'ont donné envie de suivre leur voie ; c'est pourquoi j'ai choisi des études dans la filière…

CONSEILS
Même si vous avez évidemment envisagé plusieurs choix, mettez plutôt l'accent sur celui permettant d'établir un lien avec la question traitée. Ainsi votre démarche paraîtra cohérente.

■ Vous pouvez aussi analyser les **compétences acquises** lors de la préparation de cette épreuve : mener un travail de recherche, confronter des données, faire un travail de synthèse, faire un exposé oral et montrer qu'elles vous seront **utiles pour la suite de vos études**.

II Expliquer les étapes de son projet d'orientation

1 Projet professionnel ou projet de poursuite d'études ?

■ Si vous avez une idée de métier précise, vous pouvez partir de ce **projet professionnel**, expliquer pourquoi il vous attire ; puis faire le lien avec les études qui y mènent.

■ Mais vous avez le droit, à 17-18 ans, de ne pas savoir quel métier vous aimeriez exercer. Contentez-vous alors d'expliquer quel domaine vous intéresse et **quels choix d'études** après le bac vous avez faits en conséquence.

CONSEILS
Quand vous vous êtes inscrit(e) sur Parcoursup ou si vous avez candidaté à des écoles, vous avez dû rédiger des lettres de motivation. Utilisez-les pour préparer cette partie de l'oral.

■ Si vous hésitez encore entre **deux voies**, vous pouvez exposer les différentes possibilités envisagées.

2 La genèse et la mise en œuvre du projet

- Pour retracer la genèse du projet, expliquez :
  - comment l'idée de ce projet d'orientation vous est venue ;
  - comment elle a guidé vos choix de spécialités ;
  - comment elle s'est renforcée à travers différentes activités et expériences.

CONSEILS
N'hésitez pas à détailler des expériences vécues ou à rapporter une anecdote pour rendre votre présentation plus personnelle.

- Mentionnez la filière choisie, l'école ou l'université que vous souhaiteriez intégrer et les enseignements qui vous attendent. Décrivez concrètement la manière dont vous souhaitez mener ce projet : cursus envisagé, diplôme visé.

- Faites le bilan de vos atouts et de vos limites pour le domaine envisagé. Montrez que vous disposez d'une bonne connaissance de vous-même et de vos capacités.

zoOm

Développer une argumentation personnelle

Pour mieux convaincre le jury de votre motivation, vous devez mettre en évidence que ce projet est vraiment le vôtre.

Les composantes personnelles de votre projet

1. scolaires
- vos spécialités de 1re et Tle
- vos préférences pour certaines matières
- vos compétences scolaires

2. extrascolaires
- votre stage de 3e
- vos engagements (comme délégué de classe, dans un projet...)
- vos centres d'intérêt, vos convictions

PHYSIQUE-CHIMIE | SVT | MATHS COMPLÉMENTAIRES | GRAND ORAL

7 Retenir l'attention du jury

En bref *Lors de l'épreuve orale, il ne suffit pas de maîtriser son sujet, il faut aussi communiquer de manière efficace pour convaincre le jury. Le visage et ses expressions, ainsi que la gestuelle, sont alors essentiels pour renforcer le propos.*

I Établir le contact

Le premier contact est essentiel. Dès l'entrée dans la salle, donnez l'impression d'être ouvert à l'échange, avenant, sans être trop familier.

- Le sourire est l'atout indispensable pour détendre l'atmosphère et gagner la sympathie du jury. Il ne s'agit pas de rire faussement ou de sourire en permanence mais d'afficher une attitude aimable.
- La politesse est de mise, même si parfois le stress fait oublier les fondamentaux de la courtoisie : saluer vos interlocuteurs, remercier, attendre d'y être invité avant de s'asseoir ou avant de partir.
- Laissez à vos examinateurs le temps de s'installer et montrez-vous à l'écoute de leurs attentes, sans foncer tête baissée dans votre exposé.

II Communiquer efficacement

1 Regarder l'examinateur

- Se retrouver face à face avec un jury composé de deux professeurs inconnus peut vous paraître impressionnant. Cependant votre réussite à l'oral repose aussi sur votre capacité à surmonter ce stress et à vous adresser réellement à vos interlocuteurs à travers ce que vous dites mais aussi par le regard.
- Ne fixez pas vos interlocuteurs, mais accordez-leur des regards réguliers, afin de capter leur attention.

CONSEILS
Évitez de regarder ailleurs : de fixer vos pieds, le plafond, ou encore le mur au fond de la salle : vous donneriez l'impression d'être fuyant.

2 Soigner la gestuelle

- Évitez de rester trop statique pendant votre intervention mais ne surchargez pas non plus votre intervention par des gestes répétitifs ou sans lien avec le propos.
- Vos gestes doivent intervenir à des moments essentiels de votre prise de parole afin d'appuyer ce que vous dites. Ils doivent donc coïncider avec ce que vous cherchez à exprimer : enthousiasme, opposition, implication personnelle…

3 Éviter la monotonie

- Variez les intonations pour donner de la vivacité à ce que vous dites et ne pas ennuyer votre jury.
- Insistez sur les aspects essentiels en appuyant sur certains segments de phrases ; marquez les interrogations ou les exclamations par une intonation expressive.
- Ayez l'air convaincu(e) de ce que vous affirmez en adoptant une voix claire et en apparaissant sûr(e) de vous.

CONSEILS

La relation interpersonnelle est un phénomène complexe. Les variations de la voix, la gestuelle comptent pour beaucoup dans la bonne réception du message de fond. Les acteurs le savent bien.

zoOm

Appuyer son propos par des gestes signifiants

Il est important d'appuyer son discours par des gestes qui retiennent l'attention et soulignent les moments clés.

- Mains tendues vers l'auditoire : **impliquer le public.**

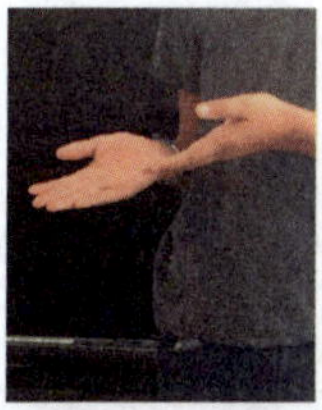

- Mains à gauche puis à droite : **souligner une opposition.**

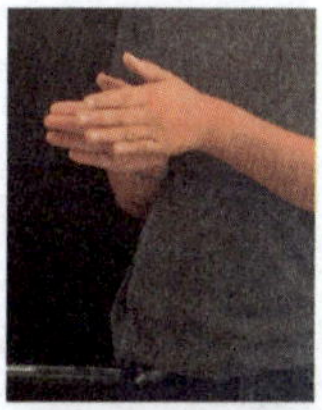

- Compter avec ses doigts : **énumérer.**

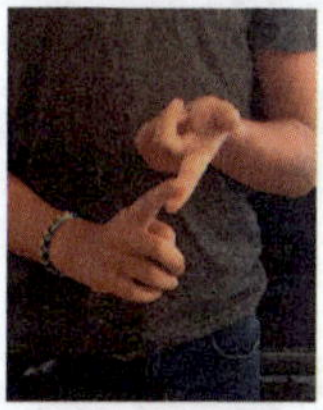

- Mains écartées ou rapprochées : **exprimer l'union ou la désunion.**

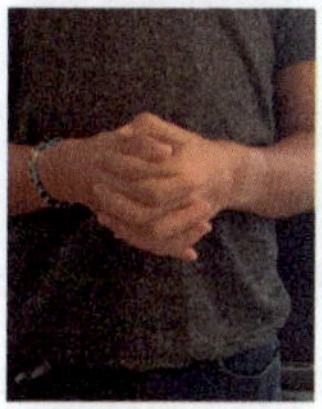

- Lever ou baisser un doigt : **exprimer un doute ou un questionnement.**

- Main sur la poitrine : **montrer son implication personnelle.**

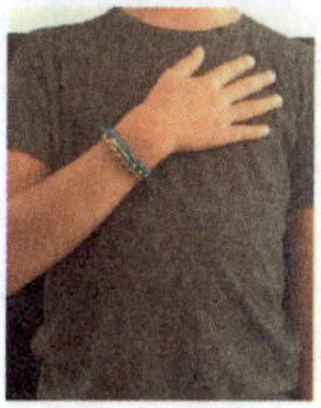

8 S'exprimer de manière claire et fluide

En bref *Si une bonne partie de la communication repose sur l'attitude non verbale, il ne faut évidemment pas négliger l'aspect verbal.*

I Utiliser un vocabulaire juste et précis

1 Choisir ses mots

■ Vous êtes jugé(e) sur la qualité de votre expression, d'où l'importance de bien choisir vos mots. Il est parfois difficile de trouver la bonne formulation : prenez le temps de chercher les **termes les plus appropriés**.

■ Si un terme familier vous échappe, reformulez dans un **registre plus soutenu**. Évitez les contractions (« j'sais pas », « j'pense ») : prononcez correctement les négations en incluant un « ne » audible.

2 Varier son expression

L'examinateur appréciera que vous fassiez un effort pour varier les tournures que vous utilisez.

Varier les expressions utilisées

- **Donner son opinion :** *à mon sens, pour ma part, il me semble, je suis d'avis que…*
- **Appuyer le propos :** *clairement, évidemment, naturellement, nettement…*
- **Introduire une analyse :** *on remarque, on constate, on peut souligner, il est à noter que…*

3 Bannir les tics de langage

Ces petits marqueurs de la communication sont à proscrire le jour de votre oral.

■ Commencez par **repérer ceux que vous employez le plus souvent** et essayez de vous en débarrasser lors de vos prises de parole. Il peut s'agir :

- d'expressions en vogue (« du coup », « genre », « carrément », « trop », « j'avoue »…) ;
- de mots de liaison (« donc », « alors », « et voilà », « en fait »…) ;
- d'onomatopées (« euh », « ben », « bah… »).

■ Bannissez également **la mise entre guillemets** (geste à l'appui).

CONSEILS

Ne commencez pas votre réponse par un segment de phrase qui vous fait perdre toute crédibilité : « Je ne sais pas, mais… », « Je ne suis pas sûr, mais… ».

II Soigner son élocution

- **Parlez distinctement** en articulant pour être bien compris(e). Faites particulièrement attention à ne pas « avaler » les fins de phrases et les fins de mots.
- **Adaptez le volume de votre voix** en fonction de la proximité avec votre auditoire. Ni trop fort, ni pas assez, vous devez trouver le juste équilibre. N'hésitez pas à demander si l'on vous entend.

CONSEILS
Parler face à un public ne s'improvise pas et, pour éviter de bafouiller, il est nécessaire d'exercer sa voix et de s'entraîner.

III Adopter le bon rythme

- Ne parlez **ni trop lentement**, pour avoir le temps de tout dire, **ni trop vite**, pour laisser au jury la possibilité d'intégrer ce que vous dites et de prendre des notes.
- Trouvez le juste équilibre en ralentissant ou en accélérant le débit **selon la nature de votre propos** :
  • ralentissez lorsque vous présentez le plan, lorsque vous abordez un aspect essentiel, lorsque vous voulez particulièrement retenir l'attention ;
  • accélérez au moment des exemples, des énumérations, des citations.
- Faites des phrases courtes pour soutenir l'attention de votre auditoire et éviter un discours trop monocorde.
- N'hésitez pas à **reformuler** plusieurs fois un aspect important de votre intervention et à **faire des pauses** entre deux idées.

zoom

Recourir à des figures de style

Pour renforcer votre propos, vous pouvez recourir à des figures de style, en particulier à des **figures de construction** (qui jouent sur la syntaxe).

4 figures de construction

- **l'anaphore :** répétition d'un terme en tête de phrase
- **la gradation :** énumération de termes de force croissante
- **le parallélisme :** répétition d'une même construction
- **l'antithèse :** rapprochement de deux propositions de sens contraire

SUJET 1 | OBJECTIF BAC

PRÉSENTATION, SUIVIE D'UN ENTRETIEN

20 min

En quoi le développement de la médecine nucléaire est-il intimement lié à la compréhension de la radioactivité ?

L'étude des liens entre les avancées scientifiques majeures induites par la découverte de la radioactivité et leurs applications en matière de diagnostic médical, de radiothérapie et de radioprotection pourrait intéresser un élève passionné de physique, d'histoire des sciences ou de médecine.

1. PRÉSENTATION D'UNE QUESTION (5 MIN)

Introduction

[Accroche] Tout commence à l'Académie des sciences le lundi 24 février 1896 ! Ce jour-là, Henri Becquerel présente sa découverte d'un rayonnement hyperphosphorescent issu de l'uranium. C'est ce sujet que Marie Curie choisit en 1897 pour sa thèse de doctorat. Elle montre les propriétés ionisantes de l'hyperphosphorescence qu'elle renomme radioactivité !

[Présentation du sujet] On connaît aujourd'hui ses applications médicales pour diagnostiquer des cancers et les soigner. En quoi le développement de la médecine nucléaire est-il intimement lié à la compréhension des transformations radioactives et à leur modélisation ? C'est le sujet de mon exposé que je vais structurer en deux parties.

[Annonce du plan] Premièrement, je parlerai de la naissance de la médecine nucléaire en lien avec les progrès de la physique. Puis, à partir de l'exemple de la tomographie par émission de positons (TEP), j'expliquerai pourquoi la mise en œuvre de cette imagerie nécessite l'utilisation de fluor 18 et j'évoquerai la question de la mesure de la dose à injecter au patient.

CONSEILS

Ce sujet balaie tous les contenus du programme sur la radioactivité. Débutez par une présentation historique, en citant des exemples marquants. Puis choisissez de ne développer que la TEP et les propriétés ionisantes des rayonnements.

I. Quelques repères d'histoire des sciences

■ Ce qui marque les prémices de la médecine nucléaire, c'est la découverte en 1934, par Irène et Frédéric Joliot-Curie, de la radioactivité artificielle. La production de radio-isotopes artificiels permet les premières applications cliniques. Ainsi l'iode 131, radioélément β^- de demi-vie 8 jours, est utilisé dès 1942 dans le traitement du cancer de la thyroïde.

■ Les années 1950-1960 avec l'invention de la gamma-caméra voient la mise au point des premières scintigraphies. La médecine nucléaire naît officiellement au début des années 1970.
[Transition] La TEP est un bel exemple d'imagerie médicale par injection d'un produit radioactif, en général le fluor 18.

II. Les principes de la TEP

Du ^{18}FDG, c'est-à-dire du glucose marqué par du fluor 18, est injecté par voie intraveineuse au patient.

■ **Pourquoi injecte-t-on ce glucose radioactif au patient ?** Parce que le glucose est absorbé dans l'organisme par les organes énergivores comme le cerveau et le cœur, mais surtout par les cellules cancéreuses qui consomment de l'énergie pour se multiplier.

■ **Et pourquoi choisit-on le fluor 18 ?** Il y a trois raisons essentielles à cela.
• Primo, le fluor 18 est un émetteur β^+. C'est une condition indispensable pour une TEP car le positon émis lors de la désintégration s'annihile avec un électron des tissus du patient en produisant deux photons γ émis dans des directions opposées. Ces deux photons sont reçus par un système de capteurs disposés en anneau tout autour du patient. Cela permet de localiser précisément la tumeur cancéreuse et d'en obtenir une image en 3D.

CONSEILS
N'hésitez pas à joindre le geste à la parole pour visualiser les directions d'émission des photons, puis l'anneau de capteurs.

• Deuzio, la demi-vie du fluor 18 est d'environ 2 h. Cela est assez court pour que le patient ne soit pas exposé aux radiations trop longtemps, et assez long pour la mise en œuvre de la tomographie qui dure plusieurs heures.

• Tertio, le noyau fils issu de la désintégration du fluor 18 est l'oxygène 18 qui un isotope stable. Cela est fondamental pour ne pas accroître la dose d'irradiation du patient.

■ **Et bien justement comment un préparateur en radiologie fait-il pour savoir quelle dose injecter au patient ?** Pour répondre à cette question, je vais utiliser la notion d'activité radioactive. L'activité est la grandeur qui doit être mesurée. Les médecins estiment qu'il faut injecter au patient une activité de 7 MBq par kilogramme de masse corporelle, environ deux heures avant le début de la TEP. Ainsi pour un patient de 70 kg, il devra injecter une activité de 490 MBq. Cela veut donc dire que le préparateur doit prélever la solution de ^{18}FDG et vérifier par une mesure à l'activimètre (compteur de radioactivité) que l'activité de la solution contenue dans la seringue est conforme à la valeur attendue. Bien évidemment le manipulateur doit réaliser tout cela en se protégeant au maximum des rayonnements ionisants.

Conclusion

[Bilan] Je conclurai mon exposé en pointant l'importance de la recherche fondamentale en physique. C'est grâce aux travaux, de la famille Curie en particulier, sur la radioactivité dès la fin du XIXe siècle et jusqu'à la Seconde Guerre mondiale qu'est née la médecine nucléaire. Les techniques de diagnostic du cancer et de radiothérapie ont prodigieusement progressé grâce aux modèles développés par les physiciennes et les physiciens. **[Ouverture]** Toutes ces avancées fondamentales et appliquées ont aussi permis d'améliorer la compréhension des dangers liés aux rayonnements ionisants.

2. ÉCHANGE AVEC LE CANDIDAT (10 MIN)

Voici quelques-unes des questions que le jury pourrait poser en lien avec votre présentation ainsi que des réponses possibles.

■ Le neutron a été découvert en 1932, plusieurs années après l'électron et le proton. Comment expliquez-vous cette découverte tardive ?
L'électron et le proton sont des particules chargées : elles peuvent donc être accélérées et déviées par un champ électrique. C'est pourquoi elles peuvent être mises en évidence plus facilement que le neutron, une particule neutre.

CONSEILS

Ici, le jury veut vérifier que le candidat à une connaissance précise de la structure de l'atome et de la déviation des particules chargées par un champ électrique.

■ Vous avez évoqué la demi-vie radioactive et l'activité radioactive. Comment se définissent ces deux grandeurs ? L'activité est-elle dépendante de la valeur de la demi-vie ?
La demi-vie $t_{1/2}$ est le temps nécessaire pour qu'un nombre N de noyaux radioactifs soit divisé par 2. L'activité A est le nombre de désintégrations par seconde ; elle est proportionnelle au nombre N. La relation entre A et N est : $A = \lambda N$. D'après la relation $t_{1/2} = \frac{ln2}{\lambda}$, la constante radioactive λ est inversement proportionnelle à la demi-vie radioactive. Par conséquent, l'activité dépend de la valeur de la demi-vie. Plus la demi-vie est petite, plus l'activité est grande, autrement dit, plus le nombre de désintégrations par seconde est important.

Les différents types de radioactivité ont-ils tous la même origine ?

Il faut distinguer les radioactivités α, β^- et β^+, dont l'origine est la désintégration spontanée d'un noyau avec émission d'une particule chargée (noyau d'hélium, électron ou positon), de la radioactivité γ, qui résulte de la désexcitation d'un noyau avec libération d'énergie sous forme d'un photon γ associé à un rayonnement électromagnétique de très haute fréquence.

3. ÉCHANGE SUR LE PROJET D'ORIENTATION (5 MIN)

Comment avez-vous choisi le sujet de votre exposé ? Celui-ci est-il en lien avec votre projet d'orientation ?

Je suis passionné(e) par l'histoire de la physique du XXe siècle. La radioactivité étudiée dans le programme de l'enseignement scientifique de 1re et dans le programme de spécialité de physique-chimie de Terminale m'a vivement intéressé(e). Comme par ailleurs, j'envisage de devenir médecin, sans avoir une idée précise de la spécialité que je choisirai, ce sujet m'a semblé bien adapté à mes centres d'intérêt et mon souhait de poursuite d'étude.

À NOTER

Cette réponse n'est qu'un exemple et bien d'autres arguments auraient pu être avancés : intérêt pour la recherche scientifique, souhait de devenir manipulateur en radiologie ou oncologue ou ingénieur en physique nucléaire…

SUJET 2 | OBJECTIF BAC | PRÉSENTATION, SUIVIE D'UN ENTRETIEN

20 min

Les sociétés humaines sont-elles dépendantes du climat ? L'exemple de l'Égypte

L'étude de la dépendance des sociétés humaines aux variations climatiques, à travers l'exemple de l'Égypte, peut vous intéresser si vous êtes passionné(e) d'histoire, de géographie ou d'archéologie.

1. PRÉSENTATION D'UNE QUESTION (5 MIN)

Les titres en couleurs mettent en évidence la structure de la présentation.

Introduction

[Accroche] Actuellement, nous sommes très préoccupés par le réchauffement climatique et nous nous demandons si nos sociétés pourront s'adapter à un tel bouleversement. **[Présentation du sujet]** Pourtant, depuis l'apparition de l'homme moderne, le climat mondial a déjà été modifié de nombreuses fois : des phases glaciaires ont succédé à des phases plus chaudes, telle l'époque actuelle, et les sociétés humaines se sont toujours adaptées à ces changements.

[Formulation de la problématique] Passionné(e) d'archéologie, j'ai voulu étudier comment le climat a pu contribuer à modeler la civilisation égyptienne antique, et comment, de nos jours encore, l'Égypte, située aux portes du Sahara, reste un pays particulièrement sensible aux variations climatiques.

[Annonce du plan] J'expliquerai d'abord comment le climat a pu influencer l'installation des humains en Égypte, puis j'évoquerai les conséquences du réchauffement climatique actuel sur cette région.

LE SECRET DE FABRICATION

En cinq minutes, vous n'aurez pas le temps de présenter plus de deux grandes parties. Le plan proposé est le plus simple et a aussi l'avantage de reprendre le découpage du programme : climats anciens (chap. 7) puis réchauffement climatique (chap. 8).

I. S'installer au bord du Nil il y a 10 000 ans

- La Ire dynastie de pharaons s'installe vers 3 100 av. J.-C. à Thinis, en Moyenne Égypte, mais les traits de cette civilisation sont plus anciens et déjà visibles chez les populations d'agriculteurs installés vers 5 000 av. J.-C.

■ Cette période fait suite à une longue désertification du Sahara. En effet, vers 15 000 à 9 000 av. J.-C., le Sahara était recouvert de savanes et occupé par des populations de chasseurs-cueilleurs, alors que le Nil était un vaste marécage insalubre. La sortie progressive de la dernière phase glaciaire du Würm (vers 10 000 av. J.-C.) s'est traduite par une lente désertification du Sahara, qui a entraîné la migration des hommes (entre 9 000 et 5 000 av. J.-C.) vers les rives du Nil , plus accueillantes. Ces sociétés y ont développé l'agriculture, forgeant ce qui allait devenir l'Égypte pharaonique. Le développement de cette civilisation serait donc directement lié aux variations climatiques ayant affecté l'Afrique du Nord.

À NOTER
Développer une idée signifie ici mettre en évidence une relation de cause à effet : la désertification du Sahara a entraîné la migration vers le Nil. On ne peut faire ici qu'une corrélation temporelle entre les deux événements.

Si le réchauffement climatique de l'Holocène a facilité l'installation de populations humaines en Égypte, le réchauffement actuel est problématique pour la société égyptienne moderne.

LE SECRET DE FABRICATION
À l'oral, les parties doivent s'enchaîner de façon logique et fluide. Une transition est donc indispensable : elle fait le bilan de la première partie et introduit la seconde.

II. S'adapter au réchauffement actuel en Égypte

■ Du fait de la désertification du Sahara, la population égyptienne actuelle est concentrée dans une étroite bande sur les bords du Nil. L'extension urbaine couplée à la désertification réduit l'espace dédié aux cultures.

■ Si des projets existent pour irriguer le désert, ils risquent de réduire la ressource en eau. L'Égypte dépend exclusivement du Nil pour ses ressources en eau. Or le Nil bleu a sa source en Éthiopie et traverse plusieurs pays avant d'arriver en Égypte, et ces pays souhaitent en profiter pour installer des barrages et des systèmes d'irrigation réduisant d'autant les apports en eau en Égypte. Cette dernière contrôle aussi le barrage d'Assouan, qui a considérablement réduit les apports sédimentaires indispensables à la fertilisation des terres cultivables, et pourrait à moyen terme entraîner une régression du delta.

Conclusion

[Bilan] Selon les époques, les variations climatiques ont pesé de façon favorable ou défavorable sur la civilisation égyptienne. **[Ouverture]** Aujourd'hui, le réchauffement climatique pèse lourdement sur l'Égypte : hausse du niveau de la mer et inondation dans le delta, sécheresses récurrentes, développement de parasites, etc.

LE SECRET DE FABRICATION
D'autres ouvertures sont possibles, suivant les sensibilités de chacun : insister sur les problèmes économiques du pays ou sur la géopolitique régionale, sur le fait que chaque aménagement proposé peut avoir des avantages et des inconvénients, etc.

2. ÉCHANGE AVEC LE CANDIDAT (10 min)

Voici quelques-unes des questions que le jury pourrait poser en lien avec votre présentation, ainsi que les réponses possibles. N'oubliez pas qu'on peut vous interroger sur d'autres thèmes du programme.

À quoi est dû le réchauffement climatique actuel ?

Le CO_2 est un gaz à effet de serre, car il absorbe les infrarouges émis par la Terre. Or, depuis les années 1850 environ, les activités humaines ont conduit à une augmentation de la concentration du CO_2 dans l'atmosphère, donc à une aggravation de l'effet de serre, d'où la hausse des températures.

> **CONSEILS**
> Les questions du jury sont destinées à vérifier vos connaissances et vos capacités d'argumentation. Il faut donc y répondre par une argumentation solide, en y incluant au besoin des observations expérimentales.

En quoi le réchauffement climatique est-il responsable des inondations dans le delta du Nil ?

Le réchauffement climatique entraîne la fonte des glaciers continentaux, et une hausse du niveau de la mer. Conjugué à la dilatation thermique des océans, ce phénomène peut expliquer les inondations dans le delta. Cependant, le réchauffement climatique n'est pas seul responsable : les barrages réduisent également les apports sédimentaires indispensables au maintien de la ligne côtière dans le delta du Nil.

Comment explique-t-on le passage du Würm à l'Holocène ?

Au Quaternaire le climat a alterné entre phases glaciaires et phases interglaciaires. Les chercheurs ont montré que ces alternances coïncidaient avec des variations des paramètres astronomiques : ainsi des changements dans l'excentricité ou l'obliquité de l'orbite terrestre, ou la précession des équinoxes, expliquent la déglaciation entre le Würm et l'Holocène.

3. ÉCHANGE SUR LE PROJET D'ORIENTATION (5 min)

Comment avez-vous choisi le sujet de votre exposé ? Celui-ci est-il en lien avec votre projet d'orientation ?

- J'ai choisi ce sujet car je désire travailler à l'interface entre les sciences expérimentales et l'histoire. Petit, je voulais être archéologue, mais mon projet a depuis évolué vers les SVT, et j'ai été particulièrement intéressé par tous les chapitres couplant les deux matières : géologie, histoire du génome humain, développement de l'agriculture, etc.
- L'an prochain, je me destine aux classes préparatoires BCPST, avec pour objectif d'intégrer une école me permettant d'être chercheur…

> **CONSEILS**
> Ce sujet peut être mis en lien avec d'autres projets d'études : en sciences politiques, en histoire, en ingénierie, en géologie, etc.

CRÉDITS ICONOGRAPHIQUES

7	ph ©	Alexander Raths - stock.adobe.com
181	©	Nasa
199	©	National Institute of Mental Health
204	ph ©	S.Muller / Wildlife
207	ph ©	Minden Pictures / Tui De Roy / Biosphoto
207	ph ©	Tui De Roy / NaturePL.fr
210	©	Association Paléontologique de Mennecy / apmfossile@gmail.com
213	©	2012 Antoine et al. https://journals.plos.org/plosone/article?id=10.1371/journal.pone.0049997
226	©	Cécile Bassaglia https://www2.ac-lyon.fr/enseigne/biologie/photossql/photos.php?RollID=images&FrameID=amidon
279	ph ©	Don W. Fawcett / Bsip
279	ph ©	Visuals Unlimited / Bsip
279	ph ©	Visuals Unlimited / Bsip
329	ph ©	enot-poloskun / E+/ Getty Images Plus
421	ph ©	DEEPOL by plainpicture
429	ph ©	pankajstock123 - stock.adobe.com
431	Coll.	Prod DB © Ingrid Chabert - My Box Productions / DR
435	ph ©	DEEPOL by plainpicture

Iconographie : Hatier Illustration

PAPIER À BASE DE FIBRES CERTIFIÉES

Hatier s'engage pour l'environnement en réduisant l'empreinte carbone de ses livres. Celle de cet exemplaire est de :
1.8 kg éq. CO_2
Rendez-vous sur www.hatier-durable.fr

Achevé d'imprimer en Italie
par La Tipografica Varese Srl, Varese
Dépôt légal n° 06456-6/01 - Août 2020